Junge Geflüchtete an der Grenze

Campus Forschung

Laura K. Otto, Dr. phil., ist Postdoc am Institut für Kulturanthropologie und Europäische Ethnologie der Universität Frankfurt am Main.

Laura K. Otto

Junge Geflüchtete an der Grenze

Eine Ethnografie zu Altersaushandlungen

Campus Verlag
Frankfurt/New York

Gedruckt mit freundlicher Unterstützung der Martha Muchow Stiftung und des Deutschen Akademikerinnen Bundes.

MARTHA MUCHOW. Stiftung

Gekürzte Fassung der Dissertation »Unbegleitet, minderjährig, Flüchtling?! Fixierungen, Ambivalenzen und Aushandlungen von ›adult minors‹ im Europäischen Grenzregime am Beispiel Malta«, Universität Bremen, Dezember 2018.

ISBN 978-3-593-51307-2 Print
ISBN 978-3-593-44564-9 E-Book (PDF)

Umschlaggestaltung: Campus Verlag GmbH, Frankfurt am Main
Gesetzt aus der Garamond
Druck und Bindung: CPI buchbücher.de, Birkach
Gedruckt auf Papier aus zertifizierten Rohstoffen (FSC/PEFC).
Printed in Germany

www.campus.de

Dieses Buch ist meinen Forschungspartner*innen und allen, die (neu) über junge Menschen mit Flucht_Migrationserfahrung nachdenken möchten, gewidmet.

Inhalt

IV. Forschungsethische, methodische und inhaltliche Schlüsse

Danksagung | Mahadnaqid | Ringrazzjament

Waxaan rabaa inaan dhamaantiin idin idhaa waad mahadsantihiin dhamaan dadkii iga caawiyey baadhistayda. Idinka iyo kalsoonidiina la'aanteed howshani ma socoteen.

Meiner Dissertation war meine Forschung für meine Masterarbeit, in der ich mich ebenfalls mit der Situation für Menschen mit Flucht_Migrationserfahrung in Malta auseinandersetzte, vorausgegangen. Die in dieser Arbeit vorkommenden Akteur*innen und die Themen Flucht_Migration, Umgang mit jungen Menschen aus Somalia/Somaliland, Grenzregime und Grenz-Verschiebungen sind also seit sieben Jahren fester Bestandteil meines Lebens – akademisch und privat. Das Schreiben der Dissertation ist schlussendlich ein recht einsamer Prozess, begleitet von Krisen, eigenen Infragestellungen und mulmigen Gefühlen. Nichtsdestotrotz überwiegt deutlich das Positive in der Rückschau – vor allem, weil ich wunderbaren Menschen begegnet bin, eigene Kategorisierungen und Festschreibungen hinterfragen konnte, jetzt anders auf die Welt und postkoloniale Verbindungen blicken kann, und von meinen Forschungspartner*innen viel gelernt habe. Auch wenn ich als alleinige Autorin genannt werde, wäre dieser Text ohne diejenigen, die mir im Laufe meiner Forschung begegnet sind, und die mich inspiriert, unterstützt, herausgefordert, kritisiert und wertgeschätzt haben, so nicht entstanden. Es ist Zeit, Danke zu sagen.

Allen voran gilt meinen Forschungspartner*innen mit Flucht_Migrationserfahrung mein besonderer Dank. Ihr habt mich an eurem Alltag teilhaben lassen, seid mir mit großem Vertrauen begegnet, habt dafür gesorgt, mich selbst zu hinterfragen und wart eben nicht nur Informant*innen, sondern vor allem auch wichtige Begegnungen und Beziehungen. Ich hoffe, dass es mir gelungen ist, in eurem Sinne über euch zu schreiben. Waad mahadsantihiin!

Den institutionellen Akteur*innen in Malta sage ich ebenfalls aufrichtig Danke für ihre Zeit und ihre Beschäftigung mit meinem Anliegen –

Grazzi! Zu schätzen weiß ich die wertvollen Einblicke in die Arbeitsalltage und teilweise in das Privatleben meiner Forschungspartner*innen. Zwischen mir als Forscherin und euch als institutionellen Akteur*innen des maltesischen Grenzregimes lief nicht immer alles glatt – aber auch die entstandenen Reibungen waren produktiv und erkenntnisreich.

Als Betreuerinnen meiner Arbeit haben Dr. Margrit E. Kaufmann und Prof. Dr. Gisela Febel mich unterstützt, gefordert, motiviert und ich bin euch für eure Kommentare, eure wertschätzende Art und eure Unterstützung in vielfältiger Form – sie reichte von inhaltlicher Beratung, spontanen Krisentelefonaten, Schreiben von Gutachten für Stipendien und Konferenzreisen, Diskussion meiner Lehrpläne, oder auch das gemeinsame Schreiben von Artikeln – unendlich dankbar. Von euch habe ich gelernt: Ohne Krise keine Tiefe! Mein besonderer Dank für die Begutachtung und die wertschätzende Auseinandersetzung mit meiner Forschung gilt ebenfalls Prof. Dr. Peter Rieker.

Es gibt Kolleg*innen und Freund*innen, die ich namentlich nennen möchte, weil ihr mich in vielfältiger Weise bestärkt und unterstützt habt, mich erfolgreich abgelenkt habt, meine Journalartikel korrigiert und euch meine Vorträge angehört habt, mich ermutigt habt, mich bei euch habt übernachten lassen, mit mir in Malta wart, und mit mir durch die Höhen und Tiefen der Dissertationsphase gegangen seid. In alphabetischer Reihenfolge gilt mein besonderer Dank: Cetta Mainwaring, Claudia Lüke, Ellen Masur, Ernest Stanley, Frank Müller, Gisela Welz, Henning Koch, Irina Drabkina und Familie, Jana Schmelz, Janik Freese, Janis Englert und Familie, Jochen Bonz, Lena Allers, Maike Koschorrek, Mark-Anthony Falzon, Melike Armagan, Merle Klintworth, Michael Dziewior, Petra Ilyes, Sarah Weber, Silja Klepp.

Ana Stöckermann hat mich mit wertvollem Feedback auf einzelne Kapitel unterstützt, und mir mit Layout und Satz sehr geholfen. Maren Stang war mir eine große Hilfe bei der Formatierung und der Erstellung des Manuskripts. Patrick Bieler hat sich unermüdlich durch die Kapitel gekämpft, detailliert kommentiert, und mich wertschätzend inhaltlich herausgefordert. Eher zufällig kreuzten sich die Wege von Sarah Nimführ und mir auf Malta: aus der reinen Tatsache, dass wir denselben geografischen Forschungsort teilen, ist nicht nur Freundschaft geworden, sondern auch eine enge Zusammenarbeit entstanden. Das gemeinsame Lehren, das Schreiben von Journalbeiträgen, die Konferenzreisen nach England und China haben meine Dissertationszeit sehr bereichert. Danke auch dir für deine Kommentare auf meinen Text und den wertvollen Austausch auf vielen Ebenen.

Mark McAdam war mir vor allem während der Schreibphase ein unermüdlicher Gesprächspartner. Du hast mich motivierend begleitet, zahlreiche Korrekturen angeregt, ergebnisorientiert mit mir diskutiert. Du hast mich in den richtigen Momenten animiert weiterzumachen, und mich in den schlechten Zeiten ›ausgehalten‹. Bei dir konnte ich Kraft tanken.

Meiner Familie – vor allem Marion Pokorny-Otto und Horst Otto sowie Karen Ulferts – danke ich nicht nur für die Unterstützung meines Studiums, sondern konkret für die Anmerkungen zu meinem Manuskript, Literaturtipps, Diskussionen, sowie dafür, dass ihr euch für (junge) Menschen mit Flucht_Migrationserfahrung an euren jeweiligen Wohnorten engagiert.

Für die finanzielle Unterstützung zur Realisierung meines Dissertationsprojektes bedanke ich mich bei der Konrad-Adenauer-Stiftung. Den Druck dieses Buches haben der Deutsche Akademikerinnen Bund sowie die Martha Muchow Stiftung möglich gemacht. Beiden sei mein herzlicher Dank ausgesprochen.

Laura Otto
Frankfurt am Main, im Sommer 2020

Zwischen Fußballplatz und Maschendrahtzaun. (Quelle: privat)

I. Hintergründe, Fragen, Leitlinien und Ziele

Zwischen Fußballplatz und Maschendrahtzaun

»When you are born, you are born. That is it. Why should there be a paper? It does not matter. Just that you are born is important.«

Kadiye, im Frühjar 2016

In den persönlichen Kontakt mit Flucht_Migrationsbewegungen[1] junger Menschen aus Subsahara-Afrika kam ich 2013. Als Erasmusstudentin der University of Malta führte mich mein Weg an die EUropäische[2] Außengrenze. Vor der Abreise hatte ich den Wunsch, vor Ort zu forschen und wusste, dass ich die Forschung im Bereich Grenze, Geflüchtete und Umgang mit Geflüchteten ansiedeln wollte. Handlungsleitend war für mich zunächst folgende Frage: Wie bekomme ich überhaupt Zugänge zu den Themen und den Menschen? Über die University of Malta ergab sich dann die erste Möglichkeit. Durch meine Teilnahme am DegreePlus Programm, organisiert von der *University Chaplaincy*, bekam ich Zugang zu einem von zwei Heimen, in dem als *unaccompanied minors* (›UAMs‹) klassifizierte junge Geflüchtete untergebracht wurden. Als ›UAMs‹ wurden Geflüchtete bezeichnet, die Malta ohne Eltern oder andere für sie verantwortliche Personen erreichten und die als unter 18 Jahre alt galten. Ihr Alter – und darauf komme ich intensiv zu sprechen – war zentral für ihren Verbleib und

---

1 Flucht und Migration verstehe ich nicht als Dichotomie und die Verwendung des Unterstrichs verweist auf das Spektrum zwischen Flucht und Migration. Unter der Verwendung des Begriffes Flucht_Migration möchte ich einerseits die differenten und teilweise widersprüchlichen Vorstellungen von Flucht und Migration subsummieren, aber auch aufzeigen, dass es sich bei Flucht_Migration um einen fluiden und dynamischen Prozess handelt. Eine Abgrenzung zu anderen spezifischen Formen der Migration, wie der vermeintlichen ›Arbeits- oder Armutsmigration‹, ist im Sinne des hier verwendeten Verständnisses so nicht möglich.

2 Häufig wird von Europa gesprochen, wenn die Europäische Union (EU) gemeint ist. Mit der Bezeichnung »EUropäisches« Grenzregime möchte ich in Anlehnung an Maurice Stierl (2016) der Gleichsetzung von Europa und EU entgegenwirken.

wurde u. a. mittels Röntgen des Handwurzelknochens festgelegt. Da zu meiner Zeit keine anderen *volunteers* im Heim beschäftigt waren, war es direkt möglich, die Tätigkeit der Ehrenamtlichen zu übernehmen. Im Heim kam ich in den Kontakt mit diversen Akteur*innen – den jungen Geflüchteten, aber auch den sie Betreuenden, Verwaltenden und Helfenden.

Vor diesem Heim entstand das Bild, welches auch diese Studie eröffnet und ein Fußballfeld, lichtdurchflutet von der Abendsonne, eingezäunt mit einem Maschendrahtzaun, zeigt. Das Foto bildet die Thematik, der ich mich widme, ab. Das Ankommen junger Geflüchteter, die als ›UAM‹ eingeteilt werden, stellt die aufnehmenden EU-Staaten und somit auch Malta, vor folgende Herausforderung: Die Frage nach der Balancierung von angemessener Behandlung von Kindern auf der einen und Grenzkontrolle auf der anderen Seite charakterisiert das aktuell in der EU vorherrschende Spannungsfeld (Touzenis und Hernández 2010, XI; Crescenzi 2016).

Seit 2004 ist Malta Mitgliedstaat der EUropäischen Union (EU). Seit dem Beitritt erreichten rund 19.000 Menschen, die den afrikanischen Kontinent verließen und das Mittelmeer mit Booten überquerten, den Inselstaat. Bis Ende 2015 wurden alle Ankommenden – so auch meine geflüchteten Forschungspartner*innen – in einem *detention centre* inhaftiert. Die Mehrheit der Ankommenden stellte einen Asylantrag. In Malta sind insgesamt vier mögliche Status zu vergeben, mit denen verschiedene rechtliche Zugänge geregelt werden. Zwischen 2004 und 2015 wurden 4 % der Antragstellenden als *Flüchtling* im Sinne der Genfer Flüchtlingskonvention von 1951 anerkannt (UNHCR Malta 2017). 55 % erhielten den *Subsidiären Schutz*, 8 % *Temporary Humanitarian Protection* und 28 % der Anträge wurden mit ›rejected‹, also abgelehnt, bewertet. Alle meine geflüchteten Forschungspartner*innen hatten einen *Subsidiären Schutz* oder bekamen ›rejected‹. Trotz Ablehnung durften sie in Malta leben, da der Staat Abschiebungen nicht konsequent realisierte (vgl. Nimführ 2016; 2020), aber sie hatten nur sehr beschränkte Rechte und Zugänge zu öffentlicher Versorgung. Anerkannter ›Flüchtling‹ war niemand. Der *Subsidiäre Schutz* muss jährlich erneuert werden und das Anrecht auf soziale Kernleistungen war im maltesischen Recht zum Zeitpunkt meiner Forschung nicht klar geregelt (vgl. Bordermonitoring o. A.).

Die Mehrheit meiner geflüchteten Forschungspartner*innen wurde nach der Ankunft als ›UAM‹ eingeteilt. Die maltesischen Behörden wandten für die Altersfeststellung sowohl das Handwurzelknochenröntgen als auch psychosoziale Gespräche an. Beide Verfahren gelten als fehleranfällig. Ausweispapiere, die das chronologische[3] Alter preisgeben konnten, besaßen die jungen Geflüchteten nicht. ›Alter‹ wurde seitens der Behörden als zentrale Einordnungskategorie gesetzt. Ich habe mich, um diese Festsetzung möglichst nicht zu reproduzieren, dazu entschieden, die geflüchteten Akteur*innen als ›junge Geflüchtete‹ oder als ›junge Menschen mit Flucht_Migrationserfahrung‹ zu benennen. Jung wählte ich, weil eine gängige Selbstbezeichnung der jungen Geflüchteten *young* lautete: »Me, I am still young« hörte ich während der Forschung immer wieder. Junge Geflüchtete, die als ›UAM‹ eingeteilt wurden, dann aber 18 Jahre alt wurden, werden in dieser Arbeit trotzdem berücksichtigt. Forschung zu jungen Geflüchteten auf ein unter Achtzehn-Jahre-alt-Sein zu begrenzen, lässt sich in anderen Forschungen mit und zu ihnen finden: Meine Kritik an diesen Forschungsdesigns lautet, dass sie im Sinne eines ›methodologischen Ageismus‹ die Kategorie des ›UAM‹ reproduzieren. Diese Kategorie verstehe ich als einen Eingriff des Nationalstaates in die Biografie der jungen Geflüchteten. An diesen Daten und Einteilungen manifestiert sich folglich die formale Beziehung zwischen jungen Geflüchteten und Nationalstaat.

Die maltesische Regierung betrieb zum Zeitpunkt der Forschung zwei Heime, die speziell für als ›UAM‹ eingeteilte Geflüchtete eingerichtet wurden. Um meine Forschungspartner*innen zu schützen, erwähne ich den Namen des Heimes nicht, sondern entschied mich für die Verwendung des Begriffes ›Heim‹ als Pseudonym für die Einrichtung, in der ich über sechs Monate regelmäßig anwesend war. In diesem Heim kamen die meisten Bewohner*innen aus Somalia und Somaliland[4], einige aus Eritrea, Äthiopien, oder der Elfenbeinküste. Meine Arbeit bezieht sich auf die jungen Somalier*innen/Somaliländer*innen, da die Erzählungen derjenigen, die nicht aus der Region des Horns von Afrika kamen, zu einfach auf konkrete Personen zurückzuführen wären. Durch die Begleitung der Flucht_Migration einiger meiner Forschungspartner*innen über viele Jahre und die

---

3 Chronologisches Alter bezeichnet Alter gemessen in Tagen, Monaten und Jahren seit der Geburt verstanden.

4 Die Republik Somaliland ist als de-facto-Regime ein praktisch unabhängiger Staat, der jedoch international nicht anerkannt wird. Die Republik Somaliland umfasst den Nordteil Somalias und damit das ehemalige britische Kolonialgebiet. Nach der Unabhängigkeit von den Briten vereinigten sich Somaliland und »Italienisch Somaliland«, also der von Italien besetzte Süden, zunächst. Als 1991 jedoch der Bürgerkrieg eskalierte, erklärte sich Somaliland einseitig für unabhängig. Ich verwende den Begriff Somaliland, da sich einige der jungen Geflüchteten auch als Somaliländer*innen bezeichneten.

intensiven Beziehungen soll es gelingen, sie in ihrer Diversität und Differenz dennoch wahrzunehmen und eine Homogenisierung zu vermeiden.

Im Forschungsverlauf lernte ich 48 junge Menschen, die als ›UAMs‹ kategorisiert wurden und in diesem Heim lebten, kennen. Zu einigen haben sich verstetigte Beziehungen entwickelt, mit anderen blieb es bei einmaligen Begegnungen und Gesprächen. Der Ort des ersten Kontaktes war in keiner Weise für die jungen Geflüchteten ein Ort der freiwilligen Unterkunft. Es war kein ›eigener‹ Ort, es war vielmehr ein durchmachteter Übergangsraum, der maßgeblich von den Regularien seitens der lokalen staatlichen Migrationsagentur (LMAO), die für die Unterbringung von jungen Geflüchteten verantwortlich war und die Heime leitete, bestimmt wurde. Hinzu kam ein Mangel an Privatsphäre, produziert durch den kleinen Raum einerseits und die ständige Anwesenheit institutioneller Akteur-*innen andererseits. Diese Heimsituation förderte überhaupt erst unsere Begegnung, da ihre gebündelte Unterbringung meine Tätigkeit als Ehrenamtliche legitimierte. Wir befanden uns an einem Ort relationaler Qualität wieder: Es wurde verhandelt zwischen ›normal und anormal‹, zwischen ›vertraut und fremd‹. Meine Erfahrungen im Heim führten dazu, dass ich meine eigenen Normalisierungen immer mehr in Frage stellte. Im Heim war ich gleichzeitig diejenige, die nach Belieben kommen und gehen konnte. Dennoch wurde auch ich zunehmend Teil der Regularien bzw. wurde reguliert. An dieser Stelle möchte ich ein paar Anmerkungen zur ehrenamtlichen Arbeit mit Geflüchteten machen, da diese den Startpunkt meiner Forschungstätigkeit bildete: *Volunteer work* mit Geflüchteten ist von Wissenschaftler*innen und Aktivist*innen kritisiert worden:

»Moreover, we often tend to objectify refugees on seeing them in reality in the same way we do when we grieve over their photographs: we tend to regard them as objects of our patronizing aid that gives meaning and a sense of necessity to our desire to help. [...] If we keep objectifiying refugees from the privileged position given by our (European) first-class citizenship, [...] we actually stamp on the dignity of those we want to help. [...] we degrade them by putting them in the position of ›clients‹ of our aid« (Pavlasek 2016).

Ein Ausweg aus dieser »ethical trap« (Pavlasek 2016) ist, die Geflüchteten als Menschen mit Agency anzuerkennen: »refugees are still persons with their own agency and dignity, capable of confirmation and requests even in the chaos of a migrant route« (Pavlasek 2016) und sie im Ausüben eben dieser zu unterstützen. Diese Maxime versuchte ich in meiner Tätigkeit im Heim umzusetzen. Für die Umsetzung bin ich den jungen Geflüchteten mit einer zuhörenden Haltung begegnet und bot einen Raum, in dem sie in der Position waren, ihre Erlebnisse und Erfahrungen zu artikulieren und ihnen Bedeutung zu verleihen (vgl. Grayson-Courtemanche 2015, 47; zur Herausforderung zwischen Ehrenamt und Forschung vgl. auch Kather 2013). Zudem begegnete ich den jungen Geflüchteten mit einer wertschätzenden Haltung und bestärkte sie darin, trotz der Anfeindungen im Heim durch einige Mitarbeiter*innen, Dinge, die ihnen wichtig waren, wie beispielsweise das Kochen bestimmter Gerichte, aufrechtzuerhalten. Durch das intensive Zuhören und dadurch, dass sie mich an ihrem Alltag haben teilnehmen lassen, versetzten sie mich in eine Position, aus der ich versuchen konnte, mit ihnen gemeinsam Bedarfe und entsprechende Lösungsansätze zu entwickeln. Als *volunteer* setze ich mir zum Ziel, eine unterstützende Haltung gegenüber den Geflüchteten einzunehmen – als Ethnografin und Kulturanthropologin, die eine Forschung im Kontext von Flucht_Migration junger Somaliländer*innen/Somalier*innen vorlegt, ist es meine Aufgabe zu analysieren, welche Formen von Agency die jungen Geflüchteten hatten, sich erstritten oder inwiefern diese begrenzt wurde. Ein differenzierter Blick auf Agency ist zentral, um die Überbetonung derselben zu vermeiden und gleichzeitig gelingt es, die Geflüchteten nicht als »standardisierte Forschungssubjekte« (Klepp 2011, 103) zu verstehen.

Das diese Studie einleitende Bild, welches ich mit *Zwischen Fußballplatz und Maschendrahtzaun* betitelte, drückt für mich die Spannung aus ›Kindeswohl‹ und ›Kontrolle‹ aus, der ich mich in dieser Arbeit widme. Der Fußballplatz im Innenhof des Heims repräsentiert einen Ort des Spieles und der Freizeit, bei dem junge Menschen gemeinsam einem Hobby nachkommen können. Der Zaun ist sicherlich einerseits da, um zu verhindern, dass der Ball unkontrolliert auf die Grundstücke der Nachbar*innen geschossen wird. Doch drückt der Zaun vor dem Hintergrund meiner Erlebnisse in Malta auch etwas Anderes aus: Er ist gleichzeitig Symbol für die Kontrolle über junge Geflüchtete und steht für die begrenzten Möglichkeiten und begrenzenden Bedingungen, die sie vorfanden. Junge Geflüchtete ›einzuzäunen‹ und sie von der ›normalen‹ Gesellschaft fernzuhalten, drückt aus, dass sie als die ›Anderen‹ verstanden wurden (vgl. dazu u. a. Spivak 1985; Said 1994, 1995; Hall 1997 für die Grundlagen des Konzepts des *Othering*, sowie Fassin 2011, 2013; Bonjour, Rea und Jacobs 2011 für eine Auseinandersetzung mit *Othering* im Europäischen Kontext). Die Löcher im Zaun zeigen, dass die Kontrolle über sie nicht ›total‹ war: Sie fanden Möglichkeiten, mit der Situation, die sie vorfanden, (kreativ) umzugehen und machten Gebrauch von den Lücken und dem Liminalen der Situation in Malta.

Der Nexus aus »care and coercion« (Andersson 2017, 69) im EUropäischen Grenzregime drückt sich in der Unterbringung und Aufnahme von jungen Geflüchteten im besonderen Maße aus und hat zahlreiche kritische wissenschaftliche Stimmen hervorgebracht (vgl. Fassin 2005, 2007; Ticktin 2006, 2016; Fassin und Pandolfi 2010; Guilhot 2012; Andersson 2017; De Genova 2017). Didier Fassin bezeichnet diese Mischung aus Fürsorge und Zwang als »compassionate repression« (Fassin 2005; Sirriyeh 2018). Er argumentiert, dass die Konstruktion von Geflüchteten als temporäres Notstandsphänomen (Fassin 2011, 101) sie als zu rettende Opfer und als zu versorgende Hilflose hervorbrachte. Ihre Versorgung ist gleichzeitig zum souveränen und wohlwollenden staatlichen Akt geworden für den Neuankommende einerseits dankbar sein, aber andererseits gleichzeitig in die Vorstellungen von Hilflosigkeit und Opferrolle passen sollen (Picozza 2017, 240). Geflüchtete, so formuliert es Nicola Mai (2014), werden in vielfältigen Weisen »vulnerabilized«, also vulnerabilisiert, oft innerhalb des »humanitarian apparatus« (Guilhot 2012, 95).

Die jungen Geflüchteten, mit denen ich forschte, wurden durch ihre Einteilung als ›UAMs‹ besonders stark in diese Dynamiken eingebunden und fanden sich in ihnen wieder. Dieser Prozess der Klassifizierung und Vulnerabilisierung »essentializes [...] the thickness of biographies and the complexity of history, it draws a figure to which humanitarian aid is directed. This construction is certainly neccessary to justify humanitarianism [...]« (Fassin 2007, 512). Der »Opferstatus« wurde innerhalb dieser Dynamiken zur austauschbaren Variable, die Subjekte mit sehr unterschiedlichen Erfahrungen zu fassen versucht und dabei jedoch sowohl »political violence« als psychomatisches Trauma der*s Einzelnen* umdeutet, als auch erklärerische Kraft verliert, da die universalisierte »victimhood« die historische Kontextualisierung übersieht (vgl. Guilhot 2012, 84–91). Die Einteilung der jungen Geflüchteten in die Minderjährigkeit schien einerseits »an exercise of power« (Crenshaw 1991, 1297) über sie gewesen zu sein und bedeutete gleichzeitig nicht, dass sie entsprechend ihrer Einteilung behandelt wurden. Zumindest irritierte es mich während meiner Forschungszeit immer wieder, dass sie als ›Kinder‹ eingeteilt waren, aber beispielsweise kaum Unterstützung und Hilfe durch die sie Betreuenden erfahren haben.

Die Kontrolle, auf die die jungen Geflüchteten in Malta trafen, scheint aber auch Lücken zu haben. Es war möglich, durch die Maschen im Zaun zu entkommen. Der Maschendrahtzaun, mit dem der Fußballplatz des Heimes umzäunt war, steht hier folglich metaphorisch für die Liminalität im Grenzregime. Immer wieder verschwanden Bewohner*innen aus dem Heim und setzten sich, meistens undokumentiert, in andere Länder der EU ab, um dort erneut einen Asylantrag zu stellen. Es waren aber nicht nur diese extremen Formen der Durchlässigkeit, die ich wahrnahm, sondern es gab sie auch im Kleinen, wenn es ihnen zum Beispiel gelang, die Regeln im Heim aufzuweichen oder zu umgehen, ohne, dass die Mitarbeiter*innen es bemerkten.

Durch die Unterbringung im Heim sollten die jungen Geflüchteten einerseits ihrem Status als ›Kinder‹ entsprechend behandelt werden, aber gleichzeitig nahmen sie selbst diese Positionierung als beschränkend wahr und wurden auch beschränkt, z. B. durften sie zu bestimmten Uhrzeiten das Heim nicht verlassen und wurden ausschließlich mit anderen Geflüchteten untergebracht. Kinder und Jugendliche mit maltesischem Pass, die keine Eltern mehr hatten oder deren Eltern sich nicht um sie kümmern konnten, wurden in anderen Heimen betreut. Diese strikte Trennung in der Unterbringung von geflüchteten und nicht-geflüchteten jungen Menschen hat auch damit zu tun, dass junge Ankommende als schützenswert und zugleich als bedrohlich verstanden wurden. Aber wie wurden die ankommenden jungen Geflüchteten überhaupt als ›UAM‹ eingeteilt? In welchen Situationen wurden sie als schützenswert, in welchen als bedrohlich verstanden? Mit wem interagierten sie in diesem Spannungsfeld aus Kindesschutz und Grenzkontrolle? Wie sind sie mit den Spannungen und Ambivalenzen umgegangen? Diesen komplexen und vielfältigen Dynamiken widme ich mich in dieser Forschung.

Ausgangspunkt war das bereits erwähnte Heim, in dem sich die umschriebene Spannung im Umgang mit Kindern und Zuwanderungsbegrenzung in ganz alltäglichen Situationen zeigte. Erfahren habe ich diese jedoch nicht als statisch, sondern als permanente Aushandlung zwischen den jungen Geflüchteten und den nicht-geflüchteten Akteur*innen. Es waren einerseits gesetzliche Regularien, die den Alltag der jungen Geflüchteten in Malta prägten. Aber es waren eben auch sich verändernde (Verhaltens-)Regeln im Heim, der Kontakt zu den sie Betreuenden und Verwaltenden sowie divergierende und widersprüchliche Vorstellungen von Alter, Gender, Herkunft, Dis/Ability und Religion, die ihren Alltag beeinflussten. Sozial konstruierte Kategorien waren folglich Bestandteil dieser Aushandlungen. Je nach Situation wurden die jungen Geflüchteten entweder als unmündiges und/oder hilfloses Opfer verstanden, oder sie wurden als reife und (potenziell) gewalttätige Asylmissbrauchstäter*innen gesehen. Die Selbstpositionierungen der jungen Geflüchteten waren ebenfalls nicht eindeutig und auch sie nahmen gewisse Selbstbeschreibungen und Gegenentwürfe zu diesen Fremdpositionierungen und darüber hinaus vor. Ich nahm es keineswegs so wahr, dass die jungen Geflüchteten in diesem Spannungsfeld als passiv zu verstehen waren. Im Gegenteil: Auch sie nahmen aktive Rollen ein. Sie knüpften beispielsweise (neue) Beziehungen untereinander und zu nicht-geflüchteten Personen, sie veränderten ihre (fluchtbezogenen) Narrative und sie verließen den Inselstaat durchaus entgegen Regularien wie der Dublin-Verordnung[5], oder auch reguliert durch das *Resettlement* Programm[6] mit den USA.

Ich begann mir vor diesem Hintergrund folgende Fragen zu stellen: Wer sind überhaupt Kinder und Minderjährige? Lässt sich chronologisches Alter eigentlich als transnational-universales Konzept definieren? Was kennzeichnet Jugend, Kindheit und Erwachsensein in verschiedenen Kontexten? Und warum ist es für die Institutionen des Grenzregimes von so großer Bedeutung, das ›richtige‹ Alter bei ankommenden Menschen zu bestimmen, wenn auf anderen Ebenen wieder mit der Behandlung als ›Kinder‹ gebrochen wird? Über meine Kontakte zu geflüchteten und nicht-geflüchteten Forschungspartner*innen sowie meinen hier bereits angesprochenen Irritationen entwickelte ich meine Fragestellungen mit den und über die Akteur*innen. Dass ich mich dazu entschied, die Kategorie ›Alter‹ in dieser Arbeit intensiv zu beleuchten und zu thematisieren, liegt darin begründet, dass meine Forschungspartner*innen, sowohl geflüchtete als auch nicht-geflüchtete, diese Kategorie mir gegenüber immer wieder relevant machten. In der Folge der hier vorgenommenen Betrachtung der Kategorie ›UAM‹ möchte ich hier weder vorschlagen, dass junge, geflüchtete Menschen nicht geschützt werden sollten, noch möchte ich ihre Identitäten als junge Menschen anzweifeln.

---

5 Die Dublin-Verordnung regelt, welcher Staat für die Prüfung eines gestellten Asylantrages zuständig ist. Dieser ist im Falle meiner geflüchteten Gesprächspartner*innen Malta, da sie dort das erste Mal EUropäischen Boden betreten haben.

6 Zwischen 2008 und 2017 konnten sich volljährige Geflüchtete auf einen Platz im Resettlement Program USRAP (The United States Refugee Admissions Program) bewerben und auf diesem Wege Malta reguliert verlassen.

Es geht vielmehr darum, zu zeigen, dass gerade vermeintlich ›feste‹ und (aus westlicher[7] Perspektive) eindeutige Kategorien in Grenzzonen Quellen der Instabilität, der Unsicherheit, des Konfliktes und der Bedrohung werden können (vgl. Donnan und Haller 2000, 8) und die Kategorien ›Kind‹, ›Jugendliche*r‹ und ›Erwachsene*r‹ instabil, konstruiert und kontextabhängig sind (vgl. Inhetveen 2010, 385).

Forschungsfragen

Nationalstaaten, wie Malta, die (junge)[8] Geflüchtete aufnehmen, streben nach der Herstellung von Eindeutigkeiten u. a. in Bezug auf Alter und Herkunft. Von diesen geschaffenen Eindeutigkeiten und Fixierungen hängen die weiteren Bedingungen von Aufnahme und sozial-rechtlicher Positionierung ab. Während bürokratische Verfahren entwickelt wurden, um diese Eindeutigkeiten zu schaffen, zeigt der Alltag im Grenzregime, welches geprägt ist von diversen Institutionen, Akteur*innen, Regularien und Gesetzen (vgl. Opitz 2011; Rass und Wolff 2018) jedoch, dass sowohl geflüchtete als auch nicht-geflüchtete Akteur*innen diese herausfordern, umkehren, produktiv für sich nutzen oder auch gegen andere verwenden. Verlangte Eindeutigkeiten werden vielmehr zu umkämpften Feldern (vgl. Brah 1990), in denen das Ringen gekennzeichnet ist von Zuschreibungen und Selbstbildern, die wiederum geprägt sind von sozial konstruierten Kategorien. Den folgenden Forschungsfragen widme ich mich mittels ethnografischer Methoden erhobener Materialien in Verknüpfung mit postkolonialen Theorien (vgl. Hall 1994a, b, c, und 1996; Bhabha 1994, 2000; Spivak 2008), Raum- und Subjekttheorien und einer Perspektive eingebettet in Ansätze der Intersektionalität (vgl. Crenshaw 1989, 1991; McCall 2005; Degele und Winker 2009; Binder und Hess 2011, 2013; Goel 2015).

---

7 Der Begriff ›Westen‹ wird hier für die Staaten verwendet, die eine Definitionsmacht über Kindheit, Erwachsensein und Jugend für sich beanspruchen und bezieht sich folglich auf ›den Westen‹ als normative Macht (vgl. Dhawan 2011, 9).

8 Um nicht den Eindruck zu erwecken, als ob junge oder als ›UAM‹ eingeteilte Geflüchtete außerhalb des gesamten Diskurses um Flucht_Migration und der Asylpolitik stehen würden, beziehen sich einige Aussagen auch auf die Situation für Geflüchtete im Allgemeinen.

Ich frage in der Konsequenz der erläuterten Annahmen (1) nach den Selbst- und Fremdzuschreibungen, die ich in den Erzählungen der geflüchteten und nicht-geflüchteten Akteur*innen beobachtet habe. Dies mache ich vor dem Hintergrund meiner Bewusstmachung dessen, dass ich als Fragende, Beobachtende und Deutende nur begrenzt wahrnehmen kann. So verstehe ich meine Wahrnehmungen als kulturell geprägt und dadurch limitiert. Mein Wissen über Somalia/Somaliland basiert vorrangig auf Werken des Schriftstellers Nuruddin Farah, anderen Ethnografien (vor allem Besteman 2014), filmischen Inszenierungen, Reportagen, bzw. Tagesschauberichten über den ›failed state Somalia‹ – in Somalia/Somaliland bin ich bis dato nicht gewesen und das primär medial gezeichnete Bild ist verbunden mit Schrecken und Terror. Das ›ganz normale Leben‹ am Horn von Afrika wird selten dargestellt. Es fiel mir schwer, nach gewissen Dingen zu fragen, da ich von ihrer Existenz überhaupt nichts wusste. Bevor ich meine Gespräche mit den jungen Geflüchteten begann, war mein Somalia-/Somalilandbild bereits in gewissen Teilen existent. Um ihre prä-migratorischen Geschichten und Selbstbilder, die sie mir gegenüber kommunizierten, überhaupt wahrnehmen zu können, habe ich vordergründig zugehört und beobachtet, was mich warum irritierte und gemeinsam mit ihnen Fotos von ihren Familien betrachtet und besprochen. Mir ist es wichtig, auch diese Facetten abzubilden, da ich meine Forschungspartner*innen nicht auf ihre Flucht_Migrationserfahrung reduzieren möchte.

Ich frage weiter danach (2), wie die Kategorie des ›UAMs‹ in Malta von geflüchteten und nicht-geflüchteten Akteur*innen mit Inhalt gefüllt wurde. Welche Verständnisse von Minder- und Volljährigkeit vertraten die diversen Akteur*innen? Wie gingen diejenigen, die als ›UAM‹ eingeteilt wurden, mit der Einteilung um und wie wurde auch jenseits von formalen Prozessen und Gesetzen im maltesischen Kontext die Kategorie ›UAM‹ verhandelt? Es werden wiederholt Bezüge zu den Selbstbeschreibungen hergestellt, von denen die jungen Geflüchteten mir im Kontext von Somalia/Somaliland bzw. während der Flucht_Migration berichteten, um zu zeigen, welche in Malta weiter von ihnen genutzt wurden, welche ihnen aberkannt wurden und welche sie aufgrund von Statusgefährdung nicht mehr nutzen konnten. Es geht folglich um die Betrachtung vergangener und gegenwärtiger Subjektpositionen und Selbstbilder, die teilweise konsistent, in mancher Hinsicht widersprüchlich waren (oder sein mussten) und sich überlagerten.

Ich frage (3) danach, welche Kategorisierungen und Fixierungen neben der Einteilung in die ›Minderjährigkeit‹ noch verhandelt wurden. Zu zeigen, dass sich der Alltag der Forschungspartner*innen nicht allein um die wirkmächtige Kategorie ›Alter‹ drehte, ist hier zentral, um sie nicht in dieser vom institutionellen Grenzregime wirkmächtig gemachten Kategorie festzuschreiben. Um diese Dynamiken zeigen zu können, ist auch meine Beziehung zu den geflüchteten und nicht-geflüchteten Forschungspartner*innen relevant, da auch ich Teil dieser Verhandlungen war, bzw. zu einem Teil gemacht wurde.

Es wird zudem (4) danach gefragt, wie die unterschiedlichen Akteur*innen um Agency rangen, wie institutionelle Widerstände entstanden und wie mit diesen umgegangen wurde. Die Frage lautet, wie das dynamische Mit- und Gegeneinander der geflüchteten und nicht-geflüchteten Akteur*innen im Kontext der Flucht_Migration ausgehandelt wurde? Diese Aushandlungen von dynamischen und komplexen Prozessen entstehen, so argumentiere ich, in (Un-)Möglichkeitsräumen, die zwischen jungen Geflüchteten und Nicht-Geflüchteten verhandelt werden. Zusammengefasst verstehe ich unter (Un-)Möglichkeitsräumen die Räume, in denen Subjekte, Struktur und Agency aufeinandertreffen. Das Entstehen unterschiedlicher (Un-)Möglichkeitsräume ist von der Konstellation der Akteur*innen, ihren Selbst- und Fremdzuschreibungen, von der jeweiligen Situation sowie dem (rechtlichen) Kontext beeinflusst – (Un-)Möglichkeitsräume sind folglich relational und kontextual. Diese (Un-)Möglichkeitsräume und die Beziehungen und Praktiken, die diese entstehen oder verschwinden lassen, stehen im Kern der Analyse – die Studie ist folglich eine zu Handlungen, Subjektpositionen und Beziehungen von Geflüchteten und Nicht-Geflüchteten, aber nicht als Arbeit *über* Geflüchtete zu verstehen (vgl. Degele und Winker 2009).

Ich frage folglich (5) auch nach den Beziehungen: Welche Beziehungen gingen die jungen Geflüchteten ein, welche die institutionellen Akteur*innen? Wer sprach mit wem über was? Über die Frage nach den Beziehungen wird auch meine Rolle als ›Fremde‹ und Forschende transparent gemacht. Ich verstehe mich und meine Interaktionen mit den Forschungspartner*innen als Teil des Geschehens vor Ort.

Für die Beantwortung der Fragen stehen die Interaktionen zwischen geflüchteten und nicht-geflüchteten Akteur*innen ebenso im Fokus wie die verschiedenen Erzählungen und Perspektiven der Akteur*innen über sich selbst, über einander und auf einander und ihre entsprechenden durch mich angefertigten Beschreibungen. Eingebettet sind diese Forschung und die Beantwortung der Forschungsfragen in Diskurse um Immigration (junger) Geflüchteter in die EU, den Umgang mit als ›UAM‹ eingeteilten Geflüchteten, sowie ihrer Behandlung und Betreuung bis sie formell Erwachsene sind. Forschungstheoretisch orientierte ich mich an Konzepten der transnationalen Migrationsforschung (hier vor allem Hannerz 1996, 1998; Hauser-Schäublin und Braukämper 2002; Glick Schiller und Wimmer 2003; Lauser 2005; Römhild 2006; Bojadzijev und Römhild 2014) sowie Grenzregimeforschung (vor allem in Anlehnung an Transit Migration Forschungsgruppe 2007; Hess und Tsianos 2010; Tsianos und Kasparek 2015; Rass und Wolff 2018). Der analytische Blick für die Betrachtung der (Un-)Möglichkeitsräume im Kontext von Flucht_Migration wird primär entlang von Raumtheorien, die das Entstehen von Räumen im Ergebnis sozialer Handlungen verstehen, entwickelt (de Certeau 1988; Massey 1994). Für die Positionswechsel in nicht zwangsläufig real existierenden, geografischen Orten und die Aushandlungen zwischen den Akteur*innen rekurriere ich auf Homi K. Bhabhas Überlegungen zum Dritten Raum (Bhabha 1994, 2000). Ferner orientiere ich mich an Subjektivierungsforschung (vgl. hier Althusser 1977; Butler 1998 [1993], 2001 [1997]; Foucault 1991 [1970], 2003 [1966], 2008 [1969], 2008 [1975]; Reckwitz 2008). Postkoloniale Theorien (vordergründig mit Bezug auf Bhabha 1994, 2000) sowie Intersektionalitätsforschung (in Anlehnung an Crenshaw 1991, 1989 als Ausgangsperspektive) rahmen meinen Blickwinkel auf die Dynamiken und mein Material maßgeblich.

Aufbau

Das Buch gliedert sich in vier Teile und acht Kapitel. Kapitel 1, 2 und 3 vermitteln Hintergrundwissen in Bezug auf Flucht_Migration junger Menschen in die EU. Ich kontextualisiere meine Forschung, behandele zentrale theoretische Ansätze und stelle das methodische Vorgehen vor. In Kapitel 4 setze ich mich mit den Selbst- und Fremdbildern von jungen Geflüchteten auseinander und im Fokus stehen die Akteur*innen, ihre Wünsche und Erwartungen, sowie die Zuschreibungen und Bedeutungsmachungen von ›Alter‹ und dem ›UAM‹-Status.

In Kapitel 5 diskutiere ich, wie Agency, institutionelle Widerstände und das dynamische Mit- und Gegeneinander in Malta verhandelt wurden. Es stehen folglich die Praktiken der Akteur*innen und der Umgang mit ›UAMs‹ im Fokus. Es geht in diesem Kapitel auch darum, wie die jungen Geflüchteten sich ihre Zukunft vorstellten und gestalteten.

In Kapitel 6 gehe ich abschließend auf meine Überlegungen zum Forschen mit jungen Geflüchteten und meine Rollen ein. Darauf folgt in Kapitel 7 meine zusammenfassende Interpretation der Forschungsergebnisse, bevor ich in Kapitel 8 mit einem Ausblick schließe und meine geflüchteten Forschungspartner*innen zu ihrer aktuellen Situation zitiere, um aufzuzeigen, wie vielfältig sich ihre Lebenswege zwischen 2013 und heute entwickelt haben.

In Kapitel 1 *Grenze und Grenzregime: Dynamiken, Akteur*innen und Tendenzen* erarbeite ich das verwendete Verständnis von Grenze und Grenzregime und lote dabei das Verhältnis von Malta zum gesamt-EUropäischen Grenzregime aus. Ich gehe dann auf die Bedeutung der spezifischen Bedingungen des Ankommensortes Malta für meine Forschungspartner*innen ein. Es folgt ein Einblick in den maltesischen Diskurs zu ›UAMs‹ und Geflüchteten. Im weiteren Verlauf stelle ich rechtliche Definitionen von ›UAMs‹ vor und präsentiere meine Überlegungen zu der Kategorie ›Alter‹. Da ich ›Alter‹ als Ordnungskategorie im Grenzregime verstehe, diskutiere ich diese Kategorie vor dem Hintergrund ihrer Bedeutung für den Nationalstaat. Gleichzeitig zeige ich auf, indem ich hier mit den Perspektiven der jungen Geflüchteten und auch der nicht-geflüchteten Akteur*innen kontrastiere, dass Alter und Minderjährigkeit keineswegs als transnational universale Kategorien zu verstehen sind. Das Ziel ist hier, mit einem definitorischen Eurozentrismus (vgl. Hoffmann 2017) in Bezug auf Minder- und Volljährigkeit zu brechen. Die Betrachtung des Begriffs des ›unbegleiteten minderjährigen Flüchtlings/unaccompanied minor‹, der in dieser Forschung die fokussierte Bezugsgröße darstellt, ist unumgänglich. Es erfolgt deshalb eine Annäherung sowohl aus rechtlicher, als auch aus sozialwissenschaftlicher Perspektive. Im nächsten Schritt begebe ich mich dann auf ›Spurensuche‹ in Malta und diskutiere die Kategorie ›Alter‹ vor dem Hintergrund der spezifischen Dynamiken und Regularien des Inselstaates. Das Kapitel schließen meine Ausführungen zur Pseudonymisierung meiner Forschungspartner*innen, die ich vor den Dynamiken des Grenzregimes reflektiere.

In Kapitel 2 *Konturen des theoretischen Rahmens und der analytischen Perspektive* führe ich in die verwendeten Raum- und Subjektverständnisse ein. Zunächst erläutere ich mein Raumverständnis, welches auf Raumtheorien beruht, die Räume als Ergebnis sozialen Handelns verstehen und löse mich von Raumkonzepten, die eben diese als unveränderbare ›Container‹ mit ausschließlich klaren Grenzen verstehen (vgl. Künzler 2016, 163). Da die Aushandlungen der (Un-)Möglichkeitsräume in zwischenmenschlichen Beziehungen stattfanden, braucht es ein Raumkonzept, welches diese Dynamiken fasst. Geeignet ist das Konzept des *Third Space (Dritter Raum)* von Bhabha (1994, 2000). Der *Dritte Raum* wird als Analyseinstrument eingeführt, für die ethnografische Situierung diskutiert und entwickelt. In diesem Kontext finden Verhandlungen von Subjektpositionen statt. Daraufhin möchte ich mit Rückgriff auf das Konzept der Intersektionalität verdeutlichen, inwiefern diese *Dritten Räume* auch von sozial konstruierten Kategorien beeinflusst werden und diese als Selektions-, Zuordnungs- und Sinnkategorien verstanden werden müssen. Es mag hier zunächst widersprüchlich erscheinen, Bhabha und Intersektionalität zusammenzudenken. Ich verstehe sozial konstruierte Kategorien jedoch nicht als starr und final festschreibend, sondern als dynamisch und in Teilen verhandelbar. Kategorien sind folglich auch kontaktinitiierend.

Es folgt anschließend eine Hinleitung zum Subjektbegriff. Die Annahme lautet, dass Subjekte, trotz Regularien und (gesetzlichen sowie normativen) Beschränkungen mit Agency agieren; Agency wird als Relationsbegriff erarbeitet (vgl. Scherr 2012, 2013; Leiprecht 2014), wobei dieses nicht impliziert, dass sie gleichmäßig verteilt ist: Die jungen Geflüchteten befinden sich in diesen Aushandlungen in Situationen, die von asymmetrischer Verteilung von Agency geprägt sind.

In Kapitel 3 erörtere ich *Methodologische Grundlagen, methodische Umsetzungen und Reflexionen*. Dabei wird neben der gelebten Praxis des Erhebens vor Ort auch das Arbeiten am Schreibtisch als essentieller Bestandteil des *doing* Feldforschung diskutiert. Transparent wird gemacht, wie das Material, auf das ich mich beziehe, erhoben wurde, aber es folgt auch die Offenlegung des mehrstufigen, prozessualen Auswertungsprozesses. Die Erhebung orientierte sich am ethnografischen Methodenset und ich stelle Bezüge zu der von der Transit Migration Forschungsgruppe (2007) entworfenen und von Sabine Hess und Vassilis Tsianos (2010) spezifizierten ethnografischen Grenzregimeanalyse her. Zu deren Hauptmerkmalen gehört es, wie zu anderen ethnografischen Zugängen auch, einen polyphonen und multiakteurischen Forschungsansatz zu verfolgen. Es werden alle beteiligten Subjekte als Akteur*innen des Grenzregimes verstanden. Es ist vielmehr der Gegenstand – nämlich das Grenzregime – als das Vorgehen, der diesen Ansatz von anderen unterscheidet. Im Rahmen meiner ethnografischen Grenzregimeanalyse stehen die Subjekte im Fokus. Im Ergebnis des Kapitels steht die Erarbeitung eines tastenden, interaktiven Verfahrens (vgl. Lauser 2004; Klepp 2011; Friese 2014) sowohl für die Erhebung als auch die Auswertung (vgl. Reichertz 2015; Otto und Kaufmann 2018).

Das Kapitel 4 *Selbst- und Fremdbilder* erörtert, wie (zugeschriebene) Zugehörigkeiten, Subjektpositionen und Gegenentwürfe entstanden sind. Zunächst gehe ich auf die Erzählungen der jungen Geflüchteten über sich und ihre Situation in Somalia/Somaliland ein: Welche Rollen nahmen sie in den Beziehungen vor Ort ein? Welches Selbstbild zeichneten sie mir gegenüber? Wie haben sie entschieden, ihren Kontext zu verlassen? Das Ankommen in Malta wird dann beschrieben. Leitende Fragen bei der Analyse waren für mich: Was wurde ihnen zugeschrieben? Welche ihrer Selbstbilder wurden gegen sie verwendet? Wie wurde die Eindeutigkeit der ›UAM‹-Kategorie dynamisiert und liminalisiert? Zunächst widme ich mich den Altersfeststellungen und -aushandlungen. In einem zweiten Schritt beleuchte ich dann die Verwehrung von Zugängen für junge Geflüchtete, beschreibe, was die sie Verwaltenden und Betreuenden von ihnen verlangten und diskutiere den Unterschied zwischen dem ›UAM‹-Sein und dem formell Volljährig-Sein. Darauf folgt die Betrachtung des Umgangs der jungen Geflüchteten mit den an sie gemachten Zuschreibungen. Es geht mir darum zu zeigen, wie sie die ›UAM‹-Kategorie navigierten, wie sie über sich selbst sprachen und sich präsentierten und ich zeige auf, welche Wege sie gefunden haben, mit Abwertungen und verwehrten Zugängen umzugehen.

In Kapitel 5 *Beziehungen, Verantwortlichkeiten und Zukunftsgestaltungen: Aushandlungen auf Malta* diskutiere ich die (Un-)Möglichkeitsräume detaillierter. Zunächst widme ich mich den Wissens- und Wahrheitsproduktionen in Malta und schaue mir an, wer mit wem unter welchen Bedingungen Beziehungen einging und wer wem (nicht) helfen durfte. Es werden dann die Dynamiken im Asylinterview beschrieben, bevor ich mich den Willkürlichkeiten des Offiziellen widme. Im Anschluss stehen dann Fragen nach der Verantwortung für junge Geflüchtete im Zentrum. Beleuchtet wird, wie zwischen den Akteur*innen ›Integration‹ und ›Verantwortung‹ verhandelt wurden und inwiefern sich die institutionellen Akteur*innen (nicht) für die jungen Geflüchteten verantwortlich fühlten. Das Kapitel zeigt, dass die

›EUisierung‹ bei paralleler ›Entmaltesierung‹ der Verantwortung nicht dazu führte, dass die jungen Geflüchteten dieses entstehende Verantwortungsvakuum unbesetzt ließen: Vielmehr entwickelten sie Praktiken des »share the life«.

In Kapitel 6 reflektiere ich die (Un-)Möglichkeit zur Forschung mit und zu jungen Geflüchteten. Ziel dieses Abschnittes ist es unter der Annahme, dass auch in Zukunft ein Großteil aller sich in Flucht_Migrationssituationen befindenden Menschen *junge* Menschen sein werden, für die Forschung mit und zu ihnen zu sensibilisieren (vgl. Chase et al. 2019). In Kapitel 7 fasse ich meine Forschungsergebnisse abschließend entlang sechs zentraler Punkte interpretierend zusammen. Ich erarbeite meinen Begriff des ›adult minors‹, mit dem ich die Dynamiken der ambivalenten Fremd- und Selbstpositionierungen, die ich wahrnahm, fassen möchte. Im letzten Kapitel 8 *Ausblick und Diskussion* gehe ich zunächst auf meine Einschätzung zur Relevanz meiner Ergebnisse ein, lote die Grenzen meiner Forschung zusammenfassend aus und stelle Anknüpfungspunkte für weitere Forschungen im Bereich Flucht_Migration junger Menschen dar. Ich präsentiere meine letzten Wahrnehmungen aus Malta und Zitate einiger junger Geflüchteter zu ihrer Situation in 2018 schließen den Text.

Anmerkungen zur Repräsentation

Die Anerkennung, dass in den lokalen Punkten des Grenzregimes Übergänge und Aufnahmebedingungen für geflüchtete Menschen gestaltet werden, gehört zum Leitgedanken dieser Forschung, mittels derer ich sowohl strukturelle als auch subjektbezogene Facetten eben dieser greifbarer zu machen versuche. Auf struktureller Ebene ist es mein Ziel, die (übergeordneten) Regeln des maltesischen und in Teilen gesamt-EUropäischen Grenzregimes in Bezug auf ›UAMs‹ nachzuzeichnen. Um die subjektbezogenen Facetten, Erzählungen und Handlungen in den Blick nehmen zu können, wird im Sinne einer interpretativen Ausrichtung und dichten Beschreibung (Geertz 1983) an den geflüchteten und nicht-geflüchteten Akteur*innen angesetzt.

Geertz betont, mit Bezug auf Bronislaw Malinowski, dass es keineswegs notwendig sei, ›Eingeborene*r‹, oder in meinem Fall ›UAM‹ bzw. institutionelle Grenzregimeakteur*in zu sein, um ihre Selbstverständnisse in Erfahrung zu bringen (vgl. 1983, 291). Als Aufgabe dieser Studie verstehe ich,»komplexe, oft übereinandergelagerte oder ineinander verwobene Vorstellungsstrukturen, die fremdartig und zugleich ungeordnet und verborgen sind« (Geertz 1983, 15) zunächst zu erfassen, zusammenzubringen und transparent zu machen.

Meine Überlegungen zu den Methoden und ihrer Anwendung orientieren sich folglich an Geertz, der in Anlehnung an den Begriff der »dichten Beschreibung« von Gilbert Ryle festhält, dass es in der Ethnografie um mehr geht, als das ›korrekte‹ Anwenden von feststehenden Methoden (vgl. Geertz 1983, 10). Das »Thinking and Reflecting« sowie das »Thinking of Thoughts« (Ryle 1971) sind folglich zentral für die Forschung. Vielmehr war es nicht nur während der Forschung und auch im Kontext der Auswertung meine Aufgabe, einen Methodenpluralismus zu erarbeiten, mit dem ich a) sensibel-tastend vorgehen konnte und der b) die große Komplexität der Forschung sicht- und greifbarer macht. Das Ergebnis dieses Vorgehens ist ein Forschungsbericht, der narrative, reflexive, analytische und methodische Passagen (vgl. Rudolph 1992, 46f.; auch Geertz 1983) enthält, die sich abwechseln und ergänzen. Die Auseinandersetzung mit *Critical Whiteness*, Intersektionalität und post-kolonialen Theorien begleitete als Rahmen von Gedanken, Theorien und Ansätzen meine forschende Praxis. Durch das Mitdenken dieser Ansätze während des Forschungsprozesses wurden sie zu den maßgebenden Parametern meiner ethnografischen Arbeit, in der ich Methode und Theorie eng verknüpfte. Die gewählte offene Herangehensweise an die Forschung erlaubte es auch, herauszufiltern, welche Themen die an der Forschung beteiligten Akteur*innen bewegten und welche sie mir gegenüber überhaupt artikuliert haben – im Kontext von Flucht_Migrationsforschung plädiere ich folglich für ein rekursives Verfahren und Forschungsdesigns, die sich an einer Langzeitperspektive orientieren, um keine voreiligen Schlüsse zu ziehen.

Anmerken möchte ich an dieser Stelle, dass ich mich in der Repräsentationsform von einer klaren Trennung zwischen Methode, Theorie und Empirie zu verabschieden versuchte. Die Auswahl der theoretischen Konzepte und methodischen Ansätze verstehe ich als in enger Beziehung zu dem erhobenen Material stehend. Die getroffene Selektion theoretischer, methodischer und analytischer Konzepte und Verfahren versuchte ich stets aus meinem Material zu begründen, weshalb ich dieses an verschiedenen Stellen der Studie heranziehe. Ich möchte dementsprechend die analytische Beziehung zwischen ethnografischem Material, den Erhebungs- und Auswertungsmethoden sowie theoretischen Konzepten darstellen. Ich denke also Theoretisierung und Empirie in wechselseitigem Verhältnis und trenne deshalb nicht zwischen empirischen und nicht-empirischen Kapiteln, obgleich es Schwerpunkte gibt. Ich erhob folglich nicht nur multi-methodisch, sondern entschied mich auch für einen multi-theoretischen Ansatz. Diese Entscheidung ergab sich aus dem empirischen Material. Vor allem das Ineinandergreifen der von mir verwendeten theoretischen Ansätze zeigt neue Facetten von Flucht_Migration junger Menschen und den Umgang mit der ›UAM‹-Kategorie auf, die durch mono-theoretische Ansätze in dieser Form nicht zum Vorschein kommen würden. Daher unternehme ich in dieser Arbeit den Versuch, ethnografische Grenzregimeanalyse, Raum- und Subjekttheorien, sowie Intersektionalität zusammenzubringen. Das Material wurde über einen Zeitraum von fünf Jahren (2013–2018) erhoben. Über einen so langen Zeitraum zu forschen bedeutet auch, dass es zu Veränderungen der Themen, die artikuliert wurden, sowie den von den Forschungspartner*innen gelebten Praktiken, kam. So verfolge ich hier nicht die Position, dass *eine* Theorie ausreicht, um das vielfältige Material zu deuten und erarbeitete eine breite theoretische Ausrichtung. Meine Analyse »informiert sich flexibel aus unterschiedlichen theoretischen Ansätzen und interpretiert die gewonnenen Daten vor deren Hintergrund« (Dracklé 2015, 393). Als Ethnograf*innen erzählen wir Geschichten »to bring material, data, beliefs, theories to life« (McGranahan 2015, 5). Der Darstellungsprozess, der mit dem Fertigstellen dieses Buches sein Ende nahm, verlief ebenfalls nicht an einem Stück. Dieses lag vordergründig in meinen insgesamt fünf Maltaaufenthalten begründet, zwischen denen bis zu 24 Monate Abstand lagen. In den Phasen, in denen ich nicht in Malta war, begann ich meine Materialien zu sichten, zu deuten und zu verdichten. Es kam zu Verwerfungen und Intensivierungen von Forschungskontakten, aber eben auch zur Anbindung an theoretische Konzepte und zur Veränderung methodischer Vorgehensweisen. Diese hier gewählte Darstellungsform ist folglich auch als Ergebnis des prozessualen Arbeitens zu verstehen.

Aufgrund der verschieden langen Maltaaufenthalte ergaben sich Materialien sehr unterschiedlicher Qualität und Intensität (vgl. Marcus 1995, 100). Hinzu kam, dass, wie bereits erwähnt, einige Forschungspartner*innen Malta wieder verließen und u. a. in Deutschland ankamen und mich dann wieder kontaktierten. Ich weitete folglich meinen Forschungskontext geografisch aus und erhob auch in Deutschland Material. Diese Begegnungen waren, im Vergleich zu meinen Beziehungen und Begegnungen in Malta, eher flüchtig. In diesen sehr unterschiedlichen Qualitäten, den heterogenen Akteur*innenkonstellationen sowie den verschiedenen Graden an Nähe und Intensität in den Beziehungen liegt allerdings kein Widerspruch zur dichten Beschreibung im Geertz'schen Sinne, was vor allem auch die Überlegungen von Mark-Anthony Falzon (2009) zeigen. Er sieht dieses heterogene Vorgehen nicht als ›dünn‹ im Gegensatz zu einer ›dichten‹ Beschreibung. Vielmehr, so argumentiert Falzon, drückt auch das Fragmentierte gewisse Spezifika der Lebensumstände der (geflüchteten) Forschungspartner*innen aus (vgl. Falzon 2009, 9). Theorie, Methode und Empirie zu verbinden, denke ich also als deduktiv-induktives Wechselspiel. Ich war nicht, wie alle anderen Forscher*innen auch, ganz frei von theoretischen Vorannahmen und so kam es durchaus zu Momenten der Bestätigung von bereits bestehender Theorie. Gleichzeitig jedoch stieß ich in meinem Material auch auf Beispiele, für die ich keine theoretischen Anbindungen finden konnte und die ich nutzte, entweder bestehende Konzepte weiter oder anders zu denken, oder aber aus denen ich neue theoretische Ansätze ableiten konnte.

Was die gesamte Arbeit als analytischen Rahmen begleitet hat, ist die Verbindung postkolonialer Theorien mit Ansätzen der Intersektionalität. Ähnlich wie Vertreter*innen der Intersektionalitätsforschung fordern auch Vertreter*innen der *Postcolonial Studies* (vgl. u. a. Hall 1994a, b, c, 1996, 1997; Said 1994; Spivak 1994, 2008; Bhabha 1994, 2000) eine kritische und dekonstruierende Haltung gegenüber sozialen Kategorien und der eigenen forschenden und repräsentierenden Praxis einzunehmen. Dieser Rahmen lässt eine Reflexion über Machtverhältnisse zu. Dabei geht es heute längst nicht mehr nur darum, so halten es Nikita Dhawan und Maria do Mar Castro Varela fest, die Auswirkungen der Kolonialisierung zu analysieren, sondern die zeitgenössischen *Postcolonial Studies* beziehen »die aktuell bestehenden neokolonialen Machtverhältnisse« (do Mar und Castro Varela 2005, 25) mit ein.

Forschungsstand zu jungen Geflüchteten und Beitrag der Studie

Diese Arbeit verorte ich an der Schnittstelle von ethnografischer Grenzregimeforschung (Transit Migration Forschungsgruppe 2007; Hess et al. 2010, 2014, 2017) und Forschung zur Flucht_Migration junger Menschen, die als ›UAM‹ eingeteilt wurden. Trotz Quantität der Flucht_Migrationsbewegungen und der Einteilungen in diese Kategorie, der gesellschaftspolitischen Relevanz und der Aktualität dieses Themas, gibt es bisher noch keine ethnografische Grenzregimeanalyse dazu, obwohl in den vergangenen (vor allem dreißig) Jahren (vgl. Goebel et al. 2018, 3ff.) die in unterschiedlichen Disziplinen betriebene Flucht_Migrationsforschung einen enormen Aufschwung erfahren hat. Dass als ›UAMs‹ eingeteilte Geflüchtete weniger Berücksichtigung in Forschungen fanden, liegt auch am erschwerten Zugang. Meistens befinden sie sich in (staatlichen) und kontrollierten Einrichtungen und der Zugang zu ihnen ist häufig nur über die sie Betreuenden möglich (vgl. Belloni 2016; Thomas, Sauer und Zalewski 2018; Chase et al. 2019). Zudem werden junge Geflüchtete von Forscher-*innen auch immer wieder als ›zu vulnerabel‹ verstanden, um an Forschungen teilzunehmen. Ulrike Kübler (2010) beispielsweise beforschte zwar die Situation für in Malta inhaftierte Geflüchtete und fokussierte vor allem die *open centres*⁹, distanzierte sich aber von dem Unterfangen, diejenigen, die als ›UAM‹ eingeteilt waren, aufgrund ihrer ›Vulnerabilität‹ in Forschungen einzubinden.

Der die Forschung zu und mit jungen Geflüchteten dominierende Diskurs lässt sich in drei Stränge gliedern: Strang 1 bezieht sich vordergründig auf die (psychische) Gesundheit junger und minderjähriger Geflüchteter (u. a. Derluyn und Broekart 2008; Chase, Knight und Statham 2008), Strang 2 fokussiert *policy* und *rights responses* von Nationalstaaten auf junge Geflüchtete und vice versa (Bhabha 2006, 2008; Watters 2008; Terrio 2008; Ensor und Gozdziak 2010; Keselman, Cederborg und Linell 2010; Pells 2012; Smyth 2013; Schmieglitz 2014; Silvermann 2016; Allsopp und Chase 2017; Durusun und Sauer 2017) und Strang 3 fokussiert Praktiken der sozialen Arbeit mit jungen Geflüchteten (Theilmann 2005; Kohli 2006; Detemple 2013). Was diese Studien teilen, ist das Verständnis von jungen Menschen

---

9 In sogenannten *open centres* werden Geflüchtete in Malta nach der Inhaftierung untergebracht. ›Offen‹ heißen sie auch, weil die Bewohner*innen sie zu gewissen Zeiten verlassen können und sie sich somit von der Haft unterscheiden.

als soziale Akteur*innen, die mit Agency handeln (Crawley 2010; Sirriyeh 2013; Thomas, Sauer und Zalewski 2018). Sie geben einen Überblick über die unterschiedlichen Dynamiken, Rechtslagen und Akteur*innen, die das Leben junger Geflüchteter beeinflussen. Es fehlen aber Forschungen, die die jungen Geflüchteten und ihre Praktiken im Alltag in den Mittelpunkt des Interesses stellen (vgl. Wernesjö 2012; Sirriyeh 2013; Heidbrink 2014) und die aufzeigen, wie das Jung- und Geflüchtet-Sein im EUropäischen Grenzregime multi-akteurisch navigiert und verhandelt wird.

Eine weitere Auffälligkeit in der Forschung zu jungen und als ›UAM‹ eingeteilten Geflüchteten ist, dass eine Vielzahl der Forschungen die jungen Menschen eben auch und ausschließlich als ›UAMs‹ repräsentieren. In diesen Forschungen wird dann die ›UAM‹-Kategorie fortgeschrieben. Junge Geflüchtete werden häufig als ›besonders vulnerabel‹, ›besonders traumatisiert‹, ›besonders entwurzelt‹ und ›besonders hilfsbedürftig‹ dargestellt und eben ›besondert‹ und es entsteht schnell der Eindruck, dass junge Geflüchtete *natürlich* ›UAMs‹ sind und die Kategorisierungs- und Klassifizierungsprozesse werden übersehen (vgl. von Balluseck 2003; Reddemann 2017). Zahlreiche dieser Arbeiten, die sich mit jungen Geflüchteten befassen, orientieren sich, mit wenigen Ausnahmen (vgl. Clark-Kazak 2011; Back und Sinha 2018), an einem klaren Kind-Erwachsenen-Schema. Es werden folglich entweder diejenigen beforscht, die formell noch nicht 18 sind, oder diejenigen, die formell schon 18 sind. Die Transformation zwischen den rechtlichen Kategorien Minder- und Volljährigkeit wurde noch nicht hinlänglich untersucht (vgl. Sirriyeh 2013, 3). Diese Studie in- und exkludiert die Forschungspartner*innen nicht aufgrund ihres chronologischen Alters, um eine Reproduktion des Kind-Erwachsenen-Schemas zu vermeiden; vielmehr geht es darum, die Trajektorien über das juristisch 18. Lebensjahr hinaus in den Blick zu nehmen, um zu zeigen, dass die ›UAM‹-Kategorie nach ihrem formellen Ende im Leben der jungen Geflüchteten fortwirkt.

In der Kategorie des ›UAMs‹ treffen widersprüchliche Perspektiven, Logiken und Interessen sehr unterschiedlicher Akteur*innen aufeinander. Dass die ›UAM‹-Kategorie existiert, verstehe ich als ein Ergebnis der Grenze, denn diese Kategorie existiert nur, nachdem die jungen Menschen Malta erreicht haben und klassifiziert wurden. Für meinen konstruktivistischen Ansatz und in Abgrenzung zu Studien, die entweder *nur* junge Geflüchtete, *nur* die sie Betreuenden und Verwaltenden berücksichtigen oder *nur* die rechtliche Ebene des ›UAM‹-Status fokussieren, orientiere ich mich

an einem regimetheoretischen Ansatz. In Abgrenzung zu Ansätzen, die die
›Vulnerabilität‹ junger Geflüchteter fortschreiben und im Anschluss an
Ansätze, die junge Menschen als mit Agency Agierende verstehen, löse ich
die Dichotomie zwischen Struktur und Individuum, zwischen Mikro- und
Makroebene auf, und schaue vielmehr auf die Reibungen, Widersprüche
und entstehenden (Un-)Logiken. Dass diese regimetheoretisch ausgerichteten Forschungsansätze zeigen können, dass Grenze und Politiken nicht
in Gänze fixiert sind und Recht vor Ort zwischen vielfältigen Akteur*innen
verhandelt wird, haben Studien der kritischen Grenz- und Flucht_Migra-
tionsforschung gezeigt (vgl. Klepp 2011; Gerard und Pickering 2013;
Friese 2014; Hoffmann 2017; Nimführ 2020).

Es lassen sich in der Zusammenschau meiner Ausführungen folglich
drei Forschungsdesiderate erkennen, denen sich diese Studie explizit widmet: (1) als ›UAM‹ eingeteilte Individuen und junge Geflüchtete stehen mit
ihren eigenen Praktiken und Erzählungen selten im Zentrum der Grenzregimeforschung; (2) in der Literatur zum EUropäischen Grenzregime sind
als ›UAM‹ eingeteilte Geflüchtete nahezu abwesend; (3) die konkreten
Einteilungs- und Kategorisierungsprozesse sind bisher im akademischen
Diskurs unterbeleuchtet, Kategorien werden festgeschrieben und vor allem
die ›UAM‹-Kategorie häufig als natürlich gesetzt. Die hier vorgelegte Studie
setzt deshalb die Perspektiven und Praktiken der als ›UAM‹-Eingeteilten
zentral und erkundet davon ausgehend das Akteur*innennetzwerk, welches
an der Einteilung beteiligt ist; positioniert sich dementsprechend in der
Literatur zum EUropäischen Grenzregime; befragt die Einteilungs- und
Fixierungsprozesse aus intersektionaler Perspektive, um die ›UAM‹-Kate-
gorie nicht nur zu dekonstruieren (vgl. Plößer 2011), sondern sie vor allem
in der alltäglichen Bedeutungsmachung betrachten zu können. Damit ist
diese Arbeit anschlussfähig an Ansätze, die Kindheit als Konstruktionen
verstehen (vgl. Aitken 2002; Aitken, Lund und Kjorholt 2009; Wells 2009;
Stockton 2009; Faulkner 2011; Ticktin 2016; McLaughlin 2017).

Positionierung der Forscherin

»Eigene Wahrnehmungshorizonte, theoretische Sinnstiftungen und politische
Anschauungen schreiben sich genauso in Feldausschnitte und Problemstellungen
ein wie eigene Emotionen, Empfindlichkeiten, Vorlieben und Abneigungen«

(Binder und Hess 2013, 24).

Dem politisierten und emotionalisierten Forschungskontext des Grenzregimes (vgl. Donnan und Haller 2000, 9) und seinen Akteur*innen neutral
zu begegnen, war in dieser Forschung weder möglich noch intendiert und
der folgende Abschnitt wird als ein Teil der Offenlegung der Forscher-
*innensubjektivität verstanden (vgl. Reichertz 2015).[10] Gleich zu Beginn ist
es mir wichtig festzuhalten, dass ich es nicht anstrebe, den Held*innen,
Täter*innen oder Opferdiskurs über Geflüchtete zu nähren (vgl. Friese
2017), ebenso wenig möchte ich ein Bild von institutionellen Grenzregimeakteur*innen als per se böse, rassistisch oder diskriminierend zeichnen.
Dazu gehört anzuerkennen, dass es sowohl unter meinen geflüchteten Forschungspartner*innen Personen gab, die an Bildung interessiert waren und
andere kein Interesse daran hatten; es gab Menschen, die hart gearbeitet
haben und es gab welche, die gestohlen haben; sie haben unter rassistischen Beleidigungen gelitten und teilweise selbst exkludiert und diskrimi-
niert. Es soll zum Ausdruck kommen, dass die jungen Geflüchteten weder
Opfer, Held*innen noch Täter*innen per se waren, aber alles und nichts
davon gleichzeitig sein konnten. Es bildeten sich durchaus ambivalente
Subjektpositionen heraus, die ich hier aufgreife. Es gab dabei fluchtspezifi-
sche und nicht-fluchtspezifische Bedingungen, die diese Dynamiken prägten und schlussendlich sind auch junge Geflüchtete ›ganz normale‹ Menschen. Selbiges gilt für die Mitarbeiter*innen auf verwaltender und betreu-
ender Ebene: Einige von ihnen hatten rassistische Weltanschauungen und
waren gewaltvoll, andere wiederum waren unmotiviert oder verunsichert;
einige waren überfordert, andere getrieben von dem Wunsch ›Gutes‹ zu
tun; einige konnten zu den jungen Geflüchteten gute Beziehungen aufbauen, andere hatten permanent Konflikte mit ihnen. Einige erfuhren
Anerkennung aus ihrem privaten Umfeld, andere Schmäh und Abwertung.

---

10 Mit diesem Kapitel soll meine Reflexion der eigenen Rolle nicht als abgeschlossen verstanden werden. Vielmehr reflektiere ich diese durchgehend.

Die Involviertheit der Forscher*innen entsteht schon vor der Fokussierung auf die Themen, die in der eigenen Arbeit letztendlich relevant gemacht werden (vgl. Reichertz 2015). Die Anbindung an post-koloniale Theorien und die Anlehnung an relationale (vgl. Löw 2001) Raumtheorien verstehe ich bereits als Positionierung und wichtigen Bestandteil meiner Forscherinsubjektivität (vgl. auch Ha 2013), basiert doch meine Haltung zu meinem Material auf diesen Ansätzen. Jedoch geht es für die Reflexion der Subjektivität der Forschenden um mehr als um die Diskussion der gewählten theoretisch begründeten Perspektive. Sabine Hess und Beate Binder halten fest, dass eine Flucht der eigenen Person aus der Wissensproduktion ein unmögliches Unterfangen ist (vgl. Binder und Hess 2013, 24; Reichertz 2015; Otto und Kaufmann 2018). Ich veränderte die Situation vor Ort, wurde selbst zum Spiegel gewisser Zuschreibungen und Selbstkonstruktionen (vgl. Keupp 2001) und trage die Verantwortung sowohl für die Erhebung als auch für die Auswertung des Materials, seiner Theoretisierung und Offenlegung. Ich verstehe mich folglich als individuell wahrnehmende und Entscheidungen treffende Forscherin, wurde selbst lernendes Subjekt im Forschungsprozess (vgl. Behse-Bartels und Brand 2009, 14; Gutekunst 2018). War auch ich zunächst davon ausgegangen, dass die Kategorie des ›UAMs‹ eindeutig ist, ergab es sich im Verlauf der Forschung aus dem Material und den Begegnungen heraus, dass ich begann, diese Kategorisierung zu befragen, zu hinterfragen und (möglichst) nicht weiter fortzuschreiben. Dieses subjektive Verstehen und Deuten denke ich folglich als Gütekriterium der Forschung. Da ich mich selbst als Akteur*in des Grenzregimes verstehe, ist es umso wichtiger, mich und die Lesenden auf ihre eigenen Verstrickungen mit dem institutionalisierten Grenzregime und seinen Normalisierungen und Kategorisierungen hinzuweisen und zu einer Reflexion anzuregen.

Ferner orientiere ich mich in meinem Zugang und meinem Verständnis von Ethnografie an der seit den 1980er Jahren geführten *Writing Culture Debatte*, die (kulturelle) Homogenisierungen in der Ethnologie einerseits kritisierte und andererseits forderte, diese in zukünftigen Forschungen (möglichst) zu vermeiden[11]. Diese Debatte führte in der Konsequenz zu einer Krise der Repräsentation innerhalb des Faches (vgl. Geertz 1973; Fabian 1983; Clifford und Marcus 1986; Abu-Lughod 1991). Seit der *Writing Culture Debatte* wird insbesondere die Praxis der Repräsentation, also das Be-

---

11 Hier sei angemerkt, dass trotz aller Reflexionsbestrebungen eine Ethnografie im Ergebnis immer ein Schreiben *über* bleibt.

Schreiben und Re-Präsentieren durch die Forschenden, als Konstruktionsprozess verstanden (Clifford und Marcus 1986; vgl. auch Hess und Schwertl 2013, 22). Die Debatte fand zudem vor dem Spiegel zunehmender De- und Entkolonisierung statt: Kolonisierte Subjekte, die in ethnologischen Studien beforscht wurden, fingen zunehmend an, das entstandene Wissen zu kritisieren und verstanden die Ethnologie durchaus als Pfeiler kolonialer Machtausübung. Demgegenüber wurde die Entwicklung eigener, von den Kolonisator*innen unabhängiger Selbstbilder stark gemacht. In der Debatte um *Writing Culture* und die Krise der Repräsentation (Berg und Fuchs, 1993 [2016], 64f., 71ff.) ging es also auch um die Frage des Umgangs mit den Selbstbeschreibungen der Forschungspartner*innen.

Seit den 1980er Jahren wird zudem zunehmend das Verhältnis zwischen forschendem und beforschtem Subjekt reflektiert. Während in ›klassischen‹ Forschungen dieses Verhältnis eher als »Lehrlingsverhältnis« (Hess und Schwertl 2013, 29) verstanden wurde, so ist heute die Kollaboration zwischen den Akteur*innen als Konzept zu reflektieren (vgl. Marcus 2008, 7; Welz 2009, 200; Besteman 2013; Fontanari et al. 2014). Im Ergebnis dieser Debatten steht auch die Aufforderung, dass die eurozentrisch und häufig exotisierende Darstellung des und der ›Anderen‹ nicht akzeptierbar ist (vgl. Hess und Schwertl 2013, 23). Die Reproduktion oder gar Erzeugung von Zuschreibungen und sozialer Bilder geflüchteter Menschen, kann durch die ethnografische Analyse ihrer sozialen, politischen, wirtschaftlichen und rechtlichen Lebenssituation überhaupt erst entstehen. Forschende einer Wissenschaftsdisziplin, die das ›kulturell Fremde‹ historisch zum Gegenstand hat, müssen hier besonders sensibel sein. Es geht mir folglich nicht um die Negierung von Kategorien, sondern um ihre Differenzierung und die empirische Analyse ihrer Bedeutungsmachung und alltagsnahen Wirkmächtigkeit. Diese ethnografisch, angelehnt an eine intersektionale Perspektive zu beforschen, bedeutet auch, offen zu sein für die Situiertheit, Unsicherheit der eigenen Interpretationen und die eigene Parteilichkeit in der Wissensproduktion, wobei die Betonung der Komplexität und Kontingenz von gesellschaftlichen Problemlagen im Zentrum stehen sollte.

Fragen nach der Motivation der Forschung sowie den sozialen und politischen Folgen sind ebenso wichtig zu diskutieren, wenn eine ethisch und verantwortbare Forschung das Ziel ist. So möchte ich hier offen kommunizieren, dass ich durchaus den Wunsch habe, dass das hier Geschriebene einen Beitrag leistet, dass neu und anders über junge Geflüchtete, den Umgang mit ihnen sowie die etablierten Feststellungs- und Klassifizierungsmaßnahmen nachgedacht wird. Über die Jahre der Forschung habe ich, so ist bereits deutlich geworden, eine Fülle von Material gesammelt, welches an sehr verschiedene Themen anknüpft.

Dass ich mich hier auf Grenze, Grenzziehungen, Klassifizierungs- und Kategorisierungsprozesse, Selbst- und Fremdzuschreibungen sowie Interaktionen zwischen den Akteur*innen beziehe, ist meine Entscheidung als Forschende gewesen. Mein Ziel ist es, bestehende und existierende Gedankengänge zu diesen Begriffen herauszufordern und neue Überlegungen dazu zu präsentieren. Ich hätte aber auch eine andere Geschichte mit dem gleichen Material erzählen können: Ich hätte ausschließlich über ›überforderte Heimmitarbeiter*innen‹ schreiben können; ich hätte fokussieren können, wie die jungen Geflüchteten die Insel navigieren; ich hätte etwas über die Freizeitgestaltung junger Menschen in Malta mit Flucht_Migrationserfahrung schreiben können; auch eine Ethnografie zu Verwaltung und Behörden wäre denkbar gewesen. Die Geschichte so zusammenzustellen, wie ich es hier getan habe, ist als bewusste Entscheidung zu verstehen und muss vor diesem Hintergrund als abhängig von mir und meinen Perspektiven interpretiert werden.

Begriffe, Ereignisse und Akteur*innen: Navigationshilfe

Ich erzähle keine chronologische Geschichte, sondern wähle eine nach relevanten Themen anachronische Repräsentation. Für mich haben sich daraus vor allem analytische Vorteile ergeben, aber die Herangehensweise bedeutet gleichzeitig auch, dass es Sprünge in der Erzählung gibt. Ich führte folglich meine vielfältigen Materialen zusammen, ordnete sie nach Themen und lasse sie »miteinander ›sprechen‹« (Dracklé 2015, 402). Um Lesenden eine Navigationshilfe durch die Arbeit zu geben, fasse ich hier grob zusammen, was wann passierte und welche Akteur*innen zu welchem Zeitpunkt der Forschung für mich relevant waren, ohne hier analytisch tief einzusteigen und jede*n Einzelne*n detailliert vorzustellen.

Im gesamten Text komme ich immer wieder auf die Klassifikations- und Kategorisierungsprozesse in Malta zu sprechen, von denen die jungen Geflüchteten erfasst wurden und es ist mir wichtig, die einzelnen Schritte der Einteilung und Unterbringung kurz zu benennen: Nach der Ankunft wurden die jungen Geflüchteten zunächst in einem *detention centre* inhaftiert. Dort wurde dann das Altersfeststellungsverfahren – *age assessment* – durchgeführt. Junge Geflüchtete, die als über 18 Jahre alt eingeteilt wurden, mussten nach der Haftentlassung unmittelbar in ein *open centre*, meistens Balbi oder Tal Gebel, ziehen, oder sie suchten sich eine eigene Wohnung. Diejenigen, die als unter 18 Jahre alt und somit als ›UAMs‹ eingeteilt wurden, zogen entweder in eines von zwei Heimen für ›UAMs‹, oder, wenn diese voll waren, ebenfalls nach Tal Gebel. Spätestens mit dem Erreichen der Volljährigkeit mussten sie dann aus dem Heim ausziehen. Sie konnten dann in ein *open centre* ziehen, oder versuchen, eine eigene Wohnung zu finden.

2013 begann ich meine Forschung und meine Tätigkeit im Heim. Ich lernte die jungen Geflüchteten kennen, nachdem sie als ›UAMs‹ eingeteilt waren. Im Zentrum meiner Erkundungen zwischen Januar und Ende Juli standen die Interaktionen zwischen den Bewohner*innen und den sie Verwaltenden und ich konzentrierte mich vor allem auf das Beobachten, Zuhören und Führen von informellen Gesprächen. Im Heim lernte ich 2013 48 junge Menschen kennen. Einige lebten bereits mehrere Monate im Heim als ich meine Tätigkeit begann, andere zogen erst ein, nachdem ich schon mit meinen Erkundungen begonnen hatte. Die meisten von ihnen wurden zu Protagonist*innen in dieser Arbeit. Ich kam außerdem in den Kontakt mit *care workers, security,* der Heimleitung sowie *social workers* und *cultural mediators.* Wichtig für mich war es, Beziehungen aufzubauen und mich zu vernetzen. Ich lernte auch als ›UAM‹ eingeteilte Geflüchtete kennen, die trotz der Minderjährigkeit in Tal Gebel lebten, da die Plätze in den Heimen alle belegt waren. Auch ihre Perspektiven fließen in meine Studie ein.

Zu den wichtigsten Ereignissen 2013 gehörte ein angekündigter Besuch einer EU-Kommission im Mai, die den Zustand des Heimes bewerten sollte. Während die Heimmitarbeiter*innen die Wohnanlage in einem möglichst guten, sauberen Zustand präsentieren wollten, hatten die Bewohner*innen ein Interesse daran, zu zeigen wie dreckig und heruntergekommen das Haus war. Diese widersprüchlichen Belange führten zu Konflikten zwischen den jungen Geflüchteten und den sie Betreuenden. Im Juli mussten alle Bewohner*innen älter als 15 Jahre in das *open centre* von Tal Gebel ziehen, da das Heim renoviert wurde. In Tal Gebel wurden die Geflüchteten in Containern untergebracht; acht Personen teilten sich einen Wohncontainer, es gab Gemeinschaftsküchen und -bäder. Dieser erzwungene Umzug führte zwischen den jungen Geflüchteten und den Mitarbeiter*innen ebenso zu Auseinandersetzungen, wie die strikten Küchenbenutzungszeiten, die auch während des Ramadan im Juni 2013 nicht verlängert wurden. Einige Bewohner*innen verließen zwischen Februar und Juli das Heim und stellten in anderen Ländern der EU erneut einen Asylantrag: Manche mit Erfolg, andere mussten als Dublin-Rückkehrer*innen zurück nach Malta. In 2013 wurden einige junge Geflüchtete volljährig und ich begleitete den Übergang aus der Kategorie des ›UAMs‹ zur Kategorisierung als volljährige geflüchtete Person. Sie mussten spätestens dann aus dem Heim ausziehen und nach Balbi oder Tal Gebel in ein *open centre* umziehen. Sie konnten sich auch um eine eigene Wohnung, meistens WGs, bemühen. Im Juni 2013 begann ich erste Interviews mit institutionellen Akteur*innen zu führen: dazu gehörten Lorenza Mintoff, die als Sozialarbeiterin bei NGO2 arbeitete, Emanuel Grech, dem Leiter des SEB, sowie Andrew Borg, dem damaligen Leiter von LMAO. Diese institutionellen Akteur*innen waren in meinem Fokus, da sich die jungen Geflüchteten in den Gesprächen mit mir besonders oft auf sie bzw. ihre Institutionen bezogen. Ich führte außerdem ein aufgezeichnetes Gespräch mit Deeqo Imran, in dem wir primär über seinen Weg nach Malta und die Ankommenssituation sprachen. Die Interviews variierten in ihrer Länge zwischen einer und zweieinhalb Stunden.

Ich kehrte Ende Juli 2013 nach Deutschland zurück und noch während ich in Malta lebte, sind einige der jungen Geflüchteten nach Deutschland gekommen. Nach meiner Rückkehr pflegte ich den Kontakt zu ihnen und ihre geografische Bewegung führte dazu, dass auch ich meine Forschungsorte erweiterte. Ich besuchte sie in ihren Heimen und Wohnungen in Deutschland, ich traf ihre Vormünder*innen, Betreuer*innen, neuen Freund*innen und bekam Einblicke, wie sie ihr Ankommen und ihr Sein in Deutschland navigierten und wahrnahmen. Teilweise fragten sie mich, ob ich sie zu Behördenterminen begleiten könne, was ich tat. Auch diejenigen, die zwischen 2014 und 2018 nach Deutschland kamen und zum Großteil noch immer in Deutschland leben, kontaktierten mich und ich traf mich weiterhin mit ihnen. Ich nehme in meinem Text also auch immer wieder Bezug auf das Material, welches ich im Rahmen dieser Begegnungen erheben konnte, ohne es in den Fokus zu stellen.

Als ich im Juli 2015 für vier Wochen nach Malta zurückkehrte, lebten nur noch zwei meiner geflüchteten Forschungspartner*innen im Heim, welches im Laufe des Jahres dann auch geschlossen wurde. Mir blieb der

Zugang zum Heim in 2015 verwehrt. Zu den weitaus zentraleren For-
schungsorten wurden die eigenen Wohnungen, die meine geflüchteten
Forschungspartner*innen bezogen hatten. Im Juli führte ich dann auch
vermehrt aufgezeichnete Interviews mit institutionellen Akteur*innen,
wobei der Fokus auf Ministeriumsmitarbeiter*innen, NGO-Vertreter-
*innen und Mitarbeiter*innen nationaler und internationaler Migrationsorganisationen lag. Ich traf sowohl Emanuel Grech, als auch Andrew Borg
wieder, und zentral war das Interview mit Silvio Zammit, der als Mitarbeiter im Sozialministerium beschäftigt war. Er verknüpfte mich mit Kolleg*innen aus anderen Ministerien, und so traf ich dann auch Nina Cortis
und ihre Kollegin Louise Zammit aus dem Familienministerium, sowie
Dom Fenek aus dem Innenministerium. Die Gespräche halfen mir, das
institutionelle Setting und die Einbettung der ›UAM‹-Thematik in Malta
besser nachvollziehen zu können. Ich traf auch Lorenza Mintoff wieder
und interviewte sie erneut. Zudem führte ich ein Interview mit Antonia
Oliver, die für NGO1 seit mehreren Jahrzehnten tätig war. Es gelang mir
auch Eva Magri, die (dann ehemalige) Leiterin des Heimes für ›UAMs‹ zu
interviewen und ich konnte wichtige Einblicke in ihren Arbeitsalltag und
ihre Perspektive auf Heimunterbringung gewinnen. Ich interviewte zudem
Tahliil Xaaf, der als *cultural mediator* für LMAO tätig war, ebenso wie Bilal
Adnan, mit dem ich über drei Stunden über seine Erfahrungen als junger
Mensch in Somalia sprach und mehr über seine Zukunftswünsche erfuhr.
Meine geflüchteten Forschungspartner*innen waren 2015 vor allem mit
ihrer Zukunftsplanung beschäftigt und die ersten wurden für *Resettlement* in
die USA akzeptiert, wofür sie ein mehrstufiges Interviewverfahren durch-
laufen mussten. Diese Themen waren zentral in den informellen Gesprächen, die ich am Strand, ihren Wohnungen, im Bus, im Billard-Café, im
Restaurant oder am Rande des Fußballplatzes führte.

2016 verbrachte ich erneut die meiste Zeit in den Wohnungen meiner
geflüchteten Forschungspartner*innen, mit institutionellen Akteur*innen
hatte ich keinen Kontakt. Mein Material aus 2016 besteht demzufolge aus
Beobachtungen und Gesprächen, die ich während Koch- und Spieleaben-
den oder gemeinsamen ›Abhängens‹ durchführte. Ein dominantes Thema
war nun die Umsetzung des *Resettlements* in die USA und weitere Ausreisen
standen an. Es war aber auch zu vernehmen, dass einige der jungen Geflüchteten ihre Zukunft in Malta planten und nicht weggehen wollten.

2018 kehrte ich im Juni im Rahmen einer Exkursion, die ich gemeinsam
mit Sarah Nimführ von der Universität Wien durchführte, mit Studie-

renden nach Malta zurück und im Oktober desselben Jahres reiste ich erneut nach Malta; auch, um mich ein Stück weit zu verabschieden. Auch während dieser Aufenthalte traf ich diejenigen geflüchteten Forschungspartner*innen, die noch immer in Malta leben. Ich konnte nicht nur ganz aktuelle Einblicke in ihren Alltag und die gegenwärtigen Dynamiken vor Ort gewinnen, sondern hatte auch die Gelegenheit einige zentrale Forschungsergebnisse mit ihnen zu besprechen und Ansätze eines kollaborativen Forschungsverständnisses umzusetzen.

Während der Forschung kam ich immer wieder in den Kontakt mit Menschen, die sich selbst als Malteser*innen identifizierten und die maltesische Staatsbürger*innenschaft besaßen. Ihre Perspektiven ergänzen mein Material um wichtige Einblicke in die Aushandlungen von Flucht_Migration junger Menschen. Mit einigen meiner Forschungspartner*innen stehe ich nach wie vor im Kontakt; das Ende des Erhebens und Schreibens ist folglich nicht mit einem Beziehungsende gleichzusetzen.

II. Entgrenzungen und Verortungen, Begrenzungen und Grenzziehungen

Grenze und Grenzregime: Dynamiken, Akteur*innen und Tendenzen

»Physical movement is the natural, normal given of human social life; what is abnormal, changeable, and historically constructed is the idea that human societies need to construct political borders and institutions that define and constrain spatial mobility in particular, regularized ways«

(Favell 2007, 271).

»Nowadays we are all on the move«

(Baumann 1998, 77).

»Warum sollte das Lokale als ausschließlich territoriale Form der Vergesellschaftung begriffen werden, während das Globale exklusiv als deterritorialisierter Fließraum dargestellt wird?«

(Berking 2006, 12).

Auch wenn Mobilität und Migration keine neuen Phänomene sind, erfahren sie in den letzten Jahren als Themen in kulturwissenschaftlicher, politikwissenschaftlicher und soziologischer Forschung Hochkonjunktur (vgl. Haller 2000; Glick Schiller 2012; Fiddian-Qasmiyeh et al. 2014; Kleist 2015; Hinger, Schäfer und Pott 2016; Künzler 2016; Goebel et al. 2018). Es entstanden zunehmend Forschungen basierend auf einer transnationalen Perspektive auf Flucht_Migration und Grenze. Die Distanzierung von Vorstellungen, die Migration als lineare Bewegung (vgl. dazu Parnreiter 2000; Kraler und Parnreiter 2005), als Ergebnis von »Push- und Pull-Faktoren« bzw. »Push-and-Closure« (vgl. Hess und Karakayali 2016, 29 kritisch zu diesen Modellen) oder als Phänomene zwischen Geber- und Empfängerländern (vgl. kritisch Friese 2014) verstehen, ist Teil davon. Transnationalität als Perspektive zu vertreten, bedeutet »gegenwärtige Erfahrungen sozialer Ungleichheit und machtvolle [...] Formen von Ungleichheit, Marginalisierung und Ungerechtigkeit« (Friese 2014, 41) zu befragen und zu einer reflektierten Neubestimmung von Konzepten wie National-staat, Grenze und Migration beizutragen.

Das Zusammenfallen von Regularien auf gesamt-EUropäischer Ebene, lokalen Institutionen, sowie nicht-geflüchteten und geflüchteten Akteur-*innen resultierte auch für meine geflüchteten Forschungspartner*innen in nichtlinearen und teilweise zirkulären Flucht_Migrationsbewegungen. Im Ergebnis dieser Bewegungen stehen transnationale Konstellationen inner-halb derer Menschen ihre Lebenssituation verhandeln, sich verständigen und Konflikte austragen. In diesem Sinne geht es dann darum, sich nicht zu intensiv an den von Nationalstaaten vorgegebenen Kategorien zu orien-tieren, sondern Forschung sollte den Blick öffnen für Prozesse, die jenseits dieser Kategorisierungen stattfinden (Glick Schiller 2010, 112; Levitt und Glick Schiller 2004, 1009).

Die Akteur*innen von Migration und Mobilität werden in aktuellen Flucht_Migrations- und Grenz(regime)forschungen weder als passive Op-fer, Täter*innen oder Held*innen (vgl. Friese 2017; Hoffmann 2017; Sir-riyeh 2018) noch als »rationale Marktteilnehmer« (Friese 2014, 43) verstan-den, sondern als Menschen mit Agency (vgl. Hess und Tsianos 2010; Scherr 2012, 2013; Leiprecht 2014; Geiger 2016; Hoffmann 2017). Bei relevanter Betonung mehrfach grenzüberschreitender Praktiken, Agency und geografisch grenzenlose Verbindungen darf jedoch vor allem im Kon-text der gegenwärtigen Flucht_Migration die Bedeutung des Nationalstaa-tes mit seiner Macht nicht unterschätzt werden:

»Nowadays, international and European declarations flow into national asylum and immigrant legislation; however, decisions about their implementation are left up to national jurisdiction and are structurally linked with the nation state's monopoly on violence« (Scherschel 2011, 70).

Es geht mir in meiner Anwendung von Transnationalität als Perspektive nicht darum, ein Verschwinden der nationalstaatlichen Grenzen zu argu-mentieren, sondern vielmehr die Bedeutsamkeit und Transformation eben dieser durch lokale, nationale und globale Prozesse (vgl. Mezzadra und Neilson 2013; Schulze Wessel 2017, 141) zu beschreiben.

Der erarbeitete Grenzbegriff, auf dem diese Studie basiert, schließt an diese Gedanken an und versteht Grenze als Kontaktzone (vgl. Pratt 1991; Clifford 1997) innerhalb derer durch die Interaktionen verschiedener Ak-teur*innen Grenze permanent neu verhandelt und bestimmt wird (Schulze Wessel 2017, 112). Der einst als monolithisch gedachte Grenzapparat hat sich in diverse Faktoren – wie u. a. Akteur*innen, Praktiken, Gesetze (vgl. Opitz 2011; Komlosy 2018, 151) – ausdifferenziert und binäre Vorstellungen von Agency vs. Struktur sind ins Wanken geraten (vgl. Hess und Karakayali 2016, 32). Wir können ähnliche Denkweisen in Bezug auf Grenze auch bei Michel Agier, Ulf Hannerz sowie Etienne Balibar finden: Agier beschreibt Grenzen als »situation or a moment that ritualizes the relationship to the other« (Agier 2016, 7); Hannerz betont, dass »[…] borders are not absolute barriers, but […] they become significant social, cultural, political, economic and legal facts in the way they are crossed« (Hannerz 1999, 326); Balibar schreibt: »Die Grenzen geraten in Fluss. Das bedeutet, dass sie nicht mehr eindeutig zu lokalisieren sind« (Balibar 2006, 248). Aus den präsentierten Überlegungen leite ich ein Grenzverständnis ab, welches Grenze als nicht-absolut, aber als spontan, als Verhältnisbegriff sowie als eine Form des Aufeinandertreffens unterschiedlicher Akteur*innen reflektiert – Grenze wird verhandelt und ist Ergebnis sozialer Praktiken auf verschiedenen Ebenen. Dadurch ergeben sich ständig neue Begegnungen und Beziehungen. Bei der Betonung der Wichtigkeit sozialer Akteur*innen im Aushandlungsprozess von Grenze übersehe ich jedoch den Nationalstaat mit seinen spezifischen, den die Flucht_Migration regelnden, Apparaten und Institutionen nicht, sondern zeige, dass es nach wie vor diese sind, die rechtlich die Deutungshoheit über Zugehörigkeit in Bezug auf Geflüchtete haben und deren nationalstaatliche Grenzüberschreitung ehemals (rechtlich) irrelevante Personen zu (rechtlich) relevanten macht (vgl. Schulze Wessel 2017, 94).

Mit der Perspektive auf die Transformation der Grenze von einer eindeutigen Lokalisierbarkeit im Sinne einer »line in the sand« (St. John 2012) hin zu einer »Unsichtbarkeit der Grenze« (Schulze Wessel 2017, 133), bei gleichzeitiger Spürbarkeit eben dieser für bestimmte Akteur*innen, entsteht als Anspruch an ethnografische Arbeiten, diese Unsichtbarkeiten und Uneindeutigkeiten aufzuspüren. Die Grenze entsteht »spontan, willkürlich, unerwartet« (Schulze Wessel 2017, 133) und wird permanent neu ausgehandelt. Dies zeigt auch, dass Grenzakteur*innen die Umsetzung nationaler Politiken und Ideologien zu/über Geflüchtete nicht einfach absorbieren, sondern eben diese aktiv beeinflussen (vgl. Donnan und Haller 2000, 7). Hier sei angemerkt, dass es jedoch bei aller Überraschung und Spontanität auch Facetten der Grenze gibt, die nicht verhandelbar sind. Dazu gehört in besonderer Relevanz für meine Forschungspartner*innen das Altersfeststellungsverfahren, welches in Malta u. a. mittels psychosozialem

Interview, einer Inaugenscheinnahme des Körpers, sowie des (durchaus umstrittenen und fehleranfälligen) Handwurzelknochenröntgens durchgeführt wurde. Diese Verfahren zur Festlegung eines ›Alters‹ waren zwar durch die *age assessment* Teammitglieder relativ frei gestaltbar – so verzichteten einige Mitarbeiter*innen auf das Handwurzelknochenröntgen – aber die jungen Geflüchteten konnten dem Procedere nicht entkommen. Das Fluide und das Feste sind also nicht als Entweder-Oder zu denken, sondern als ein sich gegenseitig beeinflussendes und ergänzendes Kontinuum. Die verschiedenen Interpretationen von Grenzen werden situativ verschieden wirksam. Es entstehen gleichzeitig Beschränkungen und Ermöglichungen durch und für die Akteur*innen.

Zum Verhältnis von Malta und der EU

»Wir lassen einfach die Vorstellung hinter uns, das Lokale sei autonom, hätte eine eigene Rechtschaffenheit. [...] Ohne Zweifel ist das Lokale [...] etwas Besonderes. Letztendlich ist es jedoch ein Schauplatz, an dem sich die Bedeutungsräume einer Vielzahl von Menschen überschneiden und an dem das Globale [...] ebenfalls die Möglichkeit hat, sich häuslich einzurichten. [...] Wir könnten uns also fragen, was der Ort mit den Menschen macht und was die Menschen mit dem Ort machen«

(Hannerz 2007, 108ff.).

Mit Maltas EU-Beitritt 2004 wurde der Inselstaat gleichzeitig zu einem wichtigen Ankommensort für (junge) Geflüchtete (vgl. Mainwaring 2008, 2014; King 2009; Kübler 2010; Klepp 2011; Pisani 2011; Falzon 2012; Gerard und Pickering 2013; Weber 2013). Meine geflüchteten Forschungspartner*innen kamen per Boot nach Malta, da sie in Somalia/Somaliland kein Visum für die EU beantragen konnten. Die meisten von ihnen, so schilderten sie es mir, besaßen weder Geburtsurkunden, noch Pässe (vgl. auch Gerard 2014, 67 und 104). Seit dem EU-Beitritt ist Malta Teil des EUropäischen Grenzregimes und ist in supranationale Abkommen eingebunden, wie der Dublin-Regulierung oder dem EURODAC-System[12]. Die

---

12 EURODAC steht für European Dactyloscopy und ist ein Fingerabdruck-Identifizierungssystem für den Abgleich von Fingerabddruckdaten, die von Geflüchteten gespeichert werden. Der Fingerabdruckabgleich soll verhindern, dass ein und dieselbe Person in mehreren EU-Staaten Asylanträge stellt.

Regierungen des Inselstaates gingen aber bereits deutlich früher supranationale Beziehungen in Bezug auf Flucht_Migration ein, unterzeichneten die Genfer Flüchtlingskonvention von 1951 und ratifizierten die Kinderrechtskonvention 1990 (vgl. auch Hilmy 2014). Bei aller in der EU stattfindenden Harmonisierung (vgl. Baumer 2017) in Bezug auf Flucht_Migration darf nicht übersehen werden, dass diese Dynamik nicht gleichzusetzen ist mit einem Bedeutungsverlust des Lokalen (vgl. Kidane 2011; Klepp 2011, 55). Vielmehr ist es so, dass die einzelnen Mitgliedstaaten das konkrete Ankommen und die Behandlung Geflüchteter innerhalb gewisser Rahmensetzungen durchführen, die konkrete Ausgestaltung unterliegt aber nach wie vor der Macht der Nationalstaaten.

Malta verstehe ich als Teil des EUropäischen Grenzregimes. Der Inselstaat dient hier sowohl im Sinne der besonderen geografischen Lage, mit den lokalen Regularien sowie den Akteur*innen als Beispiel für die Übergänge, die sich im Kontext transnationaler Flucht_Migration sowohl geografisch (z. B. Afrika und Europa) als auch sozial (z. B. entlang Minder- und Volljährigkeit) manifestieren. Der Inselstaat ist folglich ein Beispiel für das Zusammenspiel von Lokalem, Nationalem und Globalem. Es geht mir mit meinem Malta-Fokus nicht um eine Reproduktion des »methodologischen Nationalismus« (Glick Schiller und Wimmer 2003), sondern darum, anhand des Beispiels eines EUropäischen Mitgliedstaates darzustellen, wie Flucht_Migration und Alter verhandelt werden.

Nun stellt sich zunächst die Frage: Was ist ein Grenzregime? Das Grenzregime (Hess und Tsianos 2010; Opitz 2011; Mezzadra und Neilson 2013; Tsianos und Kasparek 2015) macht vordergründig vier Komponenten aus: Es ist sozial und umfasst *alle* Akteur*innen; es ist fluide und somit zeitlich zu denken; es ist räumlich; es beinhaltet (ungleiche) Verteilung von Wissen. Diese werden im Folgenden genauer bestimmt. In Bezug auf die soziale Akteur*innendimension ist es zentral, dass der Regimebegriff es ermöglicht, in der Forschung diverse Akteur*innen zu berücksichtigen, die sich aufeinander beziehen lassen, aber keiner gemeinsamen, festgelegten Logik folgen (müssen). Serhat Karakayali und Tsianos (2007 und 2008) weisen in ihren Arbeiten darauf hin, dass im Grenzregime nicht in Subjekt (also Akteur*in mit Agency) und Objekt (passiv gesetztes Opfer) aufgeteilt werden sollte, sondern, dass alle Akteur*innen Agency haben – wenn auch unterschiedlichen Ausmaßes.

Der Migrationsforscher Giuseppe Sciortino (2004) leistete einen wichtigen Beitrag zur Schärfung des Grenzregimebegriffs in Bezug auf aktuelle

Flucht_Migration nach und in Europa. Er betont vor allem die wissensbasierte und wissensgenerierende Dimension des Grenzregimes und kommt zu dem Schluss, dass ein Grenzregime ein Ensemble von Praktiken und Wissen-Macht-Komplexen ist. Dieses Herrschaftswissen zeigt sich unter anderem in den das Grenzregime formierenden Gesetzen und Regularien. Der Soziologe Sven Opitz (2011) verweist darauf, dass ein Grenzregime differenziert in- und exkludiert und dafür verschiedene Instanzen, Akteur*innen und Institutionen schafft (Opitz 2011; Basaran 2008). Zu den Dynamiken kulturell-sozialer Dimensionen des Grenzregimes gehört u. a. die Repräsentation des ›Anderen‹, wie z. B. über Geflüchtete berichtet wird, aber auch, wie Debatten um das Kopftuch geführt werden, sind Teil der differenzierenden Mechanismen des Grenzregimes (vgl. auch Komlosy 2018, 188ff.). Die Prozesse sind folglich vielschichtig: Sie sind formell und informell, sie sind institutionell, aber andererseits auch sozial-kulturell. Festzuhalten ist, dass jenseits der territorialen Grenzen ebenfalls Grenzen produziert werden, z. B. in der Berichterstattung über Geflüchtete, aber auch in der Entstehung von Grenzzonen außerhalb der EU und in Zusammenarbeit mit Drittstaaten. Wichtig ist anzuerkennen, dass sich Flucht_Migrationsdynamiken und Grenzdynamiken wechselseitig bedingen und in einem reflexiven und relationalen Verhältnis zueinander gedacht werden müssen. Wesentlich zu fokussieren ist, dass Aushandlungen von Zugehörigkeiten nicht mit dem Überschreiten nationalstaatlicher Grenzen beendet sind und sich Flucht_Migrierende und Nationalstaaten in einem wechselseitigen Verhältnis befinden.

In der Konsequenz gibt es im Grenzregime kein »klares Innen und Außen« (Schulze Wessel 2017, 129), sondern Grenzen sind, wie bereits herausgearbeitet, als deterritorialisiert, nicht-essentialistisch zu verstehen. Sie werden durch das Handeln verschiedener Akteur*innen auch abseits von territorialen und/oder juristischen Grenzen und Regularien wirkmächtig und entstehen überhaupt erst in Form von unbestimmten Räumen (vgl. Geisen, Plug und van Houtum 2008; Schulze Wessel 2017, 113).

Ethnografische Arbeiten können einen Beitrag dazu leisten, diese Räume und die sie konstituierenden sozialen Interaktionen zu bestimmen und zu beschreiben. Sie werden permanent im Austausch verhandelt und gestaltet (vgl. auch Friese 2014, 41) und das hier am Beispiel Malta untersuchte Grenzregime stellt nur ein Beispiel dafür dar. Während Malta bis 2004 nicht in Prozesse der EU-Harmonisierung involviert war, nimmt der Inselstaat seitdem eine bedeutendere Rolle in Flucht_Migrationsfragen ein.

Dieser Bedeutungsgewinn geschieht nicht nur auf der Ebene der EU, sondern eben auch das Lokale wird in diesen Dynamiken wirkmächtig, weshalb der lokale Ort in seiner »globalen Vernetztheit und Durchdrungenheit« gedacht werden muss (vgl. Hess 2007, 185). Den Bezug zu spezifischen Orten in der Forschung herzustellen ist wertvoll, denn dort werden – trotz komplexer globaler Dimensionen – Alltagsleben, Übergangsorte und Begegnungen geschaffen und ausgehandelt (vgl. Lauser 2005). Festzuhalten ist, dass Malta einerseits die Schnittstelle globaler und lokaler (destruktiver) Grenzsicherungsmanöver darstellt, aber gleichzeitig Raum für kreative Passagen der Umgehung, Dynamisierung oder Aushandlung bietet.

Bedeutung Maltas für die Akteur*innen

Sowohl Grenz- als auch Grenzregimetheorien fassen die Dynamiken, die ich auf Malta beobachten konnte, auf einer Metaebene zusammen. Mit ethnografischen Ansätzen kann der empirischen Situierung dieser Entwicklungen von Fluidität und Fixierung, von Lokalisierung und Deterritorialisierung, in alltäglichen Begegnungen und Bedeutungsmachungen nachgespürt werden. Die Auswirkungen dieser Tendenzen auf konkrete Menschen erfuhr ich als Forscherin in Malta entlang der Flucht_Migrationsverläufe der jungen Geflüchteten, anhand ihrer Klassifizierung und ihrer Unterbringung, sowie durch die Interaktionen mit mir und den sie Verwaltenden. Das, was auf EU-Ebene oder auf nationaler Ebene im gegebenen maltesischen Rechtsrahmen festgehalten wurde, betraf meine Forschungspartner*innen im Alltag. Es geht mir also um Menschen mit echten Geschichten und eben nicht um abstrakte, austauschbare Figuren, die alle demselben Erleben verhaftet sind. Was also ist das Besondere am maltesischen Grenzregime?

Im Folgenden wird herausgearbeitet, wie das Bild von Malta als ›zu klein‹ für die Aufnahme von Geflüchteten von den beteiligten Akteur*innen konstruiert wurde und welche Konsequenzen dieses für die Interaktionen zwischen den geflüchteten und nicht-geflüchteten Akteur*innen hatte. Den folgenden Abschnitt begleiten die folgenden Fragen: Welche Rolle spielt die räumliche Enge und geografische Begrenztheit des Inselstaates für meine Gesprächspartner*innen? Wie wird die Insel repräsentiert, um das Einsortieren, Aussortieren und Ordnen im Klassifizierungsprozess zu rahmen? Wie empfanden meine Gesprächspartner*innen den Ort, an dem sie ankamen?

Das Argument »Malta is too small« wurde sowohl im öffentlichen, politischen Diskurs als auch in den Interviews mit institutionellen Akteur-*innen immer wieder genutzt, um eine vermeintliche Unmöglichkeit der Integration von geflüchteten Menschen zu betonen (vgl. Falzon und Micallef 2008; Klepp 2011; Gerard und Pickering 2013; Lemaire 2014; Mainwaring 2014). Gleichzeitig wurde Malta öffentlich und auch mir gegenüber immer wieder als einzigartig und sozial-kulturell vollendet repräsentiert. Mit der Betonung auf das ›maltesisch Einzigartige‹ ging einher, dass einige meiner nicht-geflüchteten Gesprächspartner*innen in Sorge waren, dass die Geflüchteten diese Einzigartigkeit zerstören würden, wie mein Vermieter äußerte: »The problem I see here is that too many Africans and Muslims will destroy our Maltese culture. If they are too many, our culture will go away more and more« (Albert, IG, 04/2016). Seine Aussage suggeriert, dass es in Malta sowohl um die Inszenierung der ›maltesischen Kultur‹ als bedroht und vulnerabel und gleichzeitig als einzigartig und abgeschlossen ging. Ich nahm wahr, dass die jungen Geflüchteten immer wieder zum fremden ›Anderen‹ gemacht wurden. Sie wurden als dem ›Maltesischen‹ ungleich verstanden und auch entsprechend behandelt. Relativiert wurde Alberts Perspektive von Antonia, einer Mitarbeiterin einer NGO, die Rassismus und Diskriminierung schlicht als »Reaktion« auf die Ankommenden verstand und diese vor Maltas historischem Hintergrund der sich wiederholenden Besetzungen deutete: »But that [racism, L.O.] is partly because Malta has been conquered by quite many people over the years and they [Maltese people, L.O.] are always afraid that that someone is gonna come and take their country over again. [...] It's simply a reaction« (Antonia, I, 07/2015). Auch Emanuel Grech, der das Statusentscheidungsbüro leitete, nahm Bezug auf die ›maltesische Kultur‹ und sah zwischen den Geflüchteten und den Malteser*innen einen Wettkampf, der über kulturelle Differenzen ausgetragen werde. Aus seiner Perspektive stellte es sich so dar, dass auf Malta ein stereotypisiertes Bild von einzelnen afrikanischen Ländern bestehe, auf Basis dessen davon ausgegangen werde, dass alle Menschen dieses Landes verfolgt würden: »But one has to pay attention one has to act with prudence because, okay, this a culture which is very very different from ours and if we just have a stereotyped image of that we can easily get influenced by that and maybe we will lose« (Emanuel Grech, I, 06/2013). Emanuel Grech sah für die ›maltesische Kultur‹ eine

Bedrohung durch die Geflüchteten und betonte, dass es sich seinem Empfinden nach um einen Wettbewerb zwischen den Kulturen handele, den Malta verlieren könnte. Er stufte die geflüchteten jungen Menschen als gewitzter ein als maltesische Gleichaltrige und konstatierte, dass die geflüchteten jungen Menschen mehr »streetwise« seien, weil sie schon viele Probleme gelöst hätten und schwierige Situationen erkennen könnten:

»Sometimes I don't usually say this but obviously these are people who, ahem, their way of living is different than ours, they have been through so many problems they have seen many things they are much more streetwise than our children sometimes they are much more streetwise than university students of twenty-two, twenty-three years of age so sometimes it is a bit, ahem, to compare a Somali sixteen year old to a Maltese sixteen year old. I don't think it is the same thing. So streetwise I believe that ah they are different« (Emanuel Grech, I, 06/2013).

Lohnenswert ist auch der Blick auf Ninas Definition der ›maltesischen Kultur‹. Nina arbeitete in leitender Position im Familienministerium, welches bei als minderjährig eingestuften Geflüchteten formell die Vormundschaft übernahm. Ich traf sie im Sommer 2015 und wir kamen auf das Thema ›Kultur‹ zu sprechen, da sie folgende Aussage machte: »[...] as persons who have come here either with the hope of integrating here or in Europe they [refugees, L.O.] also need to understand this culture here« (Nina, I, 07/2015). Ich fragte nach, was genau Ankommende denn über die *culture* verstehen müssten: »Obviously we have traditional dishes and our own cuisine which is very much Mediterranean but I think that as a people we are hospitable, we are generous and I think that is the remark of the Maltese people« (Nina, I, 07/2015).

Über den Diskurs um Gastfreundschaft und Geflüchtete an Europas Außengrenze hat Heidrun Friese (2014, 206) bezugnehmend auf Lampedusa herausgearbeitet, dass sich Gastfreundschaft, also die von Nina angesprochene »hospitality«, im »Raum des Politischen« konstituiert und somit auch Antagonist*innen produziert. Wer Freund, wer Feind ist, wird ständig neu ausgehandelt. Nina deutete die Ankommenden als Herausforderung für die ›maltesische Kultur‹ und ihre zugeschriebene »hospitality« einerseits, aber auch für die (kleine) Räumlichkeit andererseits:

»Obviously one cannot deny that a great number of immigrants present certain challenges now. That is cultural and also given the size of the population and of the island. So our country is already very much densely populated and that is a reality which maybe you know ahem makes people [...] sceptic how much how many people can this country take even in spatial terms?« (Nina, I, 07/2015).

Nina betonte, dass eine große Anzahl Ankommender vor allem kulturelle Herausforderungen mit sich bringen würde und dass die Frage nach Überpopulation in Malta vor dem Hintergrund der Migration betrachtet werden müsse. Als Antagonist*innen, als Nicht-Empfänger*innen der Gastfreundschaft, wurden die jungen Geflüchteten mit ihrer ›anderen‹ Kultur als die Nicht-Integrierbaren und Unwollenden konstruiert. Die Schuld »not to fit« (Crawley und Skleparis 2018) wurde immer wieder den jungen Geflüchteten zugeschrieben, wohingegen es Menschen mit maltesischer Staatszugehörigkeit waren, die sich das Recht vorbehielten, die Kategorien, in die die Geflüchteten passen sollten, überhaupt erst zu schaffen (vgl. Otto 2016; Crawley und Skleparis 2018). Vor dem Hintergrund des dominierenden Verständnisses von Geflüchteten als Überforderungspotenzial für die maltesische Regierung sowie als Gefahr der Überbevölkerung wird es auch möglich, das Heim der Unterbringung für ›UAMs‹ zu betrachten. Es ist zu einem wichtigen Schauplatz der Verhandlungen um ›Minder-‹ und ›Volljährigkeit‹ in Malta geworden, an dem die Akteur*innen nicht frei waren von diesen Vorstellungen zu Flucht_Migration und Geflüchteten. Demgegenüber steht, was das European Migration Network (2009, 22) in Bezug auf das, was im Heim geleistet werden sollte, schreibt:

»[the homes, L.O.] […] provide a safe residential setting, education, preparation for employment, cultural orientation and leisure activities. […] staff seek to instil a sense of responsibility and do their utmost to facilitate access to resources and find opportunities for integration measures. […].«

Festgehalten wird hier, dass das Heim primär ein Ort der sicheren Zuflucht sein sollte und, dass junge Menschen mit Flucht_Migrationserfahrung auf ihre Zukunft vorbereitet werden sollen. Die Betrachtung der Situation im Heim zeigt aber auch, dass das Heim Teil der dem Grenzregime inhärenten Disziplinar- und Kontrollinstanzen geworden ist. Im Heim mussten die jungen Geflüchteten Haushaltsaufgaben übernehmen; dazu gehörten Küchendienste oder Bodenwischen, ebenso wie Innenhofreinigung. Es gab zudem einen Computerraum, den sie nur unter Aufsicht nutzen durften und für den ich von der Leitung einen Schlüssel bekam. Ich wurde also zur Computerraumaufsichtsperson. Nicht nur wurde die Zeit, die die jungen Geflüchteten mit mir am Computer verbringen durften, stark reguliert und war abhängig davon, wie viele *duties*, Haushaltsaufgaben, die Bewohner*innen erledigt hatten; auch die Versorgung mit Lebensmitteln unterlag einer Einteilung, über die die Mitarbeiter*innen die Kontrolle hatten:

Nachdem man eingetreten ist, befindet sich auf der rechten Seite ein kleines Kabuff, in dem in der Regel ein Mitarbeiter sitzt und das Essen an die Jugendlichen ausgibt. Im Heim müssen sie sich weitestgehend selbst versorgen. Obst und Gemüse werden geliefert, Milch, Brot und Eier kaufen die Jugendlichen und bekommen dafür Geld von der Heimleitung. Die Portionen werden dann eingeteilt und nachdem die Jugendlichen Essen erhalten haben, müssen sie auf einer Liste unterschreiben. Die Küche ist mit dem Nötigsten ausgestattet. In einem kleinen Vorraum der Küche steht ein Regal mit Zwiebeln und verschiedenem Gemüse, an denen sie sich bedienen dürfen. Aber Zutaten, wie Dosenfisch oder Toastbrot und Pasta, sind rationiert (TB, 02/2013).

Dass die jungen Geflüchteten unterschreiben mussten, wenn sie Essen entgegennahmen, ist nicht nur Ausdruck der Kontrolle über die Portionierung von Lebensmitteln. Immer wieder sind Bewohner*innen des Heims nicht mehr aufgetaucht, nachdem sie ihren Plan der Folgemigration in ein anderes Land umgesetzt hatten. Die meisten wollten nicht in Malta bleiben und taten alles dafür, den Inselstaat schnell auf eigene Faust wieder zu verlassen. Unterschreiben zu lassen, war auch ein Kontrollmechanismus darüber, wer überhaupt noch anwesend war und auch darüber, wer sich zu welcher Uhrzeit im Heim befand. Die Kontrolle über die geografischen Bewegungen der jungen Geflüchteten scheint ein Interesse der *care* und *social workers* gewesen zu sein:

Ich bekomme später die Chance, in das Report Buch zu gucken, in dem wirklich alles notiert wird: Person a war unfreundlich, Person b kam fünf Minuten zu spät, Person c hat gesagt, er geht nach Balbi, wurde aber auf dem Heimweg vom care worker in Hal Qormi gesehen, und so weiter und so fort; außerdem lese ich, dass Keyse keine Bustickets mehr bekommen darf und keine Ausrede mehr hat, das Haus zu verlassen (TB, 05/2013).

Diese Umstände, das Gefühl zu haben, sich nicht frei bewegen zu können, was sich in Facetten tatsächlich manifestierte, führten dazu, dass »sleeping and eating, that's the only thing we do here« (Sabiye, IG, 04/2013) zu den Hauptaktivitäten im Heim wurden, wie Sabiye, der von November 2012 bis Mai 2013 im Heim lebte, berichtete. Dass sich diese Kontrolle so omnipräsent anfühlte, lag auch daran, dass Malta aufgrund der kleinen Größe recht überschaubar ist und man sich, wenn man sich erst einmal kannte, regelmäßig einfach zufällig auf der Straße begegnete. »In Malta, we don't need surveillance cameras, because 420.000 pairs of eyes watch you all the time«, brachte es Hassan (IG, 06/2018) auf den Punkt, der als Nachtportier im Hotel arbeitete und aufgrund seiner nicht-maltesischen Herkunft ebenfalls das Gefühl hatte, einer ständigen (sozialen) Kontrolle zu unterliegen. Dieses Gefühl der ständigen Überwachung führte dazu, dass meine geflüchteten Gesprächspartner*innen primär versuchten, sich in Malta an Orten aufzuhalten, an denen die Wahrscheinlichkeit, Malteser*innen zu begegnen, relativ gering war. Dies wiederum schränkte ihren Bewegungsradius auf der Insel ein und verstärkte das Gefühl, sich in dauerhafter Inhaftierung zu befinden (vgl. Otto, Nimführ und Bieler 2019). Die kleine Stadt Balbi, gelegen am Hafen südlich der Hauptstadt Valletta, nahm einen besonderen Stellenwert für sie ein. Nicht nur waren dort günstige Internetcafés zu finden, sondern Balbi ist auch zu einem sozialen Dreh- und Angelpunkt geworden, wie mir Yabaal erklärte: »To Balbi all the refugees come here. When I did not see somebody for a long time I know that I can go to Balbi and find him there. It is like a very important meeting point. We have our shops, our food« (Yabaal, IG, 04/2016). In Balbi, so nahm ich es immer wieder wahr, fühlten sie sich ein Stück sicherer als in anderen Städten auf der Insel, denn in Balbi machten sie kaum Erfahrungen mit Rassismus, die sonst durchaus ihren Alltag prägten. Vor allem diejenigen, die Arbeit gefunden hatten, erzählten mir immer wieder, dass ihre Kolleg*innen ihnen das Gefühl gaben, nicht dazuzugehören. Absimil, der drei Jahre in einem großen Hotel in St. Julians in der Küche arbeitete, berichtete mir, dass er sich gezielt einen Arbeitsplatz gesucht hat, an dem nur wenige Malteser*innen arbeiteten:

»Where I work there are not so many Maltese. Because if there are many Maltese you cannot work there. They don't like us. But only the head chef is Maltese and the others they are from China, Germany and Macedonia«, erzählt er. »To me the Maltese are all the same. So that is why when I look for a job I make sure that there are only a few Maltese« (Absimil, IG, 07/2015).

Die Mehrheit der jungen Geflüchteten versuchte ihren Alltag so zu gestalten, dass sie möglichst wenig mit Menschen, die sie als ›Malteser*innen‹ identifizierten, in Berührung kamen. Das hatte zur Konsequenz, dass ihre Möglichkeiten der Arbeitsplatzwahl oder auch der Freizeitgestaltung eingeschränkt waren.

Wiederholt kommunizierten die jungen Geflüchteten, dass sie sich in einem Zustand des passiven Wartens befänden. Warten auf das Volljährig-Werden, oder Warten darauf, Malta zu verlassen, »waiting to disappear«, wie es Mansuur (IG, 04/2013) beschrieb. Das Warten war in seiner Dauer vor allem von finanziellen Mitteln abhängig. Entweder warteten die jungen Geflüchteten auf Zahlungen aus ihrem Netzwerk, oder sie sparten, wenn sie in Malta eine Arbeit gefunden hatten. Das Warten wurde als belastend und als Zeitverschwendung wahrgenommen, zudem haben sie sich während des Wartens in einer Situation befunden, in der sie wenig Kontrolle über ihre Zukunft hatten (vgl. Haas 2017, 77). Bridget M. Haas argumentiert, dass das Warten-Lassen nicht nur zu psychischen Problemen bei Asylsuchenden führen kann, sondern auch als Teil der »institutional technique of governing« (2017, 93) verstanden werden müsse. So wurde aus dem Heim ein Ort des Übergangs, des Transits und des Wartens: »Only me I come here and I wait to get my documents and then I go Sweden in a few weeks«, sagte Filad (IG, 04/2013) nur einige Tage nachdem er aus der Haft entlassen wurde und im Heim angekommen war. Die Metapher des Übergangs trifft jedoch nicht nur auf die Situation im Heim zu. Für die meisten jungen Geflüchteten, die ich traf, wurde ganz Malta zum Übergangsort und auch die institutionellen Akteur*innen präsentierten den Inselstaat als solchen (vgl. Mainwaring 2008; King 2009; Falzon 2012; Otto, Nimführ und Bieler 2019).

Junge Geflüchtete in der EU und in Malta

›UAM‹: Definitionen und Zuschreibungen

Beginnen möchte ich mit einigen zentralen Definitionen des Begriffs des ›UAMs‹. Auf gesamt-EUropäischer Ebene wird das Phänomen der unbegleiteten, minderjährigen Geflüchteten folgendermaßen problematisierend beschrieben:

»Das Problem der unbegleiteten Minderjährigen nimmt an Bedeutung zu: Eine beträchtliche Anzahl Drittstaatsangehöriger oder Staatenloser unter achtzehn Jahren reisen ohne Begleitung eines verantwortlichen Erwachsenen in das EU-Hoheitsgebiet ein oder werden nach ihrer Einreise in das EU-Hoheitsgebiet ohne Begleitung zurückgelassen. Alle Mitgliedstaaten sind betroffen, wenn auch einige in weitaus stärkerem Maß als andere« (Europäische Kommission 2010).[13]

Das UN-Komitee für Kinderrechte definiert unbegleitete Minderjährige wie folgt: Sie sind Menschen

---

13 Die Zahlen der unbegleiteten minderjährigen Asylantragsteller*innen in der EU entwickelte sich nach oben: 2012 stellten insgesamt 12.545 Minderjährige einen Antrag, 2014 waren es 22.855 (bpb 2015).

»[…] who have been separated from both parents, or from their previous legal or customary primary care-giver, but not necessarily from other relatives. These may, therefore, include children accompanied by other adult family members (Committee on the Rights of the Child, General Comment No. 6 (2005), par. 7 and 8).«

In Artikel 2 (i) der am 29. April 2004 vom Rat der Europäischen Union beschlossenen Richtlinie Nr. 2004/83/Eg (Qualifikationsrichtlinie) werden unbegleitete Minderjährige wie folgt definiert:

»Drittstaatsangehörige oder Staatenlose unter 18 Jahren, die ohne Begleitung eines gesetzlich oder nach den Gepflogenheiten für sie verantwortlichen Erwachsenen in das Hoheitsgebiet eines Mitgliedstaats einreisen, solange sie nicht tatsächlich in die Obhut einer solchen Person genommen werden; hierzu gehören auch Minderjährige, die ohne Begleitung zurückgelassen werden, nachdem sie in das Hoheitsgebiet der Mitgliedstaaten eingereist sind.«

Die Mitgliedstaaten der EU verfügen nach wie vor über individuelle Aufnahmeregularien, denn die finalen Bedingungen der *reception*, der Aufnahme und der Altersfeststellung, dem *age assessment*, unterliegen der Autorität der Mitgliedstaaten (vgl. Pace et al. 2009; Kidane 2011; SCEP 2012a, b; EMN 2015; Friedery 2016). Lokalen Ausprägungen des gesamt-EUropäischen Grenzregimes bleibt folglich ein gewisses Maß an administrativer Flexibilität zugestanden (vgl. Hoffmann 2017, 138).

Die Gründe, warum jedes Jahr tausende junge Menschen ihren Kontext verlassen, sind vielfältig und lassen sich nicht unbedingt von denen älterer Menschen differenzieren. Sie reichen u. a. von Krieg und Verfolgung, mangelnden Zukunftsperspektiven verbunden mit chronischer wirtschaftlicher Instabilität, Zwangsverheiratung und -rekrutierung bis hin zu verstetigter Armut. Zahlreiche junge Menschen verlassen ihr Herkunftsland gemeinsam mit anderen jungen Menschen; da weder Eltern noch andere für sie zuständige Erwachsene sie begleiten, wird ihre Flucht_Migration in westlichen Diskursen folglich, wie auch die Definitionen des UN-Komitees sowie der EU zeigen, als ›unaccompanied‹, als ›unbegleitet‹ oder auch ›zurückgelassen‹ beschrieben. Diejenigen, die in EUropa ankommen und als Minderjährige durch Altersfeststellungsverfahren eingestuft werden, werden dann als *unbegleitete minderjährige Flüchtlinge*, im englischsprachigen Kontext als *unaccompanied minors*, betitelt. Eine Altersfeststellung wird durchgeführt, wenn die jungen Geflüchteten entweder keine Papiere haben, die Aufschluss über ihr Alter geben, oder die lokalen Behörden die Validität der vorgezeigten Papiere anzweifeln. Die am wenigsten invasive Feststellungsmethode sollte im Sinne des Artikels 25 (5) der *Asylum Procedures*

Directive Anwendung finden (vgl. EASO 2013 *Age Assessment Practice in Europe* für einen detaillierten gesamt-EUropäischen Vergleich). An die Kategorie des ›UAM‹ sind im Grenzregime bestimmte Bedingungen geknüpft: Junge Geflüchtete werden beispielsweise in speziell für sie eingerichteten Heimen untergebracht, werden enger durch Sozialarbeiter-*innen betreut[14], ihnen wird ein *guardian* zugewiesen (vgl. EMN 2015, 19) und sie werden (eher) nicht abgeschoben, bevor sie nicht volljährig sind[15]. Auch der Zugang zum Bildungssystem ist in vielen Fällen abhängig von dieser Kategorie, zudem beeinflusst sie die Chancen der Familienzusammenführung.

Bevor ich aufzeige, wie maltesische Institutionen mit der Ankunft von jungen Geflüchteten umgingen und ihr Alter bestimmten, präsentiere ich meine Überlegungen zur Kategorie Alter. Ziel ist es, aufzuzeigen, dass Alter, auch wenn das institutionelle Grenzregime in Bezug auf diese Kategorie nach Eindeutigkeit strebt, keineswegs so eindeutig verstanden werden sollte. Hinterfragt werden soll die Kategorie Alter mit besonderem Fokus auf die Bedeutung im Kontext von transnationaler Flucht_Migration.

Überlegungen zur Kategorie Alter

Ich beginne den Abschnitt mit Überlegungen zu Alter mit einem Kommentar bezogen auf meine eigene Praktik der Reproduktion eines definitorischen Eurozentrismus (vgl. Hoffmann 2017) dieser Kategorie. Das Sichtbarmachen meiner Verstrickungen mit der Kategorie verstehe ich als Teil der hier vertretenen postkolonialen Perspektive (vgl. Ha 2013, 77). Meine Irritationen habe ich folglich zum Infragestellen vermeintlicher Eindeutigkeiten genutzt. Zu Beginn meiner Tätigkeit im Heim neigte ich dazu, selbst von ›Kindern‹ oder ›Minderjährigen‹ zu sprechen oder auch zu schreiben, wenn ich meine Forschungsnotizen verschriftlichte. Ich selbst war gewissen Definitionen und Begrifflichkeiten verhaftet und reproduzierte sie. Schließlich war ich in einem Heim für ›UAMs‹ tätig, also mussten diese doch auch genau das sein. Im Verlauf der Forschung aber fühlte ich mich zunehmend unwohl mit diesen Zuschreibungen und Kategorisierungen. Immer wieder hörte ich, dass den jungen Geflüchteten entgegen ihrer

---

14 Wobei auch hier der Betreuungsschlüssel sowie die Anforderungen an die Mitarbeiter-*innen in der EU stark variiert (vgl. EMN 2015, 24).

15 Dass es Ausnahmen gibt, zeigt der 2015 veröffentlichte Report von EMN »Synthesis Report for the EMN Focused Study 2014«.

eigenen Altersangaben ein chronologisches Alter zugewiesen wurde und realisierte auch, dass Grundsätze der Kinderrechtskonvention, die Malta 1990 ratifizierte, im Heim nicht konsequent verfolgt und umgesetzt wurden (vgl. EMN 2009; The Committee on the Rights of the Child 2010; NGO Group for the CRC 2013; People for Change Foundation 2013; Otto 2019). Ich fragte mich also, ob meine Gesprächspartner*innen tatsächlich als Kinder behandelt wurden, bzw. sich selbst überhaupt als solche verstanden?

Die Definitionen, wer Kinder oder Jugendliche sind und was sie charakterisiert, variieren je nach sozialem, historischem und kulturellem Kontext (vgl. Ariès 1960; de Boeck und Honwana 2005, 4). Bereits Ariès (vgl. 1960 [deutsche Ausgabe], 90) zeigt auf, dass Kindheit, Jugend und Erwachsensein transnational nicht gleichbedeutend verhandelt wurden und werden. Diese Erkenntnisse des Konstruktionscharakters von Lebensphasen fand auch Einzug u. a. in ethnologisch orientierte Studien zu und mit jungen Menschen. Dorle Dracklé (1996, 19) kommentiert in Bezug auf Ariès Ausführungen, dass es seit der Rezeption dieses Werkes unumstritten sei »die kulturelle Konstruktion des Phänomens Kindheit mit distanziertem Blick auf unsere eigenen Konzepte wahrzunehmen« (Dracklé 1996, 19). Obgleich die eigenständige Jugendphase auch in Europa ein verhältnismäßig junges Phänomen ist, gab es lange eine Tendenz im öffentlichen Diskurs »[...] of the West to speak of youth as a transhistorical, transcultural category. As if it has existed everywhere and at all times in much the same way« (Comaroff und Comaroff 2005, 19). In ›westlichen‹ Staaten definieren enge, altersbasierte Vorstellungen nach wie vor das Kind-Sein und die Adoleszenz beschreibt die Phase zwischen Kindheit und Erwachsensein. Nach diesem Verständnis werden Kinder oder Jugendliche als Gegenspieler zu Erwachsenen und dadurch als Menschen »in the process of becoming« (de Boeck und Honwana 2005, 3) verstanden. Ein solch lineares Verständnis von Entwicklung mit einem klaren Zielpunkt, dem ›Erwachsensein‹, ist nicht ausreichend, um die globale Realität im Bezug auf Erwachsenwerden zu verstehen (vgl. Grayson-Courtemanche 2015, 26):

»Age is a concept which is assumed to refer to a biological reality. However, the meaning and experience of age, and of the process of ageing, is subject to historical and cultural processes [...] Both youth and childhood have had and continue to have different meanings depending on young people's social, cultural and political circumstances« (Wyn und White 1997, 10).

An dieser Stelle möchte ich nicht negieren, dass in ›westlichen‹ Diskursen keine Übergangszeiträume oder Statusübergänge stattfinden und Erwachsenwerden und -sein ausschließlich im Rahmen ›biologischer Wahrheit‹ definiert werden (vgl. Sydow und Scholl 2002, 11). Allerdings ist festzuhalten, dass im Kontext der unbegleiteten Flucht_Migration junger Menschen eben diese Übergangszeiträume durch die Festlegung eines Alters und die damit rechtliche Einteilung in Minder- und Volljährigkeit vollzogen wird, was zur Folge hat, dass Initiationsriten zum Übergang und mit diesen eventuell im Herkunftsland bereits stattgefundenen Übergängen erworbenen Kompetenzen und Zuschreibungen häufig nicht in den Blick genommen werden (vgl. auch Erdheim 1995).

De Boeck und Honwana kritisieren, dass internationale Richtlinien zum Schutz von Minderjährigen, wie beispielsweise die KRK, nicht nur geprägt sind von einem universalistischen Kindheitsverständnis, sondern ebenfalls zu einer Manifestierung eines solchen beitragen: »global standards of child protection led to the universilization of a specific definition of childhood« (de Boeck und Honwana 2005, 3). Daraus kann Folgendes resultieren: »The assimilation of all minors to the condition of childhood threatens to eliminate important differences in the way the passage to adulthood takes place within and across different cultural settings« (Mai 2010, 84). Vor allem in sozialen Kontexten, in denen junge Menschen in einem chronologisch jungen Alter verantwortungsvolle Aufgaben übernehmen mussten, verwischt die Trennung zwischen Kindheit und Erwachsensein aus der universalistisch-westlichen Perspektive schnell.

Diese Universalisierungen von Kindheit, die dazu neigen, den spezifischen Kontext junger Menschen zu negieren, sind besonders wirkmächtig für junge Menschen mit Flucht_Migrationserfahrung, wenn sie in der EU ankommen. Die Menschenrechtsanwältin und Migrationsforscherin Jacqueline Bhabha setzte sich in ihren Arbeiten intensiv mit diesen Dynamiken auseinander und hält fest:

»They [child migrants, L.O.] may initiate their travels, they may resist, they may simply concur or obey parental wishes; they may accompany, they may lead, they may follow, they may diverge, they may escape. Child migration is as much about childhood enterprise, resilience and initiative as it is about child persecution and victimhood. However, the legal and political framework does not reflect this« (Bhabha 2010, 92).

Das folgende Beispiel aus meinem Forschungstagebuch verdeutlicht auch noch einmal, dass das, was von jungen Menschen in Somalia/Somaliland verlangt wurde, nicht automatisch mit dem übereinstimmt, was nach dem Verständnis maltesischer Behördenmitarbeiter*innen ein »childlike child« (Crawley 2007) ausmache und deshalb im Asyl- und Altersfeststellungsverfahren wirkmächtig wird. Während eines Gesprächs zwischen Leylo, einer jungen Frau aus Somalia und mir, berichtete sie mir Folgendes:

»I started cooking when I was five years old. When I was nine, I started to take care of my younger siblings. I went to the market and I prepared food for the family. I also helped my mother a lot with the laundry« (Leylo, IG, 04/2016).

Von ihren Tätigkeiten in Somalia berichtete sie auch in ihrem Verfahren zur Altersfestsetzung in Malta, da sie gefragt wurde, wie ihr Alltag aussah: Sie erzählte, so berichtete sie, in etwa das gleiche, was sie auch mir erzählte und wurde als volljährig eingestuft. Die Spannungen zwischen dem, was im Grenzregime als ›kindlich‹ gesetzt wird und dem, was junge Menschen in Somalia/Somaliland erlebten, wurde vom *Separated Children in Europe Program* kritisiert: »[...] nur selten [findet] eine angemessene Berücksichtigung der Geschichte des Kindes [...]« im Altersfestsetzungsverfahren eine Rolle (SCEP 2012b, 11). SCEP fordert eine Berücksichtigung der geografischen, ethnischen und kulturellen Umgebungen, die junge Geflüchtete vor und während ihrer Flucht_Migration nach Europa beeinflussten (SCEP 2012c, 12). In diesem Rahmen sollte auch reflektiert werden, dass ›youthhood‹ auch Genderunterschiede mit sich bringt, denn »[...] in many cultures, the social stage of being a youth is much longer for young males than females. If, for example, a society defines ›youth‹ as the period between childhood and marriage, it may be a very short period for girls who marry young« (Sommers 2001, 3).

Um hier nicht in eine kulturrelativistische Legitimierung dieser Praktik der Frühverheiratung zu gleiten und diese als ›lokale Praktik‹ zu legitimieren (Dhawan 2011, 9; Otto und Kaufmann 2018) sei ein Dilemma hier gleich angesprochen: Wie kann es gelingen, weder in die Falle des Universalismus, noch in die des Kulturrelativismus zu tappen? Dhawan (2011, 11) nähert sich diesem Problem, indem sie fragt, was mit den Konzepten ›auf Reisen‹ passiert. Welche Idiome werden importiert, welche exportiert und welche Transformationen und Bedeutungswandlungen werden durch Kontextwechsel erfahren? Vor allem die jungen Frauen*, die ich in Malta traf, berichteten mir von den marginalisierten Positionen, die sie in der somalischen Gesellschaft innehatten und in die sie eingeteilt wurden – so auch Aaden und Sara. Ich lernte die beiden während eines gemeinsamen Kochabends in der WG, in der ich viel Zeit verbrachte, kennen. Sie berichteten, dass sie seit sie denken können im Haushalt helfen mussten und auch für die Versorgung jüngerer Geschwister zuständig waren. Binti, ebenfalls eine junge Frau aus Somalia, die im Verlauf meiner Forschung zu einer meiner engsten Forschungspartner*innen werden sollte und die stets daran interessiert war, sich (weiter) zu bilden, konnte in Somalia/Somaliland keine weiterführende Schule besuchen, da sie den Schulbesuch für junge Frauen als zu gefährlich einstufte. Diese Positionierungen wollte sie durch das Verlassen Somalilands/Somalias ebenfalls verlassen:»Because how can I be a doctor in Somalia? Not possible. So I thought when I come here [EU, L.O.] I can study to be a doctor and then I bring my family here. Because in TV I see that women are also doctors« (Binti, IG, 04/2013). In Somaliland war es primär die Kategorie Frau*, die die Karriere als Ärztin verunmöglichte, wohingegen auch nach Ankommen in Europa der Zugang zu Bildung erschwert wurde: vordergründig, da der Status als *Subsidiär Schutzberechtigte* sie nicht zur höheren Bildung zuließ.

Nicht nur sprach ich mit meinen Gesprächspartner*innen über ihre Aufgaben im Haushalt und die gesellschaftspolitischen Hürden, die sie navigieren mussten. Auch das Thema der Eheschließung war immer wieder präsent. Mit Absimil kam ich über das Heiraten in Somalia ins Gespräch, weil ich ihn 2016 fragte, was er denke, wie sein Leben weitergehen würde und ob er schon daran denke, eine Familie zu gründen. Themen von Familie, eigenen Kindern und Ehe waren auch deshalb immer wieder relevant, weil bei meinen Maltabesuchen in 2015 und 2016 immer recht zügig gefragt wurde, ob ich denn (endlich) Kinder habe und verheiratet sei. In 2016 hieß es von Yasir, mit dem ich über die Jahre eine recht vertrauensvolle Beziehung aufbauen konnte: »Laura you are old now. You need a baby soon« (Yasir, IG, 04/2016). Auch mit Absimil, der erst im späten Frühjahr 2013 ins Heim kam und mit dem ich sehr viel Zeit vor Ort verbrachte, kam ich ins Gespräch über Eheschließung und Familiengründung. Seine Erzählung verdeutlicht, dass in Somalia die Hochzeit nicht zwangsläufig mit dem Erwachsen- und Unabhängig-Sein gleichgesetzt wird:

»In Somalia you can marry when you are a girl with 14, 15, 16 and the boys maybe with 17, 18. But that does not mean that you are grown. Because you are still young and you don't have enough knowledge. That is why still we stay with our parents and they teach us more. It is just that you can get married when you are young but no, they say that you still grow even when you are older than twenty. We think that the strongest man is when you are fourty years old« (Absimil, IG, 04/2016).

In Somalia/Somaliland scheinen die Jugend und ihr Ende nicht an das Erreichen eines bestimmten chronologischen Alters geknüpft, sondern »youthhood« beschreibt vielmehr eine »stage of life« und kann als »fluid category« (Grayson-Courtemanche 2015, 24ff.) beschrieben werden. Neben einer Fehleinschätzung des chronologischen Alters junger Geflüchteter führt die Begutachtung im Rahmen von ›westlichen‹ Adoleszenzverständnissen auch zu einer Vernachlässigung der Anerkennung ihres aktuellen Seins und wodurch es geformt wurde, beziehungsweise noch immer geformt wird (vgl. de Boeck und Honwana 2005, 3). Die Fehleinschätzungen in Richtung ›älter‹ und ›jünger‹ können positiv, oder negativ für junge Geflüchtete sein: Wer als unter 16 Jahre alt eingestuft wurde, durfte beispielsweise eine Schule besuchen, aber nicht reisen, auch nicht in ein anderes Land im Schengen Raum.

Zahlreiche meiner Forschungspartner*innen berichteten, dass ihr Alltag in Somalia/Somaliland geprägt war vom Zusammensein zwischen Gleichaltrigen, denn:»In Somalia you cannot spend time with older persons. Usually, you hang out with those of your age. It is a question of respect« (Yasir, IG, 04/2016), informierte mich Yasir. Neben der Trennung von Gleichaltrigen und der Peergroup, sowie den Anforderungen an das Selbstständig-Sein, fanden sich die jungen Geflüchteten gleichzeitig in der Situation wieder, sich mit Fragen des Ankommens und sozialkulturellen Gegebenheiten in ihrem neuen Kontext auseinandersetzen zu müssen.

Dieser Abschnitt stellt eine erste Dekonstruktion[16] und Destabilisierung der vermeintlich eindeutigen Kategorie ›Alter‹ dar und zeigt, dass Altersverständnisse in verschiedenen Ländern, bürokratischen Kontexten sowie im gelebten Alltag nicht als transnational identisch zu verstehen sind. Beeinflusst werden diese Verständnisse von lokalen Vorstellungen zu Kindheit, dem damit einhergehenden Grad von (Un-)Selbstständigkeit sowie (un-)angemessenen Verhaltensweisen von ›Kindern‹. Die ersten Bezüge zu meinem Forschungsmaterial zeigten auf, dass diese Dynamiken der verschiedenen Altersverständnisse für die jungen Geflüchteten nach ihrer

---

16 Die an Jacques Derrida (hier rezipiert: Die différance 1990) orientierte Dekonstruktion erlaubt es, etablierte Bedeutungen, Normalisierungen und Machtverhältnisse, die auch der ›UAM‹-Kategorie inhärent sind, zu erkennen und aufzudecken. Durch diese Betrachtungsweise können Brüche vermeintlicher Stabilitäten generiert werden und es entstehen »produktive Infragestellungen« (Orozco 2012, 295). Mit Bezug auf Intersektionalität hält Christine Riegel fest, dass Re- und Dekonstruktion zentral sind, um das Selbstverständliche von sozialen Kategorien zu irritieren und sie »auf ihre ungleichheitsstabilisierenden Effekte« (Riegel 2016, 140) hin untersuchen zu können.

Ankunft in Malta besonders wirkmächtig waren. Der folgende Abschnitt widmet sich der Frage, wie das chronologische Alter der ankommenden jungen Geflüchteten in Malta festgestellt wurde, welche Vorstellungen von Alter sichtbar wurden und welche Institutionen an diesen Prozessen beteiligt waren.

Junge Geflüchtete, Minderjährigkeit und die Kategorie ›UAM‹: Erkundungen im (maltesischen) Grenzregime

Dieses Kapitel widmet sich den Gesetzen und Regularien, die das Ankommen und den Alltag als ›UAM‹ eingeteilter Geflüchteter in Malta regeln sollen. Da sich diese Studie jedoch dem Dazwischen und den Uneindeutigkeiten, den Aushandlungen der ›UAM‹-Kategorie widmet, kommen in diesem Abschnitt auch Forschungspartner*innen zu Wort. Ich möchte zeigen, wie sie das Ankommen erfahren haben und durchaus auch mit ihren Stimmen Regularien kontrastieren, um nicht zu suggerieren, dass das, was in den Gesetzgebungen und Regularien steht, per se so umgesetzt wurde. Im Sinne der ethnografischen Forschungstradition denke ich die Ebenen zwischen Regularien und Bestimmungen und den Subjekten nicht als getrennt sondern als miteinander verwoben.

Der EU-Mitgliedstaat, der sich mit der Frage der Bestimmung des Alters aufgrund der im Verhältnis zur gesamten Zahl der Ankommenden signifikant großen Gruppe der jungen Geflüchteten in besonderem Maße auseinandersetzen muss, ist Malta. Denn: ›UAMs‹

»make up a significant percentage of asylum-seekers [...]. [...] 26% of boat arrivals in the first five months of 2014 were found to be UAMs and issued a Care Order by the Ministry for the Family and Social Solidarity (MFSS), as compared to 18% in 2013« (Hilmy 2014, 2).

Doch wie wird überhaupt die ›Minderjährigkeit‹ im maltesischen Kontext bestimmt, wie wird das »found to be UAMs« (Hilmy 2014, 2) praktiziert?

Alle Menschen – und so auch meine geflüchteten Forschungspartner*innen – die ohne oder mit nachweislich gefälschten Papieren in Malta einreisten, wurden bis einschließlich Dezember 2015 zunächst für bis zu 18 Monate inhaftiert. Während der Haftzeit wurde dann auch das Altersfeststellungsverfahren durchgeführt. Katja Schikorra und Rainer Becker setzten sich mit den Folgen der Altersfestsetzung für junge Geflüchtete auseinander. Die Altersfeststellung, vor allem mittels Handwurzelknochenröntgen oder Inaugenscheinnahme des nackten Körpers, verstehen sie als eine biopolitische Praxis, mit der Ein- und Ausgrenzungsmechanismen sozialer Teilhabe einhergehen (Schikorra und Becker 2009, 68). Sie kritisieren vor allem, dass veraltete Forschungsergebnisse bis heute normierend sind und führen aus:

Die »[...] Nichtexistenz oder Nichtnachweisbarkeit dieser Altersvariable im konkreten Fall jugendlicher Flüchtlinge unterstreicht dabei ihre zentrale biopolitische Bedeutung überhaupt und bringt diejenigen anthropometrischen Praktiken an die Oberfläche gesellschaftlicher Praxis, die der inklusiven Norm-Statuierung des eigenen Bevölkerungskörpers zugrunde liegen. Die Existenz administrativer Altersdaten wird so als eine fundamentale biopolitische Notwendigkeit zur identitären Erhebung, Normierung und Regulation des Eigenen wie zur Zuordnung und Behandlung des Fremden verständlich« (Schikorra und Becker 2009, 79).

Im Rahmen dieses biopolitischen Eingriffs in das Leben der jungen Geflüchteten wird deutlich, dass sich biopolitische Maßnahmen zur Klassifizierung und Einteilung nicht nur auf diejenigen auswirkt, die bereits Staatsbürger*innen des machtausübenden Nationalstaates sind. Auch diejenigen, die im Sinne der/s Staatsbürger*in nicht dazugehören, werden durch diese Eingriffe zugehörig gemacht: Als ›UAM‹ eingeteilt, sind junge Geflüchtete dann eben für den Nationalstaat regierbar und in Teilen kontrollierbar. Mit dem staatlichen Blick gedacht, sind diese Einteilungen in gewisse Eindeutigkeiten praktisch und auch juristisch nötig, für die jungen Geflüchteten haben sie jedoch weitreichende Folgen.

Nach der Ankunft in Malta wurde von der *Immigration Police* ein kurzes Interview durchgeführt, in dem die Geflüchteten ihr Alter, ihre Nationalität sowie ihr Geschlecht im Rahmen eines *preliminary questionnaire* angeben mussten. Für die jungen Geflüchteten kam die Frage nach dem Geburtstag in der Regel überraschend, denn ihre Erzählungen zeigen, dass sie nach der Ankunft in Malta erstmals mit der Relevanz ihres chronologischen Alters konfrontiert wurden: »I only learned about being a minor or underaged when I arrived here in Malta. In Somalia, it did not matter. I only know that I was born on the last day of Ramadan. That is what my mother told me«, erinnerte sich Bilal (IG, 07/2015).

Im Anschluss an das Erfassen erster Daten im Rahmen dieser Befragung durch die *Immigration Police* erfolgte für alle meine Forschungspartner*innen die Inhaftierung in einem *detention centre*. Diese ausnahmslose Inhaftierung verstößt zwar gegen EU-Recht, wurde aber dennoch basierend auf dem *Immigration Act* von 1975 durchgeführt (vgl. Hilmy 2014). Dieses Beispiel zeigt erneut den Handlungsspielraum der einzelnen Mitgliedstaaten im gesamt-EUropäischen Grenzregime. Während der Inhaftierungszeit wurde das *age assessment* durchgeführt, bevor das Asylinterview geführt wurde. Zwischen der Ankunft und dem *age assessment* vergingen in einigen Fällen wenige Tage, andere junge Geflüchtete, die ich traf, warteten einige Monate auf ihre Altersfeststellung.

In der Abwesenheit von Geburtsurkunden liegt begründet, dass ein *age assessment* durchgeführt wurde. Diese Altersfestsetzung wird in Malta vor allem durchgeführt, wenn »childhood not manifest visible« (Andrew Borg, I, 06/2013) ist, wie der LMAO-Direktor berichtete, aber die geflüchtete Person trotzdem angibt, unter 18 Jahre alt zu sein. Es kann aber auch zu Altersfestsetzungen durch den Staat kommen, wenn die Behörden Zweifel an der von jungen Geflüchteten angegebenen Volljährigkeit haben und ihrer Pflicht des Schutzes von Minderjährigen nachkommen müssen (vgl. SCEP 2012). Die Altersfestsetzungen waren zwischen mir und den institutionellen Akteur*innen immer wieder Thema und es ging wiederholt darum, wer eigentlich Verantwortung trägt für das Verfahren und die Ergebnisse.

Auch wenn es einige Bestimmungen gibt, wie dieses *age assessment* ausgestaltet werden sollte, unterliegt die tatsächliche Umsetzung den maltesischen Behörden und keinen Gesetzen, die gewisse Verfahren garantieren würden (vgl. Hilmy 2014, 29). Konkreter: LMAO beschäftigt ein *age assessment team*, welches dafür verantwortlich ist, das chronologische Alter junger Geflüchteter zu bestimmen – innerhalb dieses Teams scheint niemand gerne Verantwortung für das Ergebnis übernehmen zu wollen, wie mir *cultural mediator* Tahliil (I, 07/2015) berichtete: »[...] they tell him [the young refugee, L.O.]: ›Listen we cannot accept you as a minor. But we will discuss with our boss again maybe he says that you are a minor««. Bis dato gibt es keine Methode, um das chronologische Alter von Menschen akkurat festzustellen. So kommt es wiederkehrend zu gravierenden Fehleinteilungen (vgl. Positionspapier SCEP 2012c, 13ff.). Dementsprechend werden die Verfahren immer wieder, unter anderem von Mediziner*innen und Sozialpädagog*innen, kritisiert. In Malta war das *Ministry of Health* für diese Untersuchungen verantwortlich und es kamen vor allem die Inaugenscheinnahme, das Röntgen des Handwurzelknochens sowie psychosoziale Gespräche zum Tragen. Durch das *age assessment* soll – so das Ziel – die Minderjährigkeit bestätigt oder widerlegt werden. Die Aussage von Tahliil, der die jungen Geflüchteten als *cultrual mediator* zum Altersfeststellungstermin begleitete, zeigt, dass die angewandten Verfahren auch bei den Mitarbeiter*innen nicht unbedingt dazu führten, dass sie sich mit ihrer Entscheidung ganz sicher waren: Der Chef sollte entscheiden. Es gab also offenbar einen Spielraum, der darauf verweist, dass die Objektivität, die vor allem durch medizinische Verfahren hergestellt werden soll, Graubereiche zulässt und diese produktiv offengehalten werden (vgl. Hoffmann 2017). Neben den psychosozialen Fähigkeiten der jungen Geflüchteten und dem Ergebnis der Handwurzelknochenmessung kamen auch kulturelle Erklärungsmuster zum Tragen, um das chronologische Alter zu definieren. Junge Geflüchtete werden immer wieder mit den jungen Menschen des Landes, in das sie geflohen sind, verglichen. Zusätzlich werden sie mit den im Aufnahmeland herrschenden Normen für Minderjährigkeit begutachtet (vgl. auch Crawley 2007; McLaughlin 2017). Dies geschah auch in Malta, wie Lorenza, Mitarbeiterin einer NGO, berichtete:

»I think their [members of age assessment team, L.O.] basic concept is a Maltese context so for us a sixteen year old in Malta is still a baby […] but a sixteen year old Eritrean or Somali or Nigerian who has passed through so much has very very different needs. They are still minors, yes, and still need to be protected as a child but their needs are very different. Even culturally between the different nationalities they are very very different, the upbringing is different, there are different expectations from family, and also their own expectations so I think we look at it too much in our Western or even local and in Malta even more in the Maltese context. So we need to widen for sure our understanding of childhood, adulthood and […] even the transition between the two. So and I think there is a lot of clash on that level especially in the homes between the minors and the carers or the social workers […]« (Lorenza, I, 07/2015).

Lorenza betonte hier vor allem, dass die jungen Menschen mit Flucht_Migrationserfahrung mit sehr unterschiedlichen Erwartungen differenter Akteur*innen konfrontiert sind und auch Erwartungen an sich selbst hatten. Sie untermauerte weiter, dass junge Geflüchtete aufgrund ihrer anderen Erziehung sowie kulturellen Prägung andere Bedürfnisse haben, als junge Menschen, die in Malta aufwuchsen. Die Sozialarbeiterin berichtete mir weiterhin, dass es in den Unterkünften aufgrund dieser divergierenden Vorstellungen und Erwartungen immer wieder auch zu Konflikten zwischen den jungen Geflüchteten und den sie Betreuenden kam. Begründet sah sie diese Auseinandersetzungen auch in der ›western‹ oder ›Maltese local perspective‹ auf Kindheit und Erwachsensein und sie forderte diese oft eng verstandenen und mit eigenen Vorstellungen beladenen Konzepte aufzulockern. Geschieht dies nicht, so werden junge Menschen, die dem lokalen Verständnis von Minderjährigkeit nicht entsprechen, häufig als dämonisch und gefährlich gesehen und folglich gesellschaftlich gefürchtet (vgl. de Boeck und Honwana 2005, 3).

Folgen der Einteilung

›UAMs‹ befinden sich in Malta in rechtlichen Mehrfachzugehörigkeiten, die wiederum ausdrücken, dass die ›UAM‹-Kategorie auch juristisch weitreichende Folgen mit sich bringt: Einerseits werden sie, so sie den Status erteilt bekommen, als Schutzberechtigte kategorisiert und andererseits als ›UAMs‹, was sie im *Refugee Act* (Justice Services 1970 und 2001) sowie im *Care Order Act*, der auch für maltesische, familienlose Kinder und Jugendliche gilt, verortet. Diese rechtlichen Mehrfachzugehörigkeiten lösen sich mit dem Erreichen des 18. Lebensjahres auf, denn dann fallen sie nicht mehr unter die *Care Order* (National Legislative Bodies 1985). Nachdem die *Care Order* verordnet wurde, wurde den als ›UAM‹ eingeteilten Geflüchteten auch ein *legal guardian* zugewiesen. *Legal guardians* waren in der Regel LMAO-Mitarbeiter*innen. Ihre Aufgabe ist gesetzlich nicht geregelt (vgl. Hilmy 2014) und ein *legal guardian* kann zeitweise mit der Betreuung von bis zu 50 ›UAMs‹ betraut gewesen sein. Zu den Hauptaufgaben gehörte die Begleitung der jungen Geflüchteten zum Asylinterview. In Malta folgte im Anschluss an die Anerkennung oder Zuweisung der Minderjährigkeit die Unterbringung in einem von LMAO betriebenem Heim, in dem ausschließlich als ›UAM‹ eingeteilte Geflüchtete untergebracht wurden. Während meiner Forschungszeit betrieben die maltesischen Behörden zwei dieser Heime mit insgesamt knapp 50 Plätzen. Da diese Kapazitäten vor allem in den Jahren, in denen zahlreiche Geflüchtete ankamen, nicht ausreichten, wurden als ›UAM‹ eingestufte Geflüchtete auch im *open centre* von Tal Gebel untergebracht. Die meisten meiner Forschungspartner*innen lebten in einem der beiden Heime, aber einige mussten direkt nach dem *age assessment* in Tal Gebel wohnen.

Diese dem Grenzregime inhärenten Klassifizierungsprozesse des Ordnens, Einordnens und Aussortierens treffen junge Geflüchtete folglich besonders und anders: Denn ihr Alter – welches sie in Malta aufgrund nicht vorhandener Papiere durch ein *age assessment* zugewiesen bekamen und welches fortan als ihr chronologisches Alter verstanden wird – entschied mit über ihren Status, ihre Mobilität, ihren juristischen und sozialen Stand im Grenzregime (vgl. Bhabha 2004, 2007, 2010; Crawley 2007; Fassin 2013; Otto 2016; Otto und Kaufmann 2018). Die große biopolitische Bedeutung von chronologischem Alter Geflüchteter liegt u. a. in der Befürchtung einiger Nationalstaaten begründet, dass der Prozess der Altersfestsetzung von jungen Geflüchteten missbraucht werden könnte, um ein jüngeres Alter annehmen zu können als das chronologische. Sie würden versuchen, sich jünger zu machen, um etwaige Vorteile im Asylverfahren zugesprochen zu bekommen, wie u. a. eine bessere Unterbringung, einen Zugang zu Bildung, oder die Möglichkeit der Familienzusammenführung (vgl. Hilmy 2014). Eine Konsequenz, die zahleiche EU-Mitgliedstaaten daraus für sich ziehen, ist die Positionierung der jungen Geflüchteten in der Beweispflicht (vgl. Schikorra und Becker 2009). Mein empirisches Material zeigt, dass junge Geflüchtete nicht nur verpflichtet waren, gewisse Angaben korrekt – im Sinne des gesetzten Maßstabes – zu machen, sondern die Abwesenheit ihrer Dokumente suggerierte parallel, dass sie lügen würden.

Spätestens mit ihrer Ankunft in Malta wurden die jungen Menschen in ihren Positionierungen in der Kategorie des ›UAMs‹ zu Akteur*innen des EUropäischen Grenzregimes. Mit dem Ankommen werden die jungen Geflüchteten eingeteilt, markiert und kategorisiert (vgl. Kleist 2015; Scherschel 2011); sie werden verwaltet und verwahrt, gleichzeitig werden von ihnen bestimmte Verhaltensweisen, Narrative und Merkmale im Sinne der vor Ort definierten »childlike child« (Sirriyeh 2013) Verständnisse verlangt. Gleichzeitig nutzten sie jedoch auch ihre Agency und versuchten in der Interaktion mit den sie Verwaltenden, Einteilenden und Betreuenden diese Kategorisierungen aufzulösen und auch mir gegenüber nahmen sie Entwürfe des Selbst jenseits der rechtlichen und sozialen Kategorisierung vor.

Die hier ausgeführten Gedanken haben gezeigt, dass das chronologische Alter von Menschen im Grenzregime eine bedeutende Rolle einnimmt und die Feststellung der Minderjährigkeit den Alltag junger Geflüchteter in Malta maßgeblich prägte. Es wurde deutlich, dass Akteur*innen des institutionellen Grenzregims ein Interesse daran haben, Eindeutigkeiten zu produzieren: Einerseits hat sich die maltesische Regierung verpflichtet, Kinderrechte einzuhalten und hat andererseits ein Interesse am Grenzschutz, sowie daran, Ressourcen nicht an Geflüchtete zu vergeben, die nach dem Verständnis maltesischer Behörden volljährig sind. Die Feststellung der Minderjährigkeit war geprägt von medizinischen Verfahren, aber auch von psychosozialen Gesprächen, die durchaus auf kulturalisierten Zuschreibungen und Vergleichen basierten. Für die jungen Geflüchteten ist die ›UAM‹-Kategorie ambivalent: Auf der einen Seite mag die

Einteilung gewisse Vorteile mit sich bringen, kann aber auch bedeuten, dass sie mit ihren eigenen Lebensplänen nicht fortfahren können. So wurde die Kategorie des ›UAMs‹ zwischen den verschiedenen Akteur*innen, die durchaus konträre Interessen hatten, verhandelt.

Die Praktiken des Markierens von Subjektpositionen und des Einsortierens von Individuen in bestimmte Kategorien betraf meine geflüchteten Forschungspartner*innen in besonderem Maße. Während sie in offiziellen Regularien schlicht unter der Kategorie ›UAM‹ zusammengefasst wurden, geht es mir in meiner Forschung darum, sie in ihrer Individualität wahrzunehmen – und auch zu repräsentieren. Dieses jedoch stellte mich vor den bereits beschriebenen Dynamiken des Grenzregimes vor die Herausforderung, sie gleichzeitig möglichst über die Repräsentation des Individuellen nicht zu gefährden. Für mich resultierte aus meinen Überlegungen die Entscheidung, alle Akteur*innen zu pseudonymisieren, worauf ich im folgenden Abschnitt detaillierter Bezug nehme.

Pseudonymisierung zwischen Schutz und Bevormundung

»My real name is [X]. But in [Heim, L.O.] they did not care. They only listen once and understand Elais. And then they write Elais all the time. I told them to change but they still did not change. Even we have long names. You have your name, father's name, grandfather's name. So your name in Somali is very long. But here only one short name.«

Elais, im Frühjar 2013

Elais schilderte mir von dieser Situation zu Beginn meiner Zeit im Heim. Aus der Art und Weise, wie er sprach, entnahm ich, dass ihn die Ignoranz der Mitarbeiter*innen gegenüber seinem Namen wütend machte und verletzte: Er klang in meinen Ohren, so notierte ich es im Tagebuch, aufgewühlt und sauer, er sprach laut und schüttelte den Kopf. Diese Situation nahm ich in ähnlichen Weisen immer wieder wahr. Die Individualität der jungen Geflüchteten zählte kaum und in bürokratischen Prozessen wurden sie immer mehr verfremdet. Neben der Zuweisung von Namen, die ihnen nicht entsprachen, gehörte dazu auch, dass sie in Haft mit einer Identifikationsnummer versehen und auch mit dieser angesprochen wurden; diejenigen, die sich später für das *Resettlement* in die USA bewarben, wurden dann erneut mit einer anderen Nummer versehen und mit dieser angesprochen. Das Umbenennen und mit Nummern-Versehen zwischen den

Geflüchteten und Nicht-Geflüchteten fand auch in den machtungleichen Interaktionen im Heim Anwendung. Während die Mitarbeiter*innen gegenüber den Namen der Bewohner*innen weitestgehend ignorant waren, nannte ich sie jedoch vor Ort bei den Namen, mit denen sie sich mir vorstellten. Wir beschränkten uns dabei gegenseitig auf unseren jeweils ersten Namen. Dass ich alle meine Forschungspartner*innen pseudonymisierte, deute ich mehr als Repräsentations-, denn als Interaktionsfrage, die dennoch nicht losgelöst von den bereits beschriebenen Grenzregimedynamiken zu denken ist.

Fragen der Pseudonymisierung spielen in diesem politisch und emotional aufgeladenen Forschungskontext eine zentrale Rolle und eine Erörterung anhand konkreter Forschungssituationen, wie der zwischen Elais und den Mitarbeiter*innen, dienten mir als Reflexionsgrundlage. Person Perry Baumgartinger versteht »Anonymisierung als politische Praxis« (Baumgartinger 2014, 105). Namen stünden nicht »in einem ahistorischen, wertfreien Raum, ihnen wird vielmehr eine nationale, geschlechtliche, religiöse, etc. Bedeutung zugeschrieben [...] und sind mit starken stereotypen Bildern aufgeladen« (Baumgartinger 2014, 108). In meinen Forschungskontexten wurde ich folglich in mehrfacher Hinsicht mit der Namensthematik konfrontiert: Einerseits gab es Fälle, in denen die jungen Geflüchteten von institutionellen Grenzregimeakteur*innen einen anderen Namen zugewiesen bekommen haben – so wurde beispielsweise aus [X] Elais, was durchaus als eine »Fremdzuschreibung, die als gewaltvoll erfahren werden kann und die Gefahr läuft, sich in eine Geschichte autoritärer Namensänderungen einzuschreiben« (Baumgartinger 2014, 109) von ihm und anderen jungen Geflüchteten wahrgenommen wurde. In Deutschland kommunizierte mir ein Vormund, dass sie es nicht verstehe »dass Sabiye sich nicht einfach einen anderen Namen gegeben hat. In Deutschland ist Sabiye[17] wohl die denkbar schlechteste Variante« (TB, 08/2013). Hier zeigt sich, dass also auch aktiv mit Namensänderungen soziale Positionswechsel vorgenommen werden sollten: Ich nahm wahr, dass es auch Erwartungen an die jungen Geflüchteten gab, sich von ihren somalischen Namen zu verabschieden.

Dass ich allen Forschungspartner*innen ein Pseudonym gegeben habe, erfolgte teilweise auf ihren Wunsch hin, teilweise entgegen ihres Wunsches. Beim Durchsehen und Deuten meines Materials fiel mir vor allem auf, dass

---

17 Sabiyes tatsächlicher Name ist im deutschen Kontext stark negativ behaftet.

es die institutionellen Akteur*innen waren, die nach den Interviews explizit die Pseudonymisierung einforderten, oder es ihnen gleichgültig war, ob ich ihren Namen nenne oder nicht; einige meiner geflüchteten Forschungspartner*innen wollten jedoch ausdrücklich mit ihren Namen benannt werden und einige haben mir diese in korrekter somalischer Schreibweise in mein Forschungstagebuch geschrieben. Andere wiederum, wie Abdul, der durchaus zu den kritischsten Stimmen unter den jungen Geflüchteten gehörte, kommunizierten mir gegenüber, dass er nicht seinen Geburtsnamen verwendet haben möchte.

Am Wasser fragt er mich, ob ich schon angefangen habe, mein Buch zu schreiben. Ich bejahe dies und dann sagt er: »It is very important because people don't know about here in Malta. But can you please be careful and not use my name and maybe even not mention that I lived [in Heim] because they will know that me and Elais we talked because our English is good« (Abdul, IG, 07/2015).

Diese unterschiedlichen Standpunkte in Bezug auf Pseudonymisierung sowie meine Repräsentationspraxis möchte ich hier vor den ausgeführten Gedanken über Grenzregime diskutieren. Auch dies geschieht wieder vor dem besonderen Hintergrund Maltas: Die Kleinheit bedeutete nicht nur, dass sich Wege immer wieder kreuzten, sondern auch, dass gewisse Positionen nur einmal vergeben wurden. Die Ministerien waren klein und hatten wenig Mitarbeiter*innen. Silvio, der in einem Ministerium beschäftigt war, sagte eingangs im Interview: »I am doing this job all by myself so when you quote from what I said people will know it is me because people know who we are but if my real name appears it does not matter« (Silvio, I, 07/2015). Vor allem den Wunsch einiger institutioneller Akteur*innen *nicht* genannt zu werden versus dem expliziten Wunsch einiger Geflüchteter *genannt* zu werden, deute ich hier vielfältig: Einerseits schienen diejenigen, die das institutionelle Grenzregime aktiv mitkonstituierten, in Sorge zu sein, von den dem Grenzregime inhärenten Bestrafungs- und Kontrollmechanismen persönlich getroffen zu werden: »Can you send me the interview please before you publish it because I want to make sure that I did not say anything that I should not have said«, fragte mich beispielsweise Mari, eine Mitarbeiterin einer internationalen Migrationsorganisation, im Anschluss an das aufgezeichnete Interview. Der Wunsch nach Pseudonymisierung wurde insbesondere von Nina Cortis, Mitarbeiterin im Familienministerium, kommuniziert:

Am Ende fragt sie mich dann, ob ich zitieren werde und sie ist nicht ganz glücklich mit meinem »Ja« und sagt: »This is still a democracy here, don't get it wrong, but still I mean« kommentiert sie mein Ja. Ich habe das Gefühl, dass bei den ganzen Mitarbeitenden in den Ministerien auch ein gewisses Maß an Angst mitschwingt, den Job zu verlieren oder etwas Falsches gesagt zu haben. Das Thema der Immigration scheint nach wie vor sensibel hier (TB, 07/2015).

Die jungen Geflüchteten hingegen versuchten durchaus sich über meine Forschung Gehör zu verschaffen. Sie standen zu ihrer Kritik am Umgang mit ihnen und sahen in meiner Studie einen Kanal, diese mit einer breiteren Öffentlichkeit zu teilen:»Laura, it is important that you tell the people how bad Malta is«, war Absimils Erwartung an mich (Absimil, IG, 07/2015). Absimil war auch einer derjenigen, der mir vor meiner Abreise im Juli 2013 extra noch seinen vollständigen Namen aufschrieb und bei den Behörden immer wieder versuchte, eine bessere Situation für sich zu erwirken. Abdul hingegen war in Sorge, und auch dies ist für mich Ausdruck der Grenzregimedynamiken in denen wir uns alle befanden und die wir auch gestalteten, dass seine Partizipation an meiner Forschung negative Auswirkungen für ihn haben könnte. Dieses Gefühl, dass meine Forschung den geflüchteten und nicht-geflüchteten Akteur*innen schaden könnte, und zwar in zum jetzigen Zeitpunkt nicht absehbarer Weise (Besteman 2013, 6), dominierte auch mein Denken und Agieren. Das Eingebettet-Sein ins Grenzregime beeinflusste also nicht nur meine forschende Praxis vor Ort, wie ich im Methodenkapitel bespreche, sondern auch bis zuletzt meine Repräsentationsstrategie. Während ich per Suchlauf nach und nach alle Namen ersetzte, fühlte ich mich nicht wohl, vor allem auch, weil ich wusste, dass ich relevante Feinheiten der Namen, mit denen sich vor allem meine geflüchteten Forschungspartner*innen identifizierten, ausradierte. Vor allem die oft liebevollen und kreativen Spitznamen, die sie füreinander entwickelten, finden nun in meiner Darstellung keine Berücksichtigung mehr. Kulturspezifische und familiäre Identifikationen habe ich aufgehoben, ihre Biografien noch weiter verfremdet. Meine Weise zu agieren und zu entscheiden, drückt an dieser Stelle noch einmal das Machtgefälle im Grenzregime aus. Ich bin diejenige, die hier letzten Endes Gebrauch macht von Herrschaftswissen. Die Wissens-Macht-Komplexe sind also auch der Forschungsrepräsentation selbst inhärent und nicht nur dem Interagieren vor Ort. Mit meinem Versuch, meine Forschungspartner-*innen möglichst nicht zu gefährden, bediente ich mich gleichzeitig Praktiken, die sie im Grenzregime bereits als abwertend erfahren haben.

Die hier reflektierten Entscheidungen drücken auch die Limitierungen von Forschung und ihrer Repräsentation aus: Kein Weg wäre der richtige gewesen, sondern es handelt sich um einen Aushandlungsakt. Ich nehme hier vor allem vor dem Hintergrund des Ziels dieser Forschung, nämlich der Analyse von Altersaushandlungen, Subjektpositionen und (Un-)Möglichkeitsräumen in Kauf, dass ich Feinheiten und Nuancen reduziert habe, da nicht das Ziel ist, einzelne Akteur*innen zu porträtieren: Hier stehen Interaktionen, Gespräche und das Agieren der Akteur*innen im Vordergrund.

Konturen des theoretischen Rahmens und der analytischen Perspektive

Absimil kam im Frühling 2013 in Malta an. Noch bevor er ins Heim zog, erzählte Soziarbeiterin Sultana mir davon, dass nun zwei richtig junge ›UAMs‹ einziehen werden und, dass ich sicherlich überrascht sein werde, wie klein und zart sie seien. Später stellte sich heraus, dass es sich bei der zweiten Person um Filad handelte. Als ich Absimil einige Tage nachdem er mir bereits als ›so jung‹ und ›so klein‹ angekündigt wurde, kennenlernte, war er zunächst schüchtern und hat die ersten Tage nach seinem Einzug kaum den Kontakt zu mir gesucht. Das änderte sich jedoch schnell und wir tauten miteinander auf, als wir in der Küche Hamburger für alle zubereiteten. Er berichtete mir, dass er als 13 Jahre alt eingestuft wurde, er aber ganz unzufrieden sei mit dem Ergebnis, denn er sei schließlich schon älter und verstehe nicht, warum er nun so jung sei. Er werde, so kündigte er es an, im Heim nun so lange Ärger machen, bis man ihm zuhöre und er dann auch ein höheres Alter anerkannt bekomme. Es wird sich herausstellen, dass Absimil erfolgreich war (TB, 06/2013).

Die Situation für junge Menschen, die als ›UAM‹ eingeteilt werden, weist ein hohes Maß an Komplexität auf (vgl. Thomas, Sauer und Zalewski 2018, 25). Ihr Alltag ist von vielfältigen Faktoren wie dem Aufenthalts- und Asylrecht, der Unterbringung im Heim, der späten bzw. Nicht-Eingliederung in das Bildungssystem ebenso geprägt wie von gewissen Facetten von Fremdheit und Unvertrautheit mit der neuen Lebenssituation (vgl. ebd.). Um diese Komplexität, die Verwobenheit und die Dynamiken dieser Facetten fassen zu können, habe ich mich dazu entschieden, zwei Betrachtungsperspektiven zentral zu setzen und zu verbinden: Einerseits vertiefe ich zu Raumtheorien, sowie andererseits zu Subjekttheorien und verknüpfe beide mittels meines intersektionalen Ansatzes, der sich durch die gesamte Forschung zieht.

Dass die Kategorie des ›UAMs‹ ein Produkt des Grenzregimes ist, habe ich bis hierhin gezeigt. Deutlich wurde auch, dass Grenzen nicht immer klar erkennbar sind, sondern auch noch nach territorialem Grenzübertritt verhandelt werden. Absimils Erzählung zeigt, dass sein zugewiesenes Alter,

welches ihm einen Platz im Grenzregime (zunächst) zuwies, auch Ver-
handlungssache war. Die Fragmente der Grenze sind also keineswegs so
fix und fixiert, wie sie vielleicht zunächst anmuten lassen. Die Begriffe der
Unlogik, Ambivalenz und dynamischer Aushandlung fassen das, was ich
empirisch erlebte, besser als Konzepte wie Starrheit und Endgültigkeit. Es
kam zu vielfältigen Positionswechseln der Akteur*innen, zu differenten
Selbst- und Fremdzuschreibungen, sowie zu individuellen Umgangsweisen
mit der ›UAM‹-Kategorie. Ich gehe davon aus, dass diese Aushandlungen
nicht nur ›von oben‹ – also den Institutionen – vorgegeben und bestimmt
werden, sondern, dass auch die geflüchteten Akteur*innen aktiv daran teilhaben, diese Aushandlungen auch initiieren können, wie auch Absimil ein-
drücklich zeigte. Daraus resultierte für sie durchaus positive Veränderung.

In den spezifischen Momenten der Begegnungen und Aushandlungen
werden auch unterschiedliche Subjektivierungsweisen sichtbar: Die jungen
Menschen werden angerufen und rufen andere an; sie gehen mit der
›UAM‹-Kategorie um, entwickeln Anpassungen und Gegenentwürfe; und
finden einen Umgang mit den Situationen, in denen sie sich wiederfinden.
Die ethnografische Grenzregimeanalyse ist in der Lage, subjektive Umgangsweisen und das zu etwas Gemacht-Werden, bzw. etwas Aus-sich-Ma-
chen in spezifischen Kontexten aufzuzeigen. Grundgedanke für das Nachvollziehen von Aushandlungen und situativen Subjektivierungen ist dabei,
den Kontext mitzudenken. Sozial konstruierte Kategorien beeinflussen
diese Aushandlungen ebenfalls. So geht es mir folglich hier um drei wesentliche Punkte: (1) Ich möchte weg von einem Raumverständnis, das
Räume als Container versteht und hin zu einem Raumverständnis, welches
das soziale Handeln und Aushandeln der Akteur*innen als raum-konstitu-
ierend versteht; (2) ich lege den Fokus auf Interaktionen und Positionswechsel der Akteur*innen; (3) ich interessiere mich für die Verbindung aus
sozial konstruierten Kategorien und Interaktionen.

Um diese Gedanken und das empirische Material besser verstehen zu
können, habe ich mich dazu entschieden, nicht nur orientiert an ›Grenze
als Methode‹ zu arbeiten, sondern Raum- und Subjektivierungstheorie zu
vertiefen und im (Un-)Möglichkeitsraum zusammenzudenken. Im folgenden Kapitel werden diese Überlegungen ausgeführt und ich entwickele zunächst den für diese Studie relevanten Raumbegriff, bevor ich mich Subjektivierungstheorien widme. Abschließend bringe ich meine Ausführungen in meinem Begriff des (Un-)Möglichkeitsraumes zusammen. (Un-)
Möglichkeitsräume sind nicht als begehbare, geografische, tatsächliche

Orte zu verstehen, sondern als Momente der Aushandlung zwischen Individuen unter bestimmten Bedingungen, die maßgeblich von real existierenden Orten, ihren Ordnungen und Regeln, beeinflusst werden.

Hinleitung zum Raumbegriff

Während meiner Forschung waren konkrete geografische Orte von Bedeutung, als auch zwischenmenschliche Aushandlungsräume. Um beide Facetten fassen zu können, stütze ich mich zunächst auf relativistische Raumtheorien, bevor eine Auseinandersetzung mit Bhabhas *Drittem Raum* folgt. Ich bringe an dieser Stelle erste Überlegungen zur Bedeutung von sozial konstruierten Kategorien für die Aushandlungen ein. Basierend darauf orientiere ich mich nicht (nur) an konkreten, fest lokalisierbaren Orten – wie zum Beispiel Heime oder Camps (vgl. auch Agier 2011), deren Strukturen ich untersuchen möchte – sondern es geht vielmehr darum, imaginierte, entstehende und praktizierte Räume ohne feststehenden geografischen Fixpunkt herauszuarbeiten. Dennoch wird das Heim als Ort der Unterbringung von jungen Geflüchteten einen wesentlichen Platz einnehmen. Ich möchte zeigen, inwiefern das maltesische Heim durch die Praktiken und Zuschreibungen der unterschiedlichen Akteur*innen zu einem Raum neuer Unsicherheiten, Zugehörigkeiten und Beziehungen geworden ist. Es gibt folglich Wechselverhältnisse zwischen geografischen und praktizierten Räumen.

Die Entstehung von Raum und ihre Erfahrbarkeit durch soziales Handeln und Interaktionen

Die Annahme, dass Räume nicht per se geografisch gegeben und unveränderlich, sondern kulturell konstituiert und Ergebnis sozialer Handlungen sind, ist die Grundannahme dieses Kapitels. Damit einher geht die Distanzierung des Denkens von Räumen als »abgeschlossene Container« (Schroeder 2003; kritisch zu Containermodellen auch Berking 2006, 15) mit klaren, unüberwindbaren und abgeschlossenen Grenzen. Konzepte, wie das der »transnationalen sozialen Felder« (Levitt und Glick Schiller 2004) oder der »Imaginationsräume« (Lefebvre 2011 [1991]) verweisen auf einen Raumbegriff, der sich nicht (nur) an fixierten geografischen Orten orien-

tiert, sondern Räume als entstehende soziale Phänomene versteht: dies geschieht durch das Handeln von Menschen miteinander sowie im Kontakt
mit Organisationen und Institutionen. Vermeintliche Eigenschaften von
Räumen werden als zugeschrieben, als kulturell verhandelt und nicht als
natürlich gegeben konzeptualisiert. Die Akzentverschiebung von ›Raum‹ zu
›Räumlichkeit‹ eröffnet die Möglichkeit, räumliche Dimensionen als praxis-
relevant und konstituiert zu denken (vgl. Hauser-Schäublin und Dickhardt
2003, 3; Löw 2001, 271). Raum stellt folglich, ebenso wie Grenze, ein soziales Verhältnis dar.

In den vergangenen Jahren wurde wieder vermehrt auf die Raumtheorien von Michel de Certeau und Henri Lefebvre verwiesen, die im Folgenden kurz umrissen werden. Auch wenn sich diese Studie primär an Bhabhas Konzept des *Dritten Raumes* orientiert, um die (Un-)Möglichkeits-
räume theoretisieren zu können, dürfen die Gedanken von de Certeau
nicht fehlen, da diese wesentliche Grundsteine für ein Verständnis von
Raum und Alltäglichkeit darstellen und die Wichtigkeit der handelnden
Subjekte betont. Bei de Certeau (1988) scheint Raum gleichsam materiell
und sozial produziert. Der strategischen Raumkontrolle ›von oben‹ setzt er
die Raumpraxis ›von unten‹ entgegen (vgl. 1988, 179ff.), die vordergründig
durch das Gehen von Individuen entsteht: Raumpraxis ist nach diesem
Verständnis immer auch Erleben, worüber sich de Certeaus Gedanken
(vgl. 1988, 345) an meine Empirie anknüpfen lassen. Wenn ich als *weiße*
Deutsche keine Probleme mit der Meldebehörde in Malta hatte, die jungen
Geflüchteten aber keine Termine bekamen, lässt dieses Rückschlüsse auf
unser individuelles Erleben zu. Es herrscht folglich eine Wechselbeziehung
zwischen ›oben‹ und ›unten‹, die zu unterschiedlichem Erleben des gleichen
Ortes führt. Wenn ich mich in Malta bewegen konnte, ohne (rassistisch)
angefeindet zu werden, meine geflüchteten Forschungspartner*innen aber
in der Öffentlichkeit (rassistisch) beleidigt wurden, dann wird deutlich, dass
unsere Erfahrungen ›im Gehen‹ deutlich divergierten und sehr verschiedene Erzählungen über Malta zuließen. Während es bei de Certeau vordergründig Bewegung ist, die den Raum produziert und mittels derer sich
Individuen Orte erschließen und sie zu Räumen transformieren (vgl. 1988,
343ff.), waren es im Heim und auf Malta vor allem die zwischenmenschlichen Interaktionen, die Orte zu Räumen gemacht haben.

Das Heim wurde von den vielfältigen Akteur*innen mit unterschiedlichen Bedeutungen und Nutzungen gefüllt. Es war gleichzeitig Ort der
Kontrolle, es war Wohnort der Geflüchteten und Arbeitsplatz der An-

gestellten; es war mein zentraler Forschungsort; es war Lernort; es war Ort des Netzwerkens; es war Übergangsort und Ort der Aushandlungen. De Certeau unterscheidet zudem zwischen Strategie und Taktik, wobei erstere als langfristiger geplant, den Raum ordnend und stabilisierend verstanden werden kann, Taktiken hingegen oft flüchtig sind, den Raum dennoch umstrukturieren, umdeuten und neu herstellen können. Zu den Strategien der Raumplanung in Malta können folglich die Errichtung von Heimen und *detention centres* ebenso gezählt werden wie strategisch angelegte Gesetze und Regularien. Es ist aber eben nicht so, dass diese strategisch angelegten, den Raum ordnenden Maßnahmen als deterministisch zu verstehen sind. Vielmehr zeigt de Certeau, dass es gelingt, durch Taktiken wie Erzählen, Sprechen und Handeln, Machtverhältnisse des Staates zu unterwandern, subversiv oder auch konziliant zu agieren. Taktiken finden vor dem Hintergrund gewisser vorgegebener Raumanordnungen und Zeiteinteilungen statt bzw. entstehen im Zusammenspiel mit diesen, wobei die Akteur-*innen mit ihren Taktiken Lücken und Inkonsistenzen innerhalb dieser Rahmensetzungen füllen können. Individuen sind folglich nicht ›verdammte‹ Konsument*innen eines fest vorstrukturierten Raumes, sondern sie sind Raum-Produzierende. Auch diese Gedanken sind anschlussfähig an das, was ich in Malta erlebte und beobachtete.

De Certeaus Raumbegriff kennzeichnet auch die semiotische Unterscheidung von Räumen und Orten und betont, dass erst Handlungen Orte in Räume transformieren können und Orte das Handeln beeinflussen. Er erklärt den Raum zu einem »Ort, mit dem man etwas macht. So wird zum Beispiel die Straße, die der Urbanismus geometrisch festlegt, durch die Gehenden in einen Raum verwandelt« (de Certeau 1988, 218). Bei de Certeau ist es vor allem die Bewegung der Menschen, durch die Orte in Räume unterschiedlicher Bedeutung verwandelt werden. Die Akte des Gehens erfüllen in de Certeaus Theorie die teilnehmende Erschließungspraxis von Orten. Im Gegensatz zum Ort, den de Certeau als »momentane Konstellation von festen Punkten« versteht (1988, 218), weist der Raum weder Stabilität noch Eindeutigkeit auf. Dieses zeigte auch das bereits geschilderte Beispiel des Verlassens des Heims mittels Taktiken auch nach den offiziellen Schließzeiten. Das Gehen, oder die Bewegung, verweist darauf, dass die Produktion des Raumes nicht bestimmten Eliten oder Individuen vorbehalten ist. Es handelt sich vielmehr um alltägliche Praxen, an denen jede*r beteiligt ist.

Raum relational denken

Die Raumtheoretikerin Doreen Massey betont die Bedeutsamkeit der Interaktion zwischen verschiedenen Individuen: Sie akzentuiert weniger die
Bewegungspraxis des Einzelnen, sondern zeigt auf, dass die Entstehung
von Raum von der Konstellation sozialer Relationen beeinflusst wird.
Deutlich wird hier die Zeitlichkeit von Raum und damit auch Vergänglich-
keit, Präsens und Entstehung. Diese ist für die Analyse meines Materials
vor allem deshalb wichtig, weil das Heim überhaupt erst mit der Zunahme
von Bootsanlandungen in Malta gegründet wurde. Es trafen folglich bestimmte Individuen zu bestimmten Zeitpunkten im Heim aufeinander:

»[…] what gives a place its specificity is not some long internalized history but the
fact that it is constructed out of a particular constellation of social relations,
meeting and weaving together at a particular locus« (Massey 1994, 7).

In diesem Raumverständnis deutet sie auch die Interaktionen, die bestimmte »places« ausmachen, formieren und transformieren nicht als statisch, sondern als prozessual (Massey 1994, 8). In Masseys Ausführungen
wird folglich auch die zeitliche Dimension von Raum deutlich (vgl. Massey
1994, 2005). So war das Heim auf der einen Seite stark restriktiv, aber
nichtsdestotrotz war es eben auch der Ort, an dem meine geflüchteten
Forschungspartner*innen für sie relevante Kontakte knüpfen konnten. In
Masseys Theorie sind es raumschaffende Akteur*innen, die in ihren Beziehungen das Globale und Lokale verbinden. Masseys Gedanken sind besonders zentral, da sie die Bedeutung sozial konstruierter Kategorien stark
macht. Ausgehend von der Kategorie ›Klasse‹ formulierte sie diesen Gedanken (1994, 2) und führte entlang ›Gender‹ weiter aus: »Particular ways
of thinking about space and place are tied up with, both directly and
indirectly, particular social constructions of gender relations« (1994, 2).
Massey bringt ein, dass in Raumverhältnissen immer auch Machtverhältnisse inhärent sind: »Moreover, since social relations are inevitably and
everywhere imbued with power and meaning and symbolism, this view of
the spatial is an ever-shifting social geometry of power« (1994, 3). Das
Heim verstehe ich in diesem Sinne als eine Institution, die von starken
Asymmetrien geprägt war. Es handelte sich um eine Einrichtung mit recht
klaren Regeln, *care* und *social workers* betreuten die jungen Geflüchteten
rund um die Uhr und wenn sie sich nicht an die Regeln hielten, wurde
ihnen beispielsweise das Taschengeld gestrichen. Trotz dieser Umstände
gelang es den jungen Geflüchteten punktuell auch machtvoll zu agieren,

wenn sie beispielsweise verweigerten, für die Mitarbeiter*innen wichtige Informationen von Englisch auf Somali zu übersetzen. Diese »points of intersection« erinnern auch an die von Clifford und Mary Louise Pratt diskutierten »contact zones« (Pratt 1991; Clifford 1997, 53). Pratt beschreibt Kontaktzonen als Zonen, in denen Menschen und Kulturen »[…] meet, clash, and grapple with each other, often in contexts of highly asymmetrical relations of power, such as colonialism, slavery, or their aftermaths […]« (Pratt 1991, 34). Zentral ist hier die Anerkennung, dass sich Menschen, ausgestattet mit unterschiedlichem Maß an Agency, in den »contact zones« begegnen, um miteinander Bedeutung auszuhandeln.

Während bei de Certeau klare Bezüge zu konkreten, geografischen Orten zu finden sind, die durch menschliches Handeln in Räume transformiert werden, so wird bei Massey, Pratt und Clifford deutlich, dass es auch um Imaginationen, Begegnungen, Ringen und (zwischenmenschlichen) Konflikt geht. Das Ergebnis dieser Praktiken ist keineswegs vorhersehbar: Positionen und Positionierungen werden gewechselt, Agency kann verstärkt oder vermindert werden und der Raum, der entsteht, folgt keinem feststehenden Schema. Es formt sich durch diese Begegnungen in den *contact zones* ein unvorhersehbares Dazwischen, dessen Untersuchung es erlaubt, diese Übergänge und Zonen als Räume anzuerkennen, an denen Übersetzungen stattfinden, vielfältige Wechsel von Positionen entstehen und vermeintliche Fixierungen in Frage gestellt werden. Dieses lässt sich, so meine Einschätzung, mit dem Konzept des *Dritten Raumes* von Bhabha am besten theoretisieren, da Bhabha Raum zwar primär metaphorisch denkt, aber reale Orte nicht negiert. Mir geht es nicht darum, Imaginationen von Räumen in den Vordergrund zu stellen, sondern ich möchte (Un-)Möglichkeitsräume ethnografisch situieren und fokussiere dafür insbesondere Interaktionen.

Dritte Räume als Theoretisierung der (Un-)Möglichkeitsräume

»Nun stellt sich die Frage: Wie funktioniert man als Handelnder, wenn die eigene Möglichkeit zu handeln, eingeschränkt ist, etwa weil man ausgeschlossen ist und unterdrückt wird? Ich denke, selbst in dieser Position des Underdog gibt es Möglichkeiten, die auferlegten kulturellen Autoritäten umzudrehen, einiges davon anzunehmen, anderes abzulehnen«

(Bhabha im Interview mit Lukas Wieselberg ORF Science, 2007).

Das Aushandeln zwischen den geflüchteten und nicht-geflüchteten Akteur*innen, welches die (Un-)Möglichkeitsräume prägt, wird hier entlang Bhabhas Konzept des *Dritten Raumes* gerahmt. Den Mehrwert des Konzeptes für meine Überlegungen sehe ich vordergründig darin, als es sich bei Bhabhas *Drittem Raum* nicht (nur) um einen geografisch auffindbaren, klar definierten Ort mit festen Grenzen handelt: Vielmehr entwickelte Bhabha das Konzept, um den Interaktionen zwischen Menschen, die in seinem Verständnis durchaus von Struktur und Repräsentation geprägt sind, einen analytischen ›Ort‹ zu verleihen. Der postkoloniale Theoretiker betont, dass in diesem Zwischenraum gemeinschaftliche und individuelle Selbstheit ausgehandelt werden und Subjektpositionen dadurch geformt werden (vgl. Bhabha 2000, 124).

In diesem *Dritten Raum*, den Bhabha auch als »unrepresentable in itself«, als unbewusst und unbestimmt, beschreibt, werden Bedeutungen und Positionierungen, die von Struktur und Repräsentation nicht vollständig determiniert sind, neu verhandelt: der *Dritte Raum* konstituiert somit einen nicht per se begehbaren, aber erlebbaren Raum des Aushandelns, in dem neue, nicht vorhersehbare Positionen entstehen. Es ist »the third space that enables other positions to emerge« (Interview mit Rutherford 1990, 211), was verdeutlicht, dass er nicht geografisch lokalisierbar sein muss, sondern als interaktiv zu verstehen ist. Das Treppenhaus zieht Bhabha als metaphorisches Beispiel für diesen Raum, in dem (ergebnisoffene) Identifikationsaushandlungen in dynamischen Prozessen stattfinden, heran:

»Das Treppenhaus als Schwellenraum zwischen den Identitätsbestimmungen wird zum Prozeß symbolischer Interaktion, zum Verbindungsgefüge, das den Unterschied zwischen Oben und Unten, Schwarz und Weiß konstituiert. Das Hin und Her des Treppenhauses, die Bewegung und der Übergang in der Zeit, die es gestattet, verhindern, daß sich Identitäten an seinem oberen und unteren Ende zu ursprünglichen Polaritäten festsetzen. Dieser zwischenräumliche Übergang zwischen festen Identifikationen eröffnet die Möglichkeit einer kulturellen Hybridität, in der es einen Platz für Differenz ohne eine übernommene Hierarchie gibt« (Bhabha 2000, 5).

Der *Dritte Raum* ist geprägt von Konflikten und stellt somit keinen reibungsfreien Raum dar, sondern einen Raum, in dem Hierarchisierungen und Machtkonstellationen neu verhandelt werden. Der (unmöglich) erscheinende Dialog zwischen Kolonisator und Kolonisierten – in seinen frühen Werken beschäftigte sich Bhabha intensiv mit dem britischen Kolonialismus in Indien – wird hier ermöglicht. Kolonisierte Subjekte stellen für Bhabha nicht die unterdrückte und machtlose Minorität dar, sondern er geht vielmehr davon aus, dass auch sie Agency haben, wie er im Interview mit Sheng Anfeng deutlich machte:

»However, what did intrigue me was the way in which colonized people had been colonized, creating both a sense of dependence on the colonial power and on colonial culture, and how through the experience of colonization, colonized people began to deconstruct the ideas of Eurocentrism. [...]« (Bhabha im Interview mit Anfeng 2009, 162f.).

Bhabha zielt darauf ab, die Beziehungen zwischen Kolonisator*innen und Kolonisierten neu zu lesen und fokussiert dabei ihre wechselseitige Konstruktion. Bhabha argumentiert, dass das koloniale Verhältnis nicht (ausschließlich) als Opposition, sondern als von Ambivalenzen und Widersprüchen geprägt zu verstehen ist (vgl. Bhabha im Interview mit Rutherford 1990, 211). Diesen Gedanken des (un-)möglichen Dialoges zwischen Kolonisierten und Kolonisierenden möchte ich auf den Kontakt zwischen geflüchteten und nicht-geflüchteten Akteur*innen übertragen (vgl. auch Otto und Kaufmann 2018). Hier sehe ich eine entscheidende Verbindung: Ich erkenne an, dass sich im *Dritten Raum* keineswegs Akteur*innen mit gleicher Agency begegnen, aber die Analyse des empirischen Materials zeigt, dass vermeintlich fixierte und klare Positionierungen – wie beispielsweise die als ›UAM‹ von 13 Jahren – mitnichten in ihrer alltäglichen Interpretation und im Umgang mit ihnen so klar und deutlich sind, wie das institutionelle Grenzregime sie zunächst setzte. Die bereits zu Beginn dieses Kapitels beschriebene Szene mit Absimil, der ein höheres Alter zugewiesen bekommen wollte, deutete bereits auf diese Dynamiken hin. An dieser Stelle zitiere ich Absimil noch einmal ausführlicher dazu, denn es wurde mehr verhandelt als sein Alter:

»In detention they tell me that I am only thirteen years old. I tell them seventeen. But they said that the result for my bones tells thirteen. And they said that if I don't accept I have to stay longer in detention. They threatened me. So I accepted and after three weeks I left detention. But in [Heim] I started to make many problems, I break all the things and even every Monday I go to LMAO to tell them to change my age. Because I cannot be thirteen. That is too bad. Then I tell them my real age that was fifteen. So then they give me that age« (Absimil, IG, 07/2015).

Zentral sind hier auch Aspekte der vorläufigen Akzeptanz und Machtverhältnisse. Absimil hat während seiner Inhaftierung realisiert, dass ein Streit vor Ort zu einer noch längeren Haftzeit führen würde. Er ließ also zunächst von weiteren Aushandlungsversuchen ab, hat abgewogen und wartete auf seine Entlassung aus der Haft. Mit dem Moment der Entlassung ging die Unterbringung im Heim einher. Vor Ort begann er, Probleme zu machen und berichtete mir, dass er beispielsweise Gespräche mit den *care workers* verweigerte. Während er sich in Haft noch bedroht fühlte, nahm er jetzt die Position ein, selbst Aufforderungen an andere zu machen, was sein »I tell them to change my age« ausdrückt – »You have to tell them with force« (Absimil, IG, 07/2015) ergänzte er mir gegenüber im Gespräch. Zwar gelang es Absimil nicht, generell an den Strukturen der Einteilungsprozesse etwas zu ändern, aber entgegen der Festsetzung hat er in dieser Situation für sich erfolgreich gehandelt. Anmerken möchte ich hier, dass es eben Alter war, welches ausgehandelt wurde und demgegenüber sind Kategorisierungen, wie Herkunft oder Gender, bedeutend schwieriger auszuhandeln und zu verändern.

Diese Aushandlungen vor dem Hintergrund *Dritter Räume* zu denken, ist auch deshalb reizvoll, da Bhabha zeigt, dass »Objekte diskursiver Zuschreibungen« als »Subjekte des Widerstandes« zu denken sind. Die »intervention of the Third Space« (Bhabha 1994, 24) dekonstruiert Vorstellungen von Eindeutigkeiten und Vorherrschaft, binäre Identitätspolaritäten werden transzendiert und der *Dritte Raum* ist somit Raum von »collaboration and contestation« (Bhabha 1994, 2). Es geht nicht darum, neue Fixierungen oder Identitäten mit dem *Dritten Raum* zu argumentieren, sondern vielmehr spricht Bhabha davon, dass es im *Dritten Raum* keine Identität, sondern ausschließlich Identifikationsmöglichkeit durch die Dekonstruktion vermeintlicher Binaritäten gebe (vgl. Bhabha 2000, 267; Bonz und Struve 2006, 139). Identifikation versteht Bhabha dabei als Prozess, in dem das Subjekt immer ein Gegenüber benötigt (vgl. Bonz und Struve 2006, 139). Ausgangspunkt für die Begegnung im *Dritten Raum* seien zwar durchaus konkrete politisch-rechtliche Positionen (vgl. Bhabha 1994, 24), welche dann aber neu verhandelt werden und im Ergebnis keine neuen Eindeutig-keiten haben müssen.

Ich möchte hier mit Rückbezug auf Absimil und seinem erstrittenen Alter von 15 Jahren anmerken, dass in diesen Aushandlungen und Re-klassifizierungen durchaus (zumindest vorläufig) neue Eindeutigkeiten ge-schaffen werden. Dieses neue Alter von 15 Jahren statt 13 Jahren hatte ein-deutige Auswirkungen auf Absimils Leben: Es beeinflusste die Länge der Unterbringung im Heim; es verkürzte die Zeit des Nicht-reisen-Dürfens; es beschränkte seine Schulpflicht auf ein Jahr, denn die Schulpflicht endet in Malta mit sechzehn Jahren.

Die Untersuchung der Aushandlungen zwischen geflüchteten und nicht-geflüchteten Akteur*innen mit den im Ergebnis entstehenden (Un-)Möglichkeitsräumen entlang des Konzeptes *Dritter Raum* ermöglicht es, eben diesen Kontakt zwischen Geflüchteten und Nicht-Geflüchteten, Organisationen und Institutionen mit ihren jeweiligen Repräsentationen über sich und andere zu fokussieren und die Agency der Akteur*innen betrachten zu können, um darüber auch den analytischen Zugang zu den entstehenden Autoritäts- und Machtverhältnissen zu finden.

Es stellt sich aber dennoch die Frage, wie mit konkreten Orten, an de-nen ebenfalls Bedeutungsaushandlungen stattfinden, umgegangen werden sollte? Während der *Dritte Raum* primär als konzeptionell verstanden wer-den kann, argumentieren einige Wissenschaftler*innen, dass durchaus Be-züge zum konkreten Ort relevant sind (vgl. Gutierrez 1999; Adela 2005). Da sowohl die geografische Kleinheit Maltas in der Analyse der entstehenden (Un-)Möglichkeitsräume als auch das Heim, die Haftzentren, die Wohnungen der jungen Geflüchteten oder auch NGO-Räumlichkeiten zu wichtigen geografischen Orten der Aushandlungen geworden sind und in ihrer Bedeutung mit spezifischen Strukturen und Repräsentationen, aber auch den Handlungen der Akteur*innen, nicht zu unterschätzen sind, möchte ich hier festhalten, dass die Aushandlungen im *Dritten Raum* nicht *ausschließlich* als zwischenmenschliche, vom Geografischen losgelöste Kon-taktzone zu denken ist. Vielmehr bietet das Konzept des *Dritten Raumes* meiner Argumentation nach die Möglichkeit, auch geografische Orte, de-nen oft eine fixierte und fixierende Bedeutung zugewiesen wird, neu zu lesen, da hier Struktur und Agency in besonderem Maße zusammenfallen. Diesen Gedanken möchte ich gerne empirisch untermauern.

Bereits an meinem ersten Tag im Heim sagte mir Giorgio, einer der lei-tenden Sozialarbeiter von LMAO, dass das Heim »not really a home for them [young refugees, L.O.]« sei. Diesen Eindruck teilten meine geflüchteten Forschungspartner*innen ebenfalls weitestgehend, aber für sie hatte das Heim nicht nur die zwei Bedeutungen des *home* oder *non-home*, sondern es wurde Ort des Netzwerkens untereinander, im Heim organisierten sie ihre Ausreise in andere EU-Länder und nutzten es, um wichtige Informationen auszutauschen. Diese Umdeutung, die sie vornahmen, zeigt, dass ihre Interpretation dessen, was das Heim ist, von der offiziellen Definition, nämlich einfach ein »safe residential housing« (EMN 2009) zu sein, abwich. Es wurde also diese fixierte Eindeutigkeit des Heims aufgelöst und die Akteur*innen schufen neue Bedeutungen. Das Heim, in dem sie untergebracht wurden, wurde gleichzeitig zu dem Ort, an dem sie dann auch gegen ihre Unterbringung und Behandlung in Malta protestierten. Als sich im späten Frühling 2013 eine EU-Kommission zur Evaluierung der Unterbringung ankündigte, wollten die Heimmitarbeiter*innen, dass sich alle Bewohner*innen bei der Reinigungsaktion beteiligen und ihnen helfen. Es wurde ihnen versprochen, dass sie, wenn sie mitmachen, danach den eigentlich hinter Plexiglas verschlossenen Fernseher wieder benutzen dürften. Mit »too much corruption« wurde dieser Vorschlag, wie so oft, von meinen geflüchteten Forschungspartner*innen kommentiert und sie verweigerten die Putzaktion. Stattdessen verunreinigten sie in der Nacht vor dem Besuch der Kommission das Heim zusätzlich, denn sie wollten sicherstellen, dass die Bürokrat*innen sehen, wie schlecht die Bedingungen waren.

Die Fähigkeit zur kreativen Intervention entsteht nach Bhabha vor allem dann, wenn Menschen in besonderem Maße (diskursiven) Vereindeutigungen ausgesetzt sind, wie es zum Beispiel im Kontext von Flucht_Migration der Fall ist (vgl. Bachmann-Medick 2006; Ploder 2013). Bhabha geht davon aus, dass es gerade diese fixierenden Vereindeutigungen sind, die Individuen mit einem Potenzial zum Widerstand ausstatten, bzw. Individuen diese Kategorien nutzen und somit Momente zum Widerstand ergreifen. Der *Dritte Raum* ist folglich auch ein Raum des Widerstands: »Being in the ›beyond‹ [...] is also to inhabit an intervening space« (Bhabha 1994, 7). Nach Bhabhas Verständnis wird der von ihm dargestellte Zwischenraum zu einem Raum der Intervention im Hier und Jetzt (vgl. Bhabha 2000, 131) und in ihm wird die Relation zwischen Vergangenheit und Gegenwart verhandelt. Dieses soll hier mittels Sabiyes Begegnung mit *care worker* Bernard veranschaulicht werden. Sabiye wurde ebenfalls nach seiner Altersfeststellung im Heim untergebracht und nahm mich immer mal wieder bei Seite, um mir von seinen Erfahrungen im Heim unter vier Augen zu erzählen. Sabiye erzählte mir von seiner Begegnung mit Bernard, da er in der Folge des Erlebnisses in seinen Handlungen eingeschüchtert war und seine Bewegungen auch veränderte:

»When I was new in [Heim], he [Bernard, L.O.] came to me and he said ›You are not from Somalia‹. Me, I was surprised. Why does he think like that? Then he say to me ›You are always alone, never with the others. And also you don't talk with your hands. People from Somalia always use their hands‹. You know, and that is true but I did not think that he knows. And that is why always when you see me I am like this [macht viele Gestiken mit den Händen]. People from Somaliland, we do not talk a lot with our hands.« »Why?« »Because some part of Somalia, before it was Italia. So people they still talk like people from Italia. But Somaliland we were from England. So we do not use our hands« (Sabiye, IG, 06/2013).

Hier zeigt sich, dass sich in der Subjektpositionierung von Sabiye als junger Geflüchteter die Kolonisierung Somalias mit dem aktuellen Diskurs um ›Asylmissbrauchstäter*innen‹ verschränkten. Die beiden großen Diskurse, die Bernard hier bediente, sind: Menschen aus Somaliland sind nicht unbedingt schutzberechtigt; sowie den der ›Asylwahrheit‹ im EUropäischen Grenzregime. Eine Relation zwischen Gegenwart und Vergangenheit wird in genau dieser Subjektposition verhandelt. Aber auch Sabiye entwickelte Handlungen, um diesen Anzweiflungen seines Narratives als ›Flüchtling aus Somalia‹ entgegenzuwirken, in dem er vom Moment des Kontaktes zu Bernard an begann, mehr zu gestikulieren. Weiter wird hier auch deutlich, dass dieses Wissen von Bernard über das Gestikulieren ihn dennoch überraschte. Seine Aussage »I didn't think that he knows« deutet an, dass es dieses Überraschungsmoment für ihn gab und zeigt, auf welche Feinheiten im Heim geachtet wurde. Von Sabiye verlangte Bernard hier, seinen Vorstellungen von Somalier*innen zu entsprechen und irritierte Erwartungen führten im Umkehrschluss zu Misstrauen und Anzweiflungen.

Die konkreten Orte wie das Heim, die im Kontext der Flucht_Migration in Malta so bedeutend sind, sind Orte, die aufgrund ihrer Vereindeutigungen und Reglementierungen das Entstehen von Aushandlungen in besonderem Maße erzwingen. Werden konkrete Orte unter diesem Aspekt berücksichtigt, gelingt es zu zeigen, dass es eben diese Orte sind, in denen Räume entstehen, in denen als marginalisiert positionierte Subjekte neue Subjektpositionen und Positionierungen jenseits der ihnen zugeschriebenen entwickeln. An diesen Orten können und müssen sie diese Zuschreibungen besonders intensiv wahrnehmen, da sie hier in besonderer Form lokal situiert sind, wie auch die Begegnung zwischen Sabiye und Bernard zeigen sollte. Mein Zugang, auch konkrete Orte mit ihren spezifischen Regularien und Strukturen als Orte zu deuten, die das Entstehen *Dritter Räume* in den zwischenmenschlichen Beziehungen beeinflussen, ist hilfreich, um den Gedanken eines absoluten Ortes herauszufordern und um analysieren zu können, wie Menschen in alltäglichen Situationen Behörden, Institutionen und andere vermeintlich eindeutige Räume transformieren, aufbrechen und eben gegen bestimmte Strukturen agieren.

Kritik an Bhabha und Umgang damit

Die breite Rezeption der Konzepte Bhabhas blieb nicht ohne Kritik und auch ich komme nicht ohne kritischen Kommentar in Bezug auf den *Dritten Raum* aus. Zu den gängigen Kritiken gehört der Elitismusvorwurf (vgl. Bonz und Struve 2006) – das Verhandeln im *Dritten Raum* sei politisch engagierten Intellektuellen vorbehalten – sowie, dass Bhabhas Theorien nicht empirisch fundiert seien und deshalb hypothetisches Beispiel blieben. Ich gehe jedoch durchaus davon aus, dass das Konzept des *Dritten Raumes* heuristisch die empirische Situierung zulässt. Wie gelingt es nun, dieses Konzept für die kritische Flucht_Migrationsforschung fruchtbar zu machen, ohne ein romantisiertes Bild scheinbar unendlicher Möglichkeiten zum Positionswechsel zu zeichnen, welches dann gleichzeitig die Wirkmächtigkeit von Diskursen, (rechtlichen) Regularien und Rahmensetzungen negieren würde? Dafür ist es zunächst wichtig, eben diese in die Analyse einzubeziehen und nicht *nur* auf zwischenmenschliche Interaktionen abzuzielen. Ich habe mich für Bhabhas Konzept entschieden, um Verhältnisse und Dynamiken von Aushandlungen und zwischenmenschlichen Beziehungen besser verstehen und pointieren zu können. Um einer Verschleierung oder der reduzierenden Darstellungen von reinen Transaktionen zwischen Subjekten in machtvolleren und weniger machtvollen Positionen entgegenzuwirken, berücksichtige ich in der Analyse Situationen, in denen die jungen Geflüchteten nicht erreichten, was sie wollten, was durchaus häufig vorkam. So hatte beispielsweise Abdul, der vor seiner Ankunft in Malta schon in einer eigenen Wohnung lebte, den Wunsch, das Heim vor dem formell 18. Geburtstag zu verlassen, was ihm aber untersagt wurde. Für das Anmieten einer Wohnung in Malta hätte er als ›Minderjähriger‹ die Unterschrift seines Vormundes, *legal guardian,* gebraucht, den er jedoch nicht von seinem Auszug überzeugen konnte und deshalb im Heim bleiben musste. Dass die jungen Geflüchteten nicht immer ihre Ziele erreichten, wurde nicht nur an den verhinderten Auszugsplänen sichtbar, sondern auch entlang des Anfechtens der Statusentscheidungen. Muuriyo, deren Asylantrag abgelehnt wurde, ist es beispielsweise nicht gelungen, einen besseren Schutzstatus zu erwirken. Sie hat zwar mit Hilfe eines Anwalts einer NGO die Entscheidung des *rejected* angefochten, doch auch nach einer erneuten Anhörung wurde im Statusentscheidungsbüro ihr Asylgesuch erneut abgelehnt; sie bekam also einen *double reject*. Es gab folglich Grenzen ihres Aushandlungserfolges. Während sich Abduls ›Problem‹ gewissermaßen löste, als er volljährig wurde, hat sich Muuriyos aufenthaltsrechtliche Situation nicht verbessert.

Zudem sollte anerkannt werden, dass auch *Dritte Räume* ›gendered‹, ›raced‹ und ›aged spaces‹ – also beeinflusst von sozial konstruierten Kategorien in ihren verschiedenen Interpretationen – sind. Trotz aller Neuordnungen und des Potenzials der Aushandlung vertrete ich nicht die Annahme, dass jedes Subjekt im *Dritten Raum* unbegrenzt und vollkommen frei handeln und entscheiden kann (vgl. Ploder 2013, 146). Bhabhas Postulat, dass »new structures of authority« (1990, 211) im *Dritten Raum* entstünden, scheint mir ein nicht ganz unmögliches, aber in einem so durchmachteten Forschungs- und Beziehungskontext wie meinem doch ein unwahrscheinliches Unterfangen zu sein. Ich möchte stattdessen vorschlagen, dass die Handlungen der jungen Geflüchteten – wie beispielsweise Absimils erfolgreiches Erstreiten eines höheren Alters – die »structures of authority« zumindest punktuell und situativ durchbrechen können. Welche Auswirkungen hat es für die Situation junger Geflüchteter in Malta, wenn es nur Absimil war, der durch seine Ausdauer bei den Behörden eine Alterskorrektur nach oben bewirken konnte? Eine neue Struktur hat er mit dieser Handlung nicht geschaffen, denn anderen Geflüchteten wurde nach wie vor entgegen ihrer Selbstaussage in Bezug auf ihr Alter ein höheres oder geringeres zugewiesen[18].

Auch wenn festzustehen scheint, dass die politische Wirksamkeit der Alltagsinterventionen praktiziert von jungen Geflüchteten kaum in einem diskursiven Wandel, neuen Einteilungsverfahren und medialer Neu-Reprä-

---

18 Die Grenzregimeanalyse zeigt jedoch, dass die Routenänderungen von Flucht_Migrierenden durchaus dazu führten, dass sich auch die Grenzkontrollen verschoben haben, sich also durch widerständige Praktiken mitunter strukturelle Veränderungen ergeben haben. Dieses Phänomen ließ sich jedoch in meiner Forschung nicht in dem Umfang ausmachen.

sentation münden wird, ist die Frage, warum diese Widerstände im Kleinen dennoch der empirischen Analyse unterzogen werden sollten? Genau dieses Sichtbarmachen der alltäglichen Interventionen und Widerstände hat das Potenzial, zu sensibilisieren und zumindest zu einer partiellen Veränderung der politischen und auch akademischen Flucht_Migrationsdiskurse beizutragen (Eggmann 2016, 81). Das Konzept des *Dritten Raumes* erlaubt es einerseits, zu zeigen, dass junge Geflüchtete durchaus für sich in den alltäglichen Situationen Neu-Verhandlungen lebten und Veränderungen erwirken konnten; andererseits erlaubt es dieses Konzept auch, gängige Vorstellungen zu ›UAMs‹ zu irritieren, Vereindeutigungen aufzuzeigen und die Gegenpositionierungen zu betrachten (vgl. auch Hoffmann 2017). Die Verstörung von Hierarchien, wie ›Kolonisator‹ und ›Kolonisierte‹ oder auch Geflüchtete und Nicht-Geflüchtete ist das Ziel, nicht die völlige Auflösung oder Negierung von Kategorien und Subjektpositionen. Das interventionistische Moment liegt folglich nicht nur in der Begegnung selbst, sondern eben auch in der Repräsentation meiner Ergebnisse, wenn ich diese Verstörungen, partiellen Machtumkehrungen oder auch die Dynamiken der Selbst- und Fremdpositionierung aufzeige.

Kategorien als Selektions-, Sinn- und Ordnungskategorien im (Un-)Möglichkeitsraum

Ich gehe davon aus, dass das Entstehen von (Un-)Möglichkeitsräumen immanenter Bestandteil der alltäglichen b/ordering (van Houtum et al. 2005; auch Yuval-Davis 2013) Prozesse im Grenzregime sind. Als (Un-)Möglichkeitsraum denke ich den Raum, in dem Subjekte, Struktur und Agency aufeinandertreffen und eben diese Facetten aushandeln. Es ist eben nicht ausschließlich die territoriale Grenze, die das Verhältnis zwischen Subjekten und dem (Rechts)System, oder zwischen Subjekten und Subjekten, regelt.

Der Begriff *Grenze* ruft nicht automatisch das Denken in Zwischenräumen und liminalen Übergängen hervor. Nun geht es nicht darum, zu argumentieren, dass die Individuen, die sich im *Dritten Raum* begegnen, ›tabula rasa‹ sind; das Gleiche gilt für die konkreten Räume wie das Heim, die Haftzentren oder die für den Flucht_Migrationskontext relevanten Behörden. Vielmehr folge ich der Annahme, dass die Individuen, die sich begegnen, sich nicht jenseits von sozial konstruierten Kategorien wie Alter, Gender oder Herkunft begegnen und auch nicht frei sind von Zuschreibungen an sich und andere, sondern, dass »Selfing« und »Othering« (Kaufmann 2016b) als parallel stattfindende Praktiken und Prozesse zu verstehen sind.

Gayatri Chakravorty Spivak (1985) brachte den Begriff des *Othering* in den postkolonialen-wissenschaftlichen Diskurs ein, um den Prozess, in dem der imperiale Diskurs die ›Anderen‹ kreiert und differenziert, um die eigene positive Normalität zu bestätigen, benennen zu können (vgl. Ashcroft, Griffith und Tiffin 2000, 156; auch Said 1978; Fabian 1983; do Mar Castro Varela und Mecheril 2016).[19] Es geht dabei jedoch nicht ausschließlich um Ausgrenzungs- und Abwertungsprozesse der ›Anderen‹ (vgl. Riegel 2010, 75), sondern auch um Eingrenzungs- und Aufwertungsprozesse, um die eigene Position zu verbessern, zu rechtfertigen oder zu festigen (vgl. Dhawan und do Mar Castro Varela 2005).

Michel Trouillot (2001 nach Falzon 2012, 1677) argumentiert, dass das Subjekt sich immer entlang eines Gegensubjektes formt: »The encounter with alternative or opposing positions which are in themselves not a priori to existence«. Vielmehr werden Kategorien und Subjektpositionen im *Dritten Raum* umgedeutet und bedeutend gemacht. Diese Bedeutungen, Umdeutungen und Wirkmächtigkeiten sind aber eben nicht determiniert. Margrit Kaufmann (2015, 5) fragt ebenfalls nach Handlungsmöglichkeiten trotz struktureller Begrenzungen. Durch das Zusammendenken von *Drittem Raum*, Grenzregime und Intersektionalität ergeben sich analytische Vorteile, wenn die Annahme lautet, dass (Un-)Möglichkeitsräume vor dem Hintergrund der wirkmächtigen Verflechtungen verschiedener sozial konstruierter Kategorien ausgehandelt werden. In Bezug auf Migration hält Floya Anthias fest, dass regulative Regime der modernen Nationalstaaten Kategorien nutzen würden, um zwischen Erwünschten und Unerwünschten zu unterscheiden, insofern sind Kategorien »new frontiers and borders« (Anthias 2008, 7). Dorthe Staunaes formuliert es ähnlich: »In this sense, social categories are tools of selecting and ordering. They are tools of inclusion and exclusion and they are tools of positioning and making hierarchies« (Staunaes 2003, 104) – und in gewissem Maß kann der Natio-

---

19 Said ergänzt, dass die diskursive Produktion des Anderen die Definition des Self inhärent hat und konstatiert, dass sowohl das Wir als auch das Sie »feststehen, deutlich, unanfechtbar selbstverständlich sind« (Said 1994, 30), obgleich, so macht es Johannes Fabian deutlich, sind »die Anderen nicht einfach gegeben [...] – sie werden gemacht«, (Fabian 1983, 337) und Stuart Hall schreibt der Konstruktion und Repräsentation des ›Anderen‹ eine wesentliche Bedeutung für die Hervorbringung rassistischer Diskurse zu (vgl. Hall 1997). Said bezieht sich dabei auf das Diskurskonzept von Foucault (vgl. auch Purtschert 2012, 344).

nalstaat mit seinen Institutionen, wenn er eine Ordnung beibehalten und schaffen will, nicht anders handeln (vgl. Crawley und Skleparis 2018). Dieses Zusammenspiel der Kategorien ist nicht naturgegeben, sondern befindet sich auch in Abhängigkeit von gegenwärtigen gesellschaftlichen und historischen Kontexten (vgl. Amelina und Lutz 2017, 83) – in meinem Fall das der gegenwärtigen Flucht_Migration in die EU.

Entlang der Dimensionen intersektionaler Kategorienzusammenwirkungen lässt sich im Rahmen der Analyse der (Un-)Möglichkeitsräume aufzeigen, wie Kategorisierungen Bestandteil des »everyday bordering« (Yuval-Davis 2013; Brambilla et al. 2015; Paulin Kristensen 2016) im Grenzregime sind. Die alltägliche, machtvolle Aushandlung sozial konstruierter Kategorien beeinflusst einerseits die Ordnungs- und *Selfing*- sowie *Otheringprozesse* innerhalb des Grenzregimes und andererseits wird in ihnen die Wirkmächtigkeit dieser Prozesse jenseits formaler Rahmensetzungen im (alltäglichen) Grenzraum sichtbar (vgl. auch Otto 2016; Otto und Kaufmann 2018).

Intersektionalität: Hintergründe und Entwicklungen

Der Begriff *Intersektionalität*[20] wurde 1989 von Kimberlé W. Crenshaw geprägt (1989) und Davis fasst wie folgt zusammen: »Intersectionality‹ refers to the interaction between gender, race, and other categories of difference in individual lives, social practices, institutional arrangements, and cultural ideologies« and the outcomes of these interactions in terms of power« (Davis 2008, 68). Das Konzept wurde und wird vor allem in der Frauen*- und Geschlechterforschung (vgl. Münst 2008) verwendet und im Zusammenhang mit ungleichheitskritischen Ansätzen diskutiert. Charakteristisch für diese Perspektive ist der analytische Blick auf das Zusammenspiel unterschiedlicher sozial konstruierter Kategorien, die für die Strukturierung von Gesellschaften zentral und in der Lage sind, Dominanz- und Ungleichheits(machungs)verhältnisse hervorzubringen (vgl. Riegel 2010, 66). Zu balancieren sind dabei die schmalen Grate, multiplen Identität(en), individuellen Subjektivierungen und gruppenspezifischen Zuschreibungen (vgl. Crenshaw 1991, 1296; Kaufmann 2016b; Otto und Kaufmann 2018). Besonders herausfordernd ist es, das Maß zwischen der Repräsentation der Anerkennung von gruppenspezifischen Zuschreibungen – wie zum Bei-

---

20 An dieser Stelle wird das Konzept der Intersektionalität umrissen, da ich es nicht nur als theoretische Rahmung, sondern vordergründig als analytisches Instrument in Auswertung und Repräsentation konzeptualisieren möchte.

spiel das der normalisierten Vorstellungen von ›Minderjährigkeit‹ an junge Geflüchtete (vgl. Otto 2016) – bei gleichzeitiger Homogenisierungsvermeidung auszuloten (vgl. Otto und Kaufmann 2018). Die Kategorien werden als Produkt von Un-Gleichmachungsprozessen und Diversifizierung verstanden (vgl. Kaufmann 2016a, 825) und »[d]ie Konstruktion der Diversity Kategorien [...] geschieht also nicht freischwebend und beliebig, sondern im Kontext ganz bestimmter Ordnungs- und Machtstrukturen und -diskurse« (Kaufmann 2016b, 6). Kaufmann verweist darauf, dass die kritische Auseinandersetzung mit sozial konstruierten Kategorien (vgl. Kaufmann 2016b) auf Bhabhas Kritik am Diversity Begriff zurückgreifen sollte, der Diversity aufgrund eines festschreibenden Potenzials von Identitäten (vgl. Bonz und Struve 2006, 135) kritisiert und deshalb demgegenüber den Begriff der Differenz betont und mit diesem arbeitet.

In der Intersektionalitätsdebatte werden Differenz und soziale Ungleichheit als Ergebnis von vorherrschenden Machtstrukturen verstanden (vgl. Leiprecht und Lutz 2005, 221ff.), wobei diese nicht als starr und unveränderbar verstanden werden dürfen. Dabei gilt die grundlegende Annahme, dass ein Denken ganz ohne Kategorien nicht möglich ist, Kategorien aber der Reflexion und Dekonstruktion zugänglich sind (vgl. Leiprecht 2010, 98; Otto und Kaufmann 2018; Crawley und Skleparis 2018) und als kontingent gedacht werden müssen (vgl. Kron 2011).

In Forschungen mit intersektionaler Perspektive wird Komplexitätssteigerung in zwei Richtungen betrieben (vgl. Walgenbach 2012): Auf der einen Seite werden mehrere soziale Kategorien in ihren Wechselwirkungen betrachtet und gleichzeitig werden die Ebenen der Machtverhältnisse, wie soziale Strukturen und Praktiken, Institutionen und Subjektformationen, miteinander in Beziehung gesetzt. Für die Subjekte bedeutet dieses, dass einzelne Differenzlinien je nach Situation und Kontext unterschiedlich zueinander positioniert werden. Sie werden unterschiedlich relevant, bzw. relevant gemacht (vgl. Eisele, Scharathow und Winkelmann 2008, 25) und sind somit auch in unterschiedlichen Räumen – seien diese tatsächlich geografisch existent, oder eben auch nicht begehbar – verschieden wirkmächtig. Differente Bedingungsfaktoren werden herausgearbeitet (vgl. Bronner 2010, 257ff.) und somit werden Wechselwirkungen und Prozesshaftigkeiten von Differenzlinien thematisiert (vgl. Raab 2007, 127). Gleichzeitig soll eine Homogenisierung der jungen Geflüchteten, die als ›UAM‹ klassifiziert wurden, vermieden werden und trotz feststellbarer Gemeinsamkeiten zwischen Individuen geht es nicht darum, sie erneut zu typisieren (vgl. Bronner 2010, 258).

Der Ansatz einer intersektionalen Leseweise (vgl. Otto und Kaufmann 2018), den ich auch in dieser Arbeit anwende, soll dazu beitragen, die jungen Somalier*innen/Somaliländer*innen nicht zu typisieren oder zu figurieren, sondern unterschiedliche Positionierungen und Wahrnehmungen werden herausgearbeitet. Die »Komplexität sozialer Wirklichkeit« soll erfahrbar und begreifbar (vgl. Bronner 2010, 256, 258 und 268) und gleichzeitig ausdifferenziert dargestellt werden. Der Verlauf der Differenzlinien kann situationsabhängig als »synchronically, diachronically and hybrid« (Dietz 2009, 62) charakterisiert werden und die prozesshafte Entstehung der Kategorien ist im Fokus, wodurch dann die entstandenen Wechselwirkungen analysiert werden können. Somit werden Unterdrückungs- und Diskriminierungsmechanismen in ihrer Verwobenheit berücksichtigt (vgl. Degele und Winker 2007).

Hinleitung zum Subjektbegriff

»The paradox is [...] how can the individual [...] be both subject and subjected?«

(Grossberg 1996, 98).

Aufgrund der vielfältigen Definitionen des Begriffs ›Subjekt‹ ist es notwendig an dieser Stelle die Eckpfeiler der theoretischen Grundlage für meine Analyse der Selbst- und Fremdzuschreibungen, die als Hintergrundfolie für das Verstehen der Aushandlungen von (Un-)Möglichkeitsräumen zentral sind, darzustellen. Es handelt sich im Folgenden um die Erarbeitung einer Arbeitsdefinition des Subjekt- und Subjektpositionenbegriffes, die ich für meine Ausführungen vornahm. Die Debatte um Subjekt und Subjektpositionen ist zentral in den Kultur- und Gesellschaftswissenschaften. Es lassen sich, trotz der breiten Rezeption, oder gerade aufgrund dieser, Ambivalenzen und Uneindeutigkeiten in der Interpretation und Argumentation der Begriffe festmachen (vgl. Reckwitz 2008). Für mich sind vor allem sozialwissenschaftliche Ansätze der zweiten Hälfte des 20. Jahrhunderts relevant, die im Kern folgende Frage eint: Wie werden Individuen zu Subjekten gemacht und wie machen sich Individuen zu Subjekten? Ich denke diese Prozesse dabei als dialektisch und nicht als sich gegenseitig ausschließend. Subjektpositionen im Sinne von Zuweisungen gewisser sozial_politisch_rechtlicher Positionen sind für eine Studie, die nach dem Verhältnis von Subjekt(en) und Räumen ausgehend von der Einteilung in die ›UAM‹-Kategorie fragt, zentral; gleichzeitig ist es ebenso wichtig, zu betrachten, wie die jungen Geflüchteten einerseits von dieser Kategorie Gebrauch machten, aber sich selbst andererseits als Subjekte auch jenseits dieser machtvollen Einteilung konstituierten.

Um keinen festschreibenden Subjektbegriff zu postulieren, halte ich es für zentral, Diskurse und Einteilungen nicht als deterministisch zu verstehen. Vielmehr werden auch diese verhandelt und es entstehen verschiedenste Subjektpositionen, die nicht unflexibel und unveränderbar sind. Mit Anthony Giddens gedacht (1984), möchte ich zeigen, dass Individuen weder komplett diskursiv-strukturell determiniert, noch ganz frei von Strukturen und Diskursen sind. Um diesen Gedanken theoretisch zu fundieren, stütze ich mich für meinen Subjekt- und Subjektivierungsbegriff in seiner Interpretation und Auslegung auf kulturwissenschaftliche und poststrukturalistische Perspektiven. Ich orientiere mich primär an den Arbeiten von Louis Althusser (1977), Foucault (1994, 2003 [1966]), und Judith Butler (1991, 1997, 2003 [1990]). Bei allen anzuerkennenden Differenzen zwischen ihnen lässt sich doch eine verbindende Linie erkennen: Im Kern verstehen sie das Subjekt nicht als natürlich gegeben, sondern als Schnittpunkt von Diskursen, Gesetzen und Machtverhältnissen, die Individuen überhaupt erst zu Subjekten machen. Subjektpositionen sind somit situativ, kontingent und relational. Sie sind keineswegs ahistorisch, gleichbleibend, oder starr. In Bezug auf die Kategorie des ›UAMs‹ bedeutet dieses, anzuerkennen, dass diese Form der Klassifizierung in der EU überhaupt erst seit 2000 (vgl. Parusel 2017) existiert und in ihrer Ausrichtung der Subjektpositionierungsmöglichkeit von vornherein zeitlich begrenzt ist: Wer volljährig wird, verlässt diese Einteilung zumindest formell. Vor dem Hintergrund dieser Überlegungen ist das Subjekt nicht als passiv zu verstehen, sondern macht durchaus aktiv Gebrauch von diesen Möglichkeiten der Positionierung, oder schafft neue, die nicht auf den ersten Blick aus den gängigen Diskursen abgeleitet werden können.

Auch wenn es zwischen Althusser, Foucault und Butler Überschneidungen und gegenseitige Bezugnahmen gibt, möchte ich im Folgenden dennoch kurz die jeweiligen Ansätze vor dem Hintergrund meiner Forschung akzentuieren. In der Theorie Althussers (1977) ist für mich vor allem sein Konzept der »Anrufung« wesentlich. Nach diesem Verständnis wird ein Individuum zum Subjekt, wenn es eine Position in der Struktur zugewiesen bekommen hat und auch auf diese Position reagiert. Althusser denkt Subjekte als prozessual hervorgebracht. Konkret für diese Forschung heißt das, die Einteilung als ›UAM‹ als einen (zeitlich begrenzten) Platzanweiser in der strukturellen Ordnung des Grenzregimes zu verstehen. In dieser Fortschreibung von Verhältnissen möchte ich hier aber nicht nur negativ denken. Sich selbst als ›UAM‹ zu benennen und von dieser Kategorie in bestimmten Situationen Gebrauch zu machen, war für meine Forschungspartner*innen auch hilfreich; vor allem dann, wenn sie sich bei NGOs als ›UAMs‹ platzierten und dort zum Beispiel in der Konsequenz mehr Unterstützung erfuhren als andere Geflüchtete. Es sind aber nicht nur die ›angerufenen‹ (Althusser 1977) Subjekte, die Kategorien reproduzieren, sondern auch ich, als Forschende, da von Subjekten verlangt wird, sich in der diskursiven Struktur darzustellen, einzuordnen und sich in bestimmter Weise zu artikulieren, um den Status eines bestimmten Subjektes überhaupt erst zu erlangen. Sind diese Kriterien erfüllt, sind sie auch erst von Interesse in der Forschung (vgl. Mecheril 1999, 262). So rief auch ich die jungen Menschen als junge Geflüchtete an und darüber gelangten sie in den Fokus meiner Betrachtungen. Ich reproduzierte auch eine Weile die Inaugenscheinnahme, mittels derer jungen Geflüchteten ein Alter zugewiesen werden kann und war damit beschäftigt, das ›tatsächliche‹ Alter meiner Forschungspartner*innen zu schätzen. Dass ich dies tat, fiel mir erst nach einigen Wochen des Forschens auf, als meine eigenen Irritationen in Bezug auf die ›UAM‹-Einteilung immer größer wurden.

Heute bin ich mit dem Bus zum Heim gefahren. Die Fahrt dauerte etwas mehr als dreißig Minuten und ich hatte den Busfahrer informiert, wo ich hin möchte. Bei der richtigen Haltestelle hat er mich rausgelassen und mir den Weg erklärt. So habe ich das blaue Eingangstor des Heimgeländes ohne Probleme gefunden und bin einfach dem im Garten herumliegenden Spielzeug bis zum Ende des Gebäudes gefolgt. Auf dem Weg dorthin kam mir ein Junge, ich schätze ihn auf 15 Jahre, entgegen (TB, 02/2013).

Trotz dieser Gefahr der (unbewussten) Reproduktion von Kategorisierungen, Anrufungen und Praktiken plädiert Paul Mecheril ausdrücklich für empirische Forschungen im Kontext von Flucht_Migration (vgl. 1999, 255; Mecheril et al. 2013), denn es ist nicht zu negieren, dass Einteilungen, wie z. B. in die ›UAM‹-Kategorie, als einschneidend in die Biografien geflüchteter Menschen verstanden werden muss. Es ist folglich die Kategorie des ›UAMs‹, die ich als Startpunkt für meine Überlegungen wählte, um zu zeigen, wie sie zentraler Bestandteil ihrer Erfahrungen ist. Für mich ist hier nicht das zentrale Problem, die jungen Geflüchteten zunächst als ›UAM‹ angerufen zu haben – würde ich dieses in Gänze verweigern, so könnte ich einen zentralen Bestandteil ihrer Lebenssituation gar nicht erfassen. Die Erkenntnis, die ich mitnehme, ist, offen zu sein für Subjekt- und Selbstpositionen jenseits dieser Kategorie.

In dem Subjekt- und Subjektivierungsprozessverständnis von Foucault können Diskurs, Macht und Subjekt (vgl. Foucault 2008 [1969]) ontisch nicht als voneinander getrennt oder trennbar verstanden werden. Foucault hebt seinen Subjektbegriff und damit das Subjekt aus dem Zusammenwirken von Ordnung und Selbstgestaltung. Für Foucault wird das Subjekt innerhalb eines Diskurses produziert. Festzuhalten ist hier die produktive Macht des Diskurses: Dieser bringe aber nicht nur Subjekte hervor, sondern weise ihnen auch einen spezifischen Platz (Subjektpositionen) zu. In seinen späteren Werken wird deutlicher, dass er Subjekten Agency in Bezug auf die Subjektivierungsprozesse zuschreibt und sie nicht (nur) als auf Reize Wartende versteht. Subjektpositionen sind bei Foucault als kontextabhängig und somit relational zu verstehen.

Wenn das Wechselspiel zwischen Anrufung und Agency untersucht werden soll, lohnt sich auch der Blick auf die Beschreibungen Butlers zum Subjekt. Butler nimmt durchaus Bezug auf Althusser, kritisiert jedoch, dass das Anrufungsmodell eine geschlossene Ordnung ebenso suggeriere wie ungebrochene Subjektivierung. An Foucault schließt Butler vor allem über die Performativität an, worüber ihr Verständnis der Subjektivierung als Prozess deutlich wird (vgl. 1991, 1997, 2001; und Bergschmidt 2014), welches auch schon bei Althusser und Foucault zu finden ist. Butler konstatiert ebenfalls, dass das Subjekt im Machtfeld verortet sei und eben dieses normative Anforderungen an das Subjekt richte (Butler 2003 [1990], 22). Bezugnehmend auf Althussers Konzept der Anrufung macht sie jedoch deutlich, dass Subjekte auch Missachtung gegenüber Anrufungen zeigen können, wodurch Butler auf Agency verweist:

»Betrachten wir den Althusserschen Begriff der Interpellation oder Anrufung, wonach ein Subjekt durch einen Ruf, eine Anrede, eine Benennung konstituiert wird. Althusser scheint im großen ganzen davon auszugehen, daß diese soziale Forderung – man könnte sie einen symbolischen Befehl nennen – tatsächlich jene Art Subjekte hervorbringt, die sie benennt. [...] Wie Althusser selbst betont, kann diese performative Anstrengung des Benennens nur versuchen, den Angesprochenen ins

Sein zu bringen: Es besteht immer das Risiko einer gewissen Mißachtung. [...] Der Angerufene kann den Ruf beispielsweise überhören, er kann ihn mißverstehen oder sich in eine andere Richtung wenden, auf einen anderen Namen reagieren, darauf beharren, auf diese Weise gar nicht angesprochen zu sein« (Butler 2013 [1997], 91ff.).

Die Anrufung ist nach diesem Verständnis also auch als prozessual zu verstehen. In diesem Prozess besteht die Möglichkeit, dass Angerufene die Anrufung verweigern oder annehmen können. Butler (1990 und 2003 [1990], 23) argumentiert nicht nur, dass die Praktik der Nichtanerkennung einer Anrufung ebenso zum Subjekt gehört, sondern dass angeblich natürliche Sachverhalte – wie Frau*-Sein, Arm-Sein – produziert und nicht natürlich, sondern Markierungen (ebd., 27) bestimmter Positionen und Positionierungen seien.

Basierend auf diesen hier besprochenen Gedanken möchte ich zurückkommen auf das Zitat von Grossberg, welches diesen Abschnitt einleitete: »The paradox is [...] how can the individual [...] be both subject and subjected?« (Grossberg 1996, 98). Vor dem Hintergrund der hier ausgeführten Überlegungen ist gleichzeitig Subjekt und subjektiviert zu sein, also die Mischung aus aktiver Gestaltung und passiver Hinnahme, nicht paradox, sondern komplementär. Mit Foucault gedacht, wirkt das Einfügen in gewisse Strukturen auch ermöglichend und nicht nur hemmend. Es stellt sich dennoch die Frage, wo Agency verortet werden kann und wer Agency ausübt. Ich verstehe das Verhältnis aus aktiver Positionsaneignung und passiver Positionszuweisung vielmehr als produktives Spannungsfeld, in dem das Verhältnis zwischen Fremdzuschreibungen und diskursiven Subjektpositionen als soziale Platzzuweisung, sowie dem Ringen um eigene Positionierungen und Selbstbeschreibungen verhandelt wird, welches es mit empirischen Inhalten zu füllen gilt. Die Beforschung des *doing* (vgl. Hörning und Reuter 2004) der Subjektpositionen mit und jenseits von Kategorien erlaubt die Diskussion der Balance zwischen Autonomie und Agency auf der einen und Strukturierung und Rahmung auf der anderen Seite (vgl. Leiprecht 2010, 110ff.; Scheel 2015).

Junge Geflüchtete als Ausgangspunkt der Analyse von Subjektpositionen

Basierend auf den umrissenen Subjektverständnissen gilt es nun zu überlegen, wie der Bezug zu diesen Verständnissen für eine ethnografische Forschung im Kontext von Flucht_Migration hergestellt werden, ohne die Ausschließungen und Herrschaftsverhältnisse, die gewisse Subjektpositionen überhaupt erst kreieren, als quasi natürlich zu reproduzieren.

Über die Erfahrungen und Praktiken der Akteur*innen strebe ich an, aufzuzeigen, dass sie den Normen der Subjektivierungen bzw. der Subjektposition nicht vollständig unterworfen sind (vgl. Villa 2013, 225). Ausgehend von den konkreten, empirischen Individuen, im Gegensatz zu den abstrakten und verkollektivierten ›UAM‹-Subjekten, können gesellschaftspolitische und juristische Kontexte einbezogen (vgl. Held 2010, 139) und die Verbindungen zwischen Diskurs(en) und Subjekt(en) als Geflecht verstanden werden (vgl. Held 2010, 154). Zu fragen gilt es folglich nach der Bedeutung der Erlebnisse bestimmter empirischer Individuen. Ich halte es ferner für wichtig, auch darzustellen, wann und durch wen im Grenzregime Möglichkeiten der Selbstdefinition und -beschreibung verhindert werden (vgl. Mecheril 1999, 256). Mit diesem Fokus möchte ich einerseits zeigen, dass Individuen in bestimmte Subjektpositionen investieren können, sich dieser bedienen, oder versuchen, sie zu umgehen (vgl. Hall 1996), bzw. in Frage zu stellen und andererseits auch, dass eine vermeintliche Gruppe – wie ›UAMs‹ – nicht (re-)produziert wird. Der migrationsgesellschaftliche Raum, innerhalb dessen es zu Zuweisungen, Ablehnungen und Neuschaffungen von Subjektpositionen kommt, kanalisiert und limitiert Individuen, kann aber auch ermöglichend wirken (vgl. Mecheril et al. 2013, 12). Durch die Sensibilität von Forschenden für diese Prozesse von Aneignung, Ablehnung, Umkehrung oder Ignoranz gegenüber bestimmten Anrufungen sollte es gelingen, Akzentuierungen, Betonungen und Brüche in Bezug auf Subjektivierungen und Subjektpositionen vorzunehmen und sich gleichzeitig von starren Identitätskonzepten zu distanzieren (vgl. Staunaes 2003, 103). Ein empirisches Beispiel veranschaulicht diesen Punkt. Elais, der 2012 nach Malta kam, arbeitete, nach dem er aus dem Heim auszog, in einem Restaurant, um sich seinen Lebensunterhalt und die Gebühren für MCAST[21], eine Fachhochschule, wo er Kurse besuchte, zu finanzieren.

---

21 Malta College for Arts, Science and Technology.

»When they ask me question: ›Where are you from?‹«, berichtete er, »I only say Africa. And then I say that I have a student visa and that I came here to study. Because they don't need to know about the boat, they ask stupid questions. And they think all people from the boat are bad. So all I say is that I am here because of the studies« (Elais, IT, 07/2015).

Hier möchte ich zeigen, dass Elais sich einerseits eine Subjektposition des Student-Seins aneignete und gleichzeitig seine tatsächliche rechtliche Situation des Subsidiär Schutzberechtigten verschwieg; parallel benannte er sich selbst als ›Afrikaner‹ und nicht als ›Somalier‹, was ihm in anderen Kontexten, vor allem im Heim, wenn es um die Abgrenzung zu Somaliländer*innen ging, jedoch wichtig war. Er versuchte folglich, die Subjektposition als ›boat people‹ zu umgehen, indem er sich des Narrativs des Studierenden bediente, um keinen weiteren »stupid questions« ausgesetzt zu sein. Elais investierte in den Begegnungen mit den MCAST-Studierenden in die Position des Studierenden mit Visa, wohingegen er in anderen Situationen klar Bezug nahm auf die Positionierung als ›Flüchtling‹: »I go to LMAO and I tell them that they cannot treat refugees like that. We cannot live like animals in Malta and I keep telling them« (Elais, IG, 04/2013). Nun lässt sich hier aber ebenso gut fragen, ob die anderen MCAST-Teilnehmer*innen mit ihren Fragen und Vorurteilen – die zumindest Elais ihnen attestierte – auch als Akteur*innen gesehen werden müssen, die Selbstdefinitionen und -beschreibungen verhindern: Vielleicht hätte sich Elais auch gerne ganz anders inszeniert?

Das Übernehmen, Umkehren, Investieren oder auch Ignorieren bestimmter Subjektpositionierungen durch die jungen Menschen mit Flucht_Migrationserfahrung eröffnet für diese Studie einmal mehr den Raum der Diskussion ihrer Agency (vgl. Stauber 2010, 38). Für meinen sich durch die gesamte Forschung ziehenden Ansatz der intersektionalen Leseweise meines Materials ist der Rückbezug auf Subjekttheorien auch deshalb unerlässlich, da es über diese theoretische Anbindung gelingen soll, die Möglichkeiten des Umgangs mit Kategorien, wie Alter, Gender oder Dis/Ability, aufzuzeigen. Kategorien sind dann nicht (ausschließlich) als fixierte und fixierende Marker zu verstehen, sondern werden Bestandteil von Agency und Umgang. Dies soll auch die folgende Szene zwischen Yasir, Warsame und mir in Balbi, einer Stadt im Südosten Maltas, zeigen. Warsame und Yasir kannten sich und mich aus dem Heim und die beiden verbrachten viel Zeit miteinander. Als wir das Auto parkten und ausstiegen, sagte Yasir zu mir »Welcome to Balbi, now we show you everything here«. Die hier beschriebene Situation ereignete sich im Sommer 2015. Während meines Aufenthaltes in 2013 wurde mir immer wieder die Mitnahme nach Balbi verweigert, denn dort sei es für mich als Frau zu gefährlich. Ich habe diese ›Warnungen‹ ernst genommen und bin nie auf eigene Faust dorthin gefahren. Ich wartete also gewissermaßen auf diesen Zugang durch meine Gesprächspartner*innen und wurde dann schlussendlich belohnt. Während ich mit ihnen durch Balbi lief, hatte ich jedoch nicht den Eindruck, dass ein selbstständiger Besuch gefährlich gewesen wäre und nach meiner ersten ›Einführungstour‹ bewegte ich mich dort auch alleine.

In Balbi sagte Yasir immer wieder »Look, Laura, there we buy our rice« oder, »You see, here is where we go for dinner sometimes« und ich deutete den gemeinsamen Spaziergang und Yasirs Inszenierung als ›Stadtführer*‹ gewissermaßen als Verhandlungsraum, in dem die Subjektpositionierungen neu verhandelt wurden. Während ich im Heim schon allein durch das Verfügen über Schlüssel, die mir die Leitung aushändigte, das WLAN-Passwort, welches geheim gehalten werden sollte und Zugänge zu Räumen häufig in der machtvolleren Position war, gelang es Yasir jetzt, sich als Stadtführer zu präsentieren und als solcher zu agieren. Er nahm mich ›an die Hand‹ und ich wurde als Fremde und Unwissende positioniert, die ich sicherlich auch in großen Teilen war; gleichzeitig zeigten sie mir, dass sie hier ›normale‹ Dinge tun würden: Reis kaufen und Essen gehen. Er verließ, so meine Deutung, seine marginalisierte Position, die ihm in Form des ›UAM‹-Seins und der Unterbringung im restriktiven Heim zugeschrieben und zugewiesen wurde, temporär-situativ und nutzte diese Begegnung jenseits des Heims mit seinen kontrollierenden Instanzen, um neue Subjektpositionen auszuloten.

Agency als Relationsbegriff

Die bisherigen Ausführungen sollen gezeigt haben, dass meine Forschungspartner*innen mit den ihnen zugewiesenen Subjektpositionen einerseits (kreativ) umgingen, andererseits aber auch eigene Subjektpositionierungen schufen. Gebrauch machten sie dabei, wie andere Individuen auch, von ihrer Agency. Die Betonung von Agency in diesem Kontext ist besonders relevant, da mit ihrer Einteilung als ›UAM‹ einerseits einhergeht, dass sie in bestimmten Situationen Gebrauch machen mussten von ihrer Agency, in anderen Situationen jedoch das Agieren mit ›zu viel‹ Agency zu Anzweiflungen ihres Fluchtnarrativs führte (vgl. Galli 2017).

Ich beziehe mich auf eine sozialwissenschaftliche Konzeptualisierung des Agency-Begriffes. Erkenntnisleitend ist folglich die Frage nach der Beziehung von Individuum und Gesellschaft zwischen Struktur und Handlung (vgl. Scherr 2012, 2013). Gedacht mit Albert Scherr, ist Agency das Produkt des Zusammenspiels persönlicher Dispositionen und struktureller Bedingungen (Scherr 2013, 108). Sie entsteht im »Moment bestimmter sozialer Konstellation« (Scherr 2013, 233) worüber es auch gelingt, restriktive Strukturen, Diskriminierungen und Zuschreibungen eben nicht zu negieren, sondern diese als Bestandteil der diese Konstellationen beeinflussenden Faktoren zu verstehen. Diesen Dynamiken nähere ich mich basierend auf einem Verständnis, dass die interagierenden Akteur*innen mit Agency handeln. Das Agency-Konzept, welches hier bedeutend ist, basiert auf der Annahme, dass es um die Erfassung des Wechselspiels aus struktureller (Vor-)Bestimmtheit und individueller Selbstbestimmung geht und deshalb ein Agency-Verständnis stark gemacht werden muss, welches die ontische Dichotomie von Struktur und Individuum aufhebt (vgl. Emirbayer und Mische 1998): Denn die hier Berücksichtigung findenden Akteur*innen, vor allem die jungen Geflüchteten, aber auch nicht-geflüchtete Akteur*innen, finden trotz Gesetzen, Einschränkungen und repressiven Strukturen Wege und Mittel, mit ihnen umzugehen und bleiben somit handlungsfähig.

Agency muss keine ›extremen‹ Formen der Handlung, wie zum Beispiel das Verlassen Maltas oder das Demonstrieren für Rechte Geflüchteter, umfassen. Ich vertrete hier ein Agency-Verständnis, welches ebenfalls Handlungen umfasst, um Herausforderungen, die im Alltäglichen entstehen, zu navigieren: Sei es, diese für sich produktiv zu machen, oder auch sie zu umgehen. Diese hier Anwendung findende Agency-Konzeptualisierung basiert vor allem auf einer Kritik an strukturfunktionalistischen Verständnissen. Es folgten Ansätze, die Agency von Individuen jenseits dieser sozialen Einschränkungen betrachteten und wiederum kritisiert wurden, da sie die Möglichkeiten der Selbstbestimmung überbetonen würden (vgl. Barla 2012; Dhawan 2011; Purtschert 2012).

Agency ist demnach als ein Interaktionsprozess zu verstehen, da sich die mit Agency agierenden Subjekte immer in einer Beziehung mit Menschen, Ereignissen, Diskursen, Ordnungen und Orten befinden und sich dauerhaft mit ihnen auseinandersetzen (vgl. auch Göttsche, Dunker und Dürbeck 2017, 128): Dirk Göttsche, Axel Dunker und Gabriele Dürbeck zu Folge ist Agency gleichzeitig Arena und Faktor von Aushandlungen, in

der parallel soziale Vorbestimmtheit und Selbstbestimmung verhandelt
werden und aufeinander treffen. Sie verstehen Agency nicht nur als relational und kontextuell, sondern in letzter Konsequenz auch als konstruiert
(ebd.).

Welche Implikationen ergeben sich aus diesen Vorstellungen von
Agency für die empirische Untersuchung? Es ist unerlässlich, die Struktur,
in ihrer zeitlich-relationalen Bedeutung in der sich die Akteur*innen befinden, zu berücksichtigen. Somit sind soziale Prozesse nie vollkommen losgelöst von Struktur zu denken, aber eben auch nicht als total determiniert
von ihnen – und vice versa. Es geht folglich und mit Mustafa Emirbayer
und Ann Mische (1998) gedacht, darum, zu fragen und zu zeigen, welche
Kontexte Handlungsfähigkeit ermöglichen, begünstigen oder auch unterbinden. Ferner zu betrachten gilt es auch, wann die Akteur*innen kreativ
und strukturverändernd, aber auch strukturverstetigend agieren. Hier gilt es
dementsprechend den Versuch zu unternehmen, die Balance zwischen
Strukturseite und subjektiver Gestaltbarkeit entlang des empirischen Materials auszuloten.

Es ist nicht zu negieren, dass es eine Fülle von Agency-Definitionen
gibt, die sich oft nur in ihren Nuancierungen unterscheiden. Wichtig, ist,
dass die Betrachtung der Agency junger Geflüchteter und nicht-geflüchte-
ter Akteur*innen vor dem Hintergrund spezifischer Kontexte zentral ist.
Meine Forschungspartner*innen waren in konkreten Situationen unterschiedlich handlungsfähig.

Wechselseitige Verhältnisse im (Un-)Möglichkeitsraum

Die Ausführungen haben gezeigt, dass Räume nicht ohne Subjekte und
Subjekte nicht ohne Räume zu denken sind. Sie befinden sich in einem
wechselseitigen Verhältnis, bedingen sich gegenseitig und sind nicht vollkommen determiniert. Ich habe bis hierhin mit den Begriffen des *Dritten
Raums*, Agency, Subjektposition, Grenze und Grenzregime gearbeitet, die
ich nun im (Un-)Möglichkeitsraum zusammendenken möchte.

Die von mir forschend begleiteten Subjekte treffen im Grenzregime
aufeinander. Subjekt und Raum sind somit eng verwoben. Der *Dritte Raum*
in Anlehnung an Bhabha (2000) der hier das Fundament für die Theoretisierung der (Un-)Möglichkeitsräume darstellt, ist sinnvoll, da es in den

Aushandlungen zwischen den Geflüchteten und Nicht-Geflüchteten nicht zwangsläufig (Un-)Eindeutigkeiten gibt. Vielmehr verhandeln sie Subjektpositionen, Zuschreibungen und Selbstkonstruktionen, in dem sie Agency entwickeln und umsetzen, welche nicht losgelöst von den gegebenen Strukturen und gesetzlichen Regularien ist. Losgelöst ist diese auch nicht von sozial konstruierten Kategorien. Das Denken der (Un-)Möglichkeitsräume zwingt jedoch nicht, nach gängigen Kategorisierungen zu suchen, sondern es wird ermöglicht, das Dazwischen zu entdecken und zu beschreiben. Das Entstehen differenter (Un-)Möglichkeitsräume ist beeinflusst von der Konstellation der Akteur*innen, von der jeweiligen Situation sowie dem Kontext und sowohl theoretisch, als auch methodisch, wird eine Herangehensweise entwickelt, die es ermöglicht, ein relationales Verständnis von Kategorien, Raum und Agency zu entwickeln. Der (Un-)Möglichkeitsraum ist der Raum, in dem Subjekte, Struktur und Agency aufeinandertreffen und eine Annäherung an diese Aushandlungen basierend auf den hier erarbeiteten Konzepten macht es möglich, eben diese erkenn- und analysierbar zu machen. Das Denken in (Un-)Möglichkeitsräumen ist kein Gegenentwurf zum Grenzregime, sondern ein Teil des Grenzregimes, welches, wie meine Ausführungen zeigen, gleichzeitig Flexibilitäten zulässt, aber auch nicht-verschiebbare Elemente aufweist. Die Beschäftigung mit Zuschreibungen und Positionierungen von geflüchteten und nicht-geflüchteten Akteur*innen ist folglich die Grundlage, um die (Un-)Möglichkeitsräume, die basierend auf dem empirischen Material analysiert werden, besser verstehen zu können, denn die Aushandlungen finden vor dem Spiegel der (Selbst- und Fremd-)Positionierungen und Zuschreibungen statt. In der verdichteten Darstellung des Materials geht es darum, die Balance einer Repräsentation zwischen Agency und Struktur auszuloten.

Methodologische Grundlagen, methodische Umsetzungen und Reflexionen

»Yet to me, ethnography meant and still means more than a method. [...]. Doing ethnography is a committment to study an issue at hand by understanding it from the perspective(s) of people whose lives are tied up or affected by it«

(Gille 2001, 321).

Ethnografie verlangt von Forschenden, ein *doing research* zu leben und das zu untersuchende Thema multi-perspektivisch zu betrachten. Dieses bedeutet einerseits, dass das konkrete *doing* der Forschung dargelegt und reflektiert werden muss, welche Akteur*innen in der Repräsentation Berücksichtigung finden und wie sich die Beziehungen zwischen ihnen und mir gestalteten. Zudem geht es darum, aus dem breiten ethnografischen Methodenset vor dem Hintergrund der eigenen Forschung eine begründete Auswahl zu treffen. Das *doing ethnography* transparent zu machen, ist das Ziel dieses Kapitels. Auch ich als Forschende versuche in dem hier formulierten Text sichtbar zu werden, da ich aktiv Teil des Geschehens vor Ort war.

In diesem Kapitel zu methodologischen Grundlagen, methodischen Umsetzungen und Reflexionen thematisiere ich dementsprechend das Verhältnis von Erhebung und Auswertung und reflektiere die Forschungsspezifika, die sich aus dem besonders politisierten und emotionalisierten Forschungsbereich, aber auch aus den insgesamt vier Besuchen in Malta und fragmentierten Erhebungen in Deutschland ergaben. Dabei setze ich mich mit ethischen Frage- und Problemstellungen im Hinblick auf die forschende Praxis auseinander. Kleist (2015) betont die besondere Schutzbedürftigkeit geflüchteter Menschen im Forschungskontext und verweist darauf, dass methodisch, ethisch und verantwortungsbewusst gehandelt werden sollte (vgl. Kleist 2015, 163). Auch wenn ich keineswegs anstrebe, geflüchtete Menschen als Opfer der Verhältnisse zu repräsentieren, darf es trotz dieser Anerkennung nicht dazu führen, anzunehmen, dass Strukturen, in denen sie sich zwangsläufig befinden, als nichtig verstanden werden dürfen. Ich schlage, anders als Kleist, vor, Geflüchtete nicht als per se vulnerabel zu verstehen, sondern, dass es Prozesse, Subjektivierungen und zugewiesene Subjektpositionen im Grenzregime und Erfahrungen vor und während der Flucht_Migration sind, die sie vulnerabilisieren (können). Diese gilt es zu versuchen zu zeigen und zu diskutieren, wie auch Forschende zu Vulnerabilisierungen beitragen können.

Dem Kapitel liegt das Verständnis zu Grunde, dass sich das Forschungsdesign mit und während der Forschung und den Verhältnissen entsprechend ständig verändert und ich als Forschende situativ agieren musste (vgl. Breidenstein et al. 2013). Es bestätigte sich der methodologische Grundsatz, dass »der Gegenstand der wissenschaftlichen Arbeit Form und Einsatz der anzuwendenden Methoden bestimmt und nicht umgekehrt« (Fontanari et al. 2014, 125). Dadurch ist es aus einer forschungsethischen Haltung heraus auch möglich, die Methoden den Forschungspartner*innen anzupassen und ihnen möglichst zu entsprechen, um ihnen nicht zu schaden. Demzufolge begründe ich meine methodologischen Überlegungen aus der forschenden Praxis heraus und verzichtete auf die Erarbeitung eines konkreten Leitfadens für die am Schreibtisch ausformulierte Erhebung, bevor ich überhaupt den Akteur*innen begegnete. Einige prägnante Situationen aus der Forschung werden in diesem Kapitel betrachtet und eingeordnet, um das methodische Vorgehen und die Auswahl der Methoden nachvollziehbarer zu machen. In dieser Studie sind Methode, Theorie und analytische Ergebnisse eng miteinander verknüpft (vgl. Breidenstein et al. 2013) und ich verstehe den Prozess aus Erhebung, Analyse und Theoretisierung als rekursiv. Aus diesem Grund werden im folgenden Kapitel immer wieder informelle Gespräche, Interviewausschnitte, Tagebucheinträge, wissenschaftliche Literatur sowie Sekundärmaterial miteinander verknüpft. Ich nehme die Begründung der Methodenauswahl und der Analysestrategie basierend auf den Forschungssituationen vor und nehme ganz bewusst keine lehrbuchartige Wiedergabe ethnografischer Methoden vor. Die wechselseitige Verknüpfung von forschungspraktischen Überlegungen, ihrer tatsächlichen Umsetzung sowie der Auswertung des Materials soll in den folgenden Abschnitten vermittelt werden.

Zugänge, Schauplätze und Temporalisierungen

Im folgenden Abschnitt gehe ich zunächst auf meinen Feldbegriff ein. Im Anschluss beschreibe ich die Dynamiken im Heim zwischen den verschiedenen Akteur*innen genauer; da das Heim geografischer Ausgangspunkt meiner Forschung war, halte ich es für zentral, über die Dynamiken genauer zu reflektieren, denn aus ihnen leitete ich wichtige methodische Schritte ab. Während ich im Heim primär informelle Gespräche führte, zeichnete ich auch Interviews mit den institutionellen Akteur*innen und zwei jungen Geflüchteten – Deeqo und Bilal – auf. Über meine Erfahrungen mit den Interviews führe ich aus, bevor ich dann noch einmal auf besondere (forschungsethische) Herausforderungen vor dem Hintergrund der Langzeitperspektive und den damit verbundenen zahlreichen Maltabesuchen eingehe.

Mein Feld?

Gegenwärtige Ethnografien berücksichtigen verschiedene ›sites‹ ebenso wie vielfältige Akteur*innen, was auch daran liegt, dass die Forschungskontexte häufig geografisch weit aufgespannt werden. Es stellte sich nicht nur mir die Frage, was unter diesen Bedingungen überhaupt noch als ›Feld‹ verstanden werden kann (Reddy 2009)? Klassische Feldbegriffe gleichgesetzt mit einem klar abgegrenzten, begehbaren Ort und erinnernd an das Feld eines Bauern, sind nicht haltbar, wenn verschiedene Orte und Perspektiven verknüpft werden. Für den Feldbegriff orientiere ich mich an Eva Nadai und Christoph Maeder (2005), die mit Bezug auf Geertz argumentieren: »[t]he locus of study is not the object of study« (Geertz 1973, 22). Der *Forschungsgegenstand* – von den Forschenden definiert und bestimmt – ist nach dieser Formel folglich das, was als Feld zu verstehen ist. Somit löst sich die Frage nach der Verortung des Feldes im geografischen Sinne – vor allem vor Beginn der forschenden Praxis – auf und das *doing* der Forschung und der Feldentstehung wird betont (vgl. Hess und Schwertl 2013, 32). Das Feld hat, so versteht es zumindest Gisela Welz, außerhalb der Forschung keine Realität (Welz 2013, 52). Wenn ein Feld nicht natürlich gegeben ist und sich nicht einfach auffinden lässt, bedeutet dieses in der Konsequenz, dass diese Entstehung des Feldes nachvollziehbar durch die Forscher*in dargestellt werden muss.

Wie bereits erwähnt, bezieht sich das hier betrachtete Material auf meine über mehrere *Revisits* ausgestaltete Forschung in Malta. Insgesamt war ich 32 Wochen vor Ort: sechs Monate davon forschte ich in 2013 (Januar bis Juli), einen Monat im Sommer 2015 (Juli), weitere 14 Tage im April 2016. Für sieben Tage kehrte ich im Juni 2018 mit Studierenden im Rahmen einer Exkursion zurück; im Oktober desselben Jahres war ich weitere sieben Tage vor Ort. In dieser Zeit sind nicht nur umfangreiche Tagebucheinträge entstanden, sondern auch aufgezeichnete Interviews und diverse informelle Gespräche. Ich bewegte mich für diese Forschung in Räumlichkeiten nationaler und internationaler NGOs, Migrationsorganisationen, Wohnheimen und Camps, Ministerien und Büros von Politiker*innen und Beamt*innen, sowie den Wohnungen der jungen Geflüchteten; zudem wurde auch der öffentliche Raum zum Forschungsort. Durch die geografischen Bewegungen der jungen Geflüchteten bekam ich auch Einblicke in ihr Ankommen in Deutschland.

Startpunkt meiner Forschung war das Heim, in dem die Mehrheit meiner geflüchteten Forschungspartner*innen untergebracht war. Während meiner Tätigkeit lernte ich die meisten meiner Forschungspartner*innen kennen.[22] Schon recht früh merkte ich jedoch, dass nicht nur das Heim zentraler Schauplatz der Aushandlungen von Alter, Zuschreibungen und Subjektpositionen war. Um den Spuren weiter folgen zu können (vgl. Marcus 1998), suchte ich auch die benannten weiteren Orte auf und traf mich mit jungen Geflüchteten, die trotz ›UAM‹-Status nicht im Heim untergebracht waren, sowie mit jungen Geflüchteten, die nicht als ›UAMs‹ eingeteilt wurden. Ziel war es, »relevante [...] Akteure und Handlungsräume auszuloten« (Römhild 2006, 180).

Welche Bedingungen fanden meine Forschungspartner*innen und ich im Heim vor? Welche konkreten Regeln und Bestimmungen gehören zu dem materialisierten Aspekt des ›Feldes‹? Maßgeblich gekennzeichnet war die Einrichtung von Regeln. Es wurde reguliert, wer wann gehen durfte und unter welchen Bedingungen; mein Kommen und Gehen wurde jedes Mal schriftlich dokumentiert; es wurde geregelt, wer wann wie viel zu Essen bekam und wer welche Aufgaben im Heim übernehmen sollte; die Mitarbeiter*innen wurden in Schichten eingeteilt und fanden sich teilweise

---

22 Im Rahmen dieser Forschung hatte ich zu über 70 Personen Kontakt. Es würde den Rahmen sprengen, detailliert zu beschreiben, wen ich wann wo traf; vielmehr geht es hier darum, Kernpunkte des entstandenen Beziehungsgeflechtes sowie der beforschten Akteur*innenkonstellationen aufzuzeigen.

in prekären Anstellungsverhältnissen wieder. Das Gebäude wies gravierende bauliche Mängel auf. Es regnete im Winter herein und bei Temperaturen von über 35 Grad Celsius im Sommer gab es keine Möglichkeit, die Räumlichkeiten zu kühlen. Die Geflüchteten wurden in drei Zimmern untergebracht: Eins teilten sich die jungen Frauen*, die anderen beiden die jungen Männer*. Um etwas Privatsphäre zu gewinnen, hängten sie bunte Bettlaken und Tücher zwischen ihren Betten auf. Die Wände dekorierten sie mit Photos von sich und ihren Familien, mit Postern von Fußballspielern* und berühmten Sänger*innen, besonders beliebt waren Cristiano Ronaldo und Nicki Minaj. Nicht selten erinnerten mich diese Dekorationen an Jugendzimmer von mir und meinen Freund*innen; es war mir also nicht fremd. Neben dem geringen Maß an Privatsphäre und dem regulierten Rahmen, was mir beides durchaus fremd war, zeichnete sich das Heim ferner durch die (erzwungene) intensive Nähe der Akteur*innen aus. In diese Nähe wurde auch ich eingebunden und stellte sie durch Anwesenheit auch selbst her. Im Heim interagierten also die jungen Geflüchteten mit mir und ich mit ihnen; sie agierten miteinander; sie agierten mit den Mitarbeiter*innen und vice versa; und die Mitarbeiter*innen interagierten mit mir und ich mit ihnen. Es kam zu Situationen, in denen Bewohner*innen, Mitarbeiter*innen und ich aufeinandertrafen. Während diesen Interaktionen beobachtete ich, hörte zu, wurde eingebunden, brachte mich selbst ein. Im Heim stand also das Beobachten und Zuhören im Vordergrund. Dennoch entstand hier keine Heimforschung. Warum nicht? Alle Akteur*innen konnten und mussten unter verschiedenen Bedingungen und aus verschiedenen Gründen das Heim verlassen. Die Mitarbeiter*innen und ich gingen irgendwann wieder nach Hause; wir alle hatten auch Termine außerhalb; die jungen Geflüchteten mussten spätestens mit dem 18. Geburtstag ausziehen; einige verließen das Heim früher auf eigene Faust und setzten sich in andere EU-Länder ab. So waren es eben diese Bewegungen meiner Forschungspartner*innen, denen ich folgte und über die ich dann vordergründig mein Feld erst konstruierte.

Mit der Abreise Ende Juli 2013 und der Rückkehr im Juli 2015 erledigte sich dann im Prinzip auch die Forschung im Heim: Fast alle, die ich kannte, waren ausgezogen und diejenigen, die noch dort lebten, durfte ich nicht mehr besuchen. Von nun an bewegte ich mich also vermehrt in ihren eigenen Wohnungen und traf institutionelle Akteur*innen in ihren Büros. Meine Feldkonstruktion hat auch Lücken: Ich durfte nicht überall hin und wollte auch nicht überall hin. Das, was zu meinem Feld geworden ist, ist ebenso partiell wie die Auswahl meiner Forschungspartner*innen. So bestimmte in weiten Teilen *ich* darüber, wann ich forschte und beobachtete; mit wem ich Termine machte und mit wem auch nicht; mit wem ich mehr oder weniger gerne Zeit verbrachte. Das soll nicht heißen, dass meine Forschungspartner*innen mir den Kontakt nicht auch verweigern konnten und dies auch taten, sondern soll betonen, wie stark die Konstruktion vom Feld von mir als Forscherin geprägt war. In 2016 traf ich mich beispielsweise gar nicht mehr mit institutionellen Akteur*innen. Diese Entscheidung liegt vor allem darin begründet, dass sich bei mir ein Gefühl der Informationssättigung einstellte, was ihre Perspektiven betraf. Ich stellte fest, dass meine Irritationen immer mehr abnahmen und sich die Erzählungen wiederholten. Für mich ist die eigene Irritation ein zentrales Moment ethnografischen Mehrwerts und mit der Abnahme dieser durcheinanderbringenden Momente habe ich dann auch die Erhebungen ausklingen lassen (vgl. auch Hauser-Schäublin 2008; Dracklé 2015).

Ich habe in meinen Ausführungen zum Grenzregime bereits umrissen, dass die Akteur*innen nicht zwangsläufig miteinander interagieren müssen. Mir war es möglich, vor Ort ihre Interaktionen zu beobachten und auch ihre Perspektiven aufeinander zu befragen; dafür mussten sie sich untereinander aber nicht unbedingt persönlich kennen. Schlussendlich bin ich diejenige, die einzelnen Verbindungen folgte und anderen nicht; die partiell zugegen war und gewissermaßen nah dran war; die sich ins Flugzeug setzte, Malta verließ und am Schreibtisch zu Hause in gewissen Teilen die Perspektiven unter gewissen Themen überhaupt erst miteinander verknüpfte.

Dynamiken im Heim: Beobachten und beobachtet werden, Beziehungswünsche und Beziehungsverweigerungen

Es ist der 15. Februar 2013. Aufgeregt und angespannt fahre ich mit dem Bus zum Heim. Die Unterkunft für die Jugendlichen befindet sich in der dritten Etage des sehr großen Hauses. Um die Unterkunft zu erreichen, muss man zunächst von einer Hauptstraße durch ein blaues Eisentor treten und circa 50 Meter an dem Haus entlanggehen, bevor man am Ende rechts abbiegt und die Unterkunft erreicht. In den anderen Teilen des Hauses sind weitere soziale Einrichtungen untergebracht, unter anderem ein Frauenhaus sowie eine Tageseinrichtung für Menschen mit Behinderung.

Es gibt einen Sandplatz zum Fußballspielen und ein paar Beete sind bepflanzt. Bevor man den Flur in der dritten Etage betreten kann, muss *security* das Gitter öffnen. Der Boden in der Unterkunft ist aus Stein. Nachdem man eingetreten ist, befindet sich auf der rechten Seite ein kleines Kabuff, in dem in der Regel ein*e Mitarbeiter*in sitzt und das Essen an die Jugendlichen ausgibt. Im [Heim] müssen sich die jungen Geflüchteten weitestgehend selbst versorgen. Obst und Gemüse werden geliefert, Milch, Brot und Eier kaufen die Bewohner*innen und bekommen dafür Geld von der Heimleitung. Die Portionen werden dann eingeteilt und nachdem die Jugendlichen Essen erhalten haben, müssen sie auf einer Liste unterschreiben. Die Küche ist mit dem Nötigsten ausgestattet. In einem kleinen Vorraum der Küche steht ein Regal mit Zwiebeln und verschiedenem Gemüse, an dem sie sich bedienen dürfen. Im zweiten Raum, der eigentlichen Küche, befinden sich drei Gaskocher, ein Kühlschrank und Arbeitsflächen. Sitzgelegenheiten gibt es keine. Die Küche hat zwei Fenster, durch die den ganzen Tag Vögel ein- und ausfliegen.

Links von der Eingangstür befindet sich der Gemeinschaftsraum. Es gibt zwei Fernseher, die hinter Plexiglasschränken eingeschlossen sind, einen großen Tisch und ein paar schwarze Ledersofas, die aufgerissen sind. An den Wänden hängen Bilder, die die Jugendlichen mit anderen Freiwilligen gemalt haben. Vom Gemeinschaftsraum geht ein Musikraum ab, der ein paar Gitarren bereit hält. Von dort geht es auf den Balkon, der rund 20 Meter lang ist, dafür ist er sehr schmal. Es gibt, abgehend davon, auch eine breite Terrasse, auf der die Wäsche getrocknet wird. Auch draußen gibt es keine Sitzgelegenheiten, wenn, dann sitzen die Jugendlichen auf dem Boden. Die meisten nutzen den Ort zum Rauchen. Schaut man von der Eingangstür geradeaus, so sieht man einen Tisch mit Sessel. Dort hält sich in der Regel die *security* auf. An der Wand hängen eine sehr große Landkarte, sowie ein Bild von Bob Marley. Gegenüber des Schreibtisches befindet sich das Büro der Sozialarbeiterin sowie der Leiterin des Hauses. Das Angebot für Freizeit für die Jugendlichen beruht ausschließlich auf Freiwilligenarbeit. Sie bekommen sieben Euro Taschengeld in der Woche. Abzüge davon werden gemacht, wenn sie ihre drei Duties, also ihre Haushaltsaufgaben, nicht erledigen, pro nicht-erledigter *duty* gibt es eine Reduzierung um 0,50 Euro. Die Sozialarbeiterin und die Leiterin kümmern sich eher um die Bürokratie und die Dokumente, sie halten Rücksprache mit den Lehrer*innen, wenn die Jugendlichen eine Schule besuchen, oder den Arbeitgebern, wenn sie einen Job gefunden haben. Neben dem Büro befindet sich der Computerraum, der fünf PCs bereitstellt. Dieser ist immer abgeschlossen und die Jugendlichen dürfen ihn nur unter Aufsicht benutzen. Neben dem PC-Raum beginnt der Flur mit den Zimmern und Badezimmern. Mehrere Jugendliche teilen sich ein Zimmer, Jungen und Mädchen getrennt. In das Zimmer der Mädchen werden, bei Bedarf, auch acht statt sechs Betten reingestellt. Auch die Bäder sind getrennt. Auf dem Flur entlang der Zimmer ist es eher dreckig. Leere Flaschen, Essensreste, Chipstüten, Schuhe, Socken und T-Shirts liegen auf dem Boden. Die Jugendlichen trennen ihre Betten voneinander ab, indem sie Tücher über Eisenstangen hängen. Ihre Zimmer haben sie ein wenig dekoriert, es hängen ausgedruckte Fotos und selbstgemalte Bilder an der Wand. Ansonsten wirken sie auf mich eher chaotisch. Die Decken im Haus sind sehr hoch, ich schätze sie auf fünf Meter. Dadurch ist es kalt. Eine Heizung gibt es nicht. Auf mich wirkt es mehr wie eine Halle als wie ein Zuhause. [...] Zu dem Zeitpunkt des Beginns meiner Tätigkeit leben 22 Jugendliche dort, 16 Jungen und sechs Mädchen. Sie kommen aus Somalia, Eritrea und der Elfenbeinküste. Wenn sie 18 Jahre alt werden, müssen sie [das Heim] verlassen und in eines der *open centres* oder eine eigene Wohnung umziehen. Während sie im [Heim] leben, dürfen sie das Haus verlassen, wenn sie sich an- und abmelden und abends wieder da sind, unter der Woche um 22:30 Uhr, am Freitag und Samstag um Mitternacht (TB, 02/2013).

Nach den Aufenthalten im Heim notierte ich das Erzählte und Erlebte in meinem Forschungstagebuch.[23] Das Notieren war für mich erst einmal im Sinne einer Verarbeitungsstrategie des Gehörten und Erlebten wertvoll. Je länger ich als *volunteer* tätig war, desto klarer wurde mir, dass ich ethnografisch forschen möchte und ich verbrachte zunächst viel Zeit mit den jungen Geflüchteten. Zeitweilig konzentrierten sich unsere Gespräche auf alltägliche Dinge, wie Kochen oder Fußball spielen, die wir auch gemeinsam unternommen haben. Es war die Zeit der gemeinsamen Unternehmungen, in der sich die jungen Menschen mir anvertrauten und auch von ihrer Flucht, Erlebnissen in Malta, von dem Asylinterview mit dem Leiter des Statusentscheidungsbüros, ihrer Zeit in maltesischen Haftlagern sowie von ihren Erfahrungen mit LMAO berichteten (vgl. Rodgers 2004). Auch wurde mir zunehmend mehr von Somalia/Somaliland erzählt. Ende April 2013, als ich das Gefühl hatte, zu den jungen Geflüchteten eine wertschät-

---

23 Der Begriff des Tagebuchs verweist darauf, dass es sich bei den Einträgen immer auch um subjektive Sinnstiftungen der aufzeichnenden Person handelt (vgl. Lüders 2000).

zende Beziehung aufgebaut zu haben, informierte ich sie darüber, dass ich etwas für eine Publikation schreiben und sie mit einbeziehen möchte. Ich ging diesen Schritt über Deeqo und diskutierte das Vorhaben zunächst mit ihm. Ich entschied mich dazu, weil ich Deeqo am ersten Tag meiner Tätigkeit kennenlernte und zu ihm zügig eine recht stabile Beziehung aufbauen konnte. Mir das »informierte Einverständnis« (von Unger 2014) der jungen Geflüchteten einzuholen, war mir ein zentrales Anliegen.

Genau hierin liegen bereits erste Herausforderungen. Mit der Bekanntmachung meiner Forschung und gewissermaßen dem Um-Erlaubnis-Fragen bei den jungen Geflüchteten veränderte ich ihr Verhalten, weckte Erwartungen, es führte dazu, dass ich mich fragen musste, wie akkurat übersetzt wurde[24] und es stellte sich auch die Frage, ob sie mir überhaupt ein »Nein« entgegengebracht hätten, war ich doch diejenige, die im Heim über den Schlüssel zum beliebten Computerraum verfügte. Meine Tätigkeit als Ehrenamtliche schuf gewisse Abhängigkeiten. In manchen Momenten hatte ich das Gefühl, so notierte ich im Mai 2013 im Forschungstagebuch, dass sie die »Gelegenheit nutzen, auf besondere Missstände in Malta hinzuweisen und mich mit an Orte nehmen, die ich sonst nicht gesehen hätte. Zudem haben einige der jungen Geflüchteten auch eine sehr aktive Rolle eingenommen. Im Juni 2013 klingelte Mansuur bei mir zu Hause in meiner temporär angemieteten Wohnung in der Stadt Xerri und brachte einen USB-Speicherstick mit: »We took pictures for you. For your book«, sagte er und überreichte mir den Speicherstick mit Fotos und Videos. Zu sehen bekam ich die dreckigen Badezimmer von Tal Gebel und aus dem Heim. Dass das Bekanntmachen meiner Forschungsabsicht zu Handlungen wie der von Mansuur führte, war mir gar nicht immer recht, war ich doch besorgt, dass die jungen Geflüchteten von den sie Betreuenden und Verwaltenden sanktioniert werden würden, denn zumindest war das Fotografieren im Heim nicht gestattet.

Allerdings ist auch nicht zu vergessen, dass nicht alle der jungen Geflüchteten dieses Vertrauen in mich hatten: Erst als ich zurück in Deutschland war und Mansuur wieder traf, erzählte er mir im August 2013, dass einige Bewohner*innen in Sorge waren, dass ich für die maltesische Regie-

---

24 Dies soll nicht heißen, dass ich Deeqo unterstelle, nicht zuverlässig gewesen zu sein, aber es sollte schon berücksichtigt werden, dass mein aus der Disziplin der Kulturanthropologie_Ethnologie_Kulturwissenschaft stammendes Vokabular nicht zwangsläufig auch seinem entsprach.

rung arbeiten würde.[25] Dass es jedoch Momente gab, in denen sich meine Forschungspartner*innen scheinbar sicher waren, dass ich nicht für die Regierung arbeitete, zeigt vor allem auch ihr Sprechen über Somalia/Somaliland. »You would see many beautiful things there«, sagte Bilal über Somalia (Bilal, IG, 04/2016), der sich gerne an die vielen Kamele, den Strand von Mogadischu, sowie das bunte Treiben auf lokalen Märkten erinnerte. Sie schienen nicht den Druck mir gegenüber, Somalia als »failed state«, in dem es nur Leid und Angst gibt, wie im Asylinterview abverlangt, präsentieren zu müssen. Es war aber nicht nur ich, die unter Verdacht stand, für die maltesische Regierung zu arbeiten. Aufgrund des Gefühls der ständigen Kontrolle übertrug auch ich diese Verdachtsmomente auf meine Forschungspartner*innen. So bewegte und verhielt auch ich mich situations- und personenabhängig vorsichtiger oder offensiver.

Amiir verunsichert mich. Auf mich wirkt er ganz anders als die anderen. Irgendwie kontrollierter und fokussierter, er spricht Themen an wie »mental health« und fungiert regelmäßig als Mediator in Konfliktsituationen. Manchmal habe ich das Gefühl, er ist der ›Somali spy‹. Was ist eigentlich, wenn es stimmt und er mal gucken soll, was ich so mache? Er ist so anders, er richtet direkt Fragen an mich und zwar Fragen, die tiefer gehen. Fragt mich auch, ob ich Geflüchteten viel helfe und was ich von erneuten Asylanträgen halte, wie ich zu gekauften Pässen stehe. Sonst ist es oft oberflächlich, was besprochen wird und ich werde selten mal etwas gefragt über mich und meine politische Haltung zu Flucht. Er fällt komplett raus (TB, 04/2016).

Auch wenn es durchaus mit Einzelnen diese Verunsicherungen während der Zeit in Malta gab, haben sich im Nachhinein meine Vorstellungen zu ihnen und möglichen Praktiken des mich Aushorchens nicht erhärtet. Meine Irritationen waren vielmehr Ausdruck der Verunsicherungen, die alle Akteur*innen in ganz unterschiedlicher Form miteinander immer wieder hatten.

Einem multimethodischen Ansatz folgend, wendete ich für die Forschung unterschiedliche Methoden im Sinne einer Triangulation an. Im Heim beobachtete ich mehrmals in der Woche teilnehmend, wobei der von Gerd Spittler geprägte Begriff »Dichte Teilnahme« (Spittler 2001) in meinem Forschungskontext präziser ist. Stellt der Begriff der *teilnehmenden Beobachtung* (prägend für das Fach: Malinowski 1922) die Tätigkeit des Be-

---

25 Auch Henk Driessen (1996) verweist in seinem Text darauf, dass Ethnolog*innen häufig als Maulwürfe wahrgenommen werden und ihnen oft zunächst mit Misstrauen begegnet wird (Nadig 1986).

obachtens in den Vordergrund, so folgt die *dichte Teilnahme* einer Wahrnehmung mit allen Sinnen und fokussiert dabei die aktive und vor allem interaktive Tätigkeit (vgl. Spittler 2001, 19). Greame Rodgers plädiert im Forschungskontext mit Geflüchteten für ein »hanging out« (Rodgers 2004, 48), welches informelle Zugänge zu dem Wissen der Geflüchteten ermögliche und intensive zwischenmenschliche Begegnungen gestatte. Als Forscher*in wird man in die Lage versetzt, den unmittelbaren Umgang der Forschungspartner*innen mit einer bestimmten Situation zu beobachten, was in Interviews in dieser Form nicht möglich ist (Rodgers 2004, 48). Meine Anwesenheit hat immer wieder dafür gesorgt, dass junge Geflüchtete zu mir kamen und das Gespräch suchten, wie die folgende Situation beispielhaft verdeutlicht. Wir waren gemeinsam an einem der ersten Frühlingstage im März 2013 nach St. Julians gefahren. Im Ort gibt es eine kleine Bucht, in der man in der Nebensaison auch Fußball oder Volleyball spielen kann.

Im Sand finden sie sofort einen Fußball und fangen an zu kicken. Ich setze mich in den Sand und beobachte. Elais setzt sich zu mir und bietet mir etwas von dem Essen an, das er zum Mitnehmen vorbereitet hat. Es sind Rühreier mit Zwiebeln und Toast. Ich esse mit ihm und er fängt an zu erzählen [...] (TB, 03/2013).

Während der Aufenthalte im Heim und auch außerhalb war es nahezu unmöglich, Notizen zu machen. Ich war sehr damit beschäftigt, Gespräche zu führen, gemeinsam mit den jungen Geflüchteten zu kochen, Spiele zu spielen oder zu lernen – durch das Aufzeichnen von Notizen wollte ich die Situationen nicht unnötig verändern oder unterbrechen. Die entstandenen informellen Gespräche verschriftlichte ich im Forschungstagebuch; entweder im Nachgang zu den Treffen zu Hause, oder ich seilte mich ab und schrieb abseits der Gruppe auf. Das Forschungstagebuch beinhaltete dementsprechend Notizen zu geführten Gesprächen, Situationen, aber eben auch zu meinen persönlichen Verunsicherungen, Gefühlen und Ängsten. Informelle Gespräche (vgl. Spradley 1979, 55ff.) boten die Möglichkeit, sensible Themen anzusprechen und den Forschungspartner*innen Spontanität in Bezug auf ihre Reaktionsweise zuzugestehen, da keine unnatürliche Interviewsituation das Gespräch bestimmte, in der sich das Gegenüber gezwungen fühlen könnte, antworten zu müssen (vgl. Spittler 2001, 18f.). Die besondere Konzentration auf und die vollständige Wiedergabe von informellen Gesprächen war selbstverständlich nicht immer möglich – vor allem dann nicht, wenn ich sehr viele Stunden mit den Forschungspartner-*innen am Stück verbracht habe.

Während ich gemeinsam mit den jungen Geflüchteten regelmäßig unterwegs war und das Heim verließ, beinhaltete die Tätigkeit im Heim auch den Kontakt zu institutionellen Grenzregimeakteur*innen, wie z. B. Sozialarbeiter*innen oder Erzieher*innen, denen ich außerhalb ihres Arbeitskontextes so gut wie nie begegnete. Wenn es Kontakt zu den Mitarbeiter*innen gab, dann in der Regel, weil ich um Erlaubnis für Ausflüge fragte, Utensilien brauchte oder, weil sie mich in ihr Büro riefen, um mir mitzuteilen, welche*r Bewohner*innen aus ihrer Perspektive momentan besonders viele Probleme machten. Nicht nur vermittelten sie mir in diesen Situationen ihr Bild von den jungen Geflüchteten, sondern ich hatte auch das Gefühl, dass ihnen in anderen Situationen, wenn sie Frust loswerden mussten, nicht zugehört wurde. Dieses lässt nun mehrere Interpretationen zu: Vielleicht wollten sie mich manipulieren und davon überzeugen, dass junge Geflüchtete eben ›trouble-maker‹ sind, oder sie nutzten mich und mein Forschungsinteresse schlicht, um sich abzureagieren. Zu Sultana, *social worker*, gab es keine Verbindung, da sie selten anwesend war, oder mich mit meinen Fragen an Eva, die Leiterin, verwies. Die *care workers* stuften mich, so habe ich es wahrgenommen, eher als unwissende Person ein: »You are new, you don't know anything« (Bernard, IG, 06/2013) sagte Bernard zu mir, als ich seine Vermutung, dass eine Bewohnerin ihre Nationalität gefälscht habe, anzweifelte (TB, 06/2013). Dieses Anzweifeln meines Wissens seinerseits nahm mir gleichzeitig die Angst, dass die Mitarbeiter*innen wissen könnten, dass die Bewohner*innen mir von ihren Biografien sowie Ausreiseplänen berichteten und sie mich somit nie ›ausfragten‹. Wenn also ein*e Bewohner*in nicht mehr ins Heim zurückkehrte, wurde ich nicht gefragt, ob ich wisse, wo die Person sei. Gleichzeitig fühlte ich mich von Bernard auch abgewertet, hatte ich doch durchaus das Gefühl, nicht so wenig verstanden zu haben.

Im Laufe meiner Zeit im Heim stellten sich die Beziehungen zu den meisten Mitarbeiter*innen – Eva war die Ausnahme – als beiläufig und flüchtig heraus. Zu Beginn meiner Tätigkeit vermied ich es eine Weile, Vorurteile gegenüber jungen Geflüchteten zu entkräften, wollte ich doch bestmöglich die Routinen der Mitarbeiter*innen kennenlernen und ihnen ›einfach‹ zuhören, um möglichst Material zu generieren, welches nicht von einem Konflikt zwischen ihnen und mir geprägt war. Dieses änderte sich jedoch im Verlauf meiner Anwesenheit vor Ort, da ich mich sicherer fühlte, die Personen besser kannte und den Eindruck hatte, einen recht guten Überblick über die Dynamiken gewonnen zu haben – ich hatte entgegen Bernards Aussage irgendwann nicht mehr das Gefühl, die Neue und Unwissende zu sein und verließ diese mir zugewiesene Position und fing an, mich einzumischen und die Zustände im Heim zu kritisieren. Ich war folglich vor Ort mit der Realität der Nicht-Neutralität konfrontiert.

So ist an dieser Stelle selbstkritisch anzumerken, dass ich mitunter versuchte, die Mitarbeiter*innen auf ihre teilweise rassistischen, aber zumindest *verandernden* und diskriminierenden Äußerungen aufmerksam zu machen, aber in die die Malteser*innen homogenisierenden Äußerungen durch die jungen Geflüchteten teilweise mit einstieg, oder aber zumindest ihre Aussagen nicht kritisierte, wenn es beispielsweise hieß: »All Maltese, they are racist« (Deeqo, IG, 02/2013). Es fanden also gewisse Übertragungen der pauschalisierenden Verallgemeinerungen statt. Dass ich dabei in Teilen mitmachte oder zumindest nicht intervenierte, wenn es um ›die Malteser*innen‹ ging, lag einerseits an der ungleichen Machtverteilung zwischen den jungen Geflüchteten und den Nicht-Geflüchteten, aber andererseits auch in meinen eigenen Erfahrungen auf Malta begründet, die im Zusammenhang mit meiner Tätigkeit standen. So wurde mir von einem Kommilitonen an der Universität nahegelegt, dass ich wieder »back to my country« gehen solle, wenn ich denn »illegal migrants« helfen will und, dass man »people like you« hier nicht gebrauchen könne; ferner wurde mir unterstellt – und auch darin reproduzierten sich Rassismen – doch nur mit Männern afrikanischer Herkunft meine Zeit zu verbringen, weil ich abenteuerlustige, sexuelle Absichten hätte. Ich merkte, wie ich entlang dieser Abwertungen sowohl meiner Person, als auch den artikulierten Rassismen, gewisse, wenn auch sicherlich generalisierende und pauschalisierende, Abneigungen gegenüber ›den Malteser*innen‹ entwickelte. Es ist hier nicht die Abneigung, die ich problematisieren möchte, denn wenn gewisse Abneigungen als produktiver Ansatz für die Deutung des Materials verwendet werden, so lassen sich durchaus Rückschlüsse über den Forschungskontext generieren. Problematisch ist hier, dass auch ich pauschalisierte und in Teilen wenig differenziert war. So waren wir offensichtlich alle in *Othering*dynamiken verfangen.

Es waren aber nicht nur diese Dynamiken, in denen ich mich wiederfand, sondern auch in den kontrollierenden und maßregelnden Verhältnissen im Heim war ich (vorübergehend) verstrickt. Zu Beginn meiner Tätigkeit schien auch ich die Rolle der Verwaltenden und Kontrollierenden eingenommen zu haben, womit, vordergründig von den Mitarbeiter*innen, aber partiell auch von mir, eine Erwartung an die jungen Geflüchteten einherging, meinen Anweisungen und Regeln zu folgen. »Ich laufe immer wieder den Flur auf und ab, gehe in die Zimmer und fordere sie auf, sich etwas zu beeilen, damit wir pünktlich den Bus nehmen können« (TB, 03/2013). Im Februar 2013, ich war noch recht neu im Heim und hatte von der Leitung den klaren Auftrag bekommen, die PC-Liste mit den entsprechenden Guthabenminuten bloß ordentlich zu führen und mich nicht von den Bewohner*innen an der Nase herumführen zu lassen, zerrte Looyaan mir die Liste aus der Hand und zerriss sie in seiner Wut. Er war sauer, dass er den Platz am PC räumen musste, denn er wollte den Computer noch länger benutzen. Ich bat ihn jedoch, den PC-Arbeitsplatz zu verlassen, da seine Minuten aufgebraucht waren. Ich war besorgt, dass die Leitung denken könnte, dass ich die Kontrolle, um die im Heim permanent gerungen wurde, verloren hätte und ich wollte in meiner Rolle nicht versagen. Zudem war ich sauer auf Looyaan, dass er sich nicht an die Regeln gehalten hatte und sah ferner die Zuschreibung der Leitung an die jungen Geflüchteten bestätigt, dass sie ›sich nicht benehmen würden‹. Ich realisierte erst später, dass es vor allem die Regeln im Heim waren, die in den Augen der geflüchteten Forschungspartner*innen nicht logisch oder unzulänglich erklärt wurden.

Um Situationen wie die zwischen Looyaan und mir möglichst zu vermeiden, wählte ich einen neuen Weg der Kommunikation mit den jungen Geflüchteten und versuchte mehr und mehr, weniger als Kontrollinstanz zu agieren: die Liste mit den Computerminuten begann ich zu ignorieren, wodurch ich definitiv nicht mehr das tat, was die Leitung von mir verlangte. Dies führte aber automatisch zu entspannteren Situationen – ich erfuhr gar Anerkennung von den Mitarbeiter*innen, dass ich doch die Erste sei, die es schaffte, dass sie sich ›endlich benähmen‹ und wurde gefragt, ob ich nicht noch öfter kommen könne – von meinen pädagogischen Abweichungen und Handlungen entgegen ihrer Vorstellungen von Kontrolle wussten sie nichts. Ich fühlte mich allerdings ihnen gegenüber durchaus etwas überlegen und spürte, wie ich immer mehr den Wunsch hatte, zu beweisen, dass ein respektvoller Umgang miteinander möglich ist. Obwohl es offensichtlich Veränderung durch meine Anwesenheit im Heim gab, was auch die Mitarbeitenden entlastete, führte dieses nicht dazu, dass sie versuchten, eine andere Form der Arbeit mit den Bewohner*innen auch für sich umzusetzen. Sie nutzten meine Anwesenheit vielmehr dazu, sich der Interaktion mit den jungen Geflüchteten zunehmend zu entziehen und ihren eigenen Interessen nachzukommen. Dazu gehörte, sich in ihrem

Büro einzuschließen, *youtube*-Videos von André Rieu zu schauen und mit dem Sandwichtoaster Käse-Schinken-Paninis zu backen.

Von den jungen Geflüchteten wurde ich während der Forschung mehrfach klar als Gegenentwurf zu dem Bild, welches sie sich von ›den Malteser*innen‹ geschaffen hatten, positioniert. Dieses lag einerseits daran, dass ich mit ihnen rausging und ihnen vermittelte, gerne Zeit mit ihnen zu verbringen – durchaus auch einfach als ›junge Menschen‹ miteinander, teilten wir doch diese Kategorie. Amiir, der selbst nicht im Heim lebte, kommentierte meinen Umgang mit den jungen Geflüchteten:

»They are very happy when you are here. Do you know why Absimil and Filad love you so much?«, fragt Amiir mich. »No«, antworte ich. »Because you respect them. You respect our culture and you listen and you are interested. And you don't tell us that what we know from Somali culture is wrong or bad. So they feel that you respect them a lot. And when they ask you something and you answer them they respect your answer and they think about it. But here the Maltese they don't understand us. They think we are crazy. One social worker she said that she thinks Somalis are crazy. But they just don't understand that we always need a reason. If they only tell us ›No‹ we don't respect. Always we want to know why« (Amiir, IG, 04/2016).

Ich versuchte möglichst gut den jungen Geflüchteten die Situationen zu erklären und erkannte auch an, dass sie sehr wohl in der Lage waren, einige der Probleme alleine zu lösen. Dennoch kam es im Forschungsverlauf immer öfter zu Situationen, in denen ich nach Hilfe für die jungen Geflüchteten suchte, was jedoch auch ethnografischen Mehrwert hatte: Es zeigte erstens, dass das Heim primär Verwaltungsort war, geprägt von Kontroll- und Disziplinarmaßnahmen, zu denen auch ich in Teilen beitrug, da ich beispielsweise über den Schlüssel zum Computerraum verfügte, sowie zum Ort von machtvollen Zuschreibungen wurde; zweitens, dass die Mitarbeiter*innen mit ihren Aufgaben ziemlich überfordert waren und nicht genau wussten, wie sie mit den Bewohner*innen umgehen sollten, aber es zeigte eben auch, drittens, dass mit recht geringem Aufwand, zumindest im Kleinen, Verbesserung herbeigeführt werden konnte. Es war zum Beispiel – entgegen der Einschätzung der Heimmitarbeiter*innen – für mich recht unproblematisch einen Fußballverein für die jungen Geflüchteten zu finden. Auch bei Ausflügen haben lokale Unternehmen unterstützt, in dem sie uns auf Eiscreme oder Pizza einluden, uns kostenfrei Bowling spielen ließen oder vergünstigte Eintrittspreise anboten. Es waren dann eben doch nicht alle Malteser*innen *racist* und die positiven Erfahrungen führten zur

Korrektur der unhaltbaren Homogenisierungen bei einem Großteil der jungen Geflüchteten und mir.

Zu den jungen Geflüchteten gab es Beziehungen unterschiedlicher Art. Zu einigen hat sich eine stabile Beziehung aufgebaut, die über das Ende der Erhebung hinaus besteht. Zu einigen, die mittlerweile in den USA oder Schweden leben, hielt ich auch über Skype und Facebook den Kontakt. Andere Begegnungen beschränkten sich allerdings auf meine Anwesenheit in Malta und zu einigen habe ich keine nachhaltige Beziehung aufgebaut. Vor allem durch mein konsequentes Wiederkehren in das Heim konnte ich das Vertrauen der jungen Geflüchteten gewinnen. Anfangs waren einige noch skeptisch und nach meinem ersten Tag im Heim wurde ich gefragt: »Do you really come back?« (Deeqo, IG, 02/2013). Zusätzlich notierte ich im Tagebuch: »Eva hat mir zuvor gesagt, dass eine Konstanz und Zuverlässigkeit für die Jugendlichen wichtig ist, da ihr Vertrauen vorher schon oft missbraucht wurde, indem einige der Freiwilligen einfach nicht wieder aufgetaucht sind« (Eva, IG, 02/2013). Im Laufe der Zeit kam es dann immer wieder zu Situationen der Eskalation im Heim, insbesondere zwischen jungen Geflüchteten und *care workers*. In den meisten Fällen ging es um die Nutzung des Computerraums, aber im Mai 2013, als der FC Bayern München und Borussia Dortmund im Champions League Finale gegeneinander spielten, auch um die Benutzung des Fernsehers, der nur zugänglich war, wenn die Mitarbeiter*innen den Fernsehschrank aufschlossen.

Heute war im Heim mal wieder Aufruhr. Einige Bewohner wollten gerne das Spiel sehen, aber die Leitung hat die Nutzung des Fernsehers untersagt. Die Stimmung war ziemlich angespannt und ich versuchte, eine Lösung dafür herbeizuführen. Ich suchte das Gespräch mit Eva, aber sie sagte mir, dass sie den Schrank nicht öffnen wird »Because they would break it anyways«. Sie erzählte mir, dass Bewohner, die früher im Heim lebten, den Fernseher regelmäßig kaputt machten. Es war also nichts zu ändern an der Situation. Ich schlug dann vor, dass ich gerne bereit sei, mit den Bewohnern in eine Bar zu gehen« (TB, 05/2013).

Diese Situation zeigt nur beispielhaft auf, dass ich während der Forschung versuchte, mich möglichst im Interesse der jungen Geflüchteten zu verhalten (vgl. auch Becker 2001). Zunehmend wurde mir, sicherlich auch aufgrund meines Verhaltens und meiner Versuche, die Situation zu verbessern, auch mehr Vertrauen der jungen Geflüchteten entgegengebracht, beispielsweise, wenn es um das Informieren über ihre Ausreisepläne ging.

Auch war es nicht möglich und gewollt, emotionalen Abstand zu den Geschichten von den jungen Geflüchteten zu gewinnen und so haben ihre

Erzählungen nicht nur den gesamten Forschungsverlauf beeinflusst, sondern mich auch abseits der Begegnungen beschäftigt. Beispielhaft dient meine Beziehung zu Yasir, die ich bis Mai 2016 als »intensiv« (TB, 05/2016) beschrieben habe. Sowohl 2013 verbrachten wir viel Zeit miteinander, er fragte mich immer wieder nach Treffen, was sich 2015 und 2016 wiederholte. 2015 begleitete ich ihn auch zu Terminen, u. a. zum *Jesuit Refugee Service* und zum *Red Cross*, wo er sich bezüglich Operationsmöglichkeiten für seine Hand informieren wollte. Aufgrund einer schweren Verletzung, die er sich noch in Somalia zuzog, konnte er eine Hand kaum nutzen; er hatte zudem starke Schmerzen, da die verbrannte Haut spannte. Seit meiner Rückkehr nach Deutschland im Mai 2016 hörte ich von ihm nichts mehr – er ignorierte meine Anrufe und antwortete auch bei Facebook nicht auf Nachrichten. Ich notierte im Juli 2016: »Schon wieder hat Yasir nicht auf meine Nachrichten geantwortet. Ich frage mich, ob ich etwas falsch gemacht habe? Habe ich ihn verletzt?« (TB, 07/2016). Ende Juli sprach ich dann Amiir darauf an, der mit Yasir im selben Haus wohnte: »You want to know why he is not answering you anymore? Because he is selling drugs and police they catch him. And he is worried to tell you about that« (Amiir, IG, 07/2016). Dass es, wie in diesem Fall, zu Abbrüchen« von Beziehungen kam und ich offensichtlich die Rolle einer Respektsperson zugeschrieben bekam, der eben nicht alles erzählt wurde und die man scheinbar nicht enttäuschen wollte, beschäftigte mich auch außerhalb meiner Forschungszeit, da diese eben nicht klar abzutrennen war und die Beziehungen zu den Geflüchteten sich nicht auf bestimmte Zeitfenster der Erhebung reduzieren lassen, sondern auch in meinen Alltag hineinwirkten. So ist festzuhalten, dass es fortwährende emotionale Beziehungen sowie auch Beziehungsabbrüche bei gleichzeitigem wissenschaftlichen Interesse meinerseits gab.

Einschreiten und kritisieren, oder (überhaupt) einfach befragen und zuhören? Zur Problematik in und mit den Interviews

Einen wichtigen Bestandteil des Materials machen die geführten Interviews mit jungen Geflüchteten sowie mit nicht-geflüchteten Akteur*innen aus. Zunächst adressiere ich die Problematik des Führens von Interviews mit geflüchteten Forschungspartner*innen und beschreibe dann in einem zweiten Schritt die von mir gewählten Befragungsstrategien in Bezug auf die nicht-geflüchteten Akteur*innen, wobei ich insbesondere auf das Konfliktpotenzial sowie auf die Frage nach Empathie Bezug nehme. Die Frage nach dem Einschreiten und Kritisieren (vgl. Binder und Hess 2013) stellte sich nicht nur im Kontext meiner Interviewführung, sondern war auch Bestandteil meiner Begegnungen mit den geflüchteten und nicht-geflüchteten Akteur*innen im Heim, wie ich im vorherigen Abschnitt darlegte. In den Interviews aber gewann diese Frage noch einmal eine neue Bedeutsamkeit, da ich für meine Interviews Akteur*innen des institutionellen Grenzregimes aufsuchte, die in besonders machtvollen Positionen waren und von denen meine geflüchteten Forschungspartner*innen (in aufenthalts-rechtlichen Fragen) auch abhängig waren.

Die Frage, ob mit geflüchteten Akteur*innen überhaupt aufgenommene Interviews geführt werden können, prägt die aktuell geführte Debatte der Flucht_Migrationsforschung (vgl. Driessen 1996; Kübler 2010; Block et al. 2013; Crawley und Skleparis 2018). Während einige das Führen von Interviews nahezu exzessiv betreiben, um einen größtmöglichen Datensatz in möglichst kurzer Zeit generieren zu können, argumentieren andere gegen diese Erhebungsmethode. Diese Aufforderung zur Zurückhaltung nach einem Interviewtermin mit Aufnahmegerät zu fragen, liegt vor allem darin begründet, dass dieses als Versuch eines Verhörs verstanden werden könnte (vgl. Kübler 2010, 11; Driessen 1996, 296). Obgleich ich mir dieser Problematik bewusst war, zeichnete ich offene Interviews mit jungen Geflüchteten auf. Dies hat verschiedene Gründe, über die im Folgenden anhand einiger Beispiele reflektiert wird. Während meines Maltaaufenthaltes 2015 traf ich nahezu täglich Absimil, den ich bereits 2013 kennenlernte. Mit ihm hatte ich auch Kontakt, wenn ich nicht in Malta war und wir telefonierten regelmäßig. Seit 2013 war er über meine Forschung informiert und beschrieb sie selbst als »important« (Absimil, IG, 07/2015). Immer wieder erkundigte er sich bei mir über Facebook, wie weit ich mit der Arbeit sei und war jedes Mal überrascht darüber, wie lange der Prozess dauert. Immer mal wieder zog er mich auch damit auf. Aufgrund seines Interesses fragte ich ihn 2015, ob wir eines unserer Gespräche aufzeichnen könnten. Meine Motivation ihn zu fragen, lag vordergründig in der Erkenntnis, dass in den informellen Gesprächen aufgrund ihrer Länge, Dichte und Tiefe immer wieder Informationen verlorengingen, begründet. Obgleich ich die Beziehung zu ihm als vertrauensvoll und offen bezeichnen würde, die schließlich auch während meiner Abwesenheit aus Malta Bestand hatte, riskierte ich mit meiner Nachfrage einen Beziehungsabbruch. Als ich ihn fragte, ob wir uns zu einem Interview treffen könnten, stimmte er zu, aber er wirkte gehemmt (TB, 07/2015). Am selben Abend notierte ich:

Ich frage mich, ob es schlau war, um ein Gespräch mit Aufnahmegerät zu fragen, da ich das Gefühl habe, dass es ihn verunsichert hat. Ist es überhaupt richtig nach aufgenommenen Interviews zu fragen? Wem dienen sie überhaupt? Nur mir als Forscherin, um vermeintlich ›echtere‹, ›authentischere‹, Daten erhoben zu haben? Diese Fragen gehen mir dann den ganzen Abend nicht mehr aus dem Kopf. Im Endeffekt haben wir schon so viel gesprochen und ich habe das Gefühl, dass es sowieso alles direkt aus Absimil rausprudelt, sodass ich mich frage, ob ein Interview nicht zu viel ist? Warum mache ich nicht wie immer einfach wieder Notizen? Ich habe ja auch die Chance, noch mal nachzufragen, wenn ich das Gefühl habe, Wichtiges vergessen zu haben. Ein Interview scheint für die Beziehung, die ich bereits zu ihm habe, eine zu formalisierte Gesprächsform darzustellen, weil wir uns immer in lockeren und ungezwungenen Situationen begegnet sind (TB, 07/2015).

Mein Eindruck war nicht unbegründet und ich hatte mich entschieden, Absimil bei der nächsten Gelegenheit zu fragen, ob es wirklich in Ordnung sei, wenn ich unser Gespräch aufnehme.

Als ich Absimil heute fragte, ob wir das Gesprochene aufzeichnen können, schaute er auf den Boden und nahm die Hände als Fäuste zu den Wangen und schüttelte mit dem Kopf.»No, no not really. But of course you can write everything. You can write everything because you are human being like me you will forget too much. So we can write together notes. Everything that you want« (TB, 07/2015).

So lösten wir es dann auch: Gemeinsam haben wir oft auf den Steinen am Meer vor der Küste der Stadt Xerri gesessen und zusammen Notizen gemacht. Meine Beziehung zu Absimil hat dieser Vorfall zum Glück nicht nachhaltig geschädigt, soll aber noch einmal dazu anregen, in den eigenen Forschungen Zurückhaltung zu wahren.

Mit Bilal, den ich erst 2015 kennenlernte, gestaltete sich die Situation anders. Noch am Tag unseres Kennenlernens berichtete ich ihm von meinem Forschungsprojekt und er fragte mich, wie ich dafür vorgehe. Ich erklärte meine Vorgehensweise und stellte das Interview und informelle Gespräche sowie dazugehörige Notizen als Methoden der Erhebung vor. Ich erläuterte, die Erfahrung mit Absimil im Hinterkopf, dass es für mich keinen Unterschied mache, ob ich notiere oder aufnehme und er sich aussuchen könne, mit welcher Form er sich am wohlsten fühle. Bilal entschied sich für das aufgezeichnete Interview, für das wir uns im Juli 2015 in einer bei Tourist*innen beliebten Stadt am Meer getroffen haben. Er wohnte

dort in einer WG und fühlte sich im Ort wohl, denn, so seine Wahrnehmung, würden Geflüchtete dort besser behandelt, da San Pawl sehr international sei und es wenig Malteser*innen gab. Wir haben rund fünf Stunden miteinander verbracht, von denen ich 90 Minuten aufzeichnete. Das
Interview verlief narrativ und als ich ihm die Themen, über die wir sprechen können, offen ließ, sagte er: »Better that you ask me questions
because then it is easier for me to tell things because so much happened in
my life« (Bilal, I, 07/2015). Bei ihm hatte ich während und nach dem
Interview nicht das Gefühl, ihn in eine unangenehme Situation gebracht zu
haben. Dieses mag auch daran liegen, dass er sowohl selbst über seine
Situation in Malta geschrieben, als auch schon mit Journalist*innen
internationaler Zeitungen gesprochen hatte (TB, 07/2015). Zusätzlich
kann es auch daran liegen, dass er von seiner Sozialarbeiterin Pina, die ihn
als minderjährig Eingeteilten zum Asylinterview begleitete, Lob für seine
Antworten bekommen hatte und keine negativen Erinnerungen an die
Interviewsituation kommunizierte:

»When I come to Malta my legal guardian, Pina, she go with me to the [Status-
entscheidungsbüro, L.O.] to make the interview. So I tell the lady everything, that I
am from Mogadishu, that I had problems with al-Shabaab[26], everything. […] The
interview was one hour and half and it was very long time because it was during
Ramadan and back then I was fasting. But Pina she say that I made a good interview […]« (Bilal, IG, 07/2015).

Da sich die institutionellen Akteur*innen in professionellen Kontexten befanden, habe ich es als weniger problematisch verstanden, sie nach Interviews zu fragen. Doch auch diese Treffen verliefen keineswegs konfliktfrei,
wobei auch hier die Konflikte erneut als ethnografischer Gewinn gedeutet
werden können. Das Akteur*innennetzwerk breit aufzuspannen, liegt vor
allem darin begründet, dass ich die Erzählungen und Praktiken der jungen
Menschen nicht vollständig verstehen konnte, wenn ich mich nicht auch
mit institutionellen Akteur*innen und Rechtsgrundlagen bezüglich Altersfestsetzungen, Flucht_Migration ›unbegleiteter (minderjähriger) Geflüchteter‹ und EU-Regularien befasste. Das folgende Beispiel soll illustrieren,
inwiefern mein Verstehen vor Ort begrenzt war und, dass meine Gesprächspartner*innen eigene Begriffe entwickelten, die sich mir nicht unmittelbar erschlossen:

---

26 Al-Shabaab ist eine militante islamistische Bewegung in Somalia.

Elais kommt direkt zu mir. Mit einigen anderen war ich gerade damit beschäftigt, ein neues Bild für den Aufenthaltsraum zu malen. Er wirkt auf mich hektisch, aber gleichzeitig zufrieden. Er zeigt mir eine Mappe mit Unterlagen und sagt mir: »Finally, I have the documents from refugee«. Ich sehe mir die Unterlagen durch und kann ihnen entnehmen, dass er sich um eine Arbeitserlaubnis kümmern kann und die *subsidiary protection* erhalten hat. Ich verstehe bis heute nicht, warum viele der jungen Menschen den subsidiären Schutz bekommen und nicht als *refugee* eingestuft werden. Ich frage ihn noch mal, wen oder was er eigentlich mit ›refugee‹ meint, denn diesen Begriff für eine Institution habe ich schon in anderen Kontexten gehört, wenn Bewohner*innen äußerten, dass sie nicht an Treffen mit mir teilnehmen können. »Me I go refugee today« wurde mir dann gesagt. Elais teilt mir mit, dass es sich um den [Leiter des Statusentscheidungsbüros, L.O.] handelt (TB, 03/2013).

Hieraus ergibt sich dann schon die erste Herausforderung in Bezug auf die institutionellen Akteur*innen. Offensichtlich standen zumindest einige von ihnen in einer Beziehung mit den geflüchteten Akteur*innen: Wie ist der Umgang, wenn es zu konkreten Fragen durch die Befragten an mich kommt? Teile ich meinen Interviewpartner*innen mit, dass ich seit einigen Monaten im Heim tätig bin? Oder gebe ich mich möglichst naiv? Wie gehe ich als Forschende eigentlich damit um, wenn ich weiß, dass die jungen Geflüchteten seit Wochen darauf warteten, einen Behördentermin zu bekommen, um ihr Asylinterview zu führen und ich sofort einen Termin bekomme: Kritisiere ich dann *für* sie? Und wie viel gebe ich von meiner eigenen Kritik am Umgang mit Geflüchteten in Malta preis? Bin ich professionell genug, tatsächlich ein Interview und keine Diskussion zu führen? Wenn ich zu kritisch werde, kann ich dann weitere Interviews nicht führen, da sich rumspricht, dass ich die ›anstrengende‹ Forscherin sei? Die Forschung mit institutionellen Akteur*innen stellt die Forscherin* vor neue Probleme der Selbstbehauptung und erfordert neue Reflexionspraktiken (vgl. Hess und Schwertl 2013, 16). Ich entschied mich 2013 dazu, meine Tätigkeit im Heim gegenüber den Interviewpartner*innen nicht zu thematisieren. Erstens, weil ich vermeiden wollte, dass die Befragten denken, dass ich von den jungen Menschen aus ihrer Perspektive inkorrekte Informationen bekommen habe. Zweitens, weil ich vermeiden wollte, dass sie denken, ich höre den Staat für die jungen Menschen ab, denn die eigene und die Sicherheit der Informant*innen stehen im Vordergrund (vgl. Klepp 2011, 118). Auch meinen eigenen Forschungszugang sah ich gefährdet:

Ich empfinde immer mehr Wut auf LMAO und die Mitarbeiter*innen und würde gerne mehr mit ihnen diskutieren. Ich habe aber gleichzeitig Angst, dass, wenn ich es tue, negative Konsequenzen für die Jugendlichen daraus resultieren, die eventuell auch meinen Ausschluss aus dem Heim beinhalten könnten. Ich weiß von anderen *volunteers*, die keinen Kontakt mehr haben durften, nachdem sie die unhygienischen Zustände im Heim fotografiert hatten und erwischt wurden. Ich merke, dass ich mich hilflos und gefangen fühle (TB, 04/2013).

Auch wenn ich mich dazu entschied, mich bedeckt zu halten und aus dem Heim und von den jungen Geflüchteten nichts preiszugeben, waren dies lediglich Vorsichtsmaßnahmen, die ich treffen konnte. Eine Garantie, dass die institutionellen Akteur*innen nicht doch relevante Informationen durch mich bekommen haben, gibt es nicht. Die Interviews, die ich mit den institutionellen Akteur*innen führte, lassen sich als leitfadengestützte und fokussierte, aber dennoch narrativ angelegte Interviews (vgl. Nohl 2012, 9) beschreiben. Dabei lag der besondere Fokus während der Gespräche auf der Thematik ›UAMs in Malta‹, gleichzeitig habe ich Raum für eigene Schwerpunktsetzungen gelassen, um herausarbeiten zu können, welche Themen über die von mir fokussierten hinaus für sie und ihre Tätigkeiten relevant waren. Meine Herangehensweise machte meine Interviewpartner*innen zu Gesprächspartner*innen und nicht ausschließlich zu Befragten (Rubin und Rubin 1995, zit. n. Madison 2012, 27).

Sowohl die Mitarbeiter*innen von LMAO, der Leiter des Statusentscheidungsbüros, die Politiker*innen, Staatsbediensteten, *care workers* und NGO-Mitarbeiter*innen lassen sich als Expert*innen für ihr Handlungsfeld und als Repräsentant*innen für ihre Organisation in Malta beschreiben (vgl. Nohl 2012, 15). Die Ausarbeitung des Expert*inneninterviews als Methode für qualitativ-empirische Forschungen hat sich seit Beginn der 1990er Jahre stets weiterentwickelt, obgleich der Expert*innenbegriff kritisch hinterfragt wurde und wird (vgl. Meuser und Nagel 2009, 35). Der Begriff muss danach fragen, ob die befragten Personen über Wissen verfügen, das sie nicht zwingend alleine besitzen, aber anderen Personen im Handlungsfeld nicht zwangsläufig zugänglich ist (Meuser und Nagel 2009, 37). Als Expert*innen kommen somit Personen in Betracht, die über eine institutionalisierte Kompetenz zur Wirklichkeitskonstruktion (vgl. Hitzler, Honer und Maeder 1994) verfügen. Sie haben die Möglichkeit, in ihrem Funktionskontext sehr einflussreich zu werden und sind in der Position, die Handlungsweisen anderer Akteur*innen relevant mitzustrukturieren (vgl. Bogner und Menz 2002). An den Wissensvorsprung der Expert*innen ist gleichzeitig eine Definitionsmacht im Handlungsfeld gekoppelt (vgl. Meuser und Nagel 2009, 37).

Es ist zu berücksichtigen, dass die »[…] naive Annahme des Experten als eines Lieferanten objektiver Informationen« (Bogner und Menz 2009, 13) längst problematisch geworden ist. Vielmehr muss berücksichtigt werden, dass Expert*in-Sein und Privatperson-Sein nicht strikt voneinander getrennt werden können und das Umfeld außerhalb des Funktionskontextes die Expert*innen ebenfalls beeinflusst. Expert*inneninterviews sind somit keinesfalls reine Informationsgespräche (vgl. Bogner und Menz 2009, 14). Die Aussagen unterschiedlicher Expert*innen in verschiedenen Interviews sollten immer vor ihrem institutionell-organisatorischem Hintergrund reflektiert und kontextualisiert werden (vgl. Meuser und Nagel 2009, 56) – diesem Gedanken möchte ich hinzufügen, dass vor allem in Malta auch der sozial-gesellschaftliche Kontext das Handeln der Akteur*innen prägte (vgl. Degele und Winker 2009; Otto, Nimführ und Bieler 2019). Dies ist mir besonders im Heim aufgefallen und wurde im Interview mit Eva, die bis 2013 das Heim leitete, von ihr thematisiert. Ich erlebte sie als eine Person, der es wichtig war, anderen zu helfen. »I need to help others, it is inside of me« (Eva, I, 07/2015) sagte sie über sich im Gespräch mit mir. Sie sei sehr begeistert von ihrer Arbeit mit jungen Geflüchteten, aber vor allem ihr Ehemann und auch ihre Freund*innen würden die Tätigkeiten von ihr skeptisch sehen. »Always people say you are going to get sick. Or they tell me that black people are dangerous. Some of my friends, they say that I cannot come to the band practice any longer, because I'd carry African diseases« (Eva, I, 07/2015). Evas Freunde artikulierten nicht nur gängige Rassismen, sondern drohten ihr auch aufgrund ihrer Arbeit mit Geflüchteten mit Ausschluss aus der Band, in der sie spielte. Am Ende des Sommers 2013 hatte Eva ihren Job wegen dieser Dynamiken aufgegeben, die aus persönlicher Enttäuschung, Gruppenzwang und Erschöpfung bestanden.

»When I started I was happy because migration was new in Malta and I wanted to do something good. I need to help people. But the thing is when you build something, and you see it falling apart that is very bad. What we built, we saw it falling apart. You need support, of each other, of your family, of LMAO. But the support was missing« (Eva, I, 07/2015).

Auch wenn ich bereits 2013, wie ich es beschreiben würde, ein ganz gutes und recht offenes Verhältnis zu Eva hatte und sie mir auch während sie noch Heimleiterin war immer wieder wichtige Auskünfte gab, war es im

Sommer 2015, als ich sie interviewte und wir uns in einem Café am Flughafen zwei Mal für jeweils über vier Stunden trafen, dass sie richtig mit mir warm wurde und sehr viel erzählte. Diese Gespräche halfen mir auch im Nachhinein, einige der Dynamiken im Heim besser zu verstehen. Besser *verstehen* wollen war häufig meine Intention, wenn ich institutionelle Akteur*innen traf und die eingangs zitierte Begegnung mit Elais und dem Erkennen meiner Verstehenslücken der Geschehnisse vor Ort motivierte mich dann trotz aller Bedenken und potenzieller Gefahren, den Kontakt zu institutionellen Akteur*innen zu suchen. Ich nahm zunächst per E-Mail Kontakt mit dem Leiter des Statusentscheidungsbüros auf und traf ihn 2013 und 2015 zu längeren Interviews. Dadurch konnten unter anderem Fragen zur Statusvergabe geklärt werden und es hat sich ein dichteres Bild in Bezug auf den Umgang mit jungen Geflüchteten in Malta ergeben. Als ich im Interview mit dem Leiter des Statusentscheidungsbüros fragte, ob er mir detaillierte Informationen über das *age assessment* Verfahren geben könnte, verwies er auf LMAO – und so suchte ich dann eben auch den Kontakt zu LMAO. Zugang zu finden, gestaltete sich hier bedeutend komplizierter. Im Vorfeld des ersten Interviews mit dem Direktor reichte ich Unterlagen der Universität ein, übersandte meinen Personalausweis in Kopie und beantwortete einen Fragebogen zu meiner Person. Der Schriftverkehr verlief ungefähr über drei Wochen und Ende Juni 2013 bekam ich dann einen Termin. Bei meiner Ankunft im LMAO-Hauptgebäude teilte mir eine Mitarbeiterin mit, dass Andrew Borg nur dreißig Minuten Zeit habe und ich meine Fragen gut vorbereiten solle. Somit war die Gesprächszeit von Beginn an begrenzt und mein Besuch dauerte dann insgesamt eine knappe halbe Stunde.

Das erste aufgezeichnete Interview führte ich, wie bereits erwähnt, im Juni 2013 mit dem Leiter des Statusentscheidungsbüros, Emanuel Grech, in seinem Büro in der maltesischen Stadt Garcin. Insgesamt unterhielt ich mich über zwei Stunden mit ihm. Er, so nahm ich es wahr, schien an dem Interview Interesse zu haben, seine Antworten waren narrativ und er ergänzte seine Erzählungen mit Berichten, seinen Unterlagen und Videomaterialien. Im Anschluss an unser Gespräch lud er mich noch zu einer Integrationskonferenz ein und setzte mich auf die Gästeliste. Als Forscherin fühlte ich mich von ihm ernst genommen. Dennoch hatte ich ihm gegenüber widersprüchliche Gefühle, die insbesondere aus seinen für mich ambivalenten Aussagen resultieren. Er betonte immer wieder die Unmöglichkeit der Integration aller Geflüchteten. Mit ambivalenten Gefühlen ließ mich ebenso die Tatsache zurück, dass er eine Unmöglichkeit der Integration aller Geflüchteten sah (Emanuel Grech, I, 06/2013). Parallel jedoch holte er in seiner Behördenfunktion auch Geflüchtete nach Malta, die in Italien registriert worden waren, um beispielsweise Familien zusammenzuführen, da für ihn Eheleute nicht getrennt sein sollten. Mir kam es so vor, als ob er zwischen Privatperson sowie seiner Behördenfunktion hin- und hergerissen war. Seine persönlichen Überzeugungen, z. B. von guten Ehebedingungen, beeinflussten auch seine behördlichen Praktiken und seine Sicht auf die Interessen des Staates, für die er als Statusentscheider verantwortlich war. Ich nahm Emanuel Grech als ambivalent in seiner Haltung zu Flucht und Migration wahr. Denken wir diese Reibungen, Ambivalenzen, uneindeutigen Perspektiven und persönlichen Konflikte als ethnografischen Mehrwert, dann wird deutlich, dass eben diese Widersprüche und die nicht eindeutigen Positionen der Akteur*innen fester Bestandteil des Geschehens vor Ort waren.

Das zweite Interview 2013 führte ich mit Andrew Borg von LMAO. In dieser Begegnung zeigte sich eine weitere relevante Dynamik. Bereits während des Interviews, aber besonders auch bei der Auswertung des Materials, hatte ich das Gefühl, dass Andrew Borg die Gelegenheit nutzte, Maltas Praktiken im Umgang mit (jungen) Geflüchteten zu rechtfertigen und online veröffentlichte Berichte zu korrigieren. So bezeichnete er im Gespräch mit mir die Kritik von *Human Rights Watch* an der Altersfeststellung durch eine Röntgenaufnahme als »misinterpretation« (Andrew Borg, I, 06/2013). Ferner betonte er: »What we do here is what is done everywhere« (Andrew Borg, I, 06/2013) und verdeutlichte mir, dass Maltas Behörden nicht abweichend von anderen Mitgliedstaaten agieren würden. Im Verlauf des Interviews verwies Andrew Borg immer wieder auf die von ihm vorgegebene zeitliche Begrenzung – »I can't give you further details in this half hour« (Andrew Borg, I, 06/2013) – und rechtfertigte dadurch seine Informationsoberflächlichkeit. Es ist interessant zu sehen, dass er insbesondere dann nicht ausführte, wenn es um Fragen zu Flucht_Migrationsgründen, Inhaftierung und Unterbringung von Kindern und jungen Menschen ging (Andrew Borg, I, 06/2013), aber die Problematik des *age assessment* von ihm wiederholt thematisiert wurde (Andrew Borg, I, 06/2013). Das Gespräch war für mich schwierig zu führen: Zum einen, weil ich von den jungen Geflüchteten bereits über ihre Abneigung ihm gegenüber erfahren hatte und zum anderen, weil seine Aussagen für mich widersprüchlich waren und mir von den Geflüchteten konträre Informationen vorlagen. Mit diesen wollte ich ihn aber, aus Angst, dass es sich negativ auf sie auswirken könnte, nicht konfrontieren – ich habe ihn dann in weiten Teilen »einfach reden lassen« (vgl. Schmidt-Lauber 2007).

2015 organisierte ich die Interviews mit den institutionellen Akteur*innen etwas anders als 2013, vor allem auch, weil ich einige – Lorenza Mintoff, Andrew Borg und Emanuel Grech – zum zweiten Mal traf. Bevor ich 2015 zurück nach Malta ging, stellte ich mir folgende Frage: Wie kann ich ihnen erneut begegnen, ohne zu viele identische Informationen zu generieren? Aus diesen Gedanken resultierte dann die Erarbeitung von Karten, die Gesprächsanlässe hervorrufen sollten. Aus meinen bereits erhobenen und ausgewerteten Interviews und Tagebucheinträgen aus 2013 entnahm ich insgesamt 17 Schlüsselbegriffe (u. a. ›age assessment‹, ›refugees in Malta‹ oder ›European Union‹) und druckte diese auf Karteikarten. Diese sind auch Ausdruck meiner Verbindung aus Erheben und Auswerten. Zu Beginn des Interviews legte ich sie aus und lud die interviewte Person dazu ein, sich nach beliebiger Reihenfolge Karten auszusuchen und dazu zu sprechen. Karten konnten auch ignoriert werden und es bestand die Möglichkeit, eigene Begriffe aufzuschreiben. Ziel war es, möglichst narrative Passagen hervorzulocken. Diese Form der Interviewführung klappte nur in einem Fall nicht – der LMAO-Direktor Andrew Borg hat sich nicht auf die Methode eingelassen, sondern kommentierte das Vorgehen sarkastisch – zumindest so meine Wahrnehmung – mit »[w]hat an innovative approach« (Andrew Borg, I, 07/2015) und konstatierte, nachdem er sich die Karten anschaute »Ahem, okay, hold on. (...) No I prefer if you ask me. Just get hold of them and ask me questions. About any of these topics because I prefer if you ask me« (I, 07/2015). Ich willigte ein und stellte eine offene Frage: »So can you tell me more about the situation for the unaccompanied minors here in Malta?« Worauf hin der Manager zurückfragte: »But what specifically«? Das gesamte Interview war davon geprägt, dass er wiederholt betonte, dass ich meine Fragen spezifizieren solle. Offene Fragen blieben unbeantwortet.

Insgesamt auffällig an den geführten Gesprächen ist, dass es immer wieder schwankte zwischen Verschwiegenheit zum Thema ›UAMs‹ und enormem Redefluss. Beispielhaft wird dafür im Folgenden aus dem Interview mit der Mitarbeiterin einer international tätigen NGO zitiert. Während sie gleich zu Beginn des Gesprächs festhält »We don't have a lot to do with UAMs« (Antonia, I, 07/2015), folgten dann mehrere lange, narrative Passagen zur Situation für junge Geflüchtete in Malta:

»Ahem, the people who were in Lyster [detention centre, L.O.] the really young ones the ones who were obviously young were put in together with the families. They went out quite fast. But the ones who are fifteen and so on were usually put in with the men. [...]. And they would protect them to a degree. And I think if anybody had caused trouble for them then they would there would have been somebody to stand up for them. Obviously there was (unverständlich) occasionally you know bullying going on because everybody is in a very difficult situation, they are all desperate, they all had terrible experiences. [...]. Ahem, but I never felt that any of them was in a situation of danger they went usually out of detention fairly fast some of them did stay rather long but then it was much harder to tell the ones who are difficult to tell the age. So the age assessment would be done by a bone density test, which is an X-ray but, of course, it is a very unreliable way, but how else should you do it? I don't know it is not my problem. [...]« (Antonia, I, 07/2015).

Die von Brigitta Schmidt-Lauber eingeforderte von Empathie geleitete Grundeinstellung der Forscherin gegenüber den Interviewten war im Rahmen dieser Forschung auch mit Herausforderungen verbunden (vgl. Schmidt-Lauber 2007, 172). Dass Antonia als Mitarbeiterin einer NGO die umstrittenen Verfahren der Altersfeststellung einfach als »not my problem« bei Seite schob, war nur eine Situation von vielen, die mich irritierten. Selbstverständlich kann sich nicht jede*r um alles kümmern, aber immer wieder hatte ich das Gefühl, dass sich Akteur*innen in (relativ) machtvollen Positionen entzogen, wenn es (inhaltlich und praktisch) kompliziert wurde. Ich stellte mir folgende Frage: Wie kann ich in der Grenzregimeforschung dieser etablierten Aufforderung nach Empathie bei sämtlichen Kontakten gerecht werden? Dafür war zunächst die Beschäftigung mit dem Empathiebegriff zentral: Dieser bedeutet für mich in erster Linie, die Menschen wahrzunehmen, ihnen zuzuhören und auch ihren Hintergrund mit zu reflektieren. Die folgende Notiz aus dem Tagebuch zeigt noch einmal exemplarisch auf, inwieweit die institutionellen Akteur*innen eben auch mit ihrem Privatleben mit der Situation vor Ort verwoben waren und sich eben zwischen Privatperson und Expert*in nicht trennen ließ:

Nach dem Interview [mit der Leiterin einer in Malta vertretenen internationalen Migrationsorganisation; Anmerkung L.O.] sprechen wir noch über Privates. Sie erzählt, dass sie seit Jahren keinen festen Partner mehr habe »because this job really soaks up all your energy. So instead of working less and trying to find you know somebody I somehow started to work more and more. And how can you have children when they call you at 4 a.m. because a boat arrived?« (Mari, IG, 07/2015).

Empathie bedeutet für mich folglich verstehen, aber nicht unkritisch akzeptieren. Durch diese Haltung war es mir möglich, die Perspektiven der institutionellen Akteur*innen einzubeziehen, aber Verständnis und Akzeptanz, beispielsweise im Bezug auf die Unterbringung von minderjährig Geflüchteten im *open centre* Tal Gebel, stellten sich bei mir im Forschungsverlauf nicht ein, was ich auch nicht als Aufgabe der Forscherin verstehe. In »multiskalar aufgespannten Feldern [ist] nicht mehr eindeutig bestimmbar, was eine ›ethische‹, ›verantwortungsbewusste‹ Positionierung sein könnte« (Hess und Schwertl 2013, 33). Parallel sollten Forschende immer im Kopf haben, dass auch das von ihnen (wissenschaftlich) generierte Wissen umgehend in gouvernementale Kreisläufe einfließen kann und somit für politische Praktiken ggf. *gegen* Geflüchtete verwendbar gemacht werden könnte. Für mich als Forschende ergab sich Folgendes: Ich machte, ebenso wie die interviewten Personen, Gebrauch von einer Praktik des Verschweigens und zwar nicht nur in der Befragungssituation. Auch in diesem Text wird nicht über *alle* Praktiken der Flucht_Migration geschrieben, was noch einmal zeigt, dass die Realität der Nicht-Neutralität sich auch im Schreibprozess niederschlägt. Die Dynamiken des Grenzregimes müssen auch in der Repräsentation mitgedacht werden.

Temporalisierungen und die trügerische Forscher*innensicherheit

Das parallele, temporalisierte Forschen ist unerlässlich um den dynamischen und prozesshaften Praktiken, Diskursen und Akteur*innen folgen zu können (vgl. Welz 2013). Als eine Form dieser Temporalisierungen in ethnografischer Forschung können *Revisits* (vgl. ebd.) verstanden werden. Sie sind eine schon lange »etablierte Form der zeitlich diskontinuierlichen Forschung« und beschreiben die »Rückkehr an den Ort einer früheren, langfristigen und stationären Feldforschung« (ebd., 45). Ziel dabei ist es nicht Kontinuität zu suchen, sondern »to understand and explain variation, in particular to comprehend difference over time« (Burawoy 2003, 647).

Ethnografie als zyklisch-rekursiven Prozess zu verstehen, in dem sich Auswerten und Erheben überlappen und immer wieder ergänzen, in dem Zugänge immer wieder neu geschaffen werden, erlaubt es, Dynamiken zu erkennen, bei Irritationen noch einmal nachzuhaken und langfristig Relationalitäten und Prozesse begleiten zu können. Forschende können dafür auf geknüpfte Beziehungen, auf bestehendes Vertrauen und das generierte spezifische Wissen zurückgreifen. Die einzelnen Ebenen des Verfahrens verlangen jedoch spezifische Reflexionen über das eigene Forschungs-(ethische)verhalten. Die »good fieldwork relations« (Bloor und Wood 2006, 85) müssen nicht, wie die Beispiele aus meiner Forschung zeigen, von Dauerhaftigkeit sein. Die erarbeiteten vermeintlichen Sicherheiten können dazu führen, dass weniger achtsam geforscht wird, weil Forschende glauben, sich eine gewisse ›Forscher*innensicherheit‹ erarbeitet zu haben, die auf den Forschungserfahrungen vor den *Revisits* und den geknüpften Beziehungen beruht. Es sind also nicht nur Beziehungen für die Forschung bedeutsam, sondern vor allem auch die Zeit:

»Die Gegenwart, die nicht dauert, ist der einzige Punkt, an dem Zeit aktualisiert wird, an dem also vergangene Ereignisse erinnert und künftige Ereignisse antizipiert werden, womit der Sinn dessen was passiert, als Produkt der Vergangenheit und als Vorbereitung auf die Zukunft erfasst wird« (Esposito 2007, 28).

Diese Dynamiken beeinflussten auch meine Forschung und in die Situation, (unintendiert) weniger überlegt und achtsam zu agieren, brachte ich mich 2015. So kam es während der Forschung im Verlauf immer wieder zu verwehrten Zugängen, die mich als Forscherin unerwartet trafen und meine Zugänge sowohl zu Orten, als auch Akteur*innen, maßgeblich veränderten. Tal Gebel war 2013 ohne weitere Probleme für mich zugänglich. Ich konnte sowohl den ›illegal entrance‹, ein Loch im Zaun, benutzen, wenn ich spät abends jemanden besuchen wollte, ebenso konnte ich mich aber auch ganz offiziell am Gate anmelden und dann Zeit vor Ort verbringen. Als ich 2015 zurückkehrte, war das bedeutend anders. Zugang zu den *open centres* habe ich nicht mehr bekommen und auch meine bestehenden Beziehungen zu leitendem LMAO-Personal halfen mir nicht mehr weiter, als ich einfach nach Tal Gebel fuhr und versuchte, das Wachpersonal davon zu überzeugen, mir Zutritt zu gewähren (TB, 07/2015).

Nicht nur haben sich im Verlauf der Zeit meine Zugänge verändert, sondern zunehmend wurde es auch für die jungen Geflüchteten schwieriger, sich mit mir zu treffen, sofern sie noch immer im Heim lebten. 2013 war ich nahezu jeden Tag im Heim präsent. 2015 habe ich am Abend meiner Ankunft noch überlegt, dass es schön wäre, diejenigen zu besuchen, die noch immer dort lebten. Ich hatte mir keine Gedanken darüber gemacht, ob dieses in Ordnung sei, war ich doch schließlich dort wie selbstverständlich ein- und ausgegangen. Mein für mich gewohntes Verhalten generierte unerwartete Konsequenzen für Absimil, die nicht nur meine Beziehung zu ihm sondern vor allem auch meine Ansprüche an mich selbst des »do no harm in fieldwork« (Palmer et al. 2014) gefährdeten.

Franziska Becker (2001) hält fest, dass es in politisierten Kontexten immer wieder zum »Ausschluss von innen« (Becker 2001, 41) kommen kann. Diese Dynamiken diskutiert Becker als Ausdruck eines aussagekräftigen ethnografischen Gewinns (vgl. Becker 2001, 46). Dieses zu erkennen, dauerte jedoch und erfolgte meist erst in der gezielten Analyse der Daten, denn zunächst überwogen Verunsicherung, Selbstkritik und Schuldgefühle:

Ich bin heute zum Heim gefahren und habe vor der Tür Absimil getroffen. Nach einem längeren Spaziergang durch die kleine Stadt gehen wir zusammen hoch. Er holt die anderen aus den Zimmern und ich sehe auch Filad wieder. Die neuen Bewohner stellt er mir vor und wir reden eine Weile. Die *care worker* kenne ich nicht, aber sie fragen wer ich sei und sind freundlich zu mir. [...] Am nächsten Morgen ruft Absimil mich an und berichtet, dass es Ärger gab, weil er mich mit hochgebracht hat. Dabei kenne ich doch die Zustände aus dem Heim sehr gut, hätte den Weg sowieso auch alleine gefunden. In der Konsequenz seines angeblichen Zugänglichmachens des Heims für mich resultierten das Streichen seines Taschengeldes für den Monat sowie ein, wie er mir sagte, »very loud shouting« zwischen ihm und der Heimleitung (TB, 07/2015).

Die Forschung im Grenzregime unterliegt Dynamiken, die, wenn Forschende nicht mehr vor Ort sind, nicht zugänglich sind, die aber »unexpected consequences« (Palmer et al. 2014) sowohl für die Forschenden als auch – und das wiegt deutlich mehr – für die Forschungspartner*innen haben können. Diese sind nur in situ erfahrbar. Auch wenn ich mit Absimil regelmäßig telefonierte, hätte er mir am Telefon nicht von diesen neuen Unzugänglichkeiten und Bestrafungen erzählen können, denn sie manifestierten sich erst durch meine Anwesenheit. Somit liegt es nahe, vor jedem *Revisit*, trotz erarbeiteter Beziehungen und vermeintlichem Wissen über die ›Spielregeln‹, erneut »tastend« (vgl. Klepp 2011) vorzugehen. Die veränderten Beziehungen und Zugänge können als Ergebnisse der Temporalisierungen ethnografischer Forschung verstanden und fruchtbar gemacht werden. Die Forschungszurückhaltung, die zumindest aus forschungsethischen Gründen zu Beginn von ethnografischer Forschung nicht nur mit Geflüchteten zentral sein sollte, sollte während der gesamten Forschung mitgedacht werden, denn jeder *Revisit* ist auch in Teilen eine neue Forschung.

Die Langzeitperspektive beinhaltete es auch, die jungen Geflüchteten nach dem formellen Erwachsenwerden weiter zu begleiten.[27] Da das Voll-

---

27 Für diesen Schritt entschied ich mich aus mehreren Gründen: Es wäre erstens unnatürlich gewesen, die Beziehungen zu ihnen mit dem 18. Geburtstag abzubrechen,

jährigwerden den Auszug aus dem Heim nach sich zog, trafen wir uns 2015 und 2016 vermehrt in ihren eigenen Wohnungen, wo wir, ohne das Gefühl zu haben, von *care* oder *social workers* beobachtet zu werden, miteinander sprechen konnten:

> Ich kann an dem Leben außerhalb der *open centres* teilnehmen, da es diese neuen Orte – eigene Wohnungen, Bars und Restaurants – gibt, an denen meine Anwesenheit unproblematisch ist. Ich habe neue Orte für die teilnehmende Beobachtung und informellen Gespräche gefunden, an denen es gleichzeitig möglich zu sein scheint, bestehende Beziehungen in lockerer Atmosphäre weiterzuführen (TB, 07/2015).

Die für diese Studie praktizierte Langzeitperspektive hat es auch ermöglicht, die eigenen Interpretationen immer wieder zu überprüfen und zu ergänzen. Ein wesentlicher Unterschied der *Revisits* in 2015 und 2016 gegenüber dem langen Aufenthalt in 2013 war auch, dass viel weniger übersetzt werden musste und ich mehr Informationen ›aus erster Hand‹ erhalten habe:

> Noch vor zwei Jahren war Kadiye eher schüchtern und er hatte gerade erst angefangen, auch Englisch zu lernen, andere haben dann übersetzt. Heute war er sehr gesprächig und hat die ganze Zeit erzählt, ich musste kaum nachfragen und es sprudelte einfach aus ihm heraus. Am Anfang hatte ich das Gefühl, dass er etwas aufgeregt war, sich das aber recht schnell gelegt hat. Anfangs spielte er noch viel mit dem Handy rum und hat mit den Beinen gewippt, aber am Ende war er ruhig und hat sich mehr entspannt (TB, 07/2015).

Dadurch gab es weniger Abbrüche und Unterbrechungen in den Gesprächen mit den jungen Geflüchteten: »Es ist insgesamt dichter und vielfältiger in der Erzählung und ich habe das Gefühl, dass mehr Tiefe entstand und ein deutlich differenzierterer Blick auf die Situation in Malta kommuniziert wurde« (TB, 04/2016). Charlotte Aull Davies kritisierte bereits 1999, dass Ethnografie die Gefahr laufe, diejenigen Menschen, die in der Forschung auftauchen, als zeitlos zu repräsentieren:

> »The ethnographer moves on. [But, L.O.] temporally, spatially and developmentally, the people he or she studied are presented as if suspended in an unchanging

---

damit hätte ich nur Strukturen der institutionellen Behandlung von ›UAMs‹ reproduziert, wenn sie zu sogenannten *care leavers* werden; zweitens ist diese Forschung keine Forschung über als minderjährig eingeteilte junge Geflüchtete, sondern fragt nach den Ambivalenzen dieser Kategorisierung; drittens beziehen sich andere Forschungen explizit nur auf ›minderjährige‹ Geflüchtete, wodurch wiederum diese Kategorie reproduziert wird.

and virtually timeless state, as if the ethnographer's description provides all that it is important, or possible, to know about her past and future« (1999, 156).

Regelmäßige *Revisits* sowie die Langzeitperspektive ermöglichten es, diese Gefahr der zeitlichen Festschreibung anzugehen und die Dynamiken der Menschen und ihren Bewegungen, Narrativen und Herausforderungen aufzuzeigen, wenn anerkannt wird, dass es sich nach wie vor um Momentaufnahmen und das Partikulare (vgl. Abu-Lughod 1991) handelt.

Mit dem Fokus auf die Schnittstellen zwischen den Akteur*innen und ihren Beziehungen zueinander wird verdeutlicht, dass diese nicht als gegeben zu verstehen sind (vgl. Schramm 2013, 223). Durch die Kombination der verschiedenen Zugänge sowie dem unterschiedlich intensiven Zugegen-Sein meinerseits, ist es einerseits möglich gewesen, eine Annäherung an emische Beschreibungen zu erlangen sowie das Alltägliche nuancenreich, detailgetreu und tiefenscharf zu erfassen (vgl. Schmidt-Lauber 2009, 251); gleichzeitig ist es gelungen, auch das Fragmentierte, Mobile und Prozesshafte mit in den Blick zu nehmen.

Auswertung und Analyse

Der Auswertungsprozess war geprägt von einer hermeneutischen, machtkritischen Perspektive auf das Material und es galt der Anspruch, dieses intersektional zu lesen (vgl. Otto und Kaufmann 2018). Durch einen Blick auf das Material im Sinne eines intersektionalen Verstehens wurden auch immer wieder die Selbstreflexionsprozesse der Forscherin angeregt: »Kritische Reflexionen (impliziter) Vorannahmen der Forschenden sowie analytische Annäherungen an fremd(er)e oder fernere empirische Realitäten sind forschungsethische Fragen, denen sich Forschende prinzipiell gegenüber sehen« (Bronner 2010, 268). Zu dieser Lese- und Vorgehensweise gehört es auch, die Beziehungen zwischen den Subjekten – der Forschenden und den Forschungspartner*innen – genauer zu betrachten, um einerseits die Übertragungen der Forschenden reflektieren und um die vielschichtigen Beziehungen besser verstehen zu können.

Für diese Studie wurde mit einem postkolonialen und intersektionalen Forschungsblick gearbeitet. Dieser ermöglicht es unter anderem, hegemoniale Machtverhältnisse zu erkennen (vgl. von Unger, Narimani und M'Bayo 2014, 2) und das Zusammenspiel von Wirkmächtigkeiten differenter sozial konstruierter Kategorien aufzuzeigen. Auch die Thematisierungen meiner »Involviertheit« (vgl. ebd.; Bergschmidt 2014) und meines *weiß*seins (vgl. Walgenbach 2012; Bergschmidt 2014; Otto und Kaufmann 2018) tragen zu der Entwicklung eines Forschungsvorgehens bei, welches die Verstrickungen der Forscherin in Kategorien reproduzierender Wissensproduktion und Deutungen diskutiert.

Die Auswertung erfolgte mittels einer Methodentriangulation (vgl. Breidenstein et al. 2013), vordergründig orientiert an der von Barney Glaser und Anselm Strauss entwickelten *Grounded Theory* (vgl. Strauss und Corbin 1996; Glaser und Strauss 2010) sowie Ralf Bohnsacks Ansatz der *dokumentarischen Methode* (vgl. Bohnsack 2007). Für diese Studie wurde zudem mit ethnopsychoanalytischen Ansätzen gearbeitet (vgl. Erdheim 1995; Nadig 1997, 2009; Ninck Gbeassor et al. 1999; Krüger 2013), um zu erörtern, welche sozialen Kräfte bis in das forschende Individuum hinein wirksam sind und somit nicht nur die Erhebung, sondern auch die Analyse beeinflussten. Um diesen Prozessen näher zu kommen, gehörte das regelmäßige Besuchen einer Deutungswerkstatt (vgl. Krüger 2008) zum intensiven Auswertungsprozess.[28]

Die Erhebungs- und Auswertungsphasen wechselten sich im Forschungsprozess ab – dies lag vor allem in meinen *Revisits* begründet. Im Sinne des »theoretischen Samplings« (Strauss und Corbin 1996, 148) wurde parallel erhoben, codiert und analysiert (vgl. auch Emerson, Fretz und Shaw 1995, 143ff.). So war es möglich, im Verlauf der Forschung erste analytische Perspektiven auf das Material und zum Forschungskontext zu entwickeln und gleichzeitig die Forschungsfragen anhand der Analyse der bereits erhobenen Daten anzupassen und zu spezifizieren oder ggf. zu verwerfen (vgl. Breidenstein et al. 2013, 109). Mit Fragen, die im Auswertungsprozess auftauchten, ging ich in die Erhebung zurück oder kontaktierte gezielt einzelne Forschungspartner*innen, um die Lücken im Material schließen zu können. Auf dieser Basis wurde entschieden, welche Informationen noch zu erheben sind und wo sie zu finden sein könnten. Dieser Methodenmix und auch das Wiederkehren nach Malta mit neuen Fragen im Hinterkopf, war jedoch auch nicht ohne Probleme, denn bei Wiederkehr war (natürlich) nicht gegeben, dass die entsprechenden Akteur*innen, die diese für mich relevanten Informationen preisgeben könnten, auch noch aufzufinden waren.

---

28 Ich nahm an Sitzungen der Deutungswerkstatt in Bremen, organisiert und geleitet von Jochen Bonz, teil.

Eine deskriptiv-explorierende und induktive Vorgehensweise sowohl im Kontext der Analyse von Interviewmaterial, Beobachtungsprotokollen, informellen Gesprächen sowie weiterem diskursiven Material, ermöglichte es, Begriffe und Argumente aus dem Material zu entwickeln und diese im Anschluss in theoretische Zusammenhänge einzubetten. So wird die Komplexität des Materials nicht im Vorfeld reduziert, sondern Bedeutungszusammenhänge aus unterschiedlichen Quellen werden zueinander in Beziehung gesetzt (vgl. Schmidt-Lauber 2007, 183). Das permanente Schreiben von Memos (vgl. Breidenstein et al. 2013, 162) während des Auswertungsprozesses ermöglichte es zudem, Gedanken zum Material und mögliche Zusammenhänge zu verschriftlichen. Durch das Niederschreiben wird auch die Reflexion und das Nachdenken über die eigenen Beziehungen mit den Forschungspartner*innen sowie die Akteur*innenbeziehungen untereinander gefördert (vgl. Strübing 2008, 33ff.).

Meine Interviews wurden in einem dritten Schritt noch einmal in Anlehnung an die dokumentarische Methode (vgl. Bohnsack 2007) gelesen. Dabei war zu diesem Forschungszeitpunkt die reflektierende Interpretation in besonderem Maße hilfreich. Die Passagen, die sich als besonders »dicht« (ebd., 135) herausgestellt haben, sind stärker in den Fokus geraten. Meine von der formulierenden Interpretation nach Bohnsack und dem Kodieren in Anlehnung an die *Grounded Theory* gestützte Materialauswertung ermöglichte es in erster Linie herauszuarbeiten, *was* gesagt wurde: Themen, gemeinsame Orientierungen und sich wiederholende Muster wurden identifiziert. Der Schritt der reflektierenden Interpretation ermöglichte vor allem auch zu berücksichtigen, *wie* die Themen und artikulierten Probleme behandelt wurden (vgl. Bohnsack 1999, 2007; Nohl 2012, 41). Die flexible, situations- und forschungsverlaufabhängige Kombination verschiedener Auswertungsverfahren erwies sich als hilfreich: Mir zunächst einen Überblick über die Themen zu verschaffen hat nicht nur geholfen, relevante Themen zu identifizieren – gleichzeitig konnte in diesem Schritt der Materialprofessionalisierung auch Abstand zum Material gewonnen werden. Abstand zum Material ist hier nicht gleichzusetzen mit emotionaler Ignoranz, sondern eher mit Überblick.

Beziehung zwischen Forscherin und Forschungspartner*innen aus ethnopsychoanalytischer Perspektive

Wir spielen in zwei Teams oben in der Bar Billard. Mein Team verliert beide Spiele. Wenn etwas schiefgeht, wird immer wieder gesagt »too much corruption« und damit spielen meine Mitspieler immer wieder auf die Situation in Malta an. Auch, wenn ich noch so schlechte Spielzüge gemacht habe, wurde ich gelobt, »good Laura good«, »for tomorrow« waren meine nicht erfolgreich platzierten Kugeln, sollte heißen ›hast du für das nächste Mal gut platziert‹. Ich erfahre, dass Geelo gestern bei der Party noch eine Freundin, er hatte zwei Frauen gleichzeitig gedatet, ›losgeworden‹ ist. »Me, I delete one«, sagte er und alle lachten. Die Tickets für die Party haben sie sich im Copy Shop kopiert, worüber sie sich gefreut haben, denn es war ihnen erfolgreich gelungen, die Türsteher auszutricksen. 100 Euro haben sie dadurch gespart. Nach zwei Runden Billard wurde auf Somali diskutiert bevor ich gefragt wurde: »Can we go another place?«. Als ich fragte, warum wir denn woanders hingehen würden, stellt sich raus, dass sie mir »real Balbi« zeigen wollen und auch 50 Cent für eine Runde Billard zu teuer finden. Wir starten den Spaziergang ins »real Balbi«. Es ist heiß und draußen übergießen sich meine Begleiter gegenseitig mit Wasser. »You see Geelo he make pipi«. Diese Situationen sorgen für Amüsement in der Gruppe. Auf dem Weg sehen wir auf der anderen Seite zwei ältere somalische Frauen und einen Mann. Warsame nimmt mich an der Hand und sagt: »Come Laura, important big auntie. You have to meet«. Wir wechseln die Straßenseite und ich lerne Fatma und Sara kennen, die beide Ende fünfzig sind und seit zehn Jahren in Malta leben. Wir gehen nach kurzer Zeit des Gespräches weiter und auf dem Weg werden mir diverse weitere Orte gezeigt: »Welcome to Balbi« sagt Yasir, »now we show you everything here.« Mir wird gezeigt wo man »legal und illegal money« transferieren kann, wir gehen in einen Shop und mir werden die Lebensmittel erklärt: »We buy basmati rice, we have beans, everything here«, auf dem Weg zur nächsten Bar sagt Warsame zu mir »Only black people here, you are the only white« und lacht dabei. Die erste Bar ist komplett voll. Im Hafen liegen ein paar alte kaputte Schiffe und ich sehe das erste Mal das *open centre* von Balbi von hinten, einige gehen rein und zeigen ihren Ausweis bei dem Sicherheitspersonal vor. Vor der Tür werden Klamotten verkauft, ein Mann repariert Autos. Wir gehen in eine weitere Bar, es geht in die »illegal bar« von der ich 2013 auch immer mal gehört hatte. Es handelt sich um ein verwinkeltes Haus mit mehreren Etagen und diversen Räumen, in denen Fernsehen geschaut wird, geredet wird, einige rauchen, es sind überwiegend Männer anwesend, ich treffe nur auf zwei Frauen während meines zweistündigen Aufenthaltes. Die eine der beiden kocht und die andere sitzt mit einer Gruppe von Männern zusammen. Zuerst bin ich mir unsicher, ob ich mich entspannen kann, aber Yasir nimmt mich wieder an die Hand und erklärt mir alles, wir gehen in einen Frisör und er zeigt mir, wie die Haare gemacht werden; draußen vor der Tür lassen sich auch einige Männer Dreads machen. Wir gehen ganz nach oben, wo es zwei Billardtische gibt. Yasir nimmt mich oben mit in die hinterste Ecke, wo es ein eritreisches Restaurant gibt, es handelt sich um eine

Küche mit ein paar Stühlen, einem Waschbecken und einem Kühlschrank, in der Ecke sitzt ein Mann, der mich sofort zu sich bittet. Ich soll mich setzen und mitessen. Es gibt Injeera mit einer würzigen Tomatensauce, mit Zwiebeln und Schafsfleisch. Ich entscheide mich, mitzuessen und ertappe mich dabei, wie ungeschickt ich wieder bin und mit beiden Händen gegessen habe. Mein Essenspartner fragt mich, warum ich fast nur Brot nehme. Mir war es fast unangenehm, zu sagen, dass ich mich vegetarisch ernähre und beginne dann, den Eintopf trotz Fleischeinlage zu essen und genieße das Gespräch mit ihm. Er ist ein freundlicher Mann, der in Eritrea 13 Jahre für die selbe Firma gearbeitet hat, »but in Malta I live from day to day. No security here.« Er ist 52 Jahre alt und kam 2013. Yasir, der geblieben ist, fragt die Daten der Boote ab, die 2013 kamen und sie stellen fest, dass sie nicht auf dem gleichen waren; Yasir bleibt noch eine Weile, lädt uns auf Wasser ein und dann geht er, ich bleibe noch sitzen und esse zusammen mit dem Mann auf. Es ist ein schönes Gespräch und er sagt mir noch: »Here in Balbi everybody can come, black and white no problem. It is not like the rest of Malta«.

Für den Einstieg in diesen Abschnitt wählte ich einen langen Eintrag aus meinem Forschungstagebuch (07/2015), der Verschiedenes zeigt: Ich scheine über die Jahre, zumindest mit Yasir und Warsame, in einen Beziehungsstatus gekommen zu sein, der auf Vertrauen basierte und gewissermaßen auch eine bestimmte Bedeutung für sie hatte, so wurde ich zumindest den beiden »big aunties« vorgestellt. Sie zeigten mir ›ihr Balbi‹, luden mich ein und verbrachten ihre Freizeit mit mir. Es gibt neben dieser Ebene der zwischenmenschlich-freundschaftlichen Beziehung zwischen mir und ihnen mein ethnografisch-wissenschaftliches Interesse an der Deutung dieser Beziehungen, Situationen und Erzählungen. So würde ich hier interpretieren, dass das Einladen auch dazu diente, um sich in der marginalisierten Positionierung als junge, männliche Geflüchtete selbst aufzuwerten; den »big aunties« wurde gezeigt, dass sie Kontakt zu einer als *weiß* positionierten Frau hatten, was grundsätzlich als positiv verstanden wurde, denn ich war eventuell ein wichtiger Kontakt in der Zukunft (vgl. Hoffmann 2017).

Der vielschichtige Tagebucheintrag verweist zudem auf ihre Perspektive auf Malta: das »too much corruption« zeigt, dass sie gewissermaßen, trotz aller individueller Anstrengungen, ihre Situation nicht vollständig ändern konnten und während eben in Malta rassistische Strukturen herrschen würden, zeigten sie mir ›ihren‹ Raum, Balbi, als Ort der offen und tolerant sei: Schließlich habe ich dort als fremde Frau keine Probleme und kann an den Aktivitäten – Barbesuch und Billardspielen – problemlos teilhaben, etwas, das ihnen von *weiß* Positionierten immer wieder untersagt wurde.

Diesen narrativen Einstieg wählte ich, um zu zeigen, dass ich als Forschende Teil der Beziehungen, der Situationen vor Ort und mit meinen Perspektiven und Blickwinkeln der wichtigste Part der Analyse bin: die Daten gehen durch Forschende im wahrsten Sinne des Wortes durch (vgl. Binder und Hess 2013, 24). Um das Verhältnis von Subjekt und Beziehung auch im Text im Sinne einer analytischen Form sichtbar zu machen, eignen sich ethnopsychoanalytische Verfahren und Annäherungsstrategien (vgl. Nadig 1986, 1997, 2009; Erdheim 1995; Krüger 2013) als weitere und ergänzende hermeneutische Herangehensweise.

Im Forschungsprozess kommt es immer wieder zu unbewussten Einflüssen, wie Irritationen, Ängsten und Abneigungen, die einen Einfluss auf die Qualität der Daten nehmen. »Historisch erfahrene soziale Machtverhältnisse und institutionelle Rollen oder auch kulturelle Interaktionsmuster werden in der Forschungsbeziehung genauso transportiert wie die jeweilige individuelle familiäre Prägung«, hält Krüger fest (Krüger 2008, 129). Die Ethnopsychoanalyse verleiht folglich sozialen und menschlichen Beziehungen den Stellenwert eines zentralen Arbeitsinstrumentes in der Ethnologie, aus der sich »ein gemeinsames Verstehen oder Missverstehen [entwickelt, L.O.]« (Nadig 2009, 3). Nadig argumentiert, dass dies insbesondere für Forschungen, die sich auf postkoloniale Kulturtheorien beziehen, bedeutend sei (vgl. Nadig 2009, 1), um das eigene Sprechen *über* und ggf. auch eigene *Othering*tendenzen besser reflektieren zu können, bzw. überhaupt erst einmal dafür sensibel zu sein (vgl. Hörter 2016). Die soziale und zwischenmenschliche Dimension der Forschung findet folglich in ethnopsychoanalytischen Ansätzen ihren besonderen Ausdruck: sowohl auf der Ebene des gesamten Forschungsprozesses im Allgemeinen, sowie in den Forschungsbeziehungen im Besonderen (vgl. Nadig 1986, 39).

Auch wenn Nadig argumentiert, dass vor allem Ansätze, die sich auf postkoloniale Theorien beziehen, von einem ethnopsychoanalytischen Verfahren profitieren würden, stellt sich zunächst dennoch die Frage, wie dieser Ansatz mit der Grenzregimeanalyse – der ebenfalls auf Machtungleichheit und (post-)koloniale Verhältnisse fokussiert – zusammenpasst. Während die Grenzregimeanalyse durchaus ihren Fokus auf die Vielfältigkeit der Akteur*innen legt und konstatiert, dass Forschende immanenter Teil eben dieses Regimes sind (vgl. Hess und Tsianos 2010), so erhalten doch die konkreten Beziehungen zwischen den Subjekten und auch die eigenen Übertragungen und Gegenübertragungen der Forschenden kaum Berücksichtigung (vgl. Stielike 2017). Als Forschende und Privatperson war ich im Sommer 2013 besorgt, dass Polizist*innen, die am Strand patrouillierten, sowie den Luftraum mit Hubschraubern abflogen, nach mir suchten, da ich die Ausreisepläne von Mansuur kannte, der sich parallel zu meinem Strandbesuch im Aufbruch Richtung Italien befand. Dieses war nicht der Fall, die Polizist*innen hatten (natürlich) kein Interesse an mir. Dennoch sagt meine eigene Angst etwas aus: Die Wirkmächtigkeit der Abschreckung und der Angstmacherei schien auch mich spätestens nach einigen Monaten erreicht zu haben und sie ist auch etwas, was die jungen Geflüchteten (in viel wirkmächtigerem Maße, worüber sich wieder unsere ungleiche Positionierung erkennen lässt) in ihrem Alltag begleitete. Dass es sich hierbei nicht um paranoide Projektionen, sondern um reale Ängste und auch Auswirkungen handelte, zeigte u. a. eine E-Mail von LMAO an mich in 2015, dass ich mich von den Mitarbeiter*innen fernhalten sollte. Um diese Momente als Momente ethnografischen Mehrwerts besser nutzen zu können, entschied ich mich, meine Grenzregimeanalyse mit ethnopsychoanalytischen Zugängen zu ergänzen und das Erleben der Subjekte zentral zu setzen.

Im Folgenden werden beispielhaft einige Forschungssituationen im Sinne dieses Zugangs beschrieben und gedeutet, um meine Ängste, Widerstände, Übertragungen, Gegenübertragungen und Irritationen aufzuzeigen. Vor allem zu Beginn meiner forschenden Tätigkeit hat es mich immer wieder verunsichert, dass ich in Gesprächen mit denselben Geflüchteten wiederholt verschiedene Fassungen der eigenen Lebenssituation in Somalia/Somaliland, des Fluchtweges oder über ihre familiären Verhältnisse erfahren habe. Eingangs stellte sich mir die Frage, ob es mir nicht gelang, Vertrauen aufzubauen und in der Rolle des Maulwurfes stecken geblieben war (vgl. Driessen 1996). In meinem Forschungstagebuch fand ich immer wieder Passagen, die ich mit den Fragen nach ›Wahrheit‹, nach ›Vertrauen‹ und auch ›Belogenwerden‹ betitelt habe. Es hat gedauert, bis ich in der Lage war, diese Geschehnisse umzudeuten und die Inkonsistenzen in den Erzählungen als ein Ergebnis zu werten und die Gesprächsverläufe und -inhalte weniger als mangelndes Vertrauen meiner Person gegenüber zu deuten. Es geht mir hier nicht um die ›richtige‹ oder ›falsche‹ Deutung des Materials, sondern vielmehr darum, zu zeigen, dass erste eigene Impulse der Deutung nicht auch der finalen Interpretation des Materials entsprechen müssen. Nadig argumentiert, dass diese Ereignisse nicht nur im Rahmen eigener familiärer Verstrickungen zu verstehen sind, sondern auch im Rahmen persönlicher kultureller Dispositionen (vgl. Nadig 2009) verstanden werden müssen: Hatte sich zunächst die Logik des institutionellen Grenzregimes, in Flucht_Migrationsfragen gewisse Eindeutigkeiten – beispielsweise in Bezug auf Herkunft, Familie und Alter – herstellen zu wollen, auf mich übertragen?

Im Falle dieser Studie müssen diese Dynamiken speziell auch vor dem Hintergrund des Volljährigwerdens in meiner eigenen Biografie reflektiert werden. Mein 18. Geburtstag nahm, wie vermutlich in zahlreichen anderen Biografien Menschen deutscher Staatszugehörigkeit auch, eine besondere Rolle ein. Die Volljährigkeit ist doch im US-eurozentrischen Kontext mit gewissen, sich unter ›Freiheit‹ subsummieren lassenden, gesellschaftlichen Rechten und Pflichten verbunden, wie dem Recht zu wählen, den Führerschein zu machen, alle Verträge selbstständig abzuschließen. Besonders deutlich wurde meine Verbindung von Volljährigkeit und Freiheit im Interview mit Bilal, als ich ihn fragte, was sich seit dem 18. Geburtstag in Malta verändert habe. Er sagt, es habe sich insgesamt wenig geändert, aber: »[N]ow I have my flat I can you know change my life to decide whether that is good or bad but for them [social workers, L.O.] they want to decide for you, they tell you ›Do that do that‹ [...]« (Bilal, I, 07/2015). Daraufhin fragte ich, ob er sich »more independent« fühle und bemerkte erst beim Auswerten des Materials, dass Bilal von sich aus diesen Begriff vermutlich nicht in das Gespräch eingebracht hätte. Klar wird, dass wir auch verschiedene Konzepte von adoleszenter Freiheit haben bzw. hatten, die durchaus als geprägt von unserer gesellschaftlichen und rechtlichen Situation verstanden werden können. Meine eigenen Übertragungen von vermeintlichen Normalisierungen lassen sich folglich erkennen und durch diesen Zugang der ethnopsychoanalytisch orientierten Herangehensweise befragen.

Nicht selten war ich auch in Sorge, dass die von mir initiierten Treffen zu Problemen unter den jungen Geflüchteten führen könnten, wie das folgende Beispiel zeigt. Was es aber vor allem transparent macht, ist, dass ich scheinbar gewisse Zuschreibungen an Männer, die als Imam tätig waren, machte, was wiederum einige Rückschlüsse zu meinen Verstrickungen mit dem gängigen Diskurs zu ›muslimischen Männern‹ zulässt:

Auch an diesem Abend ist es mal wieder etwas lauter und länger geworden. Die Musik dröhnt aus den Boxen, es wird in der Wohnung geraucht und getanzt. Ich stehe mit Amiir und Caamiir auf dem Balkon, als die Tür aufgeht und Cali im Türrahmen steht. Er wurde mir bereits als »He is the Imam« vor ein paar Tagen vorgestellt. Als die Tür aufgeht, tanzt Yasir drinnen mit einer Besenstange Limbo. Manchmal frage ich mich, ob durch meine Anwesenheit gewisse Regeln verletzt werden? Bekommen sie Probleme mit dem Imam wegen der lauten Musik, wegen dem Getanze, den Gesprächen mit mir? (TB, 04/2016).

Während der Forschung kam es auch immer wieder zu Situationen, in denen ich den Inhalt des Gesagten und die darin artikulierten Weltanschauungen nicht teilte. Ich war in diesen Situationen verunsichert, ob ich intervenieren und eine Diskussion führen, oder ob ich dem Grundsatz des Reden-Lassens (vgl Schmidt-Lauber 2007) stattgeben sollte:

Am Strand redet Absimil darüber, dass es für ihn sehr schlimm ist, wenn ihn jemand als ›gay‹ beschimpft. »There are enough women in the world, so why choose a man?«, sagt er mehr zu sich selbst als zu mir. Ich lasse ihn einfach reden und überlege die ganze Zeit, ob ich eingreife und mit ihm diskutiere, warum es wichtig ist, jeden Menschen, gleich welcher sexuellen Identität, zu respektieren. Ich weiß nicht genau, warum ich nichts sage, aber dann ist das Thema schnell gewechselt. Später ärgere ich mich über mich und hoffe, dass sich die Situation noch einmal ergeben wird, um über das Thema zu sprechen (TB, 04/2016).

Bis zum Schluss der Forschung befand ich mich immer wieder in diesen ambivalenten Situationen, in denen ich auch für mich meine Rolle nicht klar definiert hatte und diese auch in Beziehungen, die oszillierten zwischen Forschungs- und Freundschaftsbeziehung, ggf. gar nicht so einfach und so klar abzustecken ist. In den verschiedenen Phasen der Forschung war es immer wieder zentral, diese Spannungen und Ambivalenzen auszuhalten.

Anmerken möchte ich hier noch, dass es Aufgabe von Kulturanthropolog*innen_Kulturwissenschaftler*innen ist, das Material zu deuten und zu interpretieren, zu versuchen, Erzählmuster und Logiken zu erkennen. Immer wieder hatte ich während meiner Forschung aber auch innere Widerstände dazu. Es waren teilweise Geschichten, die mich sehr bewegten und die auch einfach für sich stehen könnten – ohne Interpretation, ohne Frage danach, welche Rolle ich eigentlich darin hatte, ohne nach den eigenen ›Kindheitsideen‹ im Material zu suchen. Selbstverständlich sind Deutung und Analyse zentral, um argumentieren zu können und um zeigen zu können, wie mit ›UAMs‹ umgegangen wird und wie sie selbst Wege fanden, ihren Alltag navigierten und mit den Selbst- und Fremdzuschreibungen umgehen. Dennoch möchte ich hier dazu anregen, ihre Geschichten auch einfach wirken zu lassen.

Intersektionalität als Methode in der Ethnografie

»Developing such a[n] [intersectional, L.O.] perspective is a process, which can
never be brought to an end«

(Goel 2015).

»There is more than one way of doing intersectional analysis«

(Christensen und Jensen 2012, 121).

Zunächst möchte ich einen kurzen Überblick über (1) Fragen von ›Frauen‹
und ›Gender‹ sowohl in der Ethnologie als auch in der Flucht_Migrations-
forschung geben, fußen doch zahlreiche der aktuellen Herangehensweisen
auf Forschungen seit den späten 1960er Jahren. Es wird (2) das Verständnis von Intersektionalität nach Crenshaw (1989) verkürzt dargestellt, bevor
dann zwei Analysekonzepte – Leslie McCalls (2005) intra-, inter- und anti-
kategorialer Zugang sowie das der Mehrebenenanalyse nach Nina Degele
und Gabriele Winker (2009) – besprochen werden, da sich diese frühen
Formen der Pragmatisierung des Intersektionalitätskonzeptes auf Crenshaw beziehen. In Schritt (3) wird diskutiert, inwiefern aktuelle Flucht_Mi-
grationsforschung von einer an Intersektionalität orientierten Perspektive
profitieren kann, welche Problematiken es gibt und wie ich diesen begegnete.

Der methodologisch-analytische Gebrauch des Konzepts der Intersektionalität hat in den vergangenen Jahren Anwendung in verschiedenen Disziplinen gefunden (vgl. Degele und Winker 2009). Es sollte jedoch nicht
vergessen werden, dass der Grundstein bereits in der ethnologischen
Frauenforschung seit den 1960er/1970er Jahren gelegt wurde, ohne
zwangsläufig die Terminologie des ›Intersektionalen‹ verwendet zu haben.
Während in den 1960er und 1970er Jahren noch vordergründig ›Frauenforschung‹ fokussiert wurde, um den ›male-bias‹ im Fach zu überwinden
(vgl. Kaufmann 2004), erfolgte dann die Betrachtung von Gender (vgl.
hooks 1984; Sanday und Goodenough 1990; Pessar und Mahler 2003) in
ethnologischen Forschungen. Dieses liegt auch darin begründet, dass die
Kategorie ›Frau‹ in die Kritik geraten war, sei sie doch zu *weiß* und aus
Euro-Amerikanischer Perspektive gedacht – gewissermaßen ergab sich
daraus ein ›female bias‹ (Kaufmann 2004).

Es ging in der Debatte zunehmend darum, sich von einem universalistischen Verständnis von ›Geschlecht‹ und ›Frau‹ zu verabschieden (vgl. MacCormack und Strathern 1980; Shostak 1981; Nadig 1986; Stacey 1987; Brah 1996) und verstärkt wurden die kontextuellen Gesellschaftsbedingungen – soziologisch, ökonomisch, historisch (Nadig 1986, 57) – beforscht. Gender wurde folglich in konfliktuellen und durchaus ambivalenten Bedeutungen betrachtet. Zunehmend rückte auch in das Bewusstsein, dass es nicht nur Gender als Kategorie allein ist, über die es zu Diskriminierungen kommt. Das Zusammenspiel zahlreicher Ungleichheiten wurde in Forschungen zunehmend relevanter. Vermehrt wurde reflektiert, wer was über wen schreibt. Es waren vor allem Schwarze Frauen, die die These einer universellen Unterdrückung von Frauen ablehnten, da ihre Diskriminierungen als Frauen nicht losgelöst von ihrem als Schwarz gelesen werden zu denken sind (vgl. Soujourner Truth 1851; Crenshaw 1989). Repräsentationsfragen wurden folglich immer bedeutender und hier geht feministische Ethnologie mit der *Writing-Culture-Debatte* (vg. Clifford und Marcus 1986; Abu-Lughod 1991) zusammen.

Zunehmend wurde die feministische Ethnologie populärer (vgl. Kaufmann 2004) und es kam zum Einbezug vielfältiger, Ungleichheit produzierender Kategorien, wie u. a. Alter, Dis/Ability, Herkunft, Religion oder auch Klasse. Intersektionalität (vgl. Crenshaw 1989, 1991) ist ein Ansatz, mit dem die Verwobenheit dieser vielfältigen Bedeutungsgeflechte zu fassen versucht wurde. Der Begriff ist einerseits theoretisch zu verstehen, führte aber in den vergangenen Jahren andererseits auch zu der Entwicklung unterschiedlicher Ansätze in Richtung anwendbares Forschungsprogramm (vgl. McCall 2005; Anthias 2008; Degele und Winker 2009; Walgenbach 2012; kritisch zur »buzzword«-Entwicklung vgl. Yuval-Davis 2013).[29] Einen wichtigen Ausgangspunkt für die theoretischen, als auch forschungspraktischen Überlegungen, stellt der 1989 erschienene Aufsatz »Demarginalizing the Intersection of Race and Sex: A Black Feminist Critique of Antidiscrimination Doctrine, Feminist Theory and Antiracist Poli-

---

29 Aktuell lässt sich diese Herangehensweise in einer Vielzahl von Disziplinen wiederfinden: In der Soziologie (Anthias 2008; Mai 2010; Qvotrup und Jensen 2012), in der Flucht_Migrations- und Grenzregimeforschung (Pittaway und Bartolomei 2001; Buckel 2012; Yuval-Davis 2013; Huxel 2014; Neuhauser, Hess und Schwenken 2017; Otto und Kaufmann 2018), in der Ethnologie (Binder und Hess 2011; Goel 2015; Otto und Kaufmann 2018), in der Jugendforschung (Leiprecht 2010; Riegel 2010) in den Sozial- und Kulturwissenschaften (Kron und zur Nieden 2013), in den Gender Studies (Yuval-Davis 2006), sowie in den Bildungswissenschaften (Staunaes 2003; Thielen 2011).

tics« der Juristin Crenshaw dar. Vor dem Hintergrund ihrer Betrachtung von Kündigungsklagen Schwarzer Frauen übte sie Kritik an bis dato dominanten Theorien und Ansätzen. Dies betraf vor allem Kritik an Antidiskriminierungsmaßnahmen und grundsätzlich an mono-kategorialem Denken, welches sie als »the tendency to treat race and gender as mutually exclusive categories of experience and analysis« (1989, 139) versteht. Dieses Denken will sie mit ihrem Ansatz der Intersektionalität überwinden, denn »single-axis analysis [...] distorts these experiences [of Black women, L.O.]« (1989, 139). Sie versteht Intersektionalität als Weg, um konzeptuelle Begrenzungen der einseitigen oder mono-kategorialen Analyse herauszufordern und zu überwinden (vgl. Crenshaw 1989, 149). Dabei ist ihr Ansatz nicht als eine Ergänzung zu bereits bestehenden Ansätzen feministischer Theorie zu verstehen, sondern als neuer Ansatz, der »Black women« nicht einfach in bereits bestehende Strukturen einbindet (vgl. Crenshaw 1989, 140).

Crenshaws Ansatz ist aufgrund der Anerkennung und Postulierung, dass »Black women's experiences [...] much broader than the general categories that discrimination discourse provides« (1989, 149) sind, für die gewählte Herangehensweise attraktiv. Crenshaws Aussage bedeutet für meine Analysen, das eigene Material nicht primär mit dem gängigen Diskurs und Regularien zu lesen – in diesem Fall eine Beschränkung auf Minderjährigkeit und Flüchtlingskategorie – sondern zu schauen, *was* genau die jungen Geflüchteten berichteten, auf welchen Ebenen sie Diskriminierung erfuhren und welche Begriffe sie selbst für sich verwendeten. Es geht aber auch darum, dem gängigen Diskurs und Kategorien – wie ›UAM‹ – mit einer Haltung zu begegnen, die gleichzeitig auf die Leerstellen, sowie auf die Bedeutungsmachungen derselbigen schaut. Crenshaw formulierte, vorherrschende Konzepte von Diskriminierungskategorien und -vorstellungen herauszufordern, indem wir genauer hinschauen und jenseits des Gegebenen denken (vgl. 1989, 167). Ihr Verständnis von Intersektionalität begründet sie primär theoretisch und entwickelte kein konkret umsetzbares Forschungsprogramm.

2005 legte dann McCall mit ihrer Ausarbeitung drei mögliche Zugänge der Anwendbarkeit von Intersektionalität vor. Sie unterscheidet zwischen (1) dem anti-kategorialen, dem (2) inter-kategorialen und dem (3) intra-kategorialen Ansatz, wobei sie darauf verweist, dass es ihr nicht rein um das Auswerten des Materials, sondern auch um eine Forschungshaltung gehe (vgl. McCall 2005, 1774). Der (1) anti-kategoriale Ansatz lehnt sich an dekonstruktivistische Perspektiven an (vgl. ebd., 1773). Der (2) inter-kategoriale Ansatz nutzt Kategorien strategisch und arbeitet vergleichend (ebd., 1786), um die Verwobenheit eben dieser Kategorien aufzeigen zu können, die im Ergebnis die Herstellung sozialer Ungleichheit hat: »The inter-categorial approach [...] begins with the observation that there are relationships of inequality among already constituted social groups« (ebd., 1784f.). Kategorien werden in diesem Ansatz als Anker verstanden, die nicht als statisch zu verstehen sind (ebd., 1785). Die Hauptfrage, die sich Forscher*innen, die diesen Ansatz nutzen, stellen sollten, ist ob es mit dem konkreten Bezug auf Kategorien, der unvermeidbar ist (ebd., 1786), noch gelingen kann, Homogenisierung und Simplifizierung zu vermeiden. Der (3) intra-kategoriale Ansatz wird von McCall als Mittelstück zwischen den anderen beiden Polen verstanden. Dieser Ansatz lehnt Kategorien weder vollständig ab, noch nutzt er sie rein strategisch (vgl. ebd., 1773f.). In intersektionalen Analysen angelehnt an den intra-kategorialen Ansatz werden zu Beginn häufig Differenzen und Ungleichheiten innerhalb einer Kategorie befragt. Deshalb ist er besonders in empirisch ausgerichteten und am Feminismus orientierten Forschungen bedeutend geworden (vgl. ebd., 1782). McCalls Ansatz lässt sich vordergründig als an der Struktur- bzw. der Makroebene orientiert beschreiben.

2009 legten Degele und Winker ihr Modell der intersektionalen Mehrebenenanalyse vor. Für das von ihnen entwickelte »Werkzeug« (2009, 16) schlagen sie acht Schritte vor. Als Ebenen definieren sie gesellschaftliche Sozialstrukturen, Repräsentationen und Identitäten (vgl. ebd., 19). Dabei vertreten sie zwei wesentliche Grundannahmen: Sie stellen einen engen Bezug zu Bourdieus Ansatz der Praxeologie her und betonen, mit Bezug auf Avtar Brah und Ann Phoenix (2004, 76, zit. n. Degele und Winker 2009, 14), dass es stets um die Erfassung der (historisch und gegenwärtigen) spezifischen Kontexte geht, in denen die intersektionalen Analysen verortet werden sollten. Zwei wesentliche Pfeiler ihres Ansatzes sind folglich Praxis und Kontext. Der Argumentation Degeles und Winkers folgend sind Individuen und Struktur nicht als dichotom zu denken, sondern als wechselseitig (2009, 20f.). Hier beziehen sie sich auf Giddens (1995) und argumentieren, dass es nicht Individuen sein sollten, die zum Forschungsgegenstand werden, sondern Relationen (2009, 72). Degele und Winker argumentieren gegen eine Naturalisierung von Kategorien. Auf der Ebene der Struktur siedeln sie vordergründig ermöglichende und begrenzende Rahmensetzungen – beispielsweise Institutionen oder Rechtskategorien – an, die für die Inszenierung und Konstruktion von Identitäten notwendig sind (2009, 74). Identität verstehen die Autorinnen in Anlehnung an Hall (1994) als prozesshaft und argumentieren, dass sich die von Individuen ausgestalteten Identitäten sowohl angepasst an Struktur und Repräsentation, aber eben auch widersprüchlich dazu verhalten können. Unter Repräsentation verstehen sie diejenige Ebene, die zwischen der Identitäts- und Strukturebene vermittelt (vgl. Degele und Winker 2009, 75). Es fehlte bisher, so die Annahme der Autorinnen, an Zugängen, die auch Normen, Werte und Diskurse in die Analyse einbeziehen. Sie streben mit ihrer Vorgehensweise an, dies zu ändern und als Mehrwert ihres eigenen Ansatzes verstehen sie, dass sie mittels der Mehrebenenanalyse nicht nur eine Materialisierungsebene von Ungleichheit adressieren können, sondern eben *drei* Ebenen (ebd., 95). Rekurrierend auf Bourdieu argumentieren sie, dass intersektionale Analysen nach ihrem Modell an der sozialen Praxis als verbindendes Element der drei Ebenen ansetzen sollten (ebd., 63). Diese seien ihrer Einschätzung nach empirisch am zugänglichsten und das Ansetzen am Alltag habe zum Vorteil, dass erkannt werden kann, dass die offiziellen Kategorien denen der Empirie ungleich sein können (ebd., 63f.).

Degeles und Winkers Ansatz bezieht sich grundsätzlich auf empirisch arbeitende Vorgehensweisen, sie arbeiten allerdings primär soziologisch. Im Folgenden wird deshalb dargestellt, wie ich für diese Arbeit den Nexus zwischen Intersektionalität und ethnografischem Arbeiten in der Kulturwissenschaft hergestellt habe. Zunächst fasse ich drei der gängigen Kritikpunkte an einer intersektionalen Herangehensweise zusammen und zeige Dilemmata auf, in denen sich Forschende befinden können, wenn sie intersektional orientiert erheben und deuten. Ausgelotet wird anschließend entlang einschlägiger Literatur und erhobenem Material welchen Mehrwert Intersektionalität für die empirische Forschung haben kann, speziell für die Arbeit im Grenzregime und mit geflüchteten und nicht-geflüchteten Akteur*innen. Abschließend folgt eine Annäherung an die Frage, unter welchen Bedingungen Intersektionalität und Ethnografie fruchtbar zusammengebracht werden können.

Regulative Regime moderner Nationalstaaten nutzen sozial konstruierte Kategorien, um »new frontiers and borders« (Anthias 2008, 7) zu schaffen und aufrechtzuerhalten. Grenze und Grenzziehungsprozesse werden somit auch intersektional verhandelt. An Intersektionalität orientierte Forschungen teilen in vielen Fällen ihre Verknüpfung mit Debatten um Menschenrechte und/oder sozialer Ungerechtigkeit/Ungleichheit, weshalb sie häufig in rechtsbasierten und politischen Zusammenhängen zu finden sind und nicht selten eine Befürwortung der Veränderung gesellschaftlicher Kontexte anstreben (vgl. Staunaes 2003, 102). Unter dem Paradigma der Intersektionalität treffen nach der Einschätzung von Kaufmann (2015) sowohl antikategoriale und dekonstruktivistische Perspektiven auf identitätspolitische Interessen, die von Kategorien Gebrauch machen, um überhaupt handlungsfähig zu sein. In dieser Arbeit orientiere ich mich nicht, wie bereits betont, an einer Herangehensweise, die die Arbeit mit Kategorien in Gänze ablehnt; ich rekurriere hier auf Crenshaw (1989; 1991), die darauf verweist, dass Kategorien *an sich* nicht das Problem seien. Vielmehr seien die Bedeutungen, die ihnen zugeschrieben werden und die Wirkmächtigkeit, die sie durch menschliches Handeln bekommen und die dann soziale Hierarchien konstruieren, problematisch. Im Kern der Analyse solle deshalb stehen, wie produzierte Differenz subjektive Erfahrungen in einem geteilten Raum qualitativ unterscheiden (vgl. ebd.). Es geht mir darum für intersektional orientierte Analysen herauszuarbeiten, wie sich eine zugewiesene, geteilte Kategorie – z. B. ›UAM‹ – verschieden entwickelt. Genau darin liege, so Staunaes (2003, 101), weiter eine Forschungslücke, die es zu schließen gilt: Wie Kategorien im Alltag für Subjekte *tatsächlich* wirken, werde oft übersehen.

Kritik und Dilemmata

Als Versuch, ein Tool für die intersektionale Analyse zu schaffen, kann Degeles und Winkers (2007, 2009) Arbeit zur »Intersektionalität als Mehrebenenanalyse« verstanden werden; während dieser Ansatz einerseits handlungsleitend wirken kann, merken Kritiker*innen an, dass die Mehrebenenanalyse zu einem Übersehen und damit Reduzieren tatsächlicher Diskriminierungserfahrungen beitrage (vgl. Goel 2015). Hess und Binder ergänzen, dass in diesem Ansatz soziale Konflikte aus dem Blick gerieten (Binder und Hess 2011). Do Mar Castro Varela und Dhawan (2010) sehen die Gefahr der Ignoranz gegenüber der Sensibilität für postkoloniale Bezüge; hier argumentieren sie im Einklang mit Umut Erel et al. (2008). Eine weitere Kritik an dem Mehrebenenmodell – und an entworfenen intersektional ausgerichteten Forschungsprogrammen im Allgemeinen – lautet, dass diese auch den eigentlichen Zweck von Intersektionalität, nämlich das Politische zu betonen und das Ringen für mehr soziale Gerechtigkeit zu fördern, übersehen (vgl. Goel 2015). Es führe, so die Kritik, der Weg weg von den ›Kämpfen‹ hin zu einem pragmatischen, analytischen Tool, das entsprechend ›abgearbeitet‹ werden könne und quasi eine universell anwendbare Instruktion darstelle (vgl. Binder und Hess 2011; Goel 2015). Dass Intersektionalität zu einem Trend geworden ist, führte in einigen Fällen ferner dazu, dass die schlichte Erwähnung der RaceClassGender-Trias Forschende dazu verleite, sich symbolisch in einer kritischen Haltung gegenüber Kategorien zu positionieren, ohne diese jedoch konsequent anzuwenden und die Kategorien dann nicht differenziert mit Inhalt zu füllen (vgl. Binder und Hess 2011).

Die wohl gängigste Kritik am intersektionalen Ansatz ist, dass, obgleich die Theorie eindeutig fordere, Kategorien nicht als additiv zu verstehen, genau dieses aber in der forschungspraktischen Anwendung des Konzeptes geschehe (vgl. ausführlich dazu Goel 2015) und Kategoriensysteme erneut nicht transzendiert würden. Zudem wird wiederkehrend kritisiert, dass Forscher*innen Kategorien, die sich dann scheinbar überkreuzen und die sie beforschen möchten, erst bilden und festigen. Dieses beinhaltet die Gefahr der Essentialisierung und Vereinfachung sozialer Phänomene (vgl. Münst 2008). Die Kritik an intersektionalen Ansätzen durch Denker*innen, die nicht grundsätzlich das Arbeiten mit Kategorien ablehnen, lässt sich darüber hinaus in drei Strömungen zusammenfassen: (1) intersektional ausgerichtete Forschungen reduzieren tatsächliche Diskriminierungserfahrungen, seien zu apolitisch und übersehen postkoloniale Verhältnisse; (2) intersektional ausgerichtete Forschungen übersehen die Subjekte und orientieren sich zu stark an übergreifenden Diskursen; (3) am Konzept der Intersektionalität ausgerichtete Studien würden doch wieder Identitätsforschung betreiben und somit Subjekte in bestimmten Kategorien – wie ›UAM‹ – festschreiben. Im Folgenden werden diese drei Strömungen der Kritik genauer ausgeführt.

Dass es (1) zentral ist, in intersektional ausgerichteten Forschungen post-koloniale Verhältnisse in die Analyse miteinzubeziehen, also der Kritik der Reduzierung von Diskriminierungserfahrungen etwas entgegenzusetzen, möchte ich mit folgendem Beispiel aus meiner Forschung zeigen. Hierin wird deutlich, warum gerade auch die (post-)kolonialen und prämigratorischen Bezüge meiner Forschungspartner*innen in der Analyse maßgeblich sind. Somalia erlebte die koloniale Beherrschung in verschiedenen Konstellationen durch Großbritannien, Frankreich, Ägypten und Italien. Nach der Unabhängigkeit kam es Ende der 1980er Jahre zum Bürgerkrieg, in den 1992 auch UNO-Truppen unter US-amerikanischer Führung eingriffen. Es wurden folglich amerikanische Soldat*innen in Somalia stationiert. Genau hier ist es interessant zu fragen, was diese Umstände mit den heutigen Fluchtnarrativen der jungen Somalier*innen/Somaliländer*innen zu tun haben und um dies im Kontext meines Materials besser zu verdeutlichen, betrachte ich die Erzählung von Elais, einem jungen Geflüchteten aus Mogadischu, Somalias Hauptstadt, den ich 2013 kennenlernte. Elais wurde, so berichtete er es, geboren, als die amerikanischen Truppen Somalia verließen. Seine Mutter hatte während der Militärpräsenz ihr eigenes Unternehmen gegründet und begonnen, an die Soldat*innen eine Art Donuts – somalische Kac Kacs – zu verkaufen. Sie führte dieses Geschäft auch weiter, nachdem die Truppen abgezogen waren und als Elais älter wurde, begann er, seiner Mutter zu helfen. Je älter er wurde, desto mehr arbeitete er auch alleine als Verkäufer in Mogadischus Straßen und auf dem Markt: »You know we have something in Somalia like donuts. And my mother makes them very nice. And she sold them to American soldiers in Mogadishu. And we continued that. She make donuts and me I sell them in the streets when I return from my school« (Elais, IG, 04/2013). Hilfe habe er dabei von seinem Affen Daanyeer bekommen, den er an einer Leine stets mit sich führte. Wenn Elais Geld verdient hatte, versteckte es der domestizierte Affe in seinem Mund, damit es niemand wieder wegnehmen konnte. Die beiden waren, laut Elais, ein sehr gutes Team.

Diese Umstände, dass Elais schon früh erwerbstätig war und zum Einkommen der Familie beigetragen hat, hatte verschiedene Konsequenzen für seine Behandlung im Grenzregime. Einerseits schnappte er noch in Somalia von seiner Mutter einige Wörter Englisch auf, die ihm das Zurechtfinden in Malta erleichtert haben. Andererseits führte seine Selbstständigkeit, von der er auch in Malta Gebrauch machte, zu einem Anzweifeln seiner Minderjährigkeit.

Strang (2) der Kritik betont vordergründig, dass auf Intersektionalität basierende Forschungsarbeiten zu stark generelle, allumfassende Diskurse berücksichtigen würden. In der Konsequenz führte das dazu, dass Subjekte, die in Kategorien eingeteilt werden, diese aber gleichzeitig schaffen, einsetzen, umkehren oder ignorieren und folglich die Akteur*innen der Kategorien und Kategorisierungen sind, übersehen werden und unberücksichtigt bleiben (vgl. Staunaes 2003). Damit einher gehe die Gefahr, dass Subjekte als definiert vom (Kategorien-)System gesehen werden und deshalb die zu betrachtende Subjektwerdung zu deterministisch verstanden werde. Kategorien, so die Kritiker*innen weiter, werden dann zu häufig als das ›Problem‹ der ›Anderen‹ verstanden. Im Falle dieser Arbeit wäre z. B. die Kategorie des chronologischen Alters das ›Problem‹ derjenigen, die in diese daraus abgeleitete Kategorie des ›UAMs‹ eingeteilt wurden. Die Akteur*innen, die die Bedeutung des chronologischen Alters im Grenzregime hervorbringen, blieben dann unmarkiert. Es kann folglich durch an Intersektionalität orientierten Forschungen (unbeabsichtigtes) *Othering* ›durch die Hintertür‹ betrieben werden und es besteht die Gefahr der Re-Fixierung auf bestimmte Positionen, oder auch die eines neuen Essentialismus (vgl. Binder und Hess 2011). So fokussierten beispielsweise Forschungen zu und mit als jung, männlich und migrantisch Positionierten vordergründig Kategorien wie Kriminalität und Männlichkeit (vgl. Huxel 2014). Paul Scheibelhofer (2011) argumentiert, dass Intersektionalität als Rüstzeug im Sinne eines reflexiven und relationalen Zugangs besonders dann von zentraler Bedeutung ist, wenn Themen, die derzeit als ›soziale Probleme‹ deklariert sind, wie es auch auf ›UAM‹ zutrifft, relevant sind. In diesem Sinne ist eine intersektional ausgerichtete Arbeit in der Lage einen Beitrag zu leisten, der jenseits dieser Problemdefinitionen einen Blick auf bestimmte Phänomene und ihre Auswirkungen für Subjekte wirft.

Strang (3) der Kritik fokussiert intersektional ausgerichtete Forschungsprojekte, die doch wieder (nur) Identitätsforschung betreiben würden, welche die Bedeutung von Struktur, Kontext und vor allem Bedeutungs*machung* – also das Prozesshafte, das Liminale und das Dazwischen von Kategorienbildung und deren Wirkmächtigkeiten – übersähe (vgl. Anthias 2008, 7ff.) und Identität gleichzeitig als etwas Starres und Undynamisches verstünde. »[P]eople have multiple locations, positions and belongings, in a situated and contextual way« (Anthias 2008, 6). In diesem Sinne argumentiert Anthias (2008), dass der Ansatz mit Intersektionalität zu arbeiten, zu reduktionistisch sei (2008, 13). Forschende sehen sich der Frage des Abwägens des Maßes der Dekonstruktion gegenüber. Anthias hält fest, dass sowohl zu viel als auch zu wenig Dekonstruktion problematisch sei. Während ein Übermaß an Dekonstruktion die tatsächlichen strukturellen Unterdrückungsmuster nicht berücksichtigen könne, hätten Ansätze mit zu wenig Dekonstruktion das Potenzial wiederum das Individuelle und Partikulare nicht zu sehen und analytisch zu sehr auf der strukturellen Metaebene zu bleiben (vgl. Anthias 2008, 14).

Hier tut sich insbesondere für ethnografisch angelegte Forschungsdesigns eine Problematik auf. Kulturanthropolog*innen arbeiten primär induktiv (vgl. dazu auch Binder und Hess 2011), während Intersektionalität mit den bekannten Kategorien wie Herkunft, Klasse und Gender eine deduktiv anmutende Verfahrensweise darstellt. So würden die Forscher*innen (primär) gezielt nach diesen Kategorien suchen, um diese empirisch mit Inhalt zu füllen und zu bestätigen. Daraus resultiere dann fixierende Identitätsforschung, wodurch die Forschungspartner*innen erneut in gewissen Kategorien festgeschrieben werden würden. Durch diese Festlegung auf Kategorien entstehe dann ferner das Potenzial gewisse, existierende Problemlagen auszublenden und die Forschenden würden eine notwendige Offenheit ablegen (vgl. Binder und Hess 2011). Lann Hornscheidt (2009) macht an den Ansätzen, die von vornherein Kategorien festlegen, eine weitere Problematik fest: Der Fokus auf Kategorien neige dazu, Kategorisierungen nicht als Prozesse zu untersuchen und dann kurzum doch wieder Kategorien als a priori, natürlich gegeben zu reproduzieren.

Wie kann der Intersektionalitäts-Ethnografie-Nexus gelingen?

Die im vorherigen Abschnitt zusammengefassten Kritikpunkte an Intersektionalität als forschungspraktischem Programm in empirischen Forschungen haben bislang offen gelassen, welchen Mehrwert Intersektionalität für empirische Untersuchungen dennoch haben kann. Wie kann der Kritik und den Dilemmata konstruktiv begegnet werden? Wie muss die intersektionale Perspektive Anwendung finden, damit die jungen Geflüchteten in dieser Arbeit nicht erneut homogenisiert und/oder essentialisiert werden, aber eine vollständige Verabschiedung von Kategorien nicht das gewählte Vorgehen darstellt, um die durch die Einteilung als ›UAMs‹ manifestierten Wirkmächtigkeiten nicht zu übersehen?

Goel hält dazu fest, dass Intersektionalität nicht erst beim Auswerten zum Tragen kommen sollte. Vielmehr durchzieht das Konzept die gesamte Forschung und schärft den Blick der Erhebenden bei der Materialsammlung und -auswertung (vgl. Goel 2015, 27). Nach ihrem Verständnis ist Intersektionalität folglich mehr eine Forschungshaltung als ein schematisch anwendbares Tool. Catharine MacKinnon (2013, 1023) sieht die Stärke von Intersektionalität als Methode darin, dass die Relationalitäten der Kategorien in den Blick genommen werden können, was vor allem quantitativ ausgerichtete Forschungen nicht leisten könnten (ebd., 1023). Als Fundament für einen solchen Ansatz ist dann auch der Weg weg von einer ontologisierenden Perspektive, hin zu Beschreibungen der Prozesse der Altersmachung, der Männlichkeitsmachung, der Migrant*innenmachung, etc. (vgl. Amelina und Lutz 2017), wofür sich ethnografische Zugänge eignen. Das folgende Beispiel aus dem Material verweist an dieser Stelle auf die sich verschiebenden Zuordnungen und Positionierungen der jungen geflüchteten Menschen. Es geht um Nafiso, eine junge Frau aus Somalia, die ich kennenlernte, weil sie mit Roodo ausging. Roodo kam, wie auch Nafiso, aus Somalia und ich lernte ihn kennen, da er ebenfalls eine Zeit lang in der WG mit Yasir, Warsame und Geelo in Garcin lebte. Nach seiner Ankunft wurde auch Roodo als ›UAM‹ eingeteilt, lebte aber nicht in dem Heim, in dem ich forschte. Die beiden hatten sich, so schilderte er es mir, ineinander verliebt und sich viel getroffen. Die Beziehung endete, weil Roodo einen *Resettlement* Platz in die USA bekam, Nafiso aber weiter mit ihrem *rejected* Status in Malta bleiben musste. Als ich Nafiso im Juli 2015 das erste Mal traf, berichtete sie mir, dass sie in Somalia keine Schule besuchen konnte, da diese zu weit von dem Haus ihrer Familie entfernt gewesen sei. Sie habe viel im Haushalt gearbeitet und ihrer Mutter mit den jüngeren Kindern geholfen, bevor sie jung heiraten musste: »I did not like that man. He was no good. And me I have baby. Very young me I have baby. Now me Malta and the baby with the father. I go Malta because he beat me too much« (Nafiso, IG, 07/2015). Während sie in Somalia bereits Ehefrau und Mutter gewesen war und auch sein musste und entlang dieser sozialen Kategorien positioniert wurde, war sie in Malta dann ›junge, asylsuchende Frau‹ und sie vermutet selbst, dass ihre nicht vorhandene Schulbildung und ihr Mutter-Sein in Bezug auf ihren Schutzstatus wirkmächtig wurden:

»In the interview, they ask too many questions. About everything. My life. My baby. And about other things. I did never hear about. They ask for hours for driving between Mogadishu and other places. But me no idea. Because never I go to school, I never go away much« (Nafiso, IG, 07/2015).

Das Zusammenfallen von Bildung, Gender und Alter hat hier nicht nur in den verschiedenen Kontexten zu unterschiedlichen Positionierungen geführt, sondern zeigt auch, dass das Zusammenwirken dieser Kategorien einen maßgeblichen Einfluss auf Nafisos weitere Lebensplanung und das Zusammen-Sein mit Roodo hatte.

Durch die Betrachtung solcher Beispiele wird der Prozess der Zuordnungen, Einordnungen und Positionierungen selbst zum Gegenstand der Analyse. Identität stellt dann nicht die maßgebliche Bezugseinheit dar. Mit Intersektionalität haben wir demzufolge ein Konzept, mit welchem es gelingt, das Prozesshafte von Kategorien und Kategorisierungsprozessen besser rahmen zu können. In diesem Sinne argumentiert auch Staunaes (2003, 102ff.): Intersektionalität kann ihrer Einschätzung nach die Prozesse der Subjektivierungen und Zuschreibungen forschend begleiten; das in situ *doing* von Kategorien und Kategorisierungsprozessen steht im Fokus der Forschungen, worüber die Verbindung zur Relevanz kulturanthropologisch, empirischer Forschungen deutlich wird, denn ist es doch die Stärke dieser Arbeiten, in situ qua teilnehmender Beobachtung zu erheben (vgl. Breidenstein et al. 2013). Auch Goel (2015, 30) definiert als Ziel der Intersektionalitätsforschung, Klassifizierung entlang a priori gegebener Kategorien zu vermeiden und stattdessen zu beleuchten, wie soziale Positionierungen entstehen. Es geht folglich um den Prozess und nicht darum, Dichotomien zu (re-)produzieren (vgl. Binder und Hess 2011). Ich stellte mir folglich für meine Arbeit folgende Fragen: Wie wurden die Subjekte in meiner Forschung markiert, welchen Einfluss hatten Diskurse, wer markierte wie wen? Wer blieb unmarkiert? Wie wurden die jungen Menschen in einem bestimmten Kontext zu jungen Geflüchteten gemacht, wie wurden aus Somalier*innen/Somaliländer*innen Geflüchtete, wie wurden aus jungen Männern gefährliche Eindringlinge, wie wurden aus jungen Frauen Asylmissbrauchstäter*innen? Welche Rolle spielte ich, als *weiß* positionierte junge Frau darin? Wurde auch ich markiert, oder blieb ich unmarkiert?

Forschungspraktisch begegnete ich diesen Fragen in der schriftlichen Repräsentation, in dem ich immer wieder die Analyse kommentiere und mich aus einer Perspektive eingebettet in *Critical Whiteness* (vgl. Wollrad 2005; Tißberger et al. 2006; Frankenberg 1993; Arndt 2005) einbringe. An dieser Stelle sei dies noch einmal mit einem Beispiel aus meinem Alltag als Wissenschaftlerin illustriert. Auf Konferenzen, so wie auch in anderen Veröffentlichungen (vgl. Otto 2019; Nimführ, Otto und Samateh 2019), stellte ich meine Forschungspartner*innen nie mit einem Alter vor, sondern lediglich als »Sabiye, der als 16 Jahre alt in Malta eingestuft wurde«, oder »Filad, dem die Behörden ein Alter von elf Jahren zuwiesen.« Diese Praktik der Repräsentation – also der wiederholten Betonung dessen, dass das chronologische Alter den jungen Geflüchteten im Grenzregime zugewiesen wurde – findet auch in dieser Studie Anwendung, obwohl ich immer wieder das Feedback bekommen habe, bitte zu schreiben ›wie alt genau‹ denn meine Forschungspartner*innen seien. Damit hätte ich nicht nur die Zuweisung des Grenzregimes naturalisiert und fortgeschrieben, sondern vor allem hätte auch ich mich selbst in eine Position der ›Wahrheitsbestimmerin‹ von Alter gehoben. Da Alter mit seinem Entstehungsprozess der Wirkmächtigkeit und den intersektionalen Verflechtungen in dieser Studie jedoch zum Gegenstand der Analyse geworden ist, ist eine Fixierung auf ein bestimmtes chronologisches Alter nicht das hier verfolgte Ziel. Im Gegenteil: Ich möchte stattdessen aufzeigen, dass diese Fixierungen teils willkürlich sind und sich häufig an ›westlichen‹ Maßstäben und Logiken orientierten und auch reversibel oder veränderbar sind. Um den formulierten Fragen begegnen zu können, ist nicht nur eine in situ Forschung notwendig, sondern vor allem auch eine Arbeit, die sich den Subjektivierungs-, Positionierungs- und Zuschreibungsprozessen widmet. Eine Hinwendung zu den Komplexitäten der gelebten Realität ist hierfür notwendig (vgl. Staunaes 2003), wenn es das Ziel ist, zu erforschen, wie soziale Positionierungen, Macht und Hierarchie in Situationen und spezifischen Kontexten entstehen (vgl. Staunaes 2003, 31). Hier sehen auch Binder und Hess (2011) produktives Potenzial des Intersektionalität-Ethnologie-Nexus, denn über das kulturanthropologisch orientierte Arbeiten gelingt es, die feinteiligen Interaktionen zwischen verschiedenen Akteur*innen zu befragen.

Um der Naturalisierung und dem vermeintlich selbstverständlichen Charakter von Kategorien etwas entgegenzusetzen, kann die Betrachtung der Subjekte, bevor sie in gewisse Kategorien eingeteilt werden – wie beispielsweise in die der*s Geflüchteten oder ›UAM‹ – hilfreich sein. Rekurrierend auf ihre Forschung mit Somalier*innen in Dänemark betonen Jensen und Christensen (2012, 115), dass es zentral sei, auch das prä-migratorische Leben der Forschungspartner*innen zu beleuchten, um die der Migration vorhergegangenen Subjektivierungsprozesse nicht zu übersehen und um reflektieren zu können, welchen Einfluss die Flucht_Migration auf eben diese hat. Jensen und Christensen schlagen vor, die von den Subjekten erzählten »life-stories« als Basis für die Analyse zu nehmen, um sich forschend nicht nur in Metadiskursen – hier: Klasse, Migration, Alter – zu befinden: »We have also argued in favour of taking everyday life as a point of departure, perceiving it as a melting-pot where intersecting categories are inextricably linked« (2012, 120). Das alltägliche Leben und das darin stattfindende Aushandeln von Kategorisierungsprozessen verläuft nicht ohne Brüche, Veränderungen und Widersprüche. Intersektionalität ist in diesem Sinne ein geeigneter Zugang, um eben dieses Partikulare und die manchmal ambivalenten Praktiken einzelner Akteur*innen zu betrachten (vgl. Goel 2015, 31; Otto und Kaufmann 2018).

Die Berücksichtigung der prä-migratorischen Subjektivierungs-, Positionierungs- und Zuschreibungsprozesse fördert zusätzlich den Ausweg aus einer Reproduktion methodologischen Nationalismus (vgl. Glick Schiller und Wimmer 2003). Auch Anthias argumentiert, dass intersektionale Perspektiven gegen methodologischen Nationalismus einen Beitrag leisten können, denn diese Ansätze sind in der Lage, die Nuancen der Kategorien und deren Entstehungsprozesse zu untersuchen, da diese nicht naturalisiert, als gegeben und abgeschlossen hingenommen werden (vgl. Anthias 2008, 6). Hierüber soll dann auch der Bezug zu der in dieser Arbeit vertretenen transnationalen Perspektive gelingen, über die es möglich ist, Zugehörigkeiten und Positionierungen in ihren Verschiebungen wahrzunehmen – und zwar nicht nur im Sinne der Überquerung nationalstaatlicher Grenzen, sondern »within and across borders and boundaries« (Anthias 2008, 9; Agnew 2008; auch Agier 2016). Anna Amelina (2017, 62 in Amelina und Lutz 2017) argumentiert ebenfalls für eine Verbindung aus Intersektionalität und Transnationalität, um aufzeigen zu können, dass multilokale Referenzrahmen, innerhalb derer Positionierungen und Zuschreibungen ausgehandelt werden, gleichzeitig wirksam sein können.

Da Anthias »translocations« nicht als rein geografisch denkt, sondern auch als soziale »boundaries«[30], versteht sie selbst das Berücksichtigen der »translocations« als heuristisches Werkzeug. Diese Aushandlungsprozesse von Lokation und Dislokation finden im Kontext von »social relations« (Anthias 2008, 15) statt, die Strukturen der Differenzierung und Identifizierung produzieren und dann auch In- und Exklusion hervorbringen. Hier wird der Bezug zur Grenzregimeanalyse deutlich, denn Grenzregime nach Opitz (2011) stellen Gefüge zur Ein- und Ausschließung dar. Grenze und Grenzregime sind in diesem Sinne intersektional zu lesen. Der diskutierte Paradigmenwechsel weg vom räumlich-kategorialen Containerdenken, hin zu einer sozialkonstruktivistischen Betrachtungsweise der Trias von Flucht_Migration, Raum und Kategorien, macht es möglich, die komplexen Beziehungen und Prozesse zwischen diesen nicht voneinander trennbaren Phänomenen auch aus intersektionaler Perspektive Rechnung zu tragen. Über die Verbindung aus Grenzregimeforschung und Intersektionalität können Forschungen nationalstaatliche Kategorien und Ordnungsschemata – wie das der ›UAM‹-Einteilung – herausfordern und somit auch

---

30 Unter »boundaries« werden zwischenmenschliche Grenzziehungsprozesse jenseits der territorialen Grenze verstanden (vgl. auch van Houtum et al. 2005; Hess und Karakayali 2016; Schulze Wessel 2017).

wieder zu Beiträgen zurückkommen, die gesellschaftliche Strukturen ändern wollen; oder zumindest den dominanten Diskurs (ver-)stören. Anthias schlägt in diesem Sinne vor, dass Forschende die Produktion der Positionierungen im Ergebnis von sozialen Interaktionen verstehen sollten (vgl. Anthias 2008, 17). Die von Anthias eingeforderte Betrachtung von »positionalities« (vgl. ebd.) kann als Antwort auf gefährlichen »Groupism« (Goel 2015) verstanden werden.

»The concept of translocational positionality addresses issues of identity in terms of locations which are not fixed but are context, meaning and time related and which therefore involve shifts and contradictions. As an intersectional frame it moves away from the idea of given ›groups‹ or ›categories‹ of gender, ethnicity and class, which then intersect [...], and instead pays much more attention to social locations and processes which are broader than those signalled by this« (Anthias 2008, 5).

An Intersektionalitätsperspektiven orientierten Forschungen, die nicht nur ›klassische‹ Kategorien fokussieren, kann es gelingen, einen Raum für neue Subjektpositionierungen sichtbar zu machen. Dies ist vor allem dann vielversprechend, wenn Positionierungs- und Subjektivierungsprozesse angelehnt an *Critical Whiteness, Black Feminism* und kritische Diversitystudies analysiert werden. Das Grenzregime ist dann nicht deterministisch, es legt Positionierungen nicht (nur) fest, sondern kann als Geflecht verstanden werden, in dem diese Positionierungen und Verbindungen mit dem und gegen den produzierten Diskurs verhandelt werden, wodurch der produktive Umgang der Akteur*innen mit diesen Dynamiken beleuchtet werden kann (vgl. Binder und Hess 2011).

Zur Umsetzung der intersektionalen Perspektive: Eine Einschätzung

Zusammenfassend lässt sich bis hierhin festhalten: Erstens, intersektional arbeitende Forschungen sollten ihrem Forschungsgegenstand grundsätzlich offen begegnen und nicht schon vor der Erhebungsphase Kategorien festlegen, nach deren Bestätigung dann systematisch gesucht wird. Für diese Arbeit hat sich die Relevanz der Kategorie ›Alter‹ mit all ihren Bedeutungen also erst im Verlauf der Forschung gezeigt, aber a priori habe ich nicht formuliert, dass ich zu ›Alter‹ forschen möchte. Zweitens, die Analyse von sich verschiebenden Subjektpositionierungen ist hilfreich, um nicht fixierende Identitätsforschung zu betreiben. So fragte ich auch nicht nach der ›Identität‹ junger Geflüchteter, sondern nach Dynamiken der Verortungen und (Selbst- und Fremd-)Positionierungen und war offen, auch Selbst- und Fremdpositionierungen jenseits der ›UAM-Kategorie‹ aufzuzeigen. Drittens, über die Betrachtung von Lebensgeschichten, dem Alltäglichen und dem Diskurs gelingt es, die Komplexität der Verhandlungen um Positionierung, Subjektivierung und Zuschreibung in den Blick der Analyse zu bekommen. In der Konsequenz entschied ich mich für den bereits diskutierten Methodenmix. Viertens, um nicht erneut *Othering* und die Reproduktion eines ›sozialen Problems‹ für eine bestimmte ›Gruppe‹ zu betreiben, gilt es – und da gehen Intersektionalität und Grenzregimeanalyse zusammen – in der Analyse Forschungspartner*innen zusammenzubringen, die aus markierten und unmarkierten Positionierungen sprechen, weshalb auch bei mir institutionelle und nicht-institutionelle Akteur*innen berücksichtigt wurden.

Der intersektionale Zugang wurde in dieser Arbeit für die Analyse im Kontext der Flucht_Migration junger Somalier*innen/Somaliländer*innen mit Ankommen in Malta angewendet. Im Zuge der Auseinandersetzung mit dem erhobenen Material entstand in Zusammenarbeit mit Kaufmann die Entwicklung eines Ansatzes, den wir mit »intersektionelle Leseweise ethnografischer Forschungsausschnitte« bezeichnet haben (Otto und Kaufmann 2018). Mittels dieser hermeneutischen, machtkritischen Perspektive gelingt es, junge Menschen mit Flucht_Migrationserfahrung nicht allein auf eben diese zu reduzieren, sondern vielfältige Positionierungen zu beforschen, ohne die Wirkmächtigkeiten der Flucht_Migration und der damit einhergehenden Klassifizierungs- und Kategorisierungsprozesse (vgl. Fassin 2011, 2013; vgl. Donnan und Haller 2000, 10) zu negieren. Dieses gelingt in der Anerkennung, dass gesetzte, wirkmächtige soziale/juristische/politische Positionierungen nicht außer Acht gelassen werden – hier vordergründig: ›UAM‹ – aber eben nicht als *allein* wirkmächtig verstanden werden dürfen.

Als sinngebendes Moment für die Analyse des Materials ergibt sich dann, auf die Verwobenheit der verschiedenen Positionierungen und Zuschreibungen zu schauen, denn es war nicht nur der Status des ›UAMs‹ allein, der die Aushandlungen im Grenzregime beeinflusste. Über die Intersektionalität suchte ich in meinem Material folglich Verbindungen zwischen gesetzten und bekannten Kategorien und Diskursen – wie: ›UAM‹, junge Geflüchtete als ›gefährliche Männer‹, Minderjährigkeit als Strategie der Besserversorgung im Grenzregime, u. a. – sowie den Brüchen und Widersprüchen dazu, die vor allem in den Erzählungen der geflüchteten und nicht-geflüchteten Akteur*innen deutlich wurden. Es gelingt dadurch, gängige Kategorisierungsprozesse partikular und in situ zu beforschen, darüber hinaus aber auch neue, überraschende Prozesse von Subjektivierung und Positionierung zu erkennen: ein Gegen- und Mit-Kategorien-Denken wird parallel ermöglicht (vgl. Otto und Kaufmann 2018).

Der Ansatz einer intersektionalen Leseweise trägt folglich dazu bei, die jungen Somalier*innen/Somaliländer*innen in dieser Arbeit nicht zu typisieren, sondern unterschiedliche Subjektivierungen, Positionierungen und Wahrnehmungen werden herausgearbeitet. Die»Komplexität sozialer Wirklichkeit« wird erfahrbar und begreifbar (vgl. Bronner 2010, 256) und gleichzeitig ausdifferenziert dargestellt. Dieses gelingt vor allem auch, so argumentiere ich, über die Betrachtung der Positionierungen und Subjektivierungen im prä-migratorischen Kontext. Hierüber ist es dann auch möglich darzustellen, wie das folgende Beispiel mit der Betrachtung der Körper der jungen Geflüchteten zeigen soll, wie prä-migratorische Erlebnisse mit dem Klassifizierungsprozess im Grenzregime zusammenhängen und sie folglich als verwoben gedacht und analysiert werden müssen.

Die Körper der jungen Geflüchteten nahmen auf verschiedenen Ebenen der Klassifizierungsprozesse eine wesentliche Rolle ein und es lassen sich Wechselwirkungen zwischen Körper, Alter, Gender und Herkunft auf mehreren Ebenen ausmachen. Ihre Körper fungierten einerseits als»Zielscheibe für Rassismus« (Spindler 2006, 314) sowohl in zwischenmenschlichen Interaktionen, aber auch diskursiv produziert; sie waren gleichzeitig aber auch ihr Medium der öffentlichen Selbstrepräsentation. Körper als biopolitische Größe im Machtverhältnis von Flucht_Migration zu verstehen, bedeutet, für einen Ansatz mit intersektionaler Leseweise nachzuspüren, wie ihre Körper seitens der sie einteilenden und verwaltenden Institutionen und Akteur*innen ›gelesen‹ wurden. Anhand ihres Körpers und körperlicher Eigenschaften wurde nicht nur bei der Ankunft, sondern fortlaufend ihr chronologisches Alter festgemacht.

Tahliil, *cultural mediator* aus dem Heim, berichtete:»I was very surprised when they always looked for signs on their bodies. I mean scars and signs like that. They think when you have many you are older« (Tahliil, I, 07/2015). Verwundete Körper, wie der von Xanaan, der 2012 in Malta ankam, als minderjährig eingeteilt wurde und in dessen Oberkörper sich, wie es mir erzählt wurde, noch Kugeln aus einem Gefecht in Mogadischu befanden, fielen aus den Normalitätsvorstellungen von ›jungen, unversehrten

Körpern‹ heraus, die im Grenzregime scheinbar notwendig waren, um entsprechend behandelt zu werden. Im Heim waren die Bewohner*innen unter anderem dazu verpflichtet, Reinigungsaufgaben zu übernehmen, was für Xanaan mit großen Schmerzen verbunden war. Die Betrachtung der Aussage des *care worker* Bernard, der im Gespräch mit mir auf Xanaans Verletzungen Bezug nahm, verdeutlicht, dass es zusätzlich Zweifel an seiner Erzählung des Missbrauchs als Kindersoldat gab: »He says it was because he was a child soldier for al-Shabaab. But I don't think it is true«, war Bernards Einschätzung (IG, 06/2013). Hier zeigt sich, wie Xanaan angeblich seinen Körper als ›Beweismittel‹ dafür verwendet haben soll, ein (im maltesischen System aussichtsreiches) Asylnarrativ aufzubauen und der *care worker* Zweifel an der Wahrhaftigkeit von Xanaans Geschichte hatte. Bei Xanaan fielen also Gesundheit und Status als ›UAM‹ insofern zusammen, als dass seine ihn beeinträchtigenden und durchaus umfangreichen Verletzungen nicht auf Glaubwürdigkeit stießen; immer wieder hörte ich, dass so stark verwundete Körper ja gar nicht die von ›Minderjährigen‹ sein konnten, würde man in so jungen Jahren doch noch nicht so viele Verletzungen haben können.

In diesem Kapitel lotete ich die Möglichkeiten eines intersektionalen Zugangs für die Analyse der Altersaushandlungen zwischen Geflüchteten und nicht-geflüchteten Akteur*innen im Grenzregime aus. Was sicherlich nie in Gänze ausbleibt, ist der Rückbezug auf diskursiv oder institutionell hervorgebrachte und genutzte Kategorien, wie die ›UAM‹-Kategorie. In dieser Arbeit wurde diese nicht als vorsoziale Eigenschaft oder Identitätsmerkmal junger Geflüchteter gedeutet, sondern als Ausdruck und Effekt von Machtverhältnissen, Ordnungsproduktionen und Klassifizierungsprozessen. Der Fokus auf die gelebten Erfahrungen der Forschungspartner*innen mit und jenseits von Kategorisierungen zeigt einerseits, wie sich einige Forschungspartner*innen von den Kategorien distanzierten oder neue produzierten und andererseits, wer wie an welchen Kategorisierungsprozessen teilnahm. Hierüber ist dann der hier postulierte Ansatz auch wieder anschlussfähig an Bhabhas *Dritten Raum*. Wenn es das Ziel ist, Identitäten und Kategorien nicht als fix, sondern als dynamisch ausgehandelt zu verstehen, bietet das Verständnis dieser Aushandlungen im Sinne eines *Dritten Raumes* eine gute Analysemöglichkeit, denn schon Bhabha machte deutlich, dass im Schwellenraum vermeintlich eindeutige Positionen neu verhandelt werden und der Ausgang nicht vorgegeben ist.

Als Forschende können wir nicht ohne Kategorien denken, denn auch wir sind Bestandteil eben dieser, werden selbst eingeteilt und kennen bestimmte Diskurse, wie in meinem Fall den zu Flucht_Migration junger Menschen und deshalb auch die entsprechenden Markierungen und Zuschreibungen. Die eigenen Kategorisierungsprozesse gilt es viel mehr zu erkennen und in der Forschung mitzureflektieren. So verstehe ich Intersektionalität als Perspektive und eine gewisse Art des *doing ethnography*, in der diese Fäden zusammengebracht werden und im Ergebnis der Darstellung ein Geflecht aus Diskursen, Interaktionen und Subjektpositionen hat.

Carole McGranahan setzte sich 2015 intensiv mit den Charakteristika der Ethnografie im Sinne des theoretisiertem und theoretisierendem Geschichtenerzählens auseinander und hält fest: »Anthropology as theoretical storytelling may be a method of narration by both ethnographer and subject, a means of organizing writing, a way of arguing certain ethnographic points, and ethnographically-grounded way of approaching theory« (McGranahan 2015, 1). Als Ethnograf*innen erzählen wir folglich eine Geschichte, um theoretische und ethnografische Argumente begründen zu können und vermitteln auf diesem Wege beides: die Geschichte der Forschungspartner*innen und die entsprechende Theorie – im Ergebnis steht dann letztendlich *unsere* eigene Geschichte.

Um den drei hier ausgemachten Kritikpunkten an intersektional arbeitenden Forschungen begegnen zu können, ist es nach der hier argumentierten Einschätzung wichtig, erstens Verschiebungen und Infragestellungen von Normalisierungen zu betrachten und einen Beitrag mit der eigenen Arbeit zu eben diesen zu leisten, zweitens nah an den Subjekten zu arbeiten und die Zuschreibungen, Subjektivierungen und Positionierungen aus ihren Erzählungen zu heben, wofür sich ethnografisches Arbeiten anbietet, und drittens statt Fragen zu stellen, *wer* junge Geflüchtete sind, besser fragen, *wie* junge Geflüchtete gemacht und hervorgebracht werden und das Grenzregime navigieren, um ihre Agency nicht zu übersehen. Im Ergebnis steht folglich das Wechselspiel aus Ethnografie intersektional und Ansätze der Intersektionalität ethnografisch anzugehen.

III. Aushandlungen von Positionierungen, Selbstbildern und Kategorien

Selbst- und Fremdbilder

In den folgenden Ausführungen betrachte ich die Selbst- und Fremdbilder der jungen Geflüchteten. Zunächst werden die Erzählungen der jungen Menschen über ihre Zeit in Somalia/Somaliland analysiert. Es wird ausgelotet, welche Zuschreibungen an sie gemacht wurden, welche Positionen ihnen gesellschaftlich und familiär zugewiesen wurden oder welche sie versuchten einzunehmen, worüber dann auch erarbeitet wird, welche Selbstbilder sie von sich zeichneten. Eingegangen wird dabei besonders auf den von ihnen rekonstruierten Alltag, den Entscheidungsfindungsprozess, Somalia/Somaliland zu verlassen sowie den tatsächlichen *tahriib*, den Weg nach Europa. Die Entscheidung, dazu zu schreiben, liegt einerseits darin begründet, junge Menschen mit Flucht_Migrationserfahrung nicht alleine auf diese zu reduzieren, sondern deutlich zu machen, dass sie als Individuen auch schon vor der Flucht und dem Ankommen in Europa existierten. Es ist darüber hinaus andererseits zentral, die prä-migratorischen Subjektpositionen und Selbstbilder zu kennen, um verstehen zu können, welche davon sie nach der Ankunft in der EU weiter nutzten, welche ihnen abgeschrieben wurden und welche sie aufgrund von Statusgefährdung nicht mehr nutzen konnten. Es geht folglich um die Betrachtung vergangener und gegenwärtiger Subjektpositionen und Selbstbilder, die teilweise konsistent, teilweise widersprüchlich waren (oder sein mussten) und sich auch überlagerten.

Es folgt dann die Betrachtung ihrer Alterseinteilungen in Malta. Es geht um ihr Erleben des *age assessment*, um Altersaushandlungen, sowie um die Sichtweise der institutionellen Akteur*innen, die in Sorge waren, dass junge Geflüchtete ›zu leicht‹ den ›UAM‹-Status erwirken könnten. Im Anschluss an die Altersfeststellung folgte für die meisten meiner Forschungspartner-*innen die Heimunterbringung und die Mitarbeiter*innen trafen auf junge Menschen, die den ›UAM‹-Status bereits zugewiesen bekommen hatten: Offiziell waren sie also schützenswerte Kinder, es kam aber dennoch in den Begegnungen zu (Interessen-)Aushandlungen, innerhalb derer nicht immer von ›schützenswerten‹ Kindern ausgegangen wurde. Der Abschnitt schließt mit Betrachtungen um Volljährig-Werden, mit dem sie das Heim spätestens verlassen mussten.

Im Anschluss geht es mir darum darzulegen, wie die jungen Geflüchteten die ›UAM‹-Kategorie navigierten. Von Interesse ist dabei einerseits zu berücksichtigen, welche Erwiderungen und Praktiken sie in Bezug auf die Nutzung des Labels ›UAM‹ entwickelten; andererseits wird auch beleuchtet, welche Selbstkonstruktionen sie jenseits des Labels des ›UAMs‹ vornahmen. Es folgen Betrachtungen zu dem Sich-in-Szene-Setzen und dem Über-sich-selbst-Sprechen meiner geflüchteten Forschungspartner*innen. Im Anschluss zeige ich, wie sie mit Abwertungen und verwehrten Zugängen umgegangen sind, wobei sich ihre Handlungen zwischen Schweigen und Aktiv-Werden befanden. Die Fragen, die mich für die folgenden Analysen begleiteten, sind: Wer wurde wie ein- und ausgegrenzt? Wann gab es Auf-, wann Abwertungen? Welche Folgen und Funktionen hatten Selbst- und Fremdzuschreibungen? Welche Kategorien wurden wann durch wen relevant? Wie wurden Differenz und Gleichmachung verhandelt?

Das Leben vor der Einteilung als ›UAM‹ in EUropa

Studien, die sich mit der »lived experience« geflüchteter Menschen aus sozial_kulturwissenschaftlicher Perspektive befassen, vernachlässigen häufig die Betrachtung der prä-migratorischen Lebensumstände (vgl. Sirriyeh 2013, 32; Sayad 2004, 29) und bekräftigen damit Vorstellungskonstrukte, die Menschen mit Flucht_Migrationserfahrung erst als existent repräsentieren, nachdem sie zu Geflüchteten im EU-Grenzregime gemacht wurden. Im Gegensatz dazu adressiere ich in diesem Kapitel diese Problematik und betrachtete explizit die Erzählungen der jungen Menschen zu ihrem Leben in Somalia/Somaliland.

Den Blick auf den Alltag im Herkunftsland zu richten, macht es auch möglich, sie nicht nur als Geflüchtete zu repräsentieren, sondern auch als »ordinary people driven by ordinary desires« (Kohli 2006, 708), wodurch es gelingt, mit den diskursiven Verallgemeinerungen und Besonderungen zu brechen. Es werden die Spannungen zwischen Gehen-Wollen, Gehen-

Müssen und Bleiben-Wollen aufgezeigt. Dabei handelt es sich nicht um klare Entweder-Oder-Verhältnisse, sondern diese können sich auch überlagern. Ich zeige deshalb detailliert auf, welche Wünsche die jungen Geflüchteten an ihre Zukunft hatten, mit welchen Ängsten und Befürchtungen sie konfrontiert waren und welche Bilder von ›Europa‹ sie im Kopf hatten. Diese Facetten werden ausschließlich über ihre Erzählungen rekonstruiert, da ich nicht in Somalia/Somaliland oder entlang der Flucht_Migrationsroute forschend tätig war.

Alltagsleben

In den Gesprächen mit den jungen Menschen in 2013 und 2015 waren Themen wie Gewalt, die al-Shabaab sowie die Perspektivlosigkeit in Somalia/Somaliland dominante Themen; 2016 wurde mir allerdings vermehrt auch von den schönen Seiten des Landes berichtet. Diese Erzählungen kamen meistens auf, wenn wir abends gemeinsam gekocht haben und uns in der WG in Garcin, in der mehrere junge Geflüchtete nach ihrem Auszug aus staatlichen Einrichtungen in verschiedenen Konstellationen lebten, trafen.

Mir fällt auf, wie viel mir von der Landschaft und der Natur in Somalia erzählt wird. Yasir malt heute das Haus seiner Familie und auch das Dorf mit Stiften auf ein Blatt Papier. Wir sitzen gemeinsam am Tisch und es wird viel darüber erzählt, wie sie mit ihren Familien gelebt haben, mit wem sie ihre Freizeit verbracht haben und wer welchen Tätigkeiten nachging. Auf Amiirs Handy werden mir Fotos gezeigt, ich sehe teilweise ihre Mütter, Väter und Geschwister. Mir wird über die traditionelle Kleidung erzählt und auch Fotos von besonderen Kochgefäßen werden mir gezeigt. Yasir erzählt »Everyday I make fresh milk from the camel. Because we did not have a fridge and everything always it was fresh. Also that is why here always the fridge is empty. Still we buy fresh everyday.« [...] Heute sind es alles andere als Gespräche über Krieg und Terror und ich habe das Gefühl, eine ganz andere Seite des Landes über diese Berichte und Fotos kennenzulernen (TB, 04/2016).

Dieses Erzählen über das ›Normal‹-Alltägliche irritierte mich vermutlich vor allem deshalb, weil mein Somaliabild stark von den medialen Bildern geprägt war, die mir bis zum Zeitpunkt meiner Forschung bekannt waren. Mich mit diesen ›anderen‹ Bildern vertraut zu machen, geschah erst als ich meine Forschungspartner*innen seit über zwei Jahren kannte. Vermutlich hatten sie mittlerweile genug Vertrauen in mich gefasst, dass es möglich

schien, mir auch von ihren Familien und dem (wenig schrecklichem) Alltäglichen zu erzählen, denn diese Erzählungen wichen zum Teil von dem,
was sie in den Interviews für ihren Status erzählten, bzw. erzählen mussten,
ab. Es schien also gewissermaßen ein Raum zwischen ihnen und mir entstanden zu sein, in dem sich jenseits der »horror story of migration« (Chase
et al. 2019), artikuliert werden konnte. Sie schienen einerseits genug Vertrauen in mich zu haben, mir diese schönen Seiten zu zeigen und in mir in
diesen Situationen keine institutionalisierte Grenzregimeakteurin zu sehen.
Yasir berichtete weiter, dass er in Somalia bereits eine eigene Firma betrieb,
aber auch, dass er eine Verantwortungsübertragung durch seinen Vater für
seine eigenen Zwecke nutzte:

»Me, every Friday I had to work instead of my father. Because he wanted to go for
praying. He was selling water for cooking and drinking. Fridays he gave me the car
and I bring the water. One Friday I started to give the customer my number. And
tell them call me because my father finished his business [er muss lachen, als er davon erzählt]. So I make my own business. It was good and I make good money.
But when my father realized, big problem, I had big trouble in my home. Then I
only make money as DJ and taking pictures in weddings. But that was only small
business. Because there is not a wedding everyday« (Yasir, IG, 04/2016).

Hier wird nicht nur deutlich, dass Yasir mit großem unternehmerischem
Ehrgeiz agierte und Wege suchte, in Somalia eine Selbstständigkeit aufzubauen. Während das Ausliefern von Wasser lukrativ gewesen zu sein
schien, waren es die Tätigkeiten als DJ und Fotograf auf Hochzeiten weniger. Diese Tätigkeit jedoch hat ihm, wie er sagte, viel Freude bereitet und
Yasir berichtete weiter, dass er sehr gerne sein Fotografie- und Musikbu-
siness ausgeweitet hätte. Er war auch nicht der einzige, der bereits eine
kleine Firma betrieben hatte und mir stolz davon berichtete. Neben seinem
Stolz nahm ich aber auch eine gewisse Enttäuschung bei ihm war, denn
seiner Leidenschaft als Hochzeitsfotograf und DJ zu arbeiten, konnte er
nicht in ausreichend lukrativem Umfang nachgehen. Auch Elais hatte ein
eigenes kleines Unternehmen in Somalia – im Gegensatz zu Yasir koope-
rierte er allerdings mit seiner Mutter, wenn sie gemeinsam Donuts verkauften (Elais, IG, 04/2013). Während Yasir und Elais ihren Erzählungen nach
über diese Unternehmungen meistens finanziell abgesichert waren,
berichtete mir Binti während eines Ausfluges auf den Bauernmarkt, wo wir
gemeinsam für einen Kochabend im Heim Gemüse und Obst einkaufen
gingen, von ärmlicheren Verhältnissen. Der Markt fand jeden Samstag in
Ta Qali statt und es war die Idee unserer dort anwesenden Gruppe, beim

Kochen mal etwas Neues auszuprobieren. Wir kauften Kürbis, Rote Beete und Mangold und große Freude haben die Kichererbsen, die noch am Strauch hingen, ausgelöst. »Like home«, sagte Deeqo mir, und begann, andere mit Kichererbsen abzuwerfen, während er selbst welche naschte. Bintis Eltern lebten getrennt und der Vater hatte wieder geheiratet. Er erkrankte wenig später an Diabetes und Binti war in seine medizinische Versorgung eingebunden, für die sie, wie sie erzählte, mehrmalig nach Äthiopien reisen musste, was für sie eine Gefahr darstellte:

»My mother and my father they did not live together. Me I was with my mum and no man but my father he had a new wife and new children. So some my sisters and brothers and me we were alone with my mother. That life was not easy. But also my father you know he had diabetes. And with this disease it is very hard in Somalia to survive. Sometimes when we make some little money, one went to Ethiopia and come back with new medicine. But that is also dangerous« (Binti, IG, 05/2013).

Neben der Gefahr, die die gesundheitliche Versorgung des Vaters mit sich brachte und der Armut in der Familie berichtete Binti auch von spezifischen Gefahren für sie als (junge) Frau:

In Somalia, so berichtet Binti mir heute, gäbe es für sie als Frau keine Zukunft. »Me one year ago I finished my secondary school. I like biology and chemistry. But how can I become a doctor there? Because it is very, very dangerous for girls to go to school and go for other, higher education. My old teacher is now dead. Somebody killed her. As girl you cannot go outside alone, really. And I don't like that. You are nothing as a girl. They kill you. In Somalia, killing is easy and normal« (Binti, IG, 05/2013).

Über Bintis Erzählung wird deutlich, wie in Somalia ihr Frau-Sein eine höhere Schulbildung verunmöglichte und sie stets Angst hatte, dass ihr etwas passieren würde – das Töten anderer wurde mir in ihrer Erzählung als ›normal‹ berichtet; sie war, so nahm ich es wahr, über diese Zustände sehr traurig. Diese ständige Angst gab sie in einer Erzählung als einen Grund an, Somalia verlassen zu haben; der zweite Grund war ihr beständiger Wunsch nach höherer Bildung, um eines Tages Krankenschwester und dann Ärztin werden zu können: »In Somalia there is no future. But me I want to be a nurse. I like to help people. And I am interested in biology and chemistry. One day, when my teacher was killed, I decided to go because my education was finished at that time« (Binti, IG, 06/2013). Bintis Erzählung verdeutlicht, dass sie sehr klare Vorstellungen von ihrer Zukunft hatte und ihr Weggehen unter anderem als Antwort auf die

Unmöglichkeit der Teilnahme an höherer Bildung in Somalia zu verstehen ist. In ihren Begegnungen mit mir zeichnete sie immer wieder ein Bild von sich als fleißig und zielstrebig, als eine junge Frau, die nicht aufgab: »I never give up, Laura« (Binti, IG, 05/2013) habe ich häufig von ihr gehört. Ihr Wunsch nach einem Leben, in dem sie sich nicht darum sorgen muss, ermordet zu werden und in dem sie ihrem Wunsch nach Bildung nachkommen kann, wurde in ihrer Erzählung ständig wiederholt.

Während es Teil von Bintis Alltag war, in regelmäßigen Abständen für sich oder für ein Familienmitglied die gefährliche Reise nach Äthiopien zu organisieren, um die Medizin für den Vater, der 2015 verstarb, zu beschaffen, waren innersomalische Wanderungsbewegungen Teil von Absimils Alltag, um Gefahren zu vermeiden: »When there was a problem where we live we had to go somewhere else. Even now my mother she called me and she say that some areas in Somalia now they have a peace« (Absimil, IG, 07/2015). Das ständige Umziehen basierend auf Konflikten prägte auch Haybes Leben in Somalia, wie er mir während eines gemeinsamen Marktbesuches berichtete.

»Everybody they have a gun. And there is no government and the people do whatever they like. There are no rules. Always we are moving, moving, moving. I grew up moving. Because there was a conflict then we moved. Then, when we arrived, another conflict. And then we moved again. So we went north, south and north again. To move also was not new to me. In Somalia you never know what happens next. Everything can happen anytime« (Haybe, IG, 05/2013).

Was mir an Haybes Erzählung besonders auffiel, war, dass das Gehen und Gehen-Müssen ihn bereits seit zahlreichen Jahren begleitet zu haben schien. Es war die (kurzfristige) Lösung, um Konflikten zu entgehen. Dass das Gehen »not new to me« war, zeigte mir auch, dass er seinen Weggang aus Somalia nicht als etwas ›Anormales‹ verstand, sondern den Weggang gewissermaßen in die ganze Reihe seiner (erzwungenen) Bewegungen einreihte.

Es waren also nicht nur sozio-ökonomische und genderbezogene Gründe, die das Leben der jungen Menschen in Somalia/Somaliland beeinflussten: Immer wieder wurde auch vom Konflikt zwischen dem Norden/Somaliland und dem Süden/Somalia von häuslicher Gewalt berichtet. Die Gewalterfahrungen, an die sich die jungen Menschen erinnerten, waren demzufolge von unterschiedlicher Ausprägung. Alle Dimensionen hatten zur Folge, dass Angst häufig den Alltag charakterisierte. Mansuur, der in der Schule, wie er erzählte, stets gute Noten hatte, mischte sich in das Gespräch zwischen mir und Haybe ein: »One day my father he decided that I have to stop the school. But I was very good and liked to learn there. But he said that it is too much dangerous. Because of the al-Shabaab, you know. I really love my country but you cannot live there« (Mansuur, IG, 05/2013). Die Erzählungen von Haybe und Mansuur verdeutlichen, dass Angst auch das alltägliche Geschehen wie den Schul- oder Marktbesuch beeinflusste und es dadurch zu einer gewissen Immobilität kam. Sie trauten sich nicht mehr das Haus zu verlassen, wodurch es auch zu Bildungs-unterbrechungen oder abbrüchen kam. Neben der Sorge von al-Shabaab getötet oder als Kindersoldat missbraucht zu werden, schilderten die jungen Somalier*innen/Somaliländer*innen mir auch von der Rivalität zwischen verschiedenen »clans«[31]:

»The clans, you know, you never know who is who. Can you trust that person, you never know. People ask you ›Are you from that clan‹? And your answer is yes and they don't like that clan, they kill you. It is like that really everyday. They just cut off the head from people« (Haybe, IG, 06/2013).

Haybe verweist hier darauf, dass in alltäglichen Situationen Willkür zu herr-schen schien und Menschen aufgrund ihrer Clan-Zugehörigkeit getötet wurden. Dieses Wissen über die Willkür des Tötens führte zu Misstrauen untereinander. Aber es war nicht nur die gewaltvolle, zwischenmenschliche Dynamik, auf die meine geflüchteten Gesprächspartner*innen Bezug nah-men, sondern auch das offiziell Politische war für sie relevant. 2012 fanden in Somalia Wahlen statt, in deren Folge Yahya Sheikh Mahamoud zum so-malischen Präsidenten gemacht wurde und große Hoffnung auf Verbesse-rung der Situation auslöste; allerdings sei bereits nach wenigen Wochen deutlich geworden, dass diese ausbleiben würden und so ist »Somalia wei-terhin von systematischer Gewalt, schwachen staatlichen Institutionen, fi-nanzieller Abhängigkeit, sozialer Fragmentierung, Korruption und Armut betroffen« (Bundeszentrale für politische Bildung 2015). Haybe, der So-malia 2013 verließ, bezog sich im Gespräch mit mir auf die neue Regierung unter Mahamoud:

»The problem is that there is too much corruption in Somalia and the president he only wants a good life for his children. He does not know good leadership. For us,

---

31 In Somalia/Somaliland ist das Clansystem bedeutender Bestandteil der gesellschaftlichen Organisation und beeinflusst Kultur und Politik. Über die väterliche Abstammungsseite gehört jede*r einem Clan an (vgl. auch Besteman 2014; 2016).

and we are not his children but children of Somalia, we have nothing. There is no school, no work, nothing. But for his children there is a lot« (Haybe, IG, 05/2013).

Haybe steht hier exemplarisch dafür, dass junge Menschen durchaus auch Interesse an dem politischen Geschehen in ihrem Herkunftsland hatten, sie also keine apolitischen Individuen sind. Besonders häufig wurde die Ungleichverteilung von Zugängen und Aufstiegschancen von meinen Forschungspartner*innen thematisiert. Immer wieder präsentierten sich die jungen Menschen mir gegenüber als gut informiert und politisch. Prägendes Thema der Erzählungen war der Konflikt zwischen Somalia und Somaliland: für ein besseres Verständnis ist es an dieser Stelle wichtig, einen – zwar sehr verkürzten und ohne Anspruch auf Vollständigkeit – Blick auf das Verhältnis zwischen Somalia und Somaliland zu werfen. Am 18. Mai 1991, in Folge des Zusammenbruchs der somalischen Regierung, wurde die Unabhängigkeit Somalilands ausgerufen (vgl. Life and Peace Institute 2014; Bryden 2014). Der Staat ist jedoch bis heute nicht international anerkannt. Trotz einer verhältnismäßig stabilen Lage ist auch Somaliland nicht konfliktfrei, wie der Politologe und Konfliktforscher Dominik Balthasar betont; dies liege vordergründig an der Staatsbildung Somalilands als »elite-driven process« (Balthasar 2014a, 9; 2014b), auf den auch Haybe Bezug nahm. So existieren nicht nur nach wie vor auch innere Konflikte, wie sie sowohl von jungen Menschen, die in Somalia oder Somaliland aufwuchsen, geschildert wurden, sondern auch anhaltende Auseinandersetzungen zwischen Somaliland, Somalia und Puntland im Norden (vgl. Life and Peace Institute 2014).

Neben dem bewaffneten Konflikt wurden in den Erzählungen der jungen Menschen auch die Gewaltdimensionen durch Nicht-Teilhabe an Bildung, medizinische Unterversorgung von Familienmitgliedern, genderspezifische Gewalt, Clan-Konflikte sowie ökonomisches Prekariat deutlich. Bevor im Folgenden herausgearbeitet wird, wie die jungen Menschen die Entscheidung trafen, ihr »home« oder auch »no home« zu verlassen, möchte ich diesen Abschnitt mit einem Ausschnitt aus meinem Gespräch mit Bilal im Sommer 2015 schließen. Ich fragte ihn:

»How would your life be if you were still in Somalia?« »How can I know because I left a long time ago. Somalia changed a lot. There is not the same way for everyone. But what I know is that there is not normal life anymore, and also I did not have a normal life« (Bilal, IG, 07/2015).

Die jungen Geflüchteten erkannten für sich, dass sie diese Umstände nicht aushalten konnten oder wollten und deshalb aktiv ihren Kontext verließen.

Sie machten folglich Gebrauch von ihrer Agency. Sie haben eine Position der Selbstermächtigung eingenommen und ihr Handeln zeigt, dass sie nicht einfach als Opfer des Hinnehmens der scheinbar nur schwer zu verändernden Situation vor Ort zu verstehen sind. Wie genau die jungen Menschen ihre Entscheidungen trafen, zu gehen und mit wem sie darüber verhandelt und gesprochen haben, wird im folgenden Abschnitt aufgegriffen.

Entscheidungen treffen, einfach mitgehen, wegmüssen:
»One day, everybody else was gone«

Im Folgenden lege ich den Fokus auf das Verlassen. Es werden die komplexen und vielschichtigen, als wechselseitig zu verstehenden Gründe für das Verlassen gebündelt dargestellt sowie der Entscheidungsfindungsprozess beleuchtet.

Amiir, der Somalia Ende 2012 verlassen hatte und den ich erst im Frühjahr 2016 kennenlernte, weil er mittlerweile mit einigen ehemaligen Bewohner*innen des Heims in einer WG lebte, erinnerte sich an seine Entscheidung, zu gehen: »There are too many problems with the clans in Somalia. When you leave your home and you come back, you never know if a family member is killed or not. I did not like that situation and that feeling. So I decided that I leave« (Amiir, IG, 04/2016). Amiirs Erzählung zeigt, dass die Entscheidung, Somalia zu verlassen, maßgeblich von der Unsicherheit, die von der *clan-based* Gesellschaftsstruktur ausging, ausgelöst wurde. Für ihn war die Situation der verstetigten Unsicherheit getötet zu werden oder Familienmitglieder getötet aufzufinden, nicht auszuhalten. In seiner Erzählung beschrieb sich Amiir als aktiver Entscheider über das Verlassen »So I decided that I leave« (Amiir, IG, 04/2016), womit er sich in eine Position hob, in der er sich als derjenige, der die Kontrolle über eine nicht zu kontrollierende Realität generierte, repräsentierte. Während Amiir die Entscheidung alleine getroffen zu haben schien, berichtete mir Yabaal, dass die Entscheidung in seinem Fall innerhalb der Familie getroffen wurde:

»For our parents when they were young it was different. Somalia was a good country. That is what they told us. They were happy. Even people from Western countries came there and they worked in Somalia. So they did not think about going somewhere. And at that time they already had family and relatives somewhere else in the world. And when it became the war in Somalia these people told our parents »My children have a good life, not what you offer your children in Somalia«. I think that is how it started that we go, that is why some parents they think is better my child is not Somalia« (Yabaal, IG, 04/2015).

Yabaals Erzählung ließ mich annehmen, dass seinen Eltern von anderen Somalier*innen, die bereits im Ausland lebten, auch Druck gemacht wurde. Als er mir davon erzählte, hatte ich den Eindruck, als hätten seine Eltern das Gefühl gehabt, den anderen, die sie gewissermaßen dafür ›anklagten‹ ihrem Sohn kein gutes Umfeld bieten zu können, beweisen zu müssen, dass auch sie in der Lage seien, ihr Kind in einem sichereren Umfeld aufwachsen zu lassen. Mit seiner Aussage »that is how it started that we go« verweist Yabaal bereits darauf, dass sich rund um das Verlassen Somalias eine Art Tendenz abzeichnen lässt, die häufig mit dem Gehen mehrerer junger Menschen einherging, wie sich auch Filad erinnerte: »We were a small group of young people and together we play football. And we decided to go. We collect the money together and then we go together« (Filad, IG, 07/2015). Bei Filad wurde der Fußballplatz zum Ort der Migrationsentscheidung. Ausschlaggebend scheint gewesen zu sein, dass sich an diesem Ort mehrere junge Menschen trafen, die eine gewisse Perspektivlosigkeit teilten. Warsame berichtete Ähnliches von einem entsprechenden Szenario aus seinem Schulalltag, wobei Filad in einer Gruppe Somalia verließ und auch gemeinsam der Plan des Verlassens erarbeitet wurde, Warsame allerdings alleine aus Somalia wegging: »In my school, every day one person was missing. Then we were only left twelve people, then eight, and then five. So one day everybody else was gone. And then me also I go« (Warsame, IG, 07/2015). Bei Warsame überlagerte sich mit dem gruppenbezogenen Grund für das Verlassen – welcher eine Interpretation zulässt, nicht alleine zurückbleiben zu wollen – auch eine Gewalterfahrung durch die al-Shabaab. Von dieser erfuhr ich bereits 2013, als er mich bat, einen Brief von einer maltesischen Behörde mit ihm gemeinsam zu lesen. Er war mittlerweile nach maltesischem Altersermessen 18 Jahre alt und lebte gemeinsam mit Yasir und anderen somalischen Männern*, die ich nicht kennenlernte, in einer Wohngemeinschaft in Mosta, einer Stadt im Landesinneren der Insel. Um die Situation, auf die die Behörden in dem Brief verwiesen, besser zu verstehen, bat ich ihn, einen Blick in seine Akte werfen zu dürfen, die er zu Hause aufbewahrte:

Ich lese mich ein. Mein Kopf brummt und es sind wahnsinnig viele Informationen. Ich lese diverse Kopien unterschiedlicher Interviews, die mit ihm geführt wurden. Dann lese ich, dass seine Schwester vor den Augen der Familie von al-Shabaab

Kämpfern vergewaltigt wurde. Im Interview gab er an, daraufhin entschieden zu haben, nicht mehr in Somalia leben zu können (TB, 07/2013).

Während Warsame befürchtete, dass die al-Shabaab auch ihm physische Gewalt zufügen könnte, fürchtete Elais, dass er weitreichendere Probleme aufgrund seiner Zeugenschaft bekommen könnte und begründete seine Entscheidung zu gehen basierend darauf, dass er beobachtet hatte, wie in seiner Nachbarschaft eine junge Frau von einem Mann, der scheinbar in mächtiger Position war, vergewaltigt wurde:

»Laura, I tell you now why I left Somalia. In my neighborhood from Mogadishu I was walking around one evening. And then I hear noise that I never hear before. A girl she was screaming. And then I walked where I hear that voice. And then I saw one boy standing there and he also see me. And another one I saw rape that girl. And he was son of a high man in my neighborhood. I ran away. I could not help the girl. And then a few days later he started to threaten me. And his family is in a lot of power. So I had no choice but go« (Elais, IG, 07/2015).

Das »Laura, I tell you know why I left Somalia« deutete ich erneut so, als hätten wir über zwei Jahre nach unserem Kennenlernen nun eine Basis dafür geschaffen, diese Gehensgründe zu teilen – ich hatte das Gefühl, durch seine Art, mich anzusprechen, in ein Geheimnis eingeweiht zu werden. Das Gespräch führten wir in Elais Wohnung in Garcin, die er mit anderen Geflüchteten teilte, von denen aber niemand zu Hause war, als ich ihn besuchte. Er hatte für mich etwas zu Essen vorbereitet und Wassermelone aufgeschnitten, da er sich erinnerte, wie gerne ich diese bei der Hitze aß. Ich fühlte mich wohl bei ihm und auch er schien ausreichend Vertrauen in mich gefasst zu haben, mir von dieser Situation zu erzählen. Elais schien nicht nur bereit zu sein, mir von der Vergewaltigung der jungen Frau zu erzählen, sondern eben auch davon, dass er ihr nicht helfen konnte. Während er sprach, wurde seine Stimme immer leiser. Ich fragte ihn, ob er seiner Mutter davon erzählte, schien er doch nach meiner Interpretation ein ganz gutes Verhältnis zu ihr zu haben, verkauften sie doch Donuts zusammen. Elais aber erzählte mir, dass er ihr nichts sagte, denn er wollte nicht, dass sie in die Gewalttaten des Sohnes des scheinbar mächtigen Mannes eingeweiht war, um später nicht selbst in Gefahr zu sein.

Grundsätzlich interessierte ich mich wiederholt dafür, ob meine Gesprächspartner*innen ihre geplanten Weggänge mit ihren Eltern besprachen. Vermutlich deshalb, weil ich zumindest teilweise auch einem Bild von jungen Menschen verhaftet war, welches nicht davon ausging, dass diese weitreichenden Entscheidungen der Flucht_Migration alleine getroffen wurden, bzw. der Diskurs um ›afrikanische‹ Familien, die ihre Kinder losschicken, damit sie Remissen nach Hause senden, auch an mir nicht vorbeigegangen war. Oft reagierten meine Gesprächspartner*innen verwundert über meine Nachfrage und bis auf Yasir, der Folgendes schilderte, sprach kaum jemand mit den Eltern über das Vorhaben. Yasir war einer der wenigen, dessen Mutter Verständnis für seinen Weggang, hier als *tahriib* bezeichnet, hatte und der auch finanziell in seinem Vorhaben unterstützt wurde:

»My parents they know one day I want to go from here. Even my mother she asked me ›Do you want to go tahriib?‹ and I told her yes, I want to go. In 2009 I wanted to go. She did not like it. She told me to stay longer. And I stay longer Somalia. In 2012, me, I go. Then almost all my friends also they go. Me I was almost alone in Somalia. All my friends they left. And my mum she understands. Even she told me ›Your future is not in Somalia‹. Also they give me small money to go and also for the boat she give me« (Yasir, IG, 04/2016).

Yasir ergänzte »We come here because we just love Europe too much«, womit er der Einzige war, der mir gegenüber als Grund zu Gehen das Ziel, in Europa anzukommen, nannte (IG, 04/2016). Während Yasir von einem Gefühl des Alleinseins aufgrund der Migration seiner »friends« berichtete, erinnerten sich Kadiye und Odawaa an familiäre Einsamkeit:

»My mum, she died when I was a young small child. And my father he married new woman. I was with my old brother and young brother. We lived together and he [old brother, L.O.] was mother and father same time. But one day he go. And me I was there with my younger brother. But what we can do without him? So I also go« (Kadiye, IG, 04/2016).

Odawaa hingegen wuchs bei seinen Großeltern auf, die die Rolle der Versorgung für viele Jahre übernommen hatten, da seine Eltern nicht in der Lage gewesen zu sein schienen, sich um ihre Kinder zu kümmern: »My parents they could not take care of me. So they bring me grandfather and grandmother. But they are old and when my grandmother she died I had to go away. Because also my grandfather was old. And I was sure he would die soon«[32] (Odawaa, IG, 06/2013). Warum seine Eltern sich nicht um ihn

---

32 Ich habe in dem Gespräch nicht näher nachgefragt, warum die Eltern ihn zu den Großeltern gegeben haben, weil ich das Gefühl hatte, dass er traurig darüber ist. 2015 erfuhr ich allerdings, dass er eine erfolgreiche Familienzusammenführung hatte und mittlerweile zusammen mit seinen Eltern und Geschwistern in Skandinavien lebt.

kümmern konnten, traute ich mich nicht, weiter zu fragen und auch er thematisierte das mir gegenüber nie.

Anders als bei Kadiye verstarb bei Yabaal nicht die Mutter, sondern der Vater: »You know he work and work too much. Always he give the money my mother to buy for us food and clothes. We had a good life with my father and his money. But my mother no work« (Yabaal, IG, 07/2015). Durch das Wegbrechen des Hauptverdieners geriet die Familie in eine ökonomisch schwierige Situation, die Yabaal versuchte, abzufedern in dem er Arbeit suchte: »And then I tried to find job. Because I am the oldest boy in the family. But that time no work for me. And my mother she have eight children. So I talk my mum and we decided that I go Europe and send money my family« (Yabaal, IG, 07/2015). An Yabaal wurden scheinbar konkrete Erwartungen gerichtet: Er sollte, als ältester Sohn, dafür sorgen, dass die Familie ernährt werden konnte. Bei Yabaal hat die Mutter eine Rolle in der Entscheidungsfindung des Weggehens innegehabt und Yabaal wurde die Rolle des Garanten der finanziellen Unterstützung seiner Familie zugeschrieben. Bei Yasir nahm die Mutter eine andere Rolle ein und sie unterstützte sein Weggehen auch finanziell (Yasir, IG, 04/2016). Wenn ich nachfragte, warum die Väter ihnen kein Geld gaben, wurde mir immer wieder berichtet, dass Väter für ihre Töchter, aber Mütter für ihre Söhne verantworlich seien. »My father«, sagte mir Yasir, »he would not feel sorry for me. He says ›You are man‹« (IG, 04/2016). Dass die Eltern in die Entscheidung, Somalia zu verlassen, involviert waren, stellte in den Erzählungen der jungen Geflüchteten eher die Ausnahme, als die Regel dar:

Absimil berichtet mir heute, dass er seiner Mutter nichts sagte, bevor er ging. »My mum would make like this (tut so, als würde ihm jemand Handschellen anlegen). She tell me ›No stay, don't go‹. So I tell her before now I am still Somalia for sure. But I did not want to be in Somalia. But I am sorry that I did not say goodbye my mum. The next time I call her was when I was in Khartoum. I think she believe I died« (Absimil, IG, 06/2013).

Die Eltern meiner jungen geflüchteten Gesprächspartner*innen wurden folglich häufig lange Zeit darüber, was mit ihren Kindern geschehen ist, im Unklaren gelassen, weil die jungen Geflüchteten unterwegs keinen Zugang zu einem Telefon fanden, die Eltern nicht in Sorge versetzen wollten, oder sie bewusst keinen Kontakt haben wollten. Denn es waren in einigen Fällen auch gewaltvolle Eltern, die zu der Gehensentscheidung führten; in anderen Fällen wollten die jungen Geflüchteten ihre Eltern nicht gefährden. Caamiirs Fall steht beispielhaft dafür, dass die jungen Menschen ihre Eltern nicht informierten, da sie sie nicht gefährden wollten. Während Caamiir im Shop seiner Eltern arbeitete, wurde er von al-Shabaab Milizen bedroht und sie hielten ihn auch für einige Tage in ihrer Gewalt. In seiner Erzählung, die mich in ihrer Intensität sehr berührte, lagen Radikales und Banales eng beieinander:

> Caamiir erzählt mir heute, dass er oft im Shop seiner Eltern aushalf, in dem auch Zigaretten verkauft wurden. Dies werde aber von der al-Shabaab nicht toleriert. Sie kamen in seinen Laden und drohten, ihn umzubringen, wenn er noch einmal Zigaretten verkaufe. »Then me I hide the cigarettes. Because we need the money. But they come back and they find. They destroy shop and then they find. They use their gun and beat my head.« Er zeigt mir die Narbe auf seinem Kopf. »Then again they leave. But when I go home they catch for me. With a red car I remember. But I did not even see their eyes. I was two days with them. In that room only there was a bucket with water. And I tried to kill myself. Because when you have water in your lungs you cannot breathe anymore.« Dieser Suizidversuch ist gescheitert und er ist weggelaufen, als die Wachen unachtsam waren. »I run seven hours. I reach my home. I did not tell what happened. I said I had some accident somewhere. It was the last day of Ramadan and my family I don't want them to have fear. So I just left my home the next day.« Das Ganze erzählt er mir, als er eigentlich Tee machen wollte. Plötzlich bricht er die Konversation ab und sagt »But anyways we are still alive and that is important« und geht weg, um etwas Trinkwasser aus dem Lager auf der Dachterrasse zu holen (TB, 04/2016).

Wenn mir in Malta von diesen gewaltvollen Erfahrungen berichtet wurde, wurde das Gespräch oft abgebrochen und mit, wie ich es wahrnahm, relativer Ernüchterung betont, dass es doch das Wichtigste sei, noch am Leben zu sein. Sie entzogen sich immer wieder unseren Gesprächen, ließen mich kurz alleine und gingen, wie auch Caamiir, weg, um etwas Alltägliches, ›Normales‹ zu tun, wie Wasser zum Teekochen zu besorgen. Für mich waren diese Situationen häufig überfordernd, da ich nicht wusste, wie ich damit umgehen sollte. Auch Caamiir schien, ähnlich wie Elais, seiner Familie nicht von dem Erlebten erzählt zu haben, um sie zu schützen. Ich vermute auch, dass er mit seinem Weggang verhindern wollte, dass al-Shabaab die Verbindung zu seiner Familie herstellen konnte und gegebenenfalls auch ihnen etwas antun könnte. Caamiir schien, wie viele meiner Forschungspartner*innen, keinen anderen Weg zu sehen, außer seine Familie zu verlassen. Diese folgenreiche Entscheidung des Weggehens wurde oft ad hoc gefällt, ohne, dass meine Forschungspartner*innen die Chance hatten, länger darüber nachzudenken und zu reflektieren. Ein ständiges

Hin und Her in der Entscheidungsfindung schien es nicht gegeben zu haben und auch im Nachhinein, als sie mir davon erzählten, wurden die Entscheidungen so gut wie nie in Frage gestellt.

Auch Bilal erinnerte sich an die Bedrohungen, die durch die al-Shabaab ausgingen: »When my uncle, who is a member of al-Shabaab, come to our home and wanted me to follow his ideology, my mum told me to leave Somalia. [...]. Then [in Ethiopia] I meet more Somalis and we went together to Sudan«, berichtete Bilal (Bilal, IG, 04/2016). Zunächst fungierte seine Mutter als Unterstützerin in der Migrationsentscheidung, im weiteren Verlauf und für folgende Entscheidungen, die getroffen werden mussten, war er dann Teil eines Migrationsnetzwerkes und erfuhr Unterstützung von anderen Geflüchteten. Im Interview (I, 07/2015) erzählte er mir ausführlich darüber, wie er Entscheidungen traf und wie seine Route nach Europa verlief:

Bilal: »And one day when I used to play in an old stadium. It was close to us maybe when I come from my home twenty minutes away there was a car. They come to us and they told us that they can give us a lift but then the car went to another direction and he took us to a place where too much young people were and he speak to us like ›You know our group we are al-Shabaab‹ like that and me and my friends we thought that today we are finished. [...] And then at that time, late in the night, I came back to my home they told us that we are not allowed to tell our parents about that situation and then, when I told my mother that, I did not go out for one month, and then my mother she send me to a boarding school in Kenya. And I used to learn there and then I went to other places, Uganda, Ethiopia and then Sudan even and that is how my journey started because al-Shabaab would kill me in Kenya and if you meet them they know your face and your name it is like that they will find you even if you are with a hundred people they know about you. That is how it is.«

Laura: »So your mother decided that you should leave the country?«

Bilal: »Yes, she send me to that boarding school.«

Laura: »And was it your decision to leave Kenya?«

Bilal: »Yes.«

Laura: »So you did not ask your mother for permission to come to Europe?«

Bilal: »No, I make the decision myself. I did not ask her and because that situation is a little bit you know, I was not in Somalia for a long time. And they know that going to Europe needs a lot of money and they don't have it they do not have enough to help me. So I did not tell her. [...] But it was not really my decision to come to Europe because it just happened. [...]« (Bilal, I, 07/2015).

Dass Bilal von seinem Onkel für al-Shabaab rekrutiert werden sollte, begründete er auch damit, dass er ein junger Mann war: »Because they use the
boys for child soldiers. And they don't care when we die« (Bilal, IG
07/2015). Gleichzeitig verschwimmt hier auch die klare Trennung zwisch-
en dem Selbst-Entscheiden und dem Über-Sich-Entscheiden-Lassen (müssen), bzw. fatalistischen Schicksalserklärungen, denn es sei schließlich einfach (wie von Gotteshand) passiert. Während es seine Mutter war, die die
Entscheidung mit dem Internat in Kenia traf, um ihren Sohn zu schützen,
sagte er mir zunächst, dass es seine Entscheidung war, Kenia wieder zu
verlassen, wobei ich diejenige war, die aktiv danach fragte. Bilal bejahte
zwar meine Frage zunächst, aber im Laufe des Gesprächs zeigte sich dann
doch, dass er nicht in jeder Situation aktiv entschied oder entscheiden
konnte. Sein Ankommen in Europa habe sich einfach so ergeben.

Aus den Erzählungen geht auch hervor, dass Gender das Somalia- oder
Somaliland-Verlassen beeinflusste. Binti sprach dies an, da sie als junge
Frau keinen Weg sah, sich weiterhin zu bilden; Bilal berichtete mir von den
jungen Männern, die als Kindersoldaten rekrutiert wurden; und Yabaal
wurde mit der Erwartung konfrontiert, die Familie als ältester Sohn zu
finanzieren. Nafisos Erzählung beleuchtet einen weiteren Aspekt, nämlich
den der Frühverheiratung und Gewalt in der Ehe. Ich lernte, wie bereits
erwähnt, Nafiso im Juli 2015 kennen, weil sie mit Roodo, den ich gut
kannte, ausging und er mir gerne seine Freundin vorstellen wollte. Ich
freute mich darüber und wir verabredeten uns auf einen Kaffee. Da sie im
staatlich geführten Frauenhaus in Tal Gebel lebte, schlug sie vor, dass wir
uns in einem der zahlreichen Strandcafés in Birzebbuga treffen könnten,
denn der vielbesuchte Strandabschnitt lässt sich von Tal Gebel mit dem
Bus in rund 20 Minuten erreichen. Es war gar nicht meine Absicht, mit ihr
über ihre Gründe des Somalia-Verlassens zu sprechen, aber sie erzählte
von alleine, dass sie unter ihrem gewaltvollen Ehemann litt, aber keinen
anderen Weg sah, außer den zu gehen. Sie ließ auch ihr Baby zurück, aber
»I had to leave my home« (IG, 07/2015), erzählte sie weinend und berichtete unter Tränen, dass sie wiederholt über das Gehen nachgedacht habe
und abwägte, ob sie die Gewalt durch ihren Ehemann weiterhin aushalten
könnte, um bei dem Sohn bleiben zu können. Nafisos Erzählung verbindet
mit denen meiner anderen Gesprächspartner*innen die Auswegslosigkeit,
die sich in dem sehr entschieden artikuliertem »I had to leave« zeigte.
Letztendlich habe es dann eben doch keine Wahl mehr gegeben. Auch in

Deeqos Erzählungen nahm ich wahr, dass er keine andere Lösung für seine Situation sah als zu gehen:

»One day in school the teacher she said we can go home for a break. Then I go where my house is. In the street already I feel something is different and I see many ambulance and police and people they cry. I hear about a bomb. And then I go my home but no home anymore. The bomb was in my street« (Deeqo, IG, 03/2013).

Als Deeqo realisierte, dass seine Familie verletzt sein könnte, eilte er in das nächste Krankenhaus und sah sich dort nach ihnen um. Vom Krankenhauspersonal erfuhr er, dass seine Familienmitglieder dort nicht eingeliefert wurden. Deeqo erzählte, dass er ein paar Tage auf der Straße lebte und immer wieder in der Nachbarschaft und bei Krankenhäusern fragte, aber keine Auskunft erhielt. Als er es nach eigener Aussage aufgegeben hatte, jemals wieder eine Person aus seiner Familie zu finden, beschloss er, Somalia zu verlassen: »My life at home did not make sense anymore. So me I decided to try again a new life« (Deeqo, IG, 03/2013). Die Idee des »new life« wird Deeqo und auch meine anderen Gesprächspartner*innen im weiteren Verlauf ihrer Flucht_Migration noch weiter begleiten.

Keyse war der Einzige, den ich kennenlernte, der weder in Somalia noch in Somaliland aufwuchs. Er wurde in einem der größten Flüchtlingslager der Welt, Dabaab bei Nairobi (Kenia), geboren. Dort lebte er bis zu seinem Weggang mit seiner Mutter und seiner Schwester, über seinen Vater haben wir nie gesprochen.

»I grew up in that place. It was Nairobi. So that is why I speak also Suahili and Somali. And I was only with my mother and my sister. And we did not have much, money and food and clothes I mean. And I think when I was around 13 years old I left my mother and my sister. I realize she did not have enough for two bambino. And I did not want to make her more problems. So I think I can live myself. And then I left from there [...]« (Keyse, IG, 04/2016).

Keyse benannte als Grund zu gehen, dass er seine Mutter nicht zusätzlich belasten wollte; seine Entscheidung hat er als Entlastung für die Familie angesehen. Diese Erklärung für den Weggang habe ich auch bei Elais und Bilal wahrgenommen. Amiir brachte 2016 noch einen neuen Gedanken ein, als er berichtete, dass der Wunsch, eigene Kinder in Sicherheit groß zu ziehen, ebenfalls die Entscheidung zu gehen, beeinflusste:

Amiir sagt mir heute, dass Somalia ein Desaster sei, seit er geboren ist. Er möchte in diesem Land keine Kinder bekommen. »I want my children to have a good life and future, not like me. [...] everybody they have a gun [in Somalia]. And there is no government and the people do whatever they like. There are no rules« (Amiir, IG, 08/2016, in Deutschland).

Amiirs Erzählung zeigt auf, dass er sich durchaus als vorausschauenden jungen Menschen verstand, der die Situation in Somalia antizipierte und entschied, unter diesen Umständen keine Familie gründen zu wollen. Ähnliche Erklärungen lassen sich auch in Familien ohne Flucht_Migrationserfahrung finden; eine bessere Zukunft für die eigenen Kinder zu wollen ist also keineswegs etwas, was nur Eltern von Flucht_Migrierenden sich wünschen, sondern es ist schlicht ›normal‹. Amiir war es aber auch, der mir sagte, dass er die jungen Menschen in Somalia/Somaliland als »abandoned teenagers« versteht. »Our parents also abandon us. But how can you live without support? But they have nothing, no money, and no food. So they tell me to take care of myself. And Somalia is not a good place for that« (Amiir, IG, 04/2016).

In keiner Erzählung der jungen Menschen wurde über »smugglers«, also ›Schlepper‹, geredet. Dass ich nicht danach fragte, lässt sich sowohl damit begründen, dass ich nicht den Anschein erwecken wollte, sie in irgendeiner Weise ›überführen zu wollen‹. Nach der Tätigkeit von Schmugglern wird, so wurde mir berichtet, in den asylrelevanten Interviews gefragt. Zudem ist der Schmugglerdiskurs in den Medien sehr präsent und ich wollte vermeiden, diesen auf die Gespräche mit den jungen Geflüchteten zu übertragen. Tahliil, der als cultural mediator im Heim für LMAO tätig war, berichtete mir allerdings durchaus von einem »business with young Somalis«:

Laura: »Do you know the reason why so many young Somalis were suddenly here?«

Tahliil: »Because in Somalia or in different African countries they have no work for young [...]. The minors have no chance to pay the smugglers but the smugglers, they make a good money in these years because they, when they meet the minors, they tell them ›Listen you want to go to Europe? You want to go somewhere better?‹ they say ›Yes, yes, yes‹. Because, they don't have a good future there. So they are interested. They only ask them ›Do you have a mum?‹ and then they say ›Yes‹, ›Okay. What is your mom doing? She has some properties?‹ If they say yes, they tell them ›Listen, you pay nothing and we send you to Europe only you pay at the end of your trip. Just then you pay us‹. Even they do not tell the price. So when they come in the desert [...] they tell you ›Listen, you have to pay us four thousand or five thousand dollars‹. And you don't have that money at that point. So they ask you for the phone number of your mom. They would not call your father because the fathers tell always ›No I don't have money so if you want to kill him, do it‹. He can say it, it is more easy, but mom is mom and she has more sympathy to her child so when they call mothers and they tell them ›Listen, if you don't pay for him, we cannot let him go. We cannot let him go‹. The moms just have to give money and send it to the smugglers. If they do not have cash they sell their house. In order to send the money to the smugglers. [...]. Ahem, and they give you that line when you call your mom they tell you ›Listen tell your mother that you have only seven days. If you don't pay the money we will leave you here alone‹. But you cannot go anywhere so you will die, it is a desert, no trees, no water, in two hours you can die«.

Laura: »So they do not tell their moms before they leave. They just leave?«

Tahliil: »Yes, no one will know. No one knows. They disappear. One day they disappear and everything is arranged, so maybe in a week they can come to Sudan and in another week they arrive in the desert already after they arrive in the desert they have the satellite phones and they make that call they ringing the mothers. Some of them die there actually a lot of them die at that stage of the whole journey, a lot of them. Some of them, they do not have mothers or they do not have a family that has any money, and then they say ›Listen, you don't want to pay us our money?‹ Maybe they tell you to do something, to cook the food or something, so then they keep you, maybe they will shoot you, they do whatever they want.«

Die Erzählung von Tahliil über dieses Geschäft mit jungen Somalier*innen/Somaliländer*innen zeigt noch einmal auf, wie gefährlich es für einige war, sich auf diesen Weg nach Europa zu begeben; was es auch zeigt, ist, dass Klasse sowie körperliche und psychische Stärke das Überleben der Wüstendurchquerung maßgeblich beeinflussten. Die Willkürlichkeit, der sich meine geflüchteten Forschungspartner*innen gegenübersahen, brachte Tahliil noch einmal auf den Punkt.

Mit den Forschungspartner*innen über ihre Erfahrungen des Somalia-/ Somaliland-Verlassens zu sprechen, zeigte mir, dass sie aus vielfältigen Gründen, die als verwoben zu beschreiben sind, gegangen sind: Sie reichten von sexueller Gewalt, über den Missbrauch als Kindersoldat oder die Sorge davor, Sicherheit und Unsicherheit, familiäre Gründe, häusliche Gewalt sowie den Vorstellungen eines ›better life‹ – *refugee protection* in Europa zu suchen, gab keine*r meiner Forschungspartner*innen als Ziel an. Als tragende Säulen der Verlassensentscheidung können allerdings Unsicherheit und Gewalt – vor allem die Verstetigung der Angst, getötet zu werden – verstanden werden. Familien, Individuen und Gleichaltrige waren in die Entscheidung einbezogen; es kam aber auch zu ad hoc Entscheidungen des Verlassens, ohne, dass das Gehen länger vorbereitet wurde oder vorbereitet werden konnte. Somalia/Somaliland zu verlassen kann sowohl als Ergebnis von Dimensionen von Gewalt gegen junge Menschen durch gesellschaftspolitische und soziale Strukturen verstanden werden, aber auch familiäre, individuelle Gründe wurden kommuniziert. Deutlich wird, dass auch Genderfragen die Gründe des Verlassens mitprägten – u. a. Gewalt durch den Ehemann sowie keinen Bildungszugang, die Gefahr als Kindersoldat von der al-Shabaab rekrutiert zu werden, hörte ich von den jungen männlichen* Geflüchteten. Zu den Orten der Migrationsentscheidungsfindung gehörten vor allem die Schule und der Fußballplatz; Orte, die sie als junge Menschen für sich beanspruchten und an denen sie zusammenkamen. Das Kapitel zeigte, dass unterschiedliche Grade der Kontrolle in Bezug auf das Verlassen vorhanden waren. Einige hatten mehr, andere weniger Kontrolle über die Entscheidung, zu gehen; einige meiner Gesprächspartner*innen initiierten den Weggang selbst, andere gingen eher mit und folgten.

Die Betrachtung der Entscheidung zu gehen, lässt durchaus eine Interpretation zu, dass junge Menschen aktiv die Entscheidung trafen, gewisse Verhältnisse zu verlassen – sie haben folglich ihre Zukunft in die Hand genommen und sind gegangen. Keineswegs stellte es sich so dar, dass die jungen Menschen immer nur ›Opfer‹ von ›Schmugglern*‹ geworden sind, auch, wenn es das sicherlich gab. Auf das Verlassen Somalias/Somalilands folgte dann der Teil der Flucht_Migration, der im Fall meiner Forschungspartner*innen vorerst in Malta endete. Im folgenden Kapitel wird analysiert, wie und was die jungen Menschen über diesen Weg kommunizierten – betitelt haben sie diesen Weg als *tahriib*.

Der Weg nach Europa: Tahriib

»I only knew to leave Somalia because no future. Then I was Ethiopia and Sudan, but they have no future. So then Libya. [...] And then Malta. Because, what next?«

Ramaas, im Sommer 2013

Auf das Wort *tahriib* stieß ich während meines Forschungsaufenthaltes in Malta im Frühjahr 2016 zum ersten Mal. Es war zu einer Art unausgesprochener Regel geworden, dass ich mich nachmittags gegen 17 Uhr in der WG von Amiir, Caamiir, Geelo und Filad einfand, wir gemeinsam Essen zubereiteten und den Abend zusammen verbrachten. Diese Treffen waren meist von somalischer Musik begleitet, die im Hintergrund lief. Ich fragte eines Abends, worüber eigentlich gesungen werde, da ich nichts verstand. Yasir, der eine Etage tiefer wohnte und selbst Lieder schrieb und sang, klärte mich auf: »This song it is about tahriib« (Yasir, IG, 04/2016). Er sang mit und ich fragte, was denn *tahriib* bedeute, da ich mir darunter nichts vorstellen könne: »Tahriib, you know, that is when we [Somalis, L.O.] talk about going from Somalia to Europe. All this way we call it tahriib. It is big word in Somalia« (Yasir, IG, 04/2016).

Der Weg nach Europa – in den Gesprächen mit den jungen Geflüchteten nicht nur bezeichnet als *tahriib*, sondern auch als »journey«, als »when I go Malta«, oder »the way to come here« – war seit 2013 immer wieder Thema zwischen uns. Die gängige Route verläuft von Somalia über Äthiopien und den Sudan. Dann erreichen die Menschen Libyen. Von dort starten die Boote über das Mittelmeer. Meine Forschungspartner*innen besprachen ihre Flucht_Migrationsroute unterschiedlich intensiv mit mir. Einige schilderten das Erlebte sehr detailliert, andere wiederum hielten sich kurz und beschrieben nur Bruchteile.

Im Gespräch mit Bilal kommen wir auf das Thema Drogen zu sprechen. Er erzählt, dass er hin und wieder kifft und auch Khat, ein pflanzliches Rauschmittel, genutzt hat. Khat werde vor allem in einer Runde von mehreren Somalis gekaut und dann tauschen sie sich über die Migration nach Malta aus: »That was an amazing journey, but it hurt a lot, a lot. Because when we eat the Khat we can talk about that, we share the experience. Because for everybody it is different but for all very, very dangerous. So when I don't have the Khat, I don't talk about it. Because it hurts a lot« (Bilal, IG, 07/2015).

Für mich zeigte die Unterhaltung mit Bilal einmal mehr, dass das gezielte Nachfragen nach den Erlebnissen im *tahriib* schmerzlich sein kann und dass ich mich besonders achtsam verhalten sollte. Ein ähnliches Gespräch mit Absimil im Juli 2015 bestätigte mich: »We try to avoid to talk about that [tahriib, L.O.]. I now tell you but I don't tell any other people« (IG, 07/2015). Absimil formulierte hier auch deutlich, dass er mir von den Erlebnissen im Vertrauen erzählte und auf meine Verschwiegenheit gegenüber Dritten setzte. Ich hatte mir also vorgenommen, nicht aktiv nachzuhaken, was denn genau im *tahriib* geschah. Vielmehr wartete ich ab, bis die jungen Menschen von alleine auf die Thematik zu sprechen kamen, was immer wieder passierte, da die Erlebnisse sie sehr beschäftigten:

Wir sitzen zusammen am Tisch, während andere schon Geschirr und Töpfe vom Abendessen in der kleinen Küche reinigen. Aus dem Nichts fängt Yasir an, ein Boot zu malen: »With this boat me, I came«. Ich nehme die Zeichnung zum Anlass, mit ihm in das Gespräch einzusteigen« (TB, 04/2016).

Diese Form der Visualisierung machte es für mich oft leichter, mit den jungen Geflüchteten ins Gespräch zu kommen, denn ich hatte das Gefühl, einfacher konkrete Fragen stellen zu können, lag doch zumindest ein selbstgemaltes Bild auf dem Tisch, was einen von meiner Seite willkommenen Gesprächsanlass darstellte. Ich hatte den Eindruck, dass das, was gemalt wurde, mir zur Nachfrage offen stand. Gleichzeitig war ich auch erinnert an therapeutische Praktiken, die Malen als Verarbeitungsstrategie anwendeten und ich fragte mich, inwiefern dieses Zeichnen auch Hilferuf war, dem ich nicht gerecht werden konnte. Ähnlich verlief 2013 mit Haybe ein Gespräch über die Überfahrt nach Malta:

Ich sitze am Tisch, als Haybe mich ruft. Ich solle mal kommen, gibt er mir zu verstehen. Auf dem PC in seinem Facebookaccount zeigt er mir ein Foto von vielen Menschen, die dicht zusammen auf einem Boot sitzen, umgeben von Meer. »Me also I came with the boat in Malta. But our boat more people and the boat was smaller than this one. Me I sit like this for four days [er zieht die Knie an den Körper und macht sich auf seinem Stuhl ganz klein]« (TB, 03/2013).

Die Bedingungen der Überfahrt waren immer wieder Thema zwischen uns und hat meine geflüchteten Gesprächspartner*innen bis zum Ende meiner Erhebungen (selbstverständlich) beschäftigt; das zweite dominante Thema in den Erzählungen über den Weg nach Malta waren die Erfahrungen in Libyen. In ihren Erzählungen sprangen sie oft zwischen den einzelnen Etappen des *tahriib;* bei einigen dauerte es mehrere Monate, bevor sie mir überhaupt davon erzählten; andere sprachen nie über die Erlebnisse. Alle, die von ihrem *tahriib* sprachen, verdeutlichten mir, dass es sich um ein von Unsicherheit geprägtes Unterfangen handelte. Der Weg nach Europa war nämlich auch davon abhängig, welche Informationen unterwegs miteinander geteilt wurden. Der *tahriib* muss als etwas nicht vollständig Durchdachtes oder detailliert Geplantes verstanden werden. »The way to come here from Somaliland to Malta is step by step. First I came in Ethiopia, and I work there. When I had enough money I pay for a car and then I came Sudan. And again I work, collect money and then Libya« (Sabiye, IG, 05/2013). Sabiyes Erzählung steht beispielhaft dafür, dass die jungen Geflüchteten keineswegs von Beginn des *tahriib* über ausreichend finanzielle Mittel verfügten, um bis nach Europa gelangen zu können. In den folgen-

den Ausführungen gehe ich genauer auf diese ›steps‹ ein und beginne mit
ihren Erzählungen zu Äthiopien, dann folgen Beschreibungen zu den Erlebnissen in der Wüste, bevor dann der Teil zu Libyen, der aufgrund seiner
Signifikanz in den Erzählungen der jungen Geflüchteten, den größten Teil
einnimmt. Ich schließe mit der Überfahrt nach Malta.

Äthiopien: Ein bisschen Stabilität?!

Nachdem die jungen Geflüchteten Somalia/Somaliland verlassen hatten,
gelangten sie meistens zuerst nach Äthiopien, wo sie sich durchaus eine
vergleichsweise stabile Situation erarbeiten konnten. Amiir beschrieb, dass
er in Äthiopien ein recht geregeltes Leben geführt habe, regelmäßig zur Arbeit ging und ausreichend Geld verdiente um sich versorgen zu können
(Amiir, IG, 04/2016). »In Ethiopia, I make good money. Life was not too
bad« (Amiir, IG, 04/2016). Während es für Amiir möglich war, Geld für
die Weiterfahrt zu verdienen, schilderte Binti mir, dass es für sie als junge
Frau nahezu unmöglich war, unterwegs eigenes Geld zu verdienen. Sie
berichtete, dass andere Somalier*innen ihr finanzielle Mittel für die Weiterreise geschenkt hätten. »Other Somalis they understand my situation and
give me money« (Binti, IG, 05/2013). Somit befanden sich junge Frauen*,
wie Binti, auch in einer finanziellen Abhängigkeit von anderen Geflüchteten. Der *tahriib* und dessen Dauer waren folglich von ökonomischen Ressourcen und der erfolgreichen Erschließung von wertvollen Kontakten
und Beziehungen mitbestimmt. In Äthiopien, so berichteten es die jungen
Geflüchteten, habe es eine ganz gut funktionierende Infrastruktur unter
den Geflüchteten gegeben, sodass einerseits die Versorgung vor Ort als
auch die Weiterreise scheinbar recht unkompliziert zu realisieren waren.
Deeqo erzählte mir, dass er in Äthiopien direkt nach seiner Ankunft an
einen Ort gegangen war, von dem er wusste, dass er dort andere Somalier*innen antreffen würde: »Addis Ababa. It was […] you know close the
centre Addis Ababa. There stay a lot of Somalia people« (Deeqo, I,
06/2013). Über dieses Netzwerk hat Deeqo, ähnlich wie Amiir, in Äthiopien recht schnell Arbeit gefunden:

»I started washing cars [in Ethiopia] blahblahblah. That is it. Then I collected small
money and then I come Sudan because I heard Sudan you can get a good job,
cleaner of hotel like that. When I come I get hotel, I was cleaning three months«
(Deeqo, I, 06/2013).

Deeqos ›blahblahblah‹ deute ich so, als sei das, was in Äthiopien abseits des Auto-Waschens noch passierte, nicht relevant genug zu sein, um mir davon zu erzählen. Vielmehr zeigte er mir, dass er in der Lage war, die Tipps, die er von anderen bekam, erfolgreich umzusetzen. Sprach Deeqo von Äthiopien, dann mit einer gewissen Leichtigkeit. Er wirkte in den Erzählungen über die Monate in Äthiopien recht selbstbewusst und es schien, als seien seine Pläne immer aufgegangen.

Ferner wurde Äthiopien von Amiir als »a very beautiful country« (Amiir, IG, 04/2016) beschrieben und wurde von ihm nicht unmittelbar nach der Ankunft bereits als Transitland verstanden. Zunächst hatte er den Wunsch, dort bleiben und leben zu können, doch fehlende Aufenthaltspapiere machten dieses unmöglich: »I came to Ethiopia but I did not have documents. That is dangerous because they put you in prison for the rest of your life. Then I meet more Somalis and we went together to Sudan. You just come into a flow. [...]« (Amiir, IG, 04/2016). Nach einigen Monaten des illegalisierten Aufenthaltes in Äthiopien schloss Amiir sich dann mit anderen Somalier*innen zusammen und sie verließen Äthiopien in Richtung Sudan.

Die Wüste: Todesangst und Verluste

Genauso wie Amiir realisierte auch Deeqo, dass er nicht in Äthiopien würde bleiben können und ihm war klar, dass er nach Libyen gelangen wollte. Er wusste auch, dass er dafür die Sahara durchqueren musste. Wenn er davon erzählte, änderte sich immer sofort die Stimmung. Deeqo war dann nicht mehr der lockere, recht unbekümmert wirkende junge Mann, der meistens lächelte und Späße machte, sondern er wurde sehr ernst, sprach leise und versteckte beim Reden sein Gesicht immer wieder hinter den Händen.

»Then I tried to come Libya, Libya. I think it is easy (lacht ganz leise), you know, desert. I was thinking like that. But it is so, so difficult. When I am thinking, I think I die in desert. So I think me I dead in desert, desert, that's it« (Deeqo, I, 06/2013).

Er kommunizierte mir gegenüber, dass er scheinbar ein falsches Bild davon hatte, wie ›leicht‹ es sei, die Wüste zu überqueren. Schien sein Weg bis zu dem Zeitpunkt der Wüstenüberquerung einigermaßen unkompliziert zu verlaufen, realisierte er dann, dass sein Leben ernsthaft in Gefahr war. Nicht alle Menschen, mit denen Deeqo die Wüstenüberquerung antrat, überlebten die fast zwei Wochen in der Wüste:

»Then we stay thirteen days in desert and you know, it was close to Sabha. But we did not know, they did not tell for us. Then one from Ethiopia, my friend, my real friend, he died. […] No power. Yes, he died in the desert. Because at that day, when we stayed ten days they tell us no water, then after three days they give us one bottle, one bottle. It was a new car, I think they come from Sabha. They give us water. When you did not drink three days when you take water, problem for your body. You have to take small, small. Then he take one bottle one time. That is why he died. He take diarrohea. He lose all the water and he died. Then we cover with the sand« (Deeqo, I, 06/2013).

An Deeqos Erzählung wird deutlich, dass er in dieser Situation derjenige war, der wusste, dass man langsam trinken müsse, wenn man lange Zeit ohne Flüssigkeit geblieben war. Er konnte also die Gefahren einschätzen und sich trotz des großen Durstes zügeln. Vor allem die Art und Weise, wie er in seiner Erzählung über den Verlust des Freundes sprach, war bezeichnend: Er beschrieb in technizistischer Fasson, was den Körper überfordere und argumentierte logisch, warum der Freund starb. Ich deute dieses auch als Weg, mit dem Erlebten einen Umgang zu finden.

Diese Erzählung spiegelt auch wider, was Bilal im Sommer 2015 betonte: Das Alter spielte in der Wüste keine Rolle, man musste ›ein Mann sein‹ und meine Gesprächspartner*innen fanden sich in einer Situation wieder, die von Verallgemeinerungen geprägt war: »In the desert everybody was man. Everyday you have to fight for your life. Never give up« (Bilal, I, 07/2015). Die jungen Geflüchteten verstanden sich selbst als diejenigen, die nicht aufgaben und durch ihre (männliche) Stärke in der Lage waren, die Überquerung durch die Wüste zu überleben. Bilals Aussage ist vor allem vor dem Hintergrund einer Schilderung von Filad (IG, 04/2016) interessant, der vielmehr von ›boys‹ sprach als von ›men‹: »My parents did not know about my plans. I just disappeared. Together with some other boys we made a plan. […] It was only our decision of that group of boys«. Nach der Ankunft in Malta sprachen sie über sich selbst nicht mehr als ›boys‹; höchstens *über* andere, die Fehler machten und sich in schwierigen Lebenslagen befanden, wurde als ›boys‹ gesprochen. Haben sie also auf dem Weg nach Europa auch ihre ›boyhood‹ abgelegt und verorteten sich selbst in der ihnen zugeschriebenen Kategorie der (erwachsenen, starken) Männlichkeit? Haben sie mit dem Überleben gezeigt, dass sie diese Kategorie eben auch ausfüllen können?

Libyen: Willkür und Inhaftierungen

Diejenigen, die die Wüstenüberquerung überlebten, gelangten nach Libyen. Doch Zeit, sich von den schmerzhaften und verletzenden Erlebnissen in der Sahara zu erholen, blieb ihnen keine. Bilal berichtete, dass ihm direkt nach der Ankunft in Libyen sämtliche Dokumente genommen wurden und die jungen Geflüchteten wurden in ihren Handlungsmöglichkeiten stark beeinträchtigt:

»When I came to Libya, soldiers they came and I think they were drunk because I smell the alcohol. They check all our pockets and they take whatever they like. And they find my documents from Somalia that I had. They make like this [deutet mit den Händen an, dass etwas zerrissen wird]. Finished. So I knew I cannot go anywhere« (Bilal, IG, 07/2015).

Zu Bilals eigener Verwunderung haben die Soldaten* ›nur‹ seine Papiere zerrissen, ihn aber körperlich unversehrt gelassen und ihn nicht eingesperrt. Dennoch waren willkürliche Festnahmen in Libyen gängig. Die jungen Geflüchteten schilderten wiederholte Verhaftungen, die den nächsten – von Sabiye als »step« betitelten Schritt des Weges nach Europa – verzögerten: »And you know it is like sport in Libya. They catch Somalis, put them in prison and then they give you a phone. You have to call your family, tell what happened and ask for money. When you have the money you can go free. If you do not get money, you will be dead« erinnerte sich auch Binti (IG, 05/2013). Wer also nicht ausreichend finanzielle Ressourcen hatte, konnte sich aus der Haft nicht freikaufen und war dementsprechend für die Wärter* auch nicht mehr wertvoll. Dass geflüchtete Menschen aus Subsahara-Afrika in den libyschen Haftlagern als wenig wert galten, drückte sich auch in der Unterversorgung in den Gefängnissen mit Wasser, Lebensmitteln und Medizin aus, wie Sabiye schilderte: »One lady, we were the same boat, she told me that she lost her baby in Libya prison. Because there was not enough medicine and she was sick. And then she lost that baby« (Sabiye, IG, 05/2013). Er habe ihr nicht helfen können, denn auch ihm standen keinerlei Mittel zur Verfügung. Machtlosigkeit war immer wieder Thema in den Schilderungen der jungen Geflüchteten. Auch in Absimils Erzählung wurde dieses deutlich, der die Willkür in Libyen wie folgt zusammenfasste: »In Libya, every person has his own government« (Absimil, IG, 06/2013), womit er darauf verwies, dass die Regeln vor Ort undurchsichtig waren und vom Belieben Einzelner bestimmt wurden. Sabiye nahm es ähnlich wahr: »I came Libya after the war so it was no rules, they can do everything, everything and no punishment« (Sabiye, IG, 06/2013). Diese »own governments« führten laut den jungen Geflüchteten immer wieder zu Inhaftierungen in dem nordafrikanischen Staat. Meine Gesprächspartner*innen bezeichneten die Gewalttäter* in Libyen, die ihrer Einschätzung nach diese willkürlichen Strukturen schufen, als magafe. »Magafe in Somali means ›I will get you‹, ›I will get you‹, yes. I will not miss you. Something like that« (Deeqo, I, 06/2013), definierte Deeqo den Begriff für mein besseres Verständnis.

Die Zeit, die die jungen Geflüchteten in Libyen verbrachten, war von Angst und Gewalt gekennzeichnet, die unter anderem von den *magafe* ausgeübt wurde. Davon berichteten sie einstimmig. Libyen wurde als »most bad place from all the journey« (Sabiye, IG, 06/2013) verstanden: »That was too much, too much. You know, they take you in prison, they beat you, they have electro shocks, everything. Very bad place« (Sabiye, IG, 06/2013). Sabiye war nicht der Einzige, der von massiven Gewaltausübungen gegen Geflüchtete in Libyen erzählte. Amiir schilderte mir an dem Abend, als ich das erste Mal über den Begriff *tahriib* stolperte, sehr genau die Foltermethoden in libyschen Haftlagern und berichtete mir von seinen Erfahrungen: »In Libya they tell you to take off your shirt and then they make you small scratches and then you have to stand for a long time. Before, they put salt on the wall and when you get tired and lean back, then you have a lot of pain« (Amiir, IG, 04/2016). Auf diese Weise waren ihm Schmerzen in Libyen zugefügt worden, wovon er mir sehr direkt erzählte und mir auch die Narben, die auf seinem Rücken noch immer zu sehen waren, zeigte. In anderen Erzählungen ist auffällig, dass viel über das Leid anderer berichtet wurde, die/der Erzähler*in den Fokus von sich weg lenkte und selbst fast unsichtbar in der Schilderung wirkte:

Binti berichtet mir heute von Mord, Folter und sexueller Gewalt. Sie griff diese Themen auf, ohne, dass ich nachfragte. Sie selber hat es zum Glück, wie sie berichtet, nicht erfahren und ist dafür sehr dankbar. Allerdings erzählt sie mir ganz schnell, dass ihre Freundin Muriyo, die ich ebenfalls aus dem Heim kenne, ganz andere Erfahrungen gemacht habe. »Muriyo very bad. She needed one year from Somalia to Malta. Every time they catch her and send her back. In Libya she was detention. And Libya they hate black women. They tell you come, come to the car. You have to go they have gun, you don't go they kill you. [...] They beat her, they punish her in a house like prison, they keep women you know. And you know they do more bad things to her« (Binti, IG, 05/2013).

Während Binti kaum von ihren eigenen (schmerzhaften) Erfahrungen im *tahriib* sprach und darüber zu schweigen schien, war sie dennoch bereit, mir von Muriyo zu erzählen. Sie berichtete sogar recht detailliert über das Erleben ihrer Freundin und ich hatte den Eindruck, dass sie untereinander durchaus über das Erlebte sprachen, auch über vermeintliche Tabuthemen, wie Vergewaltigung. Diese brutalen Taten umschrieben sie mir gegenüber immer wieder und sie erfanden teilweise eigene Begriffe dafür, mir zu erzählen, was geschehen war. Immer wieder weinten die jungen Frauen auch, während sie mir von sich oder anderen berichteten.

Auch wenn Binti mir nur sehr wenig über sich im *tahriib* erzählte und scheinbar lieber über andere sprach, war es ihr aber dennoch wichtig, mir mitzuteilen, dass sie in Libyen Erfahrungen mit Gewalt machen musste, die sie in ihrem Schwarz Sein begründet sah. »They hate black Africans in Libya« (Binti, IG, 05/2013), war Bintis Einschätzung. Dieser Hass manifestierte sich ihrem Erleben nach vor allem in den willkürlichen Inhaftierungen, aber auch in den Vergewaltigungen von Frauen. Der Hass gegenüber Subsahara-Afrikaner*innen drückte sich für Binti auch in einer Behandlung von ihnen aus, die sie an den Umgang mit Tieren erinnerte. Basierend auf den Erlebnissen, die sie während ihrer rund vierwöchigen Station in Libyen machen musste, berichtete sie mir: »Libya is bad place, really bad place. They tell you, you are animal. And that is how they treat you, animal. Your life in Libya is nothing« (Binti, IG, 04/2013). Sabiye (IG, 05/2013) berichtete Ähnliches: »In Libya you count nothing, nothing«. Meine jungen geflüchteten Gesprächspartner*innen machten folglich Erfahrungen der völligen Entwertung und Entmenschlichung. Deeqo schilderte, dass die Gewalterfahrungen mit seiner Hautfarbe in Verbindung stünden: »They know your colour. They are insulting« (Deeqo, I, 06/2013). Er schilderte weiter, dass es keine Rolle spiele, ob die Person männlich*, weiblich* oder Kind sei »in Libya everybody same. They only see your colour« (Deeqo, I, 06/2013). Deeqo kam im Gespräch noch einmal auf die Behandlung als »animal« zu sprechen:

»When you walk in the jail, you have to walk like this [steht auf und geht in den Vierfüßler. Er läuft durch die Wohnung]. Yes. Like this«. »You mean the people in the jail they are not allowed to walk up?«, frage ich nach. »No, like animals. When it is twelve o'clock at night they see, they come where we sleep. They say wake up, wake up. Then they say ›Walk‹. Then we have to walk like this. Like animals« (Deeqo, I, 06/2013).

Sich wie ein ›Tier‹ behandelt gefühlt zu haben, drückte sich vor allem darin
aus, dass sie ihres Schlafes beraubt wurden, nicht aufrecht gehen durften
und sie die Befehle der Wärter* ausführen mussten, wenn sie keine weiteren (physischen und psychischen) Verletzungen riskieren wollten. Die Zeit
in den Haftanstalten war folglich eine, in der absolute Rechtslosigkeit
herrschte. Verlassen konnte man sie, wenn man entweder ausreichend
Geld hatte, oder es einem gelang, nachts, wenn die Wachen die Schicht
tauschten, aus einem Fenster zu springen. Bekamen die Wachen die
Fluchtversuche mit, wurde geschossen. Ein Fluchtversuch konnte also mit
dem Tod enden. Absimil, der in Benghasi inhaftiert war, schilderte mir
seine Flucht aus dem Gefängnis – auch wenn er wusste, wie gefährlich es
war, sah er keine andere Möglichkeit, außer zu fliehen: »I was in jail three
times. And three times I run. Everytime the soldiers they shoot but nothing happened to me« (Absimil, IG, 05/2013). Auch nachdem die jungen
Geflüchteten es schafften, aus den Gefängnissen zu entkommen, waren sie
in Libyen nicht sicher: »I was in jail in Benghasi. I don't know how long I
was, but long. And one night we run. And run, run, run. I don't know for
how long, but until sunrise. Because in the daylight it is too dangerous.
And then I made it to Tripolis«, berichtete mir Roodo (Roodo, IG,
07/2015). Das Auf-der-Straße-Sein war für die jungen Geflüchteten in
Libyen allerdings nahezu undenkbar. Sabiye erinnerte sich: »Even small
children they throw stones for us. When I think of Libya, I feel very sad.
Before, me, I leave from Somalia, I did not know that Libya is so dangerous« (Sabiye, IG, 06/2013). Wenn die jungen Geflüchteten in Libyen nicht
inhaftiert waren, suchten sie immer möglichst schnell den Kontakt zu anderen Somalier*innen/Somaliländer*innen. In Libyen hat ihnen das Mit-
anderen-Somalier*innen-Sein Schutz geboten; so, wie auch schon in Äthiopien. Ich fragte Deeqo, wo er hingegangen ist, nachdem er in Libyen aus
dem Gefängnis geflohen war: »The place that Somali they stay. House of
Somalia« (Deeqo, I, 06/2013). Aber auch diese Häuser konnten (natürlich)
nur Übergangslösung sein, denn die jungen Geflüchteten nahmen Libyen
vor allem als einen Ort der Willkür, der Entrechtung, der Abwertung sowie
der Zukunftslosigkeit wahr: »That was too bad, in Libya you cannot survive. [...]. There is only you know the sea«, war Ramaas Wahrnehmung
(Ramaas, IG, 06/2013). Einigkeit unter den Geflüchteten schien darüber
zu herrschen, dass dieser Zwischenraum der Nichtexistenz verlassen werden musste. Das Boot nach Europa wurde als der einzige Weg verstanden:

»And then I found a boat. The sea that night was very bad. Too much waves. But when you tell them that you don't go they will kill you. You have chance fifty percent life, fifty percent dead. But in Libya there was also no life. So you have no choice but go in the water« (Sabiye, IG, 05/2013).

Überfahrt: Ziel unbekannt

Die meisten meiner jungen geflüchteten Gesprächspartner*innen konnten nicht schwimmen und hatten wahnsinnige Angst vor der Überfahrt. Mansuur berichtete mir, dass sie insgesamt vier Tage und vier Nächte auf dem Wasser waren, es immer wieder Streit unter den Geflüchteten darüber gab, wo sie lang fahren sollten. Es war November, die Wellen hoch, das Wasser kalt. »Four days I only sit like this [versteckt das Gesicht hinter den Händen]. I did not want to see anything. I just sit and wait and tried not to become crazy« (Mansuur, IG, 04/2013). Alle, die mir von der Überfahrt erzählten, berichteten, dass es furchtbar war. Bei einigen Überfahrten fielen andere Geflüchtete ins Wasser, Frauen gebaren auf dem Boot Kinder, andere übergaben sich so viel, dass sie dehydrierten und starben. »But you cannot help because you have no power«, berichtete mir Mansuur von der Hilflosigkeit auf dem Boot.

Caamiir erzählte, dass er auf dem Weg nach Europa zwei Mal ein Boot nehmen musste. Bei seinem ersten Versuch der Überfahrt wurde das Boot, auf dem er sich befand, auf dem Meer von libyschen Soldaten* abgefangen und zurück ans Festland gebracht, wo er erneut inhaftiert wurde. Er musste ein zweites Mal aus libyscher Haft fliehen und dadurch verzögerte sich nicht nur sein Ankommen in Malta, sondern er erlitt erneut Folter und Demütigung.

»But me I was too much time Libya because I was there two times. After a few months I found a boat and we went to the sea. After five days we saw a ship and they came to rescue us. So we were on their ship. And I was very sure that I go now to Italy. But they bring us back to Libya. And then I was in Libya again. Of course they arrested us. They were shooting with guns when we tried to run away. They shot my best friend and he lost one eye. [...]. And then we were in prison for a long time. In total I spent one year and six months in Libya. And I found another boat and tried again. That is how I came to Malta« (Caamiir, IG, 04/2016).

Dass Caamiir es dann doch noch ein zweites Mal versuchte, Europa zu erreichen, drückt nicht nur aus, dass er sich selbst nicht aufgegeben hatte, sondern zeigt auch, dass er den Weg nach Europa als alternativlos verstand. Erholen von den Demütigungen in der Haft konnte er sich nicht.

Nachdem er die Flucht aus dem libyschen Gefängnis schaffte und mit ansehen musste, wie sein Freund ein Auge verlor, musste er binnen kürzester Zeit Geld für die Überfahrt beschaffen und diese dann auch antreten.

Caamiirs Erzählung illustrierte verschiedene Bedeutungsdimensionen und Facetten des *tahriib*; besonders zentral sind zwei Dinge: Erstens ist *tahriib* nicht als linear zu verstehen; durch das wiederholte Inhaftieren sowie das Rückführen auf See kommt es vielmehr zu zirkulären Bewegungen. Zweitens wird deutlich, dass der *tahriib* von einem Wechselverhältnis von Sicherheiten und Unsicherheiten gekennzeichnet war und dass das Sich-in-Sicherheit-Fühlen – »I was very sure we go now Italy« (Caamiir, IG, 04/2016) – nicht beständig war: »I lost eleven months in transit to come here [Malta, L.O.]. I never knew what will happen tomorrow. You just have to wait and see, that's it. You cannot make plans« (Amiir, IG, 04/2016). Deutlich wird, dass nicht nur das Pläneschmieden eine Unmöglichkeit darstellte – langfristig zu planen und durchdacht zu handeln, war für die jungen Geflüchteten nicht möglich. Sie mussten warten, wussten aber oft nicht genau, auf wen oder was sie warteten und auch das Ende des Wartens lag nicht immer in ihrer Hand.

Reflexionen: Schlangenartiges Verhalten als Überlebensgarantie oder reine Glückssache?

Wie erklärten sich die jungen Geflüchteten ihr Überleben des *tahriib*? Amiir erzählte mir, dass es am Wichtigsten sei, unterwegs nicht aufzufallen: »If you want to make it to Europe, you have to act like a snake« (Amiir, IG, 04/2016) und verwies damit auf die Anforderung, sich im *tahriib* möglichst leise, flink und unauffällig zu verhalten – welches ihm scheinbar auch gelang. Amiir verdeutlichte mir gegenüber auch, dass der *tahriib* maßgeblich von den Begegnungen und entstandenen Beziehungen, die jede*r aufbauen musste, abhängig war. Diese aufgebauten Beziehungen waren, so wird es in den Erzählungen der jungen Geflüchteten deutlich, für sie von großer Bedeutung und Nachhaltigkeit: »We can never forget each other. Because we know about everyone what we went through« (Amiir, IG, 04/2016).

Während Amiir mir gegenüber kommunizierte, dass es wichtig sei, sich ›richtig‹ zu verhalten, erklärten sich die meisten der jungen Geflüchteten das Überleben des *tahriib* als Glückssache. Im Wissen um den ›Misserfolg‹ und den Tod von so vielen, ihrer Einschätzung nach zumindest der Hälfte aller, die versuchten, das Meer zu überqueren, knüpften sie ihren eigenen Erfolg an die Bedingung des Glücks, denn für dieses trage man selbst nicht die Verantwortung: »Good and bad people they are everywhere. And you don't know if you meet the good or bad people« (Sabiye, IG, 05/2013). Es sind vielmehr die ›guten‹ oder ›schlechten‹ Menschen in ihren Erzählungen, von denen die eigene Zukunft abhing. Die Erfahrung im *tahriib* nur bedingt langfristige Pläne schmieden zu können, endete nicht mit der Ankunft in der EU. Was endete, waren die massiven Misshandlungen, die ständigen Schmiergelder, die sie zahlen mussten und die willkürlichen Inhaftierungen. Mit dem Ankommen in einem EU-Land wird (diskursiv) häufig das Ende der Flucht konstruiert. Das Begleiten meiner Forschungspartner*innen zeigt jedoch, dass sie, obwohl sie im (sicheren) Malta ankamen, trotzdem damit beschäftigt waren, wie es mit ihnen und ihrer Zukunft weitergehen würde.

Während einige nie über den *tahriib* sprachen, wurde in den Erzählungen deutlich, dass der *tahriib* ein fester Bestandteil der Biografie geworden ist und ganz bewusst davon berichtet wurde. »I tell people when they ask me where I come from that I came by boat and that I went through the desert. Of course I tell because it is part of my life« (Bilal, IG, 04/2016). Auffällig an den Erzählungen ist, dass der Tag der Ankunft in Malta sehr genau erinnert wurde, was ausdrückt, welche Signifikanz die Ankunft in Europa in dem Leben der jungen Menschen einnahm: »I left Somalia in January 2013 and then I came Malta 23 March. So it took only three months. Everybody they say you are lucky, you are lucky« (Binti, IG, 05/2013).

Als ich meine Gesprächspartner*innen in Malta traf, wurden sie auch dort gerade aus der Haft entlassen. Mir gegenüber berichteten sie immer wieder davon, wie viel Angst sie hatten, dass auch im maltesischen Gefängnis erneut dieses Ausmaß an Gewalt vorherrschen könnte, wie sie es in Libyen erfahren hatten und ich fragte mich, inwiefern eigentlich die Unterbringung im Heim sie auch an diese schmerzhaften Erfahrungen erinnerte? Selbstverständlich durften sie im Heim aufrecht gehen, aber Gewalt durch die Polizei erlebten sie auch dort, wie mir beispielsweise Keyse (IG, 04/2013) berichtete, der im Heim immer wieder auffiel, da er recht oft die Zustände kritisierte und auch Kraftausdrücke gegenüber den Mitarbeiter*innen verwendete: »They come at night and beat me in the long corridor. I scream. The others opened the door and saw what happened. Police told them to watch so they know what happens when they make problems like me«. Vorangegangen war diesem Vorfall, dass Keyse wiederholt erst spät in der Nacht ins Heim zurückkehrte, oder manchmal tagelang verschwunden war, da er bei Freunden geschlafen hatte.

Der *tahriib* lässt sich daher nicht einfach als ein Weg beschreiben, der den Weggang aus einem gefährlichen Kontext in einen sicheren Kontext darstellt. Die Flucht_Migration der jungen Menschen lässt sich nicht mit dem Verlassen eines unsicheren Ortes mit der Ankunft an einem sicheren Ort gleichsetzen; Sicherheit und Unsicherheit verlagerten sich während des *tahriib* immer wieder.

Was sagen diese Überlegen zum Alltag in Somalia, zum Somalia/Somaliland-Verlassen sowie zum *tahriib* aus? Genauso wie meine Forschungspartner*innen bereits in Somalia/Somaliland sehr unterschiedliche Leben geführt haben, die von verschiedenen Familienstrukturen, finanziellen Ressourcen und gesellschaftlicher Positionierung geprägt waren, so waren ebenfalls ihre Gründe, den gewohnten Kontext zu verlassen, vielfältig. In meinen Gesprächen mit ihnen stellte sich heraus, dass viele gerne geblieben wären, die Zustände es aber nicht zuließen. Dabei nahmen sie sowohl Bezug auf persönliche, individuelle Umstände, aber klagten auch die politischen und gesellschaftlichen Strukturen in Somalia/Somaliland an. In einigen Fällen haben die jungen Geflüchteten selbst die Entscheidung getroffen, zu gehen; in anderen Fällen wurde gewissermaßen über und für sie entschieden. Wenn die jungen Geflüchteten über ihre Erlebnisse berichteten, wirkten sie auf mich teilweise sehr strukturiert und erklärten mir vieles logisch, einige Erklärungen wirkten jedoch auch eher fatalistisch, chaotisch und die Erzählungen, vor allem über den *tahriib,* waren oft lückenhaft und brüchig.

In ihren Erzählungen haben sich einige als ›stark‹, ›schlau‹ und ›selbstständig‹ präsentiert; diese Eigenschaften waren gewissermaßen notwendig, um den *tahriib* überhaupt überstehen zu können. Wer überlegt und umsichtig agierte, erhöhte die Chance, EUropa zu erreichen. Wer unüberlegt und leichtsinnig handelte, brachte sich und andere in Gefahr. Ich lernte im Rahmen meiner Forschung überwiegend junge Menschen kennen, die sich mir gegenüber als ambitionierte Personen präsentierten, die in ihre Zukunft investierten und die lernten, mit Verlusten und ›Misserfolgen‹ umzugehen. Es darf aber nicht vergessen werden, dass die in diesem Kapitel beschriebenen Gewalterfahrungen auch Teil ihrer Biografien waren und sie trotz aller ›Stärke‹, die sie mir gegenüber immer wieder betonten, auch verletzte Seiten hatten.

Fast niemand berichtete, dass EUropa (oder gar Malta) das Ziel der Flucht_Migration gewesen sei. Die meisten hatten vor ihrer Ankunft in Malta noch nie von dem Inselstaat gehört. Sie hatten zudem kaum konkrete Vorstellungen von ›Europa‹, aber, was sie gewissermaßen einte, war der Wunsch nach einem »new« oder »second life«: »I want to have a good future and I work hard for that«, war Amiirs Einstellung, die er, so sagte er es, immer schon hatte: »When we were born we started to fight, and always fighting, fighting, fighting for a good life. For me, life was never easy, but I always believed in a good future« (Amiir, IG, 04/2016).

Als ›unaccompanied minor‹ in Malta leben, mit ›unaccompanied minors‹ in Malta umgehen

»When you come as a child you know and they accept you as a child you can leave detention faster. But adults they stay very long. But sixteen also was not good because then you have to wait two years before you are eighteen and two years you have to live in the [Heim]. And there you have no freedom. Too many rules, you can't eat when you need food and you can't go out when you want. And then you have problems [...]. So [Heim] there was no freedom.«

Ramaas, im Sommer 2013

Im folgenden Abschnitt widme ich mich der Ankunft der jungen Geflüchteten in Malta und zeige auf, was passierte, als sie vor Ort auf die sie Verwaltenden und Betreuenden trafen. Es soll dargestellt werden, welche der artikulierten Selbstbeschreibungen sie weiter nutzen konnten, welche (neuen) Zuschreibungen an sie gemacht wurden, wie sie diese navigierten und wie diese im Umkehrschluss ggf. auch ihre Selbstbeschreibungen und ihr Verhalten beeinflussten. Ich betone in den folgenden Abschnitten immer wieder die Verwobenheit zwischen den Platzanweisern aus Alter, Fluchtstatus, Gender, Religion und Herkunft. In Bezug auf Bildungszugang, der Anforderung, das eigene Leben zu gestalten sowie mit Blick auf das formelle Volljährig-Werden lote ich aus, inwiefern die jungen Geflüchteten ambivalent entlang des Kind-Erwachsenen-Schemas eingeteilt wurden und welche Konsequenzen diese Einteilungen und Positionierungen für sie hatten, zeige aber auch, wie sie sich selbst positionierten.

Altersbestimmungen und -aushandlungen: »In Malta they told me ›You are only twelve years old‹«

»Another problem in the home was that the Maltese workers always compared the minors to their own children.«

Tahliil, im Sommer 2015

Die Alterseinteilungen waren in den Erzählungen meiner geflüchteten Forschungspartner*innen dominant und auch die institutionellen Akteur*innen nahmen immer wieder Bezug auf die Altersfeststellung und die Kategorie des ›UAMs‹. Der folgende Abschnitt widmet sich dem Erleben der

Altersfeststellung sowie den Dynamiken der Aushandlung von Alter. Den Entwicklungen von Fluidität und Fixierung der Kategorie ›Alter‹ nach der Ankunft in alltäglichen Begegnungen und Bedeutungsmachungen spüre ich dementsprechend hier nach.

Unmittelbar mit dem Erreichen Maltas begannen die Einteilungs- und Klassifizierungsprozesse. Noch am Hafen wurden die Geflüchteten ein erstes Mal interviewt, es wurde ihr Gesundheitszustand überprüft und auch das chronologische Alter wurde abgefragt. Bilal erinnerte sich, dass er und andere nach der mehrtägigen Überfahrt über das Mittelmeer erschöpft waren und nicht genau wussten, wie ihnen geschah. Er berichtete, dass drei Mitarbeiterinnen* von LMAO *ein* Alter der jungen Geflüchteten notierten, aber nicht *das* Alter aufschrieben, welches die jungen Menschen angaben, sondern allen homogenisierend ein Alter von 14 Jahren zuwiesen. Es wurde jedoch nicht nur das Alter, sondern auch die Herkunft aus Mogadischu zugewiesen. Im Anschluss an diese erste Erfassung, mit der dann auch fremdbestimmte Kategorisierungen einhergingen, wurden alle Neuankommenden inhaftiert und nach einigen Tagen wurden die jungen Geflüchteten dann in Haft erneut von LMAO-Mitarbeiter*innen aufgesucht. In den Gesprächen ging es dann wieder um ihr Alter und Bilal wurde, so erzählte er, zum ersten Mal als Lügner* designiert, da sein in Haft während des Zweitgespräches mit LMAO-Personal angegebenes Alter nicht mit dem notierten Alter von 14 Jahren übereinstimmen würde.

»The first time when we arrive when they saved us from the sea they take fingers from us and we did not even know our situation like we feel tired and people some of them they lose their brain on the boat and they start speaking to us how old you are, but she started writing 14 for all of us. There were three ladies and to all of us they told us we are 14 and she wrote from Somalia, Mogadishu. But I am from Beledweyne, that is not Mogadishu, but they write Mogadishu, Mogadishu, Mogadishu. [...] After three days in detention they again come to us and they asked me ›How old are you?‹ and I said 17 and then they said ›But here is written 14, so why did you say 14?‹ and I tried to explain that she did not even ask me my age but just she write my age. It took us two more weeks to stay longer it was like 15, 16 days so a bit more than two weeks inside the detention and we were waiting every day that they give us freedom and wake up with a free life. Our situation in there was no life, it was always waiting day per day« (Bilal, I, 07/2015).

Das *age assessment* wurde durchgeführt während die jungen Geflüchteten sich im *detention centre* befanden. Bilal machte bereits deutlich, dass die Zeit in Haft sehr belastend war und mit einem »no life« gleichgesetzt wurde. Diesen Zustand wollten meine Gesprächspartner*innen verständlicherweise möglichst schnell verlassen und ein Weg, dieses zu realisieren, war die Akzeptanz des zugewiesenen Alters, auch wenn dieses nicht ihrem chronologischen oder ihrem erwünschten Alter entsprach. Mir wurde von LMAO nicht gestattet, an den *age assessments* teilzunehmen und auch die *age assessment team member* standen für ein Gespräch nicht zur Verfügung, aber *cultural mediator* Tahliil war mehrfach während dieser Verfahren anwesend und wir kamen über die Kriterien der Minderjährigkeit sowie dem Procedere der Festsetzung ins Gespräch. Tahliil erklärte mir, dass die Entlassung aus der Haft an die Akzeptanz des zugewiesenen Alters gebunden war. »[I]f you do not accept [your age, L.O.] they will tell you ›Listen, you stay in the detention [...]. No interview [for protection, L.O.]‹ and nobody likes to stay in detention so you have to accept it« (Tahliil, I, 07/2015).

Tahliil erläuterte mir auch, dass es den *age assessment* Mitarbeiter*innen scheinbar schwer fiel, ein Alter festzusetzen und sie immer wieder ihre Entscheidungen mit ihrem Vorgesetzten absprachen (Tahliil, I, 07/2015). Der Spielraum, den die Einteilenden hatten, wird hier ersichtlich: Auch wenn ein*e Mitarbeiter*in schon gegen die Minderjährigkeit entschieden hatte, konnte der Vorgesetzte immer noch die Minderjährigkeit feststellen. Ich war interessiert daran, was denn genau in diesen Verfahren eigentlich passierte und wollte wissen, auf was die Mitarbeiter*innen achteten. Tahliil gab mir Auskunft darüber:

»[...] they assess you whether you [...] look like a minor they check your body [...]. I was wondering when we attended the age assessment two or three kids they were [...] saying more about the features of the person like for example they do not believe if a minor has a big head he is older than what he is saying [...]. They also consider the signs of your body if you have more signs on your body if you have more signs in your face [...] they will tell them that they are over eighteen [...]. So I mean scars and everything [...]« (Tahliil, I, 07/2015).

Ich war über diese Methode überrascht, hatte ich doch von meinen Forschungspartner*innen erfahren, dass einige in Somalia/Somaliland bereits Gewalterfahrungen machten, die auch Spuren auf ihren Körpern hinterließen. Diese wurden scheinbar, als sie begutachtet wurden, nicht berücksichtigt, bzw. als ›Beweis‹ für Volljährigkeit verstanden. Der *unverwundete* Körper schien hier als Beweismittel für die Minderjährigkeit verstanden zu werden, wohingegen *verwundete* Körper aus dem Rahmen zu fallen schienen.

Um überhaupt die Altersfeststellung durchführen zu können, mussten die jungen Geflüchteten die Haft verlassen und wurden dafür unter Aufsicht von Polizist*innen ins Krankenhaus gebracht. Absimil betonte, dass er sich in dieser Situation kriminalisiert fühlte:

»So how did you feel when they brought you here [age assessment verification appointment, L.O.]?«, fragte ich. »You can imagine« antwortete Absimil, »I feel very bad and I was afraid. And I was really ashamed. They put our hands like this (deutet Handschellen an) and I feel like criminal. But I am not criminal. And also I had one flip-flop blue, and one red. Everyboy was looking at me. I felt really bad« (Absimil, IG, 07/2015).

Im Rahmen der Altersfeststellungsverfahren wurden meine geflüchteten Gesprächspartner*innen wiederholt als Lügner*innen markiert, was bei ihnen ebenso großes Unverständnis auslöste, wie die Verwendung der Handschellen, wenn sie zum Röntgen mussten. Junge Geflüchtete für ihre Altersbestimmung in Handschellen zum Termin mit dem *age assessment team* zu bringen, zeigte, wie das Konstruieren junger Geflüchteter als gefährliche ›Andere‹ (vgl. Bonjour, Rea und Jacobs 2011) als Ausgrenzungs- und Markierungsmechanismus funktionierte. Die restriktiven Migrationspolitiken der maltesischen Regierung und die wiederholte Kriminalisierung geflüchteter Menschen sprach ich bereits als Besonderheit des maltesischen Grenzregimes an und diese Tendenzen schlugen sich auch in den Altersfeststellungsverfahren nieder.

Während es für meine geflüchteten Forschungspartner*innen nicht unbedeutend war, ob sie als ›UAM‹ oder *adult refugee* verstanden wurden, ging es für die institutionellen Akteur*innen vordergründig darum, keine Fehler zu machen und den maltesischen Staat zu schützen. Vor allem sollte verhindert werden, dass Geflüchtete ›zu jung‹ eingestuft werden. Das Alter der jungen Geflüchteten wurde wiederholt einhergehend mit der Gefahr, dass der Staat Malta in diesem Prozess der Altersaushandlungen verlieren könnte, thematisiert. Vor allem die vermeintlich ›andere Kultur‹ der jungen Geflüchteten wurde hier als Gefahrenpotenzial gedeutet. »But one has to pay attention because this is a culture [culture of refugees, L.O.] very different from ours and if we just have a stereotyped image of that [age] we can easily get influenced by that, ok, and, and, ahem, we will lose« (Emanuel Grech, I, 06/2013).

Der Leiter des Statusentscheidungsbüros nahm hier Bezug auf die ›Gefahr‹, dass Menschen als Minderjährige anerkannt werden, obwohl sie bereits über 18 Jahre alt waren. Ihnen steht dann trotzdem die kosten- und zeitintensivere Betreuung für anerkannte ›UAMs‹ zu. Der LMAO-Direktor äußerte sich im Interview zu der gleichen Thematik: »But we have to be careful that the rights of this state, Malta, are not totally abused« (Andrew Borg, I, 06/2013). Andrew Borg ging davon aus, dass zahlreiche Personen angaben, minderjährig zu sein, obwohl sie es nicht waren. »[Y]ou know«, erklärte er mir, »we have people who are as old as I am with white hair and saying that they are minors«. Im selben Gespräch attestierte der LMAO-Direktor den jungen Geflüchteten das Potenzial zu Schauspielern, um ein jüngeres Alter zu erreichen:

»When they [age assessment team, L.O.] meet them [young refugees, L.O.] for the age assessment interview, they have to be very careful that they [junge Geflüchtete, L.O.] do not play a certain role in order to be assessed as a minor« (Andrew Borg, I, 06/2013).

Für mich war es durchaus irritierend, dass diese Praktiken des Jünger-Machens hier angesprochen wurden, sind sie doch konträr zu dem, was die jungen Geflüchteten mir berichteten: Sie versuchten eher, sich älter zu machen, um arbeiten gehen zu können, um sich auf einen *Resettlement* Platz bewerben zu können, oder, um eigene Wohnungen beziehen zu können.

Während der LMAO-Direktor hier die Gefahr sah, dass die Rechte des Staates Malta und seine Ressourcen missbraucht werden könnten, deutete Albert, mein maltesischer Vermieter, während eines gemeinsamen Abendessens an, dass er Menschenrechte einer im Gespräch nicht weiter definierten Gruppe des »us« zugestehe, zu der die Ankommenden in Malta jedoch nicht zu gehören schienen: »But I think that some people they just take advantage of our human rights. They should solve their problems in their home and not burden us« (TB, 04/2016). Gleichzeitig sah er die in Malta Ankommenden in der Verantwortung dafür, »their problems« dort zu lösen, wo sie herkamen; ein Recht zu gehen, Somalia/Somaliland zu verlassen und nach Malta zu kommen, gestand er ihnen an dieser Stelle nicht zu und er empfand die Anwesenheit geflüchteter Menschen in Malta eher als Belastung für ihn und seine ›maltesischen Mitbürger*innen‹. Die jungen Geflüchteten wurden in diesen Erzählungen einerseits als Gefahr für die Aufrechterhaltung maltesischer Altersdeutungen verstanden und andererseits als ›abuser‹, als Missbrauchstäter*innen der Rechte für Minderjährige oder gar der Menschenrechte repräsentiert. Noch etwas kommt hier zum Vorschein: Die Rechte des Staates Malta schienen als mehr in Gefahr gesehen zu werden, als das Wohlergehen junger Menschen aus benachteiligten und benachteiligenden Kontexten.

Während die institutionellen Akteur*innen argumentierten, dass junge Geflüchtete, die ihre Minderjährigkeit anerkannt bekamen, das Ringen um das Alter gewonnen hätten, verstanden sich die jungen Geflüchteten selbst allerdings häufig als Verlierer in diesem Prozess und wollten nicht als minderjährig eingestuft werden, da sie während dieser Zeit nur erschwert reisen konnten und auch Arbeit zu finden war komplizierter. Filad deutete die Minderjährigkeit als Zeitraum, in dem er sich nicht so weiterentwickeln und bewegen konnte, wie er es wollte:

»I was a minor in Malta, so I was underaged. I lost one year because of that. Others from my boat already they leave for America, but me I was just able to apply my four numbers. So I lost time being a minor. I am like loser when I compare myself with them. Because already they have a life in US with job and flat« (Filad, IG, 04/2016).

Filad nahm hier Bezug auf das *Resettlement*-Programm mit den USA. Als Minderjähriger war es ihm nicht gestattet, *resettled* zu werden, lediglich das Anmelden zum Interview, um die ›four numbers‹ zu bekommen, war ihm genehmigt. Als ›four numbers‹ bezeichneten meine geflüchteten Forschungspartner*innen ihr Aktenzeichen im *Resettlement*-Verfahren, welches aus vier Ziffern bestand.

Mit der Einteilung als ›UAM‹ folgte auch die Zuweisung eines Vormundes, *legal guardian,* die jungen Geflüchteten wurden unter eine *Care Order* gestellt und sollten offiziellen Regulierungen zu Folge in einem für sie speziell etablierten Heim untergebracht werden. Ende Sommer 2013 befanden sich nach Einschätzung von Lorenza, die als Sozialarbeiterin bei einer NGO tätig war, mehr als 200 Personen, die als ›UAM‹ anerkannt waren, in Malta (Lorenza, I, 07/2013). Die Kapazitäten in den beiden Heimen waren mehr als ausgeschöpft und es musste nach anderen Formen der Unterbringung gesucht werden. Die Behörden entschieden, auch Geflüchtete, die als ›UAM‹ eingeteilt waren, in den großen *open centres* unterzubringen. Roodo verwies im Gespräch mit mir darauf, dass er die Einteilung als ›UAM‹ als überflüssig empfand, da er in Tal Gebel sowieso agieren musste, als wäre er ein erwachsener Geflüchteter. Für ihn gab es keinen Platz im Heim:

Nach seiner Ankunft, so berichtete es Roodo, wurde er als ›UAM‹ eingeteilt. Er lebte aber sofort in Tal Gebel und nicht in einem der Heime für ›UAM‹. »After eight weeks in detention they bring me to Tal Gebel, but that is not a place for children. Because there you are like adult. You have to sign for money and then we got 130 Euro per month for all the basic needs like food, everything. So now I am happy that I'm really adult because there I had to act like adult but I did not have the same rights like adult. For children, Malta is not a good place« (Roodo, IG, 07/2015).

Roodo machte das Handeln-Müssen wie ein Erwachsener vor allem daran fest, dass er für die 130 Euro Sozialhilfe im Monat, ebenso wie alle anderen auch, unterschreiben musste. Dass er minderjährig war, wurde ihm vor allem bewusst, da er trotz des Abverlangens des Erwachsenenverhaltens nicht dieselben Rechte hatte, wie volljährige Geflüchtete. Amiir lebte nach seiner Einteilung als ›UAM‹ auch in Tal Gebel und berichtete mir ähnliches, betonte vor allem aber auch, dass die Sozialarbeiter*innen zu wenig informiert seien über Somalia/Somaliland und die jungen Geflüchteten deshalb oft nicht verstehen würden, weshalb es dann auch zu Konflikten komme: »They don't know how to handle the Somali children here. They just don't know about us. So many times we have problems« (Amiir, IG, 07/ 2015). Amiir betonte mir gegenüber, dass die sie Verwaltenden und Einteilenden in Malta nicht gut über junge Menschen aus Somalia Bescheid wüssten und kam, ebenso wie Roodo, zu der Aussage, dass Malta generell ein schlechter Ort für junge Menschen sei. Mit Bilal wurde nach seiner Einteilung identisch verfahren und auch er lebte in Tal Gebel, wo er Roodo und Amiir kennenlernte:

»Yes, me, when I come Malta, first they put detention. Then one day they come and they say ›How old are you?‹ I tell them I am seventeen, born in 1996. They did not believe me so they make my hand the x-ray and even here my bone (er fasst sich an den Kiefer) so they check teeth. And then they come and they say ›No, no you are fifteen.‹ Me, I tell them ›How can you say that? We can call my mom and she will tell you that her son was born in 1996. She knows for sure.‹ So they believed me and they gave me my real age, sixteen. So by now I am nineteen years old. And then I got papers for here live in Malta. They write everything on a yellow paper, your name, nationality, everything. And my address was [Heim]. So then I go [Heim], but the social worker Sultana she tell me ›Here is full you have to go to Tal Gebel.‹ But I tell that I cannot live in Tal Gebel because there is nothing, no school, no nothing. It is very far from everything. But she told me that I will get 130 Euros per month and the other youngsters in [Heim] only get 7 Euros per week so that I should be happy and go to Tal Gebel. So I had no choice but to go there. So my address was [Heim, L.O.] on the paper, but I never lived there« (Bilal, IG, 07/2015).

Während Bilals Erzählung aufzeigt, dass es ihm durchaus gelang, das nach seiner Einschätzung nach korrekte chronologische Alter durchzusetzen, gelang es ihm nicht, auch entsprechend seiner Einteilung untergebracht zu werden. Bilal war nicht der Einzige, dem es gelang, ein Alter zugewiesen zu bekommen, welches nicht mit der Einschätzung der Behörden identisch war. Auch Faaid, der 2012 nach Malta kam und als ›UAM‹ eingeteilt wurde, versuchte mehrfach ein höheres Alter zu erstreiten um auf bestehende Strukturen, wie zum Beispiel das Reiseverbot für ›UAMs‹, reagieren zu können. Er wollte möglichst schnell weg aus Malta:

»When I first came, they told me I am twelve, but I said no, I am nineteen. But they did not believe me. So, then I said sixteen and in the end they gave me fifteen. I did not want to be too young because then you have to live in the home for too long and you lose your time. When you are underaged, even you cannot travel because they don't give you passport and on your ID there is written that you cannot travel. So it is hard to leave from here when you are too young« (Faaid, IG, 06/2013).

Aus der Perspektive der Migration gedacht (Transit Migration Forschungsgruppe 2007) verweist Faaids Aussage darauf, dass die Einteilung in die ›UAM‹-Kategorie auch eine zeit-räumliche Dimension hat. Diesen Nexus aus Zeit und Raum, der in der ›UAM‹-Kategorie seine besondere Wirkmächtigkeit entfaltet, sah sich auch Ramaas im Sommer 2013 konfrontiert, als er das Heim aufgrund seines bevorstehenden 18. Geburtstages verlassen musste. Mit dem Einteilen in die Minderjährigkeit wird gleichzeitig auf die endliche Ressource derselben verwiesen und an die ist dann eben auch die Unterbringung im ›Schutzraum‹ Heim gebunden. Auch wenn Ramaas Kritik an den Bedingungen im Heim übte und es keineswegs sein ›Zuhause‹ war, stellte es aber doch einen kostenlosen Schlafplatz und Versorgungsort dar. Ramaas erzählte:

»When I came to Malta I did not want to be underaged. I was over eighteen at that time but they did not believe me. So I lived in [Heim]. Close to my eighteenth birthday I had to leave to an open centre. It was a Friday and the social worker was off already. So they send me without food, water or money. But I had to leave, they did not support me. So better I would be adult from the first time when I arrived. You have less problems« (Ramaas, IG, 06/2013).

Während also Ramaas aufgrund der erreichten Volljährigkeit das Heim dann wieder verlassen musste, hatten andere trotz der ›UAM‹-Einteilung nie Zugang zum Heim, da es nicht ausreichend Schlafplätze für alle als ›UAM‹ klassifizierte Geflüchtete gab. Dass als ›UAM‹ eingestufte Geflüchtete in den großen *open centres* untergebracht wurden, thematisierte ich 2013 auch im Interview mit dem LMAO-Manager:

Laura: »Ok, but if these children keep coming and that is very likely, will the new government build new homes? Because I guess you only have two and that is not enough.«

Andrew Borg: »We have to discuss this internally to see, ahem, LMAO has its options when we are seeing a way to make sure that everyone has a has a place so if more minors arrive and less adult arrive then we can shift places from adult centres to minor centres so it is vice versa I mean we put, ahem, we might be able to close a centre for adults and use it for minors. So before building new centres we have to see what we can do with the current space. And you know there are people who are looking at these, let's say, technical options.«

Dieser Minderjährigkeits-Ressourcen-Nexus war wiederholt Thema während der Forschung in Malta und unter dem Gesichtspunkt, dass minderjährige Geflüchtete aufgrund der Unterbringung in speziellen Heimen kosten- und betreuungsintensiver waren, wurde ihnen gegenüber das große *open centre* als ein für sie guter Ort dargestellt. Begründet wurde dieses damit, dass ihnen mehr Taschengeld zustünde. Neben dem Verweis darauf, dass die Unterbringung von ›UAMs‹ seitens der institutionellen und verwaltenden Akteur*innen scheinbar auch unter ökonomischen Gesichtspunkten, unter einer Abwägung von »technical options«, wie Andrew Borg es ausdrückte, stattfand, ist auch ein Kommentar in Bezug auf meine Sichtweise an dieser Stelle angebracht.

In meiner Frage an Andrew Borg klingt durch, dass ich die Unterbringung von ›UAMs‹ in gesonderten Heimen für angemessener hielt, als in den *open centres*, denn ich sage ja, dass zwei Zentren nicht ausreichend seien. Vergessen hatte ich hier jedoch, dass die jungen Geflüchteten die Unterbringung im Heim nicht zwangsläufig präferierten. Einerseits wurden die Heime für ›UAMs‹ als Orte des Hindernisses für die Ausreiseplanung und die entsprechende Durchführung aufgrund des großen Maßes an Kontrolle verstanden (Otto, Nimführ und Bieler 2019) und gleichzeitig kommunizierten die jungen Geflüchteten, dass die Heime in Teilen auch Orte des »reverse rite de passage« waren (Galli 2017), an denen sie Infantilisierung und Veropferung erfuhren. Abdul, der mir 2015, als er nicht mehr im Heim lebte, erzählte, dass er 2013 im Heim in der persönlichen Krise war, weil er dort seinen Alltag nicht so strukturieren konnte wie es für ihn aus seiner Perspektive gut gewesen wäre. Während des Transits nach Malta lebte er einige Zeit in Südafrika, teilte sich dort eine Wohnung mit anderen Somalis und organisierte seinen Alltag selbstständig. Im Heim konnte er diese Praktiken der Selbstständigkeit dann so nicht mehr umsetzen. Nach dem Auszug aus dem Heim sagte er:

»But now I am more happy. I can structure my life myself again and I have opportunities. Because as a minor it was shit. I told them [Heimmitarbeiter*innen und LMAO-Management, L.O.] that I can live on my own and everything, but nothing. They did not let me move out. They just want to keep you inside, for control and for make you suffer more« (Abdul, IG, 07/2015).

Abduls Aussage verdeutlicht noch einmal die Divergenz zwischen der Agency der Geflüchteten und dem Wunsch maltesischer Behördenmitarbeiter*innen nach Herstellung und Aufrechterhaltung von Ordnung, deren Umsetzung gewisse Facetten ihrer Agency wieder zunichtemachte. Während Abdul *aufgrund* seiner zugewiesenen Minderjährigkeit nicht früher ausziehen durfte, war es Bilal, der *trotz* seiner Minderjährigkeit nicht im Heim leben konnte. Diese ambivalenten Dynamiken und die Tatsache, dass sie als ›UAM‹ eingeteilt, aber dennoch wie volljährige Geflüchtete behandelt wurden, bzw. nicht so handeln durften, führte bei einigen meiner Gesprächspartner*innen zu einem Gefühl des zum Spielball-Geworden-Seins. Abdul deutete in seiner Erzählung die Kategorien der Minder- und Volljährigkeit als Ressourcen für die Interessen des maltesischen Staates.

»You know when they [Maltese, L.O.] need us [young refugees, L.O.] being minor they make us minor. That gives them good money from EU. Everything in the home was EU funded. You also saw that, everywhere we have stickers. EU funding here, EU funding was everywhere. Every computer had a sticker. And when they have enough and they need us adults to have adult centres full also, they make us adults. As they wish« (Abdul, IG, 07/2015).

Gleich am ersten Tag im Heim brachte Deeqo das Thema der ambivalenten Alterseinteilung mir gegenüber zur Sprache. Wir standen gemeinsam vor einer sehr großen Weltkarte und er zeigte mir, wo er in Mogadischu lebte und wollte dann wissen, wo genau in Deutschland ich lebte. Er fragte mich recht zügig, ob er mal meinen Ausweis sehen dürfe. Er hatte mitbekommen, dass ich mich für meinen Zugang zum Heim ausweisen musste. Deeqo rechnete aus, dass ich laut meinem Ausweis, welcher Auskunft über mein Geburtsjahr gab, zum Zeitpunkt unserer ersten Begegnung 23 Jahre alt war. »Is that true?«, fragte er mich und ich bejahte. Ich fragte dann auch ihn, wie alt er denn sei: »Here 15, home 18«, war seine Antwort. »Why?« fragte ich ihn zurück. Er sagte mir, dass ein Röntgentest das Alter von 15 Jahren ergeben habe, aber er wisse, dass er 18 sei. Bereits an meinem ersten Tag im Heim erfuhr ich also, dass es scheinbar eine Diskrepanz zwischen dem festgestellten und dem angegebenen Alter der jungen Geflüchteten gab. Wenn das *age assessment* Verfahren abgeschlossen war, es die Minderjährigkeit als Ergebnis hatte und im Heim Plätze frei waren, dann trafen die als ›UAM‹-Eingeteilten auf ihre Betreuer*innen. Allerdings konnten sie trotz der festgestellten Minderjährigkeit nicht sicher sein, dass ihnen ihr Alter nicht doch wieder aberkannt wurde, da die Heimmitarbeiter*innen durchaus skeptisch wurden, wenn das Verhalten der Bewohner*innen von ihrem Konzept dessen, was eine*n Minderjährige*n kennzeichne, abwich. Vor allem Bernard war es, der mir gegenüber immer wieder erwähnte, dass er ob der Minderjährigkeit einiger junger Menschen im Heim misstrauisch sei. Ihn irritierte vor allem, dass die Bewohner*innen in der Lage waren, selbstständig kochen zu können. Er schien dabei vergessen oder nicht gewusst zu haben, dass sie teilweise in ihren Familien diese Aufgaben schon früh übernommen hatten oder bereits mehrere Jahre im Transit gewesen waren und sich selbst versorgen mussten. Zudem war auch das Heim ein Selbstversorgungsort, sie mussten also kochen, um etwas zu Essen zu haben. Tahliil erzählte mir, dass die Heimmitarbeiter*innen dem LMAO-Management ihre Bedenken äußerten, wenn sie den Eindruck hatten, dass das zugewiesene Alter nicht stimmte:

»When they [young refugees, L.O.] arrive in the [Heim, L.O.] the staff in the centres they complain a lot, they tell LMAO and the age assessment group, they tell them ›Listen, people whom you release from detention they are not minors, they are adults‹« (Tahliil, I, 07/2015).

Eva bestätigte mir diese Beobachtung von Tahliil im Interview. Auch wenn die jungen Geflüchteten die Unterbringung im Heim durchaus kritisierten, wollten sie unbedingt vermeiden, dass sie erneut überprüft werden und, dass ihre Biografien angezweifelt werden. Im Heim gab es zwar immer wieder Konflikte, aber es war eben auch ein kostenfreier Schlafplatz. Das Wissen um diese Anzweiflungen führte dazu, dass sie die Einteilung in die Kategorie des ›UAMs‹ als Stressfaktor empfanden, weil mit der Einordnung auch einherging, dass die sie Betreuenden und Verwaltenden Erwartungen an sie richteten, wie sie denn als ›Kinder‹ agieren sollten. Ramaas erzählte mir, dass mit der Einteilung auch eingefordert wurde, sich wie ein ›Kind‹ zu benehmen: »Always they watch us and they check if we are like their own children« (Ramaas, IG, 06/2013) und verwies darauf, dass die Mitarbeiter*innen die jungen Geflüchteten mit anderen, nicht-geflüchteten jungen Menschen verglichen. Es wurde jedoch nicht nur ›überprüft‹, ob die jungen Geflüchteten tatsächlich minderjährig sind, sondern auch, ob ihre Herkunftsangaben eigentlich korrekt waren, wie das folgende Beispiel aufzeigt: Es war ein heißer Tag im Juli 2013 und die jungen Geflüchteten und ich wollten einen Ausflug an den Strand unternehmen. Ich wartete noch am Gatter des Heimes, als mich *care worker* Bernard beiseite nahm:

Als wir gehen wollten und ich noch am Gate auf Tanaad und Binti wartete, sagt er mir, dass er Tanaads somalische Nationalität anzweifele, da ihr Rock nur bis zum Knöchel gehe und nicht bis auf den Boden. »In Somalia, she would be dead, for sure. I think she is not even Somali. Some of them only wear the hijab to pretend that they are from Somalia.« Ich war überrascht und erschrocken und erwiderte: »Well, she speaks fluent Somali and is all the time with the Somalis, so I would not doubt it.« Bernard ließ das nicht so stehen, sondern ergänzte: »Yes, believe me it happened before. I will keep an eye on her and report it.« Ich höre noch, mittlerweile verstand ich etwas Malti, wie er den anderen Kollegen davon berichtet, dem security officer, der neu ist, erklärt er auch, dass die meisten schummeln und er es überprüfen wird. Ich frage mich, welche Motivation Bernard hat, so zu handeln? Er sagt mir dann noch, als wir zum Gehen bereit waren: »Usually they dress like floor cleaners, really they clean when they walk« (TB, 06/2013).

Es war in dieser Situation Bernard, der behauptete, Bescheid zu wissen: Er war es, der wusste, wie sich somalische Frauen normalerweise kleideten; er war es, der wusste, welche Kleidung in Somalia zur Ermordung führen würde; und er war es, der angeblich wusste, welche Praktiken die Geflüchteten entwickelten, um die Statusentscheidung zu beeinflussen. Die Genderdynamik ist in dieser Situation nicht von der Hand zu weisen und drückt sich auch noch einmal in seiner Abwertung der traditionellen Kleidung somalischer Frauen aus.

Auch wenn meine geflüchteten Forschungspartner*innen qua *age assessment* ein chronologisches Alter zugewiesen bekommen hatten, bedeutete dieses nicht in allen Fällen, dass sie dieses auch akzeptierten und annahmen. Zunächst jedoch war die Akzeptanz der Alterszuweisung an die Entlassung aus der Haft gebunden. Es kam entweder noch in Haft, oder nach der Entlassung, zu »age disputes« (Crawley 2007; vgl. Otto 2016), die sowohl Abdul, Absimil als auch Bilal in ihren Erzählungen ansprachen. Es waren jedoch nur meine männlichen* Gesprächspartner* denen es gelang, ihr Alter zu ändern. So schienen die Behörden zum Beispiel aufgrund Absimils Verhalten, welches davon gekennzeichnet war, so lange Ärger zu machen, bis er die Altersfeststellung von 15 Jahren bekam, genervt gewesen zu sein. Er ging in den direkten Konflikt mit den Institutionen und ließ sich nicht aufhalten. Tanaad hingegen bekam gar nicht mit, welche wirkmächtigen Zuschreibungen an sie gemacht wurden. Sie bekam nicht die Chance, darauf zu reagieren, sondern vielmehr wurde unter *weiß* Positionierten besprochen, welche Kriterien eine Frau zu erfüllen habe, um ›somalisch‹ zu sein. Bernard war es in diesem Fall, der den Maßstab als *weiß* positionierter Mann in machtvoller Betreuungsverantwortung definierte. Er sprach Tanaad nicht nur ab, sich zu kleiden, wie sie es für schön und richtig hielt – ganz davon abgesehen, dass er nicht reflektierte, dass die jungen Geflüchteten aufgrund ihres geringen Zugangs zu finanziellen Ressourcen auch ein Stück weit das tragen mussten, was zur Verfügung stand – sondern er behauptete auch, dass somalische Frauen normalerweise wie Reinigungskräfte gekleidet seien. Er konstatierte und fixierte hier auch, dass sie in Somalia tot sein würde, wenn sie sich nicht an die landestypische Kleidung halten würde. Was ›somalisch‹ ist, lag in diesem Fall außerhalb von Tanaads Bedeutungsgebung, sie wurde als Somalierin* nicht gefragt, was für sie ›somalisch‹ sei. Als derjenige, der Tanaad betreute, wurde er skeptisch ob ihrer biografischen Angaben und es wird einmal mehr deutlich, dass das Heim nicht ausschließlich als Schutzort für diejenigen, die als ›UAM‹ und damit als vulnerabel eingeteilt wurden, zu verstehen ist. Im Ergebnis dieser Aushandlungen von Alter und weiteren Einordnungskategorien stehen folglich dynamische Uneindeutigkeiten, die auch von einem kategorialen Dazwischen gekennzeichnet waren und es kam zu scheinbar willkürlichen Vergleichen und Zuordnungen (vgl. Otto und Kaufmann 2018).

Verwehrte Zugänge und Ignoranz gegenüber Bedürfnissen junger Geflüchteter

Während die Erzählungen der jungen Geflüchteten wiederholt von dem Wunsch nach Bildung geprägt waren – sie selbst inszenierten sich mir gegenüber als bildungsbereit »I want to go to school«, oder »I want to learn a lot« und gleichzeitig unwissend, denn damit einher ging die Selbstabwertung des »I don't know enough, I have to learn more« (Sabiye, IG, 05/2013) – fand ich zu Beginn meines Aufenthaltes im Heim eine Situation vor, in der nur ein Bewohner*, nämlich Deeqo, eine Schule besuchte. Während die meisten der jungen Bewohner*innen der Überzeugung waren, dass Bildung zentral für sie und ihr weiteres Leben sei, schienen die Mitarbeiter*innen im Heim diesen Wunsch nach Bildung nicht unterstützen zu wollen oder zu können. Manche von ihnen waren anderer Ansicht und vertraten eine Haltung, dass aus den jungen Geflüchteten sowieso nichts werden würde, bei anderen hatte ich den Eindruck, dass sie schlicht keine Motivation hatten, den Bewohner*innen zu helfen, Bildungszugänge zu finden. Der Schulbesuch ist in Malta generell nur bis zum 16. Lebensjahr verpflichtend und da die meisten der jungen Geflüchteten als sechzehn Jahre oder älter eingeteilt wurden, hatten sie große Schwierigkeiten, am Bildungssystem teilzunehmen. Yabaal, der in Somalia bereits in einer Kfz-Werkstatt tätig gewesen war, erzählte mir während eines Spaziergangs, dass er nicht mehr in die Schule gehen durfte, nachdem er formal 16 geworden war: »That is too bad situation, Laura«, sagte er. »I had some Maltese friends and I liked going there. But I had to stop because I have no money. Now I work as dishwasher in a hotel. I try to save money. Then I can go to MCAST maybe and continue.« Yabaal litt unter dem Verlust des sozialen Kontaktes mit seinen Mitschüler*innen; gleichzeitig machte er mir klar, dass er nun hart arbeite, um weiter am Bildungssystem teilnehmen zu können. Dadurch wird deutlich, dass Yabaal versuchte, sich über seine eigene Arbeitsleistung Bildungszugänge zu ermöglichen und erneut wird deutlich, dass er, wie viele andere junge Geflüchtete, die ich traf, Bildung für sehr wichtig hielt.

Nicht nur war es aber das formelle, chronologisch fixierte Alter, welches Bildungszugänge verhinderte und einmal mehr zeigt, welche (sozialen) Folgen die Altersfestsetzung für junge Geflüchtete haben kann, sondern auch die Verweigerung der Unterstützung durch die Sozialarbeiterin im Heim verhinderte die Bildungsteilhabe. Wenn ich bei den Mitarbeiter*innen nachfragte, warum kaum jemand in die Schule gehe, hieß es, dass die jungen Geflüchteten einfach keine Lust hätten, so früh morgens aufzustehen, da in Somalia schließlich immer lange geschlafen werde. Während ich noch selbst regelmäßig im Heim war, fiel mir gar nicht auf, dass einige Bewohner*innen aktiv nach Hilfe bei der Schulsuche fragten. Elais berichtete mir von seinem Erlebnis mit Sultana erst im Sommer 2015 während eines gemeinsamen Spaziergangs, als wir zufällig an einer Schule vorbeikamen. Zu diesem Zeitpunkt lebte er bereits in einer eigenen Wohnung und war laut seiner maltesischen Papiere zwanzig Jahre alt. Elais schilderte mir aus seiner Perspektive, warum er nicht an höherer Bildung teilnehmen konnte, als er noch im Heim lebte: »I thought that I can go to school. [...]. When I asked the social worker for help to find a school, she said ›You came here alone from Somalia and now you tell me you need help? I think you are able to find one yourself‹. I didn't find a school« (Elais, IG, 07/2015). Gleichzeitig ›Kind‹- und Geflüchtet-Sein führte in Elais Fall dazu, dass ersteres nicht mehr gesehen wurde (vgl. Farrugia und Touzenis 2010, 22). Die Zuschreibungen der Sozialarbeiterin an Geflüchtete – offen-

sichtlich verstand sie die Ankommenden als stark und selbstständig –
betonte lediglich Letzteres.

Während ein EMN Report (2009) akzentuierte, dass der Hauptgrund
für die Nicht-Teilnahme am Bildungssystem junger Geflüchteter in Malta
darin begründet liege, dass die Schulen für ihre ›special needs‹ nicht vorbereitet seien und sie deshalb wegschickten, zeigt dieses Beispiel, dass jungen
Geflüchteten bereits *vor* dem versuchten Schulbesuch verständlich gemacht
wurde, dass sie keine Hilfe bei der Schulsuche erwarten konnten. Entlang
dieses Beispiels wird folgende paradoxe Logik deutlich: Auf der einen Seite
schrieb die Sozialarbeiterin den jungen Geflüchteten ›Reife‹ basierend auf
ihrer Fluchterfahrung zu und nutzte diese als Argument, sie nicht zu unterstützen; auf der anderen Seite verstanden Schulen die ›UAMs‹ als defizitär,
basierend auf ihrer Herkunft und ihrem Status. Diese wurden folglich für
verschiedene Zuschreibungen verwendet, aber waren im Ergebnis gleich:
der Nicht-Zugang zu Bildung.

Dieser Nicht-Zugang zu Bildung löste Unverständnis und Traurigkeit
bei den jungen Geflüchteten aus. Bilal erzählte, dass »life here in Malta is
not easy, it is a very hard life« (Bilal, IG, 07/2015). Anfang des Jahres 2015
hatte er noch an einem Elektrotechnikkurs bei MCAST teilgenommen,
aber diesen musste er abbrechen, da ihm das Geld für das monatliche
Busticket fehlte. Er lebte in San Pawl, aber der MCAST-Campus befand
sich in Paola; für die Strecke braucht der Bus etwa eine Stunde, laufen
kann man nicht. Nebenbei arbeiten konnte er nicht, weil er einen *full-time
course* besuchte. »Me I had to stop education because I had no money for
the bus.« Als ich nachfragte, ob der Staat nicht aushelfen könne – hier
hatte ich offenbar ein Bild vom Wohlfahrtsstaat für alle im Kopf, sah den
Staat in der Verantwortung für die Ermöglichung der Beschulung und
klagte eben diesen für sein ›Versagen‹ an – sagte er:

»No, when you decide to go to school they stop your money. Before I get 300 Euros per month. But when I go MCAST they stop completely. Here in Malta they
don't want that the immigrants learn anything. You have the choice: either you eat,
or you go school. So I had to stop. So the other people in my class they ask me
›Where are you? Why you don't come?‹ But me, I did not say because of money for
transport. I say I come back another course, now I have a work. That's what I say
to them« (Bilal, IG, 07/2015).

Als Deutende hat mich an Bilals Aussage irritiert, dass scheinbar zwei
Grundbedürfnisse der (jungen) Geflüchteten als sich gegenseitig ausschließend verstanden wurden: Entweder gab es Bildung *oder* Lebensmittel, so

zumindest hat Bilal es wahrgenommen. Während Bilal mir erzählte, dass er seinen Kurs zum Schweißen – er hatte das Ziel, einmal im Hafen von Marsa als Schiffsmechaniker zu arbeiten – aufgeben musste, wirkte er traurig auf mich, andererseits auch in gewisser Weise wenig überrascht: dass »[h]ere in Malta they don't want the immigrants learn anything« hörte ich während meiner Aufenthalte immer wieder und die jungen Geflüchteten schienen dieses einerseits zu akzeptieren, andererseits aber wirkten sie auch resigniert. Gegenüber seinen Mitschüler*innen schien Bilal aufgrund des finanziellen Prekariats in einer Situation zu sein, die für ihn beschämend war, weshalb er ihnen erzählte, dass er nun lieber arbeite, statt eine Schule zu besuchen. Er wollte sich auch nicht als abhängig vom Staat zeigen. An seinem zweiten Tag in der Klasse, so berichtete er mir, nachdem die anderen Mitschüler*innen ihn scheinbar als ›boat refugee‹ identifiziert hatten, hatten sie Papierboote gebastelt, damit seinen Tisch ›dekoriert‹ und ihn mit diesen Booten beworfen, »they throw at me these paper boats«:

Ein Mitschüler aus dem Kurs sagte zu ihm: »What are you doing here? Go back your country«. »Me, I, tell him ›What are you saying to me‹? I will go the office. Then he say to me: ›What do you want at the office? I am Maltese, I can say that‹. »But still I go the office and I make report about him. So that night his father he call me and he said: ›I am sorry my son‹. »I told him leave it, it's ok. So then it got better and even now some of them are my friends, it's ok. But the majority of people here in Malta, they don't want us« (Bilal, IG, 07/2015).

Trotz dieser rassistischen Beleidigung durch die anderen Schüler*innen und vor allem durch den einen Schüler*, der sich selbst zuschrieb, dass er aufgrund seiner nationalen Zugehörigkeit sagen dürfe, was er wolle – ›Malta gehöre schließlich ihm‹ – erwähnte Bilal mir gegenüber, dass einige dieser Schüler*innen mittlerweile seine Freunde seien. Immer wieder wurde mir gesagt, dass man den Rassismus schon aushalten könne, dass man zwar nicht gewollt und gewünscht sei, aber es bei Einzelnen doch zu ›Freundschaften‹ schaffe. Es wurde scheinbar angestrebt, mir zu erzählen, dass man dazugehöre, in der Lage sei, auszuhalten und sich gleichzeitig auf sein Umfeld und seine neue Umwelt einzulassen. Während mich diese Situationen schockierten und traurig machten, wurden sie mir nicht selten eher beiläufig und wenig skandalisierend erzählt. Mit recht monotoner Stimme wurde gesprochen, mit einem gewissen ›it is what it is‹. Ich empfand einen Beigeschmack des Alltäglichen, dem, so meine Interpretation, eigentlich nichts Nennenswertes anhaftete. Erwähnenswert wurden diese Geschichten, wenn es gelang, sich selbst ein bisschen Handlungsspielräume zu erwirken und diesen Situationen der geringen Einflussnahme ein wenig Besonderheit zu verleihen. Während es für mich als Deutende das Besondere war, wie sich einige Malteser*innen ihnen gegenüber verhielten – war eben ich mit meinem Körper und meiner deutschen Staatsbürgerinnenschaft (eher) keine Zielscheibe von Diskriminierung und Rassismus – waren es die jungen Geflüchteten mit ihren Körpern alltäglich, weshalb nicht der Rassismus das Besondere, sondern der eigene Umgang damit das Nennenswerte war. In Anlehnung an kritische *weiß*-Seinsforschung (u. a. Arndt 2005; Mysorekar 2007; Kilomba 2010) wird hier auch deutlich und kritisierbar, dass es *weiß* Positionierte waren, die Menschen, die sie als Schwarz gelesen haben, immer wieder aufforderten, ihre Anwesenheit in EUropa zu erklären und zu rechtfertigen. Während Bilal bei MCAST mit gebastelten Papierbooten konfrontiert und somit als ›Bootsflüchtling‹ markiert und auch denunziert, zumindest ›verandert‹ und als nicht zugehörig verstanden wurde, berichteten mir Abdul und Elais, dass sie bei MCAST weniger Material zum Üben bekommen hätten als ihre maltesischen Mitschüler*innen: »We had this exercise for welding. You know we worked with metal. Everyone they get ten pieces, but we only get five pieces. I asked the supervisor why. And he said that immigrants already are very expensive for the state and that five are enough for us to try« (Elais, IG, 07/2015). Trotz der Abwertung, Benachteiligung und Negativbehandlung stellten sich Elais und Abdul in unserem Gespräch so dar, als hätten sie kein Problem damit, weniger Material bekommen zu haben: »Because for me it is enough with only five, I know what to do. The Maltese are stupid, so of course they need more« (Elais, IG, 07/2015). Hier wurde die eigene (schmerzhafte) Benachteiligung genutzt, um sich selbst auf- und die Malteser*innen, die in den Erzählungen der jungen Geflüchteten auch immer wieder eine homogene Masse waren, als weniger fähig abzuwerten.

Deeqo, der zunächst nach seiner Ankunft eine Schule besuchte, hörte aus anderen Gründen auf, dort hinzugehen. Er berichtete, dass er die Schule abbrach, weil er von anderen Schüler*innen gemobbt wurde:

»How I can go there [school, L.O.]? Everybody is looking at you. And they make fun of you. Because you know we don't have the right clothes. We only get 70 Euros when we come here [to the Heim, L.O.]. What can you buy with 70 Euros? So always the others they have a pocket money from their parents and they can buy the good shoes. You know, Nike. But we cannot« (Deeqo, IG, 05/2013).

Deeqo erfuhr in der Schule folglich Abwertung als (›nicht normal aussehender‹) Jugendlicher. Er konnte mit den herrschenden Trends, wie teuren

Nike-Schuhen, nicht mithalten – hier nahmen sowohl die anderen nicht-
geflüchteten Schüler*innen Vergleiche vor, aber auch Deeqo verglich sich
mit ihnen. Entlang des Vergleiches lässt sich zeigen, wem dieses eigentlich
zugestanden wird. Es war gängige Praxis, dass Malteser*innen die jungen
Geflüchteten mit maltesischen Jugendlichen verglichen – um ihnen beispielsweise die Minderjährigkeit nicht anzuerkennen oder sie eben als nicht
ausreichend ›coole‹ Jugendliche zu deklassieren. Wenn jedoch die jungen
Geflüchteten sich mit Jugendlichen verglichen, die sie vor Ort kennen-
lernten, auch mit dem Ziel, sich anzupassen an das, was scheinbar als
›normal-maltesisch-jugendliches‹ Verhalten akzeptiert wurde, so fand dies
keinen Rückhalt bei den sie Betreuenden, wie auch Tahliil mir erzählte. Als
cultural mediator suchte er das Gespräch mit Deeqo, nachdem er den Schulbesuch verweigerte: »He [Deeqo, L.O.] was complaining about that and he
said ›If I go the other children at my age they tell me you are this, you are
that.‹ But when he told the carers, they did not care« (Tahliil, IG, 07/2015).
Tahliil hat mir gegenüber die Beleidigungen nicht wiederholt: Wollte er
diese Begriffe nicht verwenden? Wollte er nicht die gängigen Stereotypen
wiederholen, die immer wieder bedient wurden?

Die Hänseleien in der Schule scheinen mir nicht ausschließlich dem als
›UAM‹ Platziert-zu-Sein geschuldet, sondern erinnert mich auch stark an
die eigene Schulzeit – in meiner Klasse waren keine Geflüchteten anwesend – in der immer wieder Schüler*innen aufgrund ›falscher Klamotten‹,
›uncoolen Aussehens‹ oder auch ›nicht angesagter Marken‹ ausgelacht wurden. Hier lässt sich zeigen, wie Klasse und im Falle Deeqos eine damit eng
in Verbindung stehende relative finanzielle Armut aufgrund seines Status
als ›UAM‹, ihn in einer Subjektposition verorteten, in der er sich nicht
zugehörig fühlte. Statt sich den Hänseleien weiter auszusetzen, entschied
er, im Heim zu bleiben – machte durchaus Gebrauch von einer Form der
Agency, die eben erst in Relation zu diesen Abwertungen in der Schule
entstand – was im Heim wiederum dazu führte, dass er und andere von
den Mitarbeiter*innen als ›faul‹ markiert wurden: »You know, they prefer
to sleep long and then of course they don't like school. Because for going
to school, you need to wake-up early and you have to be well organised«
(Eva, IG, 05/2013). Die Mitarbeiter*innen im Heim schienen für diese
Umstände basierend auf der Wechselwirkung aus Status, Alter und Klasse,
wenig sensibel zu sein und Das-nicht-zur-Schule-Gehen werteten sie als
Zeichen einer gewissen ›somalischen Faulheit‹: »[…] sleep all day, that's

what they did before they came here«, deutete auch die Leiterin Eva das Ausschlafen einiger Bewohner*innen.

Auch Moussa, der nur wenig mit den anderen Bewohner*innen zu tun haben wollte und den ich eher als Einzelgänger wahrnahm, hörte nach einer Weile auf, die Schule zu besuchen. Mit mir hingegen verbrachte er scheinbar ganz gerne Zeit, denn er fragte immer mal wieder, ob ich Zeit für ein Treffen unter vier Augen hätte. Er begründete mir gegenüber seine Entscheidung des Schulabbruches damit, dass er im Heim aufgrund der lauten Kulisse nicht gut lernen könne. Die nicht zugänglichen Arbeitsplätze im Heim hinderten ihn auch daran, sich auf den Unterricht vorbereiten zu können. Als er sich an die Mitarbeiter*innen wandte und um Unterstützung bat, kritisierte die Leitung zwar die anderen Bewohner*innen für ihr lautes Verhalten, ermöglichte Moussa aber dennoch nicht den Zugang zu den Schreibtischen im Computerraum mit der Begründung, dass sie keine Zeit hätten, ihn zu betreuen, sondern, dass stattdessen Ehrenamtliche dafür zuständig seien. Während die Mitarbeiter*innen im Heim sich selbst wenig Verantwortung für die Unterstützung bei Bildungszugängen zusprachen, verlagerten sie diese Verantwortlichkeiten auf Ehrenamtliche, die nur sporadisch im Heim präsent waren. Noch etwas wird hier deutlich: Während Elais nicht geholfen wurde, eine Schule zu finden, da er reif genug sei, dieses selbst zu tun, durfte Moussa nicht alleine die Schreibtische im PC-Raum nutzen, da er zu unreif dafür sei. Es war aber nicht nur der Zugang bzw. Nicht-Zugang zur Bildung, über den Zuschreibungen an die jungen Geflüchteten ebenso sichtbar wurden, wie ihre eigenen Wünsche, sondern auch in noch alltäglicheren Fragen, wie der Essenszubereitung und des Haushaltens, habe ich diese Dynamiken wahrnehmen können.

Zuschreibungen an junge Geflüchtete, ihre Positionierung als ›Starke‹, Interaktionen zwischen ihnen und den sie Verwaltenden und Betreuenden sowie miteinander in Konflikt stehende Verständnisse von Unreife und Reife beeinflussten den Grat der Betreuung und der (Nicht-)Implementierung von gewissen Zugängen. Ihre Markierung als Schwarz wurde immer wieder auch mit einer potenziellen Gewalttätigkeit gegen die Mitarbeiter*innen im Heim verknüpft. Die Angst vor dieser möglichen Gewalt wurde wiederholt als Legitimierung für die verweigerte Unterstützung genutzt. Besonders einschneidend und bezeichnend war für mich meine Auseinandersetzung mit Sozialarbeiterin Sultana. Die Küche im Heim war nur spärlich ausgestattet. Da ich oft mit den Bewohner*innen kochte – dies war durchaus mein Auftrag von Eva, ich sollte ihnen schließlich etwas ›Deutsches‹ beibringen und ihnen zeigen, wie man ›deutsch‹ kocht – fiel mir auf, wie wenig Utensilien es gab, um die Speisen zuzubereiten. Es gab ein paar Töpfe, zwei Schneidebretter, wenig Pfannen. Scharfe Messer zum Schneiden von Gemüse konnten bei den *care workers* im Büro ausgeliehen werden, Messer, Löffel und Gabel zum Essen gab es nicht, »They use their hands anyways« war die gängige Annahme der Mitarbeiter*innen. Auch wenn es stimmte, dass die Bewohner*innen oft mit der Hand aßen – »Because, Laura, I work in a hotel and if you would see how dirty the cutlery is even after they wash it, you'd also want to use your hand. Because your hand, you always know how clean it is« (Absimil, IG, 06/2013) – und es sicherlich auch gängige Praxis in Somalia/Somaliland war, hatten sie nichtsdestotrotz den Wunsch, Besteck zum Essen im Heim zu haben. Nicht zuletzt auch, weil sie es für mich bequemer gestalten wollten. Da wir gemeinsam viel Zeit in der Küche des Heims verbrachten – es war der Ort, den die Mitarbeiter*innen vordergründig mieden, denn es sei sowieso zu »dirty«, um sich dort aufzuhalten und so hatten wir gewissermaßen einen Rückzugsort – fragte ich die Sozialarbeiterin 2013, ob es möglich sei, Besteck zu besorgen und ich bot an, dieses auch zu organisieren, wenn sie zu beschäftigt sei. Ihre Antwort lautete: »No, because they would use it as a weapon« (Sultana, IG, 04/2013).

Diese Zuschreibung als mögliche Gewalttäter* (es handelte sich vordergründig um eine Zuschreibung an die männlichen* Bewohner), führte im Umkehrschluss dazu, dass ihre Bedürfnisse keine oder nur wenig Berücksichtigung fanden – so, wie es auch schon die Beispiele zum Zugang zu Bildung zeigten. Sie konnten sich dann mir gegenüber auch nur erschwert als ›gute‹ Gastgeber*innen präsentieren. Die vielfältigen Zuschreibungen – einerseits als ›erwachsen‹ genug, um eine Schule zu finden; dann aber wiederum auch als potenziell ›gefährlich‹ für Malteser*innen oder mich; als zu ›schwach‹, um vor dem 18. Lebensjahr auszuziehen – führte zu einer ambivalenten Positionierung. Den jungen Geflüchteten wurde die Rolle als Kind und/oder Erwachsener situationsabhängig und beeinflusst von Verständnissen von Vulnerabilität, Fähigkeit und Reife, zugeschrieben bzw. aberkannt. Das folgende Beispiel verdeutlicht noch einmal diese oszillierende Dynamik der unklaren Positionierungen: Die jungen Geflüchteten berichteten, dass die Benutzung des Internets im Computerraum für sie essentiell war, um Arbeit zu finden, oder auch, um die Familie zu kontaktieren und das Netzwerk zu pflegen. Die Mitarbeiter*innen waren sich, wie

Evas Kommentar zeigt, dieses Bedarfes durchaus bewusst: »I know it is important for them to talk to their family, but we cannot open the room. We have no time. But they have their pocket money and can use computers outside« (Eva, IG, 04/2013). Die Bewohner*innen den PC-Raum unbeaufsichtigt benutzen zu lassen, kam für sie nicht in Frage: »You know, they are young, they would do stupid things online« (Eva, IG, 04/2013). Während die jungen Geflüchteten als reif genug galten, eine Schule zu suchen – ihr (erfolgreiches und selbstständiges) Migrationsprojekt zeige schließlich, wie fähig sie seien – galten sie als nicht reif genug, alleine das Internet zu benutzen und die Mitarbeiter*innen begründeten diesen Nicht-Zugang damit, die jungen Geflüchteten vor den ›schlimmen Inhalten des Internets‹ schützen zu müssen.

Im Kontext von Flucht_Migration werden Vulnerabilität und Agency in der Regel als sich wechselseitig ausschließend (Sirriyeh 2013; Galli 2017; Otto 2019) verstanden. Junge Geflüchtete, die ›zu viel Agency‹ aufweisen, laufen Gefahr, dass ihnen ihr Status wieder aberkannt wird. So wurde beispielsweise unter den Mitarbeiter*innen im Heim eine gewisse Skepsis ob der Minderjährigkeit der Bewohner*innen ausgelöst, als diese feststellten, wie gut und aufwendig einige kochen konnten. Dieses wurde mir besonders im Sommer 2013 deutlich, als Bernard mich ansprach, während ich vor der Tür der Küche stand und er an diesem Tag für die Essensausgabe verantwortlich war. Er fragte mich: »Do you think that they are really minors?« und ich antwortete mit einem recht entschiedenen »Yes«. Er führte das Gespräch fort und betonte immer wieder, dass ich doch keine Ahnung habe, ich sei doch schließlich neu. »What do you think? That a fifteen year old can make such good food? You have no idea« (TB, 05/2015) war seine Interpretation. Bernard hat nicht reflektiert, dass die jungen Menschen, mit deren Fürsorge er im Heim betraut war, aus anderen Kontexten als maltesische Kinder und Jugendliche, die er aus seinem Umfeld kannte, kamen. In meinen Begegnungen mit den jungen Geflüchteten stellte ich immer wieder fest, dass es diese unterschiedlich ausgeprägten Fähigkeiten zwischen uns gab, wie in anderen Beziehungen eben auch. In Bernards Deutung wurde nicht berücksichtigt, dass viele der jungen Frauen* in Somalia/Somaliland bereits in die familiäre Versorgung, die alltagsbestimmend war, eingebunden waren, bzw. eingebunden wurden. Intensiv konfrontiert wurde ich damit, als ich mit Filsan und Aaden Sambuus, gefüllte und frittierte Teigtaschen, zubereitete. Aaden war zu diesem Zeitpunkt bereits seit drei Jahren in Malta. Sie hatte sich nach der Ankunft als minderjährig ausgegeben, aber ihr Feststellungsverfahren führte dazu, dass sie als Erwachsene eingestuft wurde. Filsan lebte mit ihrer Tochter Muna und mit Aaden zusammen und ich kannte sie, weil sie die Nachbarinnen der WG, in der ich viel Zeit verbrachte, waren.

Heute machen wir zusammen Sambuus in der WG. Filsan kommt extra nach oben und auch Aaden macht mit. Die Frauen zeigen mir, wie man den Teig richtig faltet, füllt und dann mit einem Kleber aus Mehl und Wasser fest verschließt. Ich brauche gefühlt ewig für meine Sambuus, während Filsan und Aaden fix sind. »You are so fast« stelle ich fest. Ich schäme mich ein bisschen für meine unerträgliche Langsamkeit. Zudem rissen einige meiner Exemplare auch immer wieder auf. Und Aaden erwidert: »Of course I am. It would be a shame when I am slow because I started this when I was five years old«. Und dann muss sie lachen. Und auch Caasho, die dazu kam, berichtet: »Me, in Somalia, only cooking and washing clothes. That was my life« (TB, 04/2016).

Während in einigen Situationen ›zu gut kochen zu können‹ als Indikator dafür verstanden wurde, dass meine Forschungspartner*innen keine ›Minderjährigen‹ sein konnten, wurde in anderen Situationen jedoch Gebrauch von ihren Fähigkeiten gemacht. Meistens geschah dieses in Situationen, in denen die Mitarbeiter*innen auf die Unterstützung der Bewohner*innen angewiesen waren, um ihre eigene Arbeit zu erleichtern – zum Beispiel, wenn sie Übersetzungen in die somalische Sprache benötigten.

»Up to you« und »start your life« – das Suggerieren der freien Wahl

Während meiner gesamten Forschungszeit war ich nie im Heim anwesend, als neue Bewohner*innen einzogen. Ich konnte also nicht beobachten, wie sie aufgenommen wurden, erinnerte mich nur an meine eigene Einführung an meinem ersten Tag im Heim. Ich wurde durch die Zimmer geführt, mir wurden die Mitarbeiter*innen vorgestellt, aber vor allem ging es darum, mir die Regeln zu erklären. Ich musste mich immer an- und abmelden, ich sollte Aushänge machen, zu welchen Zeiten ich da sein würde, ich sollte dafür sorgen, dass die Bewohner*innen mir nicht auf der Nase herumtanzten und ich sollte immer alles, was ich tat und plante, mit der Heimleiterin Eva absprechen. Ich war vor dem Hintergrund meiner Erfahrung daran interessiert, wie meine Gesprächspartner*innen ihren Einzug im Heim erlebten und fragte Deeqo was passierte, als er nach der Entlassung aus der Haft im Heim ankam. Ich wollte wissen, ob und wie er begrüßt wurde, wie und ob die Regeln erklärt wurden und wie es ihm in dieser

Situation ging. Er wirkte etwas verwundert über meine Frage und antwortete nur: »No, nothing happened. Up to you. That's what they said to me. Up to you« (Deeqo, I, 06/2013). Es sei ›sein Ding‹, was er ab jetzt aus seinem Leben mache; es seien, so suggeriert es seine Aussage, die jungen Geflüchteten, die die Verantwortung hatten, etwas aus ihrem Leben zu machen. Das »up to you« traf auf ein erschöpftes Individuum nach der Flucht und nach der Haft in Malta, mit »I feel tired, I feel confused« (Bilal, IG, 07/2015) beschrieb Bilal seine Gefühlslage nach der Ankunft in Malta und das »up to you« suggerierte gleich die nächste Herausforderung, die die jungen Geflüchteten zu meistern hatten.

Dass diese Aussage, ›es liegt an dir‹, bei der Aufnahme in das Heim für ›UAMs‹ getroffen wurde, ist bemerkenswert. Einerseits herrschte unter der Mehrheit der institutionellen Akteur*innen die Annahme, dass die jungen Geflüchteten noch nicht reif genug seien, erwachsen zu handeln und andererseits wurde hier suggeriert, dass sie das Leben in die Hand nehmen müssen und aufgefordert wurden, etwas daraus zu machen. Es wurde hier scheinbar eine konventionelle, heutzutage nahezu gängige Subjektauffassung des ›Subjektes mit freiem Willen‹ und der rationalen Wahlfreiheit vertreten. Dieses fand jenseits von einer Reflexion des tatsächlichen rechtlichen Status der jungen Geflüchteten, noch vor dem Hintergrund einer Reflexion wirkmächtiger Zuschreibungen und Zugangsverwehrungen statt: Denn vieles war nicht »up to you«, sie hatten beispielsweise kaum Gestaltungsmöglichkeiten bei der Arbeitsplatz- und Schulplatzsuche, hatten keinen oder kaum Einfluss auf die Regeln im Heim und lebten auch sonst recht strikt reguliert. Ich wollte von Deeqo gerne noch wissen, was folgte: »Nothing. Start your life. That's it« (Deeqo, I, 06/2013).

Auf der einen Seite wurde den jungen Geflüchteten nach der Ankunft im Heim mitgeteilt, dass es ab jetzt an ihnen liege, etwas aus ihrem Leben zu machen. Gleichzeitig hatte Eva jedoch das Gefühl, dass die jungen Geflüchteten nicht »independent« seien und sie selbst die Idee hätten, dass sie tun könnten, was sie wollten, was die Mitarbeiter*innen unterbinden sollten. Eva interpretierte dieses angebliche Selbstverständnis junger Geflüchteter als Begründung dafür, dass im Heim Sicherheitspersonal für ihre Kontrolle notwendig sei:

»Because they [›UAMs‹, L.O.] are not independent. [...] security I think is needed because control especially the children ahem because they get the idea [...] that people who come alone they are free and they can do whatever they want [...] and

›I can do whatever I like‹. […] So I think when they come and they are alone they think now I am free and I can do whatever I like« (Eva, I, 07/2015).

Eva kommunizierte mir ihre recht klaren Vorstellungen darüber, was passieren würde, wenn junge Geflüchtete das Gefühl hätten, einfach das tun zu können, was sie wollten. Sie vertrat auch die Haltung, dass das völlige Frei-und-unkontrolliert-Sein das war, wonach sie suchten. Was aber definierten die jungen Geflüchteten für sich als Komponenten des »start your life«? An welchen Stellen und inwiefern wirkten die institutionellen und strukturellen Akteur*innen des Grenzregimes auf die Bestrebungen der jungen Geflüchteten des »start your life« ein und wie sind sie damit umgegangen?

Betrachten wir die Situation relativ direkt nach dem Ankommen, kommunizierte eine Vielzahl meiner Gesprächspartner*innen, dass sie versuchen würden, maltesische Freund*innen zu finden, um ein möglichst ›normales‹ Leben zu führen. Absimil beispielsweise lernte Englisch und Malti und spielte in einem Verein Fußball. Er erzählte mir, dass er dort Freunde gefunden hatte und die Eltern der anderen Spieler* für ihn die Erstausstattung mit Schuhen und Trikot des Vereins finanzierten, da ihm die Mittel dafür nicht zur Verfügung standen. Da er aber dennoch mit den sieben Euro Taschengeld in der Woche, die im Heim gezahlt wurden, nicht auskam, musste er arbeiten gehen, konnte deshalb nicht mehr am Training teilnehmen und schied wieder aus der Mannschaft aus. Unter den Mitarbeiter*innen im Heim schien die Ansicht geherrscht zu haben, dass 28 Euro Taschengeld pro Monat ausreichen würden, um sich auch eine Freizeitgestaltung zu leisten. Die Realität der jungen Geflüchteten aber zeigte, dass dieses nicht der Fall war, da sie für Bustickets, Kleidung und Pflegeprodukte selbst aufkommen mussten. Während es hieß: »Seven Euros are enough. What do they need money for? They have everything they need« (Eva, IG, 04/2013) wurden die jungen Geflüchteten in einer Position verortet, in der sie mit dem, was sie hatten und bekamen – ein Schlafplatz und ein paar Lebensmittel – zufrieden sein sollten. Übersehen wurde, dass aber gleichzeitig von ihnen verlangt wurde, ›sich zu integrieren‹, zum Beispiel über die Teilnahme am Fußball im Verein und, dass sie gleichzeitig für sich auch persönliche Wünsche hatten, wie den Kauf moderner Kleidung, für deren Realisierung sie, auch aufgrund des ›UAM‹-Status, bereits selbst und eigenverantwortlich zuständig waren. Es stand ihnen auch zu, eine Arbeit anzunehmen, denn ab dem 16. Lebensjahr war es möglich, eine Arbeitserlaubnis zu bekommen; einige arbeiteten jedoch auch schon vorher ohne entsprechende Dokumente. Auf dem Arbeitsmarkt machten die jungen Geflüchteten aber häufig Erfahrungen, in denen ihnen das Gehalt nicht ausgezahlt wurde: »At the beginning I wrote my working hours. But when I compare with my boss he wrote twenty less for that month. When I told him he said I lied. So what can I do? So now I stop writing it down I just take what he gives me« (Amiir, IG, 04/2016).

Einerseits wird hier deutlich, dass Amiir um sein Gehalt gebracht wurde, was durchaus in Verbindung mit seinem Status als junger Geflüchteter zu deuten ist, wusste doch der Arbeitgeber, dass Amiirs Möglichkeiten, Beschwerde einzulegen, weitaus geringer waren, als die für maltesische Staatsbürger*innen. Durch diese Nicht-Zahlung des Gehaltes musste er auf einen Teil seiner finanziellen Ressourcen, die er einplante um das »start your life« zu realisieren, verzichten. Genauso ging es Sabiye, der zwischendurch bei der Müllabfuhr arbeitete. Nachts sammelte er die Müllsäcke auf der Straße ein; in Malta werden sie einfach vor die Tür gestellt, statt in Tonnen geworfen zu werden. Er erzählte mir, dass er immer hingehalten wurde, wenn er nach der Bezahlung fragte. »Always they tell me ›By the end of the week you get money‹« (Sabiye, IG, 03/2013). Also arbeitete er für eine Woche, aber am Ende der Arbeitswoche habe man ihn dann weggeschickt und er hat das Geld nie erhalten. Ferner wird entlang Amiirs Erlebnis auch deutlich, dass das Positionieren der jungen Geflüchteten als ›Lügner‹ zur Logik ihrer Behandlung im Grenzregime gehörte, gegen die sie auch immer wieder versuchten, anzugehen: Amiir hat zumindest zunächst versucht, dem Arbeitgeber zu verdeutlichen, dass ihm ein höheres Gehalt zustehe. Nicht nur wurden sie in solchen Situationen von den maltesischen Arbeitgebern* als ›liar‹ markiert, sondern das folgende Beispiel von Caamiir, der in einem Hotel als Reinigungskraft arbeitete, verdeutlicht, dass sie auch gegenüber ihren Familien in Erklärungsnot kamen:

»My mum always believes me. I tell her that the life here is hard. When I have money left I send it home and then they are happy. But not every month. My father sometimes think that I lie, but, no, I always tell the truth. And my mother she feels that it is the truth so she does not blame me when I cannot send the money« (Caamiir, IG, 04/2016).

Immer wieder hatte ich, wenn mir meine Gesprächspartner*innen von diesen Situationen erzählten, auch das Gefühl, dass sich Schuldgefühle und Erwartungen hier in einem angespannten Verhältnis zueinander befanden. Auf der einen Seite gab es die Erwartung in einigen Familien, dass sie Geld nach Hause senden sollten und gleichzeitig fühlten sich die jungen Geflüchteten dann schlecht, dass sie dieses nicht immer konnten. Immer wieder nahm ich wahr, dass sie darunter litten, festzustellen, dass es ihnen im Großen und Ganzen besser ging als ihren Lieben zu Hause, aber sie eben auch nicht in der Lage waren, für alle zu sorgen. In den Situationen mit den Eltern erzählten sie also oft von der durchaus harten Realität, die ihnen dann nicht geglaubt wurde.

Gleichzeitig führten die Strukturen in Malta immer wieder dazu, dass die jungen Geflüchteten tatsächlich ›gelogen‹ haben, um ihren Status nicht zu gefährden, oder um sich gewisse Möglichkeitsräume zu schaffen. So sagte Sabiye zu *care worker* Angelica, dass er Malta ganz toll fände und dauerhaft bleiben wolle, damit sie nicht merkte, dass er seine Ausreise plante; so erzählte Abdul der Heimleitung, dass er eine Nachtschicht habe, um heimlich seine Freundin treffen zu können; und Mansuur erzählte mir, als ich ihn eines Abends recht spät und zufällig am Busbahnhof von Valletta traf, dass er sich rausgeschlichen hatte, um Champions League in einer Bar zu schauen (TB, 05/2013). Diese Formen des Lügens für das Treffen der Freundin oder auch zum heimlichen Fußballgucken lassen sich durchaus mit Situationen, in denen junge Menschen ohne Fluchtstatus die sie Betreuenden anschwindeln, vergleichen und soll hier keineswegs das Bild verstetigen, dass (junge) Geflüchtete ›Lügner*innen‹ seien, wie es ihnen in Malta so oft zugeschrieben wurde. Es war Amiir der mir ausdrücklich den Wunsch kommunizierte, von solchen Taktiken absehen zu können, denn er wollte schließlich einen guten Charakter entwickeln und verstand sich in diesem Prozess noch als Lernender, der Vorbilder brauche: »In Malta it is very difficult to develop a good personality and a good character. Because when I came here I was still young and when I left my home I was more young. So still I have to learn and to develop my personality, but it is very difficult here« (Amiir, IG, 04/2016).

Auch Sabiye machte deutlich, dass er das (Not-)Lügen eigentlich ablehnte und seine Situation so deutete, dass er zum Lügner gemacht wurde: »They make me lie, I don't like, Laura, I never lied, but I have to now. I don't like« (Sabiye, IG, 05/2013). Vielmehr sollten diese Beispiele zeigen, wie das »up to you« und das »start your life«, welches von ihnen eingefordert wurde, durch ihr selbstständiges Handeln gleichzeitig unterminiert wurde. Es wurde einerseits suggeriert, dass es an ihnen läge, etwas aus dem eigenen Leben zu machen, aber es zeigte sich in den alltäglichen Begegnungen, dass es eben nicht an ihnen alleine lag, weil andere für sie entschieden, weil andere sie positionierten und ihnen Zugänge verwehrten.

Das Gefühl zu haben, lügen zu müssen und auch lügen zu können, ist vielleicht aber im Kleinen doch eine Facette der Umsetzung des »up to you«: Sie haben erkannt, in welchen Situationen es sich lohnte, die eigene Erzählung anzupassen, um den eigenen Zielen ein Stück näher zu kommen.

Dass die jungen Geflüchteten ihr »start your life« nicht so umsetzen konnten, wie es ihrem Interesse entsprach, zeigt auch das situativ abhängige Platzieren entlang des Kind-Erwachsenen-Schemas. Wenn die jungen Geflüchteten danach strebten, selbstständig zu sein und ihr ›Leben in die Hand zu nehmen‹, wurde, je nach Situation, ihre zugewiesene Minderjährigkeit gegen sie verwendet. Bilal, der als ›UAM‹ eingeteilt wurde und in Tal Gebel lebte, erkannte schnell, dass es schwierig werden würde, von dort ein geregeltes Leben zu führen, da das *open centre* recht abgeschieden gelegen war, strengen Regeln des Kommens und Gehens unterlag und gleichzeitig infrastrukturell schlecht angebunden war – der Bus kam selten und unzuverlässig. Er wollte deshalb möglichst schnell in eine eigene Wohnung ziehen und bat die *social worker* einerseits um die Erlaubnis und andererseits um Hilfe bei der Suche:

»I was working at that time and I told them that I want to move, I can't live here [...]. Cause now you know I have my status, like I am adult, I can rent a flat and I have an ID, but I remember that when I tried to rent as a minor they did not allow me they always asked for the permit of the social worker and when I asked the social workers they did not help me, because they said that I am too young to live in my own flat« (Bilal, I, 07/2015).

Bilal wurde als zu jung, um einen eigenen Haushalt zu führen verstanden, aber er schien nicht als zu jung zu gelten, um einer Arbeit nachzugehen. Diese Ambivalenz irritierte mich immer wieder. Vor allem Elais ging, während er noch als minderjährig galt, einer sehr anstrengenden Arbeit nach: Zwischen 22 Uhr und 4 Uhr morgens an sechs Tagen in der Woche reinigte er das Restaurant einer weltweit tätigen Kette. Vor fünf Uhr morgens war er dann eigentlich nie zu Hause. Dass Menschen, die als minderjährig eingeteilt wurden, mitten in der Nacht hart arbeiteten, wurde nie als problematisch kommuniziert.

Das »up to you« und »start your life« trafen ebenfalls nicht zu, wenn es darum ging, eigene langfristige amouröse Beziehungen eingehen zu können, denn eine Planungssicherheit für die Zukunft gehörte in der Regel nicht zu dem Alltag der jungen Geflüchteten. Planungssicherheit zu schaffen, lag eben häufig nicht in den Händen der jungen Geflüchteten, sondern war vielfach von strukturellen und institutionellen Faktoren abhängig, wie die Erzählung von Caamiir zeigt:

»I know my girlfriend since five years. We had a small shop and always she came to buy something and then stay one hour and speak to me. And she really liked me a lot. And her parents they lived very close. Then I had to tell her to go back home because it is not allowed to speak for so long when you are not married. But before we could get married I left Somalia. And also she left. She is now in Sweden. So we saw each other again when I was in Sweden for more than one year. But now only on the phone. And I wait for going America. So I don't know where it will all end. Me, I am America and she is in Sweden. But I don't have a future in Europe so I don't know what will happen. But for now we speak on the phone every day« (Caamiir, IG, 04/2016).

Es ist nicht zu verneinen, dass der Wunsch nach einem besseren Leben durchaus von meinen Gesprächspartner*innen geteilt wurde. Dieser Abschnitt zeigte auf, dass die Erwartungen an ein »better life« und auch an das »start your life« zur gelebten Realität eine Diskrepanz aufwiesen. Dieses lag unter anderem auch an der Verwebung der Kategorie ›UAM‹, ihrer Herkunft, Klasse, Gender und Religion. Im Ergebnis entstand für die jungen Geflüchteten eine Situation, die von einem verstetigten ›Versuchen‹, aus dem auch ein gewisses Maß an Motivation hervorging, gekennzeichnet war: versuchen, zu verstehen, wann man lügen musste; versuchen, mit den Abwertungen und Paradoxien umzugehen; versuchen, trotzdem das Beste aus der Situation zu machen: »I try to manage my life. That is what always kept me going«, brachte es Amiir auf den Punkt (Amiir, IG, 04/2016).

Die jungen Geflüchteten verstanden in erster Linie das »normal life« als größtes zu erreichendes Ziel: dazu gehörte der Schulbesuch, eine Arbeit finden, eigenes Geld verdienen und möglichst nicht vom Staat abhängig zu sein. Allgemeiner Wunsch war es, in Sicherheit zu leben und ›etwas aus sich zu machen‹; die institutionellen Akteur*innen vermuteten jedoch, dass die jungen Geflüchteten in erster Linie ihre Familien nachholen wollten, dass sie Gebrauch (oder auch Missbrauch) vom EUropäischen Asylsystem machen wollten, oder auch, dass sie einer gewissen jugendlichen Abenteuerlust stattgegeben hatten, als sie sich auf den Weg nach Europa machten und diese nun hier weiter ausleben wollten. Das suggerierte ›up to you‹ war keineswegs strukturlos, auch, wenn dieses vor allem von den institutionellen Akteur*innen immer wieder suggeriert wurde. Die dargestellten Beispiele zeigten jedoch, dass Struktur und Agency hier stets zusammenwirkten und, dass die jungen Geflüchteten trotz aller Anstrengungen eben nicht jede strukturelle Hürde überwinden konnten.

Volljährig-Werden: »In a way, real life kicks in.«

Ab dem Zeitpunkt der offiziellen Volljährigkeit standen die jungen Geflüchteten nicht mehr unter der *Care Order,* hatten keinen Vormund mehr und mussten spätestens dann das Heim verlassen. Aber was änderte sich tatsächlich für meine Gesprächspartner*innen?

Mit dem Verlassen des Heims mussten sie sich um einen neuen Wohnort kümmern. Einige zogen in das *open centre* von Balbi, aber hatten durchaus Angst davor, da es keinen guten Ruf hatte:

Ich erfahre heute, dass drei Jugendliche das Heim verlassen müssen, weil jüngere nachkommen werden, für die es sonst keine freien Plätze gibt. Die drei sollen in das open centre von Balbi umgesiedelt werden. Yasir sagt, er hat Angst davor, »Balbi is a bad place«, sagt er mir. Auch andere berichteten, dass es dort sehr schlimm sein muss (TB, 05/2013).

Diejenigen, die nicht in ein *open centre* ziehen wollten, bemühten sich, eine WG oder eine eigene Wohnung zu finden. Die meisten teilten sich Apartments mit anderen Somalier*innen. Eine Wohnung neu anzumieten, stellte sich als schwierig heraus. Nicht nur stiegen die Mietpreise immer weiter, sondern einige Vermieter*innen wollten explizit keine jungen Mieter* afrikanischer Herkunft. So fand ich beispielsweise eine Wohnungsanzeige eines großen maltesischen Immobilienbüros, welches schrieb, dass sie keine »Blacks, Arabs or young boys« als Mieter* akzeptierten (Pisani 2011 mit Bezug auf Simon Real Estate). Auch wenn es immer wieder Probleme zwischen Sultana und den Bewohner*innen gab, betonte Absimil mir gegenüber, dass mit dem Auszug aus dem Heim dann auch mit keinerlei weiterer Unterstützung zu rechnen sei. Absimil hatte gar den Eindruck, dass es den Betreuenden gleichgültig war, was mit den jungen Geflüchteten passierte, sobald sie formell volljährig wurden:

»When you are eighteen and you have to leave [Heim, L.O.]. Sultana she will give you your papers and tell you to leave. Even then when you have problems she doesn't care anymore. She will close her window for sure. So she will forget about you completely. She does not even say hello in the street« (Absimil, IG, 07/2015).

Ich besprach die Situation für diejenigen, die nach maltesischem System volljährig wurden, auch mit Dom, der im Innenministerium arbeitete. Als ich ihn fragte, was mit denjenigen, die das Heim verlassen müssen, passieren würde, lautete seine Antwort: »They fall into mainstream« (Dom, I, 07/2015). Der Übergang wurde nicht fließend gestaltet, sondern gebunden an das Volljährig-Werden war auch die Behandlung der jungen Geflüchteten im Sinne der anderen erwachsenen Geflüchteten. Dom ergänzte noch: »From that point onwards they are treated as adults« (Dom, I, 07/2015). Diese Aussage wirkte fast ironisch auf mich, denn es ließen sich während meiner Forschungszeit keine klaren Unterschiede feststellen zwischen »treatment« als ›Kinder‹ und »treatment« als ›Erwachsene‹, mussten doch einige mit unter 18 Jahren ausziehen, durften andere trotz ›UAM‹-Zuweisung gar nicht im Heim wohnen, wurde doch einigen die Unterstützung bei der Schulanmeldung untersagt. Meine geflüchteten Forschungspartner*innen nahmen die Unterbringung im Heim oft als Hürde wahr, da sie aufgrund der Dauerbeaufsichtigung ihrer Einschätzung nach nicht ihre Interessen umsetzen konnten. Bilal betonte, dass das Leben als 18-Jähriger in Malta eigentlich nicht anders sei im Vergleich zum Leben im Rahmen des ›UAM‹-Status. Der einzige Unterschied, den er wahrnahm ist, dass er nun weniger kontrolliert sei, was ihm gut gefiel: »The situation is like the same still. But it is a little bit different as well because when you are a minor they control you and they don't give you a good life« (Bilal, I, 07/2015). Meine Beobachtungen der alltäglichen Routinen der jungen Geflüchteten divergierten auch nicht gravierend während sie noch als ›UAM‹ verstanden wurden und nachdem sie offiziell Erwachsene waren: Sowohl im Heim als auch in ihren eigenen Wohnungen bestand ihr Alltag in der Regel aus Arbeiten, sich um die Wäsche kümmern, den Wohnort reinigen, Freunde in Balbi treffen, Billard-Spielen, Online-Sein, sowie Kochen und hin und wieder einmal Essen gehen.

Mir fiel besonders auf, dass die Wahrnehmungen zum Volljährig-Werden zwischen den jungen Geflüchteten und den Verwaltenden stark divergierten. Während die behördlichen Vertreter*innen die *Care Order* und die Unterbringung im Heim als Schutz verstanden, fühlten sich meine geflüchteten Forschungspartner*innen genau dadurch eingeschränkt. Besonders auffällig war dies in den Aussagen von Andrew Borg. Ich fragte ihn im Interview nach den Zukunftschancen derjenigen, die volljährig werden:

»What is their future? That is a big question really [...] when they turn eighteen [...] they are no longer under a care order. In a way, real life kicks in because the care order is a bit of an [...] artifical reality [...]. We try to prepare people for after but that is not easy because [...] what the unaccompanied minors [...] want to do is work they don't want [...] an education« (Andrew Borg, I, 07/2015).

Nicht nur repräsentierte Andrew Borg die jungen Geflüchteten mir gegenüber als Personen, die unwillig seien, zu lernen, sondern er suggerierte auch, dass das Leben als ›UAM‹ kein ›real life‹ sei, da sie ja sehr viel Unterstützung bekämen. Mit meinen Erfahrungen aus dem Heim im Hinterkopf empfand ich auch diese Aussage als ironisch und vor allem unzutreffend, um die Realität meiner geflüchteten Forschungspartner*innen zu beschreiben.

Während die offiziellen Rahmensetzungen ›UAMs‹ als besonders vulnerabel und schützenswert sehen, zeigen meine Ausführungen bis hierhin, dass diese offiziellen Zuschreibungen in den alltäglichen Begegnungen mit den sie Betreuenden und Verwaltenden nicht zwangsläufig Anwendung fanden. Auch in den Gesprächen über sie wurden sie nicht nur als verletzlich verstanden, sondern auch verletzend, wenn sie z. B. das Asylsystem missbrauchten. Alleine die Minderjährigkeit mit Vulnerabilität gleichzusetzen, birgt zudem die Gefahr, zu übersehen, dass geflüchtete Menschen auch nach dem Erreichen der Volljährigkeit vulnerabilisiert werden. Die Vulnerabilität ist also nicht »embodied« (vgl. Sampsons 2013) bis sie 18 Jahre alt werden, sondern entsteht auch durch das, was sie im Grenzregime erleben – auch über das formelle 18-Werden hinaus. Mit dem Erreichen der Volljährigkeit mussten sich meine geflüchteten Gesprächspartner*innen mit den Fragen nach möglichem Wohnraum ebenso beschäftigen wie mit der weiteren Zukunftsplanung. Zwar war die ›Minderjährigkeit‹ jetzt weniger bedeutend, aber dafür gewannen Klasse, Herkunft und Gender an Bedeutung. Nichtsdestotrotz verbanden die meisten meiner Forschungspartner*innen das 18-Werden mit einer Verbesserung ihrer Situation, da sie sich weniger abhängig fühlten von den Strukturen des Heims, sowie von den sie Betreuenden und Verwaltenden. Mit dem formellen Ende der ›UAM‹-Kategorie lösten sich also zwangsläufig die Ambivalenzen und Divergenzen zwischen ›UAM-Sein‹, aber wie Erwachsene behandelt werden, immer mehr auf.

»I am Somali, but I am not a refugee.« – Zuschreibungen und Selbstbilder

»In Malta and Libya, is the same for me. In Libya they use a gun to kill you, but here in Malta they use their brain to kill you. They make you go crazy here by using their brain.«

Absimil, im Sommer 2015

Die machtvollen Zuschreibungen als Lügner*innen, Asylmissbrauchstäter*innen, als ›faul‹, als ›gefährlich‹ oder als ›unfähig‹ sind an den jungen Geflüchteten nicht vorbeigegangen. Immer wieder reagierten sie auf diese, weil sie – so die Annahme – gegen verletzende und stigmatisierende Zuschreibungen angehen wollten, weil sie sich wehren wollten, weil sie zeigen wollten, dass sie sich nicht alles gefallen lassen. Im folgenden Abschnitt betrachte ich ihren Umgang mit diesen Zuschreibungen und frage sowohl nach Gegenentwürfen als auch nach Anpassungen und Eigenem. Obwohl meine Gesprächspartner*innen von den Zuschreibungen verletzt waren, kam es auch teilweise zur Adaption eben dieser. Die Frage, die sich stellt ist, wer wann welche Gegenentwürfe bzw. Anpassungen gezeigt hat und mit welchen Mitteln die jungen Geflüchteten überhaupt gegen die Stigmata und Projizierungen angingen. Die darüber entstehenden Selbstbilder werden als »situational, multifaceted and as a relative construct« (Finnegan 1997, 68 zit. n. Duits 2008, 34) verstanden und so ist es nicht der Fall, dass ich hier das Ziel verfolge, Verfestigungen der Selbstbilder zu zeigen, sondern vielmehr das Dynamische und Fluide rekonstruiere.

Die Navigation der Kategorien ›UAM‹ und ›refugee‹

Fast einstimmig erzählten meine Gesprächspartner*innen, dass sie vor ihrer Ankunft in Malta nicht wussten, wer oder was ein ›UAM‹ sei. Generell sei das Konzept der Minderjährigkeit für sie neu gewesen und ihnen wurde erst in Malta bewusst, welche Bedeutung ihr chronologisches Alter für ihren weiteren Lebensweg haben würde. So wurde die Einteilung in die Kategorie des ›UAM‹-Seins teilweise als Zeitverschwendung verstanden: »Because you have to live in this place [Heim, L.O.] and you cannot move forward. You cannot start with your life. Because no work, nothing. Always they control you«, berichtete Abdul (IG, 05/2013). Während Abdul die Einteilung in die Minderjährigkeit als Hindernis, das eigene Leben zu ›starten‹, verstand, deuteten andere diese Zeit als Chance, den Versuch zu wagen, Malta zu verlassen. Den Inselstaat undokumentiert als Minderjährige*r zu verlassen, hat Vorteile. Erstens: die Rückführung ist unwahrscheinlicher. Zweitens: wird man am Flughafen bei der undokumentierten Ausreise aufgehalten, ist die Bestrafung geringer. Drittens: die Chance, auch in einem anderen EU-Land noch als minderjährig anerkannt zu werden, ist höher. Mit dem Erreichen des 18. Geburtstages erlöschen diese Vorteile nahezu, wie Absimil mir erzählte: »Because now I am over eighteen, so I don't try again. When they catch me again now they put to prison. Because now I am adult. But when they catch you when you try to leave, then only they make blahblah and maybe little punishment, but no prison« (Absimil, IG, 07/2015). Mit dem Volljährig-Werden schließen sich folglich gewisse Möglichkeiten des »to start your life«, aber die jungen Geflüchteten ergriffen andere Chancen »to control my life«, um es mit Amiirs Worten zu sagen. Das »control my life« war für sie sowohl in der Platzierung als ›UAM‹, als auch nach dem formellen Erwachsenwerden von zentraler Bedeutung.

Im Laufe der Zeit übernahmen sie zum Teil diese Einteilungen, bzw. es fanden gewisse Übertragungen statt, da sie in Malta immer wieder als ›UAMs‹ angerufen wurden und teilweise nur über das Annehmen der Einteilung überhaupt ein Subjektstatus erreicht werden konnte. Die Praktiken meiner geflüchteten Forschungspartner*innen gingen jedoch über diese direkte und einseitige Interaktion zwischen Mensch und Kategorie hinaus. ›UAM‹-Sein war nicht nur Anrufung, sondern auch Basis für das Äußern von Kritik. So wurde beispielsweise der Verweis auf das Minderjährig-Sein immer wieder kommunikativ genutzt, um mir zu berichten, dass man doch Kinder so wirklich nicht behandeln könne: »How come they think they can treat us like that? Because I think that children should not be treated the way they treat us here«, formulierte es Bilal (IG, 07/2015) mir gegenüber. Ich habe mich gefragt, ob in Bilals Aussage auch ein Stück Kritik, oder zumindest Erstaunen, beinhaltet war: Diejenigen, die sie überhaupt erst als ›Kinder‹ einteilten, behandelten sie aber nicht so, wie zumindest Bilal es sich wünschen würde, behandelt zu werden. Bilal bezog sich hier nicht auf formale Definitionen von Kindheit oder Kinderrechten, denn die Kinderrechtskonvention war weder ihm, noch anderen jungen Geflüchteten, die ich kenne, bekannt. »I never heard about this convention« (Amiir, IG, 02/2018), berichtete mir Amiir, als wir zu diesem Thema ein Skype-Gespräch führten. Aber woher nahm Bilal dann seine Ideen dazu, wie Kinder in Malta behandelt werden sollten? Bilal hatte beobachtet, was anderen Kindern und Jugendlichen in Malta zustand, wie mit ihnen umgegangen wurde und wie sie gekleidet waren: »When I am outside, I see that they go to school. I see them with their families and they go some places, like the McDonalds or shopping in Paceville, the mall. And also later they get a good education here« (Bilal, IG, 07/2015).

Auch wenn meine Gesprächspartner*innen versuchten, eine Verbesserung ihrer Situation bei Behörden oder NGOs zu erreichen, verwiesen sie darauf, dass sie ja schließlich ›minderjährig‹ seien. Obwohl sie selbst diese Einteilung als ›UAM‹ für grotesk hielten, machten sie Gebrauch davon, um (zu versuchen) ihre Lage zu verändern. Gleichzeitig forderten sie ein, als Minderjährige anders behandelt zu werden als erwachsene Geflüchtete. Mich hat dies immer wieder irritiert und verwundert und ich fragte mich, ob sie selbst hier zugeschriebene Vulnerabilitäten fortschrieben. Ich glaube im Nachhinein jedoch nicht, dass es ihnen darum ging, denn in den allerseltensten Momenten haben sie sich mir gegenüber vulnerabel gezeigt. Vielmehr komme ich zu dem Schluss, dass sie schlicht verstanden haben, welche Zugeständnisse eigentlich mit der ›UAM‹-Kategorie einhergehen könnten. So wurde es in zahlreichen Situationen deutlich, dass meine Gesprächspartner*innen Potenziale darin erkannten, sich auf diese Kategorie zu beziehen, um ihre eigene Situation zu verbessern. Manchmal war jeder sich selbst am nächsten und dann war es eben auch in Ordnung, die sonst von ihnen kritisch gesehene Kategorie des ›UAMs‹ für sich in bestimmten Situationen positiv zu nutzen. Wenn sie Behörden und Institutionen darauf verwiesen, dass ihnen als ›UAMs‹ doch eine bessere Behandlung zustehe, so inszenierten sie sich nicht als Agency-freie, leidende Kinder, sondern nutzten die Kategorisierung, um eine Veränderung herbeizuführen.

Auffällig an den Erzählungen der jungen Geflüchteten war für mich, dass sie meistens Gebrauch von der ›UAM‹-Kategorie machten, um entweder die eigene Situation zu verbessern, um auf das Leid in Malta zu verweisen, welches ihnen auch basierend auf dieser Einteilung widerfuhr, oder, um den Umgang maltesischer Behörden und Institutionen mit ihnen als ›Kinder‹ zu kritisieren. Abseits dieser Themen bezeichneten sie sich mir gegenüber einfach als »young«. An dieses Konzept des Jung-Seins war vor allem gekoppelt, dass man sich noch im Werden befinde, der Charakter noch nicht ausgereift sei, dass das Leben noch nicht »complete« sei und sie sich selbst noch in einer Lern- und Orientierungsphase befänden. Nicht

»complete« war das Leben, weil sie sich nicht in einem gesicherten Rechtsstatus befanden, weil sie nicht alle einen sicheren Arbeitsplatz hatten, weil die (Aus)Bildung nicht abgeschlossen war und auch, weil sie (noch) keine Familien gegründet hatten. Um das Leben möglichst erfolgreich »complete« zu machen, so lautete ihre Einschätzung, brauchten sie auch Vorbilder und Navigationshilfen, sie brauchten manchmal Ratschläge. Besonders deutlich wurde dieser Wunsch nach einem Vorbild oder zumindest Orientierung, als ich im Mai 2013 mit Sabiye gemeinsam zur Bank ging. Er hatte das erste Mal Gehalt auf seinem Konto erhalten und war sich unsicher, wie man dieses abheben könnte. Während unseres Spazierganges fragte er mich immer wieder, wie ich mit Geld umgehe, wie viel ich für Miete und Kleidung ausgebe und ob ich auch spare. »Me, Laura, I can't live without family you know. I need family. I need older people to teach me« (Sabiye, IG, 05/2013), sagte er mir während unseres Gesprächs.

Während Sabiye hier auf mein Wissen zurückgreifen wollte und mehr über meine Praktiken das Leben zu bewältigen erfahren wollte, haben andere junge Geflüchtete bereits verantwortungsvoll, stark und selbstständig gehandelt und wollten keine Hilfe. Nicht nur hat Bilal anderen jungen Geflüchteten seine Hilfe angeboten, sondern sich auch bei den Verantwortlichen beschwert und sich selbst – trotz zugeschriebener Minderjährigkeit und damit einhergehend gewisser zugeschriebener, aber auch rechtlich geregelter ›Unfähigkeit‹ – eine eigene Wohnung gesucht und Tal Gebel noch vor dem 18. Geburtstag verlassen, obwohl die Sozialarbeiterin ihn nicht stützte. Ein längeres Zitat von Bilal veranschaulicht dieses. Nach dem *age assessment* wurde Bilal in Tal Gebel untergebracht, wo er gemeinsam mit rund 30 weiteren als ›UAM‹ kategorisierten Geflüchteten in Containern lebte. Während der Zeit meiner Forschung in 2013 und 2015 teilten sich immer acht Personen einen Container, von denen zwei übereinandergestapelt wurden. In Tal Gebel war es noch komplizierter, Ansprechpartner*innen für ihre Probleme zu finden. Bilal berichtete von einer Siuation, in der ein anderer junger Geflüchteter, Kadiye, sich sehr krank fühlte, von den Sozialarbeiter*innen aber niemand bereit war, zu helfen:

»He [Kadiye, L.O.] was feeling sick, like heart attack. He fell on the floor and was very sick. So I go to the security and I tell them that we need a drive to Maria Sanctus [Krankenhaus, L.O.]. But they say ›No, you have your money, you can take a taxi.‹ But we don't have money for the taxi. And Kadiye that time he didn't have shoes. So I asked him: ›Do you want my shoes or my socks? We have to walk‹. He take socks from me and we walk all the way to Maria Sanctus. They gave him some treatment and after that we go to [Heim, L.O.]. Because me I want to complain that they did not help for us. So the lady of there she was surprised. Then she drove us to Tal Gebel and talked to the security and told them that they have to use the car for us. So that was life in Tal Gebel, I will never forget that life. Because Tal Gebel is like hell. Even when I was a minor I left Tal Gebel. I find my own apartment and that's it. I was done with Tal Gebel« (Bilal, IG, 07/2015).

In den Gesprächen mit mir wurde immer wieder darauf verwiesen, welche Ambivalenzen, Uneindeutigkeiten und auch Exklusionen die Einteilung in die ›UAM‹-Kategorie mit sich brachte. Manches durften sie nur mit Hilfe, in anderen Situationen wurden sie nicht unterstützt. Sie verglichen sich mit anderen jungen Menschen in Malta und stellten gravierende Unterschiede in Zugangs- und Umgangsfragen fest; auch Klasse spielte immer wieder eine Rolle.

Es wurde von meinen geflüchteten Forschungspartner*innen auch immer wieder Bezug genommen auf die Kategorien des ›refugee‹ oder auch ›asylum seekers‹. Bilal beispielsweise bezeichnete sich selbst nie als ›refugee‹, sondern sagte immer »me I am immigrant« (Bilal, IG, 07/2015) und sagte über das Label ›refugee‹: »You cannot be a refugee all your life. Because a refugee means that you did not arrive. Still a lot of pressure on you. You can never relax. You always have to move and to look forward« (Bilal, IG, 04/2016). Das Zitat zeigt, dass Bilal das ›Refugee-Sein‹ als einen Zustand wahrnahm, in dem eine Entspannung nahezu unmöglich sei. Die Kategorisierungen als ›refugee‹ oder ›asylum seeker‹ waren im Alltag meiner geflüchteten Forschungspartner*innen omnipräsent und nicht nur das Markieren durch andere, Nicht-Geflüchtete, beschäftigte sie, sondern vor allem auch die staatlichen und überstaatlichen Regierungs- und Regulierungspraktiken zeigen sich in der Kategorie ›refugee/asylum seeker‹ in besonderem Maße. Als ›refugee‹ gelabelt zu sein, setzte ihn unter Druck und es bedeutete für ihn auch, als Nicht-Angekommener verstanden zu werden. Auch Absimil lehnte den Begriff ›refugee‹ ab:

Wir stehen draußen auf dem Balkon und reden, wir kommen auf den Begriff des refugees zu sprechen. »I never wanted to be a refugee. And even now I am not really a refugee because my status is not refugee. So I don't like that word. Always it will tell other people that you are not equal to them. I really wish to get a citizenship again one day« (Absimil, IG, 04/2016).

Absimil verwies darauf, dass für ihn das ›Refugee‹-Sein nicht freiwillig geschah, sondern ihm diese Bezeichnung gegeben wurde. Einerseits lehnte er sie ab, da er rechtlich kein ›Flüchtling‹ im Sinne der Genfer Flüchtlingskonvention war und auch, weil es gegenüber anderen, nicht-geflüchteten Menschen das Ungleichsein betone. Zudem definierte er ›refugee‹ als Gegensatz zum ›citizen‹: Ein Status, den er gerne in seinem Leben wieder erreichen möchte. Während die Einteilung als ›UAM‹ zeitlich begrenzt war – das Label war zumindest ab dem 18. Geburtstag weniger wirkmächtig – überdauerte das ›Refugee-Sein‹ jedoch und überlagerte alltägliche Situationen. Dass das ›UAM‹-Label mit dem Erreichen der Volljährigkeit nicht vollständig an Bedeutung verlor, liegt vor allem an den Folgen der Kategorisierung, wie z. B., dass sie, im Gegensatz zu anderen, nicht im Schengen-Raum reisen durften und deshalb nicht in anderen EU-Ländern erneut einen Asylantrag stellen konnten. Dieses führte dazu, dass die jungen Menschen sich gewissermaßen gefangen fühlten und sich das Eingeteilt-Sein wie eine Ewigkeit anfühlte. »And now I am asylum seeker for three years. But I cannot be forever asylum seeker. Because you have not enough rights. Your life is bad« (Absimil, IG, 04/2016).

Über-sich-selbst-Sprechen und Sich-in-Szene-Setzen

Die Analysen zur Navigation der Einteilung als ›UAM‹ deuteten bereits darauf hin, dass die jungen, vor allem männlichen* Geflüchteten, sich mir gegenüber als junge Männer* präsentierten, die das institutionelle Grenzregime in großen Teilen durchschaut hatten, die sich den Auflagen teilweise widersetzten und die in der Lage waren, die von ihnen identifizierten Versorgungslücken (zumindest in Teilen) zu schließen. Zudem machten sie produktiv Gebrauch von ihrer Einteilung, wenn es darum ging, die eigene Situation graduell zu verbessern. Diese sind jedoch nur einige Beispiele des Über-sich-Sprechens oder auch des Sich-Darstellens, die ich wahrgenommen habe. Die folgenden Ausführungen widmen sich diesen detaillierter: Was haben sie wem gezeigt? Was wurde nicht gezeigt? Und was sagt das (Nicht-)Zeigen über ihre Subjektpositionen aus?

Wenn meine geflüchteten Forschungspartner*innen über Negativerlebnisse oder auch Traumata berichteten, war es auffällig, dass in der Regel immer die anderen Probleme hatten. Man selbst war derjenige, der anderen half. Über eigene bedrohliche Erlebnisse wurde nur gesprochen, wenn man diese auch durch das eigene Handeln erfolgreich löste:

»In Libya in prison you have problem. Because no money, they never let you go. And I did not have a money. So one night, I know the time the guards they change because I watch many days, I decided I jump. And knew I cannot break my leg because then they shoot for you. So I jump carefully and I was having a freedom« (Filad, IG, 06/2013).

Eine scheinbar ausweglose Situation konnte gelöst werden, weil Filad ein genauer Beobachter zu sein schien, die Gefahren abzuschätzen wusste und den richtigen Moment der Flucht erkannte. Es wurde zwar auch darüber gesprochen, wie es sich anfühlte, in diesen Gefängnissen inhaftiert gewesen zu sein, aber im Vordergrund der Gespräche stand häufig *wie* die Flucht aus dem Gefängnis (erfolgreich) gelang. Es war eine Ausnahme als Bilal mir berichtete, dass er nach der Ankunft in Malta manchmal unter Alpträumen litt, wurden diese Themen der psychischen Verwundungen nur selten thematisiert: »At night I dream I am in the desert, or in the Mediterranean or even the police is hunting for me. That was not easy. That was not easy« (Bilal, IG, 07/2015). Zu dem Zeitpunkt des Gespräches mit mir hatte er diese Phase der schlechten Träume seiner Erzählung nach aber ›erfolgreich‹ überwunden und sich mir als nicht mehr Leidenden präsentiert; das gleiche Gespräch nutzte er, um mir zu berichten, dass er derjenige sei, der anderen jungen Geflüchteten, die unter den Erlebnissen litten, helfe.»There was one boy in Tal Gebel he cried every night a lot. When we wake him up and asked if he is ok, he was very sad. And he was crying a lot. So always I help him, I try to make him calm, and always I was there for him when he suffered« (Bilal, IG, 07/2015). Das Leid der Anderen wurde nicht selten für die Stärkung der eigenen Position genutzt, für das Berichten über die eigene Hilfsbereitschaft und eben auch das eigene ›Gesund-Sein‹, das ›Trauma-frei-Sein‹.

Es ging nicht nur um die psychische Gesundheit, sondern vor allem die Körper meiner geflüchteten Forschungspartner*innen nahmen einen besonderen Stellenwert ein. Intensiv war Xanaan von den Erwartungen der Mitarbeiter*innen im Heim an den funktionierenden Körper betroffen. Als ich ihn kennenlernte, war ich zunächst verwundert, dass er sportliche Aktivitäten nicht mitmachen wollte. Jedes Mal, wenn ich fragte, ob er mit zum Fußball oder ans Meer kommen möchte, verneinte er und ging auf die Gründe nicht weiter ein. Ich begann, andere zu fragen und hörte von Haybe: »He is ashamed of his body. He has bullets here [zeigt auf seinen Oberkörper]« (IG, Haybe, 03/2013). Er wurde, so wurde es mir erzählt, bei einem Schusswechsel in den Straßen Mogadischus mehrfach getroffen und die Kugeln wurden nie entfernt. Xanaan konnte in Folge dieser Verletzungen auch den Boden des Heims nicht reinigen, da er sich nicht bücken konnte. Bewegungen mit dem Oberkörper, für die er ihn krümmen musste, taten ihm weh, außerdem hatte er Probleme beim Atmen, denn eine Kugel hat auch die Lunge verletzt. Im Heim die verpflichtenden Haushaltsaufgaben zu erfüllen, war für ihn aufgrund dieser Wunden besonders schwer und schmerzhaft. Ihm wurde dann, wenn er für die *duty* des Bodenwischens eingeteilt wurde und er diese nicht erledigen konnte, das Taschengeld gekürzt – auch, wenn andere Bewohner*innen seine Aufgabe übernahmen und der Boden nicht dreckig hinterlassen wurde. Mit mir sprach Xanaan nie über diese Konsequenzen, aber andere Bewohner*innen regten sich bei mir immer wieder über den Bestrafungsmechanismus der Leitung auf und konnten überhaupt nicht nachvollziehen, warum so mit Xanaan umgegangen wurde. Im Gegenteil: Sie warfen den Mitarbeiter*innen Unmenschlichkeit vor.

Während Malkki (1996) zeigte, dass die Verteilung humanitärer Hilfen auch nach Logiken der nachweisbaren Verwundung funktioniere, Fassin und Estelle d'Halluin (2005) zeigten, dass in Zeiten zunehmender Anzweiflungen von Asylnarrativen der Körper das Nachweismittel für die Berechtigung eines Schutzstatus wurde und Miriam Ticktin (2014) darlegte, dass zwar die Zuweisungen eines politischen Schutzstatus in Frankreich zahlenmäßig sanken, aber die Zugänge zu humanitärer Hilfe auf Basis verwundeter Körper stiegen, führte der verwundete Körper in Malta zu weiteren Exklusionen, statt dass Nachsicht und Berücksichtigung geübt wurde. Für Xanaan hatte das zur Folge, noch weniger Taschengeld zu erhalten und auch Yasir, dessen Hand verwundet war, erfuhr ebenfalls keine Unterstützung aus dem staatlichen Hilfssystem. Sehr wohl wurden beide jungen Männer von anderen Bewohner*innen und Freund*innen sowohl finanziell, als auch in Bezug auf Schmerzlinderung, gestützt, indem sie ihnen die Haushaltsarbeiten im Heim abnahmen.

Meine geflüchteten Forschungspartner*innen hatten also sichtbare und nicht auf den ersten Blick sichtbare Wunden. Geelo, den ich bereits 2013 im Heim kennenlernte und entsprechend gut kannte, erzählte mir nie von schlechten und beängstigenden Erlebnissen. Aber durch sein Verhalten mir und anderen gegenüber hatte ich den Eindruck, dass er noch mit dem Verarbeiten der Erlebnisse beschäftigt war. Dass Geelos Verhalten – im Vergleich zu der Mehrheit meiner anderen Gesprächspartner*innen – ›anders‹ war, ist mir bereits 2013 aufgefallen. Kurz vor meinem Abflug machte ich noch Halt in der WG in Garcin, um mich zu verabschieden.

Wir [Yasir, Geelo, Roodo, Warsame und ich, L.O.] sitzen auf den Betten, die ringsum im Zimmer an den Wänden stehen. Ich erinnere mich nicht genau, wie es dazu kam, dass wir auf ihren Weg nach Malta zu sprechen kamen. Geelo berichtet sehr intensiv von den Erlebnissen. Er fängt an, Situationen nachzustellen. Seine Gesten sind hektisch und wirken auf mich unkontrolliert. Er spricht sehr laut und steht auch von seinem Bett auf, um in der Mitte des Raumes Szenen nachzuspielen. Hin und wieder lacht er. Es fällt mir schwer, damit umzugehen. Ich schweige allerdings. Genauso wie alle anderen, die anwesend waren, auch. Es ist fast wie eine Theateraufführung für mich. Er ist heftig und intensiv mit Mimik und Gestik, in verschiedenen Tonlagen, und lacht an komischen Stellen, die ich wenig amüsant fand. Er spielte nach, wie Leute mit Waffen geschossen haben und andere zu Boden gingen. Er verkörperte dabei alle diese Rollen. Er machte das Wasser nach, hockte sich hin, als wäre er auf einem Boot. Er wackelte mit dem Oberkörper, als sei starker Wellengang. Immer wieder schreit er rum und gestikuliert hektisch. Ich fragte die anderen, ob sie wüssten, was er erlebt hatte, denn auf mich wirkte es so, als hätte er stark mit dem Erlebten zu kämpfen, sie aber meinten:»nothing special« (TB, 07/2013).

Diese ›Szene‹ zeigt noch einmal den Mehrwert der teilnehmenden Beobachtung auf. Hätte ich immer nur mit Geelo geredet, hätte ich davon vermutlich nichts erfahren. In diesem Setting jedoch war es möglich, dass er sich eben nicht nur verbal ausdrücken musste. Während dieses Verhalten zunächst von den anderen Mitbewohnern als nichts Besonderes abgetan wurde, bzw. dieses Verhalten für sie vielleicht auch einfach weniger seltsam war als für mich, hatten sie doch täglich mit Geelos und auch den seelischen und physischen Wunden anderer Geflüchteter zu tun. Es wurde jedoch im Laufe der Zeit auch immer klarer, dass die anderen sich Sorgen machten um ihren Mitbewohner.

Geelo, so wurde mir erzählt, schläft manchmal nicht, fängt im Traum an zu reden und das wohl jede zweite Nacht und er redet dann von der Mediterranean Sea, er weint, schwitzt und dann wecken die anderen ihn, nehmen ihn aus dem Bett raus und geben ihm Wasser. »If he does not speak tonight then he will speak tomorrow«, sagt Amiir über Geelo. »Sometimes we sit together. I prepare some food and then I give one plate to Geelo. And then sometimes after ten minutes or so he is asking me: ›Where is my food‹. And then I tell him that I gave it to him already. And that is why I am worried about him« (TB, 07/2015).

Die Mitbewohner seiner WG waren um Geelo besorgt. Das Reden *über* Geelo wurde jedoch auch immer wieder genutzt, um die eigene ›Normalität‹ zu kommunizieren: Amiir positionierte sich mir gegenüber als ein hilfsbereiter und sensibler Mitbewohner, der trotz der eigenen durchaus prekären Lebenssituation in Malta und ähnlichen Erlebnissen, einen ›gesünderen‹ Umgang gefunden hatte und nun ›funktionierte‹. Er konnte kochen und helfen, war fürsorglich und besorgt.

Mir wurde nicht nur erzählt, dass einige unter dem Erlebten litten, wohingegen andere quasi therapeutisch-betreuende Funktionen übernahmen und sich nicht nur mir gegenüber auch als Gesunde und Starke, als ›Normale‹, beschrieben, sondern ja auch als solche von den ›weniger starken‹ Geflüchteten angerufen und adressiert wurden. Geelo wurde als »bambino« (Amiir, IG, 04/2016) abgestempelt, der es einfach nicht besser könne: »About Geelo I am very worried how his life will continue. Because he is still like bambino. He can't take care of himself. When he is angry, he will break something. So he needs to learn a lot more« (Amiir, IG, 04/2016). Geelo wurde nicht primär als ›krank‹, sondern als ›Kind‹ markiert. Die Annahme war, dass er nicht (psychisch) heilen müsse, sondern er müsse lernen und ›Erwachsen‹ werden. Hier wurde also die Kategorie ›Alter‹ in den Vordergrund gestellt und nicht die verwundenden Erfahrungen. Verantwortlich für den Umgang mit seelischen Wunden wurde dann der*die Einzelne gemacht und es wurde nicht mehr danach gefragt, wer ihnen eigentlich diese Seelenwunden zufügte: »Never look back, now you have to manage yourself«, war Amiirs Einstellung dazu, es würde schließlich nicht helfen, zu viel zu klagen (Amiir, IG, 04/2016). Es schien die Annahme zu herrschen, dass diese Traumata nicht stabil bleiben würden: ›Die Zeit heilt alle Wunden‹, schimmerte als Einstellung bei meinen geflüchteten Forschungspartner*innen immer wieder durch.

In allen diesen Erzählungen steckte aber auch ein Stück Verzweiflung, denn es gelang ihnen auch nach Jahren nicht, auch ihrem Freund und Mitbewohner Geelo ein »straight life« mit Arbeit, Bildung und Gesundheit, zu organisieren. Immer wieder wurde berichtet, wie konstant und nachdrücklich sie versuchten, anderen zu helfen: sei es gesundheitlich oder z. B. dadurch, sie vor Drogenmissbrauch zu schützen. Gelang es ihnen nicht, so wurde in diesen Erzählungen auch auf ein gewisses Versagen der maltesischen Verwaltungs- und Hilfsinstitutionen verwiesen, die schließlich die jungen Geflüchteten in ihre Obhut genommen hatten, nachdem sie ankamen. Aber auch trotz der eigenen Limitationen und Erfolgsgrenzen funktionierte ihr eigenes Netzwerk der Unterstützungen. Sicherlich, weil sie einander auch mochten und helfen wollten, aber auch, um ein funktionierendes Zusammenleben auf der Insel möglichst zu stabilisieren. Sie wollten in Malta als ›normal‹ wahrgenommen werden, waren häufig beschämt, wenn sich einige Geflüchtete nicht an Regeln hielten. Das war dann wiederholt auch der Moment, in dem die gegenseitige Fürsorge abbrach, was sich während meiner Forschung an Keyses Werdegang manifestierte.

Ich sprach mit Absimil über Keyse, der zum Zeitpunkt unseres Gespräches bereits seit über einem Jahr im maltesischen Gefängnis in der Stadt Paola saß. Drogenmissbrauch, Drogenhandel und Diebstahl lautete die Anklage. Absimil berichtete mir, dass er versuchte, positiv auf Keyse einzuwirken während sie noch im Heim lebten, um ihn – letzten Endes erfolglos – vom Drogenkonsum abzuhalten: »But even me, I told him to stop the drugs. But it was too late. And here he did not get help« (Absimil, IG, 07/2015). Mit dem »here« verwies er auf Malta, aber auch auf das Heim, in dem sie kaum Hilfe bekamen und stattdessen versuchten die Rolle der Sozialarbeiter*innen selbst zu übernehmen. Als ich Keyse 2013 kennenlernte, geriet auch ich in dieselbe Situation wie Absimil zwei Jahre später. Ich traf Keyse zufällig auf der Straße und wie so oft war er sehr auffällig gestylt: Eine knallgelbe Sonnenbrille saß auf der Nase, die Haare waren frisch geschnitten und seine Skinnyjeans saß wie angegossen. Als wir uns auf der Straße trafen, waren wir beide auf dem Weg ins Heim. Ich war schwer beladen mit Zutaten zum Kochen und Keyse fragte mich, was ich dabei habe. Ich hatte ein Erdnusscurry mit Kartoffeln, Möhren und Reis geplant. Wir plauderten eine Weile übers Kochen und dann fragte auch ich ihn, was er in seinen Einkaufstaschen habe. Ich merkte, dass er zögerte, mir den Inhalt zu zeigen. Es stellte sich heraus, dass er einen Teil der Hosen, T-Shirts und Hemden, die zum Vorschein kamen bezahlt, aber ein paar Kleidungsstücke auch gestohlen hatte. Ich fragte ihn, warum er das tat. »Because I want to look good« (IG, 04/2013) war seine Antwort darauf und ich konnte seinen Wunsch, auch wenn ich das Stehlen für den falschen Weg hielt um das Ziel, ›cool auszusehen‹ zu erreichen, verstehen. Ich ließ ein paar Stunden vergehen und sprach ihn später am Abend nochmal an. Ich wollte ihn darauf hinweisen, dass es sicherlich andere Wege gibt, sich trotz geringer finanzieller Ressourcen modisch und gut zu kleiden. Keyse widersprach mir nicht und ich hatte den Eindruck, dass er diesen Rat gerne annahm; dennoch war ich unsicher, inwiefern er sein Verhalten würde ändern können. Ich selbst also inszenierte mich auch immer wieder als besorgte und fürsorgende Person, die durchaus auch moralisch wirken wollte, aber letztendlich auch an meinem eigenen Anspruch scheiterte.

2015 machte ich mich dann auf den Weg ins Gefängnis nach Paola, weil es mir ein Bedürfnis war, Keyse zu sehen. Er hatte zu dem Zeitpunkt bereits mehrere Monate in Haft verbracht. Um jemanden in Haft besuchen zu können, ist es zunächst notwendig, eine Besuchserlaubnis einzuholen. Als Nicht-Verwandte erhielt ich beim Gericht in Valletta, welches ich aufsuchte, keine Besuchserlaubnis, aber wollte die Entscheidung nicht einfach akzeptieren. Ich fuhr dann einfach zum Gefängnis und schilderte dort, warum ich Keyse kannte und ihn besuchen wollte. Das Wachpersonal wollte mich nicht hereinlassen, doch der Gefängnisleiter hörte mich mit ihnen sprechen und mischte sich aus einem Hinterzimmer ein. »Send her to me« (IG, 07/2015), drang in recht forschem Ton aus seinem Büro hervor. Ich lernte Major Farrugia kennen, der hinter einem rosafarbenen Vorhang saß, an den Wänden hingen lauter Holzschiffe, Fotos und Orden, im Hintergrund lief ein Disneyfilm. »My dear, I will help you« (IG, 07/2015). Nachdem wir eine Weile über Keyse gesprochen hatten – es stellte sich heraus, dass Keyse im Gefängnis mit seiner freundlichen und hilfsbereiten Art einen guten Eindruck machte und regelmäßig freiwillig in der Küche half – erhielt ich dann eine Besuchserlaubnis. Nachdem ich Taschen- und Personenkontrolle erfolgreich passiert hatte und schon einige Zeit im Besuchsraum saß, kam Keyse. Er wirkte überrascht und froh zugleich, mich zu sehen. Ich fragte ihn, ob er denn oft Besuch bekomme von den anderen. »No, nobody come here. Only you« (Keyse, IG, 07/2015). Es schien mir so, als hätten alle zwar Interesse an ihm, denn *über* Keyse wurde viel gesprochen, aber mit ihm zu sprechen scheint nicht mehr stattgefunden zu haben. Das eigene Versorgungs- und Hilfsnetzwerk hatte seine Grenzen: Wer Illegales tat, mit dem wollte man nicht in Verbindung gebracht werden, fürchteten sie doch, dass auch sie dann in den Verdacht geraten würden, etwas mit den kriminellen Handlungen Einzelner zu tun zu haben. Eilte ihnen erst einmal ein schlechter Ruf voraus, empfanden sie dieses insbesondere in dem geografisch relativ kleinen Malta von Nachteil.

Erzieherisch sein

Nicht nur versorgten sich einige meiner Gesprächspartner*innen gegenseitig, sondern einige waren erzieherisch tätig und beschrieben sich auch selbst als ›Elternersatz‹. Vor allem bezeichneten und verhielten sich Abdul und Elais so – ihre Aktivitäten, die sie selbst als ›mütterlich und väterlich‹ benannten, waren sicherlich für die anderen eine Unterstützung, konnten aber auch paternalistisch und bevormundend sein. Als wir 2013 den ersten gemeinsamen Ausflug an den Strand der St. George's Bay machten, um Fußball spielen zu gehen und einfach einmal aus dem Heim rauszukommen, stellte sich die Frage nach Getränken. Wir hatten vor, einige Flaschen Softdrinks zu kaufen, Plastikbecher hatte ich eingesteckt. Als ich in die Runde fragte, wer was möge, mischte sich Elais unmittelbar ein und sagte: »You can ask me, I am like their father« (Elais, IG, 04/2013), obwohl zahlreiche Bewohner*innen ausreichend Englisch sprachen, um meine Frage selbst zu beantworten. Er hob sich in eine Position, in der er für die anderen Entscheidungen traf und forderte mich im Prinzip auf, diese Fragen direkt mit ihm zu klären und ihn dadurch in die (machtvolle) Position des Entscheiders zu heben bzw. ihn in dieser zu stärken. Er bezeichnete sich zwar hier als ›Elternersatz‹, aber aus der Perspektive der anderen Geflüchteten könnte sein Verhalten auch als übergriffig verstanden werden. Gewissermaßen positionierte er die anderen als seine unmündigen ›Kinder‹; also in einer Position, die viele gar nicht innehaben wollten bzw. auch nicht mit einem ›Kindsein‹ in Verbindung gebracht werden wollten. Meine Frage bot für Elais die Gelegenheit, seine eigene Position und Rolle (vor mir) zu stärken und gleichzeitig auch die anderen zu bevormunden. Die Situation zwischen den Bewohner*innen im Heim war auch unter ihnen keineswegs machtfrei, sondern ist ebenfalls als Aushandlungsraum verschiedener Zuschreibungen und Positionierungen zu verstehen. Es bildeten sich klare Positionen der Tonangebenden heraus, denen einige dann auch folgten und gehorchten, andere sich wiederum den klaren Ansagen einiger entzogen und einfach kein Interesse hatten, mit ihnen zu interagieren.

Das trifft auch auf die WG zu, die sich in der Stadt Garcin bildete, nachdem die meisten formell volljährig waren und in der, in wechselnder Konstellation, Geelo, Warsame, Filad, Yasir, Amiir, Roodo und Caamiir lebten. Es war vor allem Amiir, der sich für den Erfolg und die Alltagsorganisation der anderen verantwortlich fühlte und ihnen aufgrund ihres ›Jung-Seins‹ chaotisches Verhalten und gewisse Unfähigkeiten zuschrieb und attestierte: so ähnlich, wie es auch institutionelle Akteur*innen über ›UAM‹ im Allgemeinen formulierten.

Er erzählt, dass er versucht, sie zu erziehen: »Me I am their mother and also their father at the same time, because they are too young and too chaotic, this home when I am not here it is a big desaster. For example, Filad when he comes home he throws his things everywhere. And when I tell him directly after work to stop it he will shout. So first I let him shower and smoke and I cook food for him. Then we sit together and eat and then I can talk to him about that. Even I give them advice how to handle their money and everything. I wash their clothes, I go shopping. I want that all of them have a straight life. Because here we are like family« (Amiir, IG, 04/2016).

Entscheidend ist hier, dass Amiir für alle ein »straight life« erzielen wollte, zu dem normalerweise auch gehört, selbst zu kochen und seinen Alltag selbstständig zu regeln. Das Abnehmen von Aufgaben führte auch zu einer Stärkung seines eigenen Selbstwertgefühls und er festigte gleichzeitig seine Rolle im Netzwerk. Amiir war derjenige, der kochte, wusch und einkaufen ging. Er hat zudem gewisse Abläufe und Routinen geschaffen, die für Filad aus duschen, rauchen, essen und reden bestanden, aber eben auch für Amiir gewissermaßen den Alltag regelten und stabilisierten. Die Tatsache, dass auf Amiir immer Verlass war und er seine verantwortliche Position nicht nur ergriff, sondern auch ausfüllte, ermöglichte es seinen Mitbewohnern auch ein Stück weit, dass sie weniger selbstständig handeln mussten. Seine Verlässlichkeit ließ eben die Unorganisiertheit einzelner anderer zu, oder provozierte sie auch erst:

Amiir sagt Geelo heute in meiner Anwesenheit: »Don't do tomorrow what you can do today.« Scheinbar erzieht er sie alle: »I tell them to come home after work and not go to Balbi. I prepare them breakfast in the morning and I make sure that they go to work.« »Why do you feel responsible for them?« frage ich ihn. »I don't know« antwortet er, aber im weiteren Verlauf des Gespräches bestätigt sich, dass er für sie »a straight life« organisieren will, bevor er nach Deutschland geht, was in vier Wochen sein wird. Er möchte scheinbar sein eigenes Gehen damit legitimieren, für die anderen etwas Positives zu hinterlassen. Scheint so, als bräuchte er eine Gehenslegitimation. Es macht ihn aber auch stolz, wenn er etwas schafft: »Still others I lived with in San Gwann, they call me and tell me ›Thank you‹. So I am very happy when I hear that« (Amiir, IG, 04/2016).

Es war also auch die Dankbarkeit der anderen, die ihm wichtig war. Amiir hat sich durch sein Verhalten gewissermaßen unentbehrlich gemacht, hatte gewisse Abhängigkeiten geschaffen. Nicht nur hat er den Haushalt geführt und Besorgungen für die anderen erledigt, sondern er verwaltete auch das Gruppenhandy:

Amiir betreut das Gruppenhandy und ich habe das Gefühl, dass er sich in dieser Rolle auch sehr wohl fühlt. Ständig klingelt es und Leute wollen seinen Rat oder seine Hilfe, weil er auch zu einem Anwalt gut vernetzt ist. »But I cannot help all of them«, sagt er und lacht auch gleichzeitig dabei (TB, 04/2016).

Das Lachen deute ich einerseits als Zeichen dafür, dass es eben nicht möglich war, jedem*r in jeder Situation zu helfen und Amiir dieses erkennen musste und mir zeigen wollte, dass er damit schon zurechtkomme; es kann aber auch eine Anerkennung von Resignation ausdrücken, dass manche es eben nie ›schaffen‹ werden. Dass er eben das Grenzregime nicht ändern könne, dass es Grenzen des Möglichen gebe, wo eben nicht weiter ausgehandelt werden konnte.

Zu dem Zeitpunkt unserer Gespräche im April 2016 plante Amiir seine Ausreise nach Deutschland, wo er erneut versuchen wollte, als ›UAM‹ anerkannt zu werden um endlich eine Schule besuchen zu können, was ihm wichtig war. Immer wieder sagte er mir, dass er aber überlege, doch nicht zu gehen, da er ja die anderen nicht alleine in Malta lassen könne, denn ohne ihn seien sie schließlich aufgeschmissen. Amiir wusste, dass es sehr schwer sein würde, in Deutschland anerkannt zu werden, da bei seiner Ankunft in Malta auch seine Fingerabdrücke im EURODAC-System gespeichert worden waren. Zudem drang nach Malta vor, dass es in Deutschland im und seit dem »langen Sommer der Migration« von 2015 (Hess et al. 2017) zunehmend schwierig geworden war, ein Bleiben erwirken zu können; zudem dauerten die Verfahren sehr lange, wodurch es erneut mit dem ›normal life‹ nicht weitergehen konnte. Außerdem war ja auch die Chance für ihn verstrichen, noch als ›UAM‹-Geltender Malta zu verlassen, da er mittlerweile formell 18 Jahre alt war. Das Gehen war also nun mit vielfältigen Risiken belegt; eine Rückführung als Dublin-Fall wurde immer wahrscheinlicher. Die Praktiken des Sich-unentbehrlich-Machens legitimierten in Malta bleiben zu können, auch, wenn man über die Situation vor Ort eigentlich unglücklich war; ebenso wie darüber, es nicht als ›UAM‹ woanders ›geschafft‹ zu haben. In Malta wurde Amiir schließlich gebraucht, das Leben machte Sinn, er hatte Aufgaben zu erledigen und erfuhr darüber Anerkennung und schaffte auch gewisse Abhängigkeiten, wodurch er sich selbst in einer recht gefestigten Position befand und einen verhältnismäßig strukturierten Alltag hatte.

Das Leben strukturieren und kontingente Positionierungen

In das Leben Struktur und Ordnung zu bringen, wurde mir immer wieder als Heilmittel für schlechte Phasen, für anhaltende Episoden von großer Traurigkeit kommuniziert. Für Absimil bedeutete das Struktur-Haben weniger unter Langeweile zu leiden – vielmehr bedeutete es, wieder einen Sinn im Leben gefunden zu haben; eine gute Alltagsstruktur führe auch dazu, dass die Zeit in Malta schneller vergehe.

»When I first come to Malta, the time was very boring and one month felt like one year. But it has changed a lot and the last year felt like only one month. Because now I have a timetable of my work. That gives my life structure and it is not boring anymore« (Absimil, IG, 07/2015).

So berichtete auch Abdul, dass er sich während seiner Zeit in der Einteilung als ›UAM‹ oft traurig gefühlt habe, vordergründig, weil er im Heim leben musste, kaum Gestaltungsspielräume hatte und auch einen Teil seiner Selbstständigkeit, die er in seinem Alltag vor der Flucht_Migration bereits hatte – er lebte schon eine Weile alleine in Südafrika und dem Sudan, bevor er Malta erreichte – wieder aufgeben musste, da er im Heim untergebracht wurde. Er deutete für sich dieses im Heim-leben-Müssen als scheinbar willkürliche Praktik, die in erster Linie dem Willen der Institutionen zugutekomme:

»Before two years I had big problems, but now I am more happy. I can structure my life myself and I have opportunities. Because as a minor it was shit. I told them that I can live on my own and everything but nothing. They just want to keep you inside« (Abdul, IG, 07/2015).

Nach seinem Auszug aus dem Heim in eine eigene Wohnung begann für Abdul erst einmal ein Partyleben. Oft seien sie ausgegangen, meistens in Paceville, dem maltesischen Vergnügungsviertel, in das auch die meisten Tourist*innen zum Feiern gehen, es habe Drogen, Alkohol und auch wechselnde amouröse Kontakte zu Frauen – in der Regel Tourist*innen oder Migrant*innen – gegeben. Gewissermaßen, so berichtete es Abdul, folgte auf die eine Krise – das Leben im Heim – dann die nächste, nämlich das häufige Feiern-Gehen, woraus erneut das Gefühl entstand, nicht das »normal life« zu leben. Das Setting im Heim war zwar künstlich hergestellt und hatte seine ganz eigenen Regeln. Auch wenn die jungen Geflüchteten unter den Bedingungen immer wieder litten, wurden gewisse Alltagsroutinen herausgebildet, z. B. wusste jede*r, wann gekocht werden durfte, sie hatten sich an das An- und Abmelden, wenn auch mit Unmut, gewöhnt, sie wussten in etwa übereinander, wer wann anwesend war. Die Regeln, die die Mitarbeiter*innen einführten, wurden zwar nicht als positiv verstanden, aber sie waren eingeübt und gewissermaßen internalisiert, was nicht bedeutet, dass sie immer eingehalten wurden. Mit dem Kontextwechsel in die eigene Wohnung brachen aber dann diese Gewohnheiten weg und sie waren in einer neuen, durchaus (zunächst) unübersichtlichen Situation. Sie fielen also raus aus den routinierten Kontexten und fanden sich in einer stark individualisierten Situation wieder, die sie weitestgehend alleine bewältigen mussten. Bei einigen führte dieses dann erst einmal zum ausführlichen Party-Machen.

Immer wieder hörte ich jedoch, dass man auch in der Lage war, diese Phasen des unkontrollierten Party-Machens zu überwinden, das eigene Fehlverhalten zu erkennen und sich darüber wieder als ›normal‹, als ›kontrolliert‹, als ›anderen helfend‹ zu präsentieren. In diesem Sinne sagte Bilal mir: »I went with the wrong people for a while. You know drinking and going to Balbi all the time, and too much. But I realized and I stopped it« (Bilal, I, 07/2015). Bilal sagte von sich selbst, dass er diese Problematik erkannte und selbstständig in der Lage war, sich von den »wrong people« zu lösen, um das eigene Leben wieder in geradere Bahnen zu lenken. Wichtig war hier sein guter Draht zu *volunteer* Josette, die er noch in Tal Gebel kennenlernte, wo sie vor allem versuchte, ein Freizeitprogramm für die kleinen Kinder geflüchteter Familien zu gestalten. Eines Abends hatte Bilal in Paceville zu viel Alkohol getrunken und wurde auffällig, sodass die Polizei ihn mit auf die Wache nahm. Er konnte sich nicht erklären, warum sie von Josette wussten, aber sie wurde von den Polizisten* mitten in der Nacht angerufen. Sie hat ihn von der Wache abgeholt, aber ihm am nächsten Tag mitgeteilt, dass sie aufgrund seines Verhaltens nun nicht mehr gewillt sei, ihn zu unterstützen. »She was even going to help me for the bus ticket and food to go to MCAST she was always nice but now I made a mistake« (Bilal, I, 07/2015). Bei Bilal führte Josettes Hilfsverweigerung auch zu der Erkenntnis, dass er sein Verhalten ändern sollte.

Abdul (IG, 04/2015) erzählte in ähnlicher Manier: »When I moved [out of Tal Gebel, L.O.] I often went to Paceville with some of my friends. And we even took different girls home. But I stopped it, better now, because I fixed my life« (Abdul, IG, 04/2015). Zu dem »fix my life« gehörte in Abduls Erzählung interessanter Weise das Arbeiten für LMAO, also für eine Institution tätig zu sein, die vorher Teil der Dynamiken und Entscheidungen war, die das »fix my life« (zunächst) verunmöglichten: »In [Heim, L.O.] now I am translator. More and more minors there they have a rejected case. They have big mental issues because they know that they don't have a future here« (IG, 07/2015). Während Abdul vom Feiern-Gehen Abstand genommen zu haben schien, hatten Tanzen und Feiern in Bilals Leben trotz des Verlustes von Josette eine gewisse Regelmäßigkeit eingenommen:

»One time in every two months I go with my friends to dance here in Paceville. We go dance and even sometimes I drink alcohol and smoke cigarettes. I have many pictures of that. I can show you, but I cannot post them on Facebook because I think my mother she will come here and kill me. So my parents would be too much angry. So I cannot post that. But I keep these photos for my own memory« (Bilal, IG, 04/2016).

Es scheint auch noch nach Jahren der Abwesenheit aus Somalia/Somaliland Sorge darüber zu bestehen, ob die Eltern böse sein könnten: zumindest hatte Bilal den Eindruck, dass eine gewisse elterliche Kontrolle auch noch nach seinem Weggang weiterwirke. Gleichzeitig hat Bilal sich mir gegenüber als partymachender Jugendlicher präsentiert und das Angebot, dass ich die Fotos, auf denen auch Alkohol und Zigaretten zu sehen waren, anschauen konnte, zeigt, dass ich für ihn nicht auf derselben Kontroll- und Repressionsebene angesiedelt wurde, wie seine Eltern, obwohl auch ich immer mal wieder um Rat in schwierigen Lebenslagen gefragt wurde und immer wieder betont wurde, dass ich eine Respektsperson geworden war. Vielmehr wurde mir jedoch angeboten, auch mal mitzukommen: »We can go one night this bar, a lot of dancing there« (Bilal, IG, 07/2015). Mit dem Feiern-Gehen machte Bilal etwas, was in meinem Verständnis ›ganz normales Jugendverhalten‹ war: Ich war wenig irritiert davon, waren doch das Tanzengehen, mal eine Zigarette rauchen und ein paar Cocktails trinken nichts anderes als das, was ich aus meiner eigenen Jugend kannte. Für mich war dieses kein deviantes Verhalten, auch das, was ich auf den Fotos sah, verwunderte mich nicht weiter.

Für Bilal selbst jedoch schienen damit gewisse Regelbrüche einherzugehen. Dieses Verhalten war zumindest mit der Religion und den Werten der Eltern nicht vereinbar, denn Alkohol und Frauen mit nach Hause nehmen, waren definitiv ›haram‹, verboten, erklärte er mir. Als ich fragte, wie er denn dieses miteinander vereinbare, antwortete er mir: »In Malta I lose some of my religion because here I am a normal person« (Bilal, IG, 07/2015). Diese Aussage war es, die mich mehr irritierte als die Erzählungen vom Feiern in Paceville. Nun kann seine Aussage, die ›Religion zu verlieren‹, einerseits so gedeutet werden, dass Malta mit den recht liberalen Gesetzen des Feiern-Gehens und den zahlreichen Möglichkeiten, (günstig) Alkohol zu kaufen, tatsächlich ein Ort war, um Dinge, wie Alkohol und offene amouröse Bekanntschaften, einfach einmal auszuprobieren und vielleicht einer Neugierde stattzugeben. Vielleicht war es ein Stück befreiend für Bilal, experimentieren zu können? Was diese Dynamiken aber auch zeigen, ist, dass Bilal in verschiedenen Kontexten ein anderer junger Mann war und seine Positionierungen waren demnach kontextabhängig und relational. *Wer* er war, bzw. *wie* er sich positionierte, war abhängig von dem tatsächlichen geografischen Ort, an dem er sich befand, sowie von den dort gängigen Praktiken und anwesenden Personen; aber es wurde eben auch sehr genau überlegt, *was* im Internet in den sozialen Medien geteilt wurde.

Das Nicht-Muslimisch-Sein, oder zumindest Weniger-Muslimisch-Sein, wurde hier von Bilal als ›Normal-Sein‹ beschrieben: Da sich in Malta rund 98 Prozent der Bevölkerung als katholisch bezeichnen (World Population Review 2018), ist das Muslimisch-Sein als Abweichung der Norm zu verstehen. Nun stellt sich hier die Frage, inwiefern das »lose religion« auch als Praktik zu verstehen ist, den Normalisierungsstandards der maltesischen Bevölkerung entsprechen zu wollen: »here«, in Malta, sei er schließlich »normal« – er geht, wie andere Jugendliche auch, feiern und ist religiös nicht (mehr) stark abweichend. Aber zu dem »here« gibt es auch ein »there«, Somalia, wo er sein Leben im Umkehrschluss als nicht ›normal‹ beschrieb. Seine Erzählung deute ich so, dass Bilal für sich erkannte, dass er in Malta ein Stück weit Möglichkeiten hatte, Neues auszuprobieren, dass dieses aber (gezwungenermaßen) gleichzeitig auch mit einem Verlust anderer Dinge einherging. Der Kontext war prägend für ihre jeweiligen Selbst- und Fremdpositionierungen.

Von Liebe, Beziehung, offenen amourösen Bekanntschaften und Gastfreundschaft

Abdul und Bilal berichteten mir wenig beschämt von ihren Bekanntschaften mit Frauen. Wenn sie davon sprachen, dass sie Touristinnen mit nach Hause genommen hätten, gab es weder Gekicher, noch sprachen sie von sich in einer heldenhaften Art und Weise, vielmehr wurde mir das fast als etwas Banales erzählt. Ich konnte nicht feststellen, dass sie sich als ›Frauenhelden‹ inszenierten. Geelo hingegen wirkte viel aufgeregter und emotionaler, als er mir von seinen amourösen Beziehungen erzählte. Grundsätzlich festhalten lässt sich, dass 2013 die Themen Liebe und Beziehung kaum eine Rolle spielten, 2015 und 2016 aber deutlich häufiger thematisiert wurden: Vielleicht, weil sie älter wurden, vielleicht, weil sie mir mehr vertrauten. Als ich eines Abends im April 2016 vor einem Kebab-Restaurant in Xerri hielt, um mich mit einigen zum Essen zu treffen, berichtete mir Geelo von seiner aktuellen Problematik. Mir fiel auf, wie schick sie sich alle gemacht hatten. Geelo war besonders gestylt, er trug Hemd und Sakko. Sein rotes Auto hatte er mit unterschiedlichen Stickern beklebt und auf der Rückbank eine Box platziert, aus der laute, somalische Musik zu hören war. Roodo und Yasir trugen ebenfalls Hemden mit figurbetontem Schnitt und in der Luft lag der süßliche Duft von Haargel. Geelo ging zu dem Zeitpunkt mit zwei somalischen jungen Frauen gleichzeitig aus, von denen er mir Fotos auf seinem Handy zeigte. Er musste sich für eine von beiden entscheiden, bevor sie voneinander erfuhren und er war besorgt, aufzufliegen:

Geelo ist, wie meistens, der Entertainer und bringt uns alle mit seinen Erzählungen und seiner Inszenierung immer wieder zum Lachen. Er erzählt mir, dass er jetzt zwei girlfriends habe und sich noch unsicher ist, mit welcher er lieber zusammen sein möchte. »I have to choose the one who wants a future«, war seine Einschätzung. Eine von beiden ist nach seinem Bericht 18 Jahre alt und die andere 20; die 18-Jährige ist ihm manchmal etwas zu einfordernd, möchte ständig umhergefahren werden da Geelo ein Auto hat. »Last time I spend 50 Euros on diesel because I drive her around the whole island. Too much driving.« Als er das erzählt, muss er super viel lachen und meint noch: »She makes me go boom«, und deutet mit einer Handbewegung an, dass sein Kopf platzen würde, auf maltesisch sagt er dann »Tal-Madonna«, was sich in etwa mit ›Heiliger Strohsack‹ in diesem Kontext übersetzen lässt. »Geelo he has two girlfriends but Yasir has not even one«, sagt Roodo, und Yasir scheint das nicht besonders toll zu finden. Er reagiert ein wenig schnippisch und sagt: »Always you know everything«. Von sich aus berichten mir die Jungs, wie eine somalische Beziehung beginnt und sich nach und nach entwickelt: »First I touch here«, Geelo berührt nur seinen eigenen Finger, »and then here and here and here« (der Finger wandert den Arm hoch). »If I touch first in the face or I try kissing, problem she will slap me. Slowly, slowly. Mostly we talking«. Heute um 22 Uhr wird er die eine der beiden treffen und um Mitternacht die andere (TB, 04/2016).

2016 war ich also diejenige, die darüber informiert wurde, wie sich eine Beziehung nach und nach aufbaue, wohingegen meine Gesprächspartner-*innen mich 2013 noch fragten, woran man denn merke, dass man verliebt sei. Sicherlich spielte die zeitliche Komponente eine Rolle, sie wurden schließlich immer älter. In Somalia, so wurde es immer wieder betont, wären sie schon verheiratet gewesen. In ihrer neuen Umgebung Malta mussten sie aber zunächst andere Dinge im Leben regeln – Wo werde ich wohnen? Finde ich Arbeit? – bevor sie sich dem Schritt der Eheschließung stellen wollten und konnten. In Abwesenheit klarer Heiratsstrukturen hatten sie in Malta die Chance, sich umzuschauen und ggf. eine eigene Wahl zu treffen.

Wenn ich meinen Besuch in der WG ankündigte, aber auch, wenn ich ins Heim kam, wurde vorher häufig eine große Putzaktion gestartet. Im Heim erfuhr ich davon, weil Eva, die Leiterin, mir auf dem Flur lachend sagte: »You should come more often. Because then they clean everything without discussion« (Eva, IG, 04/2013). Dass ich offensichtlich als Gast

wahrgenommen wurde, vor dem sie einerseits nicht chaotisch oder un-
sauber rüberkommen wollten und dem sie andererseits auch gewisse ›Wünsche‹ erfüllen wollten, auch wenn ich diese in dieser Form gar nicht hatte
und auch nicht kommunizierte, wurde besonders während der gemeinsamen Zeit in der WG deutlich. Als ich 2016 zurückkehrte, wurde ich
gleich am ersten Abend zum Essen eingeladen. Ich sollte mir etwas wünschen. Ich äußerte, dass ich mich sehr über Pasta mit Sauce und Salat mit
Banane freuen würde, das kannte ich schon als Gericht aus dem Restaurant
Banaadiri in Balbi, in dem wir uns manchmal trafen und es schmeckte mir
gut. Yasir und Geelo sind dann einkaufen gegangen und haben auch gleich
neues Geschirr, Messer und Gabeln mitgebracht. Bereits 2013 im Heim
haben die jungen Geflüchteten es mir quasi ›verboten‹ mit den Händen zu
essen. Ich sei dieses nicht gewohnt, würde mich eh nur dreckig machen
und mir die Finger verbrennen. Sie stellten sich schützend vor mich, wobei
mir gleichzeitig ein Ausprobieren nicht gestattet wurde:

Heute wurde wieder gekocht und das Essen wurde fertig, während ich mit Moussa
im PC-Raum war. Als ich in die Küche kam, wurde ich direkt bei Seite genommen.
»Look, look we make today chicken, pasta, sauce and banana.« Ich hatte das
Gefühl, dass mir die zubereiteten Speisen mit viel Stolz präsentiert wurden. Nicht
nur Stolz darüber, wie gut sie gekocht haben, sondern vor allem auch darüber, wie
lecker die somalische Küche sei. Als ich, wie die anderen auch, in den Topf langen
will, bekam ich sofort Warnungen, es sei zu heiß. Aus seinem Spind holt Deeqo
mir dann eine Gabel (TB, 03/2013).

Mir die eigene Wohnung als geputzt und sauber zu zeigen, war immer wieder Thema. Gelegentlich wurde auch der Boden gewischt, wenn ich schon
da war. Mir war dieses nicht selten befremdlich, wollte ich doch auf keinen
Fall nach den langen Arbeitstagen noch extra Arbeit machen. Doch auch
trotz vehementer Proteste meinerseits wurde daran nichts geändert. Diese
Handlungen lassen verschiedene Deutungen zu. Wir schrieben uns folglich
gegenseitig gewisse Positionen zu – ich sei nicht in der Lage, mit den
Händen zu essen. Gleichzeitig schienen sie mir zeigen zu wollen, meine
Bedürfnisse zu kennen, wollten mir gute Gastgeber*innen sein. 2016
wurde extra für mich Toilettenpapier gekauft; sie verwendeten normalerweise keines. Da wurde ich hin und wieder maternalistisch, mischte mich
ein, oder versuchte gar ihnen diese Aufwertungen zu verweigern, wenn ich,
statt einfach dankbar zu sein, auf sie einredete und sagte, dass man für
mich wirklich keinen Aufwand betreiben müsse und sie ihr Geld lieber für
andere Dinge ausgeben sollten.

Die eigene Wohnung wurde folglich zu einem Ort, an dem mir gezeigt wurde, dass das ›normal life‹ gelebt wurde, dass es sauber und organisiert war, dass man gerne Gäste empfange, dass man wisse, wie das gehe. Sie zeigten mir hier also einen Teil ihres erworbenen und vorhandenen Wissens über das, wie ich, vermutlich gerne behandelt werden würde. Gewissermaßen lässt sich dieses auch schon über das Heim sagen, denn auch hier fanden Inszenierungen der ›Normalität‹ statt: Auch wenn das Heim ein Ort war, an dem die Bewohner*innen wenig Kontrolle hatten – die Mitarbeiter*innen entschieden über die Essensportionierungen, über Schließ- und Öffnungszeiten, über die Vergabe von Computer-Minuten – waren es die kleinen Aufgaben, die sie mal erledigten und mal nicht, über die sie ein gewisses Maß an Kontrolle in einer scheinbar unkontrollierbaren Situation zurückgewannen. Kam ich, so wurde saubergemacht; kündigte sich jedoch die EU-Kommission an, die den Zustand des Heimes evaluieren sollte, haben die Bewohner*innen bewusst nicht geputzt, um auf den schlechten Zustand aufmerksam zu machen. Es sich in der tristen Umgebung des maroden Heimes selbst schönmachen können, wurde mir 2013 auch immer wieder gezeigt. Die Kleidung war stets frisch gewaschen, die Wände um das eigene Bett waren mit Stickern und Postern verziert – in der Regel sah ich dort den Fußballspieler Cristiano Ronaldo von Real Madrid hängen. Wie sich die jungen Geflüchteten benahmen und was sie von sich preisgaben, war meistens eine Frage des Kontextes und des sozialen Umfeldes und ist folglich nur relational zu verstehen.

Sich-Inszenieren: Online und ›offline‹

Als ›Orte‹ der Selbstpräsentation können ebenfalls die Smartphones sowie das Facebook-Profil der jungen Geflüchteten verstanden werden. Ebenso wie an der Wand wurde auch auf diesen Plattformen kommuniziert, für welche berühmte Personen sie sich interessierten, welche Position sie zum Somalia/Somaliland-Konflikt einnahmen und auch Fotos von sich selbst wurden hier zirkuliert. Facebook, oder auch andere Applikationen auf dem Handy, dienten nicht nur dem Kontakthalten und der Kommunikation, sondern auch dazu, sich politisch zu positionieren und dieses zu zeigen. Mich irritierte immer wieder, wie offen sich einzelne auf Facebook zu ihrer Herkunft aus Somaliland bekannten, hatten sie doch in Malta angegeben, aus Somalia zu kommen und über dieses Narrativ dann auch einen Status erhalten.[33] Ich war stets in Sorge, dass die Mitarbeiter*innen auf den Computern im PC-Raum sehen würden, was sie googelten – zum Beispiel informierten sie sich viel über die Lage in Somaliland – oder auch, wenn sie einmal vergaßen, sich auszuloggen, sehen könnten, dass sie aus Somaliland kamen. Meine Sorge rührte vermutlich aus meinem Wissen darüber, dass den Bewohner*innen immer wieder angeboten wurde, das Telefon der Heimleitung zu benutzen, um ihre Eltern anzurufen. Sabiye klärte mich 2013 auf, als ich fragte, warum sie dieses Angebot nie nutzten:»Because you know they can see that we call Somaliland. And then there is a problem for us« (Sabiye, IG, 04/2013). Auch wenn mir diese Praktik von den Mitarbeiter*innen nie bestätigt wurde, war dennoch entscheidend, dass die jungen Geflüchteten dieses Gefühl hatten und sich deshalb weniger unbekümmert verhalten konnten. Einzelne Betreuende schienen jedoch tatsächlich ein Interesse daran gehabt zu haben, die Asylnarrative meiner geflüchteten Gesprächspartner*innen zu überprüfen. Es gab durchaus Situationen, in denen mir *care worker*, aber auch Eva (I, 07/2015), sagten, dass sie sich auf keinen Fall von den Geflüchteten anlügen lassen wollten und das eigene Bedürfnis, nicht belogen zu werden, übertrumpfte dann die asylrechtlichen Konsequenzen, die für die jungen Geflüchteten entstanden, wenn sie ›erfolgreich‹ überführt wurden.

Ebenso wurde im Internet auch öffentlich gemacht, was sie in Malta (materiell) erreicht hatten. Immer wieder sah ich Bilder, in denen größere Mengen von Geld gezeigt wurden, Bilder, die sie selbst in sehr modischen Outfits zeigten sowie Fotos von ihren Fahrten mit dem (eigenen) Auto über die Insel. Diese Form des Sich-in-Szene-Setzens wurde besonders intensiv von Yasir gelebt, mit dem sich mehrere Szenen ereigneten, die dieses verdeutlichen. Die erste Szene zwischen Yasir und mir notierte ich in meinem Forschungstagebuch. Wir saßen auf dem Sofa in seiner WG in Garcin, überall hing frisch gewaschene Wäsche in der Wohnung und die Musik dröhnte laut aus seiner Anlage. Es war eine Mischung aus somalischen Liebesliedern und amerikanischem Hip Hop. Yasir sang immer mal wieder mit und tänzelte durch die Wohnung. Die Balkontür stand weit offen und obwohl es erst April war, zog schon ein sehr warmer Wind durch die Wohnung. Wir verbrachten den Nachmittag mit Chips essen, Play-Station-Spielen und reden. Yasir stellte mir nach und nach seine Outfits vor, lief auf und ab, als wäre er auf einem Laufsteg und zeigte mir auch

---

33 Wie bereits erwähnt, wurde in Malta zwischen Somaliland und Somalia differenziert und Menschen aus Somaliland wurde nicht per se ein Schutzstatus zugewiesen.

auf dem Handy, wie er gewisse Oberteile und Hosen miteinander kombinierte:

Ich bekomme viele Fotos seiner Styles der letzten Monate zu sehen. Ich sehe verschiedene Frisuren und Haarfarben, sehr viele verschiedene Klamotten, rote Sneakers, Anzugschuhe, Slim Fit geschnittene Hemden, aber auch überlange T-Shirts. »You know others they buy alcohol and that money I spend for clothes. I always like to look professional, you know. So it is always like this. Nice shoes, nice shirt and good jacket« (TB, 04/2016).

Ein paar Tage später war ich anwesend, als Yasir sich zum Ausgehen aufstylte. Dieses Mal waren wir nicht alleine. Einige Nachbar*innen aus den anderen Wohnungen im Haus waren anwesend, ebenso wie Caasho und ihr Ehemann, mit denen er sich die Wohnung teilte. Ihr Kind Haafiz, gerade anderthalb Jahre alt, übte seine ersten Schritte inmitten dieses Chaos aus herumfliegenden Play-Station-Controllern, Klamottenbergen und Spielzeug. Yasir lief mal wieder tänzelnd durch die Wohnung, machte hier und da ein paar Hip-Hop-Bewegungen, wieder war die Musik ziemlich laut und er sammelte peu à peu sein Outfit zusammen. Nahezu unaufhörlich tauschte er seine T-Shirts und Hemden, ebenso wie seine Hosen. Vor uns lief also ein Yasir umher, der immer mal wieder Oberkörper frei war und nur eine Boxershorts trug. Zwischendurch sagte er: »All eyes on me« (Yasir, IG, 04/2016) – womit er nach meiner Deutung den Song *All Eyez on me* des US-amerikanischen Rappers 2Pac zitierte – und wollte offenbar unsere Aufmerksamkeit auf sich ziehen. Zudem berichtete er mir davon, dass er heute Abend plane, mit dem Auto über die Insel zu fahren, ein bisschen Spaß zu haben und jungen Frauen »Shananaa« oder »Ohlailailai« hinterher rufen werde – beide Begriffe sind in etwa mit einem »Oh là là« zu übersetzen. Ich fragte mich, von wem Yasir gerne gesehen werden möchte, wenn er sagte »all eyes on me«? Von den Malteser*innen, von anderen Somalier*innen, von mir?

Festzuhalten ist zunächst, dass er sich selbst über das Kleidungkaufen von anderen, die ihr Geld (unnötig) für Alkohol ausgaben, abgrenzte. Er investierte lieber in einen, wie er es sagte, ›professionellen‹ Look, zu dem das Tragen von Hemd und Sakko gehörte, statt sich vom Alkohol verführen zu lassen. Besonders der professionelle Look ist hier relevant, denn Yasir hatte zu keinem Zeitpunkt in Malta eine langfristige Arbeitsstelle gefunden. Zudem hatte er noch immer mit den Schmerzen in seinem linken Arm zu kämpfen und auch die Hand konnte er aufgrund dessen, dass die Knochen im Arm bei einem Unfall in Somalia mehrfach gebrochen wurden und nur verdreht wieder zusammenwuchsen, nur bedingt einsetzen. Die meisten Arbeitgeber*innen schickten ihn weg, da er mit seiner verletzten,»disabled hand«, wie er sie selbst bezeichnete, nicht gut genug arbeiten könne: »Er sagt, dass er gearbeitet hat, aber wegen seiner Hand drei Teller beim Spülen kaputt gemacht hat und sie ihn dann feuerten, weil er es angeblich extra gemacht habe« (TB, 04/2016). Dis/Ability verwob sich in der Situation des Nicht-Zuganges zum Arbeitsmarkt auch mit seinem Status als Geflüchteter. Da er keine maltesische Staatsbürger*innenschaft besaß, wurde er auch nicht in die lokale Fürsorge für Menschen mit ›Behinderung‹ aufgenommen, sein Sozialhilfebetrag wurde nicht angehoben. Dies führte jedoch nicht dazu, dass er versuchte, seine Hand zu verstecken: Auch er trug kurzärmelige T-Shirts, auch in der Öffentlichkeit.

Im Sommer 2015 waren seine Schmerzen so stark, dass er mich bat, mit ihm gemeinsam herauszufinden, ob er in Malta Anspruch auf medizinische Versorgung habe. Den hatte er aufgrund seines Subsidiären Schutzes zwar, aber die kostenlose, staatliche Gesundheitsversorgung deckte nur das Nötigste. Die Operation der Hand und des Armes gehörten nicht dazu. Ein Telefonat zwischen mir und einer Mitarbeiterin der Gesundheitsbehörde ergab dann auch, dass Yasir kein Recht auf zusätzliche Finanzierung hatte. Für einen chirurgischen Eingriff zu sparen, was eigentlich sein Plan war, wurde immer schwieriger, da er ja keine Arbeit finden konnte, bzw. immer rasch gekündigt wurde, wenn er es doch einmal schaffte. Zwar unterstützen ihn andere hier und da mit Bargeld, aber ich wusste aus seinen Erzählungen, dass er darunter litt, auch finanziell von anderen abhängig gewesen zu sein. Sich dennoch einen ›professionellen‹ Look anzueignen, deute ich hier als Weg, ein wenig Würde zurückzuerlangen, nicht ständig an die Hand erinnert zu werden und den anderen – und auch mir – zu zeigen, dass auch er, trotz Dis/Ability, professionell sein konnte. Yasir schien auf diesem Wege auch ein Stück weit ein positives Bild seiner Männlichkeit aufrechterhalten zu wollen. Bei allen Brüchen und allem Gebrochenen – Zuweisung der ›UAM‹-Kategorie, Leben im Status des Geflüchteten, Unterbringung im Heim, Abwertung auf dem Arbeitsmarkt, um einige zu nennen – ist das Stylen, das In-Szene-Setzen des eigenen Körpers und die Pflege desselbigen gegebenenfalls auch ein Weg des Umgangs mit der Situation. Über die Inszenierung des eigenen Körpers die Kontrolle zu haben, schien für Yasir zentral zu sein. Mit dem Zeigen von angesagten und modischen Kleidungsstücken wollte er eben auch zeigen, dass er es zu ›was gebracht hatte‹, dass er finanzielle Ressourcen habe und, dass er das Klischee des ›dreckigen Asylsuchenden‹ nicht erfüllte. Diese Körperinszenierungen sind aber nicht gleichzusetzen mit Verkörperung, denn fremde Dritte konnten durchaus immer noch interpretieren, dass Yasir nicht ›professionell‹ war, sondern projizierten ggf. noch immer den ›mittellosen Asylsuchenden‹ in ihn hinein. Nicht zwangsläufig durch den eigenen Kleidungsstil verändern zu können, was andere über einen denken, ist nicht nur der Situation von jungen Menschen mit Flucht_Migrations-erfahrung inhärent, sondern betrifft eben ›alle‹ anderen, ganz ›normalen‹ Menschen, auch.

Auch das Hinterherrufen auf offener Straße aus dem Auto kann durchaus als Verhalten, welches auch andere junge Menschen ohne Fluchtstatus zeigen, verstanden werden. Hier stellt sich jedoch die Frage, ob darüber auch ein gewisses Anpassen an die manchmal recht offensive und offen-sichtliche Flirtkultur – zumindest nahm ich diese so wahr – in Malta ange-strebt wurde? Machte er einfach nach, was er bei anderen jungen Malte-sern* beobachtete? Auch das Fertigmachen für eine Party, das Aufstylen, das Überlegen, was man anzieht, um möglichst gut auszusehen, lässt sich ebenfalls bei Jugendlichen ohne Fluchtstatus finden.[34] Es verwob sich aber in ihrer besonderen Situation mit ihrem Status, Klasse und auch Herkunft, wie Keyse berichtete, der zwar maltesische Freunde hatte, die aber finanzi-ell über größere Ressourcen verfügten und er nicht uneingeschränkt mit ihnen am Freizeitprogramm teilnehmen konnte: »Always I go out with Maltese. They have nice shoes and clothes. So always we go McDonalds. I have to wait outside, because I have no money« (Keyse, IG, 04/2013). Während Keyse hin und wieder Kleidung in Läden gestohlen hat, um mit-halten zu können und um sich weniger minderwertig zu fühlen, hat sich Absimil, der ebenfalls den Wunsch teilte, mehr so zu sein, wie ›die maltesi-schen Jugendlichen‹, beherrscht und hat nie gestohlen. Das hat sich, wie er selbst sagte, bezahlt gemacht:

»Believe me, I was very often alone in the room and told myself that I have to be patient and that I have to wait and that better times will come. Because in [Heim, L.O.] our clothes were old and ugly. And I wanted to be like other youths, with nice shoes and nice shirts. So Keyse, he told me that it is very easy to take it from shops without pay. But I always controlled myself. I just waited. And now, yes, I have some money and I can buy what I like« (Absimil, IG, 04/2016).

---

34 Vgl. die Ausführungen von Stefan Goodwin (2002) in »Malta, Mediterranean Bridge« zu dem Partyverhalten von Jugendlichen in Malta.

Zudem kam es auch immer wieder zu Situationen, in denen die jungen Geflüchteten keinen Zugang zu den Clubs im Ausgehviertel Paceville hatten, obwohl sie sich modisch und modern kleideten. Diese Standards der modischen Partykleidung hatten sie erfolgreich erfüllt. An der Tür wurden sie dennoch abgewiesen, ihrer eigenen Einschätzung nach aufgrund ihrer Hautfarbe, wie Bilal berichtete. »You know«, sagte er mir, »they think that all Africans are sick. And they want to protect their population. So in Paceville they tell us, no, that we cannot go to that club« (Bilal, IG, 06/2015). Sie könnten also noch so viel in ihre Körperinszenierungen investieren – ihr Ziel erreichen sie dennoch nicht zwangsläufig.

Die Betrachtung einer Szene zwischen Caasho, ihrem Ehemann, einigen ihrer Bekannten sowie Mitbewohner*innen und mir zeigte noch eine weitere Facette des sich Fertigmachens und Stylens, und verweist aus intersektionaler und an *Critical Diversity Studies* angelehnter Perspektive gleichzeitig auf Genderdifferenzen in der Möglichkeit des Stylens. Während Yasir von den anderen jungen Geflüchteten auch immer wieder für seine ›coolen‹ Outfits‹ und den lässigen Look gelobt wurde, unter anderem auch recht öffentlich in den Kommentaren auf Facebook unter seinen Fotos – sein Spitzname war auch »Mr. Online« – geriet Caasho in einen ernsthaften Streit mit ihrem Mann.[35] Als sie sich im April 2016 auffällig schminkte, ein enges Kleid anzog, eine paillettenbesetzte Handtasche aus dem Schrank holte, High Heels trug und mit ihrer Freundin, die sich ähnlich kleidete, ausgehen wollte, kam es zum Streit. Während Caasho ihren Style und das Ausgehen als ›normal‹ und schön empfand – »I see every girl like this here. And I like. Me I like to look good« (TB, 04/2016) – führte es aber im Umkehrschluss dazu, dass sie als junge Frau von Nuuroo, ihrem Ehemann, keine Anerkennung für ihr Verhalten erfuhr, sondern er wies sie lauthals und vor uns anderen zurecht. Während andere junge Frauen sich auch

---

35 Ein Kommentar zur Entstehung ihrer Ehe, die 2018 in den USA nach erfolgreichem Resettlement geschieden wurde. Caasho hatte in Malta einen abgelehnten Asylbescheid, ihr Ehemann Subsidiären Schutz erhalten. Mir wurde wiederholt berichtet, dass Frauen mit abgelehntem Bescheid gezielt Männer heiraten würden, die einen Schutzstatus hatten, da sie über diese auch ihren eigenen Status verbesserten. Hier stellt sich die Frage, wie Entscheidungen der institutionellen Grenzregimeakteur*innen Vulnerabilitäten von Frauen in Fluchtsituationen verschärfen? Caashos Heirat kann als Strategie und Zeichen ihrer Agency verstanden werden, aber dieses ausschließlich so zu deuten, blendet aus, dass sie sich in einer Situation der relativen Auswegslosigkeit in Bezug auf ihre Statusverbesserung befand und quasi keine andere Wahl hatte, als eine Ehe mit einem Mann, der einen ›guten‹ Status hatte, einzugehen. Sie hatte beim *appeals board* zwei Mal erfolglos Widerspruch gegen ihren abgelehnten Bescheid eingelegt.

nicht mehr an ›somalische‹ Kleidungsregeln hielten, blieb dieses von meinen geflüchteten Forschungspartner*innen in der Regel unkommentiert; meine Kleidung – und ich passte mich nicht an, sondern zog das an, was mir gefiel – fand oft lobende Worte. Immer wieder wurde mir – von geflüchteten Frauen* und Männern* – gesagt, dass sie die Art, wie ich meine Haare trug, mochten und auch meine Kleidung schön fanden. Das Ausprobieren von Caasho wurde hier also unter den spezifischen Bedingungen ihrer Ehe begrenzt. Es waren also nicht nur Malteser*innen oder ich, die das Sich-in-Szene-Setzen beeinflussten, sondern auch die Dynamiken unter den (jungen) Geflüchteten wirkten auf ihre Selbst(re)präsentationen ein.

Umgang mit Abwertungen und verwehrten Zugängen: Die eigene Stimme nutzen oder Geduldig-Sein?

Die jungen Geflüchteten haben erkannt, dass sie in Malta immer wieder mit Abwertungen, verwoben und dynamisch, je nach Situation und Kontext, basierend auf ihrer Herkunft, auf ihrem Status, ihrem Geschlecht oder auch aufgrund ihrer Religion, konfrontiert wurden. Während einige mit Aushalten und Warten darauf reagierten und für sich das Geduldig-Sein als Umgang entwickelten, machten andere aktiv Gebrauch von ihrer Stimme, konfrontierten ihr Gegenüber direkt oder indirekt und scheuten den Konflikt nicht. Es ist nicht so, dass sich die jungen Geflüchteten entweder in der Position der passiv Aushaltenden oder in der Position der Aktiven befanden, sondern dieselben Personen machten durchaus Gebrauch von beidem. Die Annahme, die ich eingangs dennoch formulieren möchte, ist, dass die jungen Geflüchteten zwar in Teilen durch das Kontern ein Stück Würde zurückerrangen und auch selbstbewusster wurden, aber ihr ›speaking up‹ nicht immer dazu führte, dass sie die Situation tatsächlich verändern konnten, da sie in einer nicht mit ausreichend Macht ausgestatteten Position waren. Einmal mehr zeigt sich, wie Struktur und Agency zusammenhängen.

Zu den besonders aktiven und kritischen jungen Geflüchteten gehörten Absimil und Bilal. Absimil störte sich vor allem an den Zuständen im Heim und wiederholt versuchte er, daran etwas zu ändern, indem er sich auf den Weg nach Valletta machte, um im LMAO-Hauptbüro mit den Mitarbeiter*innen zu sprechen. Damit diese wüssten, woran es im Heim mangelte, hatte er 2015 eine Liste vorbereitet, auf der er alle problematischen Punkte sammelte, um diese bei LMAO abzugeben. Das folgende

Beispiel zeigt, wie es zu Momenten der Selbstermächtigung kam, diese aber nicht zu dem erwünschten Effekt führten:

»Even me, I went to LMAO a lot and I make a big list with everything that is wrong in the home. Because the care workers they get the good water. But we still have to drink from the pipe. And the house is so old sometimes you taste some of the metal. So I went to LMAO and even talked to their biggest, biggest boss and gave him the list. But nothing changed here« (Absimil, IG, 07/2015).

Absimil kritisierte vordergründig, dass die Mitarbeiter*innen gereinigtes Trinkwasser zur Verfügung gestellt bekamen, die Bewohner*innen jedoch das Wasser aus dem Hahn trinken mussten. Erfahren hatte ich von dieser Problematik bereits 2013, als ich mit einigen Bewohner*innen zusammen kochte. Deeqo klärte mich bereits damals auf, dass sie zwar Nudeln, Reis und Dosentomaten bekamen, aber eben kein Trinkwasser. Von dem Wasser aus der Leitung bekam er aber mehrmalig Bauchschmerzen, weshalb er dann den ganzen Tag liegen bleibe müsse (Deeqo, IG, 04/2013). Besonders problematisch sei die Versorgung mit Trinkwasser in der Nacht, da die Bewohner*innen dann auf dem Flur, von dem die Schlafzimmer abgingen, eingeschlossen wurden und keinen Zugang mehr zur Küche hatten. Es blieb ihnen nur noch das Wasser aus den Leitungen der Badezimmer zu trinken, wovor sie auch in Sorge waren, hatte sich doch rumgesprochen, dass Sanaa einen Stromschlag bekam, da sich Wasser und Strom in der Leitung vermischt hatten, als sie duschte. Ein paar Tage musste sie daraufhin im Krankenhaus verbringen. Ich wollte wissen, was passierte, wenn sie in der Nacht nach Trinkwasser fragten: »When we ask at night for water they say ›You can drink from the toilet‹« (Deeqo, IG, 04/2013). Ich war erschrocken über diese Aussage, hörte sie aber selbst nie direkt vom Personal. Ich fragte Deeqo, ob die Mitarbeiter*innen wirklich nicht das Wort *tap*, also Hahn, benutzten, sondern tatsächlich *toilet*. Er bejahte dies. Einige Bewohner*innen gaben also ihr geringes Taschengeld von einem Euro pro Tag für Trinkwasser in Flaschen aus. Hier ist für mich, da ich nur über diese Situationen und Gespräche aus Erzählungen erfuhr, nicht vollständig ersichtlich, inwiefern hier *toilet* von den Mitarbeiter*innen tatsächlich als Toilette, oder aber als Waschraum, verwendet wurde. Translations- und Interpretationsunklarheiten sind dieser Situation sicherlich inhärent; was jedoch bleibt, ist, dass die jungen Geflüchteten sich abwertend behandelt fühlten.

Deeqo regte sich zwar bei mir über das Verhalten der *care worker* auf, denen er attestierte »They only work, but they don't care«, ihnen gegenüber aber äußerte er zumindest im April 2013, keine Kritik. Absimil hatte also einen anderen Umgang mit demselben Problem gewählt, als er entschied, sich bei LMAO zu beschweren. Die Erzählung von Absimil ist nicht nur relevant um zu zeigen, dass die jungen Geflüchteten sich nicht in einer Position der vollkommenen Selbstaufgabe befanden und auch die vielen Abwertungen und Begrenzungen ihrer Handlungsmöglichkeiten nicht zu einer Situation der Abwesenheit von Agency führten. Die Erzählung ist auch deshalb bedeutsam, weil hierin auch zumindest in Teilen eine Erfolgsgeschichte enthalten ist. Absimil hat es geschafft, mit dem »biggest, biggest boss« zu sprechen. Er hat alles gegeben und die Beschwerde an die richtige Person gerichtet. Er hat es nicht unversucht gelassen, Veränderung im Heim herbeizuführen.

Es waren aber nicht nur bauliche Mängel und Einschränkungen der Versorgung, die die jungen Geflüchteten kritisierten und versuchten zu ändern. Vor allem auch rassistische Äußerungen ihnen gegenüber, die ihnen sowohl im öffentlichen Raum, bei der Arbeit und auch im Heim entgegengebracht wurden, versuchten sie zu kontern. Dahingehend richtete sich Bilal beispielsweise auf der Homepage der Tageszeitung *Times of Malta* einen Account ein und antwortete mit eigenen Kommentaren auf die Kommentare der anderen Leser*innen, die oft rassistisch und abwertend waren:

»In the media, the Maltese they comment a lot. But I have my own account I write something back. Because even they emigrate a lot so I ask them if they want to be treated as we are treated here? Because they treat us like animals. And always they write that they don't want us here. I tell them that I love my home country and everything but that I could not stay because there are many different problems. But they don't understand« (Bilal, IG, 07/2015).

Im Gespräch mit Bilal war für mich vor allem auch interessant, dass er auf die Emigration der Malteser*innen verwies. Dieses zeigte mir, dass er sich einerseits ein Stück weit mit der Geschichte des Landes auseinandergesetzt hatte, aber andererseits verweist er hier auf einen zentralen Punkt: Während Mobilität-Ausüben den einen zugestanden wird, wird bei anderen versucht, sie zu verhindern. In Bilals Erzählung wird deutlich, dass er nicht den Eindruck hatte, dass er zwangsläufig das Kommentarverhalten der anderen User*innen ändern würde, da er davon ausging, dass sie seinen Inhalt und die Lage der Geflüchteten in Malta sowieso nicht verstünden. Nichtsdestotrotz war das Kommentieren für ihn ein Weg, sich gegen die Abwertungen zu wehren, diese nicht einfach stehen zu lassen und auf diesem Wege zumindest ein Stück Kontrolle darüber zurückzuerlangen, was öffentlich über Somalier*innen/Somaliländer*innen gepostet wurde.

Yasir hatte ebenfalls für sich erkannt, dass sie in Malta Gebrauch von ihrer Stimme machen müssten, da sie sonst ›nichts‹ wären. »You know, in Malta, always you have to speak with them with power. Otherwise you are nothing and they play you around. So always I ask them ›What do you want?‹« (Yasir, IG, 04/2016). Yasir verstand die Konfrontation als Weg, nicht zum Spielball zu werden. Seiner Erfahrung nach irritiert die Rückfrage »What do you want?« sein Gegenüber in der Regel so stark, dass beispielsweise die Polizei von weiteren Kontrollen absah: »When the police again they control me because I am not Maltese, my first question is ›What do you want?‹. And then they stop and they say ›Ok, good day‹«. Yasir erzählte mir hier recht erfolgreich von seiner Taktik der Irritation und des Aktiv-Werdens in den Situationen der Kontrolle durch die Polizei, in denen sich die Kontrollierten in der Regel eher passiv verhielten, aber Amiir mischte sich in das Gespräch ein und kommentierte Yasir wie folgt: »But what can we do? Because really we have no power« (Caamiir, IG, 04/2016).

Caamiir brachte dies ähnlich prägnant auf den Punkt, als er mir erzählte, dass er bei der Arbeit immer mit »al-Shabaab«, statt mit seinem Namen, angesprochen wurde. Dass Kollegen* ihn mit »al-Shabaab« ansprachen, kennzeichnet eine pervertierte und verständnislose Sichtweise auf die Lebensrealität junger Geflüchteter. »But what can you do?«, drückte aus, dass Caamiir sich hilflos fühlte und scheinbar nicht mehr versuchte, seine Kollegen* auf seinen richtigen Namen hinzuweisen. Das ›al-Shabaab‹ kränkte ihn nicht nur, weil dieses verallgemeinerte, ihn austauschbar und ersetzbar erscheinen ließ, sondern vor allem auch, weil seine Kollegen* ihn mit einer terroristischen und gewaltvollen Vereinigung gleichsetzten, die ihn vor einigen Jahren nicht nur misshandelte, sondern auch sein Gehen maßgeblich beeinflusste: »But me, I hate al-Shabaab. They don't understand that I go because of al-Shabaab« (Caamiir, IG, 04/2016).

Das Beispiel von Absimil, der unter anderem Malti lernte, um Beleidigungen kontern zu können, zeigt auch, dass das Angehen gegen Diskriminierungen und Beleidigungen gar nicht zwangsläufig groß aufgezogen werden musste, sondern dass es vor allem darum ging, ad hoc in den Situationen des Alltäglichen reagieren zu können, auch, wenn dies an der Grundeinstellung des Gegenübers im Zweifel nichts änderte:

»Now also I speak Maltese. Because before I can already speak Arabic, so it is not so difficult because only they change some words. Now they can't talk about me anymore. I can say ›No‹. I don't like to speak Maltese, but at least now I can understand and say something bad in their direction then.«»What do you say then?«, frage ich ihn.»Me I reply [er sagt es auf Maltesisch] that means something like ›Fuck your mother‹«. Das sagt er mit einem breiten Grinsen im Gesicht und er wirkt auf mich sehr stolz während er das erzählt (Absimil, IG, 07/2015).

Obwohl Absimil es eigentlich ablehnte, Maltesisch zu sprechen, machte er in bestimmten Situationen Gebrauch von seiner Sprachkompetenz. Aber nicht nur das Sprechen der Sprache hat ihm ein bisschen Sicherheit gegeben, sondern vor allem auch das Verstehen, wenn er behauptet, dass nun nicht mehr einfach über ihn geredet werden könne. Vorher habe er oft nur den Verdacht gehabt, dass, zum Beispiel im Bus, schlecht über ihn gesprochen wurde. »When I first come here I realize that some Maltese sniff their nose when we enter the bus and some leave the seat next to you and take another seat. And then they talk to other people. I could only guess what they say. But now I know« (Absimil, IG, 07/2015).

Sie schritten jedoch nicht nur für sich selbst, sondern auch für andere ein. Elais berichtete mir im April 2016 von seinem Besuch im Krankenhaus. Er wollte sein Gesicht, welches in Teilen Lähmungen aufwies, untersuchen lassen und traf im Krankenhaus auf eine andere Frau aus Somalia. Am Empfang der Notaufnahme müssen sich alle, die nicht per Krankenwagen eingeliefert wurden, anmelden. Er beobachtete, so erzählte er es mir, dass einige Personen, die Elais als Malteser*innen identifizierte, sich vordrängelten und die Frau anscheinend nicht so richtig verstand, wie ihr geschah. Aus eigener Erfahrung mit dem öffentlichen Krankenhaus Maria Sanctus wusste ich, wie chaotisch und ignorant es dort zugeht. Als ich an der Rezeption nach fünf Stunden Wartezeit nachfragte, wann ich dran sei – ich war ernsthaft erkrankt –, tat man so, als würde man nur Malti und kein Englisch verstehen und mir deshalb auch keine Auskunft geben können. Acht Stunden dauerte es, bis ich aufgerufen wurde. Ich konnte mir also genau vorstellen, wie die Frau aus Somalia ignoriert, wie ihr der Platz in der Warteschlange streitig gemacht wurde und sie nicht wusste, wie sie damit umgehen könnte. Elais störte sich an der Situation und sagte, so berichtete er es mir, etwas auf Malti zu den Malteser*innen und wies sie darauf hin, dass es sehr unhöflich sei, sich permanent vorzudrängeln. Er berichtete, dass sie sich vorher schon auf Malti abfällig über die Frau aus Somalia geäußert hätten. Dann haben sich die Krankenhausbesucher*innen mehrfach entschuldigt, wollten ihm die Hand schütteln und seien vor

Scham fast im Boden versunken. Er wollte aber nichts mit ihnen zu tun haben und er hat auch der somalischen Frau nicht übersetzt, was er geregelt hatte. »But I could not accept this situation« (Elais, IG, 04/2016) sagte er mir.

Wenn meine Gesprächspartner*innen oder andere Geflüchtete, wie die Frau im Krankenhaus, nicht verstanden, was und wie über sie gesprochen wurde, fühlten sie sich oft hilflos. Die »no power« manifestierte sich vor allem auch in Situationen, in denen die jungen Geflüchteten gar nicht merkten oder merken konnten, dass sie gerade Abwertung und Diskriminierung in der Verwobenheit ihrer Herkunft sowie ihres Status als Geflüchtete erfuhren. Zwei Beispiele aus meinen Erhebungen in Deutschland zeigen dieses. Ergeben haben sich diese Gespräche, da ich auch noch Kontakt zu Sabiye und Amiir hatte, nachdem sie Malta verlassen und in Deutschland einen neuen Asylantrag gestellt hatten. Als ich Sabiye das erste Mal besuchte, stellte er mich auch seinem ehrenamtlichen Vormund vor. Der Vormund wurde nach seiner Ankunft in Deutschland recht schnell über einen lokalen Verein gefunden und unterstützte Sabiye vor allem bei den Hausaufgaben für die Schule, die er nur wenige Wochen nach seiner Ankunft regelmäßig besuchte. Sabiye hatte seinem Vormund berichtet, dass es ihm in der Schule nicht gut gehe und er das Gefühl habe, dass die Lehrer*innen ihn nicht leiden könnten. Der Vormund nahm Sabiyes Eindruck ernst und sprach den Lehrer* darauf an, wovon er mir berichtete:

»Letzte Woche bin ich mal in die Berufsschule gegangen, einfach, weil ich für den Jungen beim Lehrer mal etwas Verständnis erwirken wollte. Ich hatte im Gefühl, dass da etwas nicht stimmt. Und dann sagt der Lehrer mir, dass es gut war, dass ich mal da war, denn im Kollegium hätten alle schon Angst vor ihm gehabt, weil sie dachten, dass er auch so ein Pirat ist. Dabei ist er doch der friedlichste Junge der Welt« (Vormund, IG, 09/2015).

Sichtbar wird hier, dass die Vorurteile über somalische Männer* als Piraten hier unter *weiß* Positionierten artikuliert wurden. Gleichzeitig wurde Sabiye dann von seinem Vormund im genauen Gegenteil des Pirat-Seins positioniert und ihm wurde ein Friedlich-Sein in besonders großem Ausmaß attestiert. Unter Nicht-Geflüchteten, so nahm ich es wahr, wurden immer wieder extreme Zuschreibungen über junge Geflüchtete artikuliert – entweder waren sie besonders problematisch, oder eben besonders unproblematisch. Auch Amiir traf ich erneut, als er in Deutschland ankam. Er hatte mich angerufen und mich gebeten, ob ich ihn nicht zu einem Termin beim

Gericht begleiten könnte, bei dem es um seine Anerkennung der Minderjährigkeit in Deutschland ging. Ich willigte ein und wir trafen uns in einer deutschen Großstadt wieder.

An der Tür stoßen wir auf Polizeibeamte, die unsere Tascheninhalte kontrollieren. Ich gebe meine Tasche ab und werde aufgefordert, durch den Scanner zu gehen. Amiir steht noch etwas hinter mir und ich erkläre ihm kurz den Prozess auf Englisch, da die Polizisten dies nicht tun. Während ich übersetze, unterbricht mich einer der Beamten und sagt: »Seine Taschen sind doch bestimmt sowieso leer« und Amiir konnte einfach so die Kontrolle passieren (TB, in einer deutschen Großstadt, 07/2016).

Während Amiir in dieser Situation von einem der beiden Beamten als arm markiert wurde, wurde Sabiye zugeschrieben, dass er ein somalischer Pirat sei. In diesen Situationen hatten sie nicht die Chance, gegen diese abwertenden Zuschreibungen vorzugehen. Sabiye, so stellte sich später heraus, wusste nicht, dass vor deutschen Gerichten Männer aus Somalia aufgrund von Piraterie verurteilt wurden und Amiir hat nicht verstanden, was der Beamte sagte, da er zu diesem Zeitpunkt noch kein Deutsch sprach.

Bis hierhin wurde deutlich, dass es durchaus zu Situationen kam, in denen die jungen Geflüchteten ganz gezielt Gebrauch von ihrer Agency machten und aktiv versuchten, gegen rassistische Kommentare und die schlechte Behandlung im Heim sowie an anderen Orten anzugehen. In Situationen, in denen sie Markierungen und Abwertungen nicht mitbekommen konnten, konnte diese Form des lauten und auffälligen Konterns nicht praktiziert werden. Es war aber nicht so, dass sie nicht spürten, dass *über* sie (schlecht) geredet wurde und dieses Wahrnehmen spornte einige an, die Sprache zu lernen. Es hat aber auch Situationen gegeben, in denen sie bewusst Gebrauch von ihrer Geduld gemacht haben, um für sie problematische Situationen zu vermeiden; dass sie das Gefühl hatten, ruhig bleiben zu müssen, drückt auch aus, wie unsicher sie sich fühlten. Davon erzählte mir beispielsweise Absimil. Er berichtete, dass er und die anderen Bewohner* im Heim sich mittlerweile – er wohnte zum Zeitpunkt unseres Gespräches bereits seit drei Jahren dort – weniger provozieren lassen, wenn die *care worker* seiner Einschätzung nach versuchten, die Bewohner*innen dazu zu verleiten, sich aufmüpfig zu verhalten:

»Some of the care workers they create a problem and then they want us to react and then we have the bigger problems. Sometimes they slam the doors or they make stupid new rules. Before, me and Filad we make problems but now we learned and we are more patient now. So less problems for you« (Absimil, IG, 04/2016).

Es ist zu erkennen, dass meine jungen geflüchteten Forschungspartner-*innen versuchten, an ihrer Situation in Malta etwas zu ändern. Sie versuchten, die Zustände im Heim zu verbessern, indem sie sich bei LMAO beschwerten. Sie versuchten aber auch, Personen in der Öffentlichkeit auf ihr (rassistisches) Fehlverhalten hinzuweisen. In den Erzählungen darüber mir gegenüber nahm ich es durchaus so wahr, dass sie stolz darauf waren, es nicht unversucht gelassen zu haben, aktiv Änderungen und Verbesserungen herbeizuführen. Die Agency, die sie entwickelten, muss in Relation zu den Verhältnissen und Erlebnissen, die sie vorfanden und machten, gedacht werden. Bestimmte Formen ihrer Handlungen, wie das Online-Kommentieren entstanden nur, weil sie herausfanden, was im Internet über sie geschrieben wird. Nicht übersehen werden darf dabei, dass ihre Handlungen nicht zwangsläufig auch zu Verbesserungen in ihrem Sinne führten.

Beziehungen, Verantwortlichkeiten und Zukunftsgestaltungen: Aushandlungen auf Malta

Im Folgenden fokussiere ich die Situation für die jungen Menschen in Malta in Bezug auf Fragen der Beziehungs(un)möglichkeiten, Verantwortlichkeiten sowie Zukunftsgestaltungsoptionen und gehe detailliert auf die Momente der Aushandlung ein. Zunächst geht es um Fragen der Wissensproduktion und ich widme mich den Paktierungen und Beziehungen zwischen jungen Geflüchteten und nicht-geflüchteten Akteur*innen und zeige auf, wie einerseits eindeutige Positionierungen angestrebt wurden, aber gleichzeitig Flexibilität verlangt und aufrechterhalten wurde. Es folgt eine Betrachtung der Wissensproduktion im Asylinterview und zeigt auf, inwiefern die jungen Geflüchteten sich in einer Position der Beweisschuld wieder fanden, und wie sie damit umgingen. Anschließend erfolgt eine Betrachtung der empfundenen und materialisierten Willkürlichkeiten im Grenzregime.

Darauf folgend stehen Verantwortlichkeiten und Fragen nach (Nicht-)Unterstützung im Fokus. Ich beginne mit einer Untersuchung der artikulierten Verständnisse von Integration. Es folgen Überlegungen zum Verhältnis von individueller Verantwortung vs. EUisierter Verantwortung für junge Menschen mit Flucht_Migrationserfahrung. Das Unterkapitel schließe ich mit der Betrachtung von Hilfs- und Unterstützungspraktiken, die die jungen Geflüchteten entwickelten.

Zum Schluss des Kapitels stehen die Fragen nach der Zukunftsgestaltung der jungen Menschen im Zentrum der Analysen. Es geht dabei zunächst um die ernüchternde Erkenntnis, in Malta nicht erreicht zu haben, was der eigene Wunsch war. Daraus resultierte bei einigen das Anliegen, in ein anderes EU-Land zu gehen. Unterschiedliche Dynamiken führten jedoch dazu, dass Einzelne doch auch wieder nach Malta zurückkehrten und entschieden, oder akzeptieren mussten, in Malta zu bleiben.

Paktierungen, Beweisschuld und Wahrheitsbestimmungen

»One of the many fascinating things about borders is the way in which the people who live there can both support and subvert their state, at times being the victims of state power and at other times its source«

(Donnan und Haller 2000, 12).

Mit der Ankunft in Malta und der Unterbringung im Heim ging der intensive Kontakt zu institutionellen Akteur*innen einher, den meine jungen geflüchteten Forschungspartner*innen sehr verschieden erlebten. Es stellte sich immer wieder die Frage, wer mit wem Beziehungen eingehen konnte und welche Folgen diese haben könnten. Nicht nur mussten sie die Nähe zu den sie Verwaltenden und Betreuenden navigieren, sondern auch das Asylinterview absolvieren, in dem sie sich in einer Situation der ›Beweisschuld‹ wiederfanden und ausloten mussten, welches Wissen sie preisgeben mussten, um einen Schutzstatus zu erhalten. Während all dieser institutionalisierten Begegnungen und Befragungen erlebten sie auch immer wieder willkürliche Praktiken der institutionellen Akteur*innen. Mit dem Ankommen wurde das Selbst der jungen Geflüchteten umgedeutet, ihre Erzählungen des Prä-Migratorischen wurden Teil des Asylinterviews. Es kam zu Rekonstruktionen, Fortschreibungen und Neukonstruktionen der eigenen Biografie.

Un-Eindeutig Position beziehen: »With whom do you side?«

Um die Dynamiken zwischen den geflüchteten und nicht-geflüchteten Akteur*innen als ein Ringen um Verlieren und Gewinnen, als sich auf eine Seite schlagen, besser greifbar zu machen, betrachte ich zunächst einen Interviewausschnitt aus einem Gespräch zwischen Eva und mir. Eva leitete das Heim bis 2015 und wechselte dann in einen anderen Tätigkeitsbereich, war aber nach wie vor bei der Regierung beschäftigt. Bevor sie im Heim angestellt war, arbeitete sie auch schon in anderen Institutionen, in denen Geflüchtete untergebracht waren. Im Juli 2015 erzählte sie mir, als sie bereits nicht mehr im Bereich der Migration tätig war:

»When I was still working in the family centre when we needed new staff when they came for the interview my boss would talk about a situation where there was a fight between a carer and a migrant about something. And the fight would get worse. And obviously the carer also made mistakes in that situation. Then the question in the job interview was ›Whom do you side with?‹ And you know what the right answer is, don't you?« (Eva, IG, 07/2015).

Evas Aussage impliziert, dass es nur eine richtige Antwort für die Bewerber*innen gegeben zu haben scheint. Grauzonen oder wechselnde Positionen, je nach Konfliktsituation, schienen in diesem Gefüge nicht toleriert zu werden. Bereits vor dem Eintritt eines*r potenziellen Mitarbeiter*in in die Tätigkeit mit Geflüchteten in Malta wurde ihnen zu verstehen gegeben, dass eine Verteidigung Geflüchteter im Streit zwischen *staff* und *refugees* nicht geduldet werde. Um die Arbeitsstelle zu bekommen, so legt es Evas Erzählung nahe, wurden Bewerber*innen im Bewerbungsgespräch bereits (zumindest implizit) davor gewarnt, diese Verbindungen einzugehen oder parteiisch zu werden. Dass Mitarbeiter*innen des Heims dieses jedoch nicht konsequent umsetzten, zeigt das Beispiel von Russell, der als *security* im Heim beschäftigt war. Ich hatte ihn bereits mehrfach beobachtet, wie er den Bewohner*innen Zigaretten gab oder auch ein Zuspätkommen am Abend nicht notierte. Eva nahm im Interview Bezug auf ihn:

»And you remember Russell, right, the security guy. He was not too bad, I think. At least the residents they also liked him. But he was starting to help them also. Drive them somewhere, sometimes talk over a cigarette to them, brought food, you know these things. And of course he lost that job. That is why after you went to the run together, he did not come back« (Eva, IG, 07/2015).

Eva bezog sich hier auf einen Ausflug, den Russell und ich gemeinsam mit einigen Bewohner*innen geplant und durchgeführt hatten. In der Stadt Hamrun wurde ein öffentlicher Lauf angeboten und es bestand Interesse bei einigen Bewohner*innen an der Teilnahme, sodass wir mit sieben Bewohner*innen an der Aktivität partizipierten. In der darauffolgenden Woche habe ich Russell nicht mehr angetroffen und er hat offenbar den Arbeitsplatz in sehr kurzer Zeit wechseln müssen. Eva schien diese Entscheidung seitens der obersten Leitung nicht verwundert zu haben. Ihre Aussage »of course he lost that job« lässt vermuten, dass dieses eine gängige Praxis des Neu-Ordnens von Mitarbeiter*innenkonstellationen geworden war (vgl. Inhetveen 2010, 203). Sie deutete seine Versetzung als normal, als unausweichliche Konsequenz von Russells (nettem) Verhalten. Dass die Mitarbeiter*innen scheinbar nicht wirklich für die jungen Geflüchteten über das Mindestmaß hinaus sorgen durften, war auch an den Bewohner*innen des Heimes nicht vorbeigegangen und sie trauten sich immer weniger, mit Betreuenden, die sie sympathisch fanden, zu interagieren.

Wenn Bewohner*innen etwas besaßen oder über etwas verfügten, was in den Augen einiger Mitarbeiter*innen eigentlich nicht sein konnte oder nicht sein durfte, wurden andere Mitarbeiter*innen verdächtigt, die jungen Geflüchteten versorgt zu haben. So ging es auch mir im Mai 2013. Tesfaye war an starken Kopfschmerzen erkrankt, aber die Heimleitung hatte einen Arztbesuch verweigert, da sich die Schmerzen, so die Vermutung, sicher von alleine legen würden. Als ich ein paar Tage nachdem ich von seinen Schmerzen erfuhr, ins Heim zurückkehrte, fing Deeqo mich aufgeregt an der Tür ab. Es stellte sich heraus, dass Tesfaye wieder gesund war und die Heimleitung mich verdächtigte, ihn heimlich mit Schmerzmitteln versorgt zu haben. »They think that you bring for him pills and they are angry with you« (Deeqo, IG, 05/2013). Es stellte sich später heraus, dass andere Bewohner*innen ihren Freund mit Tabletten versorgt hatten, aber meine Erfahrung zeigt, dass unter den Mitarbeiter*innen ein gewisses Maß an Misstrauen herrschte, welches auch mich betraf.

Bei Abdul lösten diese Dynamiken das Gefühl aus, dass die Mitarbeiter*innen verlogen seien: »In [Heim], everybody is double faced. They [staff, L.O.] do not speak to you, they speak behind you« (Abdul, IG, 07/2013). Wenige Tage später berichtete mir Abdul, dass er Russell auf der Straße getroffen habe. Russell, so schilderte es Abdul, arbeite jetzt als Wärter in einer Haftanstalt. Auf mich wirkte es so, als würde die vermeintliche ›Kollaboration‹ mit den jungen Geflüchteten und die Unterstützung für sie als Legitimation auch für das Abstrafen von Mitarbeiter*innen genutzt werden. Ähnlich wurde mit Francesca verfahren. Ich hörte immer nur Gutes von ihr, aber traf sie nie persönlich. Sie war ebenfalls als *care worker* im Heim beschäftigt und die jungen Geflüchteten berichteten mir immer wieder, dass sie viel Freude mit ihr hatten und sie es immer am besten fanden, wenn Francesca Dienst hatte. Nicht selten wurden sie und ich miteinander verglichen: Auch sie kochte mit ihnen gemeinsam in der Küche und scheute sich nicht, mit den Händen aus dem selben Topf zu essen; auch sie versuchte, Ausflüge zu organisieren und sie tanzte mit den Jugendlichen auf den Fluren des Wohnheims zu lauter Hip-Hop-Musik. »Always you remind me of Francesca, even you have the same hair« (Elais, IG, 04/2013). Irgendwann fragte ich mal bei der Heimleitung nach, wo denn Francesca geblieben sei, die Bewohner*innen würden sie doch sehr vermissen. Eva informierte mich, dass sie leider schwer erkrankte und ich richtete dieses den Bewohner*innen aus. Im Mai 2013 traf Abdul Francesca zufällig auf der Straße wieder und fragte sie, wie es ihr geht. Er berichtete mir, dass sie sich verwundert zeigte: Sie war nicht erkrankt, sondern gekündigt worden. Im Gegensatz zu Francesca wurde Russell ›nur‹ ins Haftzentrum versetzt und nicht gleich entlassen. Die Arbeit in den Haftanstalten war wenig beliebt und eine ehrenamtliche Mitarbeiterin einer NGO verwies im Interview auf die psychische Belastung für Geflüchtete, aber auch für die nicht-geflüchteten Mitarbeiter*innen in den *detention centres* (Antonia, I, 07/2015).

Dieses ständige Versetzen von Mitarbeiter*innen verdeutlicht, dass Grenzziehungen nicht nur bei jungen Geflüchteten vollzogen wurden; vielmehr wurden als ›UAMs‹ eingeteilte Geflüchtete, wenn sie als diejenigen, die Unterstützung nicht verdient hatten gedeutet wurden, genutzt, um hierarchisierende, soziale Grenzziehungen auch unter den sie Verwaltenden, Verwahrenden und Betreuenden auszutragen. Auch Ester, die als *care worker* im Heim beschäftigt war, berichtete mir als wir uns 2015 wieder sahen von diesen Veränderungen des Arbeitsplatzes ohne lange Vorankündigung durch LMAO, wodurch auch sie verunsichert war:

»They tell me from LMAO that in January they are going to change the whole system again. So I think that I will not be working here then anymore.« »Where will you be by then?«, fragte ich sie. »I don't know, they don't tell us yet. I think we will only know very short time before they change us. Then I have to work somewhere else« (Ester, IG, 07/2015).

Tahliil, der selbst als Geflüchteter aus Somalia kam und als *cultural mediator* für LMAO arbeitete, sieht jedoch genau das, was Russell gemacht hat, also zu versuchen, ein freundschaftliches Verhältnis, ein Zugewandt-Sein und dadurch Vertrauen zu schaffen, als richtigen Weg an um einerseits den jungen Geflüchteten ein gutes Rollenvorbild zu sein und um andererseits Konflikte im Heim zu vermeiden. »You have to become friends with them« (I, 07/2015), war seine Auffassung, wenn es darum gehe, den jungen Geflüchteten Orientierung und Halt geben zu wollen. Dass dieses jedoch nicht eintrat, sah er vordergründig in der mangelnden Ausbildung und Bildung der Mitarbeiter*innen begründet, hat aber in seiner Erzählung keine Verbindungen zu den (auch restriktiven) Arbeitsbedingungen hergestellt.

Schien die Positionierung der institutionellen Akteur*innen ›auf der Seite der jungen Geflüchteten‹ nicht toleriert zu werden, kam es doch immer wieder zu Situationen, in denen die Geflüchteten, zumindest für kurze

Momente, in Rollen gebracht wurden, die meinem Erleben nach sonst eher den sie Verwaltenden und Betreuenden zugerechnet werden würden.

An einem Montag im März 2013 bekam ich mit, wie die Heimleitung ein Gruppenmeeting einberufen hatte, an dem alle Bewohner*innen verpflichtend teilnehmen sollten. Am Schwarzen Brett hing keine Information darüber, also scheint es eine recht spontane Entscheidung gewesen zu sein und ich wurde dazu aufgefordert, den PC-Raum während der Zeit des Treffens zu schließen. Ich befolgte diese Anweisung und stellte mich an den Türrahmen zum Gruppenraum, damit ich wenigstens aus der Distanz an dem Treffen teilhaben konnte.

Eva hat sie [die Bewohner*innen, L.O.] zu einem Meeting zusammengerufen. Es ging um abgebrochene Duschköpfe und Randale in der Nacht. Von diesen Geschichten erfahre ich ausschließlich von den Mitarbeiter*innen. Eva hält ihre Ansprache auf Englisch, denn sie spricht kein Somali. Sie schaut, während sie redet, in fragende Gesichter und spricht dann gezielt Elais [einen Bewohner*, L.O.] an, der gut Englisch spricht. »Do they understand it?« fragt sie, etwas genervt. »No, not everything«, ist seine Antwort, woraufhin sie ihm entgegnet: »Translate it!« (TB, 03/2013).

Elais wurde von Eva spontan zum Dolmetscher gemacht. Mit ihrer Aufforderung der Übersetzung hat sie ihn in eine ambivalente Position gebracht. Elais berichtete später, als ich ihn ansprach, dass es ihm eigentlich egal gewesen sei, ob die anderen verstanden hatten, was sie sagte und er wollte ihr auch nicht unbedingt helfen: »Because you know they [Bewohner*innen, L.O.] continue to make trouble. Because in here there are big problems. But they [Heimmitarbeiter*innen, L.O.] don't listen to them. So they [Bewohner*innen, L.O.] make things break or they make shouting« (Elais, IG, 03/2013). Sein Reden über die anderen Bewohner*innen als »they« zeigt auch, dass er sich nicht unbedingt als Teil von ihnen verstand. Zumindest dann nicht, wenn es zu diesem von Eva kritisiertem Verhalten der Zerstörung von Gegenständen im Heim kam. Durch diese Abgrenzung in seiner Erzählung gegenüber den anderen Bewohner*innen, die sich an diesen Aktionen beteiligten, machte Elais mir gegenüber deutlich, dass er zu den ›Sich-Benehmenden‹, zu den ›normalen Bewohner*innen‹ zählte. Mit anderen Worten: Elais entsprach nach seiner Erzählung, seiner Selbstpräsentation mir gegenüber, den Anforderungen an das ›ein guter Bewohner, ein guter junger Geflüchteter-Sein‹ (vgl. dazu auch Staunaes 2003, 106). Deutlich wird, dass die jungen Geflüchteten sich in ambivalenten

Positionen in Bezug zueinander befanden (vgl. Goel 2015, 34)[36] und hier löste sich eine klare Zuordnung auf. Auf der anderen Seite erkannte Elais aber auch die Missstände im Heim an und deutete das »shouting« oder »breaking« der anderen jungen Geflüchteten als Maßnahmen, um sich Gehör bei der Leitung zu verschaffen. Gleichzeitig wurde Elais hier als ein Helfer von Eva instrumentalisiert. Widersetzte er sich der Aufforderung, lief er Gefahr, im Heim schlechter behandelt zu werden. Diese Situationen, in denen die jungen Geflüchteten für Belange der sie Verwaltenden und Betreuenden eingesetzt wurden, fanden nicht allein in diesen spontanen, informellen Situationen statt.

Bleiben wir bei Elais. Ab 2015 arbeitete er sowohl gegen Lohn für LMAO, als auch für die IOM. Immer wieder hörte ich in 2015, dass Einzelne nun für diese Organisationen arbeiteten und mich irritierte das immer wieder. Ich dachte, das würde für sie nicht in Frage kommen, wurde doch immer wieder schlecht über diese Organisationen gesprochen. Für Letztere war er an den Auswahlgesprächen für diejenigen, die sich auf einen *Resettlement* Platz in den USA beworben hatten, beteiligt. Als ich Abdul, der sich selbst auf einen *Resettlement* Platz beworben hatte, fragte, was er davon hielt, dass Elais für die IOM arbeitete, lachte er und sagte: »You know Elais, he is clever. Now he changed the side« (Abdul, IG, 04/2016). Während Abdul Elais hier auf der Seite der IOM platzierte, deutete Elais seine Tätigkeit und seine Beziehung mit den IOM-Mitarbeiter*innen anders: »But always I feel they [Maltese colleagues, L.O.] distrust us. Because they don't understand Somalia and they think I give wrong information. But I don't care« (Elais, IG, 04/2016). Dass die maltesischen Kolleg*innen ihm misstrauten, wertete Elais hier als deren Problem. Der persönliche Mehrwert für Elais aus dieser Tätigkeit bestand jedoch nicht nur in der finanziellen Absicherung. Gleichzeitig diente ihm seine Anstellung als Kontrastfolie und Hilfestellung, um eigene Entscheidungen zu treffen. Auf Basis dessen, was Elais bei der Arbeit über die USA erfahren hat, hat er entschieden, sich nicht für die USA zu bewerben. Er berichtete, dass er auch für Leute übersetzt hat, die wieder nach Malta zurückgekehrt sind und diese Rückkehr als Erlösung empfunden haben. Elais ging zumindest

---

36 Goel (2015) verweist, Bezug nehmend auf Anthias (2003), darauf, dass die intersektionale Perspektive Forschenden helfen könne, zu erkennen, dass Einzelne, als marginalisiert positionierte Subjekte im Vergleich zu anderen, ebenfalls marginalisiert Positionierten, machtvoll wirken können, wodurch aber auch ambivalente Verhältnisse untereinander entstehen können.

dann, wenn er gegen Bezahlung für die IOM oder LMAO arbeitete, einen bewussten und professionellen Pakt ein. Der folgende Abschnitt fokussiert nun, welche Rollen und Erwartungen an die jungen Geflüchteten im Asylinterview gestellt wurden.

Geflüchtete in der Beweisschuld, Entscheidungswissen und die (un-)eindeutige Asylwahrheit: »You tell me what you want to tell me.«

Binti sagt mir, dass sie für den Vater nach Äthiopien laufen können, um dort Medikamente zu besorgen, wenn es mit seiner Diabetes sehr schlimm wird. Ich bekomme Zweifel an ihrer Mogadischugeschichte, denn wenn ich mir die Karte Somalias vor dem inneren Auge aufrufe, dann scheint mir der Weg von Somalias Hauptstadt bis nach Äthiopien zu Fuß unmöglich zu sein. Hinzu kommt, dass sie mir letztens im Bus auf dem Weg zum Strand erzählte, dass sie noch nie den Ozean gesehen habe. Ich erinnere mich an meine Verwunderung, hatte ich doch schon von anderen gehört, wie viel am Strand von Mogadischu immer los sei (TB, 04/2013).

Bevor analytische Bezüge und Rückschlüsse auf die Bedeutung dieser Erzählungen der jungen Geflüchteten im Rahmen der Asylinterviews und den dem Grenzregime inhärenten ›Wahrheitsbestimmungen‹ (vgl. Fassin 2013) hergestellt werden, möchte ich an dieser Stelle anmerken, dass ich immer wieder merkte, wie ich während des Zuhörens dazu neigte, die Erzählungen der jungen Geflüchteten auf Schlüssigkeit und Logik hin zu überprüfen. Damit wurde ich, so nahm ich es zumindest wahr, ebenfalls zu einer Akteur*in, die an den Wahrheitsbestimmungen beteiligt war und merkte, wie dieser Druck und dieses Bestreben des institutionellen Grenzregimes nach eben der vermeintlichen Wahrheitssuche im Asylverfahren (vgl. Fassin 2013; Crawley und Sklepáris 2018) auch auf mich übertragen wurde (vgl. Nadig 2009; Dhawan 2011, 26; Krüger 2013). Ich nutzte meine Entdeckungen der Unlogiken nicht, um sie institutionellen Akteur*innen zu spiegeln, sondern wies die jungen Geflüchteten vielmehr darauf hin, dass ihre Erzählungen Widersprüche beinhalteten und versuchte so, sie vor vermeintlichen Fehlern zu schützen, verhielt mich dabei allerdings gegebenenfalls maternalistisch (vgl. Schramm 2013, 220), war ich doch diejenige, die für sich beanspruchte, die ›Fehler‹ richtig erkannt zu haben. Zudem agierte ich in diesen Situationen stark parteiisch und trug aktiv zu der Produktion der (un-)eindeutigen Asylwahrheiten bei, statt sie nur zu beobachten. Gebrauch machte ich hier folglich von meiner gesicherten, *weißen* Positionierung und entschied, mit den Geflüchteten solidarisch zu sein. Meine eigenen Erzählungen wurden nicht, zumindest nicht, dass ich darüber informiert war, auf ›Wahrheit und Unlogik‹ abgeklopft – weder von geflüchteten, noch nicht-geflüchteten Akteur*innen. Diese Praktiken des Grenzregimes wurden folglich nur bei als ›geflüchtet‹ klassifizierten Subjekten angewendet, was wiederum die Dimension der Grenze als soziales Verhältnis, geprägt durch soziale Kategorisierungen, deutlich werden lässt.

Ersichtlich wird am Beispiel von Binti, die mit ihrer Familie in Somaliland nahe der äthiopischen Grenze lebte, dass die ›Grenze‹ für junge Geflüchtete unerwartet wirkmächtig werden konnte (vgl. Schulze Wessel 2012). Binti fühlte sich recht sicher und erzählte einfach, ohne darüber nachzudenken, dass ihre Erzählung, da sie sich im Grenzregime befand, durchaus auf Logik hin überprüft werden könnte. Nicht nur konnten auch andere Akteur*innen diese Unlogiken wahrnehmen und gegebenenfalls gegen sie verwenden, es schmälerte auch ihr Vertrauen in ihr Umfeld und alltägliche Situationen konnten schon zur Gefahr für den Status werden. Im Forschungstagebuch notierte ich dazu:

Es sind diese Situationen, die die jungen Geflüchteten verletzlich und angreifbar machen. Manche haben es scheinbar geschafft, die neue, zugewiesene oder auch selbst geschaffene Identität ausnahmslos zu leben, andere können dies nicht ausfüllen. Zu viele Fallen scheint allein der Alltag zu kreieren (TB, 05/2013).

Die Bestimmungen von Logik, Wahrheit und Glaubwürdigkeit waren nicht nur in den alltäglichen Begegnungen zwischen mir und den jungen Geflüchteten und auch den Heimmitarbeiter*innen und den Bewohner*innen Thema und Aushandlungsfeld, sondern vor allem auch in der formalisierten Form des Asylinterviews kamen diese zum Tragen: »[T]he refugee context«, und hier möchte ich darauf verweisen, dass der Kontext sowohl informell, als auch formell ist, »is structured around the repeated requirement to tell within a culture of institutional disbelief, a story is presented as currency to earn the next stage of entry« (Dennis 2007, 357, zit. n. Frimberger 2017).

Das Asylinterview ist eine stark bürokratisierte Form der Befragung, was im Gegensatz zu dem steht, was in Malta abverlangt wurde. Das Asylinterview wurde beschrieben als ein Modus des ›freien‹ Erzählens: »You tell me what you want to tell me«, eröffne, so der Leiter des Statusentscheidungsbüros (Emanuel Grech, I, 06/2013) das Asylinterview. In Bezug auf das Interview und für die Bearbeitung des Asylantrages verstand er die Praxis des Statusentscheidungsteams als offen und beschrieb, dass die Geflüchteten jede Freiheit hätten, zu erzählen, was sie für wichtig hielten, »we leave him completely free« (Emanuel Grech, I, 2013). Wenn den Geflüchteten gesagt wurde, dass sie einfach frei erzählen sollten, dann handelte es sich eher um eine Aufforderung, die zu einer ›freien‹ Erzählung führen sollte, und nicht um ein strukturiertes Interview. Dieses führte allerdings bei meinen jungen geflüchteten Gesprächspartner*innen dazu, dass nach Einschätzung der Mitarbeitenden im Statusentscheidungsbüro nicht ausreichend über die Erfahrungen im Herkunftsland erzählt wurde, wodurch eben auch nicht die statusrelevanten Informationen generiert werden konnten. Geelo erinnerte sich an diese Situation und berichtete mir, dass er dadurch verwirrt war: »Now I wish that I tell more that day. But I did not know what they want to hear. So it was a quick interview. And I did not tell everything that happened to me. Because they asked no questions« (Geelo, IG, 04/2016).

Geelo erzählte, dass er gerne im Asylinterview mehr gesagt hätte, aber es nur so kurz ging, weil er so jung war. Aufgrund dessen, dass er nicht in Malta bleiben wollte und sich auf einen *Resettlement* Platz in die USA erfolgreich beworben hatte, musste er zwischen 2014 und 2015 erneut Interviews führen. Insbesondere wurde in diesen Interviews auch noch einmal nach seinen Gehensgründen gefragt, es wurde gefragt, was er sich von einer Zukunft in den USA erhoffe und es wurde überprüft, ob Geelo schon einmal an illegalen Tätigkeiten beteiligt war. Er kommunizierte mir den Wunsch, dass er sich in diesen Interviews von seiner besten Seite präsentieren und zeigen wollte, dass er gut Englisch spricht. Es herrschte unter den Geflüchteten die Auffassung, dass man bessere Chancen habe, je besser und eloquenter man sich im Interview darstellte und ausdrücken konnte. Im Interview für das *Resettlement* nach Amerika hätte Geelo also gerne detaillierter gesprochen als noch im Asylinterview auf Malta, traute sich aber nicht, weil er Sorge hatte, dass die Interviewenden denken, er lüge, da sie das Interview für das *Resettlement* mit dem für den Schutzstatus in Malta abglichen.

Im Statusentscheidungsbüro wurde die Aufgabe des Redens und des Identifizierens relevanter Informationen auf die Geflüchteten übertragen: »They have to justify their claim« (Emanuel Grech, I, 06/2013). Zudem verdeutlichte der Leiter des Statusentscheidungsbüros, dass der Interviewverlauf von dem abhängig sei, was die geflüchtete Person erzählt, denn: »The interview will depend on what the client has to say« (Emanuel Grech, I, 06/2013). Erneut wurde die Verantwortung auf die jungen

Geflüchteten übertragen und er schaffte durch diese Praxis zwischen sich, seinem Team und den Interviewten eine Distanz. Es wurde zunächst ein gewisses Maß an Freiheit suggeriert – man könne frei erzählen – und die Interviewten könnten versuchen, ihren Asylantrag zu rechtfertigen. Der Leiter des Statusentscheidungsbüros aber kannte die Gesetzgebung und die Kriterien der Statusvergabe genau. Er und sein Team hatten die Macht, über den Antrag zu entscheiden. Da sich diese Informationen für die erfolgreiche Statusvergabe ändern können, wussten die jungen Geflüchteten in einigen Fällen nicht, welche Aussagen derzeit zu einem Erfolg für sie führen würden. Oberstes Ziel war es, nicht abgelehnt zu werden. Zudem nahm der Leiter des Statusentscheidungsbüros über die (Un-)Fähigkeiten des freien Sprechens auch kulturalistische Zuschreibungen vor, denn er sah die Redebereitschaft eng verbunden mit der Herkunft der antragstellenden Person: »The Nigerians will elaborate much more, it's in their character it seems« (Emanuel Grech, I, 06/2013). Nigerianer*innen beschrieb er als »the only people who are capable to speak for two minutes without stopping«. Gleichzeitig schlussfolgerte er damit, dass Menschen anderer Nationalitäten nicht in der Lage seien, über einen längeren Zeitraum zu erzählen: »All the others usually tell you ›There is fighting in my country‹ and they stop« (Emanuel Grech, I, 06/2013).

Amiir erinnerte sich, dass er von dem Interview und der Form sehr verunsichert war und nicht wusste, mit welcher Entscheidung er würde rechnen können. Er hatte mitbekommen, während er noch in Haft war, dass Asylsuchende aus Somaliland durchaus abgelehnt wurden und war sich bewusst, dass es keine Garantie für die Statuserteilung gab. Amiir vermutete, dass es die Mitarbeiter*innen im Statusentscheidungsbüro waren, die die Regeln und Bedingungen der Statusvergabe oft neu auslegten und bestimmten: »You know, always they change the rule. One day people from a specific region get a status and a few days later another person from that region does not get a status because they say it is safe in that place. So you never know« (Amiir, IG, 05/2013).

Für das Asylinterview brauchten die Geflüchteten eine gute »story«, wie es die Mitarbeiterin einer NGO betitelte (Lorenza, I, 07/2015). Die NGO, für die Lorenza tätig war, bot an, den jungen Geflüchteten, die als ›UAM‹ eingeteilt wurden, bei der »preparation« eben dieser zu helfen. Mein Material zeigt, dass eine kohärente Geschichte erzählt werden sollte, bei der auf gewisses Vokabular – wie z. B. Vergewaltigung oder Genozid – verwiesen werden muss, um die Interviewenden von der ›Wahrheit‹ zu überzeugen (vgl. auch Besteman 2016, 90). Diese Vorbereitung des Asylinterviews übernahm ein*e »lawyer« der NGO. Dass die NGO anbot, den jungen Geflüchteten bei der Erarbeitung der »story«, also des Asylnarratives, zu helfen, verweist darauf, dass die vom Leiter des Statusentscheidungsbüros suggerierte Freiheit des »you tell me what you want to tell me« so nicht zutraf. Vielmehr ging es darum, das Narrativ an die Rechtslage anzupassen, es also rechtskategorisch zu denken und zu formulieren – und dies beinhaltete auch, wie das folgende Beispiel zeigt, das Besprechen sehr persönlicher Themen:

»[...] the lawyer they go through their story and then the lawyer will explain what questions are generally asked, ahem, how to structure their story and then they go from one thing to another to prepare them. [...] So for example we have had a minor with an LGBTI case claim. She might be very embarrassed to say that she is gay so it might come out briefly in the interview and if we pick that up before and then we would explain that this case is a refugee case that she needs to mention it is very important don't just brush it off this is your reason for fleeing. So they are going through it and even just by saying the first time helps to say it the second time at the [SEB, L.O.]. So the lawyer together they will go through it well and structure it which is very important, which is not so relevant they will explain, these are the things that they prepare« (Lorenza, I, 07/2015).

Entscheidend für das Asylinterview scheint eine kohärente Struktur des Gesagten gewesen zu sein. Zudem war es nach Lorenzas Einschätzung von großer Bedeutung, dass vor allem die relevanten Punkte angesprochen werden sollten. Problematisch ist hier nicht die Unterstützung der Formulierung eines Narratives, welches ›erfolgversprechend‹ für die jungen Geflüchteten ist. Das Beispiel zeigt vielmehr, dass die Logiken des Asylsystems mit ihren Fixierungen bestimmter Schutzbedürftigkeiten diejenigen, die bereits aufgrund ihrer gesellschaftlichen Verortungen in Kategorien wie z. B. LGBTI, erneut in eine Situation brachten, in der sie offen umgehen mussten mit dem, was sie in anderen Kontexten diskriminierende Erfahrungen machen ließ. Welche Stellen der eigenen Biografie intensiviert werden (mussten), entschied die*der »lawyer« und junge Geflüchtete fanden sich nicht nur in einer Situation wieder, in der sie sich persönlich stark öffnen, sondern auch gängige Bilder ihres ›homophoben‹ Herkunftslandes bedienen mussten (vgl. dazu auch Mai 2014). Nach Mai (2014) müssen Ankommende diese »biographical borders« überwinden, um als ›Gegenleistung‹ einen Aufenthaltsstatus zu bekommen. Hierüber wird in Bezug auf Wissen im Grenzregime Folgendes deutlich: Es sind hier die verwaltenden Akteur*innen, die die Definitionsmacht darüber haben, was sie von den jungen Geflüchteten *wissen* müssen, um entweder ihr Narrativ rechtskategorisch anzupassen oder ihnen einen Schutzstatus zu erteilen. Da das, was erzählt werden muss, sich verändernden Kriterien unterlag, blieben die jungen Geflüchteten in der verunsicherten, verunsichernden und rechtlich tatsächlich unsicheren Position zurück, nicht zu wissen, ob das, was sie *wissen*, als ausreichend verstanden wurde.

Ambivalent ist an dieser Stelle auch, dass die Geflüchteten zu den Expert*innen für ihren individuellen *case* wurden, im Rahmen des in Malta Anwendung findenden *country desk systems* aber Recherchen über die einzelnen Länder, die in selbstdefiniertem Expert*innenwissen der institutionellen Akteur*innen mündeten, durchgeführt wurden. Daraus resultierte eine doppelte Abgrenzung auf behördlicher Seite. Die Verantwortung für den Fall wurde an die jeweils geflüchtete Person abgegeben und die eigene Recherche diente als Absicherung, um die Informationen auf Glaubwürdigkeit überprüfen zu können. Emanuel Grech betonte im Interview die Wichtigkeit der Implementierung des sogenannten *country desk systems*. Dieses System sah vor, dass die Mitarbeiter*innen des Statusentscheidungsbüros im Vorfeld des Interviews Recherchen über das jeweilige Land des/der Geflüchteten durchführen und Informationen, die im Interview als Basis für die Fragen dienen können, gesammelt werden. Da die meisten Menschen, die in Malta ankamen, Somalier*innen waren, können alle Mitarbeiter*innen *Somali cases* bearbeiten, denn »they have got a good knowledge of Somalia« (Emanuel Grech, I, 06/2013). Parallel schrieb er seinem Team mehr Zuverlässigkeit und Glaubwürdigkeit in Abgrenzung zu den Geflüchteten zu, denn »the application that is done by the member of the staff counts more«. Am Beispiel über Emanuel Grechs Ausführungen über Mogadischu, Somalias Hauptstadt, wurde erkennbar, dass er seinen Mitarbeiter*innen mehr Wissen über Mogadischu zuschrieb als den geflüchteten Somalier*innen. Von ihnen wurde verlangt, dass sie identisches Wissen über die Stadt haben, wie die Mitarbeiter*innen im Statusentscheidungsbüro, die Somalia noch nie besucht hatten.

»Because obviously Mogadishu was the place where was the most fighting [...]. [...] but when you ask them questions about Mogadishu, they are not capable of answering as much as they should and then we start noticing that he is not from Mogadishu [...]« (Emanuel Grech, I, 06/2013).

Es wurde hier auch eine we/they Gegenüberstellung vollzogen: »we« wissen und erkennen, dass die gegebenen Informationen Lücken aufweisen und »we« bestimmen auch, wie viel Informationen und Wissen für eine Glaubwürdigkeit vorhanden sein müssen und »they complicate things a little bit«, wenn aus der Perspektive des Leiters des Statusentscheidungsbüros nicht ausreichend berichtet wurde. Somit wurde den Geflüchteten die Schuld für ein vermeintlich zuweilen schleppendes und infolgedessen zeitintensives Interview zugeschoben.

Erkennbar wird hier auch, dass sich die maltesischen Behörden über die Beanspruchung der Macht über das ›richtige‹ Wissen über die Herkunftsländer der Geflüchteten zuschrieben und somit auch ihre machtvollere Position immer wieder festigten. Emanuel Grech unterschied im Interview mehrfach zwischen »us« und »them« und eine solche Differenzierung hat immer auch eine Hierarchisierung inhärent. *Othering* ist hier eng mit Macht und Wissen verbunden: Wird eine Gruppe verandert, so wird gleichzeitig ihre (vermeintliche) Schwäche aufgezeigt. Parallel wird das Selbst als stärker oder besser repräsentiert. Zudem wurde auch kommuniziert, dass es der Leiter des Statusentscheidungsbüros war, der die Macht hatte, über Sicherheit und Unsicherheit zu bestimmen. Mogadischu kannte er als Stadt, in der es Gefechte gibt und gab, die eine Gefahr für die Bewohner*innen darstellen. Somalier*innen hingegen, »being from Sudan or something of Kenya or Ethiopia or he is Somali but living in Puntland, Somaliland or Djibouti or whatever [...] do not necessarily deserve protection« (Emanuel Grech, I, 06/2013). Der Leiter des Statusentscheidungsbüros bestimmte folglich, wem er Schutz zugesteht und bewertete die einzelnen Länder oder Regionen aus seiner Perspektive als sicherer oder unsicherer. »It depends from where« (Emanuel Grech, I, 06/2013) verdeutlichte er im Bezug auf die Statusvergabe und machte deutlich, dass die Statusvergabe zumindest auch von der geografischen Herkunft der Geflüchteten abhing.

Hier wiederum wurde übersehen, dass zahlreiche junge Geflüchtete in ihren eigenen Erzählungen diesen einen ›Herkunftsort‹ nicht definieren konnten, da sie bereits mehrfach, vor allem aufgrund von Konflikten, umziehen mussten. Rückblickend auf die Erzählungen der jungen Geflüchteten stellte es sich vielmehr so dar, dass sie auch an vermeintlich sicheren Orten, wie Somaliland, nicht bleiben konnten. Auch dort hat es gewaltvolle Übergriffe gegeben, die jungen Frauen fürchteten Vergewaltigung und auch strukturelle Exklusionen prägten ihren Alltag. Die Realität der ständigen Bewegung junger Geflüchteter wurde in den auf die ›Herkunft‹ reduzierenden Interviews übersehen. Emanuel Grech konstatierte, dass die

Geflüchteten im Interview die Freiheit haben, zu erzählen, was sie für relevant halten. Aus seiner Aussage, dass die Statusvergabe maßgeblich an den Herkunftsort der antragstellenden Person gebunden ist, resultiert, dass die von ihm suggerierte Freiheit in der Interviewsituation für diejenigen Menschen, die beispielsweise in Somaliland bedroht wurden, nicht vorhanden ist. Wenn sie ihre Herkunft preisgaben, sank die Wahrscheinlichkeit auf einen Schutzstatus, »if he is not from south and central Somalia then we have to see«, sagte Emanuel Grech (I, 06/2013), als ich fragte, ob denn Geflüchtete aus diesen Regionen überhaupt eine Chance auf Anerkennung haben würden. Ob eine Person aus dem Norden Somalias stammt, lasse sich unter anderem über den gesprochenen Dialekt feststellen, wie mir die jungen Geflüchteten berichteten. Das ›einfach Reden‹ konnte also auch zum Verhängnis werden, denn je mehr Redeanteil man beanspruchte, desto höher die Wahrscheinlichkeit, dass ein Dialekt erkannt werden könnte.

Das Friedensverständnis des Leiters des Statusentscheidungsbüros stand folglich dem, was junge Geflüchtete unter Frieden subsummierten, gegenüber: »Where I lived in Somalia before there was not peace. There was not war with the weapons, but no peace. Because people were hungry and there was not enough food. So there was conflict because of the food. That is not peace, I think. Because we did not live a peaceful life« (Amiir, IG, 04/2016). Amiir machte in seiner Erzählung deutlich, dass die Abwesenheit von Frieden einerseits durch die Unsicherheiten, die durch die Anwesenheit und Anwendung von Waffen entstanden, sowie Konflikten um Nahrungsmittel, geprägt war. Seine Vorstellung davon, was Frieden ausmache, kollidierte auch mit der Vorstellung der Heimmitarbeiter*innen, die davon ausgingen, dass Frieden herrsche, wenn es keinen offiziellen Krieg gebe. Sie nutzten dies immer wieder als Begründung, um zu argumentieren, dass sie nicht verstehen würden, warum die jungen Geflüchteten in Malta nicht dankbarer seien. »When they come here they tell us that they came because they want to live somewhere without bombs« sagte mir Eva, »and here in Malta there are no bombs. So why are they still making problems?« (Eva, IG, 06/2013).

Das (willkürliche) Offizielle: »There is a lack of willingness.«

Während in der Unterbringung ein Unterschied gemacht wurde zwischen als ›UAM‹ eingeteilten Geflüchteten und Volljährigen, so traf dies nicht im selben Maße auf das Asylinterview zu: »They might be a bit softer, the case worker, ahem, maybe less aggressive or if they get emotional maybe they give them some time [...] but there is nothing in the structure of the interview that is different to an adult« (Lorenza, I, 07/2015).

Festhalten lässt sich, dass diejenigen Geflüchteten, die sich kein Wissen über das Grenzregime und seine Normalisierungen und Normen angeeignet haben oder aneignen konnten, Gefahr liefen, durch das gesetzte Raster zu fallen. Wer kein ›normaler‹ Somalier* war, wer kein ›normales‹ Kind war, fiel auf und wurde gegebenenfalls genauer befragt. Gleichzeitig wird auch entlang des Formates des ›offenen‹ Asylinterviews in Bezug auf junge, als minderjährig eingestufte Geflüchtete erneut eine Ambivalenz deutlich. Einerseits herrschte die Annahme, dass junge Geflüchtete weniger über Somalia/Somaliland wissen konnten als Erwachsene und die jungen Menschen auch weniger politisch seien; gleichzeitig wurde aber verlangt, möglichst viel zu erzählen und zu reden, wobei das Preisgeben eines recht hohen Wissensschatzes wiederum dazu führen konnte, dass ihre Minderjährigkeit in Frage gestellt wurde und sie als ›Asylmissbrauchstäter*innen‹ verstanden wurden. Um im (maltesischen) Grenzregime ›erfolgreich‹ zu sein, war es notwendig, die administrativen Abläufe möglichst gut zu kennen, einerseits den ›richtigen‹ Inhalt an Informationen zu meistern und andererseits auch das ›richtige‹ Maß an Redeanteil auszuloten, denn die administrativen Flucht_Migrationsgeschichten mussten gewissen Kriterien entsprechen, die von den institutionellen Akteur*innen gesetzt wurden. Im Ergebnis ließ sich eine Situation wiederfinden, die auch von der Willkür des Offiziellen (vgl. Hoffmann 2017, 103) gekennzeichnet war. Es war aber nicht nur die manifestierte Willkür, sondern auch die empfundene Willkür auf Seiten meiner geflüchteten Forschungspartner*innen, die sie immer wieder verunsicherte. Sie konnten sich oft nicht erklären, warum die eine Person ›erfolgreich‹ war, eine andere Person aber abgelehnt wurde. In der Regel erklärten sie sich dieses Phänomen fatalistisch, entweder man hatte Glück oder eben nicht. Zwischen mir und Absimil war Thema, warum Tesfaye *rejected* bekam. Er kam aus Djibouti, aber hatte angegeben, aus Somalia zu kommen. Die Behörden hatten dieses bemerkt und so wurde sein Antrag abgelehnt. Bei anderen aber ging diese Geschichte (relativ problemlos) durch, weshalb meine geflüchteten Forschungspartner*innen immer wieder irritiert und verwundert waren und einfach nicht wussten, warum dieses so war. Neben dem persönlichen Glück sprach Absimil jedoch auch die ›mangelnde‹ Vorbereitung von Tesfaye an, wobei im Vorfeld eines Interviews auch nie ganz klar war, was eigentlich gefragt werde:

Dann erzählte er noch, dass Tesfaye rejected bekommen hat. »I think because he made mistakes in the interview«, meint Absimil. Ich frage ihn, was man denn da für Fehler machen könne. »In the interview they ask questions like ›Do you know this street? How many villages are along this road? Where is the market in that village?‹ And they know the answer because they know from other people of that country or village. So when you tell the wrong number, they know you are lying. But before the interview you don't know what they ask. So you need luck.« (Absimil, IG, 07/2015).

Die (empfundene und materialisierte) Willkür des Offiziellen eröffnete für die maltesischen Institutionen gewisse Möglichkeiten: Indem das System verhältnismäßig undurchsichtig gehalten wurde, war es für die jungen Geflüchteten nahezu unmöglich, ganz sicher zu sein, ob sie die Kriterien erfüllten – Tesfaye wusste vor seinem Interview nämlich nicht, nach was genau denn gefragt werden würde, wenn Nachfragen gestellt werden. Die Institutionen hielten sich im gewissen Rahmen Möglichkeiten offen, nach welchen Kriterien Schutzstatus verliehen werden, welche Kategorisierungen vorgenommen wurden und welche Gütekriterien aktuell zu einer Anerkennung führten. Es ging folglich parallel um Wahrheitsbestimmungen und Umschiffungen.

Eva, die Heimleiterin, machte in ihrer Rolle auch hin und wieder Gebrauch von ihrer (Handlungs-)Macht: Während sie im Frühsommer 2013 eigentlich davon überzeugt war, dass keine weiteren Personen ins Heim ziehen konnten, da sie es für zu voll hielt, war sie dann doch bereit noch Betten aufzustellen, damit weniger junge Menschen in Tal Gebel leben mussten. Auch wenn die Unterbringung im Heim ggf. angenehmer war als in Tal Gebel, konnte die individuelle Agency auch genauso gut gegen die (jungen) Geflüchteten verwendet werden, wie die (gescheiterten) Familienzusammenführungen zeigen. Einige der als ›UAM‹ eingeteilten Geflüchteten forcierten nach Ankunft das Verfahren zur Familienzusammenführung. In diesen Fällen ging es nicht darum, Familien aus Somalia/Somaliland nach Europa zu holen, sondern die jungen Geflüchteten wollten zu Verwandten, die bereits in der EU lebten, ziehen. Lorenza von der NGO berichtete mir im Interview davon, dass sie keinen Fall kenne, in dem die Zusammenführung klappte. Wenn die jungen Geflüchteten diesen Antrag stellten, dann habe dieser keine Priorität bei der Bearbeitung und als ich fragte, welche Gründe es dafür gebe, antwortete mir Lorenza: »No, no, no there is no reason, it is just no interest. [...] They [Sachbearbeiter*innen, L.O.] try but there is a lack of willingness you know, to do it. [...] work gets stuck a lot as well« (Lorenza, I, 07/2015). So würden die Anträge nicht bearbeitet werden, solange die jungen Geflüchteten unter 18 sind. Mit dem Erreichen der Volljährigkeit sind diese Anträge obsolet, da Volljährigen die Zusammenführung nicht zusteht. Anhand des Beispiels der verwehrten Familienzusammenführungen lässt sich ein weiteres Paradoxon erkennen: Während auf der einen Seite immer wieder betont wurde, dass Wege gefunden werden müssten, dass Geflüchtete Malta wieder verließen, da der Inselstaat einerseits zu klein sei und andererseits die Geflüchteten nie in Malta sein wollten und man ihnen mit ›Integration‹ deshalb keinen Gefallen täte, wurde auf der anderen Seite eine Möglichkeit, »to get rid of them« (Lorenza, I, 07/2015) ungenutzt gelassen:

> »Which is very sad and very shameful because it is something being with their family is the best interest and Malta is constantly complaining that we have too many and then one way that they can say get rid of them, I mean in their terms not in my terms, they don't.«

Lorenzas Aussage, dass es einfach einen Mangel an Bereitschaft gab, die Anträge der jungen Geflüchteten zu bearbeiten, unterstreicht die Undurchsichtigkeit im Grenzregime. Es war nicht zu erkennen oder zu verstehen, warum Anträge lange liegen blieben, warum einzelne dann doch bearbeitet wurden, warum Termine kurzfristig angekündigt und dann doch wieder abgesagt wurden. Es war nie ganz klar, wem warum geholfen wurde und wann bürokratische Institutionen wie handeln würden. Oft waren die Entscheidungen und auch das Arbeitstempo abhängig von der Motivation oder der Einstellung einzelner Mitarbeiter*innen. Vor allem das letzte Beispiel mit den verwehrten Familienzusammenführungen hebt auch noch einmal die Bedeutung der Zeitlichkeit und der Zeitkomponente für die jungen Geflüchteten im Grenzregime heraus: Wer 18 wurde, hatte keinen Zugang mehr zu diesen Programmen der Zusammenführung und die individuellen Mitarbeiter*innen hatten die Macht darüber, sich ihre Aufgaben in der Arbeitszeit frei einzuteilen. Während es die einen also eilig hatten, vor ihrem 18. Geburtstag diese Anträge in die Wege zu leiten, hatten die anderen ggf. viel Zeit, diese liegen zu lassen.

(Fehlende) Verantwortlichkeiten, entindividualisierte Macht und (Nicht-)Unterstützung

Im Folgenden werden Facetten von Verantwortung und Nicht-Verantwortung in Malta herausgearbeitet. Für wen und was fühlten sich die Grenzregimeakteur*innen verantwortlich? Wie gestalteten sie ihre Verantwortung und wie kommunizierten sie über diese? Dieses Kapitel diskutiert, auf welchen (kulturalisierten) Annahmen die (Nicht-)Unterstützung durch die institutionellen Akteur*innen basierte und geht der Frage nach, welche Konsequenzen die entindividualisierte sowie teilweise stark individualisierte Macht im Grenzregime für den Alltag der jungen Geflüchteten hatte. Dabei wird herausgearbeitet und aus intersektionaler Perspektive kommentiert, wer wem welche Verantwortlichkeiten zugeschrieben hat und welche Akteur*innen sich welche Verantwortlichkeiten aneigneten, worüber auch wieder die Selbst- und Fremdzuschreibungen aufgegriffen werden. Das Kapitel schließt mit dem Beleuchten von Unterstützungspraktiken der jungen Geflüchteten, die es ihnen zumindest punktuell erlaubten, so die These, das allumfassende Kontrollregime zu verlassen.

Integrationsleistungen und Integration als Unheil: »Are they here out of choice?«

»And […] you can ask the question ›Are they here out of choice?‹ Anything that you are compelled to do is not as nice as if you want to do it. Even a plate of good food does not taste as great if you are compelled to finish it.«

Nina, im Sommer 2015

Die Betrachtung der Verantwortungsdefinitionen von institutionellen Akteur*innen zeigt, dass diese eng gekoppelt waren an Verständnisse von »deservingness« (Sales 2000; Kymlicka 2015; Mügge und van der Haar 2016). Es ging also einerseits um die Idee, dass junge Geflüchtete es ›verdienten‹, Unterstützung zu erfahren und ihnen diese zugestanden wurde und andererseits ging es um eine zu erbringende Integrationsleistung durch die jungen Geflüchteten. Besonders aufschlussreich für die empirische Untermauerung dieser These ist die Betrachtung des Interviews mit Nina, die einen leitenden Posten im Familienministerium innehatte, welches auch die *Care Order* für als ›UAM‹ klassifizierte Geflüchtete ausstellte. In dem Interview, welches ich mit ihr im Juli 2015 führte, ging es viel um die Frage, was in Malta auf politischer und gesellschaftlicher Ebene getan werden könnte, um (junge) Geflüchtete besser ›integrieren‹ zu können, wobei es Nina war, die das Thema der Integration überhaupt erst aufbrachte:

»So when we speak of social inclusion we speak of all vulnerable people and migrants right until they integrate or until they settle a bit, until once the initial trauma is over [...]. But it is important then to start looking in terms of social inclusion. But social integration comes first; it is the first step because integration in itself includes certain legal requirements, certain arrangements whereas social inclusion is more on a personal, individual, social dimension. So integration is step one, social inclusion is step two« (Nina, I, 07/2015).

In dieser Passage wird deutlich, dass Nina migrantische Subjekte als vulnerabel beschrieb, sie dieses Attribut aber nicht exklusiv Flucht_Migrant*innen zuwies, sondern auch hier nicht weiter benannte Individuen vulnerabel sein könnten. Was jedoch Flucht_Migrant*innen scheinbar exklusiv zugeschrieben wird, ist ein »initial trauma«, also ein ›Ursprungstrauma‹. Um dieses zu überwinden, so lässt sich Ninas Aussage deuten, brauche es vor allem Zeit, wodurch der Eindruck entstand, dass sich das ›Problem‹ von alleine löse, wenn eben nur ausreichend Zeit vergehe.

Als *social integration* verstand die Ministeriumsmitarbeiterin in erster Linie rechtliche Fragen, wohingegen in einem zweiten Schritt die soziale Inklusion als Bestandteil einer hier von ihr charakterisierten Zwei-Phasen-Integration stattfinde. Hieraus ergeben sich nun mehrere, für den Alltag junger Geflüchteter, zentrale Fragen: Ist eine *social inclusion* unmöglich, wenn der eigene rechtliche Status, hier ja schließlich als notwendiger erster Schritt beschrieben, ungeklärt ist? Ist soziale Inklusion an die eigene Rechtslage gekoppelt, werden hier über die Frage ›rechtlicher Status erfolgreich erworben?‹ folglich Geflüchtete entlang der Achse ›wert oder nicht-wert der Inklusion‹ erneut klassifiziert? Relevant ist hier auch zu betonen, dass es nicht die jungen Geflüchteten waren, die an der Bestimmung der »legal requirements« beteiligt waren, aber in Ninas Erzählung durchaus zu denjenigen gemacht wurden, die sich einleben müssen – »until they settle a bit« – und die zunächst ihr zugeschriebenes Trauma zu überwinden hatten. Sie müssen folglich erst einmal gewisse Normen erfüllen – sich eingewöhnt haben und traumafrei sein – bevor sie der *social inclusion* würdig sind. Darüber hinaus wird hier der Auftrag der sozialen Inklusion auf Individuen übertragen und die maltesische Regierung scheint hier wenig Einfluss nehmen zu wollen: Dieses drückt sich nicht nur darin aus, dass es in Malta bis 2017 keine *Integration Policy* gab – »[...] migrant integration work is a late bloomer« (Silvio, I, 07/2015) fasste es auch Silvio aus dem Sozialministerium zusammen – sondern wurde auch im Interview mit Andrew Borg deutlich, der die Gesellschaft als Serviceprovider für Geflüchtete verstand: »The government is obliged to provide some services and civil society can provide some other services« (Andrew Borg, I, 06/2013). Während der Staat hier als verpflichtet verstanden wurde, gewisse (basale) Leistungen zu erbringen, kann die Zivilgesellschaft Geflüchteten etwas anbieten, muss sie aber auch nicht. In der Verantwortung der Gesellschaft sah Andrew Borg vordergründig die psychosoziale Betreuung, welche er als »empowerment« für ›UAMs‹ verstand (Andrew Borg, I, 06/2013).

Junge Geflüchtete zu stärken, hatte sich Josette zur Aufgabe gemacht, die ich 2015 kennenlernte. Gemeinsam mit ihrer Freundin Emily versuchte sie, für die als ›UAM‹ eingeteilten, aber in Tal Gebel untergebrachten, jungen Geflüchteten sowohl Kleidung zu besorgen als auch Ausflüge zu gestalten. Ich lernte sie kennen, weil Bilal, der einen sehr engen Kontakt zu ihr hatte, mir ihre Nummer gab und wir uns per WhatsApp verabreden konnten. Sie lud mich nach Tal Gebel ein, wo sie in einem kleinen Garten ein Freizeitprogramm für alleinstehende Mütter organisierte. Ihr Engagement für junge Geflüchtete, die als ›UAM‹ eingeteilt worden waren, wurde von Andrew Borg, der im Interview mit mir noch auf die Möglichkeit zum Engagement verwies, unterbunden:

»The last time I went to LMAO he told me that it has been the last time last week that I can go to Tal Gebel. No more Tal Gebel open centre for you, he shouted. So he forced us to stop with our help. They locked our stuff that we collected and we cannot distribute it now« (Josette, IG, 07/2015).

Über ihre Tätigkeit für junge Geflüchtete gelang es Josette sich mir gegenüber als starke Frau, die sich wenig bieten ließ, zu präsentieren. Sie verstand ihre Auseinandersetzungen mit Andrew Borg und für die Geflüchteten als ›Kampf‹: »We fight really hard for them when they lived in Tal Gebel« (Josette, IG, 07/2015). Josette und ihre Freundin kämpften für die jungen Geflüchteten und Josette war bereit, sich zu qualifizieren, um ihren Tätigkeiten weiter nachgehen zu können. Als ich sie fragte, wie sie sich fühlte, als ihr von LMAO der Zugang zu den Geflüchteten verweigert wurde, antwortete sie mir, ohne auf ihre Gefühle einzugehen, folgendes:

»Now I improve myself and I will go and study social work because they keep telling me that they need people who are more professional. One day they called me that they had a girl in the centre and blood was running down her legs and they didn't know what to do. So I went there and gave her maternity pads. How come they don't know what to do with her as care workers? So yes, they need more professionals« (Josette, IG, 07/2015).

Das Verhalten von Andrew Borg schreckte sie also nicht ab, sondern führte dazu, dass sie sich motiviert sah, sich zu professionalisieren. Dass in 2015 weniger Menschen in Malta ankamen, machte sie persönlich traurig, denn sie habe gerne, so erzählte sie, Zeit mit den jungen Geflüchteten verbracht, aber sie wollte (natürlich) auch nicht, dass sich die Menschen in Gefahr auf dem Mittelmeer begeben oder nach der Ankunft in Malta litten: »In Malta they are really in limbo, I mean really. I am happy for them that they don't come here anymore, but it is sad for me because I like being with them« (Josette, IG, 07/2015). Im Fall von Bilal habe ihr das »being with them« gar einen, wie sie sagte, neuen Sohn beschert: »Bilal he is really a part of my family. I already have one bigger boy and a few younger kids, but he is the missing middle part, really« (Josette, IG, 07/2015).

Ich möchte zu Nina und den von ihr beschriebenen Bedingungen zur Integration zurückkommen. In der folgenden Passage werden durch Nina Zuschreibungen an diverse Akteur*innen auf verschiedenen Ebenen vorgenommen. Ich werde als Unwissende markiert, der sie versuchte, zu erklären, welch eine große Herausforderung die Integration junger Geflüchteter sei, was oft übersehen werde und ihr zu Folge zur Sprache kommen müsse – wofür sie durchaus auch meine Arbeit als geeignet zu halten schien – und die Geflüchteten, die sie als »irregular migrants« bezeichnete, wurden als Integrationswiderwillige, bzw. -verweigerer dargestellt.

»A good number of migrants, at least this is also the impression that I have when I am talking about migrants, now I mean irregular migrants. When they set out on their journey that plan was not to come to Malta. You see. So I think that one has to keep that in mind as well. Is this the place of their dreams or do they still hope to move somewhere else? To the place of their dreams? If that is the case would they go through the bother of trying to integrate here? So if they are resistant, if there is reluctance on their side then ahem it would be even more difficult for the receiving society to help them integrate. So that is also a reality that one should not forget. So was Malta their original destination? Or they just ended up here by chance? Because if you want something and if you have your mind set on something else if I want to go to country A, but I end up in B, so how reluctant would I be?« (Nina, I, 07/2015).

Die Mitarbeiterin hatte, so haben es die Erzählungen meiner jungen geflüchteten Forschungspartner*innen bereits gezeigt, nicht ganz Unrecht damit, wenn sie sagte, dass zahlreiche Ankommende Malta wieder verlassen möchten. Was ich hier für relevant halte ist, dass automatisch davon ausgegangen wurde, dass sie nicht bleiben wollten: Also auch Personen, die ggf. gerne bleiben wollten, wurden als ewig Durchreisende verstanden und vielleicht entwickelte sich bei einigen der Wunsch, in Malta zu bleiben auch erst. Aber die lokalen Bedingungen machten ihnen dieses nicht immer möglich und die vor Ort kreierte Atmosphäre animierte viele erst zur Weiterreise. Filad bestätigte mir meinen Eindruck, als er sagte: »Malta is a beautiful country and I like it here. The weather is good and it is safe. But the racism is too bad, so that is why we have to go« (IG, 07/2015). Vor allem die Metapher des ›Traumes‹ ist in Ninas Aussage interessant. Zunächst fragte ich mich bei der Auswertung, ob sie die Träume meiner Gesprächspartner*innen eigentlich kannte? Oder stellte sie sich lediglich vor, was sie für Träume haben könnten? Sie deutete die Flucht_Migration der jungen Geflüchteten als eine Reise mit dem Ziel ihrer ›Träume‹, welches in ihrer Auffassung nicht Malta gewesen ist, »when they set out on their journey«. Hier wird übersehen, dass (junge) Geflüchtete nicht zwangsläufig ein konkretes geografisches Ziel hatten als sie gingen bzw. gehen mussten. Zudem setzte sie hier die Flucht_Migration mit einer (herkömmlichen) Reise gleich, wenn sie einfach den Begriff »journey« verwendete, was die Gefahren der Flucht_Migration über die Sahara und die Mittelmeerroute neutralisierte und außer Acht ließ.

Gleichwohl wird hier auch eine Spannung deutlich: Bilal beispielsweise (I, 07/2015) beschrieb seinen Weg von Somalia nach Europa mit den folgenden Worten: »That was an amazing journey, but it hurt a lot, a lot«. Auch er machte also Gebrauch von dem Begriff der Reise, beschrieb sie gar als faszinierend und begeisternd. In den Erzählungen der jungen Geflüchteten stolperte ich immer wieder über diese Verwendungen doch recht positiv besetzter Begriffe, wenn sie über ihren Weg nach Europa erzählten. Ich war zwar durchaus auch davon irritiert, hatte ich doch die reine ›horror story‹ im Kopf, wenn ich über den Weg meiner jungen geflüchteten Forschungspartner*innen nach Europa nachdachte. Ich musste also lernen und akzeptieren, dass es scheinbar auch Momente gab, die sich tatsächlich wie eine (schöne) Reise anfühlten und musste aushalten, dass sie in ihren Erzählungen eben auch davon berichteten, weil es ihnen wichtig war. An Ninas Aussagen störte ich mich dennoch: Ich empfand es als euphemistisch, dass sie ausschließlich von »journey« sprach und überhaupt nicht auf die Gräueltaten, die auf der Flucht eben auch mehrheitlich erlebt wurden, einging. Es war also für mich ein Unterschied, wer aus welcher

Position und mit welchen eigenen Erlebnissen bestimmte Begriffe verwendete.

Mit der hier deutlich werdenden Zuschreibung, dass ein Anlanden in Malta nicht der »dream« gewesen sei, konstruierte sie den Inselstaat gleichzeitig als »hub« (vgl. Bernardie-Tahir und Schmoll 2014) und Transitland. Diese Konstruktion diente immer wieder auch als Begründung nicht-integrativer Maßnahmen. Denn Integrationshilfen würden die jungen Geflüchteten sowieso nicht annehmen, es war in den Augen einiger institutioneller Akteur*innen gewissermaßen folglich verschenkte Liebesmüh einen Integrationsversuch zu beginnen. Die Verantwortung der Nicht-Integration wird hier auf der Seite der jungen Geflüchteten verortet, wodurch die maltesische Gesellschaft und Regierung gewissermaßen in der Integrationsverantwortung ›aus dem Schneider‹ waren. Ambivalent ist hier auch Ninas Verständnis von Kontrolle in der Flucht_Migration: Während junge Geflüchtete nach ihren Vorstellungen einen Plan hatten, den sie qua Migration umsetzen wollten, ist das Ankommen in Malta ein »end up«, ein unfreiwilliges Anlanden, über das sie keine Kontrolle mehr hatten. Obwohl nach dem Ankommen in Malta das EUropäische ›Flüchtlingssubjekt‹ überhaupt erst geschaffen wurde und diese Praktik mit einem hohen Maß an individuellem Kontrollverlust einherging – Fingerabdrücke wurden gespeichert, die Dublin-Verordnung griff und ›UAMs‹ erhielten keine Reisedokumente – vermittelte Nina hier den Eindruck, als könnten sie nach dem Ankommen die volle Kontrolle zurückgewinnen und wieder ihren ›Traum‹ verfolgen – und deshalb auch Malta verlassen.

›Integration‹ kann hier nicht nur als die bereits erwähnte ›verschenkte Liebesmüh‹ und damit Ressourcenverschwendung gedeutet werden, sondern auch als Hindernis an der Umsetzung des eigenen ›Traumes‹. Wer integriert wird, der gehe ja vielleicht nicht mehr und kann auch den Traumort nicht mehr erreichen. Sollte Malta zum ›place of their dreams‹ avancieren, würde dies im Umkehrschluss auch bedeuten, dass die Menschen bleiben, Teil der maltesischen Gesellschaft und des sozialen Systems werden würden. Dieses erlaubt die folgende Interpretation: Über den vermeintlichen Wunsch, einen ›Traumort‹ zu erreichen und das Erreichen des eigenen Wunsches den jungen Geflüchteten nicht durch Integration verunmöglichen zu wollen, wird durch die Hintertür die ›maltesische Kultur‹, die immer wieder als fix, vulnerabel und einmalig bezeichnet wurde, geschützt. Hier wird der Vorwand, Geflüchtete schützen zu wollen, ihnen keinen Stein in den Weg legen zu wollen, genutzt, um eigene Ziele zu erreichen (vgl. Otto, Nimführ und Bieler 2019). Silvio sah genau dieses auch als Argument gegen eine *Integration Policy*:

»I would say that for a good part of the last ten to fifteen years the thinking was that migrants come, they stay a bit, hopefully they stay not too long and then they go and we will live like we used to live before. [...] the hope is that they go out [...] and the country is preserved like it always was. [...] And therefore there was no investment at all in integration. [...] When some work started to happen, it was mostly preparation for the migrants to leave« (Silvio, I, 07/2015).

Dieses wurde auch im Gespräch zwischen mir und Andrew Borg deutlich, der darauf verwies, dass Integration in Form des in Malta-Bleibens gar Leid für die jungen Geflüchteten darstellen könne, aber gleichzeitig darauf verwies, dass diese zum Scheitern verurteilte Integration eine Ressourcenverschwendung sei und damit den Integrationsdiskurs aus einer ökonomisierten Perspektive betrachtete: »Integration would be a harm for the people because they do not want to be here. So integration would be a waste of time and money« (Andrew Borg, IG, 07/2015). Wenn die von ihm als »these people« betitelten Menschen, also Geflüchtete in Malta, tatsächlich ihm gegenüber von Situationen, in denen sie Leid erfuhren, berichteten, stießen sie jedoch auf Ignoranz. Als Absimil mir von dem »biggest, biggest boss« erzählte, dem er eine Liste mit den Mängeln im Heim vorlegte und sich nichts tat, bezog er sich auch auf Andrew Borg, der damals in dieser mächtigen Position war. Das Argument des zu schützenden Geflüchteten wurde von den institutionellen Akteur*innen immer wieder verwendet um das eigene und das gouvernementale Verhalten zu legitimieren.

Zurückkommen möchte ich auf die Verbindung des hervorgebrachten Traumas in der Zusammenwirkung mit Integrations(un)möglichkeiten. Nina konstatierte, wie bereits erwähnt, dass Geflüchtete ein »initial trauma« hätten, welches Zeit bräuchte, um überwunden zu werden. Die Heimleiterin Eva hingegen stritt in einem Gespräch mit mir ab, dass junge Geflüchtete traumatisiert seien. Ich vertrat eine andere Haltung und schlug gar vor »eine Traumatherapie zu organisieren«, womit ich (ungewollt) die jungen Geflüchteten auch als potenziell traumatisiert homogenisierte und durchaus den gängigen Sprech des humanitaristischen Apparats bediente, in dem ›Trauma‹ austauschbar und nahezu willkürlich auf alle Ankommenden übertragen wird (vgl. Guilhot 2012). Schauen wir uns das Gespräch an, das sich im Heim 2013 ereignete, nachdem es zu Streitigkeiten zwischen einigen Mitarbeiter*innen und einzelnen jungen Geflüchteten kam. Eva wirkte auf mich in dieser Situation hilflos und erschöpft, aber auch frustriert, wenig sensibel und wütend:

Laura: »And did you ever think about to organize a trauma therapy? Because what I know about their stories I would guess that they are traumatized even though I am not a psychologist at all.«

Eva: »No, no I don't believe in trauma. You know what I think is that they say ›I had problems in Somalia and in Libya and that they experienced so many bad things.‹ But why are they still acting like stupid boys? Because what do they want? Here are no bombs, here is peace and that is what they wanted. Why aren't they thankful? [...] And I think they use trauma as an excuse to justify their behaviour. It is not trauma, for me, trauma does not exist, it is something, you know, what they invent. Nobody has to throw spaghetti, nobody has to throw eggs against the wall. It is not because of their trauma, that is what they learned in Somalia.«

In meinem Forschungstagebuch notierte ich, dass ich das Gespräch kaum habe aushalten können und das Heim wütend und traurig zugleich verlassen habe (TB, 06/2013). Diese Passage verdeutlicht, dass Eva von den jungen Geflüchteten eine Dankbarkeit erwartete und zwar dafür, dass in Malta die Abwesenheit von Krieg vorherrschte. Ihr Verhalten deutete sie als für »stupid boys« typisches Verhalten, während sie gleichzeitig konstatierte, dass die jungen Geflüchteten dieses Verhalten in Somalia gelernt hätten. Ferner ist sie auch hier diejenige, die die Deutungsmacht darüber hatte, welche Lebensumstände Aufstand/Widerstand und dieses daraus hervorgehende Verhalten legitimierten. Friede, im Sinne der Abwesenheit von Waffen, sei schließlich genug, das sei alles was sie wollten, mit der Situation in Malta und im Heim durften die jungen Geflüchteten folglich gar nicht unzufrieden sein. Einerseits wird hier, darauf gehe ich im Folgenden noch detaillierter ein, die ›Kultur‹ der Bewohner*innen als Erklärung für ihr Verhalten genutzt. Dieses Beispiel zeigt aber auch noch etwas Anderes. Eva schien eine klare Vorstellung davon zu haben, was jungen Geflüchteten geboten werden müsse, damit sie sich ruhig verhalten. Sie hatte eine klare Vorstellung von dem, was ausreichend für sie sei. Mit ihrem Verhalten des Eier- und Spaghettiwerfens irritierten die jungen Geflüchteten jedoch diese Auffassungen von Eva – was nicht dazu führte, dass sie ihre Vorstellungen von ›ausreichend‹ hinterfragte, sondern eben das Verhalten der Bewohner*innen mit einem in Somalia/Somaliland erlernten ›Fehlverhalten‹ gleichsetzte und somit nach wie vor für sich eine definitorische Macht aufrechterhielt.

Ich habe als Deutende den Eindruck, dass die Mitarbeiter*innen, stellvertretend hier Eva, die ›andere Kultur‹ der Bewohner*innen als Erklärungsmuster nutzten, wenn sie in ihrer Tätigkeit verzweifelt waren und realisierten, dass sie den (entscheidenden) Einfluss auf die Bewohner*innen und deren Verhalten verloren hatten. Schuld an diesem Kontrollverlust waren dann nicht die Mitarbeitenden, sondern die ›andere‹ Kultur, die die jungen Geflüchteten ›mitbrachten‹ und welche die Arbeit mit ihnen so schwierig mache. Die Mitarbeiter*innen im Heim markierten die jungen Geflüchteten aber auch immer wieder entlang ›Race‹, um eine Nichtzugehörigkeit aufrechtzuerhalten. So rief beispielsweise *care worker* Bernard, der sah, dass ich eine Sonnencreme mit an den Strand nahm, uns hinterher: »Are they afraid to get more black?« (TB, 06/2013). Yabaal berichtete mir an einem anderen Tag, dass er Bernard nicht möge, weil er »racist« sei. Ich fragte nach, worin sich das äußere und Yabaal schilderte mir ein Gespräch zwischen den beiden: »I did not like blacks before. But now I work here, that is ok. But like is still not the right word«, habe Bernard in dem Gespräch geäußert (Yabaal, IG, 06/2013).

Während in einigen Situationen ›Race‹ und die dieser Kategorie zugeschriebenen Vorstellungen in der Abwertung der Bewohner*innen wirkmächtig wurden, wurde in anderen Situationen die vermeintlich ›andere‹ und ›eingeschriebene Kultur‹ der jungen Geflüchteten als Argument genutzt, warum es schwierig sei, mit ihnen zu arbeiten und warum es aufgrund dessen, was sie ›zu Hause‹ gelernt hätten, kompliziert sei, sie überhaupt zu integrieren. Diese Zuschreibungen, Veranderungen und Abwertungen lassen mich schlussfolgern, dass im maltesischen Grenzregime Kulturrassismus (vgl. Balibar und Wallerstein 1992) und Rassismus ineinandergriffen. »Wenn der Begriff der Kultur dazu dient, Ausgrenzungen und Ungleichbehandlung zu legitimieren, haben wir es potenziell mit einer Variante des Rassismus zu tun«, schreiben auch Mecheril und Claus Melter (2010). Charakteristisch für den Kulturrassismus ist, dass nach Balibar eine Naturalisierung der Kultur vorausgesetzt wird. Bezeichnend für diese Form von Rassismus ist es, dass ›die Kultur‹ als unveränderbar und somit in einem Status des Stillstands verortet wird, die sich jeglicher Veränderung und Veränderbarkeit entzieht. Balibar prägte in diesem Sinne den Begriff Neo-Rassismus, auch Kulturrassismus genannt, eine Form des Rassismus »dessen vorherrschendes Thema nicht mehr die biologische Vererbung, sondern die Unaufhebbarkeit der kulturellen Differenzen ist« (Balibar 1990, 28; zit. n. Mecheril und Melter 2010, 152). Zu negieren ist aber nicht, dass parallel zu diesen auf der angenommenen kulturellen Unveränderbarkeit der jungen Geflüchteten, nach wie vor auch noch »körperliche Merkmale als Bedeutungsträger [funktionieren], als Zeichen [...] der Differenz« (Hall 1989, 913). Folglich wird nicht mehr nur entlang biologischer oder körperlicher Merkmale unterschieden, sondern es wird auf die ›Verschiedenheit‹ von Lebensweisen und Traditionen verwiesen, wie das folgende Zitat von einem *social worker*, der einen Nachmittag im Frühling 2013 ein Fußballspiel organisierte, verdeutlicht: »They [care workers und Heimleitung, L.O.] are not used to African culture. So work is very hard with them« (Hunter, IG, 04/2013).

Die ›somalische Kultur‹ – die manchmal auch mit einer imaginierten allgemeinen ›afrikanischen Kultur‹ gleichgesetzt wurde – wurde von den institutionellen Akteur*innen wiederholt als Integrationshindernis gesehen und als Argument benutzt, warum die Arbeit mit den jungen Geflüchteten für Malteser*innen so schwierig sei. Hier zeigt sich eine klare Ambivalenz für die jungen Geflüchteten. Im Familienministerium im Interview mit Nina und Louise wurde mir gesagt, dass das Jung-Sein der jungen Geflüchteten sie nicht nur abenteuerlustiger machen würde – »[...] when you are young, you are more adventurous« (Nina, I, 07/2015) war die Auffassung – und deshalb mehr junge Menschen migrieren würden, sondern sie auch besser für Integrationsmaßnahmen geeignet seien, da sie aufgrund ihres Jung-Seins, im Vergleich zu älteren Geflüchteten, schließlich mit einem höheren Maß an Flexibilität ausgestattet seien. Während jungen Menschen Flexibilität und eine gewisse Anpassungsfähigkeit einerseits attestiert wurden, wurde andererseits gleichzeitig angenommen, dass die jungen Geflüchteten aufgrund ihrer ›anderen Kultur‹ nicht integrierbar seien, da diese eben nicht veränderbar sei. Das folgende Beispiel macht diese Zuschreibungen noch einmal deutlich, zeigt aber auch auf, dass *care worker* Angelica die EU nicht in der Verantwortung sah, den ankommenden jungen Geflüchteten eine Unterkunft und weitere Maßnahmen der Grundversorgung zu stellen. Es ging also nicht nur um lokale, sondern auch supranationale Verantwortung:

Von den care workers erfahre ich, dass sich für morgen eine EU-Kommission angekündigt hat, die sich das Heim ansehen möchte. Eva holt mich in ihr Büro und berichtet auch davon. [...]. Sie will, dass heute die Computer auf Vordermann gebracht werden, damit die Leute von der Kommission denken, dass alle von der EU geförderten Programme auch benutzbar seien. Gemeinsam mit care worker Angelica gehe ich in den PC-Raum und wir versuchen, die Programme zu installieren. Ich bin sowieso unbegabt mit Technik und stelle mich extra blöd an. Ich habe

keine Lust, die PCs zu reparieren, damit die Mitarbeiter*innen keinen Ärger bekommen. Im Gegenteil: Die Kommission soll sehen, welche Missstände hier herrschen. Die Jugendlichen dürfen den PC-Raum nicht betreten, während wir beide
drinnen an den Computern rumbasteln. Sie fangen an, vor der Tür laut zu werden.
[...] Angelica geht raus und sagt ihnen, dass sie nicht so laut sein sollen. Sie kommt
wieder rein und sofort geht der Protest weiter. Ich kann die Jugendlichen verstehen, schließlich ist es ihre Zeit mit mir im PC-Raum, die nun für die Instandset-
zung drauf geht; wenn ich abwesend bin, dürfen sie die Computer ja nicht nutzen.
Ich gehe raus, schließe die Tür hinter mir. Ich erkläre ihnen, dass sie sich bitte
noch kurz gedulden sollen und ich heute Abend länger bleiben werde. Elais sagt:
»We respect you, but not Angelica.« Sie sprechen kurz auf Somali miteinander und
gehen. Ich nutze noch kurz die Gelegenheit mit Angelica zu sprechen und frage
sie, wer denn eigentlich das [Heim, L.O.] finanziert. Der PC-Raum, die Bücher,
Fernseher und Sofas wurden von EU-Geldern bezahlt, das Essen bezahlt Malta.
Sie sagt: »If I were the EU, I would not give one Euro for them« (TB, 05/2013).

Diese Situation zeigt auch auf, dass es einen Gegenentwurf zu dem, wie die
jungen Geflüchteten im Heim behandelt wurden, bzw. sich behandelt fühlten, geben könnte. Ein respektvoller Umgang, den sie mir attestierten,
schien für Befriedung im Heim zu sorgen und zu einem angenehmeren
Miteinander zu führen. Als ich das erklärende Gespräch mit ihnen gesucht
hatte, entspannte sich die Situation. Erklärungen von den Heimmitarbeiter*innen bekamen die Bewohner*innen nur sehr selten.

   Das Ereignis zwischen Angelica und den Bewohner*innen wurde im
Anschluss an die Szene auch noch zum Thema im Büro der Heimleiterin.
Eva fragte, was los gewesen sei, da sie mitbekommen hatte, dass es auf
dem Flur laut gewesen war. Mir wurde in diesem Zuge erklärt, dass es
typisch für die Bewohner* sei, dass sie Frauen respektlos behandelten;
»that's what they learn in Somalia« (Eva, IG, 05/2013) war erneut die Erklärung für das Verhalten der jungen, männlichen* Geflüchteten. Auffällig
ist sowohl an dieser, als auch an der Situation, in der es um das Trauma
ging, dass sich in den Zuschreibungen wiederholt auf Kategorien bezogen
wurde: auf Frauen, auf die Herkunft, auf Geschlecht, auf die ›andere Kultur‹. Wenn ich mir jedoch die Szene vor dem PC-Raum genauer ansehe,
dann hatte ich nicht das Gefühl, dass ›die‹ Bewohner* grundsätzlich Frauen
schlecht behandelten: Ich selbst identifiziere mich als Frau und gehe davon
aus, dass die Bewohner* dies auch taten; Verwendungen von Begriffen für
mich wie »girl« oder auch »sister« lassen mich diese Annahme treffen. Ich
hatte in dieser Situation eher den Eindruck, dass die Bewohner* sich unge-
recht behandelt fühlten und mit Respektlosigkeit konterten. Ich hatte wiederholt die Impression, dass es um ein ›wie du mir, so ich dir‹-Verhalten in

beide Richtungen – also wechselseitig zwischen jungen Geflüchteten und Mitarbeiter*innen – ging.

Die *care worker*, die qua Beschreibung des Aufgabenfeldes für die Betreuung der Bewohner*innen eingestellt wurde, machte mir in unserem Gespräch ferner deutlich, dass sie nicht davon überzeugt war, dass die EU Geld für das Heim und die jungen Geflüchteten ausgeben sollte – scheinbar hatten sie es in ihren Augen nicht verdient, dass EU-Gelder für sie ausgegeben wurden, wodurch sie sie erneut als unverdienend markierte. Während andere institutionelle Akteur*innen die Verantwortung von Verteilungs- und Versorgungsfragen klar bei der EU sahen und die EUisierung des Grenzregimes auch als Grund verstanden, dass maltesische Behörden weniger Verantwortung für Geflüchtete haben, zeigt das Gespräch mit Angelica, dass sie noch nicht einmal die Instanz der EU in der Verantwortung sah. Nicht nur wurden die jungen Geflüchteten in Bezug auf Ressourcen als unwürdig gesehen, sondern mir wurde gleichsam untersagt, mit ihnen Mitleid haben zu dürfen. Als ich in der ganzen Debatte um die Benutzung der Computer anregte, dass es doch besser sei, wenn die Bewohner*innen diese mehr nutzen würden und ich es schade fand, dass sie diese nun gar nicht nutzen konnten, weil zahlreiche beschädigt waren, sagte Eva mir: »Don't feel sorry for them. They can go somewhere else for internet« (Eva, IG, 05/2013).

Warum beschreibe ich diese Szenen in meinem Kapitel, das sich mit ›Integration‹ auseinandersetzt? Als zentrale Faktoren des Ankommens und des ›Sich-Integrierens‹ in Malta wurde eindeutig definiert, dass junge Geflüchtete die Sprache lernen, traumafrei sein und möglichst viel Kontakt zur *local community* aufbauen und pflegen sollten. Nun wurde aber gezeigt, dass diese Grundsätze von denjenigen, die offiziell mit der Umsetzung von ›Integration‹ und Ankommen betraut waren, nicht per se Anwendung fanden. Nicht nur wurde mir nahegelegt, kein Mitleid mit den jungen Geflüchteten zu haben, auch andere Personen, die sich für die Verbesserung der Lage für ›UAMs‹ einsetzen wollten, wurden ausgebremst. Josette durfte als Ehrenamtliche nicht mehr nach Tal Gebel; Antonia, für NGO1 tätig, berichtete, dass Personen zwar Spenden überwiesen oder auch Sachspenden abgaben, aber unbedingt anonym bleiben wollten, da sie fürchteten, von Freunden und Familie ausgeschlossen oder zumindest mit ihrer Unterstützung konfrontiert zu werden – und auch dann blieb offen, ob die Spenden denn die intendierten Empfänger*innen überhaupt erreichten. Tahliil berichtete mir, dass durchaus immer wieder größere Mengen an

Kleidung im Heim abgegeben wurden, aber diese eben nicht den Weg zu den Bewohner*innen fanden:

»The clothes are a big problem. There is a room full with boxes. Clothes people give for the children. But Eva and Sultana they don't give nothing. They keep. The children ask for it, but they say no, we don't give you. [...] Some children helped as well [to carry the clothes upstairs, L.O.]. They opened the boxes upstairs and Sultana said: ›What do you do?‹ The kids said that they take clothes. [...] she said no [...] So since last September, [...] they never gave clothes« (Tahliil, IG, 07/2015).

Dieses Wissen über die Spenden und ihre Nicht-Aushändigung intensivierte den Konflikt im Heim. Eva berichtete davon, dass sie Schlaftabletten nehmen müsse, weil die Tätigkeit als Heimleiterin sie einerseits stresse und physisch sowie psychisch belaste, sie aber auch unter dem sozialen Druck leide, denn ihr Ehemann habe kein Verständnis für sie und ihre Tätigkeit und habe ihr wiederholt gesagt, dass sie aufhören solle, sich um »migrants« zu kümmern (vgl. auch die Analysen von Becker 2001 zu ähnlichen Dynamiken). Wenn sie mir sagt »[d]on't feel sorry for them« lässt sich dieses einerseits so lesen, dass sie davon ausgeht, dass die jungen Geflüchteten kein Mitleid bräuchten oder verdienten, aber vielleicht hat sie auch resigniert, da sie für ihr Helfen-Wollen auch Abwertung und Kritik erfahren hat und mich mit meinem Wunsch, dass Verbesserung herbeigeführt würde, gegebenenfalls davor bewahren wollte, zu scheitern. Ich fand also eine Situation vor, in der Menschen, die potenziell bereit waren,' ›zu helfen‹, äußerten, anonym bleiben zu wollen und denjenigen, die zumindest bereit waren, Diskussionen über Flucht_Migration mit ihrem Umfeld oder auch mit Behördenmitarbeiter*innen hinzunehmen, die Zugänge zu Geflüchteten verwehrt wurden. Es entstand für die jungen Geflüchteten ein Zustand, in dem es nahezu unmöglich wurde, eine nahe Beziehung zur *local community* – einem der Gütekriterien der ›erfolgreichen Integration‹ – zu erreichen.

Immer wieder wurden die jungen Geflüchteten als die ›Anderen‹ repräsentiert, als die Nicht-Integrierbaren, als die kulturell und biologisch Devianten. Im Ergebnis entsteht eine Situation, in der die Bürde des »failure not to fit« (Crawley und Skleparis 2018) den jungen Geflüchteten zugeschrieben wurde. Ihr junges Alter mache sie einerseits flexibel, aber aufgrund der zugeschriebenen ›Sturm-und-Drang-Phase‹ auch schwieriger im Umgang. Gepaart mit der ›unveränderbaren‹ Kultur, die sie angeblich mitbrachten, der ihnen verstetigten Zuschreibung einer Respektlosigkeit gegenüber Frauen und Autoritätspersonen wurden sie in ihrem Verhalten fixiert und als Subjekte aufgefasst, deren ›Integration‹ unmöglich sei. Im Gespräch mit einem Mitarbeiter der NGO3 wurde noch einmal pointiert, dass es schließlich die Geflüchteten seien, die sich nicht auf die Integration einlassen würden: »Integration needs two players, but one is missing here« (Mario, IG, 07/2015).

Alle diese hier dargestellten und analysierten Beispiele deuten auf ein Paradoxon der Integration hin. Einerseits wurde immer wieder konstatiert, dass (junge) Geflüchtete in Malta einfach *nicht passen* würden, andererseits wurde verlangt, dass sie sich *anpassen* sollten. Im Ergebnis stehen die jungen Geflüchteten dann als die ewigen Fremden dar (vgl. von Grönheim 2018, 361). Die spezifische Wirkungsweise der Konstruktion des ewigen Fremden lässt sich hier wie folgt zusammenfassen: Einerseits lässt sich eine Zuschreibung der Integrationsverweigerung und der Integrationsunmöglichkeit ausmachen, während die Geflüchteten gleichzeitig als Subjekte angerufen wurden, die sich ›integrieren‹ sollten, die ›maltesische Kultur‹ annehmen und die ›eigene Kultur‹ ablegen sollten.

EUisierung der Verantwortung: »It is not really my decisions, it is EU politics.«

Im Juli 2015 hatte ich einen Termin bei der NGO3, einer NGO, die sich ursprünglich gründete, um Malteser*innen bei der Ausreise zu unterstützen. Lange war Malta ›klassisches‹ Emigrationsland und die Auswandernden wurden von dieser NGO bei Planung und Umsetzung ihres Wegganges unterstützt. Im Zuge der gestiegenen Einwanderung nach Malta und der abnehmenden Auswanderung, wurde diese NGO jedoch zunehmend mit Fragen aus dem Bereich des Ankommens und der Verwaltung von Geflüchteten betraut. Vor Ort wurden beispielsweise die Dokumente der Geflüchteten gesammelt und immer, wenn meine Gesprächspartner*innen ihren Ausweis verlängern wollten oder Fragen zu ihrem Aufenthalt hatten, hieß es: »I have to go father«. ›Father‹ verwendeten sie deshalb, da die meisten der Mitarbeiter* Geistliche waren. Ein Gespräch mit einem Ehrenamtlichen, welches ich vor Ort zufällig führte, da er mich nach dem offiziellen Gespräch mit dem leitenden *father*, also dem Pater, fragte, ob ich nicht noch Lust hätte, mit ihm zu sprechen, lässt mich über das Verhältnis von EU und lokaler Verantwortung gegenüber Geflüchteten nachdenken und bietet hier deshalb den Einstieg für die Passage zur EUisierung der Verantwortung.

Der Ehrenamtliche, Mario, war, so schätzte ich ihn ein, Mitte siebzig und er erzählte mir, dass er seit über 25 Jahren für NGO3 aktiv sei.

»In the 1970s and 1990s«, so erinnerte er sich, »there was less racism in Malta. And during that time we had people coming here from Uganda and elsewhere. They were also black. But we tried to help them, to welcome them. But now we are part of the EU. And now Maltese say migrants are not our responsibility. The EU can take care of them, that is what people think now. We have become more racist in that sense« (Mario, IG, 07/2015).

Was in der Aussage von Mario anklingt ist, dass die EU-weite Verrechtlichung der ›Flüchtlingssubjekte‹ – Dublin-Verordnung und EURODAC stellen nur einen Teil davon dar – einen negativen Einfluss auf die Bereitschaft zu zivilgesellschaftlichem Engagement zu haben scheint. Die offenbar in den 1970er Jahren entstandene ›empfundene Pflicht‹ der Unterstützung Geflüchteter aus Uganda scheint auf Bootsankommende aus Subsahara-Afrika seit EU-Beitritt nicht mehr zuzutreffen. Stattdessen wurde sich nun vermehrt auf die Flüchtlingsbetreuung als supranationale Aufgabe fokussiert. Dieses führte zu neuen Enttäuschungen bei lokalen Akteur*innen, da sie sich von der EU im Stich gelassen fühlten. Nicht selten hörte ich in den Interviews und Gesprächen, dass die EU Malta alleine lasse, die EU und ihre Organisationen die Aufgabe der ›Grenzsicherung‹ mangelhaft umsetzten, weshalb die maltesische Regierung, die Institutionen sowie die Bevölkerung in der Konsequenz mit der Aufnahme Geflüchteter überfordert seien. Das Engagement der Menschen vor Ort verschob sich in eine ganz andere Richtung. Selbstjustiz schien die Antwort auf empfundenes supranationales Versagen zu sein. Peter, ein Busfahrer, den ich gelegentlich für Ausflüge mit den Bewohner*innen engagierte, berichtete, dass er Freunde hatte, die überlegten, mit Booten aufs Meer zu fahren »to shoot the migrants. Because they think that the EU should take care of that. But the EU just brings them here. So they think that killing them solves the problem« (Peter, IG, 05/2013).

Über dieses durchaus extreme Beispiel möchte ich auf die Frage nach der Verantwortung für junge Geflüchtete im Heim zurückkommen und dabei gleichzeitig ein Spannungsfeld aufzeigen: Während Jason, wie wir anhand des folgenden Abschnittes sehen werden, als Mitarbeiter* von LMAO die Verantwortung für die Behandlung der jungen Geflüchteten von sich wegschob und auf die EU verwies, schienen sich Peters Freunde als verantwortlich für Europäisch-maltesischen Grenzschutz zu verstehen. Geht es folglich um den Schutz der Geflüchteten, ist die EU verantwortlich, geht es aber um den Schutz des vermeintlich ›Eigenen‹, sind es die Malteser*innen.

Ende Juni 2013 traf ich im Heim das erste Mal auf Jason Magri, einen von zwei Heimmanagern und daher ebenfalls LMAO-Mitarbeiter. In der Hierarchie von LMAO befand er sich eine Stufe über Eva. Ich lernte ihn in einer Stresssituation kennen. Er hat den jungen Geflüchteten mitgeteilt, dass sie nach Tal Gebel ziehen müssen, was für sie überraschend war, wurde doch der Umzug im Vorfeld kaum angekündigt. Auch ich war über diesen Umzug nicht informiert worden und war sehr erstaunt, dass kaum jemand im Heim war, um mit mir, wie geplant, an den Strand zu fahren. Die Bewohner*innen wurden auch nur einen Tag vorher informiert und aufgefordert, so berichteten sie es mir, ihre Sachen zu packen und, dass der Umbau sicherlich drei Wochen dauern würde. »We are afraid that they use it as an excuse and that we will never return to [Heim]« (Binti, IG, 07/2013) formulierte es Binti mir gegenüber. Mit dem Umzug der jungen Geflüchteten nach Tal Gebel veränderten sich auch meine Möglichkeiten des Zugangs zu ihnen, war Tal Gebel doch bei weitem deutlich restriktiver als das Heim. Am Tag nach dem erzwungenen Auszug besuchte ich sie vor Ort:

Ich besuche die anderen im Tal Gebel Hanger. Security ist nicht da, also können wir ohne Probleme rein gehen. Acht Menschen leben in einem Container. Es gibt vier Stockbetten pro Container, es ist sauber. Es gibt dort aber sonst irgendwie nichts, keinen Laden, kein Internet, keinen Fernseher. Jeder hat einen winzigen Locker um persönliche Gegenstände wegzuschließen. Alles müssen sie sich nun selber kaufen, von 32 Euro pro Woche. Manchmal warten sie 2 Stunden auf den Bus, um in die nächste Stadt zu fahren. Auf dem trostlosen Betonboden von Tal Gebel stehen Mülleimer. Die Badezimmer und die Duschen sind nicht besonders sauber. Ich nehme wahr, dass sie es dort überhaupt nicht mögen. Die Mädchen sind woanders, im Tal Gebel for ladies, wie man mir erklärte. Ich gehe über die Straße und stelle mich dort vor. Doch reingelassen werde ich nicht, also kommen sie raus in den Garten, wo wir uns treffen durften. Es sei langweilig, laut und dreckig und auch sie können sich nicht vorstellen, jetzt hier für drei Wochen zu bleiben.

Als ich am Tag der Durchführung des Umzugs im Heim ankam, kehrten Kadiye und Boqol bereits wieder aus Tal Gebel zurück und verweigerten einen Aufenthalt dort. Die Stimmung war angespannt, alle hatten ihre Stimmen erhoben und Jason versuchte, auf die beiden einzureden. Sie hörten ihm aber nicht zu und sprachen ausschließlich Somali, was wiederum Jason nicht verstand. Es war das erste Mal, dass ich einen meiner männlichen*, geflüchteten Forschungspartner* weinen sah. Kadiyes Tränen tropften auf den Boden und als ich versuchte, herauszufinden, was denn das größte Problem an dem Umzug sei, sagte er mir, dass sie die 32 Euro Versorgungsgeld im Gegenteil zu den anderen jungen Geflüchteten nicht bekommen hätten und nicht wüssten, wie sie nun bei der Hitze bis Montag ohne Wasser und Essen auskommen sollten.

Als die Situation eskalierte und die beiden Bewohner* den Raum verließen, nutzte ich die Gelegenheit, um mit Jason über LMAO und ihren Umgang mit als minderjährig eingestuften Geflüchteten zu sprechen. Auch Jason sah sich, ähnlich wie LMAO-Direktor Andrew Borg, nicht als verantwortlich und auch nicht in der Position für die Entscheidungen, die getroffen wurden, wenn es um die Unterbringung und Behandlung von ›UAMs‹ ging: »It is not really my decisions, you know, it is EU politics. What can I do? They make the decisions« (Jason, IG, 06/2013). Damit setzte er, im Kontrast zu Andrew Borg, der die Verantwortlichkeit bei der maltesischen Regierung sah, die Verantwortung auf die europäische Meta-ebene, ›entmaltesierte‹ sie und schaffte so eine Distanz im Entscheidungs-system. Sowohl Jason als auch Andrew Borg entindividualisierten diese machtvollen Entscheidungen. Einmal war es die EU, die als verantwortlich gesehen wurde, einmal die maltesische Regierung – aber jeweils nicht sie selbst in ihren recht machtvollen leitenden Positionen bei LMAO. Im Gesprächsverlauf holte ich jedoch die Verantwortung, zumindest was den Umgang mit den Jugendlichen betrifft, in den LMAO-Kontext zurück, da ich mich nicht mit seiner Antwort abfinden wollte. Etwas provozierend konstatierte ich: »Yes, might be, but the way your employees speak to the children is not determined in EU law. I did not read about an EU law which says that children have to be in detention, I did not read about a law which says« that care workers have to act racist« (TB, 06/2013). Jason reagierte auf mich und antwortete:

»And yes, you are right, Malta is not the right place for immigrants, especially for children. The society is racist, we have racism everywhere. Even within our agency, yes. But also the government, the new and the old one both, they have racist attitudes. But the only changes can be from bottom up, not top down. So I don't know if you are familiar with these terms but what I mean is that first society has to change. It will take years before they will change, if they will ever do so. […] In Malta the refugees suffer from the system. But I cannot do anything, I am not in that position« (Jason, IG, 06/2013).

Dieses Zitat verdeutlicht, dass er sich nicht die Macht und die Möglichkeiten zuschrieb, das rassistische Verhalten seiner Mitarbeiter*innen, noch
das im LMAO-Management oder gar in der Regierung, zu beeinflussen. In
Malta haben sich rassistische Praxen institutionalisiert, denn »institutioneller Rassismus zeigt sich in Gesetzen, Erlassen und der Praxis der
Mitarbeiter/innen von [...] staatlichen und privaten Institutionen und Organisationen« (Mecheril und Melter 2010, 154). Gleichzeitig betonte Jason,
dass eine antirassistische Haltung sich nur dann durchsetzen könne, wenn
sich die Gesellschaft ändere. Er verstand die *care worker*, die ich ihm gegenüber für ihr rassistisches Verhalten kritisierte, als Teil der Gesellschaft in
deren rassistischer Grundhaltung sie gefangen zu sein schienen. Jason sah
es nicht in seiner Verantwortung, auch, wenn er zumindest in der Position
war, rassistisches Verhalten von Mitarbeiter*innen gegenüber den Bewohner*innen zu sanktionieren und zu verurteilen. Am Ende unseres Gesprächs betonte er erneut seine Ohnmacht im System und nahm LMAO
als ausführende Institution von Regierungsentscheidungen wiederholt für
die als ›UAM‹-Eingeteilten aus der Verantwortung heraus: »[...] I do not
have any solution for you. It is all about politics. LMAO is not really here
to care for them, we are part of the government you know, and it is all
about politics« (TB, 06/2013). Die deutlich werdende Spannung, die sich
hier auftat, ist, dass Personen wie Jason manchmal tatsächlich recht ›ohn-
mächtig‹ waren, aber in anderen Situationen eben auch nicht sein mussten,
es ggf. aber sein wollten. Die Fremd- und Selbstpositionierung der institutionellen Akteur*innen in der ›Ohnmächtigkeit‹ oszillierte und war stark
kontingent. Dieses »it is all about politics« wird auch noch einmal in der
Betrachtung der Namensänderung von LMAO deutlich, welche, zumindest
lässt dies meine Interpretation zu, noch einmal das Unbemühen einer Integrationspolitik deutlich werden lässt. »Ich erfahre, dass LMAO vorher
LMAOI hieß und Integration im Namen stand, denn es war die Organiza-
tion of Integration« (TB, 05/2013). Eva und Bernard nahmen Bezug
darauf und kritisierten im Gespräch mit mir, dass das ›I‹ gestrichen wurde,
und sie nun den Eindruck hatten, dass ›Integration‹ kein Ziel ihrer Arbeit
mehr sei.

Service für Geflüchtete?

Im folgenden Abschnitt möchte ich mich auf das »serve migrants« beziehen, welches in den Interviews mit den nicht-geflüchteten Akteur*innen

immer wieder betont wurde. Stets wurde darauf verwiesen, dass die Geflüchteten in Malta einen *service* erhalten würden und gleichzeitig wurde in den Interviews mit den institutionellen Grenzregimeakteur*innen immer wieder unterstrichen, dass die Institutionen entschieden bemüht seien, den *service* zu verbessern. Die Mitarbeiter*innen, die ich dazu interviewte, schienen sich selbst als Dienstleister*innen wahrzunehmen. Im Interview mit Nina vom Familienministerium wurde deutlich, dass die Geflüchteten keinen anderen *service* bekommen würden, als andere ›Bedürftige‹; unterdessen wurde immer wieder betont, dass die Arbeit mit jungen Geflüchteten aber viel komplexer sei als mit anderen als bedürftig klassifizierten Menschen, da erstere ja gravierende »special needs« aufgrund ihrer Herkunft und ihrer Flucht_Migrationserfahrung hätten. Obgleich Konsens zu herrschen schien, dass Geflüchtete andere Bedürfnisse haben könnten, wurden sie im »mainstream service« betreut und angesiedelt; nach dem Motto ›one size fits all‹. Das wiederholte Betonen dessen, dass Geflüchtete keine Sonder- oder Andersbehandlung erfuhren, legt den Anschein nahe, dass man nicht den Gedanken erwecken wollte, dass Geflüchtete gegebenenfalls ›besser‹ behandelt werden könnten als Malteser*innen in prekären Lebenssituationen. Während »special needs« zugeschrieben wurden, kam es nicht zu einer Situation, in der diese auch behördlich adressiert wurden. NGOs aber nutzen die Repräsentation von Leid junger Geflüchteter, um eigene Kampagnen zu bewerben. So fand ich 2013 in den Räumlichkeiten einer NGO einen Flyer, auf dem Deeqo abgebildet war:

Auf dem Foto sitzt er auf einem Hochbett, sieht müde aus und befindet sich in der *detention* von Kirkop. Ich nahm den Flyer mit und zeigte ihn Deeqo, fragend, ob er mit dem Foto einverstanden war. Er war es nicht und wusste gar nicht, wofür dieses benutzt werden sollte. Ambivalent ist hier, dass einige der maltesischen NGOs offenbar versuchten, über ›das Leid der Kinder‹ Aufmerksamkeit für ihre Arbeit zu generieren, welche in den meisten Fällen jedoch nicht denjenigen, mit denen sie warben, zu Gute kam. Als ich 2015 bei Lorenza nachhakte, wie die Situation in den Heimen derzeit sei und ob die NGO vorbeischaute um zu überprüfen, wie es den Bewohner*innen gehe, gab sie mir zu verstehen, dass sie nur ein Monitoring durchführen würden, wenn sich ›UAMs‹ bei ihnen beschwerten. Da aber niemand komme, gehe man davon aus, dass alles in Ordnung sei. Damit schrieb sie als Sozialarbeiterin einer NGO den jungen Geflüchteten ein Stück weit zu, dass sie für die Änderung der Verhältnisse in Malta in gewissem Maße selbst zuständig waren und sie sollten kommen, wobei die

Gespräche mit den jungen Geflüchteten zeigten, dass sie gar nicht darüber informiert waren, dass sie sich bei NGOs auch Hilfe holen könnten. Absimil wusste zwar, dass es NGOs gibt und beschwerte sich auch bei NGO1 über die Zustände im Heim, machte jedoch seine ganz eigene Erfahrung mit diesem Versuch:

»Me, I go NGO1 and I tell them that the home is too bad. Dirty and broken. She listened, asked my name. Then a few days later and I was called to come LMAO. They told me to stop complaining. And that was threatening. So she told them, I think, about my visit« (Absimil, IG, 07/2015).

Lorenza war aber nicht nur überzeugt davon, dass die jungen Geflüchteten kommen sollten, wenn es Probleme gab. Sie verneinte eine Überprüfung der Heime durch die NGO1 auch, »because they have social workers and the care workers in the houses. We follow much more adults who are in the large centres who have not enough care« (Lorenza, I, 07/2015). Lorenza kommunizierte mir gegenüber nicht von den Konflikten zwischen Betreuenden und jungen Geflüchteten, die ich wahrnahm und die den jungen Geflüchteten nicht das Gefühl gaben, im Heim gut betreut zu werden. Sie hatten zu den Mitarbeiter*innen keine Vertrauensbasis aufbauen können und wandten sich mit ihren Problemen selten an sie. *Cultural mediator* Tahliil betonte mir gegenüber, dass es einen Zustand des ›no help‹ im Heim geben würde und die Bewohner*innen aufgegeben hätten, um Hilfe zu fragen. »In Malta it is up to the kids. No help, the only thing they get is a ›No‹. [...] The kids never tell Eva or Sultana about their problems, nothing. They keep it all inside. [...] The kids stopped asking. They are always disappointed« (Tahliil, IG, 07/2015).

Antonia, die im Rahmen ihrer NGO-Tätigkeit regelmäßig Geflüchtete in Haft besuchte, erzählte mir, dass eigentlich nie diejenigen zu ihr kommen würden, die als ›UAM‹ eingeteilt waren und noch sehr jung auf sie wirkten. »Nobody ever said anything to me«, sagte sie mir im Gespräch (I, 07/2015). Ignoriert haben sowohl Lorenza als auch Antonia, dass es vor allem für junge Geflüchtete sehr schwierig ist, ältere Personen um Hilfe zu fragen. In Somalia zum Beispiel, so klärte mich Absimil auf, sei es unhöflich, Ältere direkt anzusprechen: »You cannot simply go one old person and start talking. That is not kind« (Absimil, IG, 07/2015).

Verantwortungszuweisungen

Im Heim war es die Verantwortung der Sozialarbeiter*innen, die Jugendlichen in einer Schule und im Sportverein anzumelden, sowie bei der Arbeitssuche zu helfen. Im Gespräch mit Eva und Bernard wurde jedoch deutlich, dass sie von Sultana enttäuscht waren. Sie stellten fest, dass sie den Jugendlichen keine Hilfe war, aber sie übernahmen diesen Part auch nicht. Stattdessen haben sie sich anscheinend »auf einen gemeinsamen Feind geeinigt, damit sie selber keine Verantwortung für die Probleme übernehmen müssen« (TB, 06/2013), wie ich notierte. Immer wieder war *social worker* Sultana Gesprächsthema, da vor allem Eva sich als Leiterin durch ihre Passivität alleine gelassen fühlte.

Eva und Bernard lästern beide in meiner Gegenwart über Sultana. Dass sie die Bewohner anlügt, ihnen falsche Versprechen macht und keine gute Sozialarbeiterin ist, war im Prinzip der Kern ihrer Aussagen. »She makes all the problems. So she does not talk to them she makes big problems. I cannot even work in the same room.« Und Bernard stimmt ein: »Yes 11th July there is a meeting and I will tell them that they have to find a new social worker.« Weiterhin wird mir gesagt, dass die care worker sehr enttäuscht sind, weil nie Männer kommen, sondern immer nur Frauen, es aber besser wäre, wenn auch Männer da arbeiten würden; »Sultana does nothing, she only sits all the day. She does not work. Before there was a man. Everybody went to school. These children they made us very proud. Today, one of the residents even studies engineering here. That were happy times. But last October she started. Now only problems. She is not good. The other one, he talked to them, he understood them, but she no. Nothing« (TB, 06/2013).

Stolz machte die Mitarbeiter*innen der Erfolg der jungen Geflüchteten und es wurde gewissermaßen ein Bild des funktionierenden ›Vorzeigeflüchtlings‹ geschaffen. Auffällig ist hier, dass die »Schuld«, dass die Bewohner*innen nicht in die Schule gehen, Sultana zugeschrieben wurde. Eva und Bernard attestierten ihr weiter, dass sie nicht ausreichend hart arbeite und ihr Vorgänger deutlich besser gewesen sei. Unterdessen suggerierten die beiden hier auch, dass die Arbeit mit jungen Geflüchteten unter anderem auch ›Männersache‹ sei. Hier kommt es nicht nur zur persönlichen Abwertung von Sultana sondern auch zu einer vergeschlechtlichten Rollenbeschreibung, die nicht nur Sultana betrifft, sondern auch implizit den Geflüchteten zuschreibt, dass sie sich ›besser‹ benehmen würden, wenn sie von Männern betreut werden.

Es waren aber nicht nur Situationen unter und zwischen den Mitarbeiter*innen, in denen sich zeigte, dass versucht wurde, eindeutige Schuld-

und Verantwortungszuweisungen zu treffen. Während es wiederholt vorkam, dass die Verantwortung EUisiert wurde, kam es in spezifischen Situationen auch immer wieder zur konkreten Personifizierung eben dieser. Während Hannah von Grönheim (2018) zeigt, dass ihre geflüchteten Gesprächspartner*innen vorwiegend das ›System‹ der Asylvergabe in Deutschland verurteilten, wenn sie mit Problemen konfrontiert wurden, wird in dieser Studie hingegen sichtbar, dass sowohl institutionelle Akteur*innen als auch die jungen Geflüchteten durchaus konkrete Personen beschuldigten und kritisierten.

»When I asked Sultana for school she tells me that I have to go myself and apply. But it is her obligation to go with me but she refuses. So I don't need to go by myself because there are only Maltese working there and they will not talk to me because they don't want me in the school« (Absimil, IG, 07/2015).

Auch Yasir, der, während er noch als ›UAM‹ eingeteilt war, im Maria Sanctus Krankenhaus einen Termin aufgrund seiner verletzten, schmerzenden und nicht einwandfrei funktionierenden Hand hatte, sah die Schuld dafür, dass er nie einen Operationstermin bekommen hatte, ebenfalls bei Sultana. Im Heim wurde nach seinem Auszug für ihn ein Brief vom Krankenhaus zugestellt, den er hätte beantworten müssen. Wir fanden dieses gemeinsam heraus, als wir uns beim *Red Cross* erkundigten, welche Möglichkeiten es für ihn sowohl in Bezug auf medizinische Versorgung als auch auf finanzielle Unterstützung gebe. Yasir bat mich, mit ihm dort hin zu gehen, da er in Sorge war, alleine nicht alles verstehen zu können. Die Mitarbeiter*innen des *Red Cross* riefen im Krankenhaus an und erfuhren dort, dass der Brief doch ins Heim geschickt wurde. Ich merkte, wie ich wütend wurde: Warum hat Sultana Yasir nicht aufgesucht, um ihm den Brief zu geben? Es ist einfach, ihn ausfindig zu machen, da er so gut vernetzt war. Immer, wenn ich ihn treffen wollte und nicht finden konnte, wusste spätestens jemand in Balbi in einer der unzähligen Bars darüber Bescheid, wo ich ihn würde finden können. Nach dem *Red Cross* Termin sagte Yasir mir, dass er Sultana hasse, weil sie ihm den Termin nicht kommuniziert hatte: »Always she does not care what happens to us«, lautete seine Diagnose ihrer Einstellung zu den jungen Geflüchteten. Ich vermutete, dass sie einfach keine extra Arbeit haben wollte und aufgrund seiner formellem Volljährigkeit ja auch nicht mehr offiziell für ihn zuständig war.

So lässt sich basierend auf der Empirie dieser Forschung folgendes erkennen: Einerseits war es so, dass sich die widerständigen Praktiken der jungen Geflüchteten gegen Strukturen richteten, andererseits aber auch gegen konkrete Individuen. Sie klagten auf der einen Seite über bestehende Regeln und Strukturen, wie die Dublin-Verordnung oder das Reiseverbot für ›UAMs‹, über die intransparenten Verfahren im Umgang mit ihnen und machten dafür das ›System‹ verantwortlich. Mit Foucault gedacht, ist die automatisierte und entindividualisierte Macht so bedeutend, weil es folglich »wenig Bedeutung [hat], wer die Macht ausübt. Beinahe jedes Individuum kann die Maschine in Gang setzen« (Foucault 2008 [1975], 906f.). Auf der anderen Seite fand aber auch immer wieder die konkrete Kritik an bestimmten Individuen in ihrer Position statt: so wurde Sultana beispielsweise als die nicht-helfende Sozialarbeiterin kritisiert, Eva als schlechte Heimleiterin und einige Behördenmitarbeiter*innen wurden direkt von den jungen Geflüchteten auf, zumindest aus ihrer Perspektive, ihr Fehlverhalten angesprochen.

Die Betrachtung der Verantwortlichkeiten hat gezeigt, dass die institutionellen Grenzregimeakteur*innen ihre eigenen Handlungen vor Regeln, Gesetzen und Aufgabenverteilungen im System rechtfertigten. Immer wieder wurde auf EU-Recht verwiesen, welches an die Stelle von eigener Verantwortung trat. Es herrschte folglich eine Dynamik die zu einer ›Entmaltesierung‹ der Verantwortung führte. Zudem wurde deutlich, in welcher Beziehung die Akteur*innen zueinander standen. In der Regel waren diese von Misstrauen und gegenseitigen Schuldzuweisungen geprägt, ich konnte eine ›früher war alles besser‹ Haltung wahrnehmen, schließlich gingen junge Geflüchtete zur Schule und benahmen sich, als der männliche Sozialarbeiter noch zugegen war, besser und außerdem war ›Integration‹ fester Bestandteil von LMAO. Auch hat dieses Kapitel Aufschluss darüber gegeben, dass vor allem die Mitarbeiter*innen im Heim von ihrem Arbeitgeber enttäuscht waren. Das ist im Sinne der Expert*innendefinition (Meuser und Nagel 1989 und 2009) wichtig zu reflektieren, denn ihr Umfeld und die (prekären) Arbeitsbedingungen prägten ihre Aussagen und ihr Verhalten gegenüber den jungen Geflüchteten. Für die jungen Geflüchteten entstand im Ergebnis eine Situation, die sich wohl am besten als ›Vakuum der Verantwortung‹ beschreiben lässt. Sie wurden mit ihren Bedürfnissen von einem zum anderen geschickt und kaum jemand fühlte sich wirklich für sie zuständig; vor allem nicht mehr, nachdem sie formell 18 wurden. Es zeichnete sich vielmehr eine Situation ab, in der einzelne institutionelle Akteur*innen sehr viel Macht und Agency hatten und diese auch ausübten – nicht unbedingt im Interesse der jungen Geflüchteten – und in anderen Situationen wollten die gleichen Akteur*innen nichts mit der Situation von jungen Geflüchteten zu tun haben. Dass die Lage für die jungen Geflüchteten negativ war, wurde entweder auf die Verantwortung der Geflüchteten geschoben, oder auf Kolleg*innen, andere Organisationen oder auf die EU. Bei den jungen Geflüchteten entstand der Eindruck, dass sie den sie Betreuenden im Prinzip egal seien, was Yasir (IG, 07/20115) formulierte: »In Malta they tell you, you are a minor and we look after you, but really they don't care.«

Teilungs- und Unterstützungspraktiken der jungen Geflüchteten: »We share life.«

Dass sich die jungen Geflüchteten in diesem Verantwortungsvakuum befanden, führte nicht dazu, dass sie es unversucht ließen, mittels eigener Wege ihre Lage zu verändern – vielmehr übernahmen sie Verantwortung für einander und lernten, wie sie selbst sagten, »to share the life«. Der nun folgende Abschnitt zeigt auf, wie die jungen Geflüchteten auf diese Umstände der verweigerten Unterstützung und Zugänge reagierten: Wie nahmen sie die Situationen wahr und welchen Umgang haben sie damit gefunden? Wer hat wen unterstützt und welche Selbstkategorisierungen haben sie dabei vorgenommen?

Wiederholt wurde mir deutlich gemacht, dass die Art, wie sich die jungen Geflüchteten in Malta verhielten, ein ›maltesisches‹ Phänomen für sie sei: In Somalia und Somaliland würden sie beispielsweise nicht in WGs zusammenwohnen, sie würden auch nicht nach den gleichen Regeln Geld und Ressourcen teilen. Amiir erzählte, dass die Bedingungen in Malta dazu führten, dass sie die in diesem Kapitel analysierten und beschriebenen Teilungspraktiken erst im Inselstaat lernten, oder auch entwickelten: »What we do here is Malta style. Because in Somalia we would not live with five boys in one flat. We learned that from here. We learned to share the life« (Amiir, IG, 04/2016). Ich nahm wahr, dass sich meine Gesprächspartner*innen an die Umstände, auf die sie in Malta trafen, anpassten und Wege des Umgangs damit suchten. In Selbstmitleid ertränkten sie sich nicht und auch aufgegeben hatten sie sich und andere nicht.

Das »share the life« verstehe ich als Deutende als Überlebensstrategie im Grenzregime. Durch Bündelung sparten sie Ressourcen: Während der eine die Wohnung sauber machte und einkaufen ging, waren andere bei der Arbeit. Das verdiente Geld wurde anteilig in eine WG-Kasse eingezahlt, woraus sie Lebensmittel – meistens Zwiebeln, Kartoffeln, Pasta, Thunfisch in der Dose und passierte Tomaten – kauften und welche im Schrank gelagert wurden. Immer, wenn ich zu Besuch in der WG war, war ich von ihrem Gewürzregal beeindruckt. In Balbi haben sie alle Zutaten gefunden, die für das Herstellen der somalischen Gewürzmischung Xawaash notwendig war: Vor allem Kardamom und Zimt lagen ständig in der Luft. Zur Grundausstattung gehörten ebenfalls schwarzer Tee und Zucker. Diese Praktiken des Lebensmittel- und Aufgabenteilens fanden in der Anerkennung statt, dass sie nicht alle die gleichen finanziellen Ressourcen zur Verfügung hatten; dass nicht jede*r einen Job hatte, verstanden sie in den meisten Fällen nicht als individuelle Schuld des Einzelnen, sondern begründeten die Arbeitslosigkeit mit dem Rassismusproblem der maltesischen Arbeitgeber*. Diejenigen, die Geld verdienten, finanzierten andere gewissermaßen mit und verstanden ihr Einkommen als Gut, das sie teilten. Filad fasste zusammen: »When you have, you give. Not saving and getting richer and richer, that is not how we do it« (Filad, IG, 04/2016). Auch ich als gewissermaßen ›Fremde‹ wurde Teil dieses Systems. Als ich mich einmischte und sagte, dass ich gerne den Einkauf zahlen würde – ich war mit Yasir und Geelo in einen kleinen Laden an der Ecke gegangen, um für ein gemeinsames Abendessen Gemüse und Reis einzukaufen – hat Yasir darauf bestanden, dass er zahlt und ich mein Geld behalten sollte: »When I have, I give, when you have, you give. That's it« (Yasir, IG, 07/2015), lautete die Formel dazu. In dieser Situation hatte ich weniger den Eindruck, dass es ihm als jungem Mann darum ging, mich als Frau einzuladen, sondern es wirkte eher so, als wäre ich über die Zeit ein Teil dieses Netzwerks aus Geben und Nehmen geworden. Gleichzeitig fühlte ich mich verantwortlich dafür in Zukunft, wenn er gerade keine finanziellen Mittel zur Verfügung haben sollte, einzuspringen, denn ihr System schien nur so zu funktionieren. Dass ich mich darin einbinden lasse, war für mich schwierig, da ich schließlich wusste, dass ich nach meinem Erhebungsaufenthalt wieder gehe und vermutlich nicht vor Ort sein werde, um in das System zurückzugeben, wenn ich gebraucht werde. Gleichzeitig aber wollte ich seine Gastfreundschaft auch nicht unterminieren und auf ein Teilen der Ausgaben bestehen. Also lies ich es einfach geschehen. Es ging aber nicht nur um das Teilen und das gemeinschaftliche Akkumulieren von Geld. Einen großen Teil der gegenseitigen Unterstützung machten andere Handlungen aus. So wurde beispielsweise ein Fahrservice installiert, der logistisch das Problem des unzuverlässigen öffentlichen Nahverkehrs in Malta löste: »When Filad works until midnight, Geelo takes the car and drives him home. Because the public transport is bad and we don't want him to walk so far after the long shift« (Amiir, IG, 04/2016).

Vor allem das Bilden von Wohngemeinschaften nach dem erzwungenen Auszug aus staatlichen *open centres*, wie dem Heim für ›UAMs‹, führte dazu, dass diese WGs die Orte wurden, an denen sich gegenseitig unterstützt wurde, es waren aber auch die Orte, an denen Informationen ausgetauscht wurden, aus denen auch jede*r für sich selbst das Beste machte, oder die Situation des Sich-gegenseitig-helfen-Müssens auch nutzte, um sich selbst aufzuwerten. Amiir war besonders aktiv. Ständig klingelte sein Handy, Leute fragten um Rat, um Übersetzung, um Begleitung zu Behörden und manchmal auch um finanzielle Hilfe. In der Regel ging Amiir auch auf die an ihn kommunizierten Bedürfnisse und Wünsche ein und versuchte, den Anrufenden zu helfen. Er fuhr dafür teilweise quer über die Insel und wieder zurück, machte zahlreiche Telefonate und nutzte beispielsweise auch seine Mittagspause, um diesen Aktivitäten nachzugehen: »Because also to talk to my Maltese colleagues does not make sense. Because all they want you to do is work hard. But they do not want to be friends with you« (Amiir, IG, 04/2016). Amiir hat für sich eine gewisse Abneigung seitens seiner maltesischen Kollegen* erkannt und hat entschieden, seine freie Zeit effizienter zu nutzen. Sein komplexes Selbst- und Fremdmanagement trug dazu bei, dass er ein großes Netzwerk aufbaute. Gleichzeitig aber präsentierte sich Amiir mir gegenüber darüber als hilfsbereit, gut organisiert und eben ›normal‹, waren es doch schließlich in der Regel Ausnahmesituation, zu denen er gerufen wurde. Am Eindrücklichsten wurde dieses deutlich, als Amiir zu einem versuchten Mord gerufen wurde: Ein Ehemann hatte versucht, seine Frau mit einer Flasche zu erstechen, die Frau war schwer verletzt, als Amiir eintraf. Vor Ort übernahm er die Rolle des Übersetzers zwischen der Polizei und den an der Tat beteiligten Personen.

Die Wohngemeinschaften, in denen ich während meiner Forschungszeit anwesend war, sind keineswegs als regelfrei zu verstehen. Im Gegenteil, es hat klare Aufgabenverteilungen, z. B. in Form von Putzplänen, gegeben. Diese dienten meiner Deutung nach in erster Linie dazu, Ordnung und gewisse Sicherheiten herzustellen, sie schafften Verlässlichkeit, Verbindlichkeiten und waren fester Teil der Aufgabenteilung, die ich immer wieder beobachten konnte. Einen weiteren Zweck, den die Wohngemeinschaften erfüllten, war, dass sich die jungen Geflüchteten weniger alleine fühlten. Ein Gefühl, dass für sie ihrer eigenen Einschätzung nach auch recht neu war:

»In Somalia you are never alone. I cannot be alone. So when everybody else is away I go another flat in this house. And that is why the ladies come here tonight. They don't like to be alone. We are always where other people are. Then we feel better« (Amiir, IG, 04/2016).

Zu dem »I cannot be alone« gehörte es auch, sich gegenseitig zu stützen, wenn sie in emotionale Schieflagen gerieten. So erinnerte sich Roodo, wie die anderen Bewohner der WG ihn trösteten, als er auf Facebook gesehen hatte, dass seine ältere Schwester bei der Geburt ihres Kindes verstorben war: »Three days I did not go out I was very very sad. But the others they take care of me« (Roodo, IG, 04/2016). Die hier gedeuteten Beispiele sollen aber nicht den Eindruck erwecken, dass das Offen-miteinander-Reden, eigene vulnerable Facetten zeigen oder auch das Fragen nach Unterstützung grenzenlos und bedingungslos war. Es gab Informationen, die auch nicht geteilt wurden. Als Elais 2016 unter der Lähmung einer Gesichtshälfte litt, hat er den anderen in der WG erzählt, dass er im Fußballtraining einen Ball ungünstig auf das Auge bekommen hätte. Mir erzählte er jedoch, dass im Krankenhaus eine schwere Entzündung des Trigeminusnervs diagnostiziert wurde und nicht klar sei, ob sich die Lähmung jemals wieder ganz auflösen würde. Ich vermute, dass er den anderen nicht davon erzählte, da er sich vor ihnen schützen, sich nicht als schwach darstellen und auch keine Hilfe oder gar Mitleid haben wollte. In diesen Situationen ist mir als Forschende und Deutende eines ganz bewusst geworden: Nicht selten hatte ich die Annahme, dass sie einander bestimmt bedingungslos helfen würden, ich hatte ein scheinbar romantisiertes Bild der ›Geflüchtetencommunity‹. Die Forschungszeit zeigte aber, dass dieses (zumindest in Teilen) meine Projektion, gesprochen aus der relativ abgesicherten Position der *weißen* Frau, war. Auch wenn es deutlich wurde, dass das Netzwerken und das entstandene Netzwerk in Malta halfen, zu überleben und die aufkommenden Hürden im Grenzregime gewissermaßen mit eigener und kollektiver Agency zu navigieren, wurde deutlich, dass letzten Endes jede*r für sich selbst Erfolg haben musste.

Die WGs waren verstetigter Übergangszustand zwischen Verpflichtung und Solidarität, zwischen Familienersatz und Ausgangspunkt für das eigene Weiterkommen. Das Bündeln hat sicherlich Geld, Kraft und Zeit gespart. Diese Formen der Arbeitsteilung und des Teilens konnte ich auch schon während meiner Zeit im Heim erkennen: Dort befanden sich die jungen

Geflüchteten gewissermaßen in einer Situation des gezwungenen Teilens, schöpften aber auch daraus Kraft, da sie auf kurzen Wegen und ohne viel Aufwand relevante Informationen teilen konnten. Es war keineswegs so, dass die Unterbringung im recht strikt kontrollierten Heim dazu führte, dass die jungen Geflüchteten die Situation einfach ertrugen: Vielmehr zeigt die Heimunterbringung, dass es eben auch gewisse Strukturen – wie Kontrolle und Restriktion – sind, die überhaupt erst gewisse Formen von Agency entstehen ließen. Es wurde bereits dort begonnen, Zeit und materielle Ressourcen recht effizient zu nutzen: »Im Heim kocht Binti oft für viele mit und sie scheint sich wirklich um alle zu kümmern. Sabiye bestätigt mir diesen Eindruck und sagt, dass Abdul und Elais auch so sind, eben vernünftig und sich kümmernd« (TB, 05/2013). Um trotz der Schließ- und Öffnungszeiten die berufstätigen Bewohner*innen mit Essen versorgen zu können, hat Binti Portionen im Kühlschrank kalt gestellt oder heimlich mit auf das Zimmer genommen, um es am Abend noch zu verteilen. Es war nicht so, dass sie die anderen Bewohner*innen mit ihrer Familie gleichsetzte, sondern sie verwies über den Bezug zu ihrer Familie auf ihre Fähigkeit, für eine größere Gruppe kochen zu können.

Bewohner*innen unterstützten sich auch bei der gegenseitigen Ausreise aus Malta, wie es die Betrachtung einer Erzählung von Sabiye, der im Frühsommer 2013 versuchte Malta zu verlassen, zeigt:

> Es ist 13 Uhr und pünktlich treffe ich Sabiye an der blauen Tür und wir beschließen, in einen Park in der Nähe zu gehen. Sein Ausreiseversuch war gescheitert und er hatte sich bei Facebook gemeldet, weil er darüber reden wollte. Er schilderte mir, wie der Tag ablief. Als er ganz früh morgens aufgestanden war, hat er den Sicherheitsmitarbeitern gesagt, dass er heute Probearbeiten für einen Job habe, für den er so früh aus dem Haus müsse. Sie haben ihn rausgelassen, und Geelo hat dann seine Tasche [sie hatten es so vereinbart, L.O.] mit seinen Klamotten aus dem Fenster geworfen (TB, 06/2013).

Für einander Essen zuzubereiten oder auch bei der geplanten Ausreise zu unterstützen, waren nur zwei Formen der gegenseitigen Unterstützung. Besonders auffällig an dem gegenseitigen Aushelfen ist, dass es sich häufig um Unterstützung handelte, um die gegebenen Kontrollinstanzen – wie Schließzeiten der Küche oder wachsame *securities* – zu umgehen. Das folgende Beispiel, es fokussiert den Tausch von SIM-Karten, macht noch einmal ausdrücklich klar, dass die entwickelten Hilfsformen durchaus als Wege zu verstehen sind, bestimmten Kontrollen und Restriktionen zu entkommen. Da der PC-Raum, wie bereits geschildert, sehr strengen Regeln in Bezug auf die Nutzung unterlag, waren internetfähige Handys eine weitere Möglichkeit, abseits des Computerraums per Skype oder Facebook mit ihrem Netzwerk Kontakt zu halten. Im März 2013 notierte ich dazu in meinem Tagebuch:»Es fasziniert mich, wie hier SIM-Karten hin und her getauscht werden. Diejenigen, die noch Minuten oder Daten frei haben, stellen die anderen zur Verfügung und dann scheint es ein nahezu endloses Getausche zu werden.«

Über diese Tätigkeiten der Versorgung anderer wurden auch Zuschreibungen vorgenommen: Binti, Abdul und Elais galten als Respektspersonen, als ›Erwachsene‹, als Mitbewohner*innen, an die man sich in schwierigen Lagen wenden konnte. Ich nahm in den Erzählungen derjenigen, die von der Organisiertheit und der Hilfe einiger junger Geflüchteter profitierten durchaus ein gewisses Maß an Bewunderung und Dankbarkeit wahr. Es war keineswegs so, dass sich die jungen Geflüchteten als heroische Personen inszenierten, die glaubten, alles alleine zu können. Gleichzeitig aber barg dieses Unterstützen auch Konfliktpotenzial und hatte seine Grenzen. Jederzeit konnten diejenigen, die halfen und organisierten, gehen und Malta verlassen; jederzeit konnten sie ihre Hilfe einstellen, denn sie waren nicht dazu verpflichtet, den anderen bei der Organisation des Alltags zu helfen. In dem folgenden Zitat von Yasir wird noch einmal deutlich, dass sie nach dem Ankommen in Malta nicht das Gefühl hatten, dass sich jemand um sie kümmern würde: Vielmehr haben sie erkannt, dass gegenseitige Fürsorge zentral war und, dass, wenn der sie aufnehmende Staat diese Lücke der (familiären) Versorgung nicht füllt, sie eben selbst Lösungsansätze dafür schaffen mussten:

»When you come to Malta you have no family, so it is very important that you make a new family. Because nobody takes care of you. And in Malta they tell you blahblah, you are a minor and we look after you, but really they don't care. So we make a new family and we help each other« (Yasir, IG, 04/2016).

Yasirs Erzählung zeigt noch einmal die Bedeutung und Signifikanz ihrer Unterstützung auf, aber, wie gesagt, diese konnte aus vielfältigen Gründen jederzeit abbrechen, beispielsweise, wenn junge Geflüchtete Malta verlassen haben. Um diese Dynamiken der Zukunftsgestaltung geht es in den folgenden Ausführungen.

Zwischen Malta Verlassen, der (un-)freiwilligen Rückkehr und Bleiben

Nachdem die jungen Geflüchteten einen Schutzstatus zugewiesen bekamen oder dieser verwehrt blieb, ging es für sie erneut um das Ausloten ihrer Zukunftsmöglichkeiten. Dieses Thema war für sie vor allem auch relevant, nachdem sie formell das 18. Lebensjahr erreichten. Auf formeller Ebene gab es vordergründig zwei Möglichkeiten der Zukunftsgestaltung: Das in Malta-Bleiben oder sich nach dem Erreichen des 18. Lebensjahres auf einen *Resettlement* Platz in den USA zu bewerben. Jenseits dieser formalisierten Abkommen wählten einige der jungen Geflüchteten die Weiterreise in ein anderes Land der EU, um dort erneut einen Asylantrag zu stellen. Dieses Kapitel zeigt, wie Entscheidungen bezüglich der Zukunftsperspektive getroffen wurden, mit welchen Hindernissen sie konfrontiert waren und welche Auswirkungen das Bleiben, Gehen oder die Rückkehr auf ihren Alltag hatten. Ausgangspunkt für das Verlassen war in vielen Fällen die Ernüchterung darüber, dass sie in Malta nicht erreicht hatten, was sie sich erhofften.

Ernüchterung und Reflexionen: »I did not believe others that Europe is not so great.«

Auffällig an den Erzählungen der jungen Geflüchteten ist, dass sie vor ihrem Aufbruch nach Europa wenig über den Weg und das Ankommen wussten. Bilal berichtete, dass seine Familie lediglich eine Person kannte, die nach Europa gegangen war. Als klar war, dass Bilal Somalia aufgrund der Bedrohung durch al-Shabaab verlassen musste, kontaktierte seine Familie den Bekannten, wie er berichtete:

»I did not know much about Europe when I was young and lived in Somalia. Only my family we knew one guy in Sweden and we contacted him. He said that his life is good. So I thought that in Europe there is a good life. But he did not go by boat, he took a plane. But that I did not know. It was long time ago and he had a visa. So it was different for him« (Bilal, IG, 04/2016).

Einerseits ist Bilals Erzählung Ausdruck davon, dass die Verschärfungen in Bezug auf Visa-Vergaben für die jungen Geflüchteten zur Folge hatten, dass sie auf die Überfahrt über das Mittelmeer mit dem Boot angewiesen waren. Für Bilal war es nicht möglich, ein Visum für Europa zu beantragen

– u. a. auch, weil er keinen Zugang zu Botschaften oder Konsulaten hatte. Es zeigt, wie einerseits die EU-Außengrenze verschoben wurde und, wie diese Verschiebungen die Fluchtrouten verschärften und gefährlicher machten. Ein Visum hätte er, anders als der Freund der Familie, nicht beantragen können. Auch Filad wusste nicht genau, was ihn erwarten würde, als er in Libyen die Überfahrt über das Mittelmeer organisierte: »They did not tell anything. Just they said: ›Wait here and we come for you in the dark‹. That was it. They did not say anything about the boat, about how many people« (Filad, IG, 04/2016). Es blieb ihm nichts anderes übrig, als das Boot zu nehmen, denn denjenigen, die die Überfahrt verweigerten, drohte der Tod durch Erschießen. Sabiye, mit dem ich bereits 2013 ein längeres Gespräch darüber in Valletta führte, als wir auf Steinen am Ufer saßen und aufs Meer blickten, war ebenfalls schockiert, als er erfahren und gesehen hatte unter welchen Bedingungen die Überfahrt nach Europa durchgeführt werden sollte:

>»They bring us the sea in the night. It was so dark. The boat was very small. It was in the water. So everybody we had to walk in the water. Most people don't know how to swim. So that was dangerous for us. But they have gun. When you refuse, they shoot. So what can you do? And then my boat was small. We were over 80 people. I did not know this before« (Sabiye, IG, 06/2013).

Die Bootsüberfahrt wurde als einer der bedrohlichsten Momente des gesamten *tahriib* wahrgenommen. Hätten meine geflüchteten Gesprächspartner*innen darüber vorher besser Bescheid gewusst, wären sie gegebenenfalls gar nicht aufgebrochen. Dieses traf weniger auf Personen wie Bilal, deren Leben unmittelbar, z. B. durch al-Shabaab, bedroht war zu, sondern vor allem auf diejenigen, die sich eine Verbesserung der Lebenssituation gewünscht hatten. Filad fragte ich 2013 als wir über seine jüngeren Geschwister und die Situation für junge Menschen in Somalia im Allgemeinen sprachen, was er jungen Menschen, die noch in Somalia sind, sagen würde, wenn sie ihm gegenüber den Wunsch äußerten, auch aufzubrechen:

>»I would say: ›No, you stay where you are‹. I would not do this for sure, again, Laura, for sure. That was too much the boat.« Hinzukommt, dass er erst jetzt merke, wie sehr ihm seine Familie, vor allem die Mutter, fehle. »I did not know before I miss so much my mum«, sagte Filad. Gleichzeitig scheint ihm aber klar zu sein, dass eine Rückkehr für ihn nicht möglich ist: »Those people who return, they get punishment as well. They think in Somalia we are bad because we left and we did not help for the country and for our families« (Filad, IG, 06/2013).

Nicht nur lässt sich hier herauslesen, dass Filad Teile seines Weggehens bereut und die persönlichen Folgen für ihn – vor allem der Verlust enger, familiärer Bezüge – nicht abschätzen konnte, sondern es lässt sich auch erkennen, dass eine Rückkehr unmöglich scheint, da die in Somalia/Somaliland wirkmächtigen Zuschreibungen des ›Nicht-Unterstützers‹, des ›Weggehers‹ und des ›Zurücklassers‹ erneut zu Exklusion und Bestrafung führen würden. Die jungen Geflüchteten befanden sich folglich in einem Zustand, in dem sie weder in Malta noch in Somalia/Somaliland eine Zugehörigkeit fühlten.

Drei Jahre später, im April 2016, griff ich das Thema, ob die eigenen Geschwister über die Gefahren der Überfahrt aufgeklärt werden sollten, während einer Autofahrt mit Filad entlang einer Küstenstraße mit Blick auf das Meer wieder auf. »Malta really is a nice place«, sagte er zwar mittlerweile, aber dennoch möchte er nach wie vor seine jüngeren Geschwister davor warnen, den *tahriib* anzutreten. »And I tell lie about the journey. I tell them even worse, but still they want to come. But even me, I did not believe others that Europe is not so great. I did not believe and now I am here and I know better now. You have to experience it yourself« (Filad, IG, 04/2016). Filad erzählte mir weiter, dass er seinen jüngeren Geschwistern am Telefon erzählen würde, dass auf seinem Boot fast alle Menschen ertrunken seien, auch, wenn das nicht stimmte: »In my boat, nobody fell in the water. Nobody was dead. But I know that it can happen so I tell them I experienced that« (Filad, IG, 05/2016). Deutlich wird hier, dass trotz Wissensweitergabe – sogar in verschlimmerter Darstellungsweise – junge Menschen nach wie vor Somalia/Somaliland verlassen würden. So scheint es weder möglich, den sich noch in Somalia/Somaliland Befindenden den Wunsch nach einem ›besseren Leben‹ in Europa ausreden zu können, noch scheinen die Dramatisierungen von Filad ausreichend abschreckend zu klingen.

Ein Eintrag in meinem Tagebuch im April 2016 lässt mich, als die Zuhörende und Deutende, vermuten, dass es schier unmöglich zu sein scheint, jenseits dieser Themen miteinander Kontakt zu haben: es ist, obwohl sie Schmerzen haben, obwohl viele der Erinnerungen auch schlechte Träume auslösten, scheinbar verbindendes Thema:

In der WG herrscht ziemlich detailliertes Wissen darüber, ob Boote auf dem Meer gesunken sind, und auch darüber, wer wann für wen bei den Behörden als Übersetzer arbeiten soll. Es geht auch viel um die sich scheinbar immer mehr verschlechternde Situation für Subsahara-Afrikaner*innen in Libyen. Auch wenn sie selbst nun schon seit mehreren Jahren in Malta leben, sind sie nach wie vor sehr involviert in diese Themen, ein Hinter-Sich-Lassen scheint überhaupt nicht möglich zu sein; vielleicht ist es auch nicht gewollt. Das weiß ich nicht. Aber klar ist, dass es ein großes Thema auch zwischen ihnen geblieben ist, sie miteinander darüber sprechen (TB, 04/2016).

Miteinander über das Erlebte zu sprechen, beschrieb Bilal mir gegenüber auch als einen Teil der Bewältigungsstrategie. Er fügte jedoch hinzu, dass es für ihn nicht möglich sei, über den *tahriib* zu sprechen, ohne auf Khat, ein Rauschmittel in Blätterform, zurückzugreifen:

> Khat wird vor allem in einer Runde von mehreren Somalis gekaut und dann tauschen sie sich über die Migration nach Malta aus: »That was an amazing journey, but it hurt a lot, a lot. Because when we eat the Khat we can talk about that, we share the experience. Because for everybody it is different but for all very, very dangerous. So when I don't have the Khat I don't talk about it. Because it hurt a lot« (Bilal, IG, 07/2015).

Bevor ich weiter mit der Analyse dieses Beispiels fortfahre, möchte ich meine Rolle in Bezug auf Reproduktion von Stereotypen und dem ›Othering durch die Hintertür‹ reflektieren. Nun bringe ich an dieser Stelle Kategorien zusammen, die im dominanten Diskurs nicht selten junge Geflüchtete markieren: Männlichkeit, Geflüchteter und Drogenkonsum (vgl. Huxel 2014). Es stellt sich folglich die Frage, wie damit umgehen, ohne erneut junge männliche* Geflüchtete als Drogenmissbrauchstäter* darzustellen? Zunächst ist festzuhalten, dass es Bilal war, der davon berichtete, dass einige der jungen Geflüchteten Drogen nehmen würden, er sich aber meistens davon fernhalte, »because me I am a good person« (Bilal, IG, 04/2016). Damit hob er sich folglich selbst in eine Position des ›Gut-Seins‹ und markierte gleichzeitig diejenigen, die Drogen konsumierten, als ›not good‹. Hier steht im Vordergrund, dass das sich Abgrenzen von anderen auch als Möglichkeit der Selbstdarstellung, vielleicht nur mir gegenüber als junger, *weißer* Frau, aber vielleicht auch gegenüber anderen, genutzt wurde. Zudem verweist der Konsum von Khat auch darauf, dass die jungen Geflüchteten offenbar nach Wegen suchten, ihre Erlebnisse des *tahriib* zu verarbeiten bzw. diese zu betäuben. Im Interview mit dem LMAO-Manager wurde deutlich, dass es seitens des Staates keine psychosoziale Betreuung der jungen Geflüchteten geben würde (Andrew Borg, I, 06/2013), womit sie mit diesen Sorgen ein Stück weit auch sich selbst überlassen wurden. Ich deute den Konsum von Khat hier folglich als Bewältigungsstrategie und ein mögliches Ergebnis der (Nicht-)Behandlung ihrer Erlebnisse.

Was aus den Erzählungen der jungen Geflüchteten bis hierhin erfahren wurde ist, dass sie häufig nicht exakt wussten, was sie auf der Überfahrt erwartete und wie genau das Leben in Europa aussehen würde. Hätten sie es gewusst, so wurde deutlich, hätten einige von ihnen den *tahriib* nicht begonnen. Um jüngere Geschwister von der Überfahrt abzuhalten, dramatisierten Einzelne ihre Fluchterfahrungen. Es sind aber nicht nur die Überfahrt und die damit verbundenen Unsicherheiten, über die sie wichtige Informationen nicht weitergaben. Auch über zukünftige Zukunftsgestaltungen post *tahriib* haben sie nicht immer alles erzählt, und so sind es die jungen Geflüchteten, die dann das Wissen über das Leben in den USA nicht exakt an diejenigen, die in Malta verblieben sind und den Traum des »good life« in den USA noch immer hatten, weitergaben und somit erneut in bestehende und artikulierte Gehenswünsche nicht aus ihrer Perspektive und basierend auf ihren Erfahrungen, die erneut geprägt waren von Einsamkeit und Unsicherheit, interveniert haben.

Selten sprachen meine geflüchteten Forschungspartner*innen über diese Unsicherheiten und das Erzählen des ›here is a good life now‹ setzte sich fort. Mir fiel dies besonders auf, da ich den Kontakt mit denjenigen, die *resettled* wurden, ebenfalls aufrechterhielt. Auch aus den USA wurde zunächst nur Positives berichtet. Roodo war einer der ersten, den ich kannte, der ein Ticket nach Amerika erhielt. Einige Wochen nach seiner Ankunft skypten wir und er erzählte: »Now, my life is very good. I am happy here now. America is good place« (Skypegespräch, 04/2016). Auch wenn Roodo in den USA Papiere für seinen Aufenthalt inklusive Arbeitserlaubnis bekommen hat, einer geregelten und regulären Arbeit nachging, bleibt die Frage, ob sich hier ein Muster wiederholte. Das folgende Beispiel veranschaulicht meine Interpretation. Ich unterhielt mich mit Geelo über die bevorstehende Ausreise. Auch er hatte das Verfahren des *Resettlement Programs* durchlaufen und ihm wurde im Rahmen des Programmes ein Ticket nach Boston gebucht. Als wir darüber sprachen, was er für Erwartungen habe, was er über seinen neuen Ort des Ankommens wisse, sagte er:

»I don't really know if America is better. But I think it will be. You can have a work, and education. My friends I have there they say it is good«. Als ich am Abend am Küchentisch sitze, das Gespräch Revue passieren lasse und mir Geelos Worte noch einmal durch den Kopf gehen, fühle ich mich an etwas erinnert, was ich schon seit einigen Jahren höre: Andere sagten mir, es ist gut dort, wo ich hinkommen werde, also glaube ich das zunächst, aber im Endeffekt ist es dann oft nicht so gut wie vermutet. Das Gleiche wurde ihnen von Europa erzählt, aber die wenigsten finden, Stand heute, dass sie ein gutes Leben haben würden. Gestern fiel mir schon auf, dass Warsame mir sagte, wie hart das Arbeiten in der Fleischfabrik ist, in der er in den USA einen Job bekommen hat. Als ich mal so vorsichtig nachfragte bei denjenigen, die noch in Malta verblieben waren, ob sie eigentlich mal Warsame gefragt hätten, was er arbeite und wie das so sei, sagten sie mir einstimmig, dass sie es nicht wüssten (TB, 04/2016).

Es wurden in der Wissensweitergabe unter den jungen Geflüchteten auf der einen Seite Intensivierungen betrieben, während gleichzeitig Auslassungen produziert wurden. Verschweigen und Dramatisieren waren folglich Praktiken der Wissensproduktion unter (jungen) Geflüchteten. Das Produzieren von Auslassungen kann einerseits Ausdruck davon sein, bei anderen nicht das Gefühl erwecken zu wollen, ›gescheitert‹ zu sein. Auch in den USA konnten die selbst formulierten Ziele oft nicht erreicht werden. Verstetigt zu kommunizieren, dass alles gut sei, kann aber andererseits auch die eigene Hoffnung auf das »good life« unterstützen und wie ein Anker, der Halt gibt, funktionieren (vgl. auch Brekke und Brochmann 2014).

Während es die jungen Geflüchteten waren, die häufig nur unvollständiges Wissen über den *tahriib* hatten, waren es ihre Familien, die in einigen Fällen die Unwissenden geblieben sind, nachdem die jungen Menschen gegangen waren. Entweder, weil sie für sich den Entschluss gefasst hatten, zu gehen und in Sorge waren, dass die Eltern es verhindern würden, wenn sie sie darüber informierten, oder weil sie keinen Zugang zu Kommunikationsmöglichkeiten oder der Kontaktaufnahme während des *tahriib* hatten, wie es Absimil schilderte: »I did not have contact with my family since I left. Because I don't have a number. So I don't know if they are okay. And they don't know about me« (Absimil, IG, 04/2016).

Festhalten möchte ich hier, dass die Flucht_Migration der jungen Menschen immer wieder von Unsicherheiten und Unwissen geprägt war: Teilweise haben sie dieses selbst produziert, teilweise sind zu ihnen einfach nicht die vollständigen Informationen durch Dritte durchgedrungen. Sie mussten folglich während ihrer Flucht_Migration immer wieder diese Unsicherheiten aushalten und sie navigieren. Sie haben sich schlussendlich in einer Situation befunden, die von unabsehbaren Erfahrungen gekennzeichnet war. Welche Schlussfolgerungen lässt diese Analyse bis hierhin über die Subjektpositionierungen der jungen Geflüchteten zu? Junge Geflüchtete sind aktive Subjekte sowohl in der Flucht_Migrationsentscheidungsfindung, in der (versuchten) Bewältigung ihrer Erlebnisse sowie in dem Versuch, Flucht_Migrationsentscheidungen ihrer jüngeren Geschwister zu beeinflussen. Gleichzeitig wurde deutlich, dass immer wieder betont wurde »you have to experience it yourself«, was zeigt, dass diese Versuche der Einflussnahme im Prinzip wenig Wirkung hatten. Es stellte sich weiterhin heraus, dass die Erfahrungen und Erlebnisse, die die jungen Geflüchteten artikulierten, nicht unbedingt mit dem im Grenzregime produzierten Bild des unschuldigen Kindes kompatibel waren; Drogenkonsum, Berichte über Misshandlungen oder auch die aktive Entscheidungsfindung gehören in der Regel nicht zu dem erwarteten und verlangten Bild des ›unschuldigen Kindes‹.

Malta verlassen: »In Malta, there is no future for me.«

> »In [Heim, L.O.] always the care worker come to me and say: ›Sabiye, you are such a clever boy, why don't you leave Malta‹? I think only she tells me like that because she wants me to say ›Yes‹. But I never tell. Always I say ›Why go? Malta is a good place‹. Because when they find out that you want to go they watch you a lot.«

Sabiye, im Frühjahr 2013

Dass die jungen Geflüchteten den Wunsch äußerten, Malta zu verlassen und dieses auch teilweise pro aktiv umsetzten, lag vordergründig darin begründet, dass sie nicht das Gefühl hatten, in Malta tatsächlich ankommen zu können (vgl. Coutin 2005) und sich keine Zukunft in ihrem Sinne aufbauen konnten (vgl. Skov 2016; Nimführ, Otto und Samateh 2017; 2019). Das Malta-Verlassen war nicht nur gekoppelt an die Hoffnung, eine bessere Zukunft im Sinne der regulären Arbeit oder eines Zugangs zu Bildung zu haben, sondern auch, um nicht mehr in der Kategorie des ›asylum seekers‹ fixiert zu werden. Abdul, den ich seit 2013 kannte und der bereits 2012 in Malta angekommen war, erwähnte mir gegenüber immer wieder, wie beschränkend und demütigend er die Einteilung in die ›asylum seeker‹-Kategorie wahrgenommen hat. Seit ich ihn kennenlernte, war ständig Thema zwischen uns, wie er es schaffen könnte, Malta zu verlassen und woanders einen (erneuten) Neuanfang versuchen könnte. Abdul lehnte es jedoch ab, einfach selbstorganisiert in ein anderes EU-Land aufzubrechen, denn er war stets daran interessiert, alles im Rechtsrahmen und auf legalisiertem Wege zu tun. Dieses fiel mir immer wieder auf, denn er legte großen Wert auf seinen Mietvertrag, den wir gemeinsam prüften als er Mitte 2013 aus dem Heim auszog, er zeigte mir immer wieder seine sehr gut sortierten Unterlagen mit allen Dokumenten und Zertifikaten, die er bei MCAST erworben hatte. Als er davon hörte, dass es möglich ist, per *Resettlement* in die USA zu gehen, war er gleich von der Idee begeistert und setzte alles daran, den Bewerbungsprozess möglichst gut zu meistern. Als er im Juli 2015 ein wichtiges Interview bei der IOM dafür hatte, hat er mich gefragt, ob ich ihn mit dem Auto dorthin fahren könnte und wir haben im Anschluss direkt besprochen, ob er wohl einen guten Eindruck gemacht hatte und die richtigen Antworten gab. Er hatte für den Termin extra eine Anzughose besorgt, ein Hemd getragen und auch die Baseball-Cap, die er sonst gerne trug, zuhause gelassen. Der Prozess zog sich bei ihm, wie bei allen anderen, die ich kannte und die angenommen wurden, über mehrere Jahre. Als ich im April 2017 nach Malta zurückkehrte, war Abdul immer noch vor Ort und ich war erstaunt, wie lange sich diese Verfahren hinzogen. Als wir uns im April 2016 in Mosta, einer Stadt im Landesinneren, in der Abdul seit einiger Zeit wohnte, in einem Fast-Food-Restaurant trafen, begründete er mir gegenüber, seine Entscheidung, den *Resettlement*-Platz anzunehmen. Sein größter Wunsch schien es gewesen zu sein, endlich wieder Aussicht auf eine Staatsbürgerschaft zu haben. »I cannot be forever asylum seeker. Because you have not enough rights. Your life is bad. That is why I want to go America. There I get a citizenship and don't have to be asylum seeker anymore« (Abdul, IG, 04/2016).

Auf der anderen Seite barg das Nach-Amerika-Gehen auch neue Unsicherheiten. Europa wurde von Abdul als ›besser‹ wahrgenommen, aber durch das Erteilen eines im Vergleich zu Malta besseren Status wurden die USA für ihn doch zum attraktiveren Ziel, auch wenn er nicht wusste, auf was genau er sich einlassen würde: »America, I don't know. I think that Europe is better, but they [government of the USA, L.O.] give you the citizenship after four years. So I think it is a little better, I hope it is« (Abdul, IG, 04/2016). Auch wenn der Weg in die USA also reguliert ablief und Abdul sich sicher sein konnte, am Flughafen in den USA nicht wieder zurückgewiesen zu werden, war die Ausreise doch mit Unsicherheiten verbunden, und dennoch galt das Motto: ›Die Hoffnung stirbt zuletzt‹. Abdul nahm ich in unseren Gesprächen über das Gehen oder Bleiben als sehr überlegt wahr und er sah nicht nur alles positiv. Bei Warsame ging es mir anders.

Warsame war der Erste, den ich kannte, der seine Papiere für die USA erhielt. Ich traf ihn an dem Tag, als er den Bescheid erhalten hatte, im Restaurant Banaadiri in Balbi, wo ich mit einigen anderen gerade Billard spielte, nachdem wir gemeinsam Mittag gegessen hatten:

Ohne ›Hallo‹ zu sagen, drückt Warsame mir einen Zettel in die Hand. Es handelt sich um einen Brief vom US Government zur Immigration in die USA. Warsame hat heute erfahren, dass er in die USA reisen kann, wenn er den Gesundheitscheck besteht und auch nochmal ein Screening der Polizei. Das Resettlement erlaubt ihm auch, seine Frau und eventuelle Kinder mitzunehmen – doch eine Familie hat Warsame nicht, und so war ich über diese Information in dem Schreiben verwundert. Weitere vier Monate muss er nun darauf warten, so entnehme ich es dem Brief, bevor er dann das Ticket bekommt. Ferner wunderte ich mich über den ›interest fee‹, den er zurückzahlen soll. Trotzdem wirkte er heute richtig erleichtert und glücklich auf mich. Ich nahm ihn im Banaadiri in den Arm und merke, dass ich selbst sehr gerührt bin und mich wirklich sehr für ihn freue (TB, 07/2015).

Warsame stand neben mir, als ich den Brief las und sorgfältig durchging. Ich hatte das Gefühl, dass er in erster Linie erleichtert war: Er war schließlich auch der erste von denjenigen, die sich aus dem Heim kannten, der den langen Bewerbungsprozess erfolgreich durchlaufen hatte. Als ich den Brief las, machte mir vor allem die Rückzahlung der »fees« Sorge, aber ich merkte seine Begeisterung für die Aufnahme und wollte keine schlechte Stimmung oder Zweifel verbreiten. Ich lies also meine Sorgen unkommentiert und freute mich mit ihm. Auch ich hatte doch die Hoffnung, dass es ihm in den USA bessergehen würde, als in Malta.

Ich war jedoch nicht die Einzige, die ein *Resettlement* in die USA skeptisch sah. Auch Absimil sah einen möglichen Transfer in die USA mit weiteren Hürden verbunden und äußerte mir gegenüber seine Zweifel: »I don't want to go America, I don't like it. I want to stay in Europe. But Malta is not possible. But I want to decide myself. But I cannot. And if I do one step wrong, maybe I destroy what I have already« (Absimil, IG, 07/2015). Absimil reflektierte über das, was er in Malta bereits erreicht hatte. Er hatte eine Arbeit gefunden, konnte finanziell für sich sorgen und stand auf eigenen Beinen. Als wir uns 2018 sahen, hatte er ausreichend Geld gespart, um sich eine feste Zahnspange leisten zu können. Er war in Sorge, dass er das, was er sich aufgebaut hatte, mit dem Weggang aus Malta erneut gefährden könnte. Die Unsicherheit darüber, dass ein Schritt, der gegangen wird, dazu führen könnte, Sicherheiten und Strukturen auch wieder zu verlieren, zeigt, wie stark ihr Leben von Unsicherheit geprägt war. Es war aber nicht so, dass Absimil es unversucht gelassen hatte, Malta zu verlassen, doch er machte eine negative Erfahrung. Er erzählte mir, dass er sogar zweimal die Ausreise – in 2013 und 2014 – versucht hatte. Beim ersten Mal wollte er mit dem Schiff nach Italien fahren und hatte aber gemerkt, dass am Ableger im Hafen zu viel Polizei Streife ging. Noch bevor er an Bord ging, hat er sich wieder aus dem Hafengebiet entfernt, um nicht entdeckt zu werden. Beim zweiten Mal buchte er dann einen Flug nach Deutschland und wollte Malta zusammen mit einem Freund verlassen:

»My friend and I, we were in the same queue, you know, and then they let him pass and to me the lady said ›Wait‹. She check again and again my passport. So then the police came. And all my luck was gone. You know, I was not the lucky one. Later my friend when he arrived Germany he wrote me a message and said that he is sorry but he didn't know what to do, but he said that that day my lucky was dead« (Absimil, IG, 07/2015).

Ich wollte von Absimil gerne wissen, was passiert war, nachdem die Polizei gerufen wurde; er war schließlich nicht mit seinem Pass gereist:

»Then they bring me court. I went together with Sultana. They asked me questions like ›Why did you try to leave Malta? Malta is a good country, Malta is a good place here you can have a good future‹. But I told them, no, that I don't have a good future here. I tell them I have no education, but I am still young I need to learn more. But they close their eyes, you know. They pretend to listen, but nothing changes. And then they tell me that I can pay fifty Euro and then I don't get problems. But by that time I was still young and I didn't have job. So I don't have 50 Euros. Then they gave me punishment. I had to go to Tal Gebel for two weeks every day and do community work. You remember Tal Gebel, the containers with the toilets and the kitchen? I had to clean there« (Absimil, IG, 07/2015).

An Absimils Beispiel wird ein gewisser *double-bind* der institutionellen Grenzregimeakteur*innen deutlich: Auf der einen Seite wird den jungen Geflüchteten immer wieder deutlich gemacht, dass sie in Malta nicht erwünscht sind, dass sie nicht dazu gehören, dass sie keinen Platz in der Gesellschaft haben. Wenn sie jedoch gehen oder versuchen zu gehen, wird mit Unverständnis reagiert und überbetont, wie schön und gut Malta doch sei.

Immer wieder haben die jungen Geflüchteten mir gegenüber erwähnt, dass sie aktiv ihre Zukunftsgestaltung in die Hand nehmen und an einer »good future« oder einem »good life« arbeiten wollten. Auch Absimil war daran interessiert, doch die drohende Bestrafung für die unregulierte Ausreise schüchterte ihn so sehr ein, dass er es nicht noch einmal versucht hat. Die Entscheidungen, ob sie Malta verlassen können und vor allem wohin sie danach gelangen würden, hatten meine Gesprächspartner*innen nicht immer selbst in der Hand. Mit Bilal kam ich ins Gespräch darüber, wie er sich seine Zukunft vorstellte.

»I am still young and I want to change my life. In Malta there is no future for me. The only reason I am still here because I am waiting for America. I want to go there. If I don't get chance for America, I will try Germany. So I am only waiting for that. I hope this winter I will finish Malta« (Bilal, IG, 07/2015).

In seiner Aussage wird neben dem Wunsch, das Leben ändern zu wollen und das Gefühl zu haben, in Malta keine Zukunft zu haben, noch etwas deutlich: das »I want to change my life« klingt sehr entschlossen, es klingt nach aktiver Handlung. Gleichzeitig jedoch klingt auch die gewisse Abhängigkeit von Behörden und staatlichen Entscheidungen an, wenn er sagt »I am waiting for that« und sich damit auf seine Reisepapiere für die USA bezog. Das »waiting for documents« war auch Thema zwischen mir und Anis, den ich 2015 im Restaurant Banaadiri in Balbi kennenlernte, als ich mit Kadiye, Warsame und Yasir zum Billard-Spielen verabredet war. Anis hatte mitbekommen, dass ich Deutsch spreche und erzählte mir, dass er nun in Deutschland lebe. Er sei dort auch als ›UAM‹ eingeteilt worden und besuche eine Schule. Jetzt, in den Ferien, nutze er die Gelegenheit seine Freund*innen in Malta zu besuchen. Der ehemalige Asylsuchende, der ›UAM‹, der in Malta keine Zukunft hatte, kehrte als Tourist, als Besucher, übergangsweise zurück. Anis Erzählung fasste ich in meinem Forschungstagebuch zusammen:

Heute lernte ich zufällig Anis kennen, weil er an der Bar, als ich auf meine Cola wartete, hörte, wie ich mit Cismaan, dem Besitzer, Deutsch sprach. Er gesellte sich dazu, hat auch kurz Deutsch geredet und mir dann erzählt, dass er in Malta nur auf seine Dokumente gewartet habe, um nach Deutschland zu gehen. »Malta is not a good place. I only wait my documents here.« Als er einen subsidiären Schutzstatus bekommen hatte, hat er sich erfolgreich nach Deutschland aufgemacht. In Deutschland wurde ein erneutes Altersfeststellungsverfahren eingeleitet und obwohl sie seine Fingerabdrücke gefunden haben, durfte er aufgrund seiner in Deutschland anerkannten Minderjährigkeit dortbleiben. Er habe schon drei Interviews für einen Flüchtlingsstatus in Deutschland gemacht und so berichtete er: »Germany is much better place« (TB, 07/2015).

Anis ist es offenbar gelungen, in Deutschland bleiben zu dürfen, obwohl seine Fingerabdrücke im EURODAC-System gespeichert waren. Die Folgemigration in einen anderen EU-Staat, die in Anis Fall erfolgreich verlief, war eine Handlungsoption, die auch meine jungen geflüchteten Forschungspartner*innen für sich sahen, um ihre Zukunft zu gestalten. Um diesen Schritt zu realisieren, waren sie auch auf die Unterstützung von älteren Personen angewiesen. Von einem solchen Fall berichtete mir Deeqo:

»I could not stay here in Malta. It made me crazy. So I wanted to leave. I worked illegal as garbage collection. But they did not pay me, so I could not afford my travel. I talked to one man in Balbi, he was Somali but old, maybe more than fourty. And then he told me that he has the money for going to Europe and he gave me the money. Because he said that I waste my time here and that I should go somewhere where I have a future« (Deeqo, IG, 07/2013).

Deeqo hat Malta noch 2013 verlassen und kam nach Deutschland, wo er bis heute lebt und mittlerweile eine Ausbildung zum Mechatroniker absolviert. Seit dem Moment unserer ersten Begegnung im Februar 2013 erzählte er mir immer wieder, dass er so schnell wie möglich Malta verlassen möchte und hat auch versucht, selbstständig finanzielle Mittel dafür zu generieren. Auf Hilfe seiner Familie konnte er, da diese bei einem Bombenattentat in Mogadischu ums Leben kam, nicht hoffen. Da er für seine Tätigkeit bei der Müllabfuhr nicht entlohnt wurde, hatte er, so nahm ich es wahr, auch die Motivation verloren, für die Finanzierung seiner Ausreise arbeiten zu gehen. In Balbi traf er dann auf den Mann, der ihm das Geld zur Verfügung stellte und berichtete ihm von seiner Situation in Malta und dem Betrug durch die Müllabfuhr. Der Mann hatte offenbar Mitleid mit ihm und verstand seine Ausweglosigkeit, weshalb er ihm dann seine Ersparnisse zur Verfügung stellte.

Das Zukunft-Gestalten war nicht allein von der Agency der jungen Geflüchteten abhängig sondern sie wurden auch in einem anhaltenden Zustand des Wartens gehalten, den sie nur bedingt verlassen und beeinflussen konnten. Anis wartete auf seine Statusentscheidung in Deutschland, Bilal auf seine Papiere für die USA, Deeqo auf finanzielle Mittel. Dieses ständige Warten und die damit einhergehende Unsicherheit, wann genau sich das Leben ändert oder ändern lässt, brachte mit sich, dass viele meiner Forschungspartner*innen jederzeit auf ihren Weggang vorbereitet waren und es sie daran hinderte, anderen Wünschen in ihrem Leben, wie dem der Familiengründung, nicht nachgehen zu können. Yasir, der von Anfang an den Wunsch hatte, Malta in Richtung Dänemark zu verlassen – was vor allem darin begründet lag, dass er in Dänemark seine verletzte Hand hätte besser behandeln lassen können – macht deutlich, welche Konsequenzen das Warten auf den Aufbruch für ihn hatte: »Laura, now I don't look for wife. Because I cannot make family here now. Because I do not know if I will stay in Malta or not. It makes me sad because I want a family. But better I wait. I am still not arrived in my life« (Yasir, IG, 04/2016). Er führte weiter aus, dass die Beziehung von Nafiso und Roodo zeige, welche Probleme das Sich-Verlieben habe, wenn dann doch eine Person geht und Malta verlässt:

»You remember Roodo, Laura? He really liked that girl, Nafiso. They had good time here in Malta. But now they call for him America. And he go. But Nafiso, she is reject, she cannot go with him. So they separate again. Now she is sad, but Roodo he also tell me: ›I miss Nafiso‹. You understand, Laura? I don't want make situation like that for myself« (Yasir, IG, 04/2016).

Das vom Gehenswunsch oder auch Gehenszwang beeinflusste Nicht-An-kommen-Können, weder sozial noch legal, verdeutlichte auch mein Besuch in der WG von Amiir, Filad, Geelo und Caamiir im April 2016. Mir fiel auf, dass in der Wohnung kaum Kleidung in den Kleiderschränken hing, aber die Koffer, die in der Wohnung standen, gepackt waren. Ich kam darüber mit Caamiir ins Gespräch und er antwortete mir, nachdem ich fragte, warum das so sei: »Always you have to be prepared. Because when they call you and tell ›You can go America‹ then you need to be prepared. Because when you have no money to buy a suitcase when they call it is problem. So always we can leave in any minute« (Caamiir, IG, 04/2016).

Zurückkommen, Zurückmüssen: »Returning to Malta« im Spannungsfeld von Erlösung, Zwang und Legalisierung

Über die Jahre hat sich das Maltabild und das Empfinden zum In-Malta-Sein bei einigen jungen Geflüchteten gewandelt. Während 2013 nahezu einstimmig zu hören war, dass es nur die Option des Gehens gebe und auf keinen Fall ein Leben in Malta vorstellbar sei, kamen einige zurück, nachdem sie in einem anderen EU-Land erneut einen Asylantrag gestellt hatten. Diese Formen der Rückkehr waren in der Regel Dublin-Rückführungen (vgl. Skov 2016) und somit nicht freiwillig, in einigen Fällen wurde die Rückreise nach Malta jedoch selbst organisiert. Das Zurückkommen oder auch Zurückmüssen wird im folgenden Abschnitt genauer beleuchtet. Wie nahmen die jungen Geflüchteten die (erzwungene) Rückkehr nach Malta wahr? In welcher Situation befanden sie sich nach der Rückkehr und wie gingen sie damit um? Wie begründeten sie ihre Rückkehr nach Malta, wenn es sich nicht um eine Dublin-Rückführung handelte, sondern sie ›freiwillig‹ zurückkamen?

Filad kam Anfang 2013 nach Malta, wurde zunächst als acht Jahre alt eingestuft, später dann als 15 Jahre alt und wir lernten uns im Heim kennen, wo er bis 2016 lebte, bevor er in die WG mit Geelo, Caamiir und Haybe zog. 2016, kurz nach seinem formell 18. Geburtstag, reiste Filad nach Schweden, kehrte aber nach einigen Wochen wieder zurück. Filad selbst sprach mit mir nicht über seine Rückkehr und als ich ihn fragte, warum er denn wieder da sei, ist er mir ausgewichen und hat meine Frage unkommentiert gelassen. In der WG aber war seine Rückkehr immer wieder Thema und Amiir suchte mit mir das Gespräch darüber:

»Filad, he told you that he wanted to visit only in Sweden and that he liked it, but it was too cold. But I can tell you that he can cope with cold. You can buy clothes against cold, so that is not the problem. But I can tell you that he saw how the life was there. How people live, how much money they have and what food costs in the supermarket. And then he decided to come back, that Malta is better. So that is the truth. If he liked it more in Sweden, of course he would have tried« (Amiir, IG, 04/2016).

Dazu notierte ich in meinem Tagebuch am Abend ergänzend folgende Deutung:

Ich habe irgendwie den Eindruck, dass über die Jahre das Bild von Europa vielleicht realistischer, vielleicht auch einfach differenzierter geworden ist. 2013 war Malta der denkbar schlechteste Ort in den Erzählungen, doch heute höre ich auch immer wieder davon, welche Probleme es in Schweden, Deutschland und anderswo gibt. Es scheint irgendwie klar zu werden, dass Malta nicht der einzige Ort in Europa ist, an dem es so schwer ist für sie Fuß zu fassen und ein neues Leben aufzubauen (TB, 04/2016).

Mit meiner Deutung hatte ich nicht ganz Unrecht, wie mir mein Gespräch mit Binti, die es nach Schweden schaffte und dort einen Aufenthaltstitel bekam, verdeutlichte. Sie reiste 2016 als Touristin nach Malta, »because I really miss Malta«, wie sie mir bei Facebook im Chat schrieb (Binti, Facebook Chat, 07/2016). Als ich fragte, warum sie Malta vermisse, machte sie deutlich, dass sie das Gefühl habe, in Schweden erneut so viel Zeit verloren zu haben und zu stagnieren. Sie musste zunächst mehrere Monate auf Papiere warten, bevor sie mit ihrer Ausbildung zur Krankenschwester anfangen konnte. Im Nachhinein kam sie zu der Erkenntnis: »It is better to stay in one place and then focus. And not always change the country many times« (Binti, Facebook Chat, 07/2016). Binti ist mit dem Ende ihres Urlaubes nach Schweden zurückgekehrt, auch, wenn sie lieber in Malta bleiben wollte. Amiir hingegen, der es im Spätsommer 2016 in eine deutsche

Großstadt schaffte, flog im Oktober desselben Jahres wieder zurück nach Malta – allerdings nicht als Besucher, sondern weil er bleiben wollte. In Deutschland hatte er seine Minderjährigkeit erneut anerkannt bekommen – in Malta wäre er zu diesem Zeitpunkt 20 Jahre alt gewesen – nach den Herbstferien sollte die Schule für ihn beginnen, einen Platz in einer Willkommens-Klasse war ihm bereits zugesichert worden. Er lebte in einem Heim mit anderen jungen Geflüchteten etwas außerhalb des Stadtzentrums. Während er in Deutschland bereits in das Aufnahmesystem für Geflüchtete integriert war, bekam er einen Anruf aus Malta: Die IOM teilte ihm mit, dass er ein Interview für das *Resettlement* in die USA absolvieren könne. Nach einigen Tagen Bedenkzeit hat Amiir entschieden, wieder nach Malta zu fliegen. Wir telefonierten, als er bereits zurück in seiner WG in Garcin war und ich fragte ihn, warum er sich für diesen Weg entschieden hat: »I go back to Malta because I want to be legal as soon as possible. And I don't care where. I just want to be legal again« (10/2016, via Skype). Amiir hatte die Entscheidung getroffen, nach Malta zurückzugehen, nachdem er zwischen seinen Möglichkeiten abgewogen hatte. Mansuur wurde hingegen unfreiwillig als Dublin-Rückkehrer wieder nach Malta zurückgeschickt.

Als ich 2013 meine Tätigkeit im Heim aufnahm, fiel Mansuur mir zunächst mit seiner schlechten Laune auf. Er hatte überhaupt kein Interesse an Interaktionen mit mir und wenn ich im Heim war, sah ich ihn meistens alleine auf der Terrasse oder auf einem Sofa im Gemeinschaftsraum sitzen. Auch mit den anderen Bewohner*innen unternahm er nur selten Aktivitäten und redete kaum mit ihnen. Mit den Mitarbeiter*innen vermied er gar jegliche Konversation und ich beobachtete ihn, wie er zum Büro der *care workers* ging, um sich seine Lebensmittelration abzuholen. Statt ihnen zu sagen, was er benötigte, sprach er nur Zeichensprache und deutete an, dass er kochen möchte und zeigte mit dem Finger auf Nudeln und Thunfisch aus der Dose, was ihm beides ausgehändigt wurde. Ich fragte ihn irgendwann, warum er eigentlich immer alleine ist und mit niemandem spricht. Er erklärte mir, dass er alle hier im Heim hassen würde, da sie Schuld daran seien, dass er überhaupt noch in Malta war. Was war passiert? Mansuur kam 2012 nach Malta, lebte eine Weile im Heim und schaffte es nach Schweden. Dort besuchte er eine Schule, schloss Freundschaften und lebte erneut in einem Heim. In einem für seinen Aufenthalt relevanten Interview wurde er von Mitarbeiter*innen schwedischer Behörden gefragt, so berichtete er es mir, über welches Land er nach Schweden gekommen sei und er sagte, dass er bereits in Malta gewesen war. Basierend auf der Dublin-Verordnung wurde er nach Malta zurückgebracht und er konnte diese behördliche Entscheidung nicht nachvollziehen: »But I tell them that it is very bad in Malta. No school, no nothing. I tell everything. But no one care. I had to come back. I was not lucky« (Mansuur, IG, 03/2013). Die Erzählung ist in mehrerer Hinsicht bedeutungsvoll: Mansuurs Beispiel verdeutlicht, dass seine Interessen als Minderjähriger, nämlich in Schweden zu bleiben und weiter eine Schule zu besuchen, ignoriert und dem bilateralen Abkommen der Dublin-Regulierung untergeordnet wurden. Dass es Mansuur in Schweden gut ging, er erfolgreich in der Schule war und, wie er sagte, auch eine gute Beziehung zu den Mitarbeiter*innen im schwedischen Heim hatte, zählte nicht. Mansuur machte deutlich, dass ihm in Schweden niemand zugehört habe. Mansuur war nicht der Einzige, der unfreiwillig nach Malta zurückkehren musste, sondern auch Yahya wurde aufgrund seiner in Malta erfassten Fingerabdrücke zurückgeschickt.

Yahya war, wie Mansuur, mit seiner Situation in Malta unzufrieden und hatte gehört, dass es in Deutschland für ›UAMs‹ sehr einfach sei, bleiben zu dürfen und in die Schule gehen zu können. Erfolgreich schaffte er es, nach Deutschland zu gelangen, bekam auch dort die Minderjährigkeit anerkannt, lebte in einer WG mit anderen jungen Geflüchteten und besuchte auch eine Schule. Er wusste, wie er mir 2015 berichtete, dass die deutschen Behörden seine Fingerabdrücke, die nach seiner Ankunft in Malta erfasst wurden, im System gefunden hatten, aber man versicherte ihm, »no problem«. Yahya befand sich nach seiner eigenen Aussage in einer Situation, in der er zuversichtlich war, in Deutschland bleiben zu können: »I started my life there«, beschrieb er die Situation. Kurz nach seinem 18. Geburtstag jedoch erhielt er einen Ausreisebescheid: Er musste nach Malta zurückkehren. Als mittlerweile Volljähriger wurde er auch nach seiner Rückkehr mit Auflagen aufgrund der Ausreise mit Papieren, die nicht seine waren, belegt: Als Strafe musste er für mehrere Wochen die Bäume entlang der Autobahn schneiden und erhielt keinen Lohn für seine Arbeit. »Me, now I am back and I lose time. Because here everybody they move on, but me, again, I have to start from new« (Yahya, IG, 07/2015).

An diesen Beispielen lassen sich nun verschiedene Dynamiken erkennen. Das Beispiel von Absimil zeigt, dass er eine Ausreise nie schaffte: Er hatte zu viel Angst vor den Restriktionen, die ihn ja bereits nach seinem gescheiterten Ausreiseversuch betroffen hatten. Andere, wie Amiir und Binti, erkannten, dass es in anderen Ländern der EU erneut Hürden gab, dass die Zugänge zu Bildung und Arbeitsmarkt abermals bedeuteten, dass sie warten und die Unsicherheit aushalten mussten, ohne zu wissen, ob es jemals klappen würde, die eigenen Ziele umzusetzen. Während Binti in Schweden blieb, entschied Amiir, nach Malta zurückzukehren, da sein Wunsch nach Legalität, zumindest zu dem Zeitpunkt, überwog. Filad begründete seine Entscheidung zurück nach Malta zu kommen mit den in Schweden herrschenden und im Vergleich zu Malta härteren klimatischen Bedingungen: Es war weder seine Schuld, nicht bleiben zu können, noch die von Mitarbeiter*innen der Ausländerbehörde, sondern die Entscheidung, nach Malta zurückzukehren, wurde gewissermaßen naturalisiert. Es in Schweden nicht ›geschafft‹ zu haben, lag nicht in seiner Hand, aber gegen die Kälte könne eben selbst er nichts unternehmen. In Malta zu bleiben oder bleiben zu müssen wurde, wie das vorherige Kapitel zeigte, teilweise selbst entschieden, in anderen Fällen handelte es sich aber auch um unfreiwillige Rückführungen. Diese hatten dann durchaus auch Bestrafungen zur Folge.

Bleiben, Anpassen und Akzeptieren: »Me I started to accept here.«

Während meiner Forschungszeit habe ich von keiner*m meiner Forschungspartner*innen gehört, dass sie sich in Malta zu Hause fühlten oder, dass sie sich wohl fühlten.

»But do you feel at home [here in Malta, L.O.]?« »No, not really, I would say I have no home because Somalia is not home anymore. Home is where family is yes, but only if I am also where my family is. But Malta is not a home. I really have no home at the moment« (Amiir, IG, 04/2016).

Vielmehr wurde die Situation als ein Zustand der Akzeptanz beschrieben. Damit ging einher, dass sie sich an die Umstände und Bedingungen in Malta anpassten. Elais beschrieb das Sich-Adaptieren als quasi natürlichen Prozess, der sich einfach ergebe, wenn man sich lange an einem Ort aufhalte: »Me I started to accept here«, sagte er mir im April 2016, »and also I adapted. Because when you live somewhere for a long time, you start to adapt. And I adapted here« (Elais, IG, 04/2016). Im Prinzip erfüllte Elais damit Erwartungen, die auch an ihn und andere junge Geflüchtete gestellt wurden. Ken, der Kellner aus einem beliebten Restaurant in St. Julians, das ich gerne besuchte, verlangte beispielsweise eine gewisse Anpassung von den Ankommenden: »When you come to a new country you have to adapt to the culture. So why do the Muslims think they can practice their religion here the same as in their countries?« (Ken, IG, 07/2015). Kens Aussage befand sich jenseits des Diskurses um Religionsfreiheit. Vielmehr wurde deutlich, dass einerseits in seinem Verständnis, dass Religion auch an geografischen Raum gebunden sei – der Islam gehört nach Somalia oder eben in die Länder, aus ›denen Muslime kommen‹ – und andererseits Ankommende nicht davon ausgehen könnten, religiöse Praktiken weiter ausleben zu können. Parallel zu diesen Einschätzungen war es so, dass die jungen Geflüchteten aber ihre religiösen Rituale weiterlebten. Sie aßen beispielsweise kein Schweinefleisch und schufen darüber auch ihre eigenen Normalisierungen und Abgrenzungspraktiken gegenüber den Essgewohnheiten in Malta, wie das Zitat von Geelo zeigt: »We buy normal food. I mean not food with pork. Normal food« (Geelo, IG, 07/2015).

Es stellte sich mir immer wieder die Frage, an was genau sich denn die Neuankommenden anpassen müssen und an was sie sich auch anpassten: Was wurde von Behörden und maltesischer Bevölkerung gesetzt? Welchen Blick auf das Anpassen warfen die jungen Geflüchteten? An welche verlangten Anpassungen passten sie sich auch nicht an? Zu unterscheiden ist hier mit Blick auf die Praktiken der jungen Geflüchteten, dass sie sich im Privaten und damit im weniger sichtbaren Raum nicht an die gesetzten Normalisierungen anpassten. Zuhause wurde, wie Geelo deutlich machte, weiter nach Essensregeln, die auf der Zugehörigkeit zum Islam basierten, gegessen und gekocht. Im öffentlichen Raum hingegen konnte das Sich-Anpassen an das, was Malteser*innen taten, auch zum Verhängnis werden. Dies zeigt beispielsweise die Verwendung des Smartphones in der Öffentlichkeit:

»When you go on the bus and you wear nice clothes they give you a really strange look because they are surprised. Because they think that black people do not deserve it. The same with the phone. They are too surprised that we also make it. In Malta there is a lot of envy« (Abdul, IG, 07/2015).

Neid und herabwürdigende Blicke oder Kommentare haben die jungen Geflüchteten vermeiden können, wenn sie sich genau an das hielten, was ihnen zugewiesen und zugeschrieben wurde: keinen Wohlstand haben, aber gleichzeitig nicht ›arm wie Afrikaner*innen‹ rüberzukommen; zu arbeiten, aber nur in prekären Verhältnissen oder, wie Antonia von der NGO2 es bezeichnete, in »rubbish jobs« (Antonia, I, 07/2015) tätig sein, womit vor allem die Arbeit bei der Müllabfuhr, das Reinigen von Hotelzimmern, oder auch das Arbeiten auf Baustellen gemeint waren.

Momente, in denen die jungen Geflüchteten diese Positionen verlassen wollten, führten zu Abwertungen, wie Elais erzählte:

»So now I work in the hotel I clean and everything. So no problem. But when I tell them that I need a day off for my exam or something like driving lesson they are too surprised. They think I want to be cleaner my whole life. But of course not. Always I improve myself. But they think that we cannot be good at education« (Elais, IG, 07/2015).

Obwohl ihnen diese Blicke in der Öffentlichkeit entgegengebracht wurden und auch im Arbeitskontext abfällig kommentiert wurde, wenn die jungen Geflüchteten sich beispielsweise um ihre Bildung kümmerten und potenziell den ihnen zugewiesenen Platz in prekären Verhältnissen verlassen könnten, glaubte Elais nach wie vor, dass es wichtig sei »not like Africans« zu sein. Elais erlebte ich 2016 anders als in den Jahren zuvor. Er hatte sich entschieden, in Malta zu bleiben und sich weder auf einen *Resettlement*-Platz zu bewerben, noch zu versuchen, einen Asylantrag in einem anderen Land zu stellen. Er wirkte sehr unter Spannung, war oft konfrontativ und ungeduldig. Wenn wir uns mit anderen trafen, sprach er sehr laut und ließ andere nicht ausreden. Mit Amiir, den er nur über mich kannte, kam er dennoch ins Gespräch und wir haben zu dritt darüber gesprochen, ob man sich in Malta überhaupt integrieren könne. Elais bejahte und meinte, wenn man nur genug Geld und ein vernünftiges Auto, »and not such a bad car like Africans for 300 Euros but for 5000 Euros« hätte, dann sei man durchaus integriert. Amiir erwiderte allerdings, dass trotz des schicken Autos die Hautfarbe nicht abgewaschen werden könne. Diese würden aber die Malteser*innen eines Tages nicht mehr sehen, wenn man nur genug Geld hätte, erwiderte Elais. Amiir sagte mir später, dass er Elais und seine Ansichten merkwürdig fand und nicht recht einordnen konnte, woher er diese Auffassung hatte.

Ich hatte das Gefühl, dass Elais mit seiner lauten Art versuchte, zu überspielen, dass es ihm eigentlich in seiner Lage gerade schlecht ging. Er hatte sich gegen das *Resettlement* entschieden, da er über die USA nicht viel Positives gehört hatte. Insgesamt verwendete er während des Gespräches auch sehr viele Schimpfwörter, Kraftausdrücke und negative Begriffe. Sonst habe ich seine Sprache nicht so negativ wahrgenommen. Die ablehnende Behandlung der Geflüchteten in Malta projizierte er sehr auf sich und die Geflüchteten: »It is a very small island and we have to assimilate here. It is not the fault of the Maltese«. Auch vorher am Esstisch ging es darum, wie negativ die Malteser*innen einzustufen sind, manche sagten

50/50, andere 80/20, andere waren überzeugt, dass alle Malteser*innen negativ über Geflüchtete denken würden. Elais holte dann richtig aus und meinte, dass die *refugees* sich auch negativ verhielten und, dass das Verhalten der Malteser*innen aus dem Verhalten der Geflüchteten resultiere. Er berichtete von einer Veränderung der Gesellschaft. Es werde besser, sagte er und bezog das vor allem auf seine Erlebnisse beim Joggen. Vor drei Jahren habe man ihn seltsam angesehen oder gar die Straßenseite gewechselt, weil, so vermutete es Elais, die Malteser*innen dachten, dass er sie überfallen würde. Diese Erfahrungen mache er nicht mehr, »they are used to it now«, sagte er. Bei den Bleibenden ließ sich bei aller Verallgemeinerung und Konstruktion der ›bösen Malteser*innen‹ auch beobachten, dass sie zunehmend Verständnis für das exkludierende Verhalten einiger Malteser*innen kommunizierten: Entweder mit »they did not know refugees for a long time, so they just don't know better« (Bilal, IG, 07/2015) oder auch »by now there are too many asylum seekers, this island is small« (Elais, IG, 04/2016). Es wurden wiederholt und vermehrt konziliante und angepasste Standpunkte eingenommen, vielleicht, um auf gegenseitiges Wohlwollen zu hoffen? War es eine Strategie des Ankommens, im Diskurs produzierte Annahmen über Geflüchtete und über den ›überbevölkerten‹ Inselstaat zu reproduzieren?

2016 habe ich Elais mitunter als sehr an Malta und an ›das Maltesische‹ angepasst wahrgenommen. In seinen Erzählungen fanden sich dauernd maltesische Wörter wieder, die er nicht übersetzte, sondern sie wie selbstverständlich einzubauen schien und die ich aufgrund meiner nicht vorhandenen Maltesischkenntnisse nicht verstand. Abseits von »iva« und »le«, ja und nein, konnte ich mit den Begriffen nichts anfangen. Im weiteren Verlauf des Abends gab es immer mal wieder Situationen, in denen Elais sehr positiv über Malta sprach. Außerdem hatte ich das Gefühl, dass er sich von vermeintlich ›somalischen‹ Praktiken distanziere. Während wir Dessert aßen und die meisten sich zwischen zwei und drei Teelöffel Zucker in den Tee einrührten und gerne den Apfelstrudel, den ich zubereitet hatte, aßen, sagte er: »Somalis they eat a lot of sugar. But for me this cake is too sweet. I am not Somali anymore« (Elais, IG, 04/2016). Auch wenn er dieses mit einem Lachen sagte, hatte ich das Gefühl, dass es nicht unernst gemeint war. Er erzählte dann auch, dass er mit seinem maltesischen Chef regelmäßig zum Fußballspiel ins Stadion gehe: »Me I am Valletta«, konstatierte er emphatisch. »I have to learn more of their [Maltese, L.O.] culture, I have to learn more about their language and I have to accept them and how they are and then that's it. I will be a Maltese then« (Elais, IG, 04/2016). Dann hat sich Amiir noch einmal in das Gespräch eingemischt und gesagt: »But don't forget that you are still black. You cannot change your colour« (Amiir, IG, 04/2016). Diese Aussagen ließen mich immer wieder mit Ohnmachtsgefühlen zurück. Amiir zeigte Elais folglich die Grenzen des Ankommens auf. Meine Ohnmachtsgefühle deute ich als Zeichen dessen, dass ich Rassismus als strukturelles Problem verstehe, welches ich gerne ändern würde und Anpassung nicht als den richtigen Umgang damit verstehe. Ich habe dann aber übersehen und nicht anerkannt, dass Elais einen pragmatischen Weg des Umgangs gewählt hatte. Meine Ohnmacht wertete also sein Verhalten durchaus auch ab, war er doch scheinbar in der Lage sein Bleiben für sich (erfolgreich) navigieren zu können.

Bei Elais nahm ich es so wahr, dass er sehr damit beschäftigt war, sich anzupassen. Der Begriff der Akkulturation ist in den vergangenen Jahren immer wieder in die Kritik geraten, vor allem, weil er suggeriere, dass Individuen, die neu in einer Gesellschaft sind, defizitär seien und sich angleichen sollten. Auch ich stehe diesem Ansatz kritisch gegenüber. Meine Haltung zu diesem Konzept führte jedoch in der Situation mit Elais ggf. auch zu einer Übertragung durch mich: Konnte und wollte ich nicht sehen, dass er durchaus ganz erfolgreich war mit seinen Handlungen? Dass er es geschafft hatte, eine Wohnung und eine Arbeit zu finden, dass er bereit war, die Sprache zu lernen und scheinbar auch zu seinem Chef ein ganz freundschaftliches Verhältnis hatte? Fand ich es nicht in Ordnung, dass er sich von ›somalischen‹ Traditionen zunehmend verabschiedete und schrieb ich ihn in meinen Deutungen immer wieder in der Position des (von mir imaginierten) ›Somaliers‹ fest? Wollte ich nicht sehen, dass es meinen geflüchteten Forschungspartner*innen in Malta in Teilen auch ganz gut ging? Vielleicht war es nur meine Interpretation, dass es ihm in Malta nicht gut gehe und vielleicht war er auch einfach nur genervt, mich und die anderen jungen Geflüchteten zu treffen, weil er mir einen Gefallen tun wollte, aber eigentlich keine Lust auf Interaktion mit den anderen hatte. Ich deutete Elais Anpassungsverhalten als Selbstaufgabe, aber es lässt sich auch unter der Brille der Aneignung sozialen Kapitals verstehen. Während ich sein Verhalten, welches ich als laut und kraftvoll empfand, als Kompensation deutete, ist es aber ebenso gut möglich, dass es Ausdruck seines Lernens war.

Nicht nur konnte ich Anpassungsversuche im öffentlichen Raum in Malta erkennen, sondern auch Umdeutungen vermeintlich ›starrer‹ Praktiken, die die jungen Geflüchteten selbst als etwas ›somalisches‹ beschrieben haben, wurden nicht nur von Elais vorgenommen. So wurde beispielsweise Abstand genommen von dem in Somalia/Somaliland herrschenden *clan system*, nach dem man, laut Bilals Erzählung, auch nur innerhalb des *tribe* heiraten darf und es somit sehr schwer oder gar unmöglich sei, eine Frau aus einem anderen *tribe* zu heiraten. In Malta, so berichtete er es mir 2016, als wir gemeinsam bei ihm aßen, sei dies anders, denn die Bedeutung der *tribe*-Zugehörigkeit würde nicht mehr zählen:

»Here in Malta the tribes don't count. Because tribe is also like family. But what if you don't have family? You stay with people who share the culture. And of course people from different tribes share the Somali culture. So that is it. We make a new family here without tribes. To me it is better because in Somalia when you fall in love with a girl from a different tribe you have to pay a lot so that she can be your wife. But when you don't have a money you take her and you run away together to another place. But then you have no support. The tribes destroy love. So here now I can marry one day a woman I like, and the tribe will not be a problem« (Bilal, IG, 04/2016).

Bilals Erzählung verdeutlicht, dass eine Zugehörigkeit nach wie vor über das geteilte Somali-Sein ausgehandelt wurde. Gleichzeitig betonte er, dass sich durch das Verlassen Somalias Möglichkeiten für die ›wahre Liebe‹ ergeben könnten, da diese nicht mehr durch das *tribe system* verhindert wurde. In Malta, so nahm er es wahr, konnte er nach seinen persönlichen Vorlieben eine Partnerin suchen. Bilal begann nach circa zwei Jahren in Malta auch seine Dankbarkeit für die Rettung auf See zu äußern. Noch etwas ist auffällig an dem folgenden Zitat: Er reflektierte über das Ankommen von Newcomer*innen und fragte sich, ob die somalische Gesellschaft anders reagieren würde, wenn dort Migrant*innen ankommen würden. Es wirkte in seiner Erzählung so, als sei eine Andersbehandlung der ›Anderen‹ ein Stück weit normal und als gebe es ein transnational-universales Abkommen darüber, dass Menschen Neuankommende anders behandelten. Zum Bleiben gehörte es folglich scheinbar auch, einen Perspektivwechsel einzunehmen und zunehmend wurde mir Dankbarkeit über die Rettung auf See kommuniziert:

»Always, when I am angry about the Maltese, I remind myself that they rescued me at sea. When my friends complain I tell them that. But I tell another thing. I say: ›Imagine Somalia if Europeans from many countries would come, they have their own language and culture. With their own religion. What would we do? Would we be friendly to everybody?‹ I don't think so. So I am thankful, too« (Bilal, IG, 07/2015).

IV. Forschungsethische, methodische und inhaltliche Schlüsse

Schlussbetrachtungen

»Me I am still moving, still walking. Because my life is not yet completed. Still I
have to move. Because it is like this. Always I try to stand and feel if the wind can
still move me. And when I am still moved I know that I have to keep walking. But
one day I am sure that I will stand still like a tree and when the wind comes it does
not move me anymore. Because at that time I will be arrived. And then I know
that finally I can start a good life. Before that I don't want a family nothing because
still I have to move because the wind is still too strong.«

Yasir, im Frühjahr 2016

Mit der vorliegenden Arbeit präsentierte ich eine ethnografische Studie, in
der ich mich mit den Aushandlungen der Kategorie des ›UAMs‹, Altersaushandlungen sowie den Dynamiken jenseits der offiziellen Rahmensetzungen im Zusammenspiel von jungen Geflüchteten und nicht-geflüchteten
Akteur*innen widmete. Es ging dabei durchaus um eine Analyse der Rahmensetzungen, die ihre Aushandlungen prägten, aber eben nicht determi-
nierten. Ziel war es, die Klassifizierungs- und Kategorisierungsprozesse
zwischen jungen Geflüchteten und nicht-geflüchteten Akteur*innen entlang und jenseits der Kategorie ›Alter‹ im Grenzregime ethnografisch zu
beforschen und ich verstand dabei Malta als *eine* Lokalisierung dieses
Grenzregimes (vgl. Römhild 2006; Rass und Wolff 2018). Das Ziel der
Herausforderung und Betrachtung der ›UAM‹-Kategorie war es, die Wirkmächtigkeit des Ungesagten und Übersehenen sowie das, was außerhalb
der Rahmensetzungen zu ›UAMs‹ steht, aufzuzeigen (vgl. Ha 2013, 77). Es
ging mir um die Reflexionen der Lücken und dem Dazwischen der
vermeintlich eindeutigen Kategorie des ›UAMs‹: Ich habe mich folglich
nicht dem Gegebenen definitorischem Eurozentrismus (Hoffmann 2017)
angepasst, sondern versucht, die Ambivalenzen dieser Kategorisierung zu
beleuchten.

Dass es sich dabei um dynamische und komplexe Aushandlungsprozesse von Voll- und Minderjährigkeit, von Bleiben und Gehen, von Subjektpositionen und Zuschreibungen handelte, habe ich entlang meines Materials vor dem Hintergrund von Intersektionalität in Kombination mit Subjekt- und Raumtheorien dargestellt: Diese Prozesse charakterisiere ich als (Un-)Möglichkeitsräume. Dafür wurde (1) nach den Selbst- und Fremdzuschreibungen der an diesen Prozessen beteiligten Akteur*innen gefragt. Die Frage (2) war, wie die Kategorie des ›UAM‹ von den Akteur*innen bedeutend gemacht und mit Inhalt gefüllt wurde. Es war von Erkenntnisinteresse, wie diejenigen, die als ›UAM‹ eingeteilt wurden, mit der Einteilung umgingen und wie auch jenseits von formalen Prozessen und Gesetzen im maltesischen Kontext die ›UAM‹-Kategorie verhandelt wurde. Es wurde gefragt, welche Verständnisse von Alter die verschiedenen Akteur*innen kommunizierten. Um nicht nur der Kategorie ›Alter‹, die vom institutionellen Grenzregime gesetzt wird, nachzugehen, und diese im komplexen Wirkmächtigkeitszusammenhang mit weiteren sozial konstruierten Kategorien und Zuschreibungen zu diskutieren, wurde (3) die Frage nach Fixierungen und Aushandlungen jenseits der ›UAM‹-Kategorie gestellt. In diesen Prozessen wurde (4) nach dem Entstehen und dem Einsatz von Agency der diversen Akteur*innen gefragt. Es wurden (5) auch die Beziehungen zwischen geflüchteten und nicht-geflüchteten, geflüchteten und geflüchteten sowie nicht-geflüchteten und nicht-geflüchteten Akteur*innen betrachtet, um ihren Inhalt sowie die Bedeutungen für die Entstehung von (Un-)Möglichkeitsräumen aufzeigen zu können.

Abschließend werden diese Fragen diskutiert und beantwortet. Ich beginne den Abschluss zunächst jedoch mit zusammenfassenden Erkenntnissen aus dem empirischen Material, ohne dieses in aktuelle Debatten um Flucht_Migration einzuordnen. Mir ist es wichtig, zu zeigen, was das, was ich auf den vorherigen Seiten darstellte, für meine Gesprächspartner*innen bedeutete. Im Anschluss ziehe ich methodologische und forschungsethische Schlüsse und lege dann eine an aktuelle Diskurse um Flucht_Migration und theoretisierte, inhaltliche Synthese vor. In den vorangegangenen Kapiteln habe ich gezeigt, dass Flucht_Migration junger Menschen vielschichtig ist. Sie gingen aus sehr verschiedenen Gründen, sie machten verschiedene Erfahrungen in ihren Herkunftsländern und auch en route erlebten sie sehr Unterschiedliches. Spätestens mit der Ankunft in der EU wurden sie dann verkollektiviert und nur sehr selten noch in ihrer Individualität wahrgenommen. Für diese Verkollektivierungen gab es nachvollziehbare und weniger nachvollziehbare Gründe. Auf der einen Seite hatten die institutionellen Akteur*innen den Wunsch und teilweise die Verpflichtung, soziale Ordnung herzustellen. Dafür wurden Verfahren, wie das des *age assessment*, entwickelt. Für meine geflüchteten Forschungpartner*innen bedeutete das Ankommen in Malta, Verrechtlichung und Kategorisierungen zu erfahren: Sie wurden zu ›Flüchtlingssubjekten‹ gemacht, sie wurden als ›UAMs‹ eingeteilt. Trotz dieser vereinheitlichenden Fixierungen habe ich gezeigt, dass ihre Trajektorien sehr verschieden verliefen. Nicht nur schlugen sie sehr unterschiedliche Wege ein und fanden differente Umgangsformen mit diesen Einteilungen, sondern sie erlebten sie auch sehr verschieden. Während einige es als vorteilhaft ansahen, ›UAM‹ zu sein, um in einem anderen EU-Land erneut einen Asylantrag stellen zu können, erlebten andere diese Kategorisierung als Zeitverschwendung, da sie nicht reisen konnten, nur erschwert Arbeit fanden und das Gefühl hatten, kein selbstbestimmtes Leben führen zu können. In der Alltagsbedeutung für junge Geflüchtete ist die ›UAM‹-Kategorie folglich ambivalent.

Nicht nur erlebten sie diese Kategorisierungen sehr unterschiedlich und gingen in vielfältiger Weise damit um, sondern sie trafen auch sehr vielschichtige Entscheidungen, wie sie ihr Leben in Malta gestalteten und welche Zukunftspläne sie entwickelten. Ich habe folglich versucht, individuelle Geschichten zu zeigen, die sicherlich Gemeinsames haben – wie den Weggang aus Somalia/Somaliland, die Überfahrt nach Malta, das Leben in staatlichen Unterkunftszentren, die Frage nach der Zukunft – die aber in der Gemeinsamkeit keineswegs identisch sind. Eine Gemeinsamkeit, die ich hier noch einmal besonders betonen möchte, ist, dass sie alle versuchten, ihr Leben zu verbessern. Dieser Wunsch war konstant und betraf sowohl den Weggang aus Somalia/Somaliland, als auch das Sein in Malta oder den Weggang aus Malta. Sie alle versuchten, wie andere Menschen auch, den für sie besten Weg zu gehen.

Während die jungen Menschen in Malta lebten, sind sie untereinander recht enge Beziehungen eingegangen und haben eigene Netzwerke und Unterstützungslogiken entwickelt. Diese funktionierten am besten, wenn sie viele waren. Diese Netzwerke wurden vor allem dann instabil, wenn Einzelne von dem, was die anderen als ›normales‹ Verhalten verstanden, abwichen, oder Malta eben verließen. Diese engen Beziehungen und die aufgebauten Netzwerke konnten also jederzeit abrupt enden, wenn Schlüsselpersonen gingen. Die Entscheidungen Einzelner, ihr Leben zu verbessern, blieb also nicht folgenlos für die anderen. Entscheidungen waren selten binär, meistens wurde ausgehandelt und gehadert. Auch unter den institutionellen Akteur*innen gab es vielfältige Positionen und Perspektiven. Immer wieder gab es Situationen, in denen ihr Verhalten widersprüchlich war. Die institutionellen Akteur*innen waren eben, wie alle anderen auch, nicht nur produzierender Teil des Grenzregimes, sondern wurden gleichzeitig von den Dynamiken des Grenzregimes auch erfasst. Konstitution des Regimes durch einzelne Akteur*innen und die Auswirkung desselben Regimes auf einzelne Akteur*innen sind also zwei Seiten derselben Medaille. Während sie also im Heim die Regeln machten, teilweise Sanktionen gegen Geflüchtete verhingen oder auch ihre ›Minderjährigkeit‹ anzweifelten, wurde gleichzeitig ihre Loyalität gegenüber dem Grenzregime angezweifelt, sie wurden (willkürlich) versetzt und wussten oft nicht, wie es mit ihrer eigenen Zukunft weitergeht. Sie hatten, ebenso wie die jungen Geflüchteten und auch ich, immer wieder das Gefühl, dass arbiträre Entscheidungen getroffen wurden – gleichzeitig waren es auch sie, die willkürliche Entscheidungen trafen.

Deutlich sollte bis hierhin auch werden, dass das geschaffene Rechtsgeflecht aus ›Flüchtlingsschutz‹ und ›Kinderrechten‹ in der Regel an der Lebensrealität der Menschen vorbeiging. Aus Sicht des maltesischen Staates gedacht, waren sowohl das Einteilen, als auch die nicht immer klaren Positionierungen nicht nur logisch, sondern auch Ressourcen geschuldet. Meine geflüchteten Forschungspartner*innen hätten sich einen anderen Umgang mit ihnen dennoch gewünscht: Sie hätten sich gewünscht, dass sie, wenn schon als ›UAM‹ eingeteilt, Minderjährigen mit maltesischem Pass gleichgestellt gewesen wären. Über allem stand der Wunsch, gar nicht nach ›Kind‹ oder ›Erwachsener‹ eingeteilt zu werden, sondern entsprechend ihrer eigenen Bedürfnisse behandelt zu werden.

Abschließende Überlegungen zu Forschungsethik und -praxis

Forschen mit jungen Geflüchteten: Eine (Un-)Möglichkeit?

Laut UNHCR (2016) sind 2016 mehr als die Hälfte aller von 65,5 Millionen sich auf der Flucht befindenden Menschen als nicht volljährig verstanden worden; 2015 stellten über 88.000 als ›UAM‹ eingeschätzte Personen in der EU einen Asylantrag (Eurostat 2016); seit 2010 hat sich nach UNICEF (2017) Schätzungen die Zahl der unbegleiteten und nicht-volljährigen Personen verfünffacht – Tendenz steigend. Damit einher gehen sich intensivierende Fragen nach ihrer Versorgung, ihrer Aufnahme, ihrer Zukunft sowie ihrer Unterbringung. Junge Geflüchtete berühren Fragen nach humanitärer Hilfe besonders intensiv. Diese Dynamiken und die entsprechenden Menschen werden auch in Zukunft weiterhin das Interesse von Forscher*innen unterschiedlicher Disziplinen auf sich ziehen und vielleicht die kulturanthropologische Forschung im Besonderen, da sich das Fach momentan stark dem »aid system« widmet (Guilhot 2012, 87) und die intensive Nähe zwischen Geflüchteten und den sie Versorgenden und Helfenden kulturanthropologisches Interesse evozierte und weiterhin evozieren wird. Ethnograf*innen, die sich diesem Thema widmen, können sich allzu schnell in dem Bedienen des Humanitarismus wiederfinden, wollen sie doch für ihre geflüchteten Forschungspartner*innen nur ›das Beste‹. Um ihre Situation ›zu verbessern‹, kann es dann in der Repräsentation der Ergebnisse zu einer Bekräftigung von Trauma und Opferrolle, von Hilflosigkeit und Dankbarkeit kommen. Es ist demnach ein schmaler Grat zwischen »do no harm in fieldwork« und dem Wunsch vieler Forscher*innen nach einem »do good« in und durch Feldforschung. Nicolas Guilhot argumentiert, dass es der kulturanthropologischen Forschung wenig helfe, das Material einfach mit kritischen Theorien zu tränken, sondern hinterfragt werden müsse, warum überhaupt erst aus dieser kritischen Perspektive, die nicht selten die asymmetrischen Beziehungen zwischen den ›Empfänger*innen humanitärer Hilfe‹ und den Forschenden ignoriert, gesprochen wird: Es hindert uns daran, so die These, unsere eigenen Unterschiede gegenüber unseren Gesprächspartner*innen zu artikulieren und die Möglichkeit eines Arguments zu eröffnen, das auf der Basis divergierender Interessen entwickelt wurde. Wie kann also vor dem Hintergrund dieser Fallstricke eine Forschung zu und mit jungen Geflüchteten dennoch gelingen?

Fragen, die sich stellen werden, sind unter anderem die des Zugangs: Wie können junge Geflüchtete für Forschungen angefragt werden? Wie können ihre Flucht_Migrationserfahrungen beforscht werden, ohne Wissen, welches den Institutionen nicht bekannt ist, öffentlich zu machen und ohne sie zu gefährden? Wie kann es gelingen, *über* sie zu schreiben, ohne die gängigen Zuschreibungen entweder als Opfer, Held*innen und Täter*innen (vgl. Friese 2017) fortzuschreiben? Wie kann es gelingen, »individual histories« (Guilhot 2012, 95) in einem Grenzregime zu repräsentieren, welches aufgrund seiner (biopolitischen) Verallgemeinerungen im Prinzip keinen Platz dafür lässt? Unsere eigenen Beziehungen als Forscher*innen zu ihnen und unsere Positionierungen sind ausschlaggebend für die Beantwortung dieser Fragen.

Abschließend reflektiere ich hier einzelne Punkte in der Hoffnung, dass diese Reflexionen auch anderen Forschenden eine Inspiration sein mögen – ist doch das ›Chaos‹ der Beziehungen und Forschungssituationen bislang in der Literatur kaum diskutiert worden (vgl. Chase et al. 2019).

Mein über viele Jahre bestehender Kontakt zu den Geflüchteten via Telefon und Internet und die Beziehungen zu ihnen lassen einen auf junge Menschen eingehenden, sensiblen Ansatz zu und dadurch unterscheidet sich mein Forschungsprojekt wesentlich von anderen Ansätzen und Forschungen. Durch meine Erreichbarkeit konnten sie sich immer wieder über den Stand der Forschung informieren und hatten die Möglichkeit, weiter mit mir zu sprechen. Sich Zeit zu nehmen für dieses »[...] ›hanging out‹ – with patience, time and personal interest in the lives of people among whom we conduct our research – encapsulates an important ethical imperative in its own right« (Rodgers 2004, 49). Diese Praktik prägte diese Forschung und bildet meiner Einschätzung nach ein zentrales Gütekriterium für die Arbeit mit (jungen) Geflüchteten. Aber auch das ›einfach Abhängen‹ oder etwas vermeintlich ›Normales‹ zu unternehmen, barg seine eigenen Risiken, die vorher für mich so nicht absehbar waren und was auch noch einmal zeigt, dass das eigene ›Normale‹ nicht einfach auf die Lebensrealität des Gegenübers übertragen werden darf. Berichte über den von Angst begleiteten Alltag wurden mir vor allem während gemeinsamer Aktivitäten erzählt, die oft auch das Alltägliche – bzw. mein Alltägliches, mein ›Normales‹ – umfassten. So sind aus Forschungsperspektive diese Aktivitäten einerseits materialgenerierend, bargen aber gleichzeitig die Gefahr, bei den Forschungspartner*innen schmerzhafte Erinnerungen hervorzurufen, die ich aus meiner eigenen *weißen* Perspektive kaum reflektierte, da für mich beispielsweise Marktbesuche vordergründig positiv besetzt sind. Haybe erzählte mir während des gemeinsamen Besuches eines Bauernmarktes:

»It is easy here to go to the market, not dangerous. But in Somalia it's problem. Because al-Shabaab they are around these places. They say ›Come and fight for us‹. And when you say no because you don't like it, then they will kill you. So I was afraid all my life and I had to leave that situation. When you are al-Shabaab, then you won't live long« (Haybe, IG, 05/2013).

Es waren also durchaus meine Initiativen, die meine geflüchteten Forschungspartner*innen auch in unangenehme Situationen brachten und ich stellte mir immer wieder auch Fragen der Vulnerabilisierung durch mich. Rückblickend auf die Forschungszeit halte ich fest, dass volljährige Geflüchtete auch vulnerabel sein können – so, wie alle anderen Menschen egal welchen Alters auch. Ziel dieser Arbeit war es vielmehr, aufzuzeigen, dass durch die Einteilung in die Minderjährigkeit neue Vulnerabilitäten geschaffen wurden, die es in einer Forschung mit jungen Geflüchteten zu beachten und als solche zu benennen gilt. Das Formell-volljährig-Werden allein führt nicht dazu, dass junge Geflüchtete nicht mehr vulnerabel waren.

Um junge Geflüchtete nicht als ›embodied‹ und ›inscribed‹ vulnerabel zu beschreiben und sie als Opfer der Verhältnisse zu repräsentieren, gehört zu einem kritischen Ansatz auch die Auseinandersetzung mit den Begriffen Jugend, Minderjährigkeit und Volljährigkeit. Das ist zentral, um die eigenen Vorstellungen zu diesen Kategorien nicht unreflektiert zu reproduzieren. Die jungen Geflüchteten als Akteur*innen, die über Agency verfügen, in den Fokus der Arbeit zu stellen, gehört ebenfalls zu dem in dieser Arbeit vertretenen forschungsethischen Verständnis, denn nur so kann »Forschung mit und nicht nur über Flüchtlinge« (vgl. auch Kleist 2015; Otto und Kaufmann 2018) realisiert werden. Aber auch hier liegt erneut eine Problematik: Durchaus strebte ich während der Forschungszeit auch kollaborative Formen der Wissensproduktion an, welches auch erfolgreich in zwei gemeinsamen Buchkapiteln mit Sarah Nimführ und Gabriel Samateh mündete (vgl. Nimführ, Otto und Samateh 2017; 2019). In anderen Fällen wurde mir aber auch zu verstehen gegeben, dass die Wissenschaft doch meine Aufgabe sei, die jungen Geflüchteten seien mit ihren eigenen Aufgaben selbst zu beschäftigt und hatten keine Kapazitäten, mit mir zu Schreiben. Dieses ist absolut nachzuvollziehen, wenn wir uns die Situation anschauen: Die jungen Geflüchteten haben oft zwölf Stunden Schichten gearbeitet, mussten kochen, die Wohnung reinigen und wollten/mussten auch ihre sozialen Netzwerke pflegen. Als Forscherin auch noch zu erwarten, dass sie an der kollaborativen Wissensproduktion Interesse haben sollten, war wohl etwas zu weit gegriffen.

Nun formulierte ich eingangs die Herausforderung, dass es die Aufgabe für Wissenschaftler*innen ist, kein Insider*innenwissen der Geflüchteten an gouvernementale Akteur*innen weiterzugeben. Zu reflektieren ist auf jeden Fall, welche Erzählungen der jungen Geflüchteten behördlich Anerkennung fanden und wann sie uns als Forschenden gegenüber das behördliche Narrativ ablegten. Genau hierin liegt die Krux: Diese Momente sind für die Analyse der Daten hochgradig interessant, sie lassen uns auf Vertrauen rückschließen, sie können aber auch zeigen, wie gut die jungen Geflüchteten gelernt haben, zwischen den Akteur*innen zu differenzieren; es kann auch Ausdruck dessen sein, dass sie gezielt und taktisch handeln. Dieses kann aber auch wieder gegen sie verwendet werden: Nun gibt es ja Evidenz dafür, dass sie nicht die Wahrheit gegenüber den Behörden gesagt hätten. Forscher*innen stehen dann vor einem Repräsentationsdilemma. Wir wollen ihre Agency betonen, um sie nicht zu veropfern, gleichzeitig aber wollen wir mit unseren Forschungen nicht das Bild der ›Asylmissbrauchstäter*innen‹ stärken. Es gibt zu diesem Zeitpunkt keine finale Antwort auf dieses Dilemma, doch wirft diese Thematik für zukünftige Forschung weiteres Reflexionspotenzial auf.

Zum sensiblen Forschen gehört es für mich, dass Forschende bereit sind, ihr Forschungsdesign und die Fokussierungen den Umständen anzupassen. Zunächst war es meine Idee, nachdem die meisten der jungen Geflüchteten Malta im Laufe von 2013 und 2014 verlassen hatten, sie forschend und nah weiter zu begleiten. Ihre Folgemigrationspraktiken hätten dann im Fokus dieser Arbeit gestanden, ebenso wie ihre Ankommenspraktiken in anderen Ländern. Die persönlichen Entwicklungen der jungen Geflüchteten – einige litten und leiden unter schweren Krankheiten, andere warteten und warten noch immer auf Papiere – führten dazu, dass ich mich dagegen entschieden habe.

»Balbi is not a good place for a girl like you« – Zuschreibungen, Erwartungen und Enttäuschungen

Für diese Studie habe ich als *weiß* positionierte Forscherin die Erzählungen und Handlungen von als Schwarz positionierten jungen Menschen mit Flucht_Migrationserfahrung gedeutet und interpretiert – sie wurden zum Gegenstand der Betrachtung aus einer *weißen* Perspektive. Dieses implizierte, dass ich zwar versucht habe, den Erzählungen und Handlungen mit besonders großer Sensibilität zu begegnen und mich mit meinen Verstrickungen, Vorstellungen und Vorannahmen immer wieder sichtbar in den Text einzuschreiben, doch entzog sich vieles meiner bewussten Wahrnehmung. Abschließend möchte ich zu diesem Verhältnis explizit reflektieren und noch einmal Bezug auf konkrete empirische Situationen nehmen und dabei verdeutlichen, dass auch meine Positionierung intersektional verhandelt wurde. In spezifischen Situationen wurden verschiedene sozial konstruierte Kategorien, wie mein Weiblich-Sein oder mein Alter und meine sozial-rechtliche Positionierung als Staatsbürgerin Deutschlands unterschiedlich wirkmächtig oder wirkmächtig gemacht.

Da ich als Forscherin keineswegs außerhalb von bestehenden Diskursen und Machtverhältnissen stehe und sich meine Forschung durch die Rezeption gegebenenfalls gar in diese einordnen wird, ist es umso zentraler über die eigene Positionierung als *weiße* Deutsche zu reflektieren. Von unterschiedlichen Akteur*innen wurde ich klar als diese positioniert. So formulierten beispielsweise die Heimmitarbeiter*innen gleich zu Beginn, dass ich den Bewohner*innen »typical German food« (TB, 02/2013) kochen solle und auch die Bewohner*innen markierten mich schnell als Deutsche: »Nach einer kurzen Wartezeit werde ich reingelassen und trage mich in das Besucherheft ein. Drei Jungen beobachten, was ich mache und einer fragt, ob ich Deutsche bin, er hat meinen Ausweis als deutschen Ausweis erkannt« (ebd.). In dieser Situation wurde ich nicht nur als Deutsche wahrgenommen, sondern auch als Person mit deutschem Pass, die die Rechte einer deutschen Staatsbürgerin besitzt. Aber noch etwas zeigt sich hier: Ich als zunächst Fremde im Heim, wurde von den Mitarbeiter*innen in die Position der Belehrenden gehoben. Ich sollte den Bewohner*innen etwas beibringen und nicht andersherum.

Die unerlässliche Reflexion der Positionierungen liegt auch in der Interaktion zwischen mir und meinen Forschungspartner*innen begründet, die die maßgebliche Basis für diese ethnografische, akteur*innenzentrierte Forschung darstellten (vgl. Madison 2012). Um diese reflektieren zu können, versteht die Ethnologin D. Soyini Madison die Frage »Who am I?« (2011, 19) für Forschende als unerlässlich. Welchen Unterschied macht die Präsenz der Forschenden aus? Was verlieren oder gewinnen die Akteur*innen durch die Forschung? Das Nachdenken über das eigene *weißsein* ist insbesondere zentral, weil der Großteil meiner Forschungspartner*innen, die jungen Geflüchteten, als nicht-*weiß* positioniert wurden. Das eigene *weißsein*, und dieses ist zentral zu betonen, gewann allerdings nicht erst an Bedeutung im Kontakt zwischen mir als *weiß* Positionierter und den als nicht-*weiß* positionierten Geflüchteten; denn auch die Kommunikation unter *weißen* ist stets von ihrem, oft nicht thematisierten *weißsein* geprägt (vgl. Wachendorfer 2001, 87). Auch die Rezeption und das Schreiben von Texten sowie die Datenerhebung werden beeinflusst (vgl. Bergschmidt

2014, 68). Die Soziologin Ruth Frankenberg (1993) stellt drei Thesen auf: Sie konstatiert, dass *weiß*sein ein Standpunkt ist, von dem *weiße* Menschen sich, andere und die Gesellschaft betrachten und bestimmen; sie beschreibt *weiß*sein als einen Ort, der unbenannt, unmarkiert und unsichtbar ist und trotzdem in der Lage ist, Normen zu setzen; und sie beschreibt das *weiß*sein als einen Ort struktureller Privilegien (vgl. Wachendorfer 2001, 87).

So war ich beispielsweise zugleich überrascht und enttäuscht, dass die jungen Geflüchteten nicht mit mir eine von migrantischen NGOs organisierte Demonstration in Valletta besuchen wollten, deren Ziel es war, sich für die Verbesserung der Situation von Geflüchteten vor Ort einzusetzen: Hatten wir nicht alle ein gemeinsames Interesse daran? Ich glaubte, dass sie die Missstände, die sie selbst erlebt hatten, öffentlich kritisieren wollten und die Möglichkeit, politisch aktiv werden zu können, gewiss nutzen wollten. Ich projizierte hier also meine Wünsche und meine Möglichkeiten auf die jungen Geflüchteten. Während es Teil meiner Jugend und jungen Erwachsenseins war z. B. an Schüler*innen-Demos teilzunehmen, wollten einige der jungen Geflüchteten nicht mit widerständischen Praktiken auffallen. Als *weiße* mit deutschem Pass hatte ich weder als Jugendliche in Deutschland noch als Forschende in Malta Restriktionen zu befürchten. Sie waren jedoch in Sorge, dass genau das geschehen könnte und sie Probleme mit ihrem Status bekommen könnten, wenn sie politisch aktiv werden würden. Hier wurden unsere unterschiedlichen Privilegien in Bezug auf die Möglichkeit zu demonstrieren ersichtlich, was wiederum verdeutlicht, dass eben diese Reibungen, die zwischen Forscher*in und Forschungspartner*innen entstehen, als ethnografisch wertvoll verstanden werden müssen. Aber noch etwas ist hier wichtig zu betonen: Während einige in Sorge waren, dass öffentliche Kritik für sie nachteilig sein könnte, hatten andere schlicht keine Lust an der Demonstration teilzunehmen. Es war schließlich ein heißer Sommertag im Juli – sie wollten lieber am Strand abhängen oder in gekühlten Räumen Billard spielen. Nach Nadig (2009), sind genau diese Situationen die Übergangsräume zwischenmenschlicher Begegnung, in denen Nähe und Distanz, ebenso wie Unterschiede und Gemeinsames, gleichzeitig vorhanden sind. Ich musste lernen, einerseits mit meinen Privilegien, aber andererseits auch mit ihren Präferenzen, umzugehen und es auszuhalten, dass wir eben nicht alle ›gleich‹ waren.

In der Forschung zeigte sich die Konstruktion von nicht-*weiß* als ›gefährlich‹ für *weiß* Positionierte vor allem im Kontakt mit den *carers* im

Heim. So wurde ich mehrfach darauf hingewiesen, dass es für mich sehr gefährlich sei, alleine die Zimmer der männlichen* Bewohner zu betreten:

Heute steht wieder ein Ausflug an den Strand an. Als ich im Heim eintreffe, sind noch nicht alle aufgewacht, einige müssen noch etwas essen oder ihre Sachen packen. Mir sitzt die Abfahrtszeit des Busses im Nacken und ich möchte dafür sorgen, alles etwas zu beschleunigen. Also gehe ich in die Zimmer und weise sie darauf hin, dass wir losmüssen oder sie sich zumindest beeilen müssen, wenn sie mitkommen wollen. Bernard hat offenbar mitbekommen, dass ich die Zimmer betreten habe. Auf dem Flur fängt er mich ab und sagt mir: »You cannot enter their room alone. Because you never know what they have inside« (TB, 06/2013).

Diese Beispiele zeigten exemplarisch auf, dass die männlichen Bewohner* nicht nur als männlich*, als »boys«, markiert wurden, sondern zusätzlich als mir gegenüber gewaltbereit imaginiert wurden. Als potenzielle Opfer wurden die *weiß* gelesenen Mitarbeiter*innen beziehungsweise ich als Forscherin alarmiert, mein Weiblich-Sein wurde von den Mitarbeiter*innen immer wieder als schützenswert verstanden. Darüber wurden seitens der als *weiß* Positionierten die Bewohner* als gewaltbereit konstruiert. Meine Präsenz führte gewissermaßen erst dazu, dass gängige Bilder des ›gefährlichen Schwarzen Mannes‹ reproduziert und artikuliert werden konnten. Die Beispiele zeigen zudem, dass ›Race‹ mit anderen sozialen Konstruktionen wie Klasse, Gender, Herkunft intersektional verwoben ist (vgl. Wachendorfer 2001, 87).

Auch im Umgang mit anderen *weißen* konnte ich eine andere, machtvollere Position als die jungen Geflüchteten einnehmen, wie das folgende Beispiel verdeutlicht. Gegen Ende meines Aufenthaltes in 2013 wurden nahezu alle Bewohner*innen in das große Camp nach Tal Gebel verlegt und ich war über diese Entscheidung »wütend und schockiert« (TB, 07/2013). Es kam zu einem Streit zwischen mir und Heimmanager Jason, indem ich mit ihm die Unterbringung für Geflüchtete in Malta diskutiere. Ich konnte mit ihm in den Konflikt gehen, da ich nicht von ihm abhängig war. Er hörte mir zu und ließ sich auf die Diskussion ein. Die jungen Geflüchteten konnten das nicht. Kam es zu Kritik an der Unterbringung ihrerseits, folgten durchaus Sanktionen oder sie stießen auf Ignoranz.

Zuschreibungen an ›Race‹

Auf dem freien Wohnungsmarkt habe ich auf Malta binnen weniger Tage nach meiner Ankunft eine Mietwohnung finden können. Ich fühlte mich

also schnell wohl und angekommen. Immer wieder war die Wohnungs-
suche auch zwischen mir und den jungen Geflüchteten Thema, denn spätestens nach dem Auszug aus dem Heim oder dem *open centre* mussten sie
sich um eine eigene Bleibe kümmern. Wie in Malta üblich, zahlte sowohl
ich als auch die jungen Geflüchteten meine bzw. ihre Wohnungen in bar.
Für sie jedoch, so zeigt es die folgende Aussage von Amiir, führte diese
Methode des Geldtransfers zu Problemen:

»When we first moved into this apartment we always pay the rent cash. And then
he [owner, L.O.] came back a few days later and he asked for the receipt. But he
did not give us one. So he made us pay the rent again. Also for water and
electricity, he never shows us the bill from the company. He charges whatever he
wants. But what can you do« (Amiir, IG, 04/2016).

Der Diskurs auf dem Wohnungsmarkt und damit das Alltägliche, das
Wohnen, war durchaus von Rassismus prädisponiert. Auf dem Wohnungsmarkt wurden die jungen Geflüchteten aber nicht entlang ›Race‹ markiert,
sondern auch mit Zuschreibungen an ihr Geschlecht sowie ihr Alter konfrontiert. Herkunft, Gender und Alter wirkten hier zusammen ungleich-
heitsstrukturierend (vgl. Riegel 2010, 69). Es waren durchaus Wohnungs-
anzeigen zu finden, die eine Vermietung an junge, als Schwarz gelesene
Männer ausschlossen (u. a. Simon Real Estate, vgl. Pisani 2011). Durch
meinen intersektionalen Forschungsblick gewann ich die »Sensibilität für
die Entdeckungen von Überkreuzungen, Wechselverhältnissen sowie vor-
der- und hintergründig wirksamen Kategorien« (Bronner 2010, 253). Ich
selbst wurde immer wieder zum Beispiel dafür, dass aber auch ein anderer
Umgang möglich ist: Wenn ich meine Miete nicht pünktlich zahlte, gab es
keine Probleme, man vertraute mir, dass es sich sicherlich nur um ein, zwei
Tage des Verzugs handeln würde. Durch die Forschung begriff ich, in
welchen machtdurchzogenen Strukturen sich die jungen Geflüchteten befanden. Ich beschäftigte mich mit dem Thema aufgrund der gesellschaftspolitischen Bedeutung bereits in Deutschland, aber im Kontakt mit den
jungen Geflüchteten haben sich a) neue Dimensionen und Perspektiven
eröffnet und sich b) auch meine Perspektive auf meine gesellschaftlichen
Positionen und Positionierungen verändert. Beispielsweise wurden wir im
Umgang mit derselben Behörde ungleich gemacht. Als ich mich nach 90
Tagen Aufenthalt behördlich in Malta melden musste, war der Termin
binnen zwei Stunden erledigt. Behördentermine brachten die jungen
Geflüchteten jedoch immer wieder in Situationen, in denen sie Abwertung
erfuhren. Termine wurden behördlicherseits nicht eingehalten, stattgefun-

dene Termine verliefen oft erfolglos oder die Behörden befanden sich an infrastrukturell wenig angebundenen Orten, sodass die jungen Geflüchteten sie nur schwer erreichen konnten.

Insgesamt zeigt der Blick auf Malta, dass Zuschreibungen an ›Race‹ zu einem zentralen Marker geworden sind. Für die jungen Geflüchteten bedeutete dieses, dass sie vor Ort in die Lage kamen, sich mit den Zuschreibungen an ihre ›Hautfarbe‹ auseinanderzusetzen bzw. auseinandersetzen zu müssen, denn sie wurde von anderen permanent thematisiert. Schon der allererste Kontakt, den ich im Heim zu einem jungen Menschen hatte, wurde von dieser Thematik bestimmt: »They don't like Blacks here. I don't understand«, sagte mir Deeqo am 25. Februar 2013, zu diesem Zeitpunkt war er erst wenige Wochen in Malta. »Me, I just learned in Malta what racism is«, berichtete Amiir im April 2016 als seine Ankunft drei Jahre zurücklag, »because before when I was in Somalia we were all same and it did not make any difference to your life.« Ich fand in Malta die Situation vor, in der die ›Hautfarbe‹ der jungen Geflüchteten immer wieder von den Mitarbeiter*innen im Heim und auch anderen Akteur*innen als quasi natürliche biologistische ›Andersartigkeit‹ gesetzt wurde, z. B. auch, um ihr, aus der Perspetkive der sie Verwaltenden, ›deviantes‹ Verhalten zu erklären. Die wiederholten Zuschreibungen an ›Race‹ deute ich als Produktion und Stabilisierung der Machtverhältnisse vor Ort, und sie drücken gewissermaßen historisch produzierte Machtverhältnisse aus.

Erwartungen

Die jungen Geflüchteten konfrontierten mich immer wieder mit meiner Positionierung als *weiß* – direkt oder indirekt. Einige Beispiele skizzieren dieses im Folgenden. Bereits 2013 haben die jungen Geflüchteten einen Großteil ihrer Freizeit in Balbi verbracht; dort gab es nicht nur ein großes *open centre*, sondern auch diverse Bars, Shops und Internetcafés. Ich war sehr interessiert an diesem Ort und wollte gerne einmal mitkommen und auch meine Zeit dort verbringen: Ich fragte, ob es denn möglich sei, sich mal in Balbi zu treffen, aber einstimmig sagten die jungen Geflüchteten: »For a girl like you Laura, too much, too much danger« (TB, 05/2013). Ich fragte nicht weiter nach, aber deute aus der Aussage, dass es einerseits um Gender und auch darum ging, dass sie *weiß* gelesen haben und ihre eigenen Zuschreibungen machten – dieses reflektierte ich vor allem, nachdem ich 2015 doch Zugang bekommen hatte.

Zweimal wurde ich während meiner Forschung nach finanzieller Unterstützung für die Weiterreise von Malta gefragt. Diese lassen sich eventuell aus meiner *weißen* Positionierung in Verbindung mit (projizierter) Klasse ableiten und es lässt sich nicht verneinen, dass immer mal wieder gewisse Hoffnungen in meine Person hineininterpretiert wurden, die ich durchaus enttäuschte. Neben finanzieller Unterstützung wurde ich aber vor allem als Expertin für das EUropäische Grenzregime befragt. Dazu gehörten Nachfragen nach Möglichkeiten, Tickets für Züge zu kaufen, wo zwischen den Ländern Grenzen sind und wie man mit der örtlichen Polizei umgehe – ich wurde, wie viele andere (sonst meistens Geflüchtete) auch, einfach zu einem Teil der Wissensweitergabepraktiken gemacht. Es handelte sich jedoch nie um sehr detaillierte Nachfragen. Um diese Erfahrungen einzuordnen ist der Ansatz, die Situationen mit einem kritischen Verständnis von *weiß*sein sicherlich *eine* Möglichkeit; gleichzeitig sollte allerdings meine Position nicht überbetont werden, sondern vielmehr analysiert werden, aus welcher nicht-*weißen* Position heraus die jungen Geflüchteten diese Fragen nach Unterstützung verschiedener Art formulierten. Diese Praktiken des Sich-gegenseitig-nach-Hilfe-Fragens war durchaus gängige Praxis und ich wurde immer wieder als Teil des Netzwerks verstanden und entsprechend angerufen – nicht nur, weil ich *weiß* bin.

Folgendes möchte ich mit diesen Ausführungen sagen: Wir sollten uns unseres *weiß*seins nicht nur deshalb bewusst sein, weil es zwischen unseren Forschungspartner*innen und uns große Diskrepanzen in Bezug auf Privilegien und Macht gibt, sondern auch, dass wir unser *weiß*sein als Erkenntnismodus begreifen sollten. Denn sonst bleiben wir bei der puren Anerkennung des eigenen *weiß*seins stehen und übersehen, dass entlang dessen auch verhandelt wird, wie mit den jungen Geflüchteten anders als mit als *weiß* Gelesenen umgegangen wird. Mir ist bewusst, dass die Fortbetonung der Positionierung als *weiß* auch in Teilen die Positionierung als Schwarz, in der die jungen Geflüchteten verortet wurden, produzieren und immer wieder betonen kann. Wie kann es also gelingen, Momente, in denen meine *weißen* Privilegien wirklich bedeutend waren zu benennen, ohne *alles* damit, ggf. vereinfachend, zu erklären? Ich stellte mir die Frage, ob Balbi denn überhaupt für irgendjemanden ein ›guter‹ Ort war, hatten meine jungen männlichen* Forschungspartner* doch den Eindruck, dass es für mich als junge und *weiße* Frau dort problematisch sein könnte. Auch sie betonten immer wieder, dass Balbi, vor allem das lokale *open centre*, auch für sie problematisch sei, hätten sie z. B. aufgrund ihres Jung-Seins Schwierigkeiten, sich gegen ältere Bewohner* durchzusetzen, wenn es um die Nutzung der Küche ging. Es zeigt sich also, dass Balbi für uns alle aus verschiedenen Gründen und vor der Zusammenschau des Zusammenwirkens unterschiedlicher sozialer Kategorisierungen problematisch sein konnte. Ziel meines Schreibens und Aufzeigens dieser Dynamiken war es, eine Verkomplizierung durch die verschiedenen Perspektiven und Positionierungen im Grenzregime aufzuzeigen und zu fragen, für wen wann warum genau diese Umstände problematisch waren; ein wesentlicher Bestandteil waren dabei unsere Positionierungen als *weiß* und nicht-*weiß*, die ich hoffte durch meinen Ansatz orientiert an Intersektionalität sichtbar machen zu können. Mir war es ein Anliegen, den Blick auf machtdurchdrungene Kontexte, die der Öffentlichkeit nicht immer bekannt sind, zu lenken (vgl. Gutekunst 2018, 291).

Rollen als Forscherin

Meine Rollen, die ich während aber auch abseits des Forschens hatte, sind im Text immer wieder implizit und explizit angeklungen. Abschließend ist es mir wichtig, darauf noch einmal zusammenfassend einzugehen, da ich mit dieser Arbeit schließlich auch andere Forscher*innen, die sich in diese Dynamiken begeben, anregen und sensibilisieren möchte. Das Teilen der eigenen Erfahrungen erachte ich als wichtig dafür. Dabei gehe ich in den folgenden Ausführungen auf die mir zugeschriebenen Rollen ein, reflektiere aber auch, welche ich selbst eingenommen habe. Die besondere Ambivalenz und Dynamik, die sich in dieser Forschung ergeben hat, war zunächst der Zugang über das Ehrenamt und dem daraus resultierenden Forschungsinteresse.

Nicht zuletzt ist anzumerken, dass es letztlich die jungen Geflüchteten waren, die entschieden haben, welche Informationen sie im Rahmen der Forschung mit mir teilen wollten. Auch der Ethnologe Tobias Hecht (1998) machte die Erfahrung, dass er nie mit der Ungleichheit zwischen sich und seinen brasilianischen Forschungspartner*innen zurechtkam, allerdings realisierte, dass er sich letztlich in einer von ihnen abhängigen Rolle befand (vgl. Hecht 1998, 9). In Anerkennung dessen werden sie zu Subjekten, die die ethnografische Forschung durchaus richtungsweisend prägen, indem sie weitere Forschungspartner*innen identifizieren und den Kontakt herstellen, in dem übersetzt oder auch verschwiegen wird, in dem

Orte gezeigt oder nicht gezeigt werden, in dem sie auch kritische Fragen an die Forschung stellen (vgl. Grayson-Courtemanche 2015, 32ff.).

Intensive Prozesse differenter Rollenzuschreibungen erlebte ich während meiner Tätigkeit im Heim, wie ich auch in meinen Ausführungen zu meinem methodischen Vorgehen beschrieb. In diesem Rahmen hatte ich auch meinen ersten Kontakt zu institutionellen Akteur*innen sowie zu jungen Geflüchteten. Meine Kontaktperson im Heim war Eva, die Leiterin zum damaligen Zeitpunkt. Sie schien, so notierte ich es nach dem ersten Treffen im Heim im Februar 2013, »froh darüber zu sein, dass jemand Freizeit mit den Bewohner*innen verbringen wollte. Anfang Februar 2013 lernte ich sowohl die Heimleitung, als auch die Bewohner*innen kennen und verbrachte ab dann mehrere Tage pro Woche in der Einrichtung« (TB, 02/2013). Mit der Tätigkeit im Heim waren durch Eva verschiedene Rollen an mich herangetragen worden: Einerseits sollte ich für die Bewohner*innen ein Freizeitprogramm organisieren, aber unter den von LMAO und der Heimleitung aufgestellten Regeln. Durch den Auftrag an mich, die Verantwortung für das Freizeitangebot zu entwickeln, wurde ich gleichzeitig mit Macht durch die Heimleitung ausgestattet, die ich unterschiedlich nutzte und die reflektiert werden muss.

Einen zentralen Teil meiner Macht charakterisierte mein Besitz des Schlüssels für den Computerraum, den die jungen Geflüchteten nur in meiner Anwesenheit und im Rahmen eines von der Heimleitung entwickelten Punktesystems nutzen durften: Punkte, die der Nutzung des Internets in Minuten entsprachen, wurden von den Mitarbeiter*innen für Putzen, Kochen und andere Aufgaben im Heim vergeben. Recht schnell realisierte ich, so notierte ich es im Tagebuch, dass das Internet oft der einzige Weg war, sich mit Freund*innen, der Familie oder dem eigenen Netzwerk zu vernetzen und lokale sowie transnationale Kontakte aufrecht zu erhalten. Aus den Erzählungen der Bewohner*innen und dem Punktesystem resultierte, dass ich als Ehrenamtliche nicht den mir von der Heimleitung übertragenen Regeln folgte, sondern die Bewohner*innen das Internet über die ihnen per Regelsystem zustehende Zeit hinaus nutzen ließ. Dadurch kam es im Laufe der Zeit dazu, dass die Bewohner*innen mich mehr respektierten als die Mitarbeiter*innen, wodurch es regelmäßig zu Konflikten, vordergründig zwischen den Geflüchteten und den Mitarbeiter*innen kam – mein ›Gut-Meinen‹ der längeren Zeiträume am PC konnte auch zu weiteren Spannungen zwischen den Bewohner*innen und den Mitarbeiter*innen führen.

Aus den Beziehungen zu den jungen Geflüchteten sind für mich, zumindest nahm ich es so wahr, Verantwortungen entstanden. Auf der einen Seite hatte ich die Verantwortung für sie, wenn wir uns im öffentlichen Raum bewegten und ich als offizielle *volunteer* im Heim tätig war. Aber mein Verantwortungsgefühl in Malta beschränkte sich nicht auf die Tätigkeiten, die ich qua *volunteer* ausfüllte. Je länger ich in Malta verweilte und realisierte, mit welchen Herausforderungen und Konflikten die jungen Geflüchteten vor Ort umgehen (mussten), desto mehr bot ich ihnen an, sie bei diesen Dingen zu unterstützen. So suchte ich gemeinsam mit ihnen nach Fußballvereinen oder Sprachkursen[37] und wir schauten zusammen nach Arbeitsplätzen, schrieben Lebensläufe sowie Bewerbungen – nicht zu verneinen ist an dieser Stelle auch, dass ich mit Sicherheit mein eigenes (schlechtes) Gewissen befriedigen wollte. Ich fühlte mich auch verantwortlich dafür, vor den LMAO-Mitarbeiter*innen Partei für die jungen Menschen zu ergreifen und zu versuchen, Verständnis für sie und ihre Situation zu erwirken. Das führte bei mir oft zu Enttäuschungen und Ohnmachtsgefühlen, denn veränderte Zustände konnte ich nicht erwirken. Das Bewusstwerden meiner eigenen Ohnmacht gipfelte in einem Termin, den ich mit dem Büro des *Children Commissioner* das Landes ausmachte. Bevor ich 2013 abreiste, hatte ich das Gefühl, eine offizielle Stelle auf die Missstände im Heim, das verdorbene Essen und die mangelhafte gesundheitliche Betreuung der Bewohner*innen aufmerksam machen zu müssen. Nach längerer Recherche stieß ich auf die erwähnte Institution und erhielt zeitnah einen Termin, in dem ich das Erlebte schilderte – »we will do something about that« (TB, 07/2013) versprach der Mitarbeiter*. Als ich wenige Wochen nach meiner Rückkehr nach Deutschland noch einmal per Mail nachfragte, ob sich schon etwas ergeben habe, bekam ich die Antwort, dass der Mitarbeiter* die Arbeitsstelle gewechselt habe und deshalb der Fall einestellt wurde.

Im Rahmen der Analyse zeigte ich immer wieder auf, dass es wiederholt zu Momenten der Konfrontation und Irritation – vor allem mit institutionellen Akteur*innen – kam: Diese sollten wissenschaftlich genutzt werden und als Forschende sollten sich im Hinblick auf diese Konfrontationen folgende Fragen stellen – statt zu versuchen, einen möglichst glatten Forschungsverlauf darzustellen: Welche Phänomene werden durch

---

37 Es ist mir nicht gelungen, die jungen Menschen auch an Schulen anzumelden, da meine nicht vorhandenen Maltesischkenntnisse insbesondere den Kontakt mit Behörden nahezu unmöglich machten.

diese Konfrontationen und Spannungen sichtbar? In welcher Beziehung stehen sie zu anderen Forschungssituationen? Ein Beispiel verdeutlicht noch einmal den Mehrwert dieser Forschungsstrategie: Yasir sprach mich 2015 auf seine zunehmenden Schmerzen in der verletzten Hand an und gemeinsam überlegten wir, was zu tun sei. Zwischendurch befand Yasir sich bereits in Dänemark, wo er vom *Roten Kreuz* untersucht wurde – deshalb suchten wir dieselbe Institution in Malta auf. Dort allerdings übernimmt das *Rote Kreuz* keine Operationen oder Behandlungen, weshalb die Mitarbeiterin Yasirs ehemalige *social worker*, Sultana, anrief, um in Erfahrung zu bringen, welche Maßnahmen in Malta ergriffen werden könnten. Aus dem Telefonat ging hervor, dass er nach seinem 18. Geburtstag einen Termin im Krankenhaus gehabt hätte, die Sozialarbeiterin ihm jedoch diesen Termin nicht kommunizierte, da er aufgrund seiner Volljährigkeit das Heim verlassen musste. Die Wartezeit für einen neuen Termin betrug rund zwei Jahre (TB, 07/2015). Dieses Forschungsvorgehen ermöglichte es, dass ich überhaupt von diesen Problemen und Alltagserfahrungen erfahren habe; zudem sah ich die jungen Geflüchteten im Kontakt mit institutionellen Akteur*innen und bekam die Möglichkeit, im Anschluss an diese Begegnungen mit ihnen über ihre Gefühle und Wahrnehmungen zu sprechen. Ich war Teil von Situationen in denen sie sich in vulnerablen Positionen befanden und die mir in ihren Erzählungen abseits dieser Situation in der Selbstrepräsentation nicht kommuniziert wurden.

Zudem habe ich wiederholt die Rolle als Initiatorin eingenommen und war diejenige, die gemeinsame Kochabende oder Treffen auch nach der Zeit im Heim angeregt und organisiert hat.[38] Agiert die Forscherin als Initiatorin ist festzuhalten, dass diese Situationen ohne das Einwirken in dieser Form nicht stattgefunden hätten und demzufolge nicht als natürliche Situationen zu verstehen sind (vgl. Emerson, Fretz und Shaw 1995). Im Forschungstagebuch notierte ich dazu: »Diese Art der Zusammenkünfte finden nur statt, wenn ich zugegen bin. Wenn ich nicht da bin, treffen sie sich nicht um zusammen zu kochen oder zu tanzen. Zumindest nicht mit Leuten, die nicht bei ihnen wohnen« (TB, 04/2016). Im Kontext dieser gemeinsamen Treffen sind für meine Forschung Gesprächssituationen entstanden, die inhaltlich von großer Bedeutung sind, die aber ohne meine Anwesenheit vermutlich in dieser Form nicht stattgefunden hätten. Vorsicht ist folglich bei der Interpretation geboten: Keineswegs dürfen das ge-

---

38 Josef Held versteht das Handeln der Forscher*innen als einen Eingriff, dessen Einflüsse auf die Forschung mit in die Analyse einbezogen werden müssen (vgl. Held 2010, 156).

meinsame Kochen und das Reden über Erlebnisse in Malta und Somalia/Somaliland in dieser Form als Praktiken gedeutet werden, die die jungen Geflüchteten regelmäßig und von alleine miteinander teilen würden.

Mehrfach wurde mir auch die Rolle der Vertrauensperson zugeschrieben. Während am Material auffällig ist, dass die jungen Geflüchteten viel übereinander reden und auch mir gegenüber immer wieder Bezüge zu anderen herstellten und mir Informationen über Abwesende zukommen ließen, wurde mir jedoch die Teilhabe an dieser Form der ›Tratsch‹-Kommunikation von ihnen untersagt: »Please keep it for you«, und: »Don't tell him that I told you« (TB, 07/2015) waren klare Hinweise auf den Wunsch nach meiner Verschwiegenheit. Einerseits wurde ich zur Mehr- und Mitwisserin gemacht, gleichzeitig allerdings mit der Annahme, dass ich dieses Wissen nicht mit anderen teilen würde. Dass die meisten Situationen und Beziehungen durchkreuzende Misstrauen und das Ins-Vertrauen-Ziehen meinerseits eröffnete mir nicht nur Zugang zu wichtigen Informationen (vgl. Inhetveen 2010, 56), sondern drückte auch noch einmal mehr aus, wie die Sorge, dass Wissen oder persönliche Daten an ›falsche‹ Empfänger*innen gehen könnten, den Alltag im Grenzregime prägte. Diese ›falschen‹ Empfänger*innen befanden sich nicht allein auf institutioneller Seite, sondern auch unter den Geflüchteten gab es den Wunsch, dass nicht alle alles wissen.

Zudem kam es mehrfach zu Situationen, in denen ich um Erlaubnis für bestimmte Tätigkeiten gefragt wurde: »Can I go smoking?« (Deeqo, IG, 03/2013), oder: »Is it okay when I use my mobile?« (Yasir, IG, 04/2016), drücken dieses beispielhaft aus und verdeutlichen, dass mir von den jungen Geflüchteten immer wieder die Rolle einer Respektsperson zugeschrieben wurde und ich im Prinzip Platzhalterin für ihren Wunsch nach »moral guidance« (Amiir, IG, 04/2016) wurde. Dieses Verlangen nach Personen, an denen sie sich orientieren können, wurde immer wieder artikuliert, beispielsweise von Sabiye »How can I live without older people? How do I know what I can do with my life? I still need to learn a lot« (Sabiye, IG, 05/2013) – es war mir jedoch gar nicht so recht, »moral guidance« zu übernehmen. Diese Situationen sind auch nicht ganz unproblematisch. Sie zeigen auf, dass ich in Positionen gebracht wurde oder diese einnahm, die an ein ›Bemuttern‹ meiner Forschungspartner*innen erinnern und durchaus auch matriarchale Momente in den Situationen zwischen mir und den jungen Geflüchteten entstanden. Trotz aller Reflexionen und Verstehensprozesse konnte ich mich sicherlich nicht vollständig davon befreien, zeitweise besserwisserisch oder bevormundend reagiert und agiert zu haben.

Zusammenfassende Interpretation der Forschungsergebnisse

Die Umkehrung der Schutzbedürftigkeit

Junge Geflüchtete wurden wiederholt als weniger schützenswert angesehen als der maltesische Staat mit seinen Institutionen, oder die sie Betreuenden und Verwaltenden. Immer wieder wurden sie also als Täter*innen gesehen, vor denen andere geschützt werden mussten.

In der Analyse des Kontextes sowie der Rahmensetzungen, in die junge Geflüchtete mit dem Ankommen in der EU bzw. Malta integriert werden, wurde deutlich, dass internationale und nationale Richtlinien junge geflüchtete Menschen, die als ›UAMs‹ gelten, als besonders vulnerabel verstehen. Dieses liegt vor allem in ihrem ›Alleinsein‹ und ihrem Jungsein begründet. Ich zeigte, dass es zur Infragestellung der Schutzbedürftigkeit junger Geflüchteter durch die sie Betreuenden und Verwaltenden kam. Immer wieder wurde betont, dass Menschen, die die Flucht nach Europa selbstständig geschafft hatten, ›stark‹ genug seien, ihr Leben eigenständig zu regeln und keine weitere Hilfe bräuchten. Es kam aber nicht nur zur Infragestellung der Schutzbedürftigkeit der jungen Geflüchteten, sondern ich stellte eine ›Umkehrung der Schutzbedürftigkeit‹ in zahlreichen Situationen fest.

Es waren nicht mehr die jungen Geflüchteten, die als schützenswert betrachtet wurden, sondern die Schutzbedürftigkeit hat sich verschoben. Im Ergebnis stand, dass es die ›maltesische Kultur‹ war, die vor ihnen, den ›Anderen‹ geschützt werden musste, dass es die maltesischen Mitarbeiter-*innen in den Heimen waren, die von den jungen Geflüchteten bedroht wurden, dass die jungen Geflüchteten den Staat und seine Systeme ausnutzen würden, was es zu verhindern galt. Der öffentlich geführte Diskurs zu Flucht_Migration nach und in Malta nahm insgesamt wenig Bezug auf unbegleitete minderjährige Geflüchtete. Im Klassifikationsprozess jedoch wurden wirkmächtige Unterscheidungen vorgenommen, die sich in der konkreten Behandlung der als ›UAM‹ eingeteilten Geflüchteten auch wieder auflösten. Der allgemeine öffentliche und politische Diskurs mit seinen Repräsentationen der Ankommenden als »threatening«, »dangerous« oder auch »invaders«, sowie die ›maltesische Kultur‹ und ›Identität‹ als besonders schützenswert (vgl. King 2009, 72ff.; Falzon 2012; Mainwaring 2012) schlug sich auch in der Behandlung von und in der Perspektive auf junge Geflüchtete nieder. Der Diskurs um ›schützenswerte Kinder‹ wurde obsolet und von den institutionellen Akteur*innen, wenn überhaupt, nur am Rande thematisiert. So fanden sich die jungen Geflüchteten in einer ambivalenten Logik aus Kinderschutz und Flüchtlingsabwehr und -kontrolle wieder, wobei das Heim für beides steht.

Im Heim fanden sich meine geflüchteten Forschungspartner*innen in einer Situation der Akkulturationsfokussierung wieder, was dazu führte, dass sie einen kulturellen Anpassungsdruck erfuhren. Sie mussten aufpassen, wie sie sich kleideten, bewegten, wie (gut) sie kochten und auch, wie sie sprachen, wenn sie nicht wollten, dass ihre Asylnarrative angezweifelt werden. Zudem lässt sich das Heim als ein von hoher Kontrolle geprägter Ort beschreiben. Es wurde notiert, wer wann aus dem Haus ging, es wurde aufgeschrieben, wer wie viel gegessen hatte, es wurde verzeichnet, wer mit wem seine Zeit verbrachte. Die institutionelle Logik des Heims manifestierte sich in klaren Schichtdiensten der Mitarbeiter*innen, in Putzplänen für die Geflüchteten, in der permanenten Anwesenheit der *security*. Es war auch das Heim, in dem die jungen Geflüchteten eine besonders intensive räumliche Nähe zu den sie Betreuenden, Verwaltenden und eben auch Kontrollierenden hatten und haben mussten. In diesen Begegnungen mit den Mitarbeiter*innen wurden sie immer wieder mit Rassismen konfrontiert, wurden als ›Asylmissbrauchstäter*innen‹ markiert und ihre Biografien wurden angezweifelt. Dabei verschwammen die Grenzen zwischen dem Wissen um eine *mögliche* Überwachung und der *tatsächlichen* Überwachung. Die Wirkmächtigkeit dieser Unsicherheiten drückte sich in einem Verhalten aus, welches seitens meiner geflüchteten Forschungspartner*innen darin bestand, ständig versuchen zu müssen, zu antizipieren, wer gerade was über sie dachte, um sich entsprechend zu verhalten.

Aufgrund der Annahme, die zahlreiche Heim*- und Ministeriumsmitarbeiter*innen teilten, dass junge Geflüchtete besonders kontrolliert werden müssten, entstand eine Situation, in der die jungen Geflüchteten als die Gefährder*innen, als diejenigen, die den maltesischen Mitarbeiter*innen ›auf der Nase rumtanzen‹ könnten, verstanden wurden. Sie wurden mit Skepsis betrachtet. Meine geflüchteten Forschungspartner*innen waren nicht nur Geflüchtete, sondern eben *junge* Geflüchtete, die aufgrund ihrer »streetwiseness«, also ihrer zugeschriebenen ›Gewitztheit‹ und ihres zugeschriebenen Strebens nach Freiheit, besonders kontrolliert werden mussten. Die dreifache Kategorisierung als ›jung/young‹, ›geflüchtet/refugee‹ und ›unbegleitet/unaccompanied‹ wurde in verschiedenen Dimensionen situativ gegen sie verwendet, durchaus im Zusammenspiel mit weiteren Kategorisierungen.

Die Angst vor dem Kontrollverlust

Junge Geflüchtete wurden immer wieder als Subjekte, die es zu kontrollieren galt, verstanden. Sie wurden als Subjekte verstanden, die das Potenzial hatten, Unordnung in die maltesische staatliche und soziale Ordnung zu bringen. Gleichzeitig wurden aber auch Momente des Kontrollverlustes hingenommen, wenn junge Geflüchtete Malta verließen und in einem anderen EU-Land erneut einen Asylantrag stellten. Besonders ambivalent ist hier, dass diese Dynamiken oszillierten.

Immer wieder wurde deutlich, dass meine institutionellen Gesprächspartner*innen besorgt waren, gegen die jungen Geflüchteten ›zu verlieren‹. Ich deute diese auch als eine Sorge um den Verlust von Kontrolle und in der Konsequenz dann des Verlustes der (nationalstaatlichen) Ordnung. Vordergründig manifestierten sich diese Tendenzen in der Sorge ob des Verlustes über die Kontrolle der Mobilität der jungen Geflüchteten und den Verlust über die Kontrolle der Alterszuweisung, an die (theoretisch) gewisse Zugeständnisse und Zugänge gekoppelt waren. Friese (2014) argumentiert, dass Souveränität im zeitgenössischen Europa vor allem die Mobilitätskontrolle ausmacht und Cetta Mainwaring (2012) konstatiert in ihrer Auseinandersetzung mit Malta und Zypern als *small states*, dass in beiden Staaten eine Krise konstruiert wurde, um die Kontrolle über Geflüchtete, zum Beispiel durch Inhaftierung, legitimieren zu können. Es lässt sich Folgendes ableiten: Der ›Gewinner‹ des Ringens im Kontext der Flucht_Migration ist, wer die Kontrolle hat. Mit der ausnahmslosen Inhaftierung aller Ankommenden bis 2015 nahm die maltesische Regierung auch die Inhaftierung von Minderjährigen in Kauf (Hilmy 2014), um, so lässt es eine Deutung zu, die eigene Sicherheit zu schützen (vgl. Calleja 2009), aber zumindest auch um die Kontrolle über die Mobilität der Ankommenden zu behalten. In Haft wurde den jungen Geflüchteten mit längerer Inhaftierung gedroht, wenn sie das zugewiesene Alter nicht akzeptierten. Das Akzeptieren des zugewiesenen Alters durch die jungen Geflüchteten wurde also zur Währung, um aus der Haft entlassen zu werden.

Auch wenn deutlich wurde, dass sowohl die Heime für ›UAMs‹ als auch die Inhaftierungszentren Teil der Kontrollgeografie (vgl. Mainwaring und Silvermann 2017; Inhetveen 2010; Schroeder 2003) der EU und der maltesischen Regierung geworden sind, möchte ich hier den Begriff der Kontrolle über Mobilität nicht nur räumlich, nationalstaatlich und geografisch denken. Die Analyse der Situation und die Betrachtung der Aushandlungen von (Un-)Möglichkeitsräumen legen es nahe, auch den Aspekt der Kontrolle über die soziale Mobilität junger Geflüchteter seitens institutioneller Akteur*innen mitzudenken. Empirisch zeigte ich, dass ihre Teilnahme am Bildungssystem kaum möglich war und es ihnen deshalb langfristig erschwert wurde, den Sektor der sogenannten »rubbish jobs«, wie Nina sie betitelte, zu verlassen.

Auch der Prozess des *age assessment* lässt sich als Teil dieses Diskurses um Kontrolle – sowohl geografisch, als auch sozial und biopolitisch – verstehen. Kontrolle und Steuerung verstehe ich als Praktiken, um Macht- und Herrschaftsverhältnisse zu verhandeln, aufrechtzuerhalten oder auch in Frage zu stellen. Das manifestierte sich in besonderem Maß in den Alterseinteilungen. Während zunächst mit verlängerter Haft gedroht wurde, wenn das zugewiesene Alter von den jungen Geflüchteten nicht akzeptiert wurde, gelang es einigen meiner Gesprächspartner*innen nach der Entlassung aus der Haft dennoch, ein in ihren Augen ›besseres‹ Alter zu erstreiten. Sie stellten also die Festsetzung immer wieder in Frage und die Institutionen änderten in einigen Fällen ihre Einteilungen aufgrund des Verhaltens der Geflüchteten. Es war also nicht so, dass die institutionellen Akteur*innen die ›totale‹ Kontrolle hatten. Es war vielmehr ein Aushandeln von Kontrolle. Die jungen Geflüchteten konnten durchaus erfolgreich gewisse Festsetzungen wieder auflösen und versuchten, Kontrolle für sich zu gewinnen.

Es sind staatliche Klassifikationen und Institutionalisierungen – wie die Einteilung als ›UAM‹ oder auch die Unterbringung im Heim – durch die Unterschiede und Ungleichheiten hergestellt bzw. aufrechterhalten werden; sie werden zu wirkmächtigen und bedeutsamen Strukturkategorien (vgl. Sauer 2012). Die Darstellung Maltas als ›too small to integrate refugees‹ und als ›von der EU im Stich gelassene, verwundbare Insel‹ mit einer ›einzigartigen, durch Migration bedrohten Kultur‹ zeigt, dass sich der Staat hier auch über Diskurse und Deutungen manifestierte. In den diskursiven Produktionen wurden die Kategorien männlich*, anders-religiös, kulturell-anders und Nationalität miteinander verknüpft. Die Manifestierung sozialer

Verhältnisse der Ungleichmachung und sozialen Grenzziehung funktioniert aber nur, wenn dieses »Herrschaftswissen« (ebd.) in den Alltag und in die gelebten sozialen Praktiken durchdringt und auch dort Anwendung findet. Es wurde immer wieder betont, dass die Arbeit mit ›UAMs‹ so schwierig sei, da ihre Kultur so anders sei; vor allem die jungen Männer seien Frauen gegenüber respektlos. Es sind aber auch die Praktiken im Alltag, die subversiv sein können, die dieses Herrschaftswissen eben nicht fortschreiben. Dieses zeigte sich beispielsweise im Verhalten von Russell, der mit mir gemeinsam den Ausflug zum öffentlichen Lauf in Hamrum organisierte und durchführte. Während er die Arbeit mit jungen Geflüchteten nicht als schwierig verstand, sondern bereit war, ihnen Gutes zu tun, wurde dann wiederum Russell kontrolliert und versetzt. Es werden folglich Räume eröffnet, in denen Ungleichheit und Marginalisierung ein- und festgeschrieben werden können, in denen diese aber auch transformiert und umgekehrt werden können (vgl. ebd.) – dieses blieb aber auch in dem sich aufspannenden Ringen um Kontrolle oft nicht folgenlos. Ungleichheit und Subjektpositionierungen werden im Grenzregime nicht nur auferlegt, sondern vor allem auch aktiv angeeignet und produziert. Birgit Sauer argumentiert, dass aus der Perspektive der Intersektionalität deutlich wird »wie strukturelle Gegebenheiten, institutionell-staatliche Praktiken und Normen sowie interpersonale Interaktionen und individuelle Identitätsprozesse mehrfache, interdependente Diskriminierungen bzw. Privilegierungen produzieren« (2012, 7).

Die Dynamiken, die darauf abzielten, das maltesische Rechtssystem vor Missbrauch schützen zu wollen, ließen sich auch bei denjenigen wiederfinden, die mit der Betreuung der bereits als ›vulnerabel‹ klassifizierten Geflüchteten betraut wurden, waren es nämlich nicht selten *care worker*, die basierend auf den täglichen Interaktionen mit den jungen Geflüchteten im Heim gegenüber den Behörden ihre Skepsis ob ihrer Asylnarrative äußerten. So war das Heim nicht nur Ort zur Verwaltung und Verwahrung junger Geflüchteter, sondern eben auch Ort von Aushandlungen um Diskriminierung und Privilegierung im Ergebnis von interpersonalen Interaktionen.

Während es verwaltenden und betreuenden Mitarbeiter*innen in Konfliktlagen und im Arbeitsalltag nicht gestattet gewesen zu sein schien, mit (jungen) Geflüchteten ›Pakte‹ zu schließen, ihnen Gutes zu tun, oder sich für ihre Belange einzusetzen, wurden diese doch für die eigene Interessenumsetzung durchaus auch mit institutionellen Aufgaben betraut. Wenn auch, so nahmen es die jungen Geflüchteten wahr, immer mit Misstrauen und Skepsis. Durch die Verwendung der Metaphern ›Gewinner‹ und ›Verlierer‹ durch die Forschungspartner*innen in diesen Prozessen wurden Hierarchisierungen hergestellt, die beeinflusst wurden durch die vermeintliche Schaffung von eindeutigen Positionierungen bei gleichzeitiger Einforderung von Positionswechseln. Die jungen Geflüchteten oszillierten in ihrer Positionierung zwischen Handlungsfähigkeit und -unfähigkeit und positionierten sich auch selbst ambivalent.

Verwalten und Verwahren, Verwehren und Verlangen

Die Positionierung in der ›UAM‹-Kategorie ist für junge Geflüchtete keineswegs so eindeutig, wie es die Kategorie vermuten lässt. Die Zeit als ›UAM‹ war geprägt von widersprüchlichen Erwartungen an die jungen Geflüchteten und während sie vor allem ihre Zukunft aktiv gestalten wollten, wurden sie zunächst primär verwaltet und mussten auf die Volljährigkeit warten.

Mit der Positionierung in der ›UAM‹-Kategorie und der tatsächlich physischen Platzierung im Heim entstanden für die jungen Geflüchteten neue Herausforderungen: Sie mussten die zugewiesene Subjektpositionierung ebenso navigieren wie die Bedingungen in der Unterkunft. Sowohl das Kategorisieren als auch die Form der Unterbringung sind Ausdruck des Verwaltens und Verwahrens im Grenzregime. Die Positionierung in der ›UAM‹-Kategorie machte die jungen Geflüchteten abhängiger und angreifbarer. Sie waren (relativ) abhängig von den sie Betreuenden und Verwaltenden, wenn es z. B. um die Ausgabe von Lebensmitteln ging, und darüber auch kontrollierbar, denn es wurde verzeichnet, wer sich wann Lebensmittel abholte. Das Gleiche galt für die Nutzung des PC-Raums: Ihr ›gutes Benehmen‹ wurde zur Währung für Computerminuten, auf deren Nutzung sie für Recherchen und Kontaktaufrechterhaltung angewiesen waren, worüber die Heimleitung versuchte, das Verhalten der Bewohner*innen zu maßregeln. Im Heim befanden sie sich in einer Instanz maximaler Kontrolle bei minimaler Selbstbestimmung (vgl. Täubig 2009), was sie jedoch nicht zu Agency-freien Akteur*innen machte. Vielmehr wurden eben die vermeintlichen sicheren Ordnungen irritiert und herausgefordert. Dies zeigte sich unter anderem darin, dass die jungen Geflüchteten trotz Verweigerung der Nutzung des Fernsehers durch die Mitarbeiter*innen im Heim einen Weg fanden, das Champions League Finale

2013 dennoch zu schauen, und auch darin, dass sie während des Ramadan neue Wege der Versorgung fanden und selbst entwickelten.

Vordergründig ging es also um das Verwalten und Verwahren der jungen Geflüchteten, aber auch Verwehren und Verlangen wurden zu paradoxen Praktiken im Grenzregime. Während den jungen Geflüchteten im Heim mitgeteilt wurde, dass es ab jetzt an ihnen läge ›etwas aus sich zu machen‹ – also explizit an den Gebrauch ihrer Handlungsfähigkeit appelliert wurde – wurde dieses gleichzeitig wieder verwehrt. Wer ›zu aktiv‹ wurde, dem wurden Skepsis und Anzweiflungen entgegengebracht, wer ›es geschafft hatte‹, wurde auch im öffentlichen Raum abgewertet. Während auf der einen Seite verlangt wurde, dass sich (junge) Geflüchtete integrieren sollten, wurde ihnen gleichzeitig verwehrt, dieses auch umsetzen zu können – ›Integration‹, durchaus verstanden in sehr verschiedenen Interpretationen, wurde simultan verlangt und verwehrt; Selbstständigkeit wurde verlangt und gleichzeitig verwehrt; selbstständiges Handeln wurde verlangt und gleichzeitig verwehrt. Die ›UAM‹-Kategorie produzierte die temporäre Unterbringung im Heim und den daran gekoppelten ›Anspruch‹ auf Betreuung. Die vom gängigen ›Flüchtlingsbild‹ oder der Imagination von ›normalem Kinderverhalten‹, welches vor allem die Heimmitarbeiter*innen teilten, abweichenden Handlungen und auch Äußerlichkeiten der jungen Menschen mit Flucht_Migrationserfahrung wurden als gegen sie gerichtete Verdachtsmomente verwendet. Statt, dass beispielsweise ihre vernarbten Körper zu einer Irritation und der Anerkennung, dass sie als junge Menschen offensichtlich schon viel Gewalt erlebt hatten, führte, wurden die vielen Narben als Beweis für ein höheres Alter verstanden. Ein omnipräsentes Misstrauen leitete folglich die Arbeit mit den jungen Geflüchteten. Auf der ›UAM‹-Kategorie beruhte die den jungen Menschen formell zustehende ›Zuwendung‹. Wurde diese (aus westlicher Perspektive gesetzte) Eindeutigkeit des ›Kind‹-Seins von den jungen Geflüchteten herausgefordert, galt dieses als Zeichen, dass sie keine Hilfe bräuchten. Während einige Mitarbeiter*innen des Heims und auch der NGOs kommunizierten, dass sie ihre Berufe ergriffen, weil sie helfen wollten, diente die Realisierung dessen, dass die jungen Menschen häufig vom Bild des ›hilfsbedürftigen Opfers‹ abwichen, immer wieder als Rechtfertigung für die Ablehnung ihrer konkreten Bedürfnisse, die eben nicht einhergingen mit dem, was die Betreuenden und Verwaltenden als angemessen für sie empfanden. Die Analyse der Begegnungen zwischen geflüchteten und nicht-geflüchteten Akteur*innen, sowie auch die Betrachtung des

Sprechens über sie zeigt, dass im Ergebnis komplexe Dynamiken um Verwalten und Verwahren, Verwehren und Verlangen jenseits der formellen Rahmenbedingungen zur Behandlung von ›UAMs‹ entstanden.

›UAM‹ als intersektionale Alltags- und Rechtskategorie

Die Einteilung als ›UAM‹ bedeutet nicht nur, rechtskategorisch erfasst zu werden, sondern diese Kategorie ist im Alltag wirkmächtig. Zwar wird auf der rechtskategorischen Ebene ›Alter‹ als alleinige Kategorie innerhalb des ›UAM‹-Kategorisierens gesetzt, dabei ist diese Kategorie vielmehr intersektional zu denken und nicht ohne Gender, Herkunft, Dis/Ability und anderen sozial konstruierten Kategorien zu verstehen.

Diejenigen, die die jungen Geflüchteten einteilten, betreuten und verwalteten, hatten persönliche Vorstellungen von Kindheit und Erwachsensein, die manchmal ambivalent waren. Diese Vorstellungen führten zu Zuschreibungen und Subjektpositionen, die nicht nur während des *age assessment* wirkmächtig waren, sondern auch als weitreichender zu verstehen sind: Sie wurden auch in den alltäglichen Begegnungen, wie im Heim, sichtbar, beeinflussten Behördentermine, den Kontakt zu NGOs sowie den Alltag der jungen Geflüchteten, nachdem sie 18 Jahre alt geworden waren.

Die vom institutionellen Grenzregime geschaffene Kategorie des ›unaccompanied minors‹ setzt eindeutig die Kategorien ›Alter‹ und ›unbegleitet‹ als zentral, wenn es um die Klassifizierung junger Menschen mit Flucht_Migrationserfahrung geht. Was aus der Definition nicht hervorgeht, ist jedoch, dass in der Einteilung und Behandlung derjenigen, die unter ›UAM‹ gefasst werden, durchaus weitere soziale Kategorien wirkmächtig wurden: weder ›Alter‹ noch ›unbegleitet‹ wurden eindeutig verhandelt und zudem wurden auch soziale Kategorien wie Herkunft, Religion, Gender und Dis/Ability für die Prozesse um Einteilung und Behandlung wirkmächtig. Dies zeigte vor allem der Umgang mit Tanaad, die die ›falsche Kleidung‹ trug, sowie die Annahme, dass Somaliland relativ sicher sei. Die Kategorie des ›UAMs‹ besteht folglich weder nur aus zwei Komponenten, noch ist sie so eindeutig, wie offizielle Definitionen suggerieren. Die Forschung zeigte unter Rekurrieren auf Intersektionalität, dass diese Kategorie vielmehr als multi-akteurische ›intersektionale Alltags- und Rechtskategorie‹ verstanden werden kann. Mit dem Ansatz der intersektionalen Leseweise für die Deutung des Materials sollte es gelingen, individuell verschiedene Bezüge auf Zuschreibungen und Kategorisierungen aufzuzeigen, ohne zu typisieren (vgl. auch Bronner 2010, 258) – es wurde folglich mit und gegen Kategorien gedacht (vgl. Otto und Kaufmann 2018) und gezeigt, wie divers Alter verhandelt wurde.

Die an Intersektionalität orientierte Analyseperspektive konnte die multi-kategorische Bedeutungsmachung der Kategorie des ›UAMs‹ ebenso sichtbar und diese Prozesse als Teil der Logiken des Grenzregimes zugänglich machen (siehe auch Münst 2008, 50), als auch Dynamiken jenseits gesetzter und vermeintlich eindeutiger Kategorien aufzeigen.

Die ›UAM‹-Kategorie ist auch als Kontaktzone zu denken: Während junge Geflüchtete als ›UAMs‹ kategorisiert sind, treffen sie auf bestimmte Akteur*innen und Strukturen, gehen bestimmte Beziehungen ein, oder müssen diese auch eingehen. In diesen Begegnungen und den Strukturen zeigten sich individuelle und kollektive Verständnisse von Minder- und Volljährigkeit, von Herkunft und Zugehörigkeit, von traumatisiert/schutzbedürftig oder nicht-traumatisiert/nicht-schutzbedürftig, vom ›korrekten Kleidungsstil‹, oder vom ›richtigen Maß‹ an Körpersprache. Durch das intersektionale Lesen gelang es, das naturalisierte Bild des ›UAMs‹ zu irritieren, zu hinterfragen und in seinen komplexen Entstehungs- und Wirkmächtigkeitsdynamiken zu analysieren, um zu zeigen, was diese Einteilung in spezifischen Lebenslagen für die beteiligten und betroffenen Akteur-*innen bedeutete (in Anlehnung an Leiprecht 2010, 97).

Mittels des intersektionalen Lesens und Deutens ist es auch gelungen, immer wieder einzuhaken, um auf meine eigenen Verstrickungen mit Kategorien und Normalisierungen hinzuweisen. Dieses ist vor allem zentral, da *jede*r* Teil des Grenzregimes ist und auch ich Teil der intersektionalen Aushandlungen wurde, was entlang der Markierung der jungen Geflüchteten durch die Mitarbeiter*innen als gefährlich für mich als *weiße* Frau, aber auch entlang meines Verständnisses des Volljährigwerdens gleichbedeutend mit Freiheit-Erlangen, sichtbar wurde.

Die beobachteten Dynamiken intersektional und in Kombination mit Subjektivierungstheorien anzugehen, war auch deshalb bedeutend, um zu zeigen, dass die jungen Geflüchteten auch jenseits der wirkmächtigen Zuschreibungen ›zu sich kamen‹, aus den Fixierungen austraten und Gegenentwürfe (durchaus entlang anderer Kategorisierungen) schufen.

Es waren also nicht nur institutionalisierte Akteur*innen, die Kategorisierungen vornahmen. Auch die jungen Geflüchteten kategorisierten sich und andere. Ich wurde 2013 noch als schützenswerte Frau gesehen, für die es in Balbi zu gefährlich sei und auch untereinander teilten sie sich ein in ›Verantwortungsbewusste‹, ›Fürsorgliche‹, ›Abweichende‹ und ›Traumatisierte‹. Unter bestimmten Verhältnissen waren meine Forschungspartner-*innen unterschiedlich (in-)stabil oder wurden (in-)stabilisiert: Auch bei ihnen kam es immer wieder zu Brüchen und Rissen in ihren Subjektivierungen, aber auch zu Stabilisierungen und Verstetigungen – die sie mitunter selbst vornahmen.

Während ›die Malteser*innen‹ in den Erzählungen meiner geflüchteten Forschungspartner*innen in der Regel als ›nicht besonders schlau‹, als ›rassistisch‹ und auch als ›korrupt‹ beschrieben wurden, teilten sie sich selbst in ›gerade Angekommene‹, ›nicht gut Organisierte‹, ›Fleißige‹ und ›Selbstständige‹ ein. Ihre eigenen Kategorisierungen standen den Erwartungen, die mit der ›UAM‹-Kategorie einhergingen und die mir durch die institutionellen Akteur*innen kommuniziert wurden, teilweise diametral gegenüber. Die jungen Geflüchteten, so haben es die Ausführungen gezeigt, schufen (neue) Kategorisierungen der Selbstständigkeit und Unselbstständigkeit, durchaus jenseits von ›Alter‹, in denen auch Klasse verhandelt wurde. Damit ging auch einher, dass sich einige der jungen Geflüchteten in machtvolleren Positionen befanden und dadurch erneut relative Abhängigkeit bestimmter anderer junger Geflüchteter entstanden. Das *doing subjects* wurde unter den jungen Geflüchteten und auch mir gegenüber vordergründig entlang dessen vollzogen, was sie erreicht hatten: Sei es, sich gegen Diskriminierung und schlechte Lebensumstände zu wehren, sei es das eigene Auto und die angesagten Kleidungsstücke, sei es das verdiente Geld.

(Un-)Möglichkeitsräume als Spektrum

Es waren sowohl rechtliche Rahmensetzungen, die den Alltag der jungen Geflüchteten maßgeblich prägten, aber auch die Aushandlungen zwischen ihnen und den sie Betreuenden und Verwaltenden. Es war weder allein die Struktur, die ihren Alltag prägte, noch allein die Agency der verschiedenen Akteur*innen. In spezifischen Momenten überwog das eine oder das andere, was das Aushandeln einerseits ermöglichte und andererseits aufzeigt, dass Fixierungen und Verortungen im Grenzregime nicht als total und für alle gleich zu denken sind.

Junge Geflüchtete befinden sich nach ihrer Ankunft in der EU weder eindeutig in Unmöglichkeiten, noch permanent in Situationen der endlosen und unbegrenzten Möglichkeiten: (Un-)Möglichkeitsräume sind in der Folge der hier vorgelegten Analyse keine Entweder-Oder-Phänomene, sondern müssen als Spektrum verstanden werden. Die empirienahe Beschäftigung mit der Flucht_Migration junger Menschen und ihrer Einteilung als ›UAMs‹ hat vor dem spezifischen Hintergrund des Grenzregimes gezeigt, was in welchen Situationen für wen verhandelbar oder nicht verhandelbar war. Es wurde gezeigt, in welcher Weise, unter welchen Bedingungen und mit welchen Zielsetzungen Aushandlungen betrieben wurden. Entlang meines Materials konnte ich zeigen, dass die verschiedenen Akteur*innen gleichzeitig unterschiedliche Wirklichkeiten produzierten und Kategorien, die von den einen als fix und unverhandelbar verstanden wurden, gerieten durch das Agieren anderer Akteur*innen ins Wanken. Nicht-Verhandelbarkeit und Verhandelbarkeit wurden durch dieses Unterlaufen, Hinterfragen oder Kontextieren immer wieder zur Disposition gestellt. Die (Un-)Möglichkeitsräume sind nicht als total zu denken, sondern sind eben jene Räume, in denen Positionen und Zugänge neu verhandelt werden – sowohl innerhalb als auch jenseits der offiziellen Rahmensetzungen. In genau diesen Dynamiken liegt auch noch einmal die Hinzuziehung von Raumtheorien begründet, die Räume nicht als ›Behälter‹ oder (rein) physisch existierende Orte verstehen, sondern auf das zwischenmenschliche Aushandlungspotenzial verweisen. Die (Un-)Möglichkeitsräume können folglich empirisch nur in der Analyse der sozialen Interaktionen und Beziehungen, vor dem Hintergrund der Rahmensetzungen und konkret materialisierten Orten, definiert werden. Dieses Spektrum sowie die Aushandlungspotenziale werden hier abschließend in der Zusammenschau betrachtet.

Mit ihrer Ankunft in Malta und der Platzierung in der ›UAM‹-Kategorie wurden die jungen Menschen in Strukturen und Kategorien verortet, die sie selbst nicht geschaffen hatten (vgl. Pessar und Mahler 2003, 816). Die Flucht_Migration hatte zur Folge, dass sich die jungen Geflüchteten in für sie neuen Machtgefügen – sowohl sozial als auch rechtlich – befanden. Die Strukturebene, die gewisse Einschränkungen und Ermöglichungen für als ›UAM‹-Kategorisierte mit sich brachte, wurde zunächst vorgegeben. Diese Arbeit zeigt jedoch, dass die geschaffenen Strukturen, auf die die jungen Geflüchteten trafen, einerseits nicht starr und unveränderbar waren und diese andererseits dazu führten, dass sie sie dekodierten und mit eigenen Praktiken umgingen, herausforderten oder auch bewusst akzeptierten. Negiert werden soll hier nicht, dass sich die jungen Geflüchteten in hierarchisierten, asymmetrischen und beschränkenden Kontexten und Subjektpositionen befanden. Dieses betonten sie immer wieder auch selbst, aber nichtsdestotrotz haben sie Wege und Praktiken entwickelt, diese Positionierungen auch zu nutzen, zu umgehen oder zu verändern (vgl. Besteman 2016, 98). So erkannten einige die Chance, noch als ›UAM‹ kategorisiert woanders erneut einen Asylantrag zu stellen, hatten sie gehört, dass ›Minderjährige‹, trotz der Dublin-Verordnung, eher nicht nach Malta zurückgebracht werden.

(Un-)Möglichkeitsräume, die im Kontext von Flucht_Migration entstehen, sollten in diesem Sinne nicht ausschließlich als legale Frage interpretiert werden, auch wenn diese strukturellen Rahmensetzungen nicht in ihrer Wirkmächtigkeit zu unterschätzen sind. Diese Studie zeigt jedoch, dass es weniger die formellen ›Grenzsetzungen‹ waren, die den Alltag der jungen Geflüchteten beeinflussten, ihn be- und entgrenzten, sondern dass es vielmehr die zwischenmenschlichen Interaktionen waren, die von Zuschreibungen und Vorstellungen von ›Kindheit‹ und ›Flüchtlingen‹ geprägt waren. In diesen Begegnungen entstanden neue Formen der Subjektpositionierungen. Es gibt folglich mit der Erfassung im Grenzregime damit einhergehende Unmöglichkeiten und Möglichkeiten, welche geschaffen oder überwunden werden können – diese reichen aber eben auch über die pure Erfassung und Positionierung hinaus. Die Studie hat gezeigt, dass Hierarchisierungen und Zuschreibungen nicht nur auf rechtlicher und politischer nationaler und supranationaler Ebene geschaffen wurden, sondern vor allem auch in sozialen Interaktionen entstanden.

Die jungen Geflüchteten befanden sich in einem andauernden Prozess der Veränderungen, sie mussten neue Lebenslagen navigieren, sich auf dem Arbeitsmarkt zurechtfinden und eigene Wohnungen beziehen, nacddem sie formell volljährig waren. Sie befanden sich gewissermaßen in einem andauernden Zustand des ›trans‹, wobei ich hier trans nicht als jenseits deuten möchte, sondern vielmehr als andauernden Zustand der Transformation (vgl. Nadig 2009, 60). Durch die Beschreibungen ihrer Selbstbezeichnungen und Positionierungen, sowie den Gegenentwürfen zu dem, was betreuende und verwaltende Akteur*innen ihnen zugeschrieben haben, wurde deutlich, dass die jungen Geflüchteten ihre Zuweisung in der Positionierung als ›UAM‹ nicht widerstandslos annahmen. Sie versuchten, ihr Alter zu ändern, wenn sie das Gefühl hatten, ein ›falsches‹ Alter zugewiesen bekommen zu haben; sie wehrten sich gegen die Zustände im Heim; sie wurden aktiv gegen (rassistische) Abwertungen. Meine geflüchteten Forschungspartner*innen hatten wenig Verständnis für die Einteilung in ›UAMs‹ und ›Nicht-UAMs‹, vor allem deshalb, weil sie in der konkreten Behandlung kaum Unterschiede zwischen ihnen und den voll-jährig-kategorisierten Geflüchteten wahrnahmen bzw. keine oder kaum Vorteile für als ›UAMs‹-Kategorisierte sahen. Wenn sie jedoch erst einmal als ›UAMs‹ eingeteilt waren, beriefen sie sich durchaus auf diese Kategorie und forderten, entsprechend behandelt zu werden. Ihre Selbst-bezeichnungen und Positionierungen stehen somit auch im Zusammen-hang mit ihren Möglichkeitsräumen, die sie sich teilweise durch den flexiblen und kreativen Umgang mit den Positionswechseln selbst eröffneten: Vermeintlich feststehende Zuschreibungen haben sie durch ihre Handlungen erschüttert und damit zumindest erreicht, sich selbst in eine Position zu bringen, in der sie versuchten, ein gewisses Maß an Kontrolle über ihre Situation zurückzuerlangen. Im Ergebnis stehen viel-fache Veränderungen der Selbstpositionierung, sowie das Schaffen, Erken-nen und Besetzen von Möglichkeitsräumen.

Trotz aller Bemühungen gab es auch verstetigte Unmöglichkeiten. Sie konnten nach ihrer Ankunft die Inhaftierung und damit auch Kriminalisie-rung nicht verhindern; es war nicht möglich, das *age assessment* zu umgehen und sie wurden (verpflichtend) im Heim, bzw. im *open centre* von Tal Gebel untergebracht; sie konnten zwar im direkten Kontakt oder auch indirekt in Online-Portalen versuchen, gegen Rassismen zu wirken, aber die Projektio-nen auf sie als Somalier*innen/Somaliländer*innen oder ›Afrikaner*innen‹ konnten sie nicht verhindern, sie wurden in den Gedanken und Imagi-nationen der sie Betreuenden und Verwaltenden in Bezug auf Frauen*- und Männer*Bilder, auf Religionsbilder, auf Afrikabilder, festgeschrieben und reproduzierten diese (unfreiwillig) teilweise selbst, um zu verhindern, dass ihre Asylnarrative angezweifelt wurden. Die strukturelle und soziale Positionierung prägte folglich Ressourcen und Zugänge für junge Ge-flüchtete, aber fixierte sie keineswegs in einem totalen Sinn. Es war zudem nicht nur der Kontakt zwischen geflüchteten und nicht-geflüchteten Ak-teur*innen, der das Entstehen der (Un-)Möglichkeitsräume prägte, sondern auch unter Geflüchteten wurden diese verhandelt. So halfen sie sich gegenseitig bei der Ausreise und bereiteten einander auf die *Resettlement*-In-terviews vor.

Dass (Un-)Möglichkeitsräume nicht (rein) als Fragen des Legalen und Illegalen und dem damit einhergehenden Möglichen und Unmöglichen ge-dacht werden können, wird auch noch einmal deutlich in der Vergegenwär-tigung dessen, dass junge Geflüchtete eben diese Ebenen auch ignorierten.

Sie verließen Malta trotz der Dublin-Verordnung und nutzten ihre Chance anderswo. Während in Malta die zugeschriebene Minderjährigkeit einerseits die Unmöglichkeit des Reisens implizierte, war es dieselbe ›Minderjährigkeit‹, die anderswo die Möglichkeit zu besseren Anerkennungschancen eröffnete. Neben diesen offiziellen und juristischen Regeln der Flucht_Migration wurden auch immer wieder die besonderen Regeln im Heim umgangen und herausgefordert. Junge Geflüchtete brachten folglich Unordnung sowohl in die juristischen, nationalen und supranationalen Ordnungen, aber auch in die lokalen Systeme auf der Mikroebene, indem sie entweder die Ausnahmen, die sich auftaten, erkannten und nutzten, oder eben diese selbst schufen.[39] Dieses taten sie entweder durch angepasstes, aber eben und auch gerade durch subversives und widerständiges Verhalten. Denken wir Möglichkeiten ausschließlich als etwas strukturell Gegebenes, laufen wir Gefahr, eben die alltäglichen Praktiken der Schaffung und Ergreifung von Möglichkeiten der (geflüchteten) Akteur*innen zu übersehen und erneut zu suggerieren, dass junge Geflüchtete nur in dem ihnen strukturell vorgegebenen Rahmen und innerhalb der Angebote zur Subjektposition handeln würden, was wichtige Momente ihrer Agency übersehen würde.

Auch wenn in dieser Studie Raum primär als ortlos und im Sinne von Interaktion gedacht wurde, habe ich immer wieder auch auf die Relevanz der tatsächlichen Orte verwiesen, die auch hier noch einmal aufgegriffen werden soll. Die konkreten Orte waren von sozialen Kategorisierungen und Aushandlungen von Zuschreibungen geprägt und beeinflusst, aber eben auch – wie im Heim – von Regeln und Regularien. Es wurden parallel durch das Zusammenspiel der diversen Akteur*innen und Rahmensetzungen Schutzräume, Freiräume und Ausschlussräume geschaffen, die nicht für alle gleich waren, sondern die die jungen Geflüchteten teilweise kollektiv und teilweise individuell erfahren haben.

Um ein Verständnis für die Aushandlungen der (Un-)Möglichkeitsräume entwickeln zu können, war es mir wichtig, die Flucht_Migrationsprozesse nicht ausschließlich im Sinne von einer Überwindung geografischer, nationalstaatlicher Grenzen zu denken, noch sie ausschließlich als Transformationskräfte eben dieser zu deuten. Das Wechselspiel beider Ebenen, das einerseits die Grenze in ihrer Funktion als zentrale staatliche Institution anerkennt, juristische und legale Vorbedingungen mitdenkt und

---

39 Vgl. auch Werner Schiffauer (2006, 170) für Möglichkeitsräume, die »von unten« durch Wanderungsbewegungen entstehen und eben nicht »von oben« gegeben werden.

gleichzeitig die sozialen, transformierenden Kräfte beleuchtet, machte es möglich, diese (Un-)Möglichkeitsräume empirisch zu bestimmen. Das Grenzregime ist sowohl mit den tatsächlichen als auch den metaphorischen Räumen als Aushandlungsraum zu verstehen, in dem vieles (un-)möglich wird – die (Un-)Möglichkeiten sind weder allgemein gültig, noch vorhersehbar. Sie unterliegen in den meisten Fällen Temporalisierungen und Begegnungen im Grenzregime. Auch diese Bedingungen der Begegnungen sind vor den wirkmächtigen Grenzregimedynamiken zu reflektieren: Während die Heimmitarbeiter*innen selbst abhängig und betroffen waren von den machtvollen Grenzregimedynamiken, konnten die jungen Geflüchteten mit ihnen nur schwer verhandeln, mit mir jedoch, die deutlich weniger abhängig war vom institutionellen Grenzregime, da ich kein institutionalisiertes Arbeitsverhältnis hatte, konnten neue Formen der Aushandlungen gefunden werden. Die Aushandlung zwischen Mitarbeiter*innen und jungen Geflüchteten bestand oft aus Widerstand und Ausharren, zwischen mir und den jungen Geflüchteten wiederholt im dynamischen Neugestalten. Aber auch zwischen den institutionellen Akteur*innen wurde ausgehandelt: Wer kümmerte sich um was? Wer zog sich zurück, wer wurde angeklagt für persönliches ›Versagen‹?

Die ambivalente Konstruktion von ›adult minors‹ und die verschwommene Grenze zwischen ›Kind-‹ und ›Erwachsen-Sein‹

Junge Geflüchtete wurden nicht nur entweder als ›Kinder‹ oder als ›Erwachsene‹ verstanden, sondern situativ als beides gleichzeitig, eines von beidem, oder nichts von beidem. Auch sie selbst verorteten sich nicht klar. Im Ergebnis entsteht eine Dynamik von ›adult minors‹, die zur Folge hat, dass die vermeintlichen Grenzen zwischen ›Kind‹ und ›Erwachsensein‹ verschwimmen.

Die vorliegende Forschung verdeutlicht, dass sich in den Begegnungen mit den die jungen Geflüchteten Betreuenden und Verwaltenden zeigte, dass die Kategorisierung als ›UAM‹ in ihren Auslegungen als ›vulnerable Kinder‹ oder ›reife Erwachsene‹ situationsabhängig gegen sie verwendet wurde. Dieses Gegen-sie-Verwenden führte dazu, dass sich die ›UAMs‹ in uneindeutigen Zwischenräumen befanden, in denen ihnen Gefahr und Gefährdung gleichzeitig zugeschrieben wurde und in denen sie ambivalent und beliebig verortet wurden. Rechtliche Kategorien und Zuschreibungen an Kultur, Klasse, Gender, Herkunft, Dis/Ability und Alter entwickelten im Kontakt zwischen den Akteur*innen eine gewisse Eigendynamik. Besonders anschaulich macht diese Dynamiken, dass sie z. B. nicht unbeaufsichtigt in den PC-Raum gehen durften, da sie den verantwortungsbewussten Internetumgang aufgrund ihres Jung-Seins angeblich nicht beherrschten, sie aber gleichzeitig als reif genug verstanden wurden, sich selbst eine Schule zu suchen oder in langen Nachtschichten Restaurants zu reinigen.

Die analysierten Interaktionen und Erzählungen zeigen, dass in diesen, die den Alltag der jungen Geflüchteten maßgeblich prägten, die (westlichen) Eindeutigkeiten von ›Kind‹ und ›Erwachsener‹ verschwammen und vor allem das zugeschriebene, aber behördlich festgesetzte ›Kind-Sein‹ übergangen und ignoriert wurde. Die Studie hat gezeigt, dass die jungen Geflüchteten in den meisten Fällen mit einer Defizitbrille betrachtet wurden: Sie konnten entweder zu viel oder zu wenig; sie wollten zu viel oder zu wenig; sie wussten zu viel oder zu wenig. Wenig reflektiert wurde von den institutionellen Akteur*innen, was die jungen Geflüchteten vor ihrer Ankunft in Malta erlebten, wie sie aufwuchsen und wie sie für sich und andere auf der Flucht sorgen mussten. Das nicht-lineare Positionieren der jungen Geflüchteten entlang der Pole ›Kind‹ und ›Erwachsener‹ war im Ergebnis für die jungen Geflüchteten häufig negativ. Für die sie Betreuenden und Verwaltenden ergaben sich aber durchaus auch Vorteile in ihren Arbeitsalltagen durch diese verschiedenen Anrufungen und Positionierungen. Werden Familienzusammenführungsgesuche von als ›UAM‹-Kategorisierten nicht bearbeitet, dann haben Einzelne weniger Verwaltungsarbeit; wurde die Suche einer Schule verweigert, ersparte sich die Sozialarbeiterin Arbeit; übersetzten die jungen Geflüchteten für die Mitarbeiter*innen, so sank in zahlreichen Fällen das Eskalationspotenzial im Heim, was wiederum den Arbeitsalltag erleichterte.

Die strukturell festgesetzte binäre Einteilung zwischen ›minor‹ und ›adult‹ wurde in den Aushandlungen zwischen den diversen Akteur*innen aufgelöst und es wurden Uneindeutigkeiten und Ambivalenzen sichtbar. Diese Dynamiken der ambivalenten Positionierung fasse ich mit dem Begriff ›adult minors‹ zusammen. Die jungen Geflüchteten befanden sich in einer Situation, in der sie nicht wussten, ob sie gerade als ›Kind‹ oder als ›Erwachsener‹ gesehen und behandelt wurden, was wiederum ihre eigenen Handlungsplanungen beeinflusste. Es muss ebenfalls festgehalten werden, dass die jungen Geflüchteten sich auch selbst situationsabhängig ambivalent positionierten – das Verschwimmen der Eindeutigkeiten wurde auch von ihnen mitgestaltet, wenn sie manchmal gezielt nach Unterstützung fragten, in anderen Situationen diese aber konsequent ablehnten. So boten diese Uneindeutigkeiten für die jungen Geflüchteten die Chance, Positionen wechseln zu können. Gleichzeitig ist die ambivalente Dynamik des ›adult minors‹ im Grenzregime wirkmächtig, welches diese ständigen Wechsel vornimmt und auch einfordert.

Der von mir formulierte Begriff des ›adult minors‹ soll keineswegs eine Gegen-Kategorisierung zum ›UAM‹ darstellen. Im Ergebnis meiner Analysen steht explizit nicht eine ›Figur des UAMs‹, sondern vielmehr wurde deutlich, dass eine Typologisierung der jungen Geflüchteten die Gefahr der erneuten Homogenisierung beinhaltet. Je nach Kontext positionierten sich auch die jungen Geflüchteten verschieden, nahmen unterschiedliche Selbstbeschreibungen vor und investierten unterschiedlich intensiv in Gegenentwürfe zu den Zuschreibungen. Der Begriff ›adult minor‹ beschreibt weniger Individuen, sondern wirkmächtige und ambivalente Prozesse im Grenzregime.

Es schien ein Ringen um das Besetzen und Nutzen eben dieser (Un-) Eindeutigkeiten zwischen jungen Geflüchteten und den sie Verwaltenden und Betreuenden zu herrschen, welche in alltäglichen Situationen verhandelt wurden. So sind ›erwachsene Minderjährige‹ das Ergebnis von Interaktionen zwischen jungen Geflüchteten und institutionellen Akteur*innen und somit als wechselseitiger Prozess zu verstehen. Die Kontextualisierung dieser Dynamiken ist dabei zentral: Es kamen in den Jahren meiner Forschung tatsächlich mehr junge Geflüchtete in Malta an, als die Regierung vermutet hatte und worauf sie nicht vorbereitet war, ihre Unterbringung war also auch eine Ressourcenfrage. Diejenigen, die mit ihrer Betreuung beauftragt waren, hatten Sanktionen zu befürchten, wenn sie ›zu gut‹ zu ihnen waren und auch im privaten Umfeld wurde ihre Arbeit mit Geflüchteten immer wieder kritisiert. Behörden, Individuen und Institutionen in Malta, so nahm ich es wahr, waren auch ein Stück überfordert. Die jungen Menschen mit Flucht_Migrationserfahrung als ›reif‹ zu verstehen, konnte also auch entlasten. Ethnografische Zugänge und das Hineinspüren in diese Dynamiken sind folglich ein Weg um zu zeigen, wie wichtig es ist, über die legale Interpretation der Lebenswelten von jungen Geflüchteten hinauszugehen. Indem wir uns mit jungen Geflüchteten, den Sozial*arbeiterinnen, *care workers*, Behördenmitarbeiter*innen und anderen Betreuenden und Verwaltenden austauschen, kann es gelingen, ein besseres Verständnis der gelebten Realität, den Vorstellungen zu Flucht_Migration und

Geflüchteten, sowie den (Arbeits-)Bedingungen zu gewinnen. Multiperspektivische Forschung zur Analyse des Umgangs mit jungen Menschen im Grenzregime liefert wichtige Beiträge, indem sie Prozesse aufzeigt, mit denen junge Geflüchtete identifiziert, markiert und behandelt werden, und das Zusammenspiel von Diskurs, Politik, Rahmensetzungen und alltäglichen Interaktionen innerhalb des breiten Kontextes des Grenzregimes beleuchten und situieren kann.

Abschließend möchte ich nun ›adult minors‹ und (Un-)Möglichkeitsräume zueinander in Beziehung setzen. ›Adult minors‹ ist Selbst- und Fremdpositionierung zugleich und klingt zunächst vielleicht nicht nach Aushandlung. Auch wenn es Fixierungen im Grenzregime gibt, ermöglichen und verunmöglichen auch diese Fixierungen entlang ›Alter‹ Zugänge. Durch Handlungen einzelner Akteur*innen wurden auch zunächst fix erscheinende Zuordnungen und Einteilungen verändert. ›Adult minors‹ und (Un-)Möglichkeitsräume tangieren sich zwar, sind aber analytisch trennbar, da nicht alle Aushandlungen im Grenzregime auf die Kategorie ›Alter‹ zurückzuführen sind und das Denken in (Un-)Möglichkeitsräumen sich auch auf andere Phänomene anwenden lässt.

Ausblick und Diskussion

Relevanz der Ergebnisse: Eine Einschätzung

Die Flucht_Migration junger Menschen ist nicht nur in der EU sondern weltweit aktuelles Thema. Schlagen wir dieser Tage Zeitungen auf, so vergeht kaum eine Woche, in der nicht über dieses Phänomen berichtet wird. Die Relevanz dieser Studie liegt auch in der gesellschaftspolitischen Brisanz begründet. Auch wenn Flucht_Migration in die EU kein neues Thema ist, ist nach wie vor der Umgang mit Ankommenden nicht klar geregelt. Es gibt, wie ich zeigte, Rahmensetzungen und Richtlinien, wie der Umgang mit ihnen formell ausgestaltet werden sollte. Eine ethnografisch und nah an den Akteur*innen ausgerichtete Studie, die einerseits die Rahmensetzungen, aber auch die konkrete (Nicht-)Umsetzung eben dieser fokussierte, lag bislang nicht vor. Diese Lücke hat diese Studie geschlossen und dabei aufgezeigt, dass die gesetzten Rahmen eben nur eine Seite der (politischen) Medaille darstellen. Die andere Seite beinhaltet auch deren (Nicht-)Umsetzung, der Raum, der für Interpretationen und Aushandlungen bestehen bleibt. Die Analyse des Materials hat gezeigt, dass diese Aushandlungsprozesse maßgeblich geprägt sind von individuellen Verständnissen von sozialen Kategorien, sowie von Konzepten der Schutz- und Hilfsbedürftigkeit. Beeinflusst wurden diese von »Western notions of childhood« (de Boeck und Honwana 2005; Otto 2016). Wie die jungen Geflüchteten konkret behandelt wurden, hing folglich maßgeblich von den sie Betreuenden und Verwaltenden ab. Aber selbst wenn die Behandlung von jungen Geflüchteten noch klarer geregelt sein würde, würde immer noch Aushandlungsraum bestehen, denn ›Recht‹ wird immer in der Praxis umgesetzt. Was meinen geflüchteten Forschungspartner*innen jedoch geholfen hätte, wäre, wenn sie mit ihren Bedürfnissen ernster genommen worden wären.

Die jungen Geflüchteten wurden einerseits als undankbar, als den maltesischen Staat Missbrauchende, als bedrohlich sowie als zu handlungsfähig verstanden. Gleichzeitig wurden sie andererseits als nicht reif genug verstanden, verantwortungsbewusst zu handeln. Diese Ambivalenzen führten zu einer Situation, in der sie ambivalent als »adult minors« positioniert wurden. Mit dieser Begriffsschöpfung hat diese Studie jene Dynamiken gefasst, die diesen Zustand produzieren und analytisch die Brücke zwischen formellen Regularien und tatsächlichen Umsetzungen geschlagen. Während ›Erwachsen-Sein‹ und ›Kind-Sein‹ sich aus gesetzlicher Perspektive gegenseitig ausschließen, zeigen die tatsächliche Behandlung der jungen Geflüchteten als auch ihre eigenen Positionierungen auf, dass diese Kategorien verstrickt sind. Diese Studie offenbart mit diesem Ergebnis folglich, was ethnografische Flucht_Migrationsforschung leisten kann: Es ist gelungen, die wirkmächtige Kategorie des ›UAMs‹ herauszufordern und sie in Frage zu stellen, sie in ihrer Wirkmächtigkeit im Alltag für die Betroffenen besser verständlich zu machen und auch, die Ambivalenzen, die dieser vermeintlichen Eindeutigkeit inhärent sind, ausdifferenziert zu betrachten. Ethnografische, multi-akteurische Migrationsforschung liefert keineswegs einfache Antworten auf Fragen der (möglichen) Behandlung junger Geflüchteter. Es war hier nicht das Ziel, neue Logiken oder Verfahren für ordnungspolitische Zwecke aufzuzeigen, sondern es ging um die Analyse der Auswirkungen und Ausgestaltungen der Einteilungs- und Betreuungsprozesse.

In der detaillierten Betrachtung dieser Dynamiken liegt auch die Relevanz ethnografischer Forschungen in diesen Kontexten begründet: zahlreiche Country Reports (EMN 2009; People for Change Foundation 2013,

NGO Group for the CRC 2013), die die Situation für ›UAMs‹ in Malta untersuchten, verweisen zwar auf Konflikt- und Problemlagen, sind aber nach wie vor auch als diplomatische Texte zu verstehen und attestieren den maltesischen Behörden eher Erfolge im Umgang mit ›UAMs‹, statt auf Missstände hinzuweisen. In solchen Fällen bieten ethnografisch orientierte Forschungen wichtige Informationen, die in Country Reports mit dem Ziel der Einschätzung der Lage – inklusive Verbesserungsvorschlägen – keinen Platz finden. Weitere ethnologische Forschungen, auch in anderen Ländern – denn die Annahme ist, dass es Gemeinsamkeiten mit und Unterschiede zu der Situation in Malta gibt – sind dringend notwendig, wenn es das Ziel ist, ein besseres Verständnis über Akteur*innen, Dynamiken und Prozesse, die die Situation für junge Geflüchtete im Grenzregime beeinflussen, zu erarbeiten.

Relevant ist diese Studie auch, da sie die Kategorie des ›UAMs‹ nicht als fixierend oder fixiert gesetzt hat und sich sowohl von anderen Forschungen und auch Country Reports, die genau dieses tun, absetzt und explizit die Dynamiken während und nach der ›UAM‹-Einteilung in den Blick genommen hat. Im Kontrast zum gängigen öffentlichen Diskurs zu ›UAMs‹, in denen in der Regel über sie gesprochen wird, machte diese Studie sie mit ihren Aussagen zu den zentralen Akteur*innen der Analyse, auch wenn im Ergebnis steht, dass ich über sie schreibe – zum (neuen) Nachdenken jenseits des gängigen Diskurses wurde dennoch angeregt.

Was bedeuten diese Ergebnisse für die Praxis? Es ist davon auszugehen, dass junge Menschen mit Flucht_Migrationserfahrung nach wie vor Adressat*innen sozialer Arbeit und Betreuungssituationen sein werden und auch weiterhin medizinischen Untersuchungen unterzogen werden. Diese Studie soll folglich die sie Einteilenden und Fixierenden auch dazu anregen, über ihre wirkmächtigen Entscheidungen reflektiert nachzudenken. Diese Forschung ist auch relevant, weil sie Konstruktionen von Minder- und Volljährigkeit im Kontext von Flucht_Migration sichtbar gemacht hat und über die Orientierung an postkolonialen Studien und (Forscher-*innen-)Subjektivität eine Annäherung an meine eigenen Verstrickungen mit festgelegten und institutionalisierten Fixierungen deutlich gemacht hat. Dieses Über-sich-selbst-Reflektieren, als Akteur*in im Kontext von Betreuung und Verwaltung von Menschen mit Flucht_Migrationserfahrung, ist folglich ein Weg, um über diese eigenen Vorstellungen Ergebnisse zu generieren.

Der hier präsentierte und angewandte Weg, das Material intersektional zu lesen machte es möglich, auf die Komplexität, Verwebungen und Vielfältigkeit von Selbst- und Fremdkonstruktionen hinzuweisen, ohne dabei stereotypisierende Bilder fortzuschreiben. Werden Geflüchtete nur durch die gängigen und dominanten Kategorien betrachtet, passiert zweierlei: Differenzen, Identifikationen und Subjektivierungen werden nicht erkannt und den jungen Geflüchteten auch nicht zugestanden. Auf der anderen Seite werden die komplexen Logiken der Konstruktionen des *Self* und des *Other* vereinfacht oder gar übersehen. Die hier präsentierte Zusammenschau aus Erzählungen, institutionellen und diskursiven Rahmensetzungen und Repräsentationen, sowie Beobachtungen der interpersonellen Begegnungen, machte es möglich, diese Aushandlungen als dynamisch, kontingent und prozessual darzustellen. Es war hierfür unerlässlich, die eigene Positionierung der weißen Deutschen, sozialisiert in einem west-europäischen Land, mitzudenken. Ich strebte damit durchaus im Sinne des hermeneutischen Verstehens eine dekonstruierende Perspektive an, zeigte aber auf, dass das Mit-Kategorien-Arbeiten, also die Reproduktion und Reflexion eben dieser, in gewissem Maße notwendig ist. Diese Dialektik ist der intersektionalen Analyse, so wie ich sie vorschlagen möchte, inhärent. Sie ermöglicht den produktiven kritischen Umgang im Sinne eines parallelen und iterativen Mit-und-Gegen-Kategorien-Denkens. Dieses ist nicht nur für die kulturanthropologisch orientierte Ethnografie bedeutsam, sondern kann auch auf den Kontext der Sozialen Arbeit übertragen werden, wenn sie in Richtung einer Nicht-Fortschreibung bestehender Normalisierungen, sozialen Positionierungen und Kategorisierungen arbeiten soll und ausgehend von konkreten Individuen arbeiten möchte (vgl. Otto und Kaufmann 2019).

Die Grenzen der Forschung

In der Regel ist es der Fall, dass ethnografische Arbeiten auf Material basieren, welches im Kontakt mit relativ wenigen Forschungspartner*innen erhoben wurde. Ich bin davon überzeugt, dass die hier präsentierten Erfahrungen, Perspektiven und Erlebnisse jedoch eine größere Gruppe junger Menschen in ähnlichen Situationen illustrieren, was sich auch aus der Rezeption anderer Studien zur Situation für Geflüchtete in Malta und anderswo zeigen lässt (vgl. Nimführ 2016; Skov 2016; von Grönheim 2018). Gleichzeitig wird es aber auch Realitäten und Perspektiven geben, die mir nicht bekannt sind: Weil ein holistisches Forschungsunterfangen weder Ziel noch Möglichkeit war, weil ich Akteur*innen übersehen habe und auch, weil es Beschränkungen durch meine nicht vorhandenen somalischen Sprachkenntnisse gab.

Es gibt sicherlich auch Aspekte, die diese Arbeit tiefer hätte aufgreifen können. Einige dieser weiteren Forschungsmöglichkeiten sind mir offensichtlich und bekannt und ich reflektiere sie entlang von sechs Punkten, andere werden mir aufgrund meiner Forscher*innensubjektivität (Reichertz 2015) und auch meiner »situated knowledges« (Haraway 1988) verborgen bleiben.

(1) Immer wieder rekurrierten die jungen Geflüchteten auch auf Gott, Allah, oder Übernatürliches – vor allem, wenn sie Erfolg hatten, oder in ihren Augen scheiterten. Eine genauere Analyse der Bedeutung von Religion oder fatalistischen Deutungen für ihre Flucht_Migrationserzählungen und Bedeutungsmachungen wäre sicherlich erkenntisreich gewesen.

(2) Die Selbstbeschreibungen und Positionierungen der institutionellen Akteur*innen wurden nur am Rande analysiert, ein eigenes Kapitel widmete ich ihnen nicht. Grundsätzlich gibt es keine Formel, wie eine Grenzregimeanalyse die verschiedenen Standpunkte ausbalancieren sollte, aber diese Arbeit hat einen klaren Fokus gesetzt. Nichtsdestotrotz rege ich an, auch zu den Verwaltenden und Betreuenden im Flucht_Migrationskontext detailliertere Forschungen durchzuführen. Fluchtforschung bedeutet für mich nicht per se ›Flüchtlingsforschung‹ und so können auch sehr gut Akteur*innen ohne Flucht_Migrationserfahrung im Fokus stehen.

(3) In dieser Arbeit wurden die Erfahrungen und Perspektiven junger Menschen aus Somalia/Somaliland fokussiert. Sicherlich wäre die Einbeziehung von Perspektiven junger Menschen aus anderen Herkunftskontexten ebenfalls vielversprechend gewesen, um Gemeinsamkeiten und Unterschiede herausarbeiten zu können.

(4) In dieser Arbeit stellte ich auch nur am Rande Bezüge zu den transnationalen Netzwerken der jungen Geflüchteten dar. Dieses wurde in der Regel über soziale Netzwerke, wie Facebook und Skype, gepflegt: Eine Studie zu den Praktiken der transnationalen Netzwerkproduktion im Internet und auch, welche Rolle eigentlich internetbasierte Informationsplattformen für die Flucht_Migration spielen, ist mit Sicherheit von akademischer Relevanz.

(5) An dieser Stelle seien auch noch zwei selbstkritische Anmerkungen gemacht: Als Forscherin legte ich den Fokus auf junge Geflüchtete, konsti-

tuierte die jungen Menschen dann eben auch als solche und das Befragen der jungen Menschen als Geflüchtete führte dazu, dass auch ich sie erneut als ›Geflüchtete‹ anrief (vgl. Althusser 1977). Meine eigene Subjektposition konnte ich dabei nur selbstreflexiv öffnen, aber meine gesicherte rechtliche und gesellschaftliche Positionierung machte es schwer, wenn nicht unmöglich, ihr Erleben tatsächlich nachempfinden zu können. Nun soll dieses nicht heißen, dass Forschungen zu und mit Geflüchteten obsolet sind, da ich es durchaus für zentral halte, ihre Bedingungen und ihr Eigenes aufzuzeigen, um den dominanten Diskurs zu irritieren, aber gleichzeitig muss anerkannt werden, dass Studien dieser Art, auch bei aller Reflexion, nicht frei von Zu- und Fortschreibungen sind. Diese Arbeit fokussierte zudem vordergründig die Perspektiven junger, männlicher* Geflüchteter – dieses ist insofern auch zentral, da es vor allem sie sind, die diskursiv intensiv ›verandert‹ werden. Allerdings bleibt durchaus kritisch anzumerken, dass weibliche* Geflüchtete in dieser Arbeit unterrepräsentiert bleiben. Diese Abwesenheit lag unter anderem darin begründet, dass es bereits im Heim komplizierter war, mit ihnen engere Beziehungen aufzubauen, da die meisten von ihnen Vollzeit arbeiteten und sich nach ihren Schichten ausruhten. Zudem war die Sprachbarriere größer und so war häufig ein männlicher* Übersetzer zugegen, wenn ich mit jungen Frauen* sprach.

(6) Im Verlauf der Forschung tauchten auch immer wieder Irritationen und Fragen auf, auf die ich keine finale Antwort oder Erklärung habe. So bleibt es mir bis heute unverständlich, wieso einige Mitarbeiter*innen des *age assessment* team von LMAO Geflüchtete jünger gemacht haben, als sie selbst angaben: War dieses positives Kalkül? Dachten sie, dass sie den jungen Geflüchteten einen Gefallen tun würden? Wollten sie selbst einfach nicht für Fehlentscheidungen in Richtung als ›zu alt‹ eingeteilt riskieren? Wollten sie sie möglichst lange in der Kontrolle des Heims haben, um auch die Heime zwecks EU-Mittel-Förderung voll belegt zu haben? Bis heute habe ich diese Dynamik nicht verstanden. Fixierungen, Ambivalenzen und Auflösungen waren eben parallel und manchmal kontingent, manchmal widersprüchlich.

Wahrnehmungen 2018: Kontinuität, Neuerungen und Wandel

Im Juni 2018 kehrte ich nach Malta zurück und das Thema der Bootsmigration – welches seit 2015 in Malta weniger Bedeutung hatte – wurde zu dem Zeitpunkt wieder hochaktuell: Die *Aquarius*, ein Rettungsschiff, hatte 629 Menschen an Bord und trieb im Mittelmeer zwischen Italien und Malta. Sowohl Italien als auch Malta verweigerten ihre Aufnahme. Nach tagelangem Ringen über den Zugang zu einem sicheren Hafen und EU-Boden erteilte dann die spanische Regierung eine Ausschifferlaubnis. Und erneut hörte ich auf Malta, dass es richtig sei, dass Premier Minister Joseph Muscat (2013) die Aufnahme verweigerte, denn: »We are a small country. Already overpopulated. Illegal immigrants don't help in our situation«. Die Verwendung Maltas relativer Kleinheit als Argument gegen die Aufnahme von geflüchteten Menschen weist seit Jahren eine gewisse Konstanz auf.

Dieses Argument ist wirkmächtig, obwohl sich Malta derzeit in einer sehr guten wirtschaftlichen Lage befindet: Die Arbeitslosigkeit beläuft sich auf rund drei Prozent und gehört somit zu den geringsten in der EU. Es werden konstant neue Wohnungen gebaut; lässt man den Blick über den Horizont schweifen, ist es nicht selten, über 20 Kräne auf einmal im Blickfeld zu haben. Hierin jedoch liegt eine relativ neue Problematik für meine geflüchteten Forschungspartner*innen begründet: Waren es ihrer Einschätzung nach bis vor Kurzem noch primär ihre Herkunft und Hautfarbe, die auf dem Wohnungsmarkt gegen sie verwendet wurden, sehen sie sich nun mit Gentrifizierungsdynamiken konfrontiert und ihre prekäre finanzielle Situation ist 2018 vordergründig Thema. Mit einem Mietanstieg von 57 Prozent seit 2013, ist es nun primär finanziell schwierig, bezahlbaren Wohnraum zu finden. So wurde beispielsweise das Wohngebäude von Tesfaye in der Stadt Xerri zu Luxusapartments transformiert und die WG, in der ich mich 2016 noch regelmäßig aufhielt, existiert nicht mehr: »One night, they just come with many people and they put all their things on the street. They want to make the apartment nice. So that was it with their flat«, erzählte mir Bilal. Was bleibt, sind dann das Teilen von Räumen mit vielen oder der Wegzug aus den infrastrukturell besser aufgestellten Gegenden. Für einige bleibt nichts als die Rückkehr in ein *open centre*.

Das größte dieser *open centre*, Tal Gebel, suchte ich auch im Juni 2018 wieder auf. Trotz abnehmender Bootsmigration nahm ich eine zunehmende Versicherheitlichung wahr: Wo früher nur ein löchriger Maschendrahtzaun das *centre* begrenzte, stand nun eine massive Steinmauer, durch die sich weder Kommen und Gehen, noch Blicken ließ. Vor der Mauer ein vertrocknetes Rasenfeld, wiederum umgeben von Maschendraht- und Stacheldrahtzäunen. Ich stand einige Minuten vor dem Gatter. Die Kommenden mussten ihre Taschen durchsuchen lassen, ihren *resident* Ausweis vorzeigen. Die »Mehba il-refugati«, die »Refugees Welcome«-Schilder, die an der Mauer hingen, verrotteten oder waren verkratzt. Am Stacheldrahtzaun hing ein Damenstiefel und bewegte sich langsam im Wind. An einen Zugang für mich in das *centre* war nicht zu denken, allein die Anwesenheit des *security guards*, der mich durch den Zaun beobachtete, führte bei mir zu Unwohlsein. Meine Übelkeit ist wohl als Ausdruck der gesamten Erlebnisse zwischen 2013 und 2016 in Malta zu verstehen. Als ich das Gelände verließ, fiel mir noch einmal auf, in welch paradoxer geografischen Lage es sich in Malta befindet: Zwischen Flughafen und Free Port gelegen – beide Ausdruck von Maltas boomender Tourismus- und Handelswirtschaft, beides Orte von Kommen und Gehen, von infrastruktureller Anbindung – ist das Tal Gebel *open centre* Ausdruck von Isolierungspraktiken, von Mobilitätsverhinderung, von Festhalten aber gleichzeitig Nicht-ankommen-Lassen. Während die Tourist*innen, die in einem der vielen roten Busse der *Malta Sightseeing Tour* saßen und bei der Inselerkundung auf dem Deck die Sonne genossen, keine Ahnung zu haben schienen, wer oder was sich in den Containern befindet – »I think it is just storage«, sagte mir ein britischer Tourist auf der Tour, die ich besuchte – waren es die jungen Geflüchteten, die versuchten, die Gegend zu meiden: »For two years I did not see Tal Gebel. I hate that place. I wish I'll never see it again«, erzählte Absimil mir, als ich ihm am Abend von meiner Rundfahrt und den uninformierten Tourist*innen, mit denen ich ins Gespräch kam, berichtete. Während für meine geflüchteten Forschungspartner*innen das Tal Gebel *open centre* nicht zu ›ihren Orten‹ in Malta gehörte, schienen einige Polizist*innen dies anders zu sehen, wie Bilal (IG, 06/2018) mir berichtete:

»In Malta now, there is more racism. Always the police they stop us. For example the last time they stop me in Bugeja. I wanted to visit a friend. And then they stop me, they ask for the ID, blahblah. They asked me what I do in Bugeja. And then I told them. Their answer was that I should go back to the place where I belong, which is Tal Gebel. But Tal Gebel is not my place. So the freedom of movement in Malta does not really exist for us.«

Auch Filad fasste dies in seinen Worten zusammen, und betonte auch noch einmal mein *weiß*sein als Privileg: »When I go with you, no problem, I can go everywhere and we can eat everywhere. But when you are gone and I go alone, then it's a problem« (Filad, IG, 06/2018).

Maltas stabile wirtschaftliche Lage brachte noch eine weitere Neuerung mit sich: Die Migration von Geflüchteten, die in Italien einen Schutzstatus haben, aber in Malta Arbeit aufnehmen, nahm zu: Bilal berichtete, dass er bis Ende 2017 in einer Ziegelei arbeitete. Die maltesische Besitzerin beschäftigte bis dahin fast nur Somalis* und verlangte Arbeitszeiten von 6 Uhr bis 24 Uhr. Die Arbeitnehmer* schlossen sich zusammen und verhandelten mit ihr erfolgreich geringere Schichtzeiten. Mit der Zunahme an Arbeitern* aus Italien änderte sich jedoch die Situation: Sie boten ihre Arbeitskraft unter dem Mindestlohn an und waren bereit, die 18-Stunden-Schichten zu leisten. Bilal und seine Kollegen wurden in Folge arbeitslos.

Auch die der Kirche nahestehende NGO3 suchte ich im Juni 2018 erneut auf, da ich ein Buch erwerben wollte, welches über die NGO3 zu beziehen ist. Ich setzte mich, wie alle anderen auch, auf den langen Flur und wartete, bis ich dran war. Während der Beratungen haben die Mitarbeiter* die Türen nicht geschlossen, auf dem Flur konnten alle alles hören. Während parallel zu diesen Tagen in der EU mit Hochdruck an der Intensivierung von Datenschutz gearbeitet wird, schien Privatsphäre Menschen mit Flucht_Migrationserfahrung nur bedingt zuzustehen. Aus den Zimmern hörte ich immer wieder ein »No«, oder: »The problem I have with you«, oder: »Your documents are not complete«. Die Reinigungskraft schickte einen wartenden Mann weg, als sie unter seinen Füßen den Boden wischen wollte. Als sie zu mir kam, bat sie mich nicht, zu gehen oder die Füße anzuheben. Sie widmete sich einer anderen Tätigkeit. Vielleicht war es Zufall, vielleicht aber auch Ausdruck der alltäglichen Andersbehandlungen, die ich immer wieder wahrnehmen konnte. An der Wand hing ein Infoblatt, welches auf die Notwendigkeit des Mitbringens der persönlichen Dokumente für die Beratung verwies: Ich sah einen abfotografierten Ausweis; das Gesicht des abgebildeten Mannes war mit einem Smiley Sticker überklebt. Tatsächlich aber lachte oder lächelte hier niemand von denen, die sich beraten lassen (mussten).

Warum diese letzten Wahrnehmungen zu Kontinuitäten, Neuerungen und Wandel? Diese schlaglichtartigen Einblicke in meinen letzten Maltaaufenthalt sind noch einmal als Ausdruck dessen zu verstehen, dass Flucht_Migration nicht als ein Thema, welches losgelöst von der Gesellschaft zu denken ist, behandelt werden sollte: Es ist vielmehr im Verhältnis und in Verwobenheit mit anderen sozialen Dynamiken und Fragen, die alle betreffen und befassen, zu verorten: Datenschutz und Privatsphäre, Gentrifizierung und Armut, Tourismus und Wirtschaft. Dieser (vorerst) letzte Blick auf die in Malta wahrnehmbaren Verhältnisse und Entwicklungen zeigt, dass es darum geht, gegen die allzu oft vorkommenden Besonderungen und Veranderungen im Flucht_Migrationskontext anzuschreiben und diese vor dem jeweiligen Kontext und der Kontingenz der Ereignisse zu deuten. Es zeigt auch, dass Forschung zu Flucht und Migration nicht per se geflüchtete Menschen in den Fokus stellen muss, sondern die Dynamiken um Flucht und Migration vielmehr sämtliche Bereiche des Sozialen und Politischen durchdringen (können).

Wie leben die jungen Geflüchteten heute?

Die Frage danach, wie es mit dem Ende meiner Forschung mit den geflüchteten Akteur*innen weiterging, wurde mir immer wieder gestellt. Diese Frage lässt sich nicht eindeutig beantworten. Abschließend zeige ich hier exemplarisch auf, wie es mit ihnen weiterging: Einige der jungen Geflüchteten haben Malta erfolgreich verlassen und in anderen EU-Staaten erneut einen Antrag auf Asyl stellen können. Einzelne haben mittlerweile einen positiven Bescheid und befinden sich in der relativen Rechtssicherheit, andere warten noch auf die Entscheidungen der Ausländerbehörden. Sie haben in den jeweiligen Ländern Schulen besucht und mit Ausbildungen begonnen; in einem Fall ist es auch gelungen, eine Familienzusammenführung zu erwirken.

Es ist jedoch keineswegs so, dass alle, die Malta verließen, auch in einem anderen Land anerkannt wurden. Einige der jungen Geflüchteten mussten auf Grundlage der Dublin-Verordnung zurück nach Malta. Diejenigen, die noch in Malta sind, gehen entweder Tätigkeiten in der Tourismusbranche oder der Gastronomie nach, einige wenige arbeiten auf Baustellen. Diejenigen, die keine Arbeit bekommen haben, leben von circa 300 Euro Sozialhilfe im Monat und sind durchaus von anderen Geflüchteten finanziell abhängig: Da jedoch kaum noch neue Menschen aus Somalia anlanden und gleichzeitig immer mehr geflüchtete Menschen das Land verlassen, schrumpft ihr Unterstützungsnetzwerk. Einige haben in Malta nun einen Aufenthalt von fünf Jahren erhalten, ihren Führerschein gemacht und werden nach eigener Aussage solange dort leben, bis gegebenenfalls eine Rückkehr nach Somalia/Somaliland möglich wird.

Die ersten meiner Forschungspartner*innen haben geheiratet und bereits Familien gegründet; wieder andere befinden sich nach dem *Resettlement* jetzt in den USA. Auch das, was ich von ihnen wahrnehme, ist divers. Während einige arbeiten und davon berichten, das »good life« zu leben, warten auch dort andere auf Papiere, auf die große Liebe, auf sichere

Arbeit oder eine Familienzusammenführung. Von Einzelnen, die nicht mehr in Malta sind, habe ich auch erfahren, dass sie unter schweren Krankheiten leiden und nun erst einmal sowohl physisch als auch psychisch therapiert werden müssen; in einigen Fällen bekommen sie dafür Unterstützung, beispielsweise durch Sozialarbeiter*innen oder Ehrenamtliche, in anderen Fällen wiederum befinden sie sich in recht einsamen Situationen und sind auf sich allein gestellt.

Wenn ich gefragt wurde, wie es mit den jungen Geflüchteten weiterging, hatte ich durchaus in den meisten Fällen das Gefühl, dass ich entweder migrantische Erfolgsstorys oder das große Scheitern zeigen sollte. So ist auch diesem Ausklang der Arbeit inhärent, dass reflektiert werden muss, *was* ich preisgebe, ohne das Bild der diversen Werdegänge zu romantisieren. Kritische Migrationsforschung sollte es auch zum Ziel haben, gegen eine Migrantologisierung anzuschreiben und gängige Diskursbilder von Held*innen, Opfern und Täter*innen (vgl. Friese 2017) nicht romantisierend oder totalisierend zu bedienen, sondern sollte anstreben, dass geflüchtete Menschen (auch) als ›ganz normale‹ Menschen – eben so, wie sie sich selbst oft präsentierten und verstanden – wahrgenommen werden. So ist die hier angedeutete Vielfalt aus Familiengründung und Single-Dasein, aus erwerbstätig oder arbeitslos, aus gesund und krank, als Schulbesucher*in und Schulabbrecher*in auch Ausdruck dessen, was bei jungen Menschen *ohne* Flucht_Migrationserfahrung vorkommt. Wie die jungen Geflüchteten ihre Situation heute sehen, können sie jedoch am besten selbst erzählen: Einzelne habe ich mit dem Abschluss des Schreibprozesses kontaktiert und sie gebeten, dieses zu formulieren. Es ist bewusst so gewählt, dass ich als Deutende in dieser Studie nicht das letzte Wort habe, womit ich mich auch noch einmal in einem Versuch, postkolonial sensibel zu repräsentieren, probiere (vgl. Goebel 2017). So schließt die Arbeit mit einer Vielzahl von unkommentierten Zitaten, die ich unter »Wege suchen und finden« zusammenfasse.

Wege suchen und finden

»I have to continue to go forward. Never go back.«

– Amiir, im Juni 2018

»Next year, I am going Africa. Back to Somalia. I am finished with Europe.«

– Boqol, im Mai 2018

»I don't think of going back to any camp in my life. So I stay where I am. I will not try to find something better elsewhere. Because I have hope and dreams to look forward to.«

– Binti, im Juni 2018

»I live in the United States now since last year. About one hour away from New York. I work as a truck driver for a big company. I miss Malta also because they saved my life and I am thankful. Maybe I return as a tourist one day. But in America, my life is better. In Malta, they only allow you to breathe and sleep. That was not a life. In the US, it is more than only breathe and sleep.«

– Warsame, im Juni 2018

»I came to Dallas in 2017. It is much better than Malta. I found a good job in an office and met good people. I hope that the Maltese will learn one day what humanity is.«

– Abdul, im April 2018

»When I come to Malta five years ago I lost my identity. I try to find it again now. Because for us, as the young generation, it is so difficult. The Maltese they want us to integrate. And I like some things about their life, too. So I sometimes go out with non-African girls or I have a beer. But when Maltese see you doing that, and they do it all the time, they think you are the dangerous African. And when the Somali people see me like that, they say I hurt the Somali values. So what can I do? So I tried everything at the same time and that is why right now I am trying to find my identity again.«

– Bilal, im Juni 2018

»Mir geht es gut jetzt. In [einer deutschen Großstadt] habe ich meine Ausbildung fertig gemacht und lebe mit Muriyo und den beiden Kindern in unserer Wohnung.«

– Ramaas, im Juli 2018

»I arrived now in Germany. I live in a camp again. I did not go out since I arrived three weeks ago. Because where should I go? So I stay inside again all the time. But still it is better than Malta.«

– Filad, im August 2018

»I am okay now with Malta. I earn good money and I can buy what I need. But it is not the life I imagined.«

– Absimil, im Juni 2018

»Me I am still in transit now, you know. So I have not arrived, still I have to find my way.«

– Yasir, im Juni 2018

Lesehilfen

Zeichen, Schreibweisen und Hervorhebungen

Ich verwende »doppelte Anführungszeichen« um Zitate aus der Literatur sowie aus meinem empirischen Material zu kennzeichnen; Zitate im Zitat werden mit ›einfachen Anführungszeichen‹ markiert. Diese werden auch verwendet, um auf die Konstruktion eines Begriffes hinzuweisen oder um Alltagssprache zu markieren. Zeichensetzung, Groß- und Kleinschreibung sowie grammatikalische Strukturen habe ich unverändert übernommen. Auslassungen in Zitaten habe ich mit [eckigen Klammern] gekennzeichnet; sofern ich Änderungen oder Ergänzungen vorgenommen habe, so habe ich diese mit meinen Initialen, L.O., markiert. Kursivierungen werden für Fachwörter, für Eigennamen sowie für Betonungen verwendet. Überschreiten Zitate eine Länge von drei Zeilen, wurden sie für die bessere Lesbarkeit eingerückt. Für die bessere Lesbarkeit behalte ich es mir zudem vor, sehr lange Abschnitte mit Zwischenüberschriften zu trennen, die ich nicht im Inhaltsverzeichnis kenntlich mache.

Die Quellenangaben befinden sich unmittelbar hinter den Zitaten: bis zu drei Autor*innen werden namentlich genannt; ab vier Autor*innen wird die gängige Abkürzung et al. verwendet. Bei erstmaliger Nennung werden Autor*innen im Fließtext mit Vor- und Zunamen erwähnt, in allen nachfolgenden Aufführungen wird ausschließlich der Zuname verwendet. Das eigene Datenmaterial besteht aus Interviews (I), Protokollen der teilnehmenden Beobachtung bzw. Forschungstagebucheinträgen (TB) sowie informellen Gesprächen (IG). Zitate aus dem Datenmaterial werden dementsprechend mit der Abkürzung, sowie Name/Monat/Jahr versehen: »In Malta, I did not find a good job« (Amiir, IG, 04/2016).

Ich möchte auch die von mir in diesem Text verwendeten Zeitformen kommentieren: Über das Datenmaterial spreche ich in der Vergangenheit, um keinen »›innocent‹ ethnographic realism« (Lather 2001, 222 u. 215, zit.

n. McCall 2005, 1778) zu suggerieren. Allgemeingültige Aussagen stehen im Präsens.

Der Inselstaat Malta setzt sich aus insgesamt drei bewohnten Inseln zusammen: Comino, Gozo und Malta. In Malta bezieht sich in dieser Arbeit auf den Staat Malta, auf Malta lediglich auf die bewohnte Insel Malta.

Sensible Schreibweisen

In dieser Arbeit wird der Genderstar* verwendet, um einerseits die soziale Konstruktion der Kategorie Gender aufzuzeigen, aber auch, um weitere und andere Geschlechtsidentitäten jenseits der binären Konstruktion von ›männlich‹ und ›weiblich‹ zu adressieren.

Flucht und Migration verstehe ich nicht als Dichotomie und die Verwendung des Unterstrichs, Flucht_Migration, verweist auf das Spektrum zwischen Flucht und Migration. Mit der Verwendung des Begriffes Flucht_Migration möchte ich einerseits die differenten und teilweise widersprüchlichen Vorstellungen von Flucht und Migration subsummieren (vgl. Goebel et al. 2018, 4), aber auch aufzeigen, dass es sich bei Flucht_Migration um einen fluiden und dynamischen Prozess handelt. Eine Abgrenzung zu anderen spezifischen Formen der Migration, wie der vermeintlichen ›Arbeits- oder Armutsmigration‹, sind im Sinne des hier verwendeten Verständnisses so nicht möglich.

Die Kategorien *weiß* und Schwarz werden gemäß kritischer Rassismus- und *weiß*seinsforschung als soziale und politische Begriffe aufgefasst und um dieses zu betonen sprachlich markiert: *weiß* bzw. Schwarz (vgl. Eggers et al. 2005, 13). *weiß* zu kursivieren verweist noch einmal darauf, dass diese Position in gängigen Diskursen eher unmarkiert bleibt.

In meiner Arbeit habe ich mich dazu entschieden, den Begriff Geflüchtete zu verwenden. Ich stütze mich dabei auf Anatol Stefanowitsch (2012), der den Begriff im deutschsprachigen Kontext für am geeignetsten hält. Der ›Flüchtlingsbegriff‹ sei problematisch, da dieser suggeriere, dass die Flucht nie enden würde und er habe zudem die problematische Endung ›ling‹, wie sonst eher bei verniedlichenden oder abwertenden Begriffen zu finden, z. B. bei Frischling oder Jüngling. ›Geflüchtet‹ zeigt auch auf, dass die jungen Menschen, die zu Protagonist*innen im vorliegenden Text wurden, alle die Erfahrung der Flucht_Migration teilen, aber im Ergebnis nicht den ›Flüchtlingsstatus‹ nach 1951 Genfer Flüchtlingskonvention bekommen haben: Die Verwendung von ›Flüchtling‹ könnte suggerieren, dass sie sich in relativer Rechtssicherheit befunden haben, was jedoch nicht der Fall war. Die geschaffenen und Anwendung findenden Konventionen, Begrifflichkeiten und Regularien können der Lebensrealität meiner Forschungspartner*innen nicht gerecht werden (vgl. Crawley und Skleparis 2018). Zudem distanzierten sie sich selbst vom ›Flüchtlingsbegriff‹.

Übersetzungen

Zitate aus dem Englischen habe ich nicht ins Deutsche übersetzt. Die informellen Gespräche und Interviews führte ich zum Großteil auf Englisch.

Abkürzungen

a.m.	ante meridiem
bpb	Bundeszentrale für politische Bildung
bzw.	beziehungsweise
CRC	Childrens Rights Convention
ebd.	ebenda
EMN	European Migration Network
Etc.	et cetera
EU	Europäische Union
EURODAC	European Dactyloscopy
f./ff.	folgende/fortfolgende
FC	Fußball Club
GPS	Global Positioning System
I	Interview
IG	informelles Gespräch
IOM	International Organization of Migration
i. O.	im Original
KRK	Kinderrechtskonvention
LGBTI	Lesbian, Gay, Bisexual, Transgender und Intersexual
LMAO	lokale, staatliche Migrationsagentur
MCAST	Malta College of Arts, Science and Technology

NCPE	National Commission for the Promotion of Equality
o. A.	ohne Angabe
PC	Personal Computer
SEB	Statusentscheidungsbüro
SIM	Subscriber Indentity Module
SSA	Subsahara-Afrika
TB	Teilnehmende Beobachtung
UAM	unaccompanied minor
UMF	unbegleitet, minderjähriger Flüchtling
UN	United Nations
UNHCR	United Nations High Commissioner of Refugees
UNICEF	United Nations Internatioal Children's Emergency Fund
UNO	United Nations Organization
USA	Unites States of America
USB	Universal Serial Bus
USRAP	The United States Refugee Admissions Program
WG	Wohngemeinschaft
WLAN	Wireless Local Area Network
z. B.	zum Beispiel
zit. n.	zitiert nach
NGO	Nichtregierungsorganisation
vgl.	vergleiche
et al.	et alia

Literatur

Abu-Lughod, Lila (1991): Writing Against Culture. In: Fox, Richard (Hrsg.): *Recapturing Anthropology: Working in the Present.* Santa Fe: School of American Research Press: 137–162.

Adela, Licona C. (2005): (B)orderlands' Rhetorics and Representations: The Transformative Potential of Feminist Third-Space Scholarship and Zines. *NWSA Journal* 17(2): 104–129.

Agier, Michel (2011): *Managing the Undesirables: Refugee Camps and Humanitarian Government.* Cambridge: Polity Press.

Agier, Michel (2016). *Borderlands. Towards an Anthropology of the Cosmopolitan Condition.* Cambridge: Polity Press.

Agnew, John (2008): Borders on the mind: Re-Framing Border Thinking. *Ethics & Global Politics* 1(4): 175–191.

Aitken, Stuart (2002): Global crises of childhood: rights, justice and the unchildlike child. *AREA* 33(2): 119–127.

Aitken, Stuart/Lund, Ragnhild/Kjorholt, Anne Trine (2009): *Global Childhood. Globalization, Development and Young People.* New York: Routledge.

Allsopp, Jennifer/Chase, Elaine (2017): Best interests, durable solutions and belonging: policy discourses shaping the futures of unaccompanied migrant and refugee minors coming of age in Europe. *Journal of Ethnic and Migration Studies.* Online: https://doi.org/10.1080/1369183X.2017.1404265. Letzter Zugriff: 27. Oktober 2018.

Althusser, Louis (1977): *Ideologie und ideologische Staatsapparate. Aufsätze zur marxistischen Theorie.* Hamburg: VSA.

Amelina, Anna (2017): Migration und Geschlecht. Der Forschungsstand zur Analyse der Migrationsprozesse im nationalen, globalen und transnationalen Bezugsrahmen. In: Lutz, Helma/Amelina, Anna (Hrsg.): *Gender. Migration. Transnationalisierung. Eine intersektionelle Einführung.* Bielefeld: Transcript: 45–66.

Amelina, Anna/Lutz, Helma (2017): *Gender, Migration, Transnationalisierung. Eine intersektionelle Einführung.* Bielefeld: Transcript.

Andersson, Ruben (2017): From Radar Systems to Rickety Boats. Borderline Ethnography in Europe's ›Illegality‹ Industry‹. In: Elliot, Alice/Norum, Roger/Salazar, Noel (Hrsg.): *Methodologies of Mobility: Ethnography and Experiment.* Oxford und New York: Berghahn: 88–108.

Anfeng, Sheng (2009): *Minoritization as a Global Measure in the Age of Global Postcoloniality. An Interview with Homi K. Bhabha.* Online: https://journalhosting. ucalgary.ca/index.php/ariel/article/viewFile/33567/27611. Letzter Zugriff: 22. Oktober 2018.

Anthias, Floya (2008): Thinking through the lens of translocational positionality: an intersectionality frame for understanding identity and belonging. *Translocations: Migration and Social Change* 4(1): 5–20.

Ariès, Philippe (1960): *Geschichte der Kindheit.* München: DTV.

Arndt, Susan (2005): Weißsein: die verkannte Strukturkategorie Europas und Deutschlands. In: Eggers, Maureen/Kilomba, Grada/Piersche, Peggy/Arndt, Susan (Hrsg.): *Mythen, Masken und Subjekte. Weißseinsforschung in Deutschland.* Münster: Unrast: 24–29.

Ashcroft, Bill/Griffiths, Gareth/Tiffin, Helen (2000 [1998]). *Post-Colonial Studies. The Key Concepts.* London: Routledge.

Bachmann-Medick, Doris (2006): *Cultural Turns: Neuorientierungen in den Kulturwissenschaften.* Reinbek: Rowohlt Verlag.

Balibar, Etienne (1990): Kapitel 1. Gibt es einen ›Neo-Rassismus‹? In: Balibar, Etienne/Wallerstein, Immanuel (Hrsg.): *Rasse, Klasse, Nation. Ambivalente Identitäten.* Berlin und Hamburg: Argument: 23–38.

Balibar, Etienne (2006): *Der Schauplatz der Anderen: Formen der Gewalt und Grenzen der Zivilität.* Hamburg: Hamburger Edition.

Balibar, Etienne/Wallerstein, Immanuel (1992): *Rasse, Klasse, Nation. Ambivalente Identitäten.* 2. Auflage. Berlin und Hamburg: Argument.

Balthasar, Dominik (2014a): *Thinking Beyond Roadmaps in Somalia: Expanding Policy Options for State Building.* Washington: Center for Strategic & International Studies. Online: https://csisprod.s3.amazonaws.com/s3fs-public/legacy_files /files/publication/141118_Balthasar_ThinkingBeyondRoadmaps_Web.pdf. Letzter Zugriff: 18. September 2018.

Balthasar, Dominik (2014b): Somalia: Unable to Escape its Past? Revisiting the Roots of a Fractured State and Elusive Nation. *Critical African Studies* (6)2–3: 223–239.

Barla, José (2012): Migrationsforschung als Kritik? Gender Initiativkolleg (Hrsg.): *Gewalt und Handlungsmacht Queer_Feministische Perspektiven.* Frankfurt am Main: Campus: 196–203.

Basaran, Tugba (2008): Security, Law, Borders: Spaces of Exclusion. *International Political Sociology* 2(4): 339–354.

Baumann, Zygmunt (1998): *Globalization: The Human Consequences.* New York: Columbia University Press.

Baumer, Andreas (2017): *Irreguläre Migration und staatliche Politik in Spanien und Europa.* Wiesbaden: VS Verlag.

Baumgartinger, Persson Perry (2014): Mittendrin: Kritische Analyse im Spannungsfeld von Machtverhältnissen der staatlichen Regulierung von Trans' in Österreich. In: von Unger, Hella/Narima, Petra/M'Bayo, Rosaline (Hrsg.): *For-*

schungsethik in der qualitativen Forschung. Reflexivität, Perspektiven, Positionen. Wiesbaden: Springer VS: 97–114.

Becker, Franziska (2001): Die Macht des Feldes. In: Eisch, Katharina/Hamm, Marion (Hrsg.): *Die Poesie des Feldes. Beiträge zur ethnographischen Kulturanalyse.* Tübingen: Tübinger Vereinigung für Volkskunde e. V.: 26–47.

Behse-Bartels, Grit/Brand, Heike (2009): *Subjektivität in der qualitativen Forschung: Der Forschungsprozess als Reflexionsgegenstand.* Opladen: Verlag Barbara Budrich.

Belloni, Milena (2016): Refugees as Gamblers. Eritreans Seeking to Migrate through Italy. *Journal of Immigrant and Refugee Studies* 14(1): 104–119.

Berg, Eberhard/Fuchs, Martin (1993): *Kultur, soziale Praxis, Text – Die Krise der ethnographischen Repräsentation.* Frankfurt am Main: Suhrkamp.

Bergschmidt, Viktoria (2014): *Konstruktionen verworfener Subjekte. Eine ethnografisch-diskursanalytische Untersuchung am Beispiel von Drogenabhängigen ohne deutschen Pass.* Gießen: Psychosozial Verlag.

Berking, Helmuth (2006): Raumtheoretische Paradoxien im Globalisierungsdiskurs. In: Derselbe (Hrsg.): *Die Macht des Lokalen in einer Welt ohne Grenzen.* Frankfurt am Main: Campus: 7–22.

Bernardie-Tahir, Nathalie/Schmoll, Camille (2014): Islands and the undesirables: irregular migration to Southern European Islands. *Journal of Immigrant and Refugee Studies* 12: 87–102.

Besteman, Catherine (2013): Three Reflections on Public Anthropology. *Anthropology Today* 29(6): 3–6.

Besteman, Catherine (2014): *Unraveling Somalia: Race, Class, and the Legacy of Slavery. The Ethnography of Political Violence.* Philadelphia: University of Pennsylvania Press.

Besteman, Catherine (2016): *Making Refuge: Somali Bantu Refugees and Lewiston, Maine.* Durham: Duke University Press.

Bhabha, Homi K. (1994): *The Location of Culture.* London und New York: Routledge.

Bhabha, Homi K. (2000): *Die Verortung der Kultur.* Tübingen: Stauffenburg.

Bhabha, Jacqueline (2004): From Citizen to Migrant: The Scope of Child Statelessness in the Twenty-First Century. In: Dieselbe (Hrsg.): *Children without a State: a Global Human Rights Challenge.* Cambridge: MIT Press: 1–39.

Bhabha, Jacqueline (2008): *Triple Burden.* Online: http://hir.harvard.edu/tripleburden/. Letzter Zugriff: 12. März 2016.

Bhabha, Jacqueline (2010): ›Too much disappointing‹: the quest for protection by unaccompanied migrant children outside Europe. In: Kanics, Jyothi/Hernández, Senovilla Daniel/Kristina Touzenis (Hrsg.): *Migrating Alone: Unaccompanied and Separated Children's Migration to Europe.* Paris: Unesco Publications: 92–103.

Bhabha, Jacqueline (2010): ›Too much disappointing‹: the quest for protection by unaccompanied migrant children outside Europe. In: Kanics, Jyothi/Hernández, Senovilla Daniel/Kristina Touzenis (Hrsg.): *Migrating Alone: Unaccompanied and Separated Children's Migration to Europe.* Paris: Unesco Publications: 92–103.

Binder, Beate/Hess, Sabine (2011): Intersektionalität aus der Perspektive der Europäischen Ethnologie. In: Hess, Sabine, Langreiter, Nikola, Timm, Elisabeth (Hrsg.): *Intersektionalität Revisited. Empirische, theoretische und methodische Erkundungen.* Bielefeld: Transcript: 15–52.

Binder, Beate/Hess, Sabine (2013): Eingreifen, kritisieren, verändern. Genealogien engagierter Forschung in Kulturanthropologie und Geschlechterforschung. In: Binder, Beate/Ebel, Katrin/Hess, Sabine/Keinz, Annika/von Bose, Friedrich (Hrsg.): *Eingreifen, kritisieren, verändern!? Interventionen ethnographisch und gendertheoretisch.* Westfälisches Dampfboot: Münster: 22–54.

Block, Karen/Warr, Deborah/Gibbs, Lisa/Riggs, Elisha (2013): Adressing Ethical and Methodological Challenges in research with Refugee-background Young People: Reflections from the Field. *Journal of Refugee Studies* 26(1): 69–87.

Bloor, Michael/Wood, Fiona (2006): *Key Words in Qualitative Methods.* London: Sage Publications.

Bogner, Alexander/Menz, Wolfgang (2002): Das theoriegenerierende Experteninterview. Erkenntnisinteresse, Wissensformen, Interaktion. In: Bogner, Alexander/Littig, Beate/Menz, Wolfgang (Hrsg.): *Das Experteninterview. Theorie, Methode, Anwendung.* 2. Auflage. Wiesbaden: VS Verlag: 33–70.

Bogner, Alexander/Menz, Wolfgang (2009): Experteninterviews in der qualitativen Sozialforschung. Zur Einführung in eine sich intensivierende Methodendebatte. In: Bogner, Alexander/Littig, Beate/Menz, Wolfgang (Hrsg.): *Das Experteninterview. Theorien, Methoden, Anwendungsfelder.* 3. Auflage. Wiesbaden: VS Verlag: 7–34.

Bohnsack, Ralf (2007 [1999]): *Rekonstruktive Sozialforschung. Einführung in qualitative Methoden.* 6. Auflage. Opladen: Verlag Barbara Budrich.

Bojadzijev, Manuela/Römhild, Regina (2014): Was kommt nach dem ›transnational turn‹? Perspektiven für eine kritische Migrationsforschung. In: Labor Migration (Hrsg.): *Vom Rand ins Zentrum. Perspektiven einer kritischen Migrationsforschung.* Berlin: Panama: 10–24.

Bonjour, Saskia/Rea, Andrea/Jacobs, Dirk (2011): The Europeanization of immigration and re-categorization of the Other. In: Dieselben (Hrsg.): *The Others in Europe.* Brüssel: Editions de l'Université de Bruxelles: 10–11.

Bonz, Jochen/Struve, Karen (2006): *Homi K. Bhabha: Auf der Innenseite kultureller Differenz: »in the middle of differences«.* Wiesbaden: VS Verlag.

Bordermonitoring (o. A.): Malta: *Out of System. Zur Situation von Flüchtlingen auf Malta.* Online: http://bordermonitoring.eu/wpcontent/uploads/reports/bm.eu2012malta.de.pdf. Letzter Zugriff: 21. August 2018.

Brah, Avtar (1996): *Cartographies of Diaspora: Contesting Identities (Gender, Race, Ethnicity).* London: Routledge.

Brah, Avtar/Phoenix, Ann (2004): Ain't I a Woman? Revisiting Intersectionality. *Journal of International Women's Studies* 5(3): 75–86.

Brambilla, Chiara/Laine, Jussi/Scott, James W./Bocchi, Gianluca (2015): *Borderscaping: Imaginations and Practices of Border Making.* London: Routledge.

Breidenstein, Georg/Hirschauer, Stefan/Kalthoff, Herbert/Nieswand, Boris (2013): *Ethnografie. Die Praxis der Feldforschung*. Konstanz: UVK Verlagsgesellschaft.

Brekke, Jan-Paul/Brochmann, Grete (2014): Stuck in Transit: Secondary migration of asylum seekers in Europe, national differences, and the Dublin Regulation. *Journal of Refugee Studies* 29(2): 145–162.

Bronner, Kerstin (2010): Intersektionalität in der Forschungspraxis – zum Potential eines intersektionellen Forschungsblicks für die empirische Analyse. 253–270. In: Riegel, Christine/Scherr, Albert/Stauber, Barabara (Hrsg.): *Transdisziplinäre Jugendforschung. Grundlagen und Forschungsperspektive*. Wiesbaden: Springer VS: 253–270.

Bryden, Matt (2014): *The Reinvention of Al-Shabaab. A Strategy of Choice or Necessity?* https://csisprod.s3.amazonaws.com/s3fspublic/legacy_files/files/publication/140221_Bryden_ReinventionOfAlShabaab_Web.pdf. Letzter Zugriff: 30. Mai 2018.

Buckel, Sonja (2012): »Managing Migration« – Eine intersektionale Kapitalismusanalyse am Beispiel der Europäischen Migrationspolitik. *Berliner Journal für Soziologie* 22: 79–100.

Bundeszentrale für politische Bildung (2015): *Unbegleitete Minderjährige auf der Flucht*. Online: http://www.bpb.de/apuz/208007/unbegleitete-minderjaehrige-auf-der-flucht?p=all. Letzter Zugriff: 30. Mai 2018.

Burawoy, Michael (2003): *Revisits: On Outline of a Theory of Reflexive Ethnography*. Online: http://burawoy.berkeley.edu/Methodology/Revisits.ASR.pdf. Letzter Zugriff: 7. März 2017.

Butler, Judith (1991): *Das Unbehagen der Geschlechter*. 1. Auflage. Frankfurt am Main: Suhrkamp.

Butler, Judith (1997): *The Psychic Life of Power. Theories in Subjection*. Stanford: Stanford University Press.

Butler, Judith (1998 [1993]): *Haß spricht: Zur Politik des Performativen*. Berlin: Berlin Verlag.

Butler, Judith (2001 [1997]): *Psyche der Macht. Das Subjekt der Unterwerfung*. Frankfurt am Main: Suhrkamp.

Butler, Judith (2003 [1990]): *Das Unbehagen der Geschlechter*. Frankfurt am Main: Suhrkamp.

Butler, Judith (2013 [1997]): *Psyche der Macht. Das Subjekt der Unterwerfung*. 7. Auflage. Frankfurt am Main: Suhrkamp.

Calleja, Claudia (2009): *Doing away with detention would spell disaster*. Online: http://www.timesofmalta.com/articles/view/20090418/local/doing-away-with-detention-would-spell-disaster.253274. Letzter Zugriff: 4. Januar 2018.

Chase, Elaine/Knight, Abigail/Statham, June (2008): *The Emotional Well-being of Unaccompanied Young People Seeking Asylum in the UK*. London: BAAF.

Chase, Elaine/Otto, Laura/Belloni, Milena/Lems, Annika/Wernesjö, Ulrika (2019): Methodological innovations, reflections and dilemmas: the hidden sides of research with unaccompanied migrant young people. *Journal of Ethnic and Migration Studies* 46(2): 457–473.

Christensen, Ann-Dorte/Jensen, Sune Qvotrup (2012): Doing Intersectional Analysis: Methodological Implications for Qualitative Research. *Nordic Journal of Feminist and Gender Research*, 20(2): 109–125.

Clark-Kazak, Christina R. (2001): *Recounting Migration: Political Narratives of Congoloese Young People in Uganda*. Montreal und Kingston: McGill-Queen's University Press.

Clifford, James (1997): *Routes: Travel and translation in the late twentieth century*. Cambridge: Harvard University Press.

Clifford, James/Marcus, George (1986): *Writing Culture: The Poetics and Politics of Ethnography*. Berkeley: University of California Press.

Comaroff, Jean/Comaroff, John (2005): Reflections on youth. From the past to the postcolony. In: De Boeck, Filip/Honwana, Alcinda (Hrsg.): *Makers and Breakers*. Oxford: Currey: 19–30.

Coutin, Susan Bibler (2005): Being en route. *American Anthropologist* 107(2): 195–206.

Crawley, Heaven (2007): *When Is a Child Not a Child? Asylum, Age Disputes and the Process of Age Assessment*. London: ILPA.

Crawley, Heaven (2010): ›No One Gives You a Chance to Say What You are Thinking‹: Finding Space for Children's Agency in the UK Asylum System. *Area* 42(2): 162–169.

Crawley, Heaven/Skleparis, Dimitris (2018): Refugees, migrants, neither, both: categorical fetishism and the politics of bounding in Europe's ›migration crisis‹. *Journal of Ethnic and Migration Studies* 44(1): 48–64.

Crenshaw, Kimberlé (1989). Demarginalizing the Intersection of Race and Sex: A Black Feminist Critique of Antidiscrimination Doctrine. *The University of Chicago Legal Forum* 1989(8): 139–167.

Crenshaw, Kimberlé (1991): Mapping the Margins: Intersectionality, Identity Politics, and Violence against Women of Color. *Stanford Law Review* 43(6): 1241–1299.

Crescenzi, Andrea (2016): Unaccompanied Minors in International Law. In: Rosskopf, Ralf (Hrsg.): *Unaccompanied Minors in International, European and National Law*. Berlin: Berliner Wissenschaftsverlag: 29–38.

Davis, Charlotte Aull (1999): *Reflexive Ethnography: A Guide to researching Selves and Others*. London: Psychology Press.

Davis, Kathy (2008): Intersectionality as Buzzword: A Sociology of Science Perspective on What Makes a Feminist Theory Successful. *Feminist Theory* 9(1): 67–85.

De Boeck, Filip/Honwana, Alcinda (2005): *Makers and Breakers. Children and Youths in postcolonial Africa*. Oxford: Currey.

de Certeau, Michel (1988): *Die Kunst des Handelns*. Leipzig: Merve.

De Genova, Nicholas (2017): *The Borders of ›Europe‹: Autonomy of Migration, Tactics of Bordering.* Durham und London: Duke University Press.

Degele, Nina/Winker, Gabriele (2007): *Intersektionalität als Mehrebenenanalyse.* Online: http://portalintersektionalitaet.de/theoriebildung-/ueberblickstexte/dege lewinker/. Letzter Zugriff: 15. September 2018.

Degele, Nina/Winker, Gabriele (2009): *Intersektionalität. Zur Analyse sozialer Ungleichheit.* Bielefeld: Transcript.

Dennis, Rea (2007): Inclusive Democracy: A consideration of playback theatre with refugee and asylum seekers in Australia. Research in Drama Education. *The Journal of Applied Theatre and Performance* 12(3): 355–370.

Derluyn, Ilse/Broekaert, Eric (2008): Unaccompanied Refugee Children and Adolescents: The Glaring Contrast Between a Legal and a Psychological Perspective. *International Journal of Law and Psychiatry* 31(4): 319–330.

Derrida, Jacques (1990): Die différance. In: Engelmann, Peter (Hrsg.): *Postmoderne und Dekonstruktion: Texte französischer Philosophen der Gegenwart.* Leipzig und Stuttgart: Reclam Verlag: 76–113.

Detemple, Katharina (2013): *Zwischen Autonomiebestreben und Hilfebedarf. Unbegleitete minderjährige Flüchtlinge in der Jugendhilfe.* Baltmannsweiler: Schneider Hohengehren.

Dhawan, Nikita (2011): Transnationale Gerechtigkeit in einer postkolonialen Welt. In: do Mar Castro Varela, Maria/Dhawan, Nikita (Hrsg.): *Soziale (Un-)Gerechtigkeit: Kritische Perspektiven auf Diversität, Intersektionalität und Anti-Diskriminierung.* Münster: Lit. Verlag: 12–35.

Dhawan, Nikita/do Mar Castro Varela, Maria (2005): *Postkoloniale Theorie. Eine kritische Einführung.* Bielefeld: Transcript.

Dietz, Gunther (2009): *Multiculturalism, Interculturality and Diversity in Education. An Anthropological Approach.* Münster, New York, München, Berlin: Waxmann Verlag.

Do Mar Castro Varela, Maria/Dhawan, Nikita (2010): Mission Impossible: Postkoloniale Theorie im deutschsprachigen Raum? In: Reuter, Julia/Vilaa, Paula-Irene (Hrsg.): *Postkoloniale Soziologie. Empirische Befunde, theoretische Anschlüsse, politische Intervention.* Bielefeld: Transcript: 303–330.

Do Mar Castro Varela, Maria/Mecheril, Paul (2016): Die Dämonisierung der Anderen. Einleitende Bemerkungen. In: Dieselben (Hrsg.): *Die Dämonisierung der Anderen: Rassismuskritik in der Gegenwart.* Bielefeld: Transcript. 7–20.

Donnan, Hastings/Haller, Dieter (2000): Liminal no More. The Relevance of Borderland Studies. *Journal of European Ethnology* 30(2): 7–22.

Dracklé, Dorle (1996): *Jung und wild. Zur kulturellen Konstruktion von Kindheit und Jugend.* Berlin und Hamburg: Reimer Verlag: 387–403.

Dracklé, Dorle (2015): Ethnographische Medienanalyse. In: Bender, Cora/Zillinger, Martin (Hrsg.): *Handbuch der Medienethnographie.* Berlin: Reimer Verlag: 387–404.

Driessen, Henk (1996): What am I doing here? The anthropologist, the mole and border ethnography. In: Kokot, Waltraud/Dracklé, Dorle (Hrsg.): *Ethnologie Europas: Grenzen, Konflikte, Identitäten*. Berlin: Reimer: 287–299.

Duits, Linda (2008): *Multi – Girl – Culture. Ethnography of Doing Identity*. Amsterdam: Amsterdam University Press.

Durusun, Ayse/Sauer, Birgit (2017): Asylum experiences in Austria from the perspective of unaccompanied minors. Best interests of the child in reception procedures and everyday life. In: Sedmak, Mateja/Sauer, Birgit/Gornik, Barbara/Senovilla Hérnandez, Daniel (Hrsg.): *Unaccompanied Children in European Migration and Asylum Practices. In Whose Best Interests?* London: Routledge: 86–109.

Eggers, Maureen/Kilomba, Grada/Piersche, Peggy/Arndt, Susan (2005): Konzeptionelle Überlegungen. In: Dieselben (Hrsg.): *Mythen, Masken und Subjekte. Weißseinsforschung in Deutschland*. Münster: Unrast: 11–13.

Eggmann, Sabine (2016): Kultur und ihre Grenzen. Begriffe, Konzeptionen, Konsequenzen. In: Picard, Jaques/Chakkalakal, Silvy/Andris, Silke (Hrsg): *Grenzen aus kulturwissenschaftlichen Perspektiven*. Berlin: Panama: 69–84.

Eisele, Elli/Scharathow, Wiebke/Winkelmann, Anne Sophie (2008): *Diversitätsbewusste Perspektiven für Theorie und Praxis internationaler Jugendarbeit*. Jena: Glaux Verlag.

Emerson, Robert/Fretz, Rachel/Shaw, Linda (1995): *Writing Ethnographic Fieldnotes*. Chicago: University of Chicago Press.

Emirbayer, Mustafa/Mische, Ann (1998): What is Agency? *The American Journal of Sociology* 103(4): 962–1023.

Ensor, Marisa O./Gozdziak, Elzbieta M. (2010): Introduction: Migrant Children at the Crossroads. In: Dieselben (Hrsg.): *Children and Migration. At the Crossroads of Resiliency and Vulnerability*. New York: Palgrave McMillan: 1–12.

Erdheim, Mario (1995): Gibt es ein Ende der Adoleszenz? *Praxis der Kinderpsychologie und Kinderpsychiatrie* 44(3): 81–85.

Erel, Umut/Haritaworn, Jin/Rodríguez, Encarnación Gutiérrez/Klesse, Christian (2008): On the depoliticisation of intersectionality talk: Conceptualising multiple oppressions in critical sexuality studies. In: Kuntsman, Adi/Esperanza, Miyake (Hrsg.): *Out of place: Interrogating silences in queerness/raciality*. New York: Raw Nerve Book: 265–292.

Esposito, Elena (2007): *Die Konstruktion der Zeit in der zeitlosen Gegenwart*. Online: http://data.rg.mpg.de/rechtsgeschichte/rg10_debatte_esposito.pdf. Letzter Zugriff: 4. März 2017.

Europäische Kommission (2010): *Mitteilung der Kommission an den Rat und das Europäische Parlament. Aktionsplan für unbegleitete Minderjährige* (2010–2014). Köln: Bundesanzeiger Verlagsgesellschaft.

European Migration Network (EMN) (2009): *Unaccompanied Minors in Malta. The Numbers and the Policies and Arrangements for their Reception, Return and Integration*. Online: https://ec.europa.eu/home-affairs/sites/homeaffairs/files/what-we-do/networks/european_migration_network/reports/docs/emn-studies/unaccompanied-minors/-18._malta_national_report_on_unaccom-panied_minors_final_version_8dec09_en.pdf. Letzter Zugriff: 18. Mai 2018.

Eurostat (2016): *Almost 90 000 unaccompanied minors among asylum seekers registered in the EU in 2015*. Online: https://ec.europa.eu/eurostat/documents/2995521-/7244677/3-02052016-AP-EN.pdf/. Letzter Zugriff: 16. September 2018.

Fabian, Johannes (1983): *Time and the Other. How Anthropology makes its object*. New York: Columbia University Press.

Falzon, Mark-Anthony (2009): Introduction. In: Derselbe (Hrsg.): *Multi-sited Ethnography: Theory, Praxis and Locality in Contemporary Research*. Surrey: Ashgate Publishing: 1–23.

Falzon, Mark-Anthony (2012): Immigration, Rituals and Transitoriness in the Mediterranean Island of Malta, *Journal of Ethnic and Migration Studies* 38(10): 1661–1680.

Falzon, Mark-Anthony/Micallef, Mark (2008): Sacred Island or World Empire? Locating Far-Right Movements In and Beyond Malta. *Journal of Contemporary European Studies* 16(3): 393–406.

Farrugia, Ruth/Touzenis, Kristina (2010): The international protection of unaccompanied and separated migrant and asylum-seeking children in Europe. In: Kanics, Jyothi/Hernandez, Daniel Senovilla/Touzenis, Kristina (Hrsg.): *Migrating Alone: Unaccompanied and Separated Children's Migration to Europe*. Paris: Unesco Publications: 21–56.

Fassin, Didier (2005): Compassion and Repression: The Moral Economy of Immigration Policies in France. *AnthroSource* 20(3): 362–387.

Fassin, Didier (2007): Humanitarianism as a Politics of Life. *Public Culture* 19(3): 499–520.

Fassin, Didier (2011): The social construction of Otherness. In: Bonjour, Saskia/Rea, Andrea/Jacobs, Dirk (Hrsg.): *The Others in Europe*. Brussels: Editions de l'Université de Bruxelles: 117–126.

Fassin, Didier (2013): The Precarious Truth of Asylum. *Public Culture* 25(1): 39–63.

Fassin, Didier/d'Halluin, Estelle (2005): The Truth from the Body: Medical Certificates as Ultimate Evidence for Asylum Seekers. *American Anthropologist* 107(4): 597–608.

Fassin, Didier/Pandolfi, Mariella (2010): *Contemporary States of Emergency: The Politics of Military and Humanitarian Interventions*. Brooklyn: Zone Books.

Faulkner, Joanne (2011): *The Importance of Being Innocent: Why we Worry about Children*. Cambridge: Cambridge University Press.

Favell, Adrian (2007): Rebooting Migration Theory: Interdisciplinarity, Globality and Postdisciplinarity in Migration Studies. In: Brettell, Caroline/Hollifield, James (Hrsg.): *Migration Theory: Talking Across Disciplines*. London und New York: Routledge. 2. Auflage: 259–278.

Fiddian-Qasmiyeh, Elena/Loescher, Gil/Long, Katy/Sigona, Nando (2014): *The Oxford Handbook of Forced Migration Studies*. Oxford: Oxford University Press.

Finnegan, Ruth (1997): ›Storying the self‹: personal narratives and identity. In: Mackay, Hugh (Hrsg.): *Consumption and everyday life*. London: Sage: 65–112.

Fontanari, Elena/Karpenstein, Johanna/Schwarz, Nina Violetta/Sulimma, Stephan (2014): Kollaboratives Forschen als Methode im Handlungsfeld Flucht und Migration. In: Berliner Blätter, Institut für Europäische Ethnologie der Humboldt-Universität zu Berlin (Hrsg.): *Vom Rand ins Zentrum. Perspektiven einer kritischen Migrationsforschung*. Berlin: Panama Verlag: 111–129.

Foucault, Michel (1991 [1970]): *Die Ordnung des Diskurses*. Frankfurt am Main: Fischer.

Foucault, Michel (1994): *Jenseits von Strukturalismus und Hermeneutik*. Herausgegeben von Dreyfus, Hubert/Rabinow, Paul. Weinheim: Beltz.

Foucault, Michel (2003 [1966]): *Die Ordnung der Dinge. Eine Archäologie der Humanwissenschaften*. Frankfurt am Main: Suhrkamp.

Foucault, Michel (2008 [1969]): Archäologie des Wissens. In: Derselbe: *Die Hauptwerke*. 1. Auflage: Frankfurt am Main: Suhrkamp: 471–699.

Foucault, Michel (2008 [1975]): Überwachen und Strafen. In: Derselbe: *Die Hauptwerke*. 1. Auflage: Frankfurt am Main: Suhrkamp: 701–1019.

Frankenberg, Ruth (1993): *White Women, Race Matters: The Social construction of Whiteness*. Minneapolis: University of Minnesota Press.

Friedery, Réka (2016): Unaccompanied Minors in the Jurisprudence of the European Court of Human Rights. In: Rosskopf, Ralf (Hrsg.): *Unaccompanied Minors in International, European and National Law*. Berlin: Berliner Wissenschaftsverlag: 51–64.

Friese, Heidrun (2014): *Die Grenzen der Gastfreundschaft. Die Bootsflüchtlinge von Lampedusa und die europäische Frage*. Bielefeld: Transcript.

Friese, Heidrun (2017): *Flüchtlinge: Opfer – Bedrohung – Helden. Zur politischen Imagination des Fremden*. Bielefeld: Transcript.

Frimberger, Katja (2017): The Ethics of Performative Approaches in Intercultural Education. In: Crutchfield, John/Schewe, Manfred (Hrsg.): *Going Performative in Intercultural Education. International Contexts, Theoretical Perspectives and Models of Practice*. Bristol: Multilingual Matters: 21–40.

Galli, Chiara (2017): A rite of reverse passage: the construction of youth migration in the US asylum process. *Ethnic and Racial Studies* 40(7): 1–21.

Geertz, Clifford (1973): *The Interpretation of Culture*. New York: Basic Books.

Geertz, Clifford (1983): *Dichte Beschreibung. Beiträge zum Verstehen kultureller Systeme*. Frankfurt am Main: Suhrkamp.

Geiger, Dorothee (2016): *Handlungsfähigkeit von geduldeten Flüchtlingen. Eine empirische Studie auf der Grundlage des Agency-Konzeptes*. Wiesbaden: Springer VS.

Geisen, Thomas/Plug, Ronald/van Houtum, Henk (2008): (B)ordering and Othering Migrants by the European Union. In: van Naerssen, Tom/van der Velde, Martin (Hrsg.): *Migration in a New Europe: People, Borders and Trajectories*. Rom: Società Geografica Italiana: 76–86.

Gerard, Alison/Pickering, Sharon (2013): Gender, Securitization and Transit: Refugee Women and the Journey to the EU. *Journal of Refugee Studies* 27(3): 338–359.

Giddens, Anthony (1984): *The Constitution of Society: Outline of the Theory of Structuration*. Berkeley: University of California Press.

Giddens, Anthony (1995): *Konsequenzen der Moderne*. Frankfurt am Main: Suhrkamp.

Gille, Zsuzsa (2001): Critical Ethnography in the Time of Globalization: Toward a new concept of site. *Cultural Studies, Critical Methodologies* 1(3): 319–334.

Glaser, Barney G./Strauss, Anselm L. (2010): *Grounded Theory. Strategien qualitativer Forschung.* 3. Auflage. Bern: Huber Verlag.

Glick Schiller, Nina (2010): A global perspective on transnational migration: theorising migration without methodological nationalism. In: Bauböck, Rainer/Faist, Thomas (Hrsg.): *Diaspora and Transnationalism: Concepts, Theories and Methods.* Amsterdam: Amsterdam University Press: 109–129.

Glick Schiller, Nina (2012): The Transnational Migration Paradigm: Global Perspectives on Migration Research. In: Halm, Dirk/Sezgin, Zeynep (Hrsg.): *Migration and Organized Civil Society. Rethinking National Policy.* New York: Routledge: 25–43.

Glick Schiller, Nina/Wimmer, Andreas (2003): Methodological Nationalism, the Social Sciences and the Study of Migration. *International Migration Review* 37(3): 576–610.

Goebel, Simon (2017): *Politische Talkshows über Flucht. Wirklichkeitskonstruktionen und Diskurse. Eine kritische Analyse.* Bielefeld: Transcript.

Goebel, Simon/Fischer, Thomas/Kießling, Friedrich/Treiber, Angela (2018): *FluchtMigration und gesellschaftliche Transformationsprozesse. Transdisziplinäre Perspektiven.* Wiesbaden: Springer VS.

Goel, Urmila (2015): From methodology to contextualisation. The politics and epistemology of intersectionality. *Presses de Sciences* 2(58): 25–38.

Göttsche, Dirk/Dunker, Axel/Dürbeck, Gabriele (2017): *Handbuch Postkolonialismus und Literatur.* Stuttgart: J. B. Metzler.

Goodwin, Stefan (2002): *Malta, Mediterranean Bridge.* Westport: Bergin und Garvey.

Grayson-Courtemanche, Catherine-Lune (2015): *Growing Up in Exile. An Ethnography of Somali Youth Growing up in Kakukma Refugee Camp, Kenya.* Online: https://papyrus.bib.umontreal.ca/xmlui/handle/1866/12296. Letzter Zugriff: 24. April 2018.

Grossberg, Lawrence (1996): Identity and Cultural Studies: Is That all There is? In: Hall, Stuart/du Gay, Paul (Hrsg.): *Questions of Cultural Identity.* London: Sage: 87–107.

Guilhot, Nicolas (2012): The Anthropologist as Witness. Humanitarianism between Ethnography and Critique. *Humanity: An International Journal of Human Rights, Humanitarianism and Development* 3(1): 81–101.

Gutekunst, Miriam (2018): *Grenzüberschreitungen. Migration, Heirat und staatliche Regulierung im europäischen Grenzregime. Eine Ethnographie.* Bielefeld: Transcript.

Gutierrez, David G. (1999): Migration, Emergent Ethnicity, and the ›Third Space‹: The Shifting Politics of Nationalism in Greater Mexico. *Journal of American History* 86(2): 481–517.

Ha, Kien Nghi (2013): Postkoloniale Kritik und Migration. *Polylog. Zeitschrift für interkulturelles Philosophieren* 30: 75–82.

Haas, Bridget M. (2017): Citizens-in-Waiting, Deportees-in-Waiting: Power, temporality, and suffering in the U.S. asylum system. *Ethos* 45(1): 75–97.

Hall, Stuart (1989): *Rassismus als ideologischer Diskurs.* In: Das Argument 178. Hamburg: Argument Verlag: 913–921.

Hall, Stuart (1994a): *Rassismus und kulturelle Identität.* Ausgewählte Schriften 2. Hamburg: Argument.

Hall, Stuart (1994b): *Ideologie, Identität und Repräsentation.* Ausgewählte Schriften 4. Hamburg: Argument.

Hall, Stuart (1994c): Cultural Identity and diaspora. In: Williams, Patrick/ Chrisman, Laura (Hrsg.): *Colonial Discourse and Post-Colonial Theory.* New York: Columbia University Press: 392–403.

Hall, Stuart (1996): Introduction: Who needs »identity«? In: Hall, Stuart/du Gay, Paul (Hrsg.): *Questions of cultural identity.* London: Sage: 1–17.

Hall, Stuart (1997): The Spectacle of the ›Other‹. In: Hall, Stuart (Hrsg.): *Representation: Cultural Representations and Signifying Practices.* London: Sage Publications.

Haller, Dieter (2000): *Gelebte Grenze Gibraltar. Transnationalismus, Lokalität und Identität in kulturanthropologischer Perspektive.* Bonn: Deutscher Universitäts Verlag.

Hannerz, Ulf (1996): *Transnational Connections: Culture, People, Places.* London: Psychology Press.

Hannerz, Ulf (1998): Reporting from Jerusalem. *Cultural Anthropology* 13(4): 548–574.

Hannerz, Ulf (1999): Epilogue: On Some Reports from a Free Space. In: Meyer, Birgit/Geschiere, Peter (Hrsg.): *Globalization and Identity: Dialectics of Flow and Closure.* Oxford: Blackwell: 325–329.

Hannerz, Ulf (2007): Das Lokale und das Globale: Kontinuität und Wandel. In: Schmidt-Lauber, Brigitta (Hrsg.): *Ethnizität und Migration. Einführung in Wissenschaft und Arbeitsfelder.* Berlin: Reimer: 95–113.

Haraway, Donna (1988): Situated Knowledges: The Science Question in Feminism and the Privilege of Partial Perspective. *Feminist Studies* 14(3): 575–599.

Hauser-Schäublin, Brigitta (2008): Teilnehmende Beobachtung. In: Beer, Bettina (Hrsg.): *Methoden ethnologischer Feldforschung.* Berlin: Reimer: 37–58.

Hauser-Schäublin, Brigitta/Braukämper, Ulrich (2002): *Ethnologie der Globalisierung. Perspektiven kultureller Verflechtungen.* Berlin: Reimer.

Hauser-Schäublin, Brigitta/Dickhardt, Michael (2003): *Kulturelle Räume – räumliche Kultur: zur Neubestimmung des Verhältnisses zweier fundamentaler Kategorien menschlicher Praxis.* Berlin: Lit. Verlag.

Hecht, Tobias (1998): *At Home in the Streets. Street Children of Northeast Brazil.* Cambridge: Cambridge University Press.

Heidbrink, Lauren (2014): *Migrant Youths, Transnational Families, and the State. Care and Contested Interests*. Philadelphia: University of Pennsylvania Press.

Held, Josef (2010): Jugendforschung aus Subjektperspektive. In: Riegel, Christine/Scherr, Albert/Stauber, Barbara (Hrsg.): *Transdisziplinäre Jugendforschung. Grundlagen und Forschungskonzepte*. Wiesbaden: VS Verlag: 139–158.

Hess, Sabine (2007): Demystifizierung des Lokalen: Transnationalisierung der Migrationsforschung und multiple Heimaten. In: Schmidt-Lauber, Brigitta (Hrsg.): *Ethnizität und Migration. Einführung in Wissenschaft und Arbeitsfelder*. Berlin: Reimer Verlag: 179–193.

Hess, Sabine/Karakayali, Serhat (2016): Fluchtlinien der Migration. Grenze als soziales Verhältnis. In: Hess, Sabine/Kasparek, Bernd/Kron, Stefanie/Rodatz, Matthias/Schwertl, Maria/Sontowski, Simon (Hrsg.): *Grenzregime III. Der lange Sommer der Migration*. Hamburg: Assoziation A: 25–37.

Hess, Sabine/Kasparek, Bernd/Schwertl, Maria/Sontowski, Simon (2015): Europäisches Grenzregime. Einleitung zur ersten Ausgabe. *Movements* 1(1): 1–8.

Hess, Sabine/Schwertl, Maria (2013): Vom »Feld« zur »Assemblage«? Perspektiven europäisch-ethnologischer Methodenentwicklung – eine Hinleitung. In: Hess, Sabine/Moser, Johannes/Schwertl, Maria (Hrsg.): *Europäisch-ethnologisches Forschen. Neue Methoden und Konzepte*. Berlin: Reimer Verlag: 13–38.

Hess, Sabine/Tsianos, Vassilis (2010): Ethnographische Grenzregimeanalyse. In: Hess, Sabine/Kasparek, Bernd (Hrsg.): *Grenzregime. Diskurse, Praktiken, Institutionen in Europa*. Berlin: Assoziation A: 243–264.

Hilmy, Pauline (2014): *Unaccompanied Minor Asylum-Seekers on Malta: A Technical Report on Age Assessment and Legal Guardianship Procedures*. Valletta: Aditus Foundation.

Hinger, Sophie/Schäfer, Philipp/Pott, Andreas (2016): The Local Production of Asylum. *Journal of Refugee Studies* 29(4): 440–463.

Hitzler, Ronald/Honer, Anne/Maeder, Christopher (1994): *Expertenwissen: Die institutionalisierte Kompetenz zur Konstruktion von Wirklichkeit*. Opladen: Westdeutscher Verlag.

Hoffmann, Felix (2017): *Zur kommerziellen Normalisierung illegaler Migration. Akteure in der Agrarindustrie von Almería, Spanien*. Bielefeld: Transcript.

hooks, bell (1984): *Feminist Theory: From Margin to Center*. Cambridge: South End Press.

Hörning, Karl/Reuter, Julia (2004): *Doing Culture. Neue Positionen zum Verhältnis von Kultur und sozialer Praxis*. Bielefeld: Transcript.

Hörter, Kathrin (2016): Die Konstruktion der Anderen. (Ethno-)psychoanalyse aus Perspektive der Cultural und Postcolonial Studies. In: Reichmayr, Johannes (Hrsg.): *Ethnopsychoanalyse revisited*. Gießen: Psychosozial Verlag: 342–361.

Huxel, Karin (2014): *Männlichkeit, Ethnizität und Jugend: Präsentationen von Zugehörigkeit im Feld Schule*. Wiesbaden: Springer.

Inhetveen, Katharina (2010): *Die politische Ordnung des Flüchtlingslagers. Akteure – Macht – Organisation. Eine Ethnographie im Südlichen Afrika*. Bielefeld: Transcript.

Justice Services (1970): *Immigration Act*. Online: http://www.justiceservices.gov.
mt/DownloadDocument.aspx?app=lom&itemid=8722&l=1. Letzter Zugriff:
15. März 2018.

Justice Services (2001): *Refugees Act*. Online: http://justiceservices.gov.
mt/DownloadDocument.aspx?app=lom&itemid=8886. Letzter Zugriff: 15.
März 2018.

Karakayali, Serhat/Tsianos, Vassilis (2007): Movements that matter. Eine Einleitung. In: Transit Migration Forschungsgruppe (Hrsg.) *Turbulente Ränder. Neue
Perspektiven auf Migration an den Grenzen Europas*. Bielefeld: Transcript: 7–17.

Karakayali, Serhat/Tsianos, Vassilis (2008): Die Regierung der Migration in
Europa – Jenseits von Inklusion und Exklusion. *Soziale Systeme* 14(2): 329–348.

Kather, Gesa (2013): Community Cohesion und Sicherheitsdiskurs in der britischen Sozial- und Integrationspolitik. Ethnographie engagierter Muslime in
Nordengland. In: Binder, Beate/Ebel, Katrin/Hess, Sabine/Keinz, An-
nika/von Bose, Friedrich (Hrsg.): *Eingreifen, kritisieren, verändern!? Interventionen
ethnographisch und gendertheoretisch*. Münster: Westfälisches Dampfboot: 176–191.

Kaufmann, Margrit E. (2004): *Geschlecht thematisieren. Feministische Ansätze in der Ethnologie*. Online: http://www.journal-ethnologie.de/Deutsch/Schwerpunkt
themen/Schwerpunktthemen_2004/Ethnologische_Geschlechterforschung/G
eschlecht_thematisieren/index.phtml. Letzter Zugriff: 16. September 2018.

Kaufmann, Margrit E. (2016a [2015 online]): Diversity nicht ohne Intersektionalität.»Intersektionelle Diversity-Studies« für die Gestaltung der Diversity Prozesse an Hochschulen. In: Genkova, Petia/Ringeisen, Tobias (Hrsg.): *Handbuch
Diversity Kompetenz Band 1: Perspektiven und Anwendungsfelder*. Wiesbaden:
Springer: 819–837.

Kaufmann, Margrit E. (2016b): Diversity nicht ohne Intersektionalität: Intersektionelle Diversity Studies für die Gestaltung der Diversity-Prozesse an Hochschulen. In: Genkova, Petia/Ringeisen, Tobias (Hrsg.): *Handbuch Diversity Kompetenz
Band 1: Perspektiven und Anwendungsfelder*. Wiesbaden: Springer VS: 819–837.

Keselman, Olga/Cederborg, Ann-Christin/Linell, Per (2010): »That is not neces-
sary for you to know!«: Negotiation of Participation Status of Unaccompanied
Children in Interpreter-Mediated Asylum Hearings. *Interpreting* 12(1): 88–104.

Keupp, Heiner (2001): Das Subjekt als Konstrukteur seiner selbst und seiner Welt.
In: Keupp, Heiner/Weber, Klaus (Hrsg.): *Psychologie. Ein Grundkurs*. Reinbek
bei Hamburg: Rowohlt: 35–54.

Kidane, Selam (2011): *Food, Shelter and Half a Chance: Assessing the Needs of Unaccompanied Asylum Seeking and Refugee Children*. London: British Agencies for Adop-
tion and Fostering.

Kilomba, Grada (2010): *Plantation Memories. Episodes of Everyday Racism*. 2. Auflage.
Münster: Unrast Verlag.

King, Russell (2009): Geography, Islands and Migration in an Era of Global Mobility. *Island Studies Journal* 4(1): 53–84.

Kleist, Olaf (2015): Über Flucht forschen. Herausforderungen der Flüchtlingsforschung. *Peripherie* 35(138–139): 150–169.

Klepp, Silja (2011): *Europa zwischen Grenzkontrolle und Flüchtlingsschutz. Eine Ethnographie der Seegrenze auf dem Mittelmeer.* Bielefeld: Transcript.

Kohli, Ravi (2006): The comfort of strangers: social work practice with unaccompanied asylum-seeking children and young people in the UK. *Child & Family Social Work* 11(1): 1–10.

Komlosy, Andrea (2018): *Grenzen. Räumliche und soziale Trennlinien im Zeitenlauf.* Wien: Promedia.

Kraler, Albert/Parnreiter, Christoph (2005): Migration theoretisieren. *Prokla* (35)140: 327–344.

Kron, Stefanie (2011): Intersektionalität oder Borderland als Methode? Zur Analyse politischer Subjektivitäten in Grenzräumen. In Hess, Sabine/Langreiter, Nikola (Hrsg.): *Intersektionalität revisited. Empirische, theoretische und methodische Erkundungen.* Bielefeld: Transcript: 197–220.

Kron, Stefanie/zur Nieden, Birgit (2013): Thinking beyond the Categories. On the Diasporisation of Metropolitan Gender Studies. In: *Querelles – Jahrbuch für Frauen. Und Geschlechterforschung. Multidirektionale Transfers. Internationalität in der Geschlechterforschung.* Online: http://www.querelles.de/index.php-/qjb/article/view/1. Letzter Zugriff: 12. November 2018.

Krüger, Antje (2008): Die ethnopsychoanalytische Deutungswerkstatt. In: Freikamp, Ulrike/Leanza, Matthias/Mende, Janne/Müller, Stefan/Ullrich, Peter/Voß, Heinz-Jürgen (Hrsg.): *Kritik mit Methode? Forschungsmethoden und Gesellschaftskritik.* Berlin: Debono Verlag: 127–145.

Krüger, Antje (2013): *Flucht-Räume. Neue Ansätze in der Betreuung von psychisch belasteten Asylsuchenden.* Frankfurt und New York: Campus Verlag.

Kübler, Ulrike (2010): *The Route to Europe. African Migrant Experience in the Maltese Context. An Ethnographic Study on Departure, Way and Reception or Irregular Migrants from sub-Saharan Africa on the Maltese Archipelago.* Saarbrücken: Verlag Dr. Müller.

Künzler, Sibylle (2016): Vom Territorium zum Dérive durch digitale Topologie. Grenzziehungen, -verschiebungen und -auflösungen in der kulturwissenschaftlichen Raumforschung am Beispiel Google Maps. In: Picard, Jaques/Chakkalakal, Silvy/Andris, Silke (Hrsg.): *Grenzen aus kulturwissenschaftlichen Perspektiven.* Berlin: Panama: 157–174.

Kymlicka, Will (2015): Solidarity in Diverse Societies. Beyond Neoliberal Multiculturalism and Welfare Chauvinism. *Comparative Migration Studies* 3(17): 1–19.

Lather, Patti (2001): Postbook: Working in the Ruins of Feminist Ethnography. *Signs* 27(1): 199–227.

Lauser, Andrea (2004): ›*Ein guter Mann ist harte Arbeit.‹ Eine ethnographische Studie zu philippinischen Heiratsmigrantinnen.* Bielefeld: Transcript.

Lauser, Andrea (2005): Translokale Ethnographie. *Forum Qualitative Sozialforschung/Forum: Qualitative Social Research* 6(3), Art. 7. Online: http://nbn-resolving.de/urn:nbn:de:0114-fqs050374. Letzter Zugriff: 18. Mai 2018.

Lefebvre, Henri (2011 [1991]): *The Production of Space*. Malden und Oxford: Blackwell.

Leiprecht, Rudolf (2010): Ist Intersektionalität ein nützliches Konzept, um unzulässigen Verallgemeinerungen und stereotypen Schubladenbildungen in der Jugendforschung vorzubeugen? In: Riegel, Christine/Scherr, Albert/Stauber, Barbara (Hrsg.): *Transdisziplinäre Jugendforschung. Grundlagen und Forschungskonzepte*. Wiesbaden: VS Verlag: 91–115.

Leiprecht, Rudolf (2014): Subjektformierung in der Migrationsgesellschaft. Gehirn, Körper, Sprache und Diskurs im subjektiven Möglichkeitsraum. In: Mecheril. Paul (Hrsg.): *Subjektbildung. Interdisziplinäre Analysen der Migrationsgesellschaft*. Bielefeld: Transcript: 59–86.

Leiprecht, Rudolf/Lutz, Helma (2005): Intersektionalität im Klassenzimmer. Ethnizität, Klasse, Geschlecht. In: Leiprecht, Rudolf/Anne Kerber (Hrsg.): *Schule in der Einwanderungsgesellschaft*. Schwalbach: Wochenschau Verlag: 218–234.

Lemaire, Lena (2014): Islands and a Carceral Environment: Maltese Policy in Terms of Irregular Migration. *Journal of Immigrant and Refugee Studies* 12(2): 143–160.

Levitt, Peggy/Glick Schiller, Nina (2004): Conceptualizing Simultaneity: A Transnational Social Field Perspective on Society. *International Migration Review* 38(145): 595–629.

Life and Peace Institute (2014): *Somalia. A snapshot and analysis of key political actors' views and strategies*. Online: http://www.life-peace.org/wp-content/uploads-/The-ACTS-Report.pdf. Letzter Zugriff: 1. Juni 2018.

Löw, Martina (2001): *Raumsoziologie*. Frankfurt am Main: Suhrkamp.

Lüders, Christian (2000): Beobachten im Feld und Ethnographie. In: Flick, Uwe/Kardoff, Ernst von/Steinke, Ines (Hrsg.): *Qualitative Forschung*. Reinbek: Rowohlt: 384–401.

MacCormack, Carol/Strathern, Marilyn (1980): *Nature, Culture and Gender*. Cambridge: Cambridge University Press.

MacKinnon, Catherine A. (2013): Intersectionality as Method: A Note. *Intersectionality: Theorizing Power, Empowering Theory* 38(4): 1019–1030.

Madison, D. Soyini (2012): *Critical Ethnography. Methods, Ethics, and Performance*. London: Sage.

Mai, Nicola (2010): Marginalized young (male) migrants in the European Union: Caught between the desire for autonomy and the priorities of social protection. In: Kanics, Jyothi/Hernández, Senovilla Daniel/Kristina Touzenis (Hrsg.): *Migrating Alone: Unaccompanied and Separated Children's Migration to Europe*. Paris: Unesco Publications: 69–89.

Mai, Nicola (2014): Between Embodied Cosmopolitism and Sexual Humanitarianism: The Fractal Mobilities and Subjectivities of Migrants Working in the Sex Industry. In: Baby-Collin, Virginie/Anteby-Yemeni, Lisa/Mazzella, Sylvie (Hrsg.): *Borders, Mobilities and Migrations. Perspectives from the Mediterranean in the 21st Century*. Brüssel: Peter Lang: 175–192.

Mainwaring, Cetta (2008): On the Edge of Exclusion. The Changing Nature of Immigration in Cyprus and Malta. *Cyprus Review* 20(2): 19–49.

Mainwaring, Cetta (2012): Constructing a Crisis: The Role of Immigration Detention in Malta. *Population, Space and Place* 18(6): 687–700.

Mainwaring, Cetta (2014): Small States and Nonmaterial Power: Creating Crises and Shaping Migration Policies in Malta, Cyprus, and the European Union. *Journal of Immigrant and Refugee Studies* 12: 103–122.

Mainwaring, Cetta/Silverman, Stephanie (2017): Detention-as-Spectacle. *International Political Sociology* 11(1): 21–38.

Malinowski, Bronislaw (1922): *Argonauts of the Western Pacific. An Account of Native Enterprise and Adventure in the Archipelagos of Melanesian New Guinea*. London: Routledge & Kegan Paul Ltd.

Malkki, Liisa (1996): Speechless Emissaries: Refugees, Humanitarianism, and Dehistoricization. *Cultural Anthropology* 11(3): 377–404.

Marcus, George E. (1995): Ethnography in/of the world system: The Emergence of Multi-Sited Ethnography. *Annual Review of Anthropology* 24: 95–117.

Marcus, George E. (1998): *Ethnography through thick and thin*. Princeton: Princeton University Press.

Marcus, George E. (2008): The End(s) of Ethnography. Social/Cultural Anthropology's Signature Form of Producing Knowledge in Transition. *Cultural Anthropology* 23(1): 1–14.

Massey, Doreen (1994): *Space, Place and Gender*. Minneapolis: University of Minnesota Press.

Massey, Doreen (2005): *For Space*. London: Sage.

McCall, Leslie (2005): The Complexity of Intersectionality. *Signs. Journal of Women in Culture and Society* 30(3): 1771–1180.

McGranahan, Carole (2015): Anthropology as Theoretical Storytelling. *Notes and Queries in Anthropology, Savage Minds*. Online: https://savageminds.org/2015/10/19/anthropology-as-theoretical-storytelling/. Letzter Zugriff: 3. Juni 2018.

McLaughlin, Carly (2017): »They don't look like children«: child asylum-seekers, the Dubs amendment and the politics of childhood. *Journal of Ethnic and Migration Studies*. Online: doi: 10.1080/1369183X.2017.1417027. Letzter Zugriff: 6. Juni 2018.

Mecheril, Paul (1999): Wer spricht und über wen? Gedanken zu einem (re-)konstruktiven Umgang mit dem Anderen des Anderen in den Sozialwissenschaften. In: Bukos, Wolf-Dietrich/Ottersbach/Markus (Hrsg.): *Fundamentalismusverdacht. Plädoyer für eine Neuorientierung der Forschung im Umgang mit allochthonen Jugendlichen*. Wiesbaden: VS Verlag: 231–266.

Mecheril, Paul/Claus, Melter (2010): Gewöhnliche Unterscheidungen. Wege aus dem Rassismus. In: Mecheril, Paul/do Mar Castro Varela, Maria/Dirim, Inci/Kalpaka, Anita/Melter, Claus (Hrsg.): *Migrationspädagogik*. Weinheim und Basel: Beltz: 150–178.

Mecheril, Paul/Thomas-Olalde, Oscar/Melter, Claus/Arens, Susanne/Romaner, Elisabeth (2013): Migrationsforschung als Kritik? Erkundung eines epistemischen Anliegens in 57 Schritten. In: Dieselben (Hrsg.) *Migrationsforschung als Kritik? Konturen einer Forschungsperspektive.* Wiesbaden: VS Verlag: 7–58.

Meuser, Michael/Nagel, Ulrike (1989): *Experteninterviews – vielfach erprobt, wenig bedacht. Ein Beitrag zur qualitativen Methodendiskussion.* Bremen: Universität SFB 186.

Meuser, Michael/Nagel, Ulrike (2009): Experteninterview und der Wandel der Wissensproduktion. In: Dieselben (Hrsg.): *Experteninterviews. Theorien, Methoden, Anwendungsfelder. Wiesbaden:* VS Verlag: 35–60.

Mezzadra, Sandro/Neilson, Brett (2013): *Border as Method, or, the Multiplication of Labor.* Durham: Duke University Press.

Mügge, Liza/van der Haar, Marleen (2016): Who is an Immigrant and Who Requires Integration? Categorizing in European Policies. In: Garcés-Mascarenas, Blanca/Penninx, Rinus (Hrsg.): *Integration Processes and Policies in Europe: Contexts, Levels and Actors.* Springer: Open Access: 77–90.

Münst, A. Senganata (2008): Intersektionalität als Perspektive der Migrationsforschung. *Femina Republica. Migration und Geschlechterkritik* 1: 41–52.

Muscat, Joseph in euobserver (2013): *Malta threatens to send boat migrants back to Libya.* Online: https://euobserver.com/tickers/120808. Letzter Zugriff: 27. Oktober 2018.

Mysorekar, Sheila (2007): Guess my Genes. Von Mischlingen, MiMiMis und Multiracials. In: Ha, Kien Nghi/Lauré al-Samarai, Nicola/Mysorekar, Sheila (Hrsg.): *re/visionen. Postkoloniale Perspektiven von People of Colour auf Rassismus, Kulturpolitik und Widerstand in Deutschland.* Münster: Unrast. 161–170.

Nadai, Eva/Maeder, Christoph (2005): Fuzzy fields. Multi-sited ethnography in sociological research. *Forum Qualitative Sozialforschung/Forum: Qualitative Social Research* 6(3), Art. 28. Online: http://www.qualitative-research.net/index.php-/fqs/article/view/22/47. Letzter Zugriff: 12. November 2018.

Nadig, Maya (1986): *Die verborgene Kultur der Frau.* Frankfurt am Main: Fischer.

Nadig, Maya (1997): Die Dokumentation des Konstruktionsprozesses. Theorie- und Praxisfragen in Ethnologie und Ethnopsychoanalyse. In: Völger, Gisela (Hrsg.): *Sie und Er. Frauenmacht und Männerherrschaft im Kulturvergleich.* Köln: Rautenstrauch-Joest-Museum: 77–84.

Nadig, Maya (2009): Zur Psychodynamik transkultureller Begegnungen. In: Solmaz, Golsabahi/Küchenhoff, Bernhard/Heise, Thomas (Hrsg.): *Migration und kulturelle Verflechtungen.* Berlin: VWB Verlag: 59–68.

National Legislative Bodies (1985): *Children and Young Persons Care Orders Act.* Online: http://www.refworld.org/docid/55128c994.html. Letzter Zugriff: 1. Juni 2018.

Neuhauser, Johanna/Hess, Sabine/Schwenken, Helen (2017): Unter- oder überbelichtet: Die Kategorie Geschlecht in medialen und wissenschaftlichen Diskursen zu Flucht. In: Hess, Sabine/Kasparek, Bernd/Kron, Stefanie/Rodatz,

Mathias/Schwertl, Maria (Hrsg.): *Der lange Sommer der Migration. Grenzregime III.* Hamburg: Assoziation A: 176–195.

NGO Group for the CRC (2013): *State Party Examination of Malta's Second Periodic Report.* Online: http://www.childrightsconnect.org/wp-content/uploads/2013/10/Malta-CRC-Report-Final-62.pdf. Letzter Zugriff: 18. Mai 2018.

Nimführ, Sarah (2016): Living Liminality. Ethnological insights into the life situation of non-deportable refugees in Malta. *Österreichische Zeitschrift für Volkskunde* 70(119, 3–4): 245–271.

Nimführ, Sarah (2020): *Umkämpftes Recht zu bleiben. Zugehörigkeit, Mobilität und Kontrolle im EUropäischen Abschieberegime.* Münster: Westfälisches Dampfboot.

Nimführ, Sarah/Otto, Laura/Samateh, Gabriel (2017): Gerettet, aber nicht angekommen. Von Geflüchteten in Malta. In: Hess/Sabine/Kasparek, Bernd/Kron, Stefanie/Rodatz, Mathias/Schwertl, Maria (Hrsg.): *Der lange Sommer der Migration. Grenzregime III.* Hamburg: Assoziation A: 137–150.

Nimführ, Sarah/Otto, Laura/Samateh, Gabriel (2019): Denying, While Demanding Integration: An Analysis of the Integration Paradox in Malta and Refugees' Coping Strategies. In: Schweitzer, Reinhard/Hinger, Sophie (Hrsg.): *Regimes of Dis-Integration.* IMISCOE/Springer VS: 170–189.

Ninck Gbeassor, Dorothee/Schär Sall, Heidi/Signer, David/Stutz, Daniel/Wetli, Elena (1999): *Überlebenskunst in Übergangswelten. Ethnopsychologische Betreuung von Asylsuchenden.* Berlin: Reimer.

Nohl, Arnd-Michael (2012): *Interview und dokumentarische Methode. Anleitungen für die Forschungspraxis.* 4. überarbeitete Auflage. Wiesbaden: Springer VS.

Opitz, Sven (2011): Grenzregime. In: Fuchs-Heinritz, Werner/Klimke, Daniela/Lautmann, Rüdiger/Rammstedt, Otthein/Wienold, Hanns/Stäheli, Urs/Weischer, Christoph (Hrsg.): *Lexikon zur Soziologie.* 5. überarbeitete Auflage. Wiesbaden: VS Verlag: 259.

Orozco, Teresa (2012): Abstammung, Verwandtschaft, Geschlecht. Jacques Derridas Kritik am phallogozentrischen Begriff des Politischen. In: Landweer, Hilge/Newmark, Catherine/Kley Christine/Miller, Simone (Hrsg.): *Philosophie und die Potenziale der Gender Studies. Peripherie und Zentrum im Feld der Theorie.* Bielefeld: Transcript: 293–336.

Otto, Laura (2016): Ethnographic insights into the age assessment for young migrants in Malta. *Transnational Social Review* 6(1–2): 187–191.

Otto, Laura (2019): Children, Adults, or both? Negotiating Adult Minors and Interests in a State Care Facility in Malta. *Journal of Ethnic and Migration Studies* 46(2): 372–388.

Otto, Laura/Kaufmann, Margrit E. (2018): »Minderjährig«, »männlich« – »stark«? Bedeutungsaushandlungen der Selbst- und Fremdzuschreibung junger Geflüchteter in Malta. Eine intersektionelle Leseweise ethnografischer Forschungsausschnitte. *Gender* 2: 63–78.

Otto, Laura/Kaufmann, Margrit E. (2019): When generalized assumptions of young refugees don't hold. rethinking ascriptions and subjectivations through an intersectional lens. *Journal of Ethnic & Cultural Diversity in Social Work* 29(1–3): 136–153

Otto, Laura/Nimführ, Sarah/Bieler, Patrick (2019): Preserving Maltese Identity in Refugee Management. *Shima: The International Journal of Research into Island Cultures* 13(2): 135–154.

Pace, Charles/Carabott, James/Dibben, Andrea/Micallef, Elaine (2009): Unaccompanied Minors in Malta. The Numbers and the Policies and Arrangements for their Reception, Return and Integration. Online: https://ec.europa.eu/home-affairs/sites/homeaffairs/files/what-we-do/networks/european_migration_network/reports/docs/emn-studies-/unaccompanied-minors/18._malta_national_report_on_unaccompanied-_minors_final_version_8dec09_en.pdf. Letzter Zugriff: 9. Juni 2018.

Palmer, Jane/Fam, Dena/Smith, Tanzi/Kilham, Sarina (2014): Ethics in Fieldwork: Reflections on the Unexpected. *The Qualitative Report* 19(28): 1–13.

Parnreiter, Christof (2000): Theorien und Forschungsansätze zu Migration. In: Husa, Karl/Parnreiter, Christof/Stacher, Irene (Hrsg.): *Internationale Migration: Die globale Herausforderung des 21. Jahrhunderts?* Frankfurt am Main: Brandes und Apsel: 25–52.

Parusel, Bernd (2017): Unaccompanied minors in the European Union: Definitions, Trends and Policy Overview. *Social Work and Society* 15(1). Online: https://www.socwork.net/sws/article/viewFile/501/1016. Letzter Zugriff: 7. November 2018.

Paulin Kristensen, Marlene (2016): Hochspannungsleitungen, Abfallcontainer und ›eine gute Nase haben‹ – Alltagspraktiken der staatlichen Grenzkontrolle an der dänisch-deutschen Grenze. In: Picard, Jaques/Chakkalakal, Silvy/Andris, Silke (Hrsg): *Grenzen aus kulturwissenschaftlichen Perspektiven.* Berlin: Panama: 196–217.

Pavlasek, Michael (2016): *Refugees & Volunteering: Beyond the Culture of Giving.* Online: http://www.criticatac.ro/lefteast/refugees-volunteering/. Letzter Zugriff: 9. Juni 2018.

Pells, Kirrily (2012): ›Rights are everything we don't have‹: clashing conceptions of vulnerability and agency in the daily lives of Rwandan children and youth. *Children's Geographies* 10(4): 427–440.

People for Change Foundation (2013): *Malta Human Rights Report 2013.* Online: http://www.pfcmalta.org/malta-human-rights-report-2013.html. Letzter Zugriff: 9. Mai 2018.

Pessar, Patricia/Mahler, Sarah J. (2003): Transnational Migration: Bringing Gender In. *International Migration Research* 37(3): 812–846.

Picozza, Fiorenza (2017): Dubliners: Unthinking Displacement, Illegality, and Refugeeness within Europe's Geographies of Asylum. In: De Genova, Nicholas (Hrsg.): *The Borders of ›Europe‹: Autonomy of Migration, Tactics of Bordering.* Durham: Duke University Press: 233–254.

Pisani, Maria (2011): There is an elephant in the room and she's ›rejected‹ and black: observations on rejected female asylum seekers from sub-Saharan Africa in Malta. *Postcolonial Directions in Education* 2(1): 68–99.

Pittaway, Eileen/Bartolomei, Linda (2001): Refugees, Race, and Gender: The Multiple Discrimination against Refugee Women. *Refuge* 19(6): 21–32.

Ploder, Andrea (2013): Widerstände sichtbar machen. Zum Potenzial einer performativen Methodologie für kritische Migrationsforschung. In: Mecheril, Paul/Thomas-Olalde, Oscar/Melter, Claus/Arens, Susanne/Romaner, Elisabeth (Hrsg.): *Migrationsforschung als Kritik? Konturen einer Forschungsperspektive.* Wiesbaden: VS Verlag: 141–156.

Plößer, Melanie (2011): Differenz performativ gedacht. Dekonstruktive Perspektiven auf und für den Umgang mit Differenzen. In: Kessel, Fabian/Plößer, Melanie (Hrsg.): *Differenzierung, Normalisierung, Andersheit. Soziale Arbeit als Arbeit mit den Anderen.* Wiesbaden: Springer VS: 218–232.

Pratt, Marie-Louise (1991): Arts of the Contact Zone. *Profession:* 33–40.

Purtschert, Patricia (2012): Postkoloniale Philosophie. Die westliche Denkgeschichte gegen den Strich lesen. In: Reuter, Julia/Karentzos, Alexandra (Hrsg.): *Schlüsselwerke der Postcolonial Studies.* Wiesbaden: Springer VS: 341–352.

Rass, Christoph/Wolff, Frank (2018): What is in a Migration Regime? Genealogical Approach and Methodological Proposal. In: Pott, Andreas/Rass, Christoph/Wolff, Frank (Hrsg.): *Was ist ein Migrationsregime?* Wiesbaden: Springer: 19–64

Reckwitz, Andreas (2008): *Subjekt.* 1. Auflage. Bielefeld: Transcript.

Reddemann, Nadine (2017): *Die Lebenssituation von unbegleiteten minderjährigen Flüchtlingen in einer Clearing Stelle.* Norderstedt: Grin Verlag.

Reddy, Deepa S. (2009): Caught! The Predicaments of Ethnography in Collaboration. In: Faubion, James D./Marcus, George E. (Hrsg.): *Fieldwork is not what it used to be. Learning Anthropology's Method in a Time of Transition.* Ithaca: Cornell University Press: 89–111.

Reichertz, Jo (2015): Die Bedeutung der Subjektivität der Forschung. *Forum Qualitative Sozialforschung* 16(3). Online: http://www.qualitative-research.net/index.php/fqs/article/viewFile/2461/3889. Letzter Zugriff: 6. Juni 2018.

Riegel, Christine (2010): Intersektionalität als transdisziplinäres Projekt: Methodologische Perspektiven für die Jugendforschung. In: Riegel, Christine/Scherr, Albert/Stauber, Barbara (Hrsg.): *Transdisziplinäre Jugendforschung. Grundlagen und Forschungskonzepte.* Wiesbaden: VS Verlag: 65–89.

Rodgers, Graeme (2004): Hanging out with Forced Migrants. Methodological and Ethical Challenges. *Forced Migration Review* 21: 48–49.

Römhild, Regina (2006): Ethnografie und Imagination. Das neue europäische Grenzregime als Forschungsfeld. In: Hengartner, Thomas/Moser, Johannes (Hrsg.): *Grenzen & Differenzen. Zur Macht sozialer und kultureller Grenzziehungen.* Leipzig: Leipziger Universitätsverlag: 175–184.

Rubin, Herbert/Rubin, Irene (1995): *Qualitative Interviewing: The Art of hearing Data.* Thousand Oaks: Sage Publications.

Rudolph, Jürgen (1992): Was ist »dichte Beschreibung«? Überlegungen zu einem Begriff, einer Praxis und einem Programm. *Kea: Writing Culture*. Band 4. Marburg: Kea Edition: 39–67.

Rutherford, Jonathan (1990): The Third Space. Interview with Homi Bhabha. In: Rutherford, Jonathan (Hrsg.): *Identity: Community, Culture, Difference*. London: Lawrence and Wishart: 207–221.

Ryle, Gilbert (1971): Thinking and Self-teaching. *Journal of Philosophy and Education* 5(2): 216–228.

Said, Edward (1978): *Orientalism*. New York: Pantheon.

Said, Edward (1994): *Kultur und Imperialismus. Einbildungskraft und Politik im Zeitalter der Macht*. Frankfurt am Main: Fischer Verlag.

Said, Edward (1995): East isn't East: The Impeding End of the Age of Orientalism. *Times Literary Supplement*: 3–6.

Sales, Rosemary (2000): The deserving and the undeserving? Refugees, asylum seekers and welfare in Britain. *Critical Social Policy* 22(3): 456–478.

Sampsons, Robyn C. (2013): *Embodied Borders: Biopolitics, Knowledge Mobilisation and Alternatives to Immigrant Detention*. Melbourne: LA Trobe University.

Sanday, Peggy Reeves/Goodenough, Ruth Gallagher (1990): *Beyond the Second Sex. New Directions in the Anthropology of Gender*. Philadelphia: University of Pennsylvania Press.

Sauer, Birgit (2012): *Intersektionalität und Staat. Ein staats- und hegemonietheoretischer Zugang zu Intersektionalität*. Online: http://portal-intersektionalitaet.de/uploads/-media/Sauer.pdf. Letzter Zugriff: 5. April 2018.

Sayad, Abdelmalek (2004): *The Suffering of the Immigrant*. Cambridge: Polity: Press.

SCEP Separated Children in Europe Programme (2012a): *Position paper on age assessment in the context of separated children in Europe*. Online: www.refworld.org-/pdfid/4ff535f52.pdf. Letzter Zugriff: 4. Juni 2018.

SCEP Separated Children in Europe Programme (2012b): *Positionspapier zur Altersfestsetzung bei unbegleiteten Minderjährigen in Europa*. Online: http://www.refworld.org/cgi-bin/texis/vtx/rwmain/opendocpdf.pdf-?reldoc=y&docid=-563714674. Letzter Zugriff: 13. November 2018.

Scheel, Stephan (2015): Das Konzept der Autonomie der Migration überdenken? Yes, please! *movements* 1(2). Online: http://movements-journal.org/issues/02.kaempfe/14.scheel-autonomie-der-migration.html. Letzter Zugriff: 6. November 2018.

Scheibelhofer, Paul (2011): Intersektionalität, Männlichkeit und Migration. Wege zur Analyse eines komplizierten Verhältnisses. In: Barth, Manuela/Hess, Sabine/Langreiter, Nicola/Timm, Elisabeth (Hrsg.): *Intersectionality Revisited: Empirische, theoretische und methodische Erkundungen*. Bielefeld: Transcript: 159–173.

Scherr, Albert (2012): Soziale Bedingungen von Agency. Soziologische Eingrenzungen einer sozialtheoretsch nicht auflösbaren Paradoxie. In: Bethman, Stephanie/Helfferich, Cornelia/Hoffmann, Heiko/Niermann, Debora (Hrsg.):

Agency. Qualitative Rekonstruktionen und gesellschaftstheoretische Bezüge von Handlungsmächtigkeit. Weinheim und Basel: Beltz Juventa: 99–121.

Scherr, Albert (2013): Agency – ein Theorie- und Forschungsprogramm für die Soziale Arbeit? In: Graßhoff, Gunther (Hrsg.): *Adressaten, Nutzer, Agency. Akteursbezogene Forschungsperspektiven in der Sozialen Arbeit.* Wiesbaden: Springer VS: 229–242.

Scherschel, Karin (2011): Who is a refugee? Reflections on social classifications and individual consequences. *Migration Letters* 8(1): 67–76.

Schiffauer, Werner (2006): Transnationale Solidaritätsgruppen, Imaginäre Räume, Irreale Konditionalsätze. In: Berking, Helmuth (Hrsg.): *Die Macht des Lokalen in einer Welt ohne Grenzen.* Frankfurt am Main: Campus: 164–180.

Schikorra, Katja/Becker, Rainer (2009): »Drin bist du noch lange nicht...« – Zur biopolitischen Konstruktion des Alters bei jugendlichen Flüchtlingen. In: Geisen, Thomas/Riegel, Christine (Hrsg.): *Jugend, Partizipation und Migration. Orientierungen im Kontext von Integration und Ausgrenzung.* Wiesbaden: VS Verlag: 67–85.

Schmidt-Lauber, Brigitta (2007): Feldforschung. Kulturanalyse durch teilnehmende Beobachtung. In: Götsch, Silke/Lehmann, Albrecht (Hrsg.): *Methoden der Volkskunde. Positionen, Quellen, Arbeitsweisen der Europäischen Ethnologie.* Berlin: Reimer Verlag: 219–248.

Schmidt-Lauber, Brigitta (2009): Orte von Dauer. Der Feldforschungsbegriff der Europäischen Ethnologie in der Kritik. In: Windmüller, Sonja/Binder, Beate/Hengartner, Thomas (Hrsg.): *Kultur – Forschung. Zum Profil einer volkskundlichen Kulturwissenschaft.* Münster: Lit. Verlag: 237–259.

Schmieglitz, Stephan (2014): *Unbegleitete minderjährige Flüchtlinge in Deutschland. Rechtliche Vorgaben und deren Umsetzung.* Freiburg im Breisgau: Lambertus.

Schramm, Katharina (2013): Ethnographische Positionierungen: Situiertes Wissen und die Politik der Intervention. Ein Kommentar. In: Hess, Sabine/Binder, Beate (Hrsg.): *Eingreifen, kritisieren, verändern. Interventionen ethnographisch und gendertheoretisch.* Münster: Westfälisches Dampfboot: 220–225.

Schroeder, Joachim (2003): Der Flüchtlingsraum als ein »totaler Raum«: Bildungsinstitutionen und ihre Grenzen. In: Neumann, Ursula/Niedrig, Heike/Schroeder, Joachim/Seukwa, Louis (Hrsg.): *Lernen am Rande der Gesellschaft. Bildungsinstitutionen im Spiegel von Flüchtlingsbiografien.* Münster: Waxmann: 379–397.

Schulze Wessel, Julia (2012): Grenzfiguren. Über Staatenlosigkeit, undokumentierte Migration und die Permanenz der Grenze. *Zeitschrift für Politische Theorie* 3(2): 151–165.

Schulze Wessel, Julia (2017): *Grenzfiguren. Zur politischen Theorie des Flüchtlings.* Bielefeld: Transcript.

Schwertl, Maria (2013): Vom Netzwerk zum Text: Die Situation als Zugang zu globalen Regimen. In: Hess, Sabine; Moser, Johannes; Schwertl, Maria (Hrsg.): *Europäisch-ethnologisches Forschen. Neue Methoden und Konzepte.* Berlin: Reimer: 106–126.

Sciortino, Giuseppe (2004): Immigration in a Mediterranean Welfare State: The Italian Experience in Comparative Perspective. *Journal of Comparative Policy Analysis* 6(2): 11–129.

Shostak, Majorie (1981): *Nisa: The Life and Words of a !Kung Woman.* Cambridge: Harvard University Press.

Silvermann, Stephanie (2016): ›Imposter-Children‹ in the UK Refugee Status Determination Process. *Refuge: Canada's Journal on Refugees* 34(2): 30–39.

Sirriyeh, Ala (2013): *Inhabiting Borders, Routes Home. Youth, gender, asylum. Studies in migration and diaspora.* Farnham: Ashgate.

Sirriyeh, Ala (2018): *The Politics of Compassion: Immigration and Asylum Policy.* Bristol: Bristol University Press.

Skov, Gine (2016): Transfer Back to Malta: Refugees' Secondary Movement Within in the European Union. *Journal of Migration and Refugee Studies* 14(1): 66–82.

Smyth, Ciara Mary (2013): *The common European asylum system and the rights of the child. An exploration of meaning and compliance.* 's-Hertogenbosch: Uitgevereij Boxpress.

Sommers, Marc (2001): *Youth, Care & Protection of Children in Emergencies: a Field Guide.* Save the Children. Online: https://www.researchgate.net/publication/-44837549_Youth_care_and_protection_of_children_in_emergencies_a_field_g uide. Letzter Zugriff: 6. Juni 2018.

Spindler, Susanne (2006): *Corpus delicti. Männlichkeit, Rassismus und Kriminalisierung im Alltag jugendlicher Migranten.* Münster: Unrast Verlag.

Spittler, Gerd (2001): Teilnehmende Beobachtung als Dichte Teilnahme. In: Deutsche Gesellschaft für Völkerkunde und Berliner Gesellschaft für Anthropologie, Ethnologie und Urgeschichte (Hrsg.): *Zeitschrift für Ethnologie.* Band 126. Berlin: Dietrich Reimer Verlag: 1–25.

Spivak, Gayatri Chakravorty (1985): The Rani of Sirmur. In: Barker, Francis (Hrsg.): *Europe and its Others. Proceedings of the Essex Conference on the Sociology of Literature.* Vol. 1. Essex: University of Essex: 128–151.

Spivak, Gayatri Chakravorty (1994): Can the Subaltern Speak? In: Williams, Patrick/Chrisman, Laura (Hrsg.): *Colonial Discourse and Post-Colonial Theory.* New York: Columbia University Press: 66–111.

Spivak, Gayatri Chakravorty (2008): *Can the Subaltern Speak? Postkolonialität und subalterne Artikulation.* Wien und Berlin: Turia und Kant.

Spradley, James P. (1979): *The Ethnographic Interview.* Boston: Wadsworth Inc Fulfillment.

St. John, Rachel (2012): *Line in the Sand. A History of Western U.S.-Mexico Border.* Princeton: Princeton University Press.

Stacey, Jackie (1987): Desparetly Seeking Difference. *Screen* 28(1): 48–61.

Stauber, Barbara (2010): Transdisziplinäre Jugendforschung: Ein neuer Anlauf zu einer integrativen Forschungsperspektive. In: Riegel, Christine/Scherr, Albert/Stauber, Barbara (Hrsg.): *Transdisziplinäre Jugendforschung. Grundlagen und Forschungskonzepte.* Wiesbaden: VS Verlag: 25–45.

Staunaes, Dorthe (2003): Where have all the subjects gone? Bringing together the concepts of intersectionality and subjectification. *Nordic Journal of Women's Studies* 11(2): 101–110.

Stefanowitsch, Anatol (2012): *Flüchtlinge und Geflüchtete*. Online: http://www .sprachlog.de/2012/12/01/fluechtlinge-und-gefluechtete/. Letzter Zugriff: 16. September 2018.

Stielike, Laura (2017): *Entwicklung durch Migration? Eine postkoloniale Dispositivanalyse am Beispiel Kamerun–Deutschland*. Bielefeld: Transcript.

Stierl, Maurice (2016): Contestations in death. The role of grief in migration struggles. *Citizenship Studies* 20(2): 173–191.

Stockton, Kathryn Bond (2009): *The Queer Child, or Growing Sideways in the Twentieth Century*. Durham: Duke University Press.

Strauss, Anselm/Corbin, Juliet (1996): *Grounded Theory: Grundlagen Qualitativer Sozialforschung*. Weinheim: Psychologie Verlags Union.

Strübing, Jörg (2008): *Grounded Theory. Zur sozialtheoretischen und epistemologischen Fundierung des Verfahrens der empirisch begründeten Theoriebildung*. 2. Auflage. Wiesbaden: VS Verlag.

Sydow, Hubert/Scholl, Wolfgang (2002): *Mobilität im Jugend- und Erwachsenenalter*. Münster: Waxmann.

Täubig, Vicky (2009): *Totale Institution Asyl. Empirische Befunde zu alltäglichen Lebensführungen in der organisierten Desintegration*. Wiesbaden: Juventa.

Terrio, Susan (2008): New Barbarians at the Gates of Paris? Prosecuting Undocumented Minors in the Juvenile Court – the Problem of the ›Petits Romains‹. *Anthropological Quarterly* 81(4): 874–901.

Theilmann, Susanne (2005): *Lernen, Lehren, Macht. Zu Möglichkeitsräumen in der pädagogischen Arbeit mit unbegleiteten minderjährigen Flüchtlingen*. Oldenburg: Bibliotheks- und Informationssystem der Universität.

Thielen, Marc (2011): »Bist du behindert, Mann?« Überlegungen zu Geschlecht und Geschlechtsinszenierungen in sonder- und integrationspädagogischen Kontexten aus einer intersektionalen Perspektive. *Zeitschrift für Inklusion* 1. Online: https://www.inklusion-online.net/index.php/inklusion-online/article/view/106. Letzter Zugriff: 27. Oktober 2018.

Thomas, Stefan/Sauer, Madeleine/Zalewski, Ingmar (2018): *Unbegleitete minderjährige Geflüchtete. Ihre Lebenssituation und Perspektiven in Deutschland*. Bielefeld: Transcript.

Ticktin, Miriam (2006): Where Ethics and Politics Meet. *American Anthropologist* 33(1): 33–49.

Ticktin, Miriam (2014): Transnational Humanitarianism. *Annual Review of Anthropology* 43: 273–289.

Ticktin, Miriam (2016): What's Wrong with Innocence? *Cultural Anthropology*. Online: https://culanth.org/fieldsights/902-what-s-wrong-with-innocence. Letzter Zugriff: 16. September 2018.

Tißberger, Martina/Dietze, Gabriele/Hrzán, Daniela/Husmann, Jana (2006): *Weiß – Weißsein – Whiteness. Kritische Studien zu Gender und Rassismus.* Frankfurt am Main: Peter Lang.

Touzenis, Kristina/Hernández, Daniel Senovilla (2010): Introduction. In: Kanics, Jyothi/Hernández, Senovilla Daniel/Kristina Touzenis (Hrsg.): *Migrating Alone: Unaccompanied and Separated Children's Migration to Europe.* Paris: Unesco Publications. X–XVII.

Transit Migration Forschungsgruppe (2007): *Turbulente Ränder. Neue Perspektiven auf Migration an den Grenzen Europas.* Bielefeld: Transcript.

Trouillot, Michel R. (2001): The Anthropology of the State in the Age of Globalization. Close EncoOnlines of the Deceptive Kind. *Current Anthropology* 42(1): 125–138.

Truth, Soujourner (1851): Ain't I a Woman? In: Brezina, Corona (2005, Hrsg.): *Soujourner Truth's ›Ain't I a Woman?‹ Speech. A Primary Source Investigation.* New York: Rosen Publishing: 25–33.

Tsianos, Vassilis/Kasparek, Bernd (2015): Zur Krise des europäischen Grenzregimes: Eine regimetheoretische Annäherung. *Widersprüche* 138(5): 8–22.

UNHCR (2016): *Flucht und Vertreibung erreichen 2016 neuen Höchststand.* Online: http ://www.unhcr.org/dach/de/15212-globaltrends2016.html. Letzter Zugriff: 28. Oktober 2018.

UNHCR Malta (2017) *Asylum Trends.* Online: http://www.unhcr.org.mt /charts/ category/17. Letzter Zugriff: 4. Januar 2018.

UNICEF (2017): *Zahl der unbegleiteten minderjährigen Flüchtlinge und Migranten hat sich seit 2010 verfünffacht.* Online: https://www.unicef.de/informieren/aktuelles/ presse/2017/zahl-minderjaehriger-fluechtlinge-steigt/141102. Letzter Zugriff: 16. September 2018.

van Houtum, Henk/Kramsch, Olivier/Zierhofer, Wolfgang (2005): *B/ordering Space.* Aldershot: Ashgate.

Villa, Paula-Irene (2013): Verkörperung ist immer mehr. Intersektionalität, Subjektivierung und Körper. In: Lutz, Helma/Herrera Vivar, Maria Teresa/Supik, Linda (Hrsg.): *Fokus Intersektionalität: Bewegungen und Verortungen eines vielschichtigen Konzeptes.* 2. überarbeitete Auflage. Wiesbaden: Springer VS: 223–242.

von Balluseck, Hilde (2003): *Minderjährige Flüchtlinge. Sozialisationsbedingungen, Akkulturationsstrategien und Unterstützungssysteme.* Wiesbaden: Springer VS.

von Grönheim, Hannah (2018): *Solidarität bei geschlossenen Türen: Das Subjekt der Flucht zwischen diskursiven Konstruktionen und Gegenentwürfen.* Wiesbaden: Springer VS.

von Unger, Hella (2014): Forschungsethik in der qualitativen Forschung: Grundsätze, Debatten und offene Fragen. In: von Unger, Hella/Narimani, Petra/ M'Bayo, Rosaline (Hrsg.): *Forschungsethik in der qualitativen Forschung.* Wiesbaden: Springer VS: 15–40.

von Unger, Hella/Narimani, Petra/M'Bayo, Rosaline (2014): *Forschungsethik in der qualitativen Forschung.* Wiesbaden: Springer VS.

Wachendorfer, Ursula (2001): Weiß-Sein in Deutschland. Zur Unsichtbarkeit einer herrschenden Normalität. In: Arndt, Susan (Hrsg.): *AfrikaBilder. Studien zu Rassismus in Deutschland*. Münster: Unrast Verlag: 87–101.

Walgenbach, Katharina (2012): *Intersektionalität – eine Einführung*. Online: http://portal-intersektionalitaet.de/theoriebildung/schluesseltexte/walgenbach-ein fuehrung/. Letzter Zugriff: 21. Mai 2018.

Watters, Charles (2008): *Refugee Children: Towards the Next Horizon*. London und New York: Routledge.

Weber, Sarah (2013): *Malta und die Boatpeople: Eine Ethnologie der interkulturellen Begegnung*. Frankfurt am Main: Verlag Peter Lang.

Wells, Karen (2009): *Childhood in Global Perspective*. Cambridge: Polity Press.

Welz, Gisela (2009): Sighting / Siting Globalization. Gegenstandskonstruktion und Feldbegriff einer ethnographischen Globalisierungsforschung. In: Windmüller, Sonja/Binder, Beate/Hengartner, Thomas (Hrsg.): *Kultur-Forschung. Zum Profil einer volkskundlichen Kulturwissenschaft*. Münster: Lit. Verlag: 195–210.

Welz, Gisela (2013): Die Pragmatik ethnografischer Temporalisierung. Neue Formen der Zeitorganisation in der Forschung. In: Hess, Sabine/Schwertl, Maria/Moser, Johannes (Hrsg.): *Europäisch Ethnologisches Forschen. Neue Methoden und Konzepte*. Reimer: Frankfurt am Main: 39–54.

Wernesjö, Ulrika (2012): Unaccompanied Asylum-Seeking Children: Whose Perspective? *Childhood* 19(4): 495–507.

Wieselberg, Lukas (2007): *Migration führt zu »hybrider Gesellschaft«. Interview mit Homi Bhabha*. Online: https://sciencev1.orf.at/news/149988.html. Letzter Zugriff: 16. September 2018.

Wollrad, Eske (2005): *Weißsein im Widerspruch. Feministische Perspektiven auf Rassismus, Kultur und Religion*. Königstein: Ulrike Helmer Verlag.

World Population Review (2018): *Malta*. Online: http://worldpopulationreview.com/countries/malta-population/. Letzter Zugriff: 16. September 2018.

Wyn, Johanna/White, Rob (1997): *Rethinking Youth*. London: Sage.

Yuval-Davis, Nira (2013): *A situated intersectional everyday approach to the study of bordering*. Working Paper 2. EUborderscapes: 1–20.